Cambodge

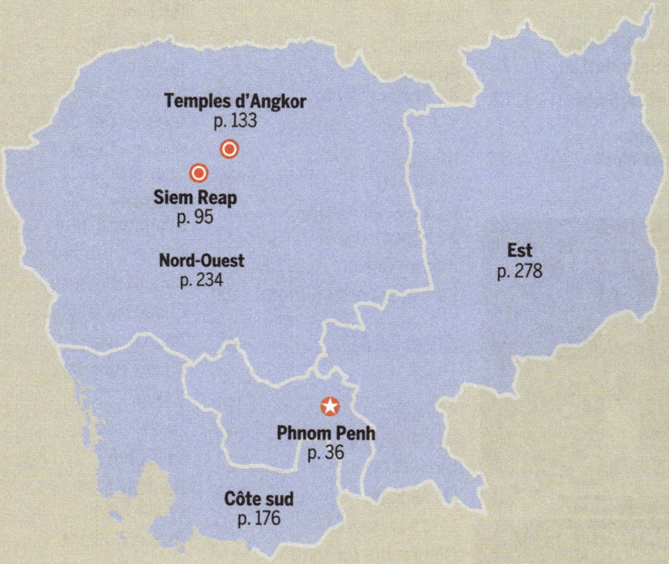

ÉDITION ÉCRITE ET ACTUALISÉE PAR

Nick Ray, Jessica Lee

PRÉPARER SON VOYAGE

CHRISTOPHER GROENHOUT / GETTY IMAGES ©

PSAR THMEI P. 79, PHNOM PENH

TIM HUGHES / GETTY IMAGES ©

HOMME EN COSTUME TRADITIONNEL, BAYON P. 153

SUR LA ROUTE

Sommaire

COMPRENDRE LE CAMBODGE

CARNET PRATIQUE

COUPS DE PROJECTEUR

Bienvenue au Cambodge

Montée vers le royaume des dieux à Angkor Vat ou descente vers l'enfer des Khmers rouges au musée Tuol Sleng (le sinistre centre de sécurité S-21) : de par son histoire, grandiose et terrible, le Cambodge ne laisse jamais indifférent.

Des temples à foison

Le Cambodge moderne a succédé au puissant Empire khmer qui, durant la période d'Angkor (à partir du IXe siècle), régnait sur un vaste territoire englobant le Laos, la Thaïlande et le Vietnam actuels. Les temples d'Angkor, à l'ampleur et à la splendeur inégalées en Asie du Sud-Est, sont les vestiges de cet empire. Angkor Vat, expression la plus aboutie du génie khmer, fait partie des sites qui éblouissent le visiteur dès le premier regard.

La scène urbaine

Les temples, en particulier ceux d'Angkor, sont souvent le prétexte d'un voyage au Cambodge. Pour autant, ce serait une erreur de ne pas profiter des ambiances urbaines du pays. Capitale anarchique et fascinante, Phnom Penh a retrouvé toute sa vitalité et le voyageur appréciera le dynamisme culturel, les nombreux restaurants et les rives animées du Mékong. Deuxième ville du pays, Siem Reap a probablement la vie nocturne la plus enfiévrée, portée par des cafés cosmopolites et des marchés colorés. Plus authentique, Battambang, qui rappelle Siem Reap avant l'avènement du tourisme de masse, charme les visiteurs avec son élégante architecture française et sa scène artistique florissante.

Le Cambodge profond

Dans le Cambodge rural, dans des paysages intemporels de rizières et de palmiers à sucre, le rythme de vie est bien différent. Sur la côte sud, frangée d'îles tropicales, il n'y a pour seul horizon qu'une poignée de bungalows de plage face à la mer. Dans l'arrière-pays, la chaîne des Cardamomes s'étend au cœur d'une vaste région tropicale préservée où l'écotourisme a fait son nid. Quelques-uns des derniers dauphins d'eau douce de l'Irrawaddy évoluent dans le puissant Mékong, qui traverse le pays. Quant au Nord-Est, terre des minorités ethniques, il s'agit d'un monde à part, constellé de sites de toute beauté.

L'esprit cambodgien

Si, avec Angkor, le Cambodge possède la huitième merveille du monde, ce sont bel et bien ses habitants qui constituent son principal trésor. Les Khmers ont malheureusement connu l'enfer. Ils en sont sortis après des années de massacre, de misère et de troubles politiques. Grâce à leur moral d'acier et à leur optimisme, ils ont conservé leur sourire intact. Aucun voyageur ne quitte ce royaume sans un sentiment d'affection et d'admiration pour sa population.

Pourquoi j'aime le Cambodge

Par Nick Ray, auteur

Par où commencer ? Je suis arrivé au Cambodge pour la première fois en 1995 et l'histoire du pays m'a tout de suite captivé. Pourtant, l'aspect le plus mémorable de ce premier voyage est lié aux habitants, aux sourires contagieux. Site spectaculaire et unique, Angkor continue d'enchanter même après plusieurs visites. Quant au littoral, magnifique, il est peu développé par rapport au reste de la région. Le Cambodge est un pays idéal pour les balades à moto, de la chaîne des Cardamomes dans le Sud-Ouest aux provinces du Mondolkiri et du Ratanakiri, dans le Nord-Est. Même s'il évolue, il reste une terre d'aventures authentique.

Pour en savoir plus sur nos auteurs, rendez-vous p. 400.

Ci-dessus : moines au Ta Prohm (p. 162)

Cambodge

Prasat Preah Vihear
Le plus célèbre des temples-montagnes (p. 268)
Temples d'Angkor
Sanctuaire d'un millier de temples, trésor de l'humanité (p. 133)
Siem Reap
Ville de plus en plus tendance, nouveau visage du pays (p. 95)
Battambang
Ville au charme unique, joyau de l'ère coloniale (p. 243)
Province de Kampot
Villes à l'architecture coloniale et nombreux sites naturels (p. 215)
Îles du Sud
Croissants de sable fin et villages sur pilotis (p. 206)
Plages de Sihanoukville
Des rubans de sable blanc bordés d'eaux turquoise (p. 189)
THAÏLANDE
Monts Dangrek (Chuor Phnom Dangrek)
Chong Chom
O Smach
Choam Srawngam
Choam
Anlong Veng
Prasat Preah Vihear
Forêt protégée de Preah Vihear
Sra Em
Choam Ksant
Samraong
ODDAR MEANCHEY
Paysage protégé de Banteay
Banteay Chhmar
Réserve naturelle de Kulen Promtep
Ville de Preah Vihear (Tbeng Meanchey)
Thmor Pouk
Forêt protégée d'Ang Trapeng Thmor
Réserve d'Ang Trapeng Thmor
Koh Ker
Kulen
SIEM REAP
Parc national de Phnom Kulen
Srayong
BANTEAY MEANCHEY
Forêt protégée d'Angkor
Aranya Prathet
Poipet
Sisophon
Kralanh
Phnom Kulen (487 m)
Beng Mealea
Réserve naturelle de Beng Per
Mongkol Borei
Svay Leu
Khvau
Ta Seng
Temples d'Angkor
Preah Khan
Réserve naturelle de Roneim Daun Sam
Zone polyvalente de Tonlé Sap
Me Chrey
Siem Reap
Phnom De
Kouk Kduoch
Dam Dek
Réserve ornithologique de Prek Toal
Village flottant de Chong Kneas
Daun Lem
Kamrieng
Battambang
Kompong Khleang
Kamping Poy
Reang Kesei
Réserve de biosphère du Tonlé Sap
Tonlé Sap
Stoeng
Sambor Prei Kuk
Ban Pakard
Psar Pruhm
Pailin
Treng
KRONG PAILIN
Réserve naturelle de Boeng Tonlé Chhmar
Moung Russei
Zone polyvalente de Samlaut
BATTAMBANG
Kompong Thom
Kompong Luong
Pursat
Krakor
Phnom Krapang (1 711 m)
Tonlé Sap
Trat
Réserve naturelle de Phnom Samkos
Pouthisat
Kompong Chhnang
Phnom Samkos (1 717 m)
Forêt protégée des Cardamomes centrales
PURSAT
KOMPONG CHHNANG
Ko Chang
Phnom Aural (1 813 m)
Romeas
12° N
Chaîne des Cardamomes (Chuor Phnom Kravanh)
Phnom Knang Trapeang (1 213 m)
Réserve naturelle de Phnom Aural
Udong
KANDA
Khlong Yai
Forêt protégée des Cardamomes méridionales
Ko Kut
Hat Lek
Cham Yeam
Krong Koh Kong
KOMPONG SPEU
PHNOM PENH
Réserve naturelle de Peam Krasaop
Takhmau
Golfe de Thaïlande
Corridor de conservation de Koh kong
KOH KONG
Kompong Speu
Koh Kong
Chi Phat
Parc national de Kirirom
Forêt protégée de Ta Moa
Parc National de Botum Sakor
Sre Ambel
Golfe de Kompong Som
KAMPOT
Angk Tasaom
Takeo
11° N
Parc national de Botum Sakor
Chaîne de l'Éléphant (Chuor Phnom Damrei)
Phnom Da
Koh Samit
Chhuk
Koh Rong
Forêt protégée de Kbal Chhay
Veal Renh
Station climatique de Bokor
KRONG KEP
Tani
PREAH SIHANOUK
Kampot
Tuk Meas
Sihanoukville
Kompong Trach
Tinh Bi
Koh Thmei
Parc national de Kep
Kep
Prek Chak
Parc national de Ream
Koh Tonsay
Xa Xia
Ha Tien
Île de Phu Quoc
102° E
103° E

0
50 km
LAOS
Forêt protégée de Preah Vihear
Muang Khong
Siem Pang
Parc national de Virachey
Nong Nok Khiene
Voen Sai
PREAH VIHEAR
Ko Chheuteal Thom
Trapaeng Kriel
Anlong Seima
STUNG TRENG
RATANAKIRI
Boeng Yeak Lom
Site Ramsar du Stung Treng
Tonlé Kong
Tonlé San
Ban Lung
O'Yadaw
Le Tanh
Bokheo
Sen
Thala Barivat
Stung Treng
Lumphat
Rovieng
Réserve naturelle de Lumphat
Mondolkiri
L'Est sauvage du Cambodge (p. 304)
Koh Nhek
Mékong
Réserve naturelle de Phnom Prich
KOMPONG THOM
MONDOLKIRI
Forêt protégée de Mondolkiri
Sambor
Sandan
KRATIE
Kratie
Réserve naturelle de Nam Lear
Sen Monorom
Baray
Spoe Tbong
Réserve naturelle de Snuol
Stung Trang
Chhlong
Sre Khtum
KOMPONG CHAM
Kratie
Pour observer les dauphins d'eau douce du Mékong (p. 287)
Snuol
Trapaeng Sre
Kuon
Kompong Cham
Loc Ninh
Suong
TBONG KHMUM
Chub Krau
Memot
Trapaeng Plong
Xa Mat
VIETNAM
Prey Veng
PREY VENG
Phnom Penh
La “perle de l'Asie” revient sur le devant de la scène (p. 36)
Neak Luong
Ba Phnom
SVAY RIENG
Tay Ninh
Tonlé Bassac
Svay Rieng
Bavet
Moc Bai
Banteay Chakrey
Kaam Samnor
Chiphu
Khanh Binh
Vinh Xuong
ALTITUDE
1 500 m
1 000 m
500 m
250 m
0
Châu Dôc
HÔ CHI MINH-VILLE (SAIGON)
MER DE CHINE MÉRIDIONALE
107° E
108° E

10 façons
de voir le Cambodge

1

Siem Reap et Angkor

1 Angkor (p. 133) est sans conteste l'un des sites phares du patrimoine mondial. Parmi des centaines de temples, trois sont emblématiques : Angkor Vat, (photo à gauche ; p. 148), le plus grand édifice religieux de la planète ; le Bayon, l'un des plus énigmatiques, avec ses immenses visages de pierre ; et le Ta Prohm, où la jungle reprend ses droits. Ville animée, Siem Reap (p. 95) sert de base pour explorer Angkor. La région a aussi d'autres attraits, tels les villages flottants sur le Tonlé Sap, et des loisirs tour à tour sportifs et culturels – quad, tyroliennes, cours de cuisine, observation des oiseaux...

Phnom Penh

2 Aussi séduisante que la circulation dans les rues du centre-ville semble anarchique, la capitale du Cambodge a rejeté les ombres du passé pour embrasser un avenir plus souriant. Fière de son emplacement au bord du Mékong, l'un des plus beaux de la région, Phnom Penh (p. 36) est une ville en plein essor avec ses hôtels tendance, ses restaurants gastronomiques et et ses bars branchés. Du Musée national (photo ci-dessous ; p. 42) à la terrible prison S-21, reconvertie en musée et en mémorial des victimes des Khmers rouges, on y découvre le meilleur et le pire de l'histoire du royaume. L'ancienne "perle de l'Asie" a retrouvé tout son lustre passé.

WAJ / SHUTTERSTOCK ©

2

MARCEL TOUNG / SHUTTERSTOCK ©

Plages de Sihanoukville

3 Le grand attrait de Sihanoukville tient à ses plages (p. 189). À quelques kilomètres du centre-ville, Otres Beach est une sublime étendue de sable encore paisible, malgré la menace des promoteurs. Plus centrale et rarement bondée dans sa petite partie est, Sokha Beach est la plus belle plage de la ville. Cependant, la favorite des *backpackers* reste Serendipity Beach, qui rejoint Occheuteal Beach (ci-dessus ; p. 189), prisée des habitants en journée et des fêtards la nuit.

Battambang

4 Sur les rives de la Sangker, Battambang (p. 243) est une cité coloniale bien préservée. Des cafés soucieux de commerce équitable aux galeries d'art, les anciennes maisons de négoce françaises sont aujourd'hui dévolues à toutes sortes d'activités. Dans la campagne alentour, typiquement cambodgienne, on trouve un bel ensemble de temples à l'écart de la foule, et aussi le *bamboo train*, un moyen de transport local unique en son genre. La région de Battambang, pleine de charme, vous plonge dans le Cambodge authentique.

Province de Kampot

5 Dans la province de Kampot (p. 215), villes charmantes, parcs nationaux, plages et grottes troglodytes se révèlent aux visiteurs. Cité tranquille à la belle architecture coloniale, Kampot offre une large gamme d'hébergements. C'est une bonne base pour explorer la jolie rivière Prek Kampong en kayak ou en paddleboard, grimper jusqu'à la station climatique dans le parc de Bokor ou visiter des exploitations de poivre. Plus assoupie, Kep a d'autres attraits : son marché aux crabes, son parc national et l'île de Koh Tonsay (île du Lapin ; en haut ; p. 225).

Mondolkiri

6 Aux rizières et aux plantations de palmiers à sucre succède, à l'est, un paysage de collines. Le Mondolkiri (p. 304) est la contrée sauvage du pays, où vit le peuple bunong (ci-dessus), qui pratique l'animisme et le culte des ancêtres. La nature est un des atouts principaux du Mondolkiri : on peut y marcher en compagnie des éléphants. Forêts grandioses, cascades spectaculaires, tyrolienne, jungle propice à l'observation des doucs à pattes noires (ou rhinopithèques à pieds noirs) ou des gibbons : ici, l'aventure est reine.

7

ALEKSANDAR TODOROVIC / SHUTTERSTOCK ©

8

Îles du Sud

7 En plein essor, les îles du sud du Cambodge (p. 206) rappellent la Thaïlande des années 1980. Koh Rong (en haut à gauche ; p. 208) et Koh Rong Sanloem, en retrait de la côte de Sihanoukville, font encore rêver. Si Koh Rong est au cœur de la fête, avec son village Koh Tuch qui attire les voyageurs branchés, Koh Rong Sanloem est idéale pour les familles, avec ses hébergements cachés dans la végétation et ses baies peu profondes. Bien d'autres îles émaillent la côte, notamment l'archipel de Koh Sdach et Koh Kong.

Kratie

8 Kratie (p. 285), sur les rives du Mékong, est une base idéale pour aller observer les dauphins d'eau douce de l'Irrawaddy. Important carrefour sur la route reliant Phnom Penh au nord-est du Cambodge et au sud du Laos, la ville conserve une certaine grandeur coloniale. En face, l'île de Koh Trong invite à la détente – on peut y loger chez l'habitant et se balader à vélo. Au nord, le Mekong Discovery Trail, un programme visant à développer le tourisme communautaire autour du fleuve, permet de séjourner dans les villages et de partir en excursion en bateau.

Prasat Preah Vihear

9 Emblème des temples-montagnes, le prasat Preah Vihear (p. 268) se dresse sur les hauteurs des monts Dangkrek, constituant un poste-frontière controversé entre le Cambodge et la Thaïlande. Ce lieu de pèlerinage, dont la construction s'est étirée sur trois siècles, donne un aperçu de l'évolution de la sculpture durant la période angkorienne. Ses pierres de fondation bordent une falaise abrupte qui surplombe la plaine. De là, se dévoile un panorama époustouflant du nord du pays.

Cuisine

10 Moins connue que la cuisine thaïlandaise ou vietnamienne, la cuisine cambodgienne (p. 346), réserve de délicieuses surprises. Outre l'*amok* (poisson cuit au four avec de la citronnelle, de la noix de coco et du piment ; à droite), le plat national, elle compte quantité de mets à base de produits de la mer, dont le crabe de Kep infusé au poivre de Kampot. Les stands de rue vendent aussi bien des nouilles (*mee*) et de la bouillie de riz (*bobor*) que des tarentules frites et des crickets grillés ; des mets à découvrir dans les circuits gastronomiques à Siem Reap.

GUENTER FISCHER / GETTY IMAGES ©

L'essentiel

Pour plus d'informations, voir le chapitre *Cambodge pratique* p. 357.

Langue

Le khmer ; anglais très répandu ; des personnes âgées parlent encore français.

Monnaie

Riel (r) ; dollar US ($US) accepté partout.

Visa

Visa obligatoire : le visa de tourisme (30 $US valable 1 mois) peut être délivré à l'arrivée (prévoir une photo d'identité), et être prorogé d'un mois maximum.

Carte bancaire

Nombreux distributeurs automatiques ; les hôtels et les restaurants des grandes villes acceptent souvent les cartes bancaires.

Téléphone portable

Roaming possible mais coûteux ; pour un séjour prolongé, opter pour une carte SIM locale.

Heure locale

UTC + 7 heures, comme au Vietnam, en Thaïlande et au Laos.

Quand partir

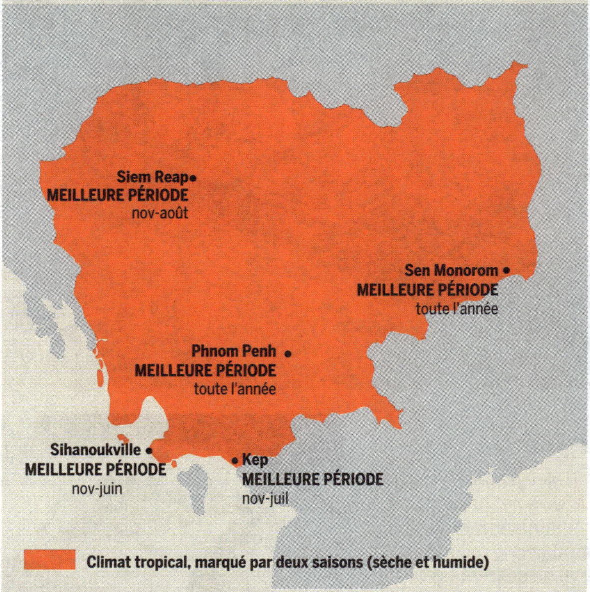

Haute saison (nov-mars)

- La période idéale : brise et températures quasi méditerranéennes.
- Réservez tôt pour Noël et le Nouvel An.

Saison intermédiaire (juil-août)

- Temps pluvieux, avec un point positif : des paysages vert émeraude !
- Forte fréquentation sur la côte sud en cette période de vacances scolaires pour les visiteurs occidentaux.

Basse saison (avr-juin et sept-oct)

- En avril-mai, le thermomètre atteint 40°C.
- Septembre et octobre sont parfois pluvieux ; de spectaculaires orages et nuages accompagnent le déluge.

Sites Web

Phnom Penh Post (www.phnompenhpost.com). Journal de référence du Cambodge.

Tourism of Cambodia (www.tourismcambodia.com). Site officiel du tourisme au Cambodge.

Visiting Cambodia (www.visiting-cambodia.com). Nombreuses informations touristiques, culturelles et pratiques

Vivre Khmer (vivrekhmer.blogspot.fr). Le "cyber-village" du Cambodge.

Lonely Planet (www.lonelyplanet.fr). Informations, forums, fiches sur les destinations...

Numéros utiles

Pour appeler le Cambodge de l'étranger, composez le code d'accès international en vigueur dans votre pays, suivi du 855, de l'indicatif de la ville (sans le 0) et du numéro.

Indicatif du Cambodge	☎855
Code d'accès international	☎001
Ambulance	☎119
Police	☎117
Pompiers	☎118

Taux de change

Canada	1 $C	3 088 r
États-Unis	1 $US	4 060 r
Suisse	1 FS	4 100 r
Zone euro	1 €	4 550 r

Pour connaître les derniers taux de change : www.xe.com.

Budget quotidien

Moins de 50 $US

- Chambre dans une pension bon marché : 5-10 $US
- Repas dans un restaurant local ou dans la rue : 1-3 $US
- Bus : 2-3 $US les 100 km

50-200 $US

- Chambre d'hôtel climatisée : 15-50 $US
- Repas dans un restaurant local correct : 5-10 $US
- Services d'un guide touristique : 25 $US/jour

Plus de 200 $US

- Boutique-hôtel ou complexe hôtelier : 50-500 $US
- Repas gastronomique, avec boissons : 25-50 $US
- Location d'un 4x4 : 60-120 $US/jour

Heures d'ouverture

Les heures d'ouverture varient au cours de l'année. Celles indiquées ici valent pour la haute saison ; elles sont généralement réduites en basse saison.

Administrations 7h30-11h30 et 14h-17h lun-ven

Banques 8h-15h30 lun-ven, sam matin

Bars 17h-tard

Magasins 8h-18h tous les jours

Restaurants 7h-21h ou aux heures des repas

Arriver au Cambodge

Aéroport International de Phnom Penh (p. 370). L'aéroport se trouve à 7 km à l'ouest du centre. Une course en taxi officiel/*remork-moto* (*tuk-tuk*) jusqu'en ville coûte 12/9 $US (30 minutes-1 heure).

Aéroport International de Siem Reap (p. 370). L'aéroport est à 7 km du centre. Comptez 9 $US en taxi (15 minutes) et environ 3 $US en *moto-dop* (moto-taxi). De nombreux hôtels et pensions proposent une navette gratuite pour l'aéroport sur réservation.

Frontières terrestres Pour les voyageurs arrivant des pays voisins (Laos, Thaïlande et Vietnam), des visas cambodgiens sont délivrés aux postes-frontières terrestres (généralement ouverts de 7h à 17h). Attention : la surfacturation est courante à la frontière avec la Thaïlande (notamment à Poipet et à Cham Yeam-Koh Kong). Certains préfèrent se procurer un e-Visa à l'avance.

Comment circuler

Avion Des vols intérieurs relient Phnom Penh à Siem Reap.

Bateau Moins usité qu'à l'époque où les routes étaient mauvaises ; toujours apprécié pour relier Siem Reap à Battambang ou à Phnom Penh.

Bus Le principal moyen de transport pour la plupart des voyageurs ; relie toutes les villes.

Moto Un moyen extraordinaire de voyager – pour les motards expérimentés !

Voiture Louer une voiture ou un 4x4 est une façon abordable et rapide de circuler.

Pour plus de détails sur les **transports** voir p. 370.

Envie de...

Temples

Angkor Vat Unique en son genre, il est le plus grandiose de tous les temples, orné de magnifiques bas-reliefs et apsaras (nymphes). (p. 149)

Ta Prohm La nature a repris ses droits dans ce temple, dont les pierres enserrées par de gigantesques racines en font une image emblématique du pays. (p. 162)

Prasat Preah Vihear Perché sur un escarpement abrupt des monts Dangkrek, à la frontière avec la Thaïlande, c'est le plus spectaculaire des temples-montagnes khmers. (p. 268)

Sambor Prei Kuk L'ancienne Isanapura fut la première ville-temple préangkorienne de la région du Mékong ; c'est une étape intéressante pour étudier l'évolution de l'art khmer sur la route d'Angkor. (p. 275)

Îles et plages

Sihanoukville La reine des stations balnéaires du pays, au cap ourlé de sable blanc et d'eaux turquoise. (p. 189)

Koh Rong et Koh Rong Sanloem Des îles très prisées voisines de Sihanoukville, bordées de longues étendues de sable blanc, offrent une belle gamme d'hébergements, et des spots de plongée. (p. 208)

Koh Kong Les plages de rêve ne manquent pas sur cette île pratiquement inhabitée, et sur le groupe d'îlots au large du parc national de Botum Sakor. (p. 182)

Kep Première station balnéaire du Cambodge, Kep renaît après avoir été dévastée par la guerre. Ses atouts ? Des hôtels de charme, des spécialités de fruits de mer et la plage de Koh Tonsay (île du Lapin). (p. 224).

Gastronomie

Phnom Penh Mangez solidaire dans l'un des nombreux restaurants de la capitale qui assurent une formation à des Cambodgiens défavorisés ! (p. 63)

Siem Reap Testez l'un des nouveaux circuits gastronomiques ou passez en revue les restaurants animés du quartier du vieux marché avant d'opter pour un grill exotique, la nouvelle cuisine khmère ou les étals du marché. (p. 110)

Sihanoukville Pour déguster de succulents produits de la mer, tels que des crabes, des crevettes ou des calamars cuisinés au poivre de Kampot dans la plus importante station balnéaire du pays. (p. 199)

Battambang Dans cette agréable ville fluviale, les visiteurs peuvent s'initier aux délices de la gastronomie cambodgienne en suivant un cours de cuisine. (p. 249)

Voyage aquatique

Mekong Discovery Trail Pour observer les rares dauphins d'eau douce de l'Irrawaddy, explorer à vélo les îles paisibles du Mékong ou loger chez une famille. (p. 291)

Tonlé Sap Villages flottants, gratte-ciel de bambous et forêts inondées : naviguez sur le plus grand lac du pays ! (p. 351)

Boeng Yeak Lom Au cœur de la province de Ratanakiri, ce lac de cratère niché dans la jungle est le plus beau des bassins naturels du pays. (p. 295)

Chutes de Bou Sraa Le rugissement de ces chutes, parmi les plus puissantes du Cambodge, retentit dans la jungle du Mondolkiri. On peut désormais les "survoler" en tyrolienne avec la Mayura Zipline. (p. 310)

Emplettes

Marché russe et Psar Thmei Phnom Penh abrite le plus grand nombre de marchés du pays, dont l'emblématique Psar Thmei et le Marché russe. Ajoutons à cela les magasins solidaires,

En haut : Ta Prohm (p. 162), temples d'Angkor

En bas : Animation dans Pub Street (p. 110), Siem Reap

les boutiques de créateurs et des galeries marchandes animées. (p. 79)

Psar Chaa La ville des Temples (Siem Reap) est une des principales destinations pour le shopping, très prisée pour son *psar* Chaa (vieux marché ; p. 122). On y trouve aussi des boutiques de mode et des magasins soutenant des projets communautaires. (p. 120)

Galeries de Battambang La scène artistique de Battambang connaît un véritable essor, et plusieurs galeries d'art vendent des œuvres d'artistes cambodgiens. Elle abrite aussi le *psar* Nath, un marché datant de l'époque française. (p. 243)

Marché d'Otres Le village d'Otres, à Sihanoukville, accueille une fois par semaine le marché d'Otres, aux allures assez occidentales, ainsi que de nombreuses animations le samedi soir. (p. 202)

Vie nocturne

Phnom Penh C'est ici que tout le monde se retrouve pour faire la fête ! Mettez-vous dans l'ambiance en profitant de la *happy hour* au bord du fleuve, continuez la soirée dans Bassac Lane, puis allez faire un tour en boîte de nuit. (p. 74)

Siem Reap Les bars sont légion autour du vieux marché, à tel point qu'une artère a été baptisée Pub Street (rue des Pubs). Les ruelles adjacentes cachent d'autres bars tendance. Pour finir la nuit en beauté, allez admirer le lever du soleil sur les temples d'Angkor. (p. 118)

Sihanoukville Nombreux sont ceux qui viennent ici pour s'amuser, surtout sur les plages de Serendipity et d'Occheuteal, très appréciées par les *backpackers*. (p. 201)

Mois par mois

LE TOP 5

Nouvel An chinois, janvier-février

Nouvel An khmer, avril

P'chum Ben, septembre-octobre

Bon Om Tuk, octobre-novembre

Semi-marathon international d'Angkor Vat, décembre

Janvier

Le pic de la saison touristique : à Phnom Penh, à Siem Reap et sur la côte sud. Le Nouvel An chinois et vietnamien tombe parfois en janvier.

Chaul Chnam Chen (Nouvel An chinois)

Entre fin janvier et mi-février, les Chinois du Cambodge célèbrent le Nouvel An, qui équivaut à la fête du Têt pour les Vietnamiens. Les commerces de la capitale, essentiellement tenus par des Chinois-Khmers, ferment durant les festivités, lors desquelles des danses du lion ont lieu dans toute la ville. Les Vietnamiens qui vivent au Cambodge repartent en nombre dans leur pays d'origine pour une semaine ou plus.

Février

Également très touristique, février est souvent le mois du Nouvel An chinois et de la fête du Têt.

Défilé de marionnettes géantes

Pour cet événement caritatif, qui se déroule à Siem Reap (www.giantpuppetproject.com), des organisations locales, des orphelinats et des entreprises se réunissent pour fabriquer de gigantesques marionnettes représentant des animaux, des divinités ou des personnalités contemporaines. Celles-ci sont promenées le long de la rivière, comme pour un défilé de carnaval.

Avril

Le mois le plus important du calendrier khmer – le Nouvel An se situe à la mi-avril. La température, proche de 40°C, fait fuir les touristes.

Chaul Chnam Khmer (Nouvel An)

Lors des festivités, qui durent 3 jours, les Cambodgiens font des offrandes aux *vat*, nettoient leur maison et échangent des cadeaux. L'ambiance est joyeuse, notamment dans les campagnes, où les villageois se livrent à des batailles d'eau. Les Khmers viennent en nombre à Angkor : évitez cette période si vous voulez découvrir les temples dans le calme.

Mai

Le début de la basse saison touristique, avec l'arrivée de la mousson (qui dure jusqu'en octobre) et, parfois, de grosses chaleurs pour marquer l'arrivée de la saison des mangues et d'autres fruits délicieux.

Chat Preah Nengkal (cérémonie du Sillon sacré)

Cette cérémonie est un rituel agricole conduit par la famille royale, qui marque le commencement de la plantation du riz. Elle se déroule début mai devant le Musée national, près du Palais royal, à Phnom Penh. Selon la tradition, les bœufs royaux pressentiraient les récoltes fastes ou calamiteuses.

Visakha Puja (fête du Bouddha)

Les célébrations de la naissance, de l'éveil et de la *parinibbana* (mort) du Bouddha ont lieu dans les *vat*. La fête, qui tombe le 8e jour du 4e mois lunaire, est particulièrement mémorable à Angkor Vat, où des moines font des processions aux flambeaux.

Septembre

Habituellement le mois le plus humide, avec des inondations sporadiques le long du Mékong. Deuxième fête la plus importante du pays, P'chum Ben tombe généralement en septembre.

P'chum Ben (fête des Morts)

Lors de cette fête, on rend hommage aux défunts par des offrandes aux *vat* (argent, fleurs, nourriture et boisson), transmises par l'intermédiaire des moines. La fête dure plusieurs jours, pendant lesquels les fidèles bouddhistes doivent visiter 7 temples. Rendez-vous au village de Vihear Sour, dans la province de Kandal, à 35 km au nord-est de la capitale, pour voir des courses de buffles et de la lutte khmère.

Octobre

Les pluies se poursuivent souvent en octobre (elles ont provoqué d'importantes inondations ces dernières années à Siem Reap). La campagne est alors d'un vert luxuriant.

Bon Om Tuk (fête de l'Eau)

Célébrant la victoire de Jayavarman VII sur les Cham, qui occupaient Angkor en 1177, cette fête marque aussi l'inversion du cours du Tonlé Sap, un phénomène naturel remarquable. C'est l'un des événements les plus importants du calendrier khmer et une période idéale pour visiter Phnom Penh ou Siem Reap : des courses de bateaux ont lieu sur le Tonlé Sap et la rivière Siem Reap ; chaque bateau (de très longues pirogues), décoré de couleurs vives, est propulsé par 40 rameurs. Jusqu'à 2 millions de visiteurs affluent dans la capitale pour les réjouissances – réservez votre hébergement bien à l'avance. Un drame a malheureusement endeuillé Bon Om Tuk en 2010, quand une bousculade a fait près de 350 morts sur un pont reliant la ville à Koh Pich (île aux Diamants). La manifestation a par la suite été annulée trois années d'affilée avant d'être rétablie en 2014.

Novembre

Novembre marque le début de la saison sèche et venteuse, période la plus agréable pour visiter le pays (elle dure jusqu'en janvier ou février). Bon Om Tuk tombe souvent en novembre.

Angkor Photo Festival

À Siem Reap, des photographes résidents et régionaux rencontrent des jeunes dans les temples et leur enseignent les secrets de leur art (www.angkor-photo.com). Des expositions ont lieu dans toute la ville.

Kampot Writers & Readers Festival

Inauguré en 2015, ce festival littéraire (www.kampotwritersfestival.com) qui se tient durant 4 jours, propose débats, lectures de poésie, expositions d'art, concerts et ateliers créatifs à Kampot.

Décembre

Noël et le Nouvel An forment le pic de la haute saison à Angkor et dans les principales stations balnéaires ; réservez tôt. Vous pourrez soutenir une bonne cause en participant à un événement sportif.

Semi-marathon international d'Angkor Vat

Créé il y a plus de 15 ans pour offrir des prothèses aux victimes des mines antipersonnel, cet événement (www.angkormarathon.org) continue de financer des œuvres caritatives. Vous aurez le choix entre un semi-marathon (21 km), une course à pied de 10 km et des courses cyclistes, ayant pour cadre les temples d'Angkor. L'Angkor Empire Marathon (www.angkorempiremarathon.org) se tient désormais en août.

ARTIE PHOTOGRAPHY (ARTIE NG) / GETTY IMAGES ©

Préparer son voyage

Itinéraires

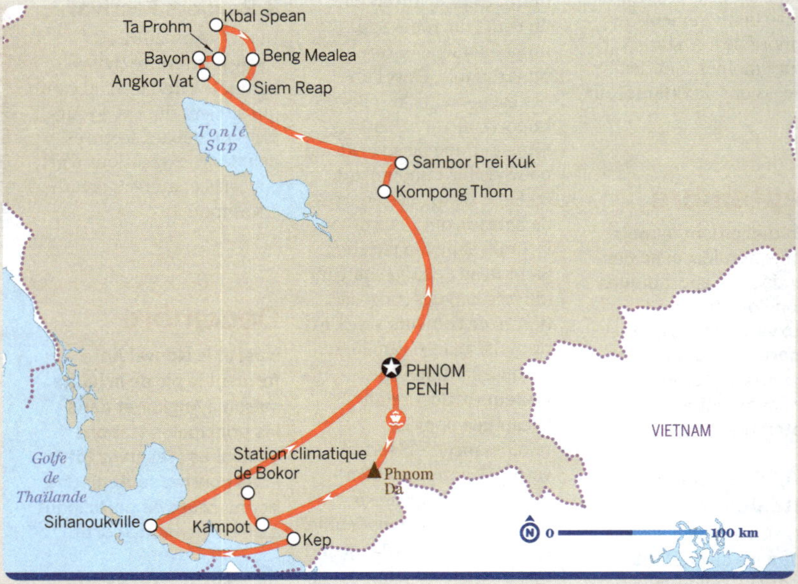

2 SEMAINES

Découverte du Cambodge

Cet itinéraire donne un bon aperçu du pays, à travers ses temples, ses plages et sa capitale. S'il peut être effectué dans un sens ou dans l'autre, mieux vaut toutefois commencer par Phnom Penh, puis découvrir la côte avant de rejoindre les temples d'Angkor, en point d'orgue à votre voyage.

À **Phnom Penh**, visitez le remarquable Musée national et la pagode d'Argent, l'un des trésors de la capitale. Vous y découvrirez de bons restaurants et une délicieuse cuisine de rue. Faites des emplettes au *psar* Tuol Tom Pong (marché) et profitez d'une vie nocturne débridée jusqu'à l'aube.

Prenez un bateau rapide pour **Phnom Da**, un temple préangkorien, avant de rallier, au sud, la ville de **Kampot**, à l'architecture coloniale, qui constitue une base parfaite pour rayonner dans la région. De là, explorez la ville côtière de **Kep**, l'île de Koh Tonsay (île du Lapin) voisine et des pagodes troglodytiques. Vous pouvez également faire un détour par la **station climatique de Bokor** ou une plantation de poivriers.

Le Bayon (p. 153), Angkor Thom

Ensuite, cap à l'ouest, vers **Sihanoukville**, la principale station balnéaire du pays. Au programme : plongée sous-marine, snorkeling, farniente et festins de fruits de mer. Côté plages, vous aurez le choix entre la festive Serendipity Beach, Otres Beach la décontractée, et Koh Rong et Koh Rong Samloem, deux îles promises à un bel avenir. Repassez par Phnom Penh pour gagner **Kompong Thom** et visiter les temples préangkoriens de **Sambor Prei Kuk**.

Terminez par les temples d'Angkor – **Angkor Vat**, le **Bayon** et le **Ta Prohm**, notamment –, en prenant le temps de vous aventurer jusqu'aux sanctuaires plus lointains, comme **Kbal Spean** et **Beng Mealea**, en pleine jungle.

Consacrez un peu de temps à **Siem Reap**, qui propose quantité d'activités, des cours de cuisine aux expéditions en Vespa.

Cet itinéraire peut se faire en deux semaines à un rythme soutenu, ou en trois semaines en prenant son temps. Des transports publics desservent la plupart des étapes, mais certains crochets nécessitent une voiture ou une moto.

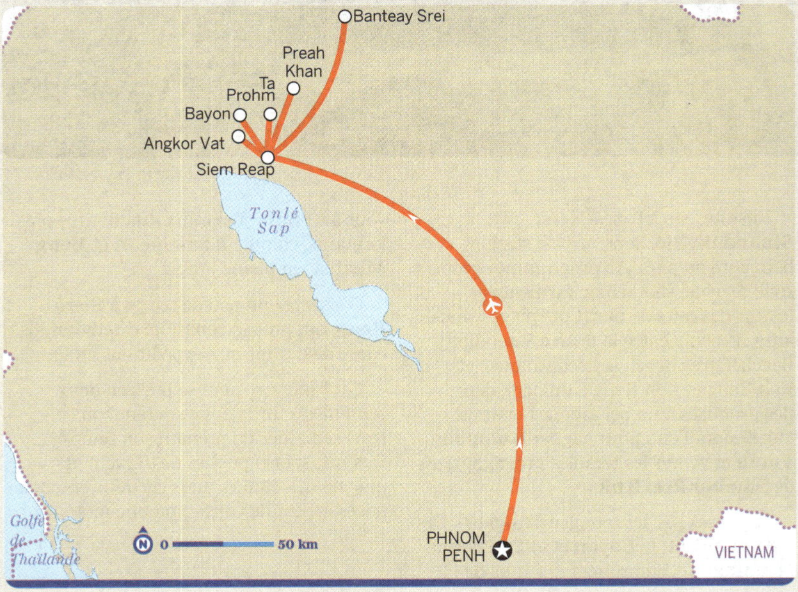
Banteay Srei
Preah Khan
Ta Prohm
Bayon
Angkor Vat
Siem Reap
Tonlé Sap
Golfe de Thaïlande
0
50 km
PHNOM PENH
VIETNAM

AMIR GHASEMI WWW.FOCALFANTASY.COM / GETTY IMAGES ©

MARCUS LINDSTROM / GETTY IMAGES ©

En haut : Banteay Srei (p. 169), temples d'Angkor
En bas : monument de l'Indépendance (p. 45), Phnom Penh

1 SEMAINE

Un itinéraire, deux villes

Si vous manquez de temps, concentrez-vous sur ces deux villes : Phnom Penh et Siem Reap, porte des temples d'Angkor. En séjournant deux nuits dans la capitale et trois ou quatre à Siem Reap, vous découvrirez le meilleur de l'histoire et de la vie moderne du Cambodge.

Démarrez à **Phnom Penh** pour plonger dans l'histoire pleine de contrastes du Cambodge. Revivez les gloires du passé au Musée national, où est exposée la plus belle collection au monde de sculptures angkoriennes, et au Palais royal, qui réunit nombre d'objets inestimables. Vous pourrez découvrir un passé plus sombre en visitant le musée Tuol Sleng et les camps d'exécution de Choeung Ek, deux sites bouleversants, mais incontournables pour comprendre le Cambodge actuel.

Bien que déroutante, Phnom Penh est une ville dynamique où l'histoire côtoie les hôtels de charme, les restaurants fusion et les bars tendance. Comptez deux soirées pour prendre la température de la scène nocturne.

De la capitale, prenez un vol d'une demi-heure en direction du nord-ouest jusqu'à **Siem Reap**, ou faites le trajet en voiture (comptez une journée) si vous souhaitez profiter de la campagne cambodgienne. Une fois sur place, cap sur les temples d'Angkor, qui méritent deux ou trois jours. Commencez par les plus importants, comme **Angkor Vat**, le **Bayon** et le **Ta Prohm**, mais accordez également du temps à certains temples moins connus, comme le magnifique **Banteay Srei** et l'immense **Preah Khan**. Les sportifs pourront s'offrir quelques activités, comme une descente en tyrolienne au Flight of the Gibbon Angkor.

Passez ensuite en mode détente et profitez des bons restaurants et des bars animés de Siem Reap. De la cuisine khmère authentique à la gastronomie française, la scène culinaire de Siem Reap est délectable. En fin de soirée, explorez les ruelles des environs de Pub St. Terminez votre séjour par une séance bien-être dans l'un des luxueux spas de la ville.

La meilleure période pour faire le trajet entre les deux villes par voie terrestre va de juillet à décembre : à cette époque, la campagne est luxuriante.

1 MOIS La grande boucle

Le Cambodge est un petit pays ; malgré les routes par endroits en mauvais état et la lenteur de certains transports, les principaux sites peuvent se visiter en un mois.

En partant de **Phnom Penh**, passez par **Kompong Cham**, une ville animée au bord du Mékong, puis prenez la direction de **Kratie** pour observer les dauphins d'eau douce de l'Irrawaddy, avant de découvrir la beauté du Nord-Est. Afin de pouvoir explorer le reste du pays, il vous faudra choisir entre la **province du Ratanakiri** et le Boeng Yeak Lom, un lac de cratère, ou la **province du Mondolkiri** et l'Elephant Valley Project. Les deux provinces offrent des expériences hors du commun aux plus aventureux. Maintenant que la route entre Sen Monorom et Ban Lung est en bon état, vous pouvez combiner les deux en faisant un grand circuit, si votre emploi du temps le permet.

Rejoignez ensuite la côte sud. Prévoyez quelques jours à **Kep** ou sur l'une des îles proches, et un trajet en bateau de **Sihanoukville** jusqu'aux îles voisines, propices à la détente. De retour dans l'arrière-pays, visitez le **parc national de Kirirom** et sa forêt de pins peuplée d'ours noirs, et profitez des vues spectaculaires sur la chaîne des Cardamomes.

Puis, cap vers le nord-ouest jusqu'à la charmante **Battambang**. Cette ville coloniale, l'une des mieux préservées, fait une excellente base pour découvrir la vie rurale. Prenez le légendaire bateau lent jusqu'à **Siem Reap** – il traverse de splendides paysages le long de la sinueuse rivière Sangker –, et consacrez plusieurs jours aux **temples d'Angkor**.

Admirez à loisir les merveilles d'Angkor et des alentours, mais aventurez-vous aussi jusqu'à **Koh Ker**, la capitale rivale noyée dans la jungle, ou au **prasat Preah Vihear**, un temple-montagne perché au bord d'une falaise à la frontière thaïlandaise.

Ce circuit peut s'effectuer en sens inverse, en commençant par Siem Reap et en quittant le Cambodge par bateau vers le Vietnam ou le Laos. Si vous arrivez du Laos, faites un crochet à l'est par le Ratanakiri avant de vous diriger vers le sud. Les trajets sont généralement faciles : vous prendrez des bus sur les grands axes, des taxis sur les petites routes et des bateaux.

DAVID HANNAH / GETTY IMAGES ©

GRANT DIXON / GETTY IMAGES ©

En haut : marché flottant (p. 242) province de Battamba
En bas : Elephant Valley Project (p. 308), province du Mondolk

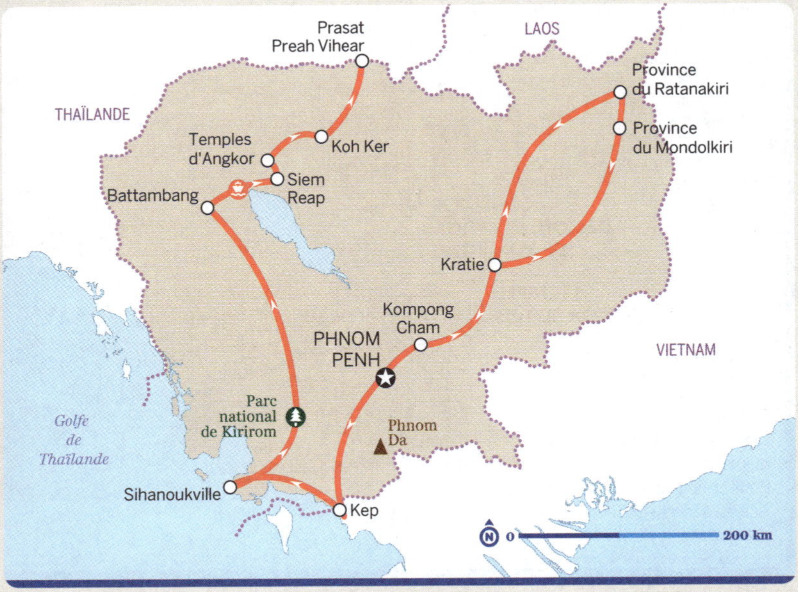
Prasat
Preah Vihear
LAOS
THAÏLANDE
Province
du Ratanakiri
Province
du Mondolkiri
Temples
d'Angkor
Koh Ker
Siem
Reap
Battambang
Kratie
Kompong
Cham
PHNOM
PENH
VIETNAM
Parc
national
de Kirirom
Phnom
Da
Golfe
de
Thaïlande
Sihanoukville
Kep
0
200 km

Le Cambodge hors des sentiers battus

PROVINCE DE PREAH VIHEAR

C'est dans cette vaste province que l'on peut admirer le superbe *prasat* Preah Vihear, perché sur un promontoire dans les monts Dangkrek. Koh Ker et le temple de Preah Khan méritent également une visite. (p. 266)

RÉSERVE ORNITHOLOGIQUE DE PREK TOAL

Aventurez-vous jusqu'à la lointaine Prek Toal, aux portes d'une réserve ornithologique exceptionnelle où vivent certains des oiseaux aquatiques les plus rares du monde, comme le tantale blanc et le pélican à bec tacheté. (p. 130)

CORRIDOR DE CONSERVATION DE KOH KONG

La chaîne des Cardamomes est une destination de choix pour les aventuriers, avec des activités liées à des projets communautaires autour de Chi Phat et, plus avant dans la jungle, des programmes d'écotourisme autour de Thma Bang. (p. 183)

ARCHIPEL DE KOH SDACH

En termes de développement, les îles cambodgiennes sont à la traîne par rapport à leurs homologues thaïlandaises. Profitez-en pour explorer des destinations isolées, à mi-chemin entre Sihanoukville et Koh Kong. (p. 215)

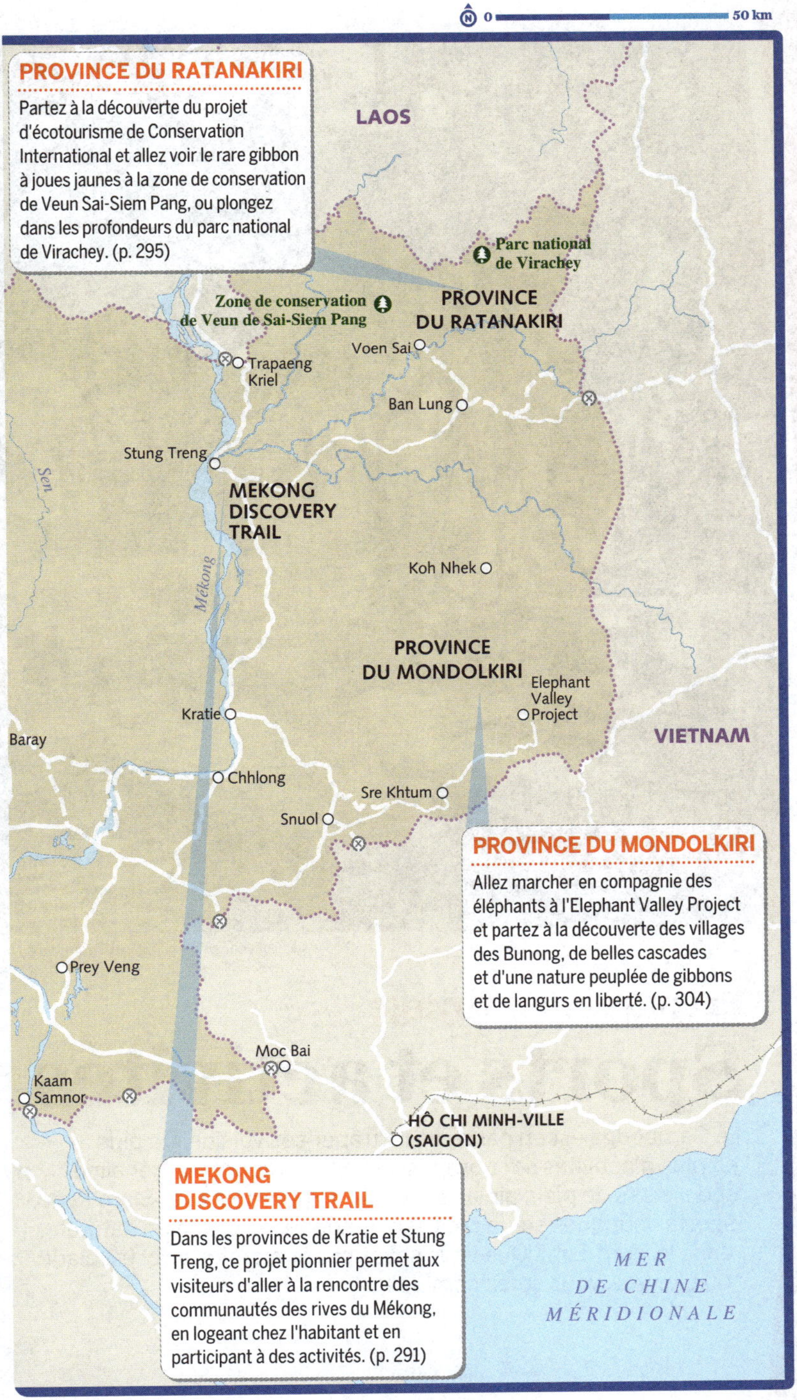

PROVINCE DU RATANAKIRI

Partez à la découverte du projet d'écotourisme de Conservation International et allez voir le rare gibbon à joues jaunes à la zone de conservation de Veun Sai-Siem Pang, ou plongez dans les profondeurs du parc national de Virachey. (p. 295)

PROVINCE DU MONDOLKIRI

Allez marcher en compagnie des éléphants à l'Elephant Valley Project et partez à la découverte des villages des Bunong, de belles cascades et d'une nature peuplée de gibbons et de langurs en liberté. (p. 304)

MEKONG DISCOVERY TRAIL

Dans les provinces de Kratie et Stung Treng, ce projet pionnier permet aux visiteurs d'aller à la rencontre des communautés des rives du Mékong, en logeant chez l'habitant et en participant à des activités. (p. 291)

Village sur pilotis de Kompong Pluk (p. 131), au bord du Tonlé Sa

Préparer son voyage

Sports et activités

Le Cambodge est en passe de rattraper ses voisins. De plus en plus d'activités sont proposées aux amateurs d'adrénaline et de loisirs de plein air : vaste choix à Phnom Penh et Siem Reap, sports nautiques sur la côte sud, randonnées en pleine nature dans le Nord-Est… Que vous soyez plutôt marche, vélo, escalade ou plongée, vous serez comblé !

HUGO / GETTY IMAGES ©

Quand partir

Novembre-février

Cette saison sèche, aux températures douces, se prête aux activités physiques comme le trekking et le vélo. On peut visiter les régions à plus haute altitude (comme le Mondolkiri et le Ratanakiri) à tout moment de l'année, car les températures y sont toujours plus fraîches – il peut même faire froid la nuit.

Mars-mai

Pendant la saison chaude, le mercure atteint régulièrement 40°C : c'est le moment rêvé pour se rafraîchir en s'adonnant à des sports nautiques – plongée, stand-up paddle, voile, etc. – sur la côte sud.

Juin-octobre

Pluies torrentielles, présence des sangsues dans de nombreux secteurs de la jungle... La saison humide n'est pas recommandée pour la randonnée ou le VTT. En revanche, c'est une excellente période pour des excursions en bateau ou en kayak sur le vaste réseau fluvial cambodgien.

Cyclotourisme

Découvrir le Cambodge à vélo est une aventure formidable... qu'il vaut mieux faire à VTT. Nombre de routes sont en mauvais état, mais on trouve habituellement une belle piste sur le côté. La lenteur des déplacements favorise les contacts avec les habitants. Les vélos peuvent être transportés à travers le pays à l'arrière des pick-up ou sur le toit des minibus.

Se déplacer dans Angkor à vélo permet de mieux se rendre compte des dimensions du site. Grâce à de superbes pistes, le VTT est promis à un bel avenir dans les provinces du Mondolkiri et du Ratanakiri. Dans tout le Cambodge, des hôtels et des pensions louent des vélos moyennant environ 2 $US par jour (7-15 $US pour les marques étrangères).

Où aller

Battambang La belle campagne autour de Battambang (p. 243) se prête au cyclotourisme.

Chi Phat Depuis ce centre de l'écotourisme (p. 185) situé dans les Cardamomes, des pistes de VTT à travers la jungle conduisent à des chutes d'eau reculées.

Mondolkiri Mondolkiri signifie "rencontre des collines" : un nom approprié pour cette province montagneuse, où d'excellentes pistes de VTT rejoignent des villages bunong (p. 311) et des cascades dans la jungle (p. 310).

Temples d'Angkor En haute saison, pour échapper à la foule qui visite les temples (p. 133), suivez les pistes dans la jungle (p. 104) ; des circuits organisés sont proposés.

Excursions en bateau

L'eau est omniprésente au Cambodge, surtout à la saison des pluies, quand le Mékong est en crue et que le Tonlé Sap atteint sa superficie maximale. Sans surprise, les balades fluviales sont très prisées par les visiteurs. Certains trajets sont avant tout pratiques, comme la remontée du Tonlé Sap, de Phnom Penh à Siem Reap, ou le parcours le long de la Sangker, de Siem Reap à Battambang. Dans tous les cas, suivez l'exemple des habitants : prenez le bateau !

Où aller

Chi Phat Voguez sur les flots impétueux des Cardamomes depuis cette base située dans la jungle (p. 185) – peut-être verrez-vous les rares crocodiles du Siam !

Kampot De la cité fluviale de Kampot (p. 216), remontez la rivière jusqu'aux mangroves ou descendez-la pour rejoindre des plages isolées et le golfe de Thaïlande.

Mékong Le "fleuve mère", qui arrose le cœur du Cambodge, est ponctué d'îles tranquilles et de paisibles hébergements chez l'habitant au fil du Mekong Discovery Trail (p. 291).

QUAD

On trouve de plus en plus de quads dans le pays. À Siem Reap, des prestataires (p. 105) proposent des circuits dans la campagne alentour. À Phnom Penh, une agence (p. 57) permet d'explorer la région côté nature. Dans le Mondulkiri, un nouveau prestataire (p. 305) invite à découvrir les hauteurs autour de Sen Monorom. Comptez de 25 $US pour 1 heure à plus de 100 $US pour une sortie d'une journée.

Tonlé Sap Villages flottants (p. 131), forêt inondée (p. 132) et réserve ornithologique (p. 130) sur le plus vaste lac d'eau douce d'Asie du Sud-Est.

Moto tout-terrain

Pour les amateurs de motocross, le Cambodge est une destination séduisante : les routes, considérées comme les pires d'Asie, enchantent les motards expérimentés. Le pays est sillonné par d'incroyables itinéraires, notamment dans les provinces de Preah Vihear, du Mondulkiri et du Ratanakiri, ainsi que dans les Cardamomes. Attention toutefois : mieux vaut rester à l'écart des nationales, à cause de la circulation et de la poussière. Voyager à moto offre une grande liberté de mouvements. Vous pourrez vous arrêter dans des villages rarement visités ou faire des circuits dans l'arrière-pays – à condition d'avoir une bonne expérience de la conduite tout-terrain !

On trouve des motos à louer à Phnom Penh et dans quelques autres destinations touristiques. La location est en revanche interdite à Siem Reap ; pour circuler dans le Nord-Ouest, vous devrez vous organiser ailleurs. Comptez de 5 à 10 $US par jour pour une 100 cm³ et entre 10 et 25 $US pour une 250 cm³ tout-terrain.

Où aller

Chaîne des Cardamomes Mieux vaut avoir le cœur bien accroché pour s'élancer vers le nord à travers la jungle jusqu'à Pailin ou Pursat. Contactez un prestataire expérimenté (p. 379).

Kampot La région de Kampot (p. 215) englobe des rizières, des marais salants, des plantations de poivre, des formations karstiques et la station climatique de Bokor (p. 223).

Mondolkiri Les collines vallonnées de la province du Mondolkiri sont un bon terrain de motocross. Une route époustouflante longe la forêt protégée de Seima (p. 311) jusqu'à Sen Monorom (p. 305).

Province de Preah Vihear Élancez-vous sur la Route 66 (NH66) cambodgienne, qui relie Beng Mealea (p. 172) au temple reculé de Preah Khan (p. 271) ou montez vers le royaume des dieux du *prasat* Preah Vihear (p. 268).

Observation de la faune

Le Cambodge possède une faune riche et diversifiée, qui a survécu aux années terribles. Les félins, petits et gros, les éléphants, les singes et les créatures étranges qui peuplent la jungle sont également visibles ailleurs dans le pays. Les amateurs d'ornithologie seront comblés : le Cambodge abrite certains des grands oiseaux aquatiques les plus rares d'Asie du Sud-Est, dont des marabouts chevelus, des cigognes et des pélicans.

Où aller

Province de Kratie Des dauphins de l'Irrawaddy (espèce extrêmement rare) peuplent certains secteurs du Mékong, entre Kratie (p. 287) et la frontière avec le Laos.

Mondolkiri Marchez en compagnie des pachydermes dans le cadre de l'Elephant Valley Project (p. 308) ou observez les gibbons et les doucs de la forêt protégée de Seima (p. 311).

Réserve animalière de Phnom Tamao Bien plus qu'un zoo, cette réserve (p. 92) permet d'aller à la rencontre des animaux.

Réserve ornithologique de Prek Toal Cette réserve spelndide (p. 130) accueille notamment de rares oiseaux aquatiques, comme le pélican à bec tacheté, l'ibis à tête noire et le tantale indien.

Ratanakiri Cette province couverte de jungle accueille un projet d'observation des gibbons.

Siem Reap Essayez les tyroliennes du parc d'aventure Flight of the Gibbon (p. 100) ou visitez l'Angkor Centre for Conservation of Biodiversity (p. 170), où des animaux rares, comme l'ibis géant, le pangolin, le langur argenté et chat-léopard peuvent être observés.

Ci-dessus : porte nord d'Angkor Thom (p. 152)

Ci-contre : réserve ornithologique de Prek Toal (p. 130)

Randonnée et trekking

Malgré la présence de mines sur le territoire, il est tout de même possible de randonner en toute sécurité dans de nombreuses régions. Les provinces du Mondolkiri et du Ratanakiri, dans le Nord-Est, s'imposent comme des destinations privilégiées. Peuplées par des minorités ethniques, elles possèdent en outre une nature préservée et de nombreuses cascades.

Le pays développe un réseau de parcs nationaux dotés d'infrastructures touristiques ; ceux de Bokor, de Kirirom et de Ream offrent un vaste éventail de randonnées ; le parc national de Virachey, dans le Ratanakiri, est idéal pour des treks de plusieurs jours. Chi Phat et la chaîne des Cardamomes réservent également de belles possibilités de promenades dans la nature sauvage.

À Angkor, on peut faire de paisibles balades entre les temples : une manière de jouir du calme et de la solitude, en fuyant l'affluence touristique.

Où aller

Province de Koh Kong À Koh Kong, la porte côtière des Cardamomes, des agences proposent des treks dans la jungle autour de Tatai (p. 178).

Mondolkiri Douceur du climat, rencontres avec les Bunong (p. 311), cascades : une belle destination pour un trek, sur les traces des éléphants (p. 308) et des gibbons (p. 311).

TYROLIENNES

Les tyroliennes ont récemment pris leur envol au Cambodge. Flight of the Gibbon Angkor (p. 100), qui compte 10 tyroliennes, offre le plus long itinéraire du pays – et la possibilité d'observer des gibbons dans la nature. Mayura Zipline (p. 310), un nouveau parc d'aventure, est installé au-dessus de la chute d'eau de Bou Sraa, dans la province du Mondulkiri. Il existe aussi une tyrolienne sur l'île de Koh Rong (p. 209). Les tyroliennes ne sont pas bon marché – Flight of the Gibbon Angkor revient à 109 $US par personne et Mayura Zipline à 69 $US environ.

ESCALADE

L'escalade est encore peu développée au Cambodge. On peut toutefois grimper dans la province de Kampot, où le paysage est émaillé de formations karstiques. Climbodia (p. 216) a aménagé des voies à Phnom Kbal Romeas, à 5 km au sud de la ville de Kampot (à partir de 35 $US pour une demi-journée).

Ratanakiri Randonnées faciles jusqu'aux villages des minorités ethniques ou treks difficiles au cœur du parc national de Virachey (p. 302).

Temples d'Angkor En prenant pour base Siem Reap, explorez Angkor Thom (p. 152) ou montez jusqu'à la rivière aux Mille Lingams à Kbal Spean (p. 170).

Sports nautiques

On peut pratiquer la plongée et le snorkeling au large de Sihanoukville et apprécier la beauté des profondeurs, même si les sites ne sont pas aussi spectaculaires qu'en Indonésie ou aux Philippines. Il est plaisant de s'éloigner un peu pour plonger autour de Koh Tang et de Koh Prins, en passant la nuit sur un bateau. Entre Koh Kong et Sihanoukville, nombre de spots pourraient un jour faire du Cambodge une destination phare pour la plongée.

On peut pratiquer nombre d'activités – bateau, planche à voile, kitesurf... – sur les plages de Sihanoukville. À Kampot, le stand-up paddle a le vent en poupe ; c'est d'ailleurs une excellente manière d'apprécier les paysages !

Où aller

Kep Rendez-vous au club de voile (Sailing Club ; p. 225) sur le front de mer pour louer un catamaran Hobie Cat ou une planche à voile.

Kampot Découvrez la rivière et les mangroves sur un stand-up paddle (p. 216) – à moins de préférer vous laisser porter sur une chambre à air.

Sihanoukville Plongée, snorkeling, planche à voile, wakeboard, Jet-Ski (p. 191).

Îles du Sud Koh Rong et Koh Rong Sanloem (p. 208) séduisent de plus en plus de plongeurs expérimentés.

Les régions en un clin d'œil

Phnom Penh, capitale en pleine renaissance, est l'endroit tout indiqué pour s'imprégner de la vie contemporaine cambodgienne. Toutefois, la ville de Siem Reap, point d'accès aux temples d'Angkor, vient concurrencer la capitale avec ses restaurants sophistiqués, ses bars branchés et ses boutiques chics. Quant à Angkor, sans conteste l'un des fleurons du patrimoine mondial, il compte des centaines de temples, parmi les plus spectaculaires de la planète.

La côte sud est réputée pour ses stations balnéaires et ses îles tropicales, qui commencent pour la plupart seulement à se développer, contrairement à celles des pays voisins. Dans le Nord-Ouest, la région de Battambang se distingue par un mode de vie rural encore traditionnel ; on y découvre aussi quelques temples isolés cachés dans la jungle. Enfin, l'Est sauvage, territoire des éléphants et des rares dauphins d'eau douce de l'Irrawaddy, est une contrée à la beauté intacte, habitée par une mosaïque de minorités ethniques, et à mille lieues des basses terres cambodgiennes.

Phnom Penh

Cuisine
Vie nocturne
Achats

Mets de choix

On ne compte plus les bistrots français dans la capitale ni les restaurants fusion, qui allient le meilleur des saveurs cambodgiennes et européennes. Pour une expérience locale, essayez l'un des nombreux grills en plein air ou une table de cuisine gastronomique khmère.

By night

Commencez tôt, dans un lieu donnant sur le Mékong, allez dans un bar musical, puis dansez, jusqu'au matin dans un club. La capitale est animée 24h/24 !

Artisanat

Marchés et boutiques de designers témoignent de la créativité des artisans cambodgiens. Vous trouverez aussi des magasins solidaires, qui reversent leurs bénéfices à de bonnes causes.

p. 36

Siem Reap

Temples
Restaurants
Activités

Monuments d'exception

Bien qu'Angkor Vat soit l'un des édifices les plus emblématiques au monde, il côtoie des centaines d'autres temples impressionnants, comme le Bayon, aux immenses visages de pierre, et le Ta Prohm.

Expériences épicuriennes

Entre cuisine khmère contemporaine, plats épicés servis dans la rue, gastronomie française et bien d'autres saveurs encore, Siem Reap est le paradis des gourmets.

Activités

Découvrez Angkor vu du ciel, le temps d'un vol en hélicoptère. Traversez la jungle en tyrolienne ou les rizières en quad. Prenez un cours de cuisine, ou encore, offrez-vous un massage.

p. 95

Côte sud

Plages
Activités
Restaurants

Rubans de sable

Trouvez une bande de sable rien que pour vous, ou installez-vous à un bar de plage. Côté stations balnéaires, direction Sihanoukville, ou Kep, plus nonchalante, sinon, cap sur les îles.

Terre et mer

Trekking, VTT, kayak, escalade et kitesurf sont les activités reines dans les parcs nationaux et les autres zones protégées de la région. Vous pourrez aussi vous adonner à la plongée ou au snorkeling.

Côté cuisine

À chaque ville côtière sa spécialité : Kep les crabes, Takeo les homards, Kampot les déclinaisons autour du poivre, produit phare de la région. À Sihanoukville, offrez-vous des fruits de mer.

p. 176

Nord-Ouest

Temples
Authenticité
Villages flottants

Loin des foules

Angkor vous a ébloui ? N'en oubliez pas pour autant la capitale préangkorienne de Sambor Prei Kuk, les temples perdus dans la jungle de la province de Preah Vihear et le temple plein de charme de Banteay Chhmar.

Pur jus

Charmante cité fluviale, Battambang a une architecture coloniale bien préservée et une scène culinaire dynamique. Kompong Chhnang et Kompong Thom sont des villes typiquement cambodgiennes peu visitées.

Sur l'eau

Le trajet en bateau de Battambang à Siem Reap par la Stung Sangker est fantastique. La visite de Kompong Luong, le plus grand village flottant du Tonlé Sap, vous enchantera.

p. 234

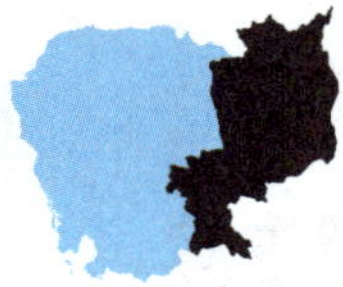

Est

Animaux
Culture
Vie fluviale

Vie sauvage

Dauphins d'eau douce de l'Irrawaddy près de Kratie, éléphants du Mondolkiri ou singes du Mondolkiri et du Ratanakiri : le Nord-Est est un territoire riche en faune, qui s'ouvre à l'écotourisme.

Monde à part

Le Nord-Est est la terre des minorités ethniques. Vous rencontrerez les accueillants Bunong du Mondolkiri et visiterez des cimetières tribaux au fin fond du Ratanakiri.

Vie fluviale

Le puissant Mékong traverse la région. Le Mekong Discovery Trail, qui suit son tracé, est un programme communautaire axé sur le tourisme. Un des affluents du Mékong, le Tonlé Srepok, est apparu dans *Apocalypse Now*.

p. 278

Sur la route

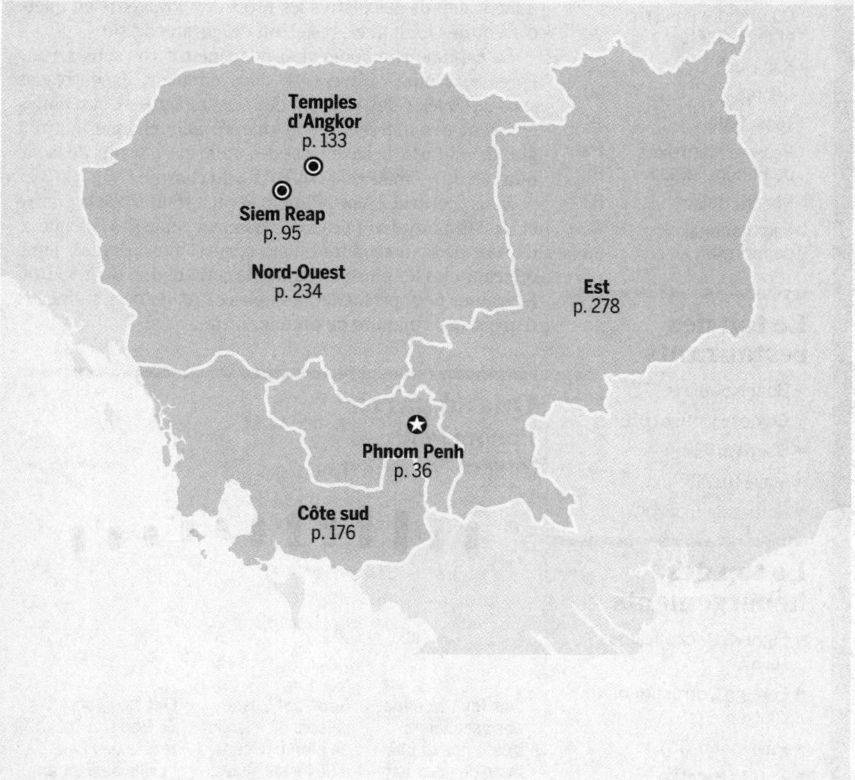

Temples d'Angkor
p. 133
Siem Reap
p. 95
Nord-Ouest
p. 234
Est
p. 278
Phnom Penh
p. 36
Côte sud
p. 176

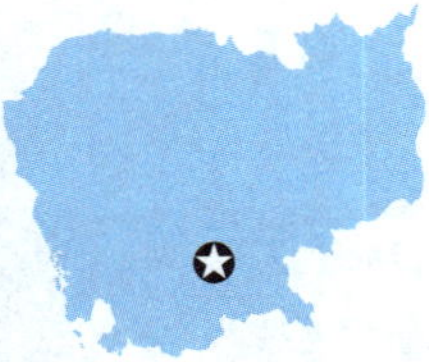

Phnom Penh

023 / 2 MILLIONS D'HABITANTS / SUPERFICIE : 290 KM²

Dans ce chapitre ➡

Le top des restaurants

- Boat Noodle (p. 71)
- Chinese House (p. 65)
- Deco (p. 73)
- Malis (p. 71)
- Romdeng (p. 64)

Le top des hébergements

- Eighty8 Backpackers (p. 57)
- Foreign Correspondents' Club (p. 57)
- Pavilion (p. 60)
- Raffles Hotel Le Royal (p. 60)
- Rambutan Resort (p. 61)

Pourquoi y aller

Flèches scintillantes du Palais royal, moines en robe safran, emplacement privilégié au bord du Mékong, près de la confluence avec le Tonlé Sap... Phnom Penh (ភ្នំពេញ), qui nourrit depuis des lustres les rêves des voyageurs en quête d'aventures lointaines, reste l'un des joyaux d'Asie.

La capitale cambodgienne peut mettre vos sens à rude épreuve. Motos, voitures et vélos circulent à contresens sans se soucier des piétons, des odeurs âcres et entêtantes émanent des marchés, et la ville s'éveille chaque matin à grands renforts de klaxons et des mille et un bruits de la vie quotidienne – mais cela fait partie du charme !

Jadis "perle de l'Asie", Phnom Penh a souffert de la guerre et de l'impitoyable férule des Khmers rouges. Mais elle a, depuis, réussi à renaître de ses cendres pour devenir l'une des capitales les plus plaisantes de cette région du globe, où le visiteur peut profiter d'agréables cafés, de bars animés et d'une scène culinaire de premier ordre.

Quand partir

Phnom Penh

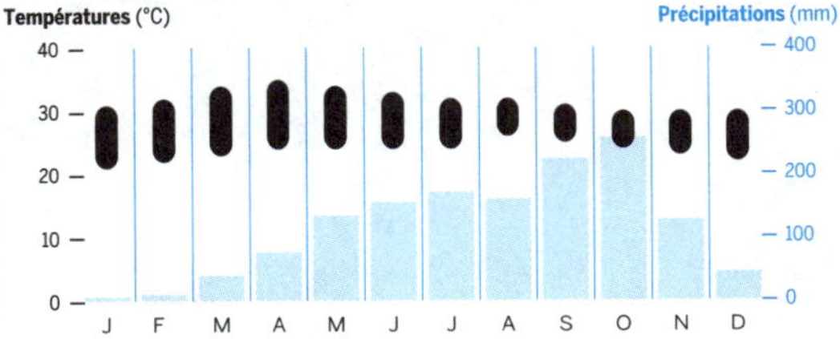

Jan-fév La cohue des vacanciers s'estompe et une brise de nord-est caresse les berges du fleuve.

Sept-oct Basse saison, où le soleil de plomb le cède à de fortes pluies, et nombre d'hôtels cassent leurs prix.

Oct-nov Lors de Bon Om Tuk, la fête de l'Eau, la ville devient un lieu festif sur les berges du fleuve.

À ne pas manquer

1 La plus belle collection du monde de sculptures khmères, au fabuleux **Musée national** (p. 42)

2 La face tragique de l'histoire, avec la visite du **musée du génocide Tuol Sleng** (p. 43) et du **camp d'exécution** (p. 44)

3 La **pagode d'Argent** (p. 41) et ses 5 000 dalles en argent, dans l'enceinte du Palais royal

4 Les plaisirs de la **vie nocturne** (p. 74) – l'*happy hour* comme entrée en matière, suivie d'une tournée des bars et d'une incursion dans l'une des meilleures discothèques de la capitale

5 Les mille et un trésors du **Marché russe** (p. 79), sans égal en matière de shopping

6 Une **croisière au coucher du soleil** (p. 50), cocktail à la main, au fil du Mékong

Histoire

Selon la légende, Phnom Penh fut fondée après qu'une vieille femme, nommée Penh, eut découvert quatre représentations du Bouddha sur les berges du Mékong. Elle les installa sur une colline voisine, et la ville qui s'éleva alentour fut appelée Phnom Penh, la "colline de Penh". Dans les années 1430, Angkor fut abandonnée et la capitale transférée à Phnom Penh. L'emplacement d'Angkor n'offrait aucun avantage pour le commerce, et la cité était exposée aux attaques du royaume siamois (thaïlandais) d'Ayuthaya. Phnom Penh, qui occupait une position plus centrale dans le territoire khmer, était idéalement située pour le négoce fluvial avec le Laos et la Chine, via le delta du Mékong.

Agglomération de Phnom Penh

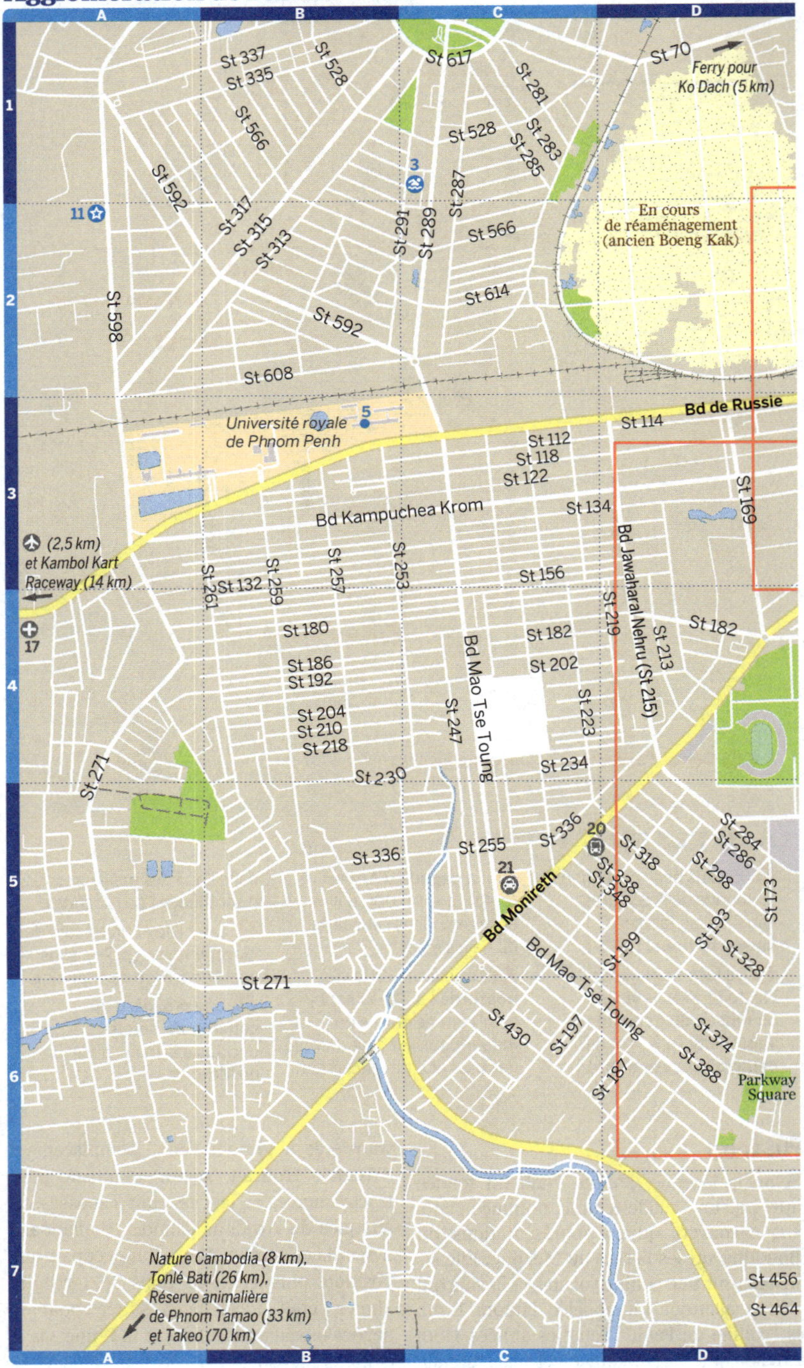

0
1 km
E
F
G
H
1
2
3
4
5
6
7
Kingdom Brewery (1 km), pont de Prek Pnov (11 km), pont de Prek Kdam (30 km) et Udong (35 km)
Tonlé Sap Rd
Quai Sisowath
Tonlé Sap
Mékong
Voir carte Nord de Phnom Penh (p. 52)
Voir carte Sud de Phnom Penh (p. 46)
Voir carte Marché russe (p. 58)
Phnom Penh
Bd Monivong
Bd Charles de Gaulle
Psar O Russei
Bd Norodom
Bd Sihanouk
GOLDEN ST
BOENG KENG KANG
TONLÉ BASSAC
Bd Samech Sothearos
Bd Mao Tse Toung
Koh Pich (Île du Diamant)
Tonlé Bassac
2Cycle Cambodia (2 km) et Smango (17 km)
Neak Luong (60 km) et frontière avec le Vietnam (140 km)
St 82
St 86
St 75
St 47
St 88
St 90
St 92
St 93
St 94
St 96
St 102
St 106
St 108
St 110
St 13
St 118
St 130
St 136
St 144
St 148
St 67
St 51
St 107
St 53
St 154
St 172
St 137
St 139
St 164
St 63
St 174
St 178
St 107
St 184
St 200
St 208
St 19
St 198
St 141
St 214
St 222
St 228
St 240
St 51
St 240
St 244
St 7
St 246
St 258
St 242
St 254
St 264
St 143
St 242
St 252
St 276
St 278
St 282
St 288
St 29
St 21
St 9
St 280
St 292
St 300
St 304
St 310
St 320
St 105
St 85
St 302
St 63
St 57
St 310
St 322
St 51
St 360
St 376
St 386
St 390
St 396
St 71
St 380
St 398
St 400
St 410
St 426
St 432
St 428
St 422
St 436
St 440
St 63
St 454
St 436
St 460
St 468
St 99
St 466
1 2 3 4 5 6 7 8 9 10 12 13 14 15 16 18 19

Agglomération de Phnom Penh

À voir
1 Ambassade de France ... E1

Activités
2 Bateaux de croisière ... F1
3 Long Beach Plaza Hotel ... C1
4 O Spa ... E1
5 Université royale de Phnom Penh ... B3

Où se loger
6 Sangkum ... E1

Où se restaurer
7 Chinese House ... F1
8 Exchange ... E1
9 Barbecues de Koh Pich ... H5

Où prendre un verre et faire la fête
10 Tonle Sab Sky Bar ... H3

Où sortir
11 Apsara Arts Association ... A2
12 Doors ... E1

Renseignements
13 Hôpital Calmette ... E1
Ambassade de France ... (voir 1)
14 Ambassade d'Inde ... F7
15 Ambassade d'Indonésie ... F7
16 Ambassade du Japon ... G7
17 Royal Phnom Penh Hospital ... A4
18 Ambassade de Thaïlande ... G7
19 Ambassade du Royaume-Uni ... E1

Transports
20 Olympic Express ... C5
21 Taxis du psar Dang Kor ... C5

Au milieu du XVIe siècle, le commerce avait fait de Phnom Penh une puissance régionale qui attirait les marchands indonésiens et chinois. Mais un siècle plus tard, les incursions vietnamiennes en territoire khmer privèrent la ville de son accès à la mer, et les Chinois, chassés vers le sud par la dynastie mandchoue Qing, commencèrent à monopoliser les échanges commerciaux. Le royaume du Cambodge, dès lors enclavé et de plus en plus isolé, ne devint rien de plus qu'une zone tampon entre le Siam et le Vietnam, jusqu'à l'arrivée des Français en 1863.

Sous le protectorat français, Phnom Penh fut divisée en quartiers selon le plan qu'elle conserve aujourd'hui. Les administrateurs français et les négociants européens habitaient au nord du *vat* Phnom, entre le boulevard Monivong et le Tonlé Sap ; les commerçants chinois étaient installés sur le quai, du sud du *vat* Phnom au Palais royal et jusqu'au boulevard Norodom à l'ouest ; les Cambodgiens et les Vietnamiens vivaient aux abords et au sud du Palais royal. À leur départ en 1953, les Français laissèrent des édifices prestigieux comme le Palais royal, le Musée national, le *psar* Thmei (marché central) et des bâtiments ministériels.

Phnom Penh se développa rapidement durant les années paisibles qui suivirent l'indépendance, alors que Norodom Sihanouk dirigeait le pays. Quand il fut renversé en 1970, elle comptait 500 000 âmes. Avec l'extension de la guerre du Vietnam au Cambodge, la ville accueillit de nombreux réfugiés jusqu'à atteindre près de 3 millions d'habitants en 1975. Les Khmers rouges entrèrent dans Phnom Penh le 17 avril 1975 et, au nom d'une révolution ultra-radicale, obligèrent la population à partir immédiatement dans les campagnes. Des familles entières furent ainsi séparées au cours des premiers jours fatidiques de la "libération".

Durant la période du Kampuchéa démocratique, des dizaines de milliers de Phnom-penhois, y compris la majorité de l'élite intellectuelle, furent massacrés, et la ville ne compta alors jamais plus de 50 000 habitants – responsables du Parti, ouvriers ou chefs militaires de confiance.

La ville se repeupla à partir de 1979 avec l'arrivée des Vietnamiens, un processus d'immigration qui fut strictement contrôlé dans les premiers temps par le nouveau gouvernement. Dans les années 1980, on voyait plus de vaches que de voitures dans les rues de la capitale. Les années 1990 furent lucratives pour certains : l'installation de l'Apronuc (Autorité provisoire des Nations unies au Cambodge) s'accompagna d'une enveloppe de 2 milliards de dollars, consacrée pour bonne part aux salaires des expatriés.

Phnom Penh a commencé à changer au début du XXIe siècle, avec la rénovation des rues, la pose de canalisations, la création de jardins et l'aménagement des berges. Les affaires se développent dans de nombreux quartiers. Des gratte-ciel sortent de terre, des restaurants élégants apparaissent et les investisseurs sont présents. D'autres changements majeurs se profilent dans cette ville en pleine renaissance.

À voir

Phnom Penh est une capitale relativement petite où l'on s'oriente facilement, grâce à un plan en damier et à des rues numérotées. Accessibles à pied, les principaux sites culturels sont situés près du fleuve, dans le quartier le plus central et le plus plaisant. La plupart des autres lieux dignes d'intérêt ne sont qu'à quelques minutes de là en *moto-dop*.

Palais royal RÉSIDENCE ROYALE

(ព្រះបរមរាជវាំង ; carte p. 42 ; bd Samdech Sothearos ; entrée avec app photo 25 000 r, guide 10 $US/heure ; 7h30-11h et 14h-17h). Avec ses toits khmers classiques et ses dorures, le Palais royal domine la ligne d'horizon de la capitale, non loin du fleuve. Caché derrière un mur d'enceinte, cet ensemble splendide rappelle le Palais royal de Bangkok.

Résidence de l'actuel roi Sihamoni, le domaine est en partie fermé au public. Les visiteurs ont seulement accès à la salle du Trône et à un ensemble de bâtiments voisins. Juste à côté, la pagode d'Argent et ses alentours sont également ouverts au public. Si vous vous présentez en short ou les épaules découvertes, vous devrez louer une tenue adéquate. Le palais connaît une forte affluence de provinciaux le dimanche, ce qui rend plus authentique l'immersion dans la foule.

➡ Palais et dépendances

Tous les visiteurs entrent par la partie est du domaine, proche du **pavillon Chan Chaya**. Des spectacles de danse traditionnelle se déroulaient jadis dans ce pavillon, qui est parfois illuminé la nuit, à l'occasion de fêtes ou d'anniversaires.

La **salle du Trône** est l'attraction phare de l'ensemble palatial. Inaugurée en 1919 par le roi Sisowath, surmontée d'une tour de 59 m de haut inspirée du Bayon d'Angkor, elle est utilisée pour le couronnement et des cérémonies importantes. De nombreux ornements ont été détruits par les Khmers rouges.

Au sud de la salle du Trône, remarquez le curieux **pavillon de Napoléon III**. Offerte au roi Norodom Ier (règne 1860-1904) par la France en 1876, cette construction, avec sa profusion d'éléments métalliques, semble peu adaptée au climat cambodgien.

➡ Pagode d'Argent et dépendances

Également appelée *vat* Preah Keo (pagode du Bouddha d'Émeraude), la **pagode d'Argent** (carte p. 42 ; bd Samdech Sothearos ; inclus dans le ticket du Palais royal ; 7h30-11h et 14h-17h), doit son nom à son sol, constitué de plus de 5 000 dalles d'argent pesant chacune 1 kilo. La plupart ont été couvertes de tapis afin de les protéger, mais on peut en voir quelques-unes près de l'entrée. Construite en bois en 1892 sous le règne du roi Norodom, et sans doute inspirée du *vat* Phra Keo de Bangkok, la pagode fut rebâtie en 1962.

Les Khmers rouges l'épargnèrent afin de prouver au monde extérieur leur souci de préserver l'héritage culturel du pays. Bien que plus de la moitié de ses trésors aient été volés, détruits ou perdus lors du désordre qui suivit l'invasion vietnamienne, ce qui subsiste témoigne de l'éclat et de la richesse de la civilisation khmère.

Un escalier en marbre d'Italie mène à la pagode. À l'intérieur, le **bouddha d'Émeraude**, qui serait en baccarat, est posé sur un piédestal doré, placé sur une estrade. Devant l'estrade, un **bouddha d'or** grandeur nature, réalisé dans les ateliers du palais vers 1907, pèse près de 90 kilos ; il est orné de 2 086 diamants, dont un de 25 carats fixé sur la couronne.

PHNOM PENH EN...

Deux jours

Commencez tôt le matin pour observer les séances collectives d'aérobic qui se déroulent au bord du fleuve, puis petit-déjeunez avant de partir à la découverte du Palais royal (p. 41) et de la remarquable collection de sculptures khmères du Musée national (p. 42). Après un déjeuner au Friends (p. 64), flânez dans le *psar* Thmei (p. 79), avant de rentrer dans le vif du sujet au Marché russe (p. 79). Profitez de l'*happy hour* au Foreign Correspondents' Club (p. 57) pour fêter vos emplettes et poursuivez la nuit en ville.

Le deuxième jour, commencez par une visite du centre à pied, ou promenez-vous simplement autour du *vat* Phnom (p. 44), où les Khmers viennent prier pour avoir de la chance. Déjeunez au bord du fleuve avant de vous lancer dans les visites poignantes du musée Tuol Sleng (p. 43) et de Choeung Ek (p. 44). Ce parcours, certes éprouvant, est essentiel pour comprendre combien le Cambodge s'est relevé depuis ces années tragiques. Pour terminer le week-end en beauté, offrez-vous une croisière sur le Mékong au coucher du soleil et admirez la vue sur le Palais royal.

Palais royal et pagode d'Argent

Le long des murs, on découvre de beaux exemples de l'artisanat khmer, dont des masques, portés lors des ballets traditionnels, et des dizaines de bouddhas en or. Les cadeaux précieux offerts aux monarques cambodgiens par des chefs d'État étrangers semblent bien insipides en regard de l'exubérance de l'art khmer. Les photographies sont interdites à l'intérieur de la pagode.

Le mur d'enceinte de la pagode d'Argent est orné d'une grande **fresque** illustrant le récit épique du *Ramayana* (*Reamker* au Cambodge) ; elle commence au sud de la porte est et comprend des descriptions de la bataille de Lanka. Réalisée vers 1900, elle affiche clairement des signes de vieillesse à certains endroits.

Les autres bâtiments de cet ensemble (répertoriés dans le sens des aiguilles d'une montre à partir de la porte nord) comprennent le **mondap** (bibliothèque), qui renfermait jadis des textes sacrés enluminés, écrits sur des feuilles de palmier (conservés dans une réserve climatisée) ; le **tombeau** et une **statue équestre** du roi Norodom ; le **tombeau** du roi Ang Duong (1845-1859) ; un **pavillon** protégeant une immense empreinte de pied du Bouddha ; **Phnom Mondap**, une colline artificielle surmontée d'une structure contenant une empreinte de pied en bronze du Bouddha venant du Sri Lanka ; un **sanctuaire** dédié à Kantha Bopha, l'une des filles du roi Sihanouk ; un pavillon réservé aux festivités organisées par la famille royale ; le **tombeau** du père du roi Sihanouk, le roi Norodom Suramarit (1955-1960) ; et un **campanile** dont la cloche annonce l'ouverture et la fermeture des portes.

♥ Musée national du Cambodge

ART KHMER

(សារមន្ទីរជាតិ ; carte p. 52 ; www.cambodiamuseum.info ; angle St 13 et St 178 ; 5 $US ; 8h-17h). Immédiatement au nord du Palais royal,

Palais royal et pagode d'Argent

Les incontournables
1 Palais royal C2
2 Pagode d'Argent C3

À voir
3 Campanile C3
4 Statue équestre du roi Norodom C3
5 Résidence royale B2
6 Mondap (bibliothèque) C3
7 Pavillon des cérémonies royales C4
8 Phnom Mondap C3
9 Fresque du Ramayana D3
10 Tombeau du roi Ang Duong D3
11 Tombeau du roi Norodom C3
12 Tombeau du roi Norodom Suramarit C4
13 Tombeau de la fille de Sihanouk C4
14 Salle du Trône B2

Où se loger
15 Aura Thematic Hostel A3

Où prendre un verre et faire la fête
16 Blue Dragon C1
17 Strangefruit Bar A4
18 Vito A3

le Musée national du Cambodge, conçu par l'historien d'art français Georges Groslier, occupe un ravissant ensemble de bâtiments traditionnels en terre, construits entre 1917 et 1920 autour d'un jardin. Il réunit la plus belle collection du monde de sculptures khmères – plus d'un millénaire de somptueuses réalisations d'un art exceptionnel.

Le musée se compose de quatre pavillons donnant sur le jardin. La plupart des visiteurs commencent par la gauche et suivent le sens des aiguilles d'une montre, dans l'ordre chronologique. La première sculpture importante que l'on découvre est le grand fragment – tête, épaules et bras relativement intacts – d'une imposante statue en bronze de Vishnou allongé, découverte en 1936 lors des fouilles menées au Mébon occidental, à côté d'Angkor Vat.

C'est dans le pavillon de gauche que commence la collection préangkorienne, qui illustre l'évolution stylistique, du prosaïsme de la sculpture indienne jusqu'à l'aspect plus divin de la sculpture khmère du Ve au VIIIe siècle. Parmi les pièces remarquables figurent l'imposante statue de Vishnou à huit bras (VIe siècle) trouvée à Phnom Da, et un étonnant Harihara, forme syncrétique des dieux Shiva et Vishnou, provenant de Prasat Andet, dans la province de Kompong Thom. La collection angkorienne comprend plusieurs impressionnantes statues de Shiva des IXe, Xe et XIe siècles ; une énorme sculpture de deux singes en plein combat (Koh Ker, Xe siècle) ; une jolie stèle du XIIe siècle de la province d'Oddar Meanchey, gravée de scènes de la vie de Shiva ; et une belle statue de Jayavarman VII (1181-1219), assis dans une posture méditative, la tête inclinée (Angkor Thom, fin du XIIe siècle).

Le musée possède également des poteries et des bronzes des périodes préangkoriennes du Funan et du Chenla (IVe-IXe siècle), de la période Indravarman (IXe-Xe siècles) et de l'époque classique d'Angkor (Xe-XIVe siècle), ainsi que des objets plus récents comme une barge royale en bois. Les photos, interdites dans les salles, sont autorisées dans le jardin. Des guides peuvent commenter la visite en français (6 $US). Des brochures détaillées sur le musée (en français notamment) sont vendues à l'accueil ; la boutique propose des ouvrages de référence.

♥ Musée du génocide Tuol Sleng

MÉMORIAL ET MUSÉE

(សារមន្ទីរប្រល័យពូជសាសន៍ ; carte p. 46 ; www.tuolsleng.com ; angle St 113 et St 350 ; entrée/guide 2/6 $US ; 7h-17h30). En 1975, les forces de sécurité de Pol Pot firent du lycée Tuol Svay Prey la prison de haute sécurité 21, ou S-21. Ce site devint rapidement le plus grand centre de détention et de torture du pays. Le S-21, devenu le musée Tuol Sleng, ou musée du Génocide, constitue un témoignage bouleversant et glaçant des atrocités commises par les Khmers rouges. Ceux-ci tenaient des registres méticuleux de leurs exactions. Chaque prisonnier qui arrivait au S-21 était photographié, parfois avant et après une séance de torture. Plusieurs salles sont entièrement tapissées de clichés en noir et blanc d'hommes, de femmes et d'enfants, qui furent presque tous exécutés par la suite. L'année d'une photo peut se déterminer au style de la plaque d'identification du prisonnier. Plusieurs étrangers, Français, Australiens, Néo-Zélandais et Américains, furent détenus au S-21 avant d'être assassinés. Moyennant quelques dollars, un guide vous accompagnera et vous relatera l'histoire du centre et de quelques-unes des victimes.

À mesure que la "révolution" trouvait son aboutissement dans un paroxysme de barbarie, les Khmers rouges s'entretuaient. Des bourreaux ayant officié au S-21 furent ainsi éliminés par leurs successeurs. Au début de 1977, quand l'Angkar entama la purge des cadres de la zone Est, le S-21 revendiquait près de 100 victimes par jour. Quand l'armée vietnamienne libéra Phnom Penh au début de l'année 1979, elle ne trouva que sept prisonniers vivants au S-21 ; ils devaient leur survie à leur talent de peintre ou de photographe. Quatorze autres avaient été torturés à mort alors que les Vietnamiens approchaient de la ville. Les photographies de ces ultimes suppliciés sont affichées au mur de la salle où on trouva leurs dépouilles. Les défunts reposent désormais dans une cour voisine.

La visite de Tuol Sleng est très éprouvante. L'aspect banal du lieu le rend d'autant plus épouvantable : l'environnement urbain, la simplicité des bâtiments scolaires, la pelouse sur laquelle les enfants jouaient au ballon, les lits rouillés, les instruments de torture, les barbelés empêchant les prisonniers de se jeter des balcons et les cellules improvisées évoquent la face la plus terrifiante de la nature humaine. Créé en 1995 par le **Cambodian Genocide Program** de l'université de Yale (États-Unis) et indépendant depuis 1997, le **Documentation Center of Cambodia** est consacré à la collecte de documents sur les agissements des Khmers rouges. Les chercheurs ont passé des années à traduire les aveux et les rapports trouvés à Tuol Sleng, à localiser les charniers et à conserver les preuves des atrocités commises. *Bophana, une tragédie cambodgienne* (1996), le documentaire signé du réalisateur franco-cambodgien Rithy Panh, est projeté sur place tous les jours à 10h et 15h (1 heure) – plus récent, le film *Duch, le maître des forges de l'Enfer* (2011), également de Rithy Panh, laisse la parole (un témoignage effroyable) à l'ancien directeur du S-21 et à plusieurs de ses prisonniers. Un diaporama du DC-Cam est diffusé le lundi et le vendredi à 14h et le mercredi à 9h.

DONNEZ VOTRE SANG !

Il y a une grave pénurie de sang au Cambodge du fait d'une stigmatisation du don de sang par la population et d'un taux élevé de thalassémie. Vous pouvez donner votre sang au **National Blood Transfusion Centre** (carte p. 52 ; hôpital Preah Ang Doung, angle bd Norodom et St 114 ; ⏲8h-17h). C'est sans aucun danger… et on vous donnera un T-shirt en échange.

Camp d'exécution de Choeung Ek — MÉMORIAL

(វាលពិឃាតជើងឯក ; 6 $US audioguide inclus ; ⏲7h30-17h30). Entre 1975 et 1978, quelque 17 000 hommes, femmes et enfants, détenus et torturés au S-21, furent transportés au camp d'exécution de Choeung Ek (appelé aussi champs de la Mort, ou *Killing Fields* en anglais), où ils furent assassinés. Les restes de 8 985 personnes, pour la plupart ligotées et les yeux bandés, furent exhumés en 1980 des fosses creusées dans cet ancien verger de longaniers ; 43 des 129 charniers ont été laissés intacts. Des fragments d'ossements et des lambeaux de vêtements sortent du sol autour des fosses. Plus de 8 000 crânes, classés selon le sexe et l'âge, sont disposés derrière les vitres du stupa du Souvenir, érigé en 1988.

L'entrée aux champs de la Mort inclut une excellente visite audioguidée, disponible en plusieurs langues. Le site est bien indiqué (Killing Fields of Choeung Ek), à environ 7,5 km au sud de la ville. Comptez environ 10 $US pour le trajet en *tuk-tuk* (les chauffeurs demandent volontiers plus).

La visite audioguidée comprend notamment des témoignages de survivants des Khmers rouges, ainsi que le récit effrayant de Him Huy, ancien gardien de Choeung Ek et bourreau, qui raconte certaines techniques employées pour tuer des prisonniers innocents et sans défense, dont des femmes et des enfants. Il existe également un musée qui fournit d'intéressants renseignements sur le régime khmer rouge et les procès en cours. Une cérémonie commémorative a lieu tous les ans à Choeung Ek le 9 mai.

La **navette Phnom Penh Hop On Hop Off** (☎016 745880 ; www.phnompenhhoponhopoff.com ; 1/2 pers, 15/25 $US, entrée en sus) pourra venir vous chercher à votre hôtel à 8h ou à 13h30.

Vat Phnom — TEMPLE BOUDDHIQUE

(វត្តភ្នំ ; carte p. 52 ; bd Norodom, au niveau de St 94, temple/musée 1/2 $US ; ⏲7h-18h30, musée 7h-18h). Le vat Phnom se dresse sur la seule colline de la ville, une butte boisée haute de 27 m. Selon la légende, la première pagode fut érigée en 1373 pour héberger les quatre statues du Bouddha découvertes par la vieille femme nommée Penh sur les berges du Mékong. Sur le versant est de la colline, un grand escalier gardé par des lions et flanqué de balustrades en forme de *nâga* (serpent mythique) mène à l'entrée principale du *vat*.

Beaucoup viennent aujourd'hui y prier pour la réussite aux examens ou dans les affaires. Quand un vœu est exaucé, le fidèle revient porter l'offrande promise lors de la supplique – guirlande de jasmin ou bananes, dont les esprits seraient friands.

Le *vihara* (sanctuaire) fut rebâti en 1434, 1806, 1894 et 1926. À l'ouest du *vihara*, un énorme stupa renferme les cendres du roi Ponhea Yat (1405-1467). Du côté sud du passage entre le stupa et le *vihara*, un pavillon contient une statue de Mme Penh, souriante et replète.

Au nord et en contrebas du *vihara*, un sanctuaire hétéroclite est dédié au génie Preah Chau, particulièrement vénéré par les Vietnamiens. À l'entrée de la salle centrale, deux esprits gardiens brandissent des chauves-souris en fer. La salle à droite de la statue est ornée de dessins de Confucius et de représentations de style chinois des sages Thang Cheng (à droite) et Thang Thay (à gauche).

En bas de la colline depuis le *vihara*, à l'extrémité nord-ouest du sanctuaire, un musée renferme des statues anciennes et des objets historiques.

Aux abords du vat Phnom, mendiants, gamins des rues, vendeuses de boissons et enfants aux oiseaux en cage (on paie pour les libérer, mais ils sont dressés à revenir dans leur prison) sollicitent les visiteurs.

Vat Ounalom — TEMPLE BOUDDHIQUE

(វត្តឧណ្ណាលោម ; carte p. 52 ; bd Sothearos ; ⏲6h-18h). GRATUIT Ce *vat*, siège du bouddhisme cambodgien, fut fondé en 1443 et comprend 44 structures. Très endommagé sous les Khmers rouges, il a depuis retrouvé son animation. Le chef de la congrégation bouddhiste cambodgienne y réside, entouré de nombreux moines.

Au 2e étage du bâtiment principal, à gauche de l'estrade, se dresse une statue de Huot Tat, le quatrième patriarche du bouddhisme cambodgien, assassiné par Pol Pot. Réalisée en 1971 quand le patriarche avait 80 ans, elle fut jetée dans le Mékong par les Khmers rouges et retrouvée en 1979. À droite de l'estrade, on découvre la statue d'un ancien patriarche de la secte Thammayut, (à laquelle appartient la famille royale).

Prenez l'escalier situé à gauche derrière l'estrade pour rejoindre le 3e étage. Celui-ci comprend une vitrine abritant un bouddha birman en marbre, mis en pièces par les Khmers rouges et restauré par la suite. Ne manquez pas la vue sur le Mékong.

Derrière le bâtiment principal, un stupa contient un cil du Bouddha. Une inscription en pali, une langue indienne ancienne, surplombe l'entrée.

Stade olympique — SITE REMARQUABLE

(ពហុកីឡដ្ឋានជាតិអូឡាំពិក ; carte p. 46 ; près de l'angle du bd Sihanouk et du bd Monireth ; ⏲6h-22h). GRATUIT Généralement appelé Complexe national des sports, le stade olympique est un bel exemple de l'architecture khmère des années 1960. Il comprend un stade omnisports et des installations pour la boxe, la gymnastique, le volley-ball et d'autres disciplines. Après 17h, vous pourrez assister à des matchs de football ou de badminton, et à des parties de pétanque.

Ce stade olympique est également un lieu de rassemblement populaire pour les cours d'aérobic publics, à l'aube ou au crépuscule.

Vat Moha Montrei — TEMPLE BOUDDHIQUE

(វត្តមហាមន្ត្រី ; carte p. 46 ; bd Sihanouk, au niveau de St 161). Proche du stade olympique, le vat Moha Montrei doit son nom à Chakrue Ponn, un ministre du roi Monivong qui ordonna sa construction (*moha montrei* signifie "le grand ministre"). Le *vihara* en ciment, surmonté d'une tour de 35 m de hauteur, fut achevé en 1970. Les Khmers rouges l'utilisèrent de 1975 à 1979 pour entreposer du riz et du maïs.

Remarquez les éléments cambodgiens sur les peintures murales du *vihara*, qui décrivent la vie du Bouddha. Les anges qui l'accompagnent au ciel portent la tenue des danseurs khmers classiques, et les dignitaires, l'uniforme militaire blanc de la période Sihanouk.

Monument de l'Indépendance — ÉDIFICE HISTORIQUE

(វិមានឯករាជ្យ ; carte p. 46 ; angle bd Norodom et bd Sihanouk). Le monument de l'Indépendance est inspiré de la tour centrale d'Angkor Vat. Érigé en 1958 pour commémorer la fin du protectorat français (1953), il sert aussi de mémorial aux victimes de guerre cambodgiennes. Des gerbes sont déposées lors des fêtes nationales.

Dans le parc situé à l'est se dresse une impressionnante **statue** (carte p. 46 ; bd Sihanouk) du célèbre roi/Premier ministre/homme d'État Norodom Sihanouk, mort en héros national en 2012.

Non loin, dans le parc (ឧទ្យានវត្តបុទុម), en face du ravissant **vat Botum** (carte p. 46 ; entre St 7 et St 19), le **monument de l'Amitié Cambodge-Vietnam** (carte p. 46) est un

Sud de Phnom Penh

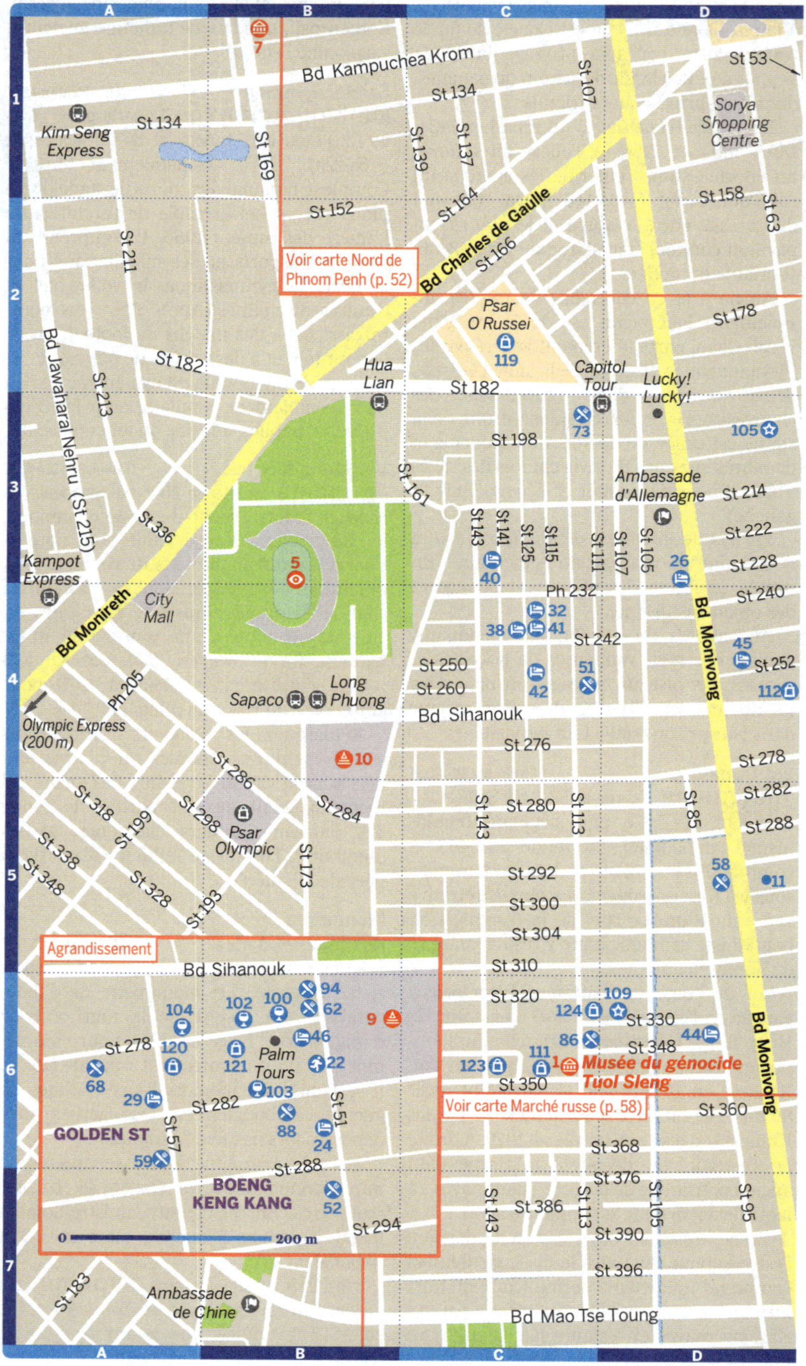

0
1 km
Psar Kandal
Vat Ounalom
Tonlé Sap
Voir carte palais royal et pagode d'Argent (p. 42)
Centre d'information des visiteurs
Quai Sisowath
Parc du Vat Botum
Bd Norodom
Bd Samdech Sothearos
Bd Suramarit
Bd Sihanouk
International SOS Medical Centre
Ambassade de Singapour
Naga Clinic
Hotel Cambodiana
Naga World Casino
Assemblée nationale
Ambassade d'Australie
Terres gagnées sur la mer
White Building
Harley Tours Cambodia
GOLDEN ST
Voir agrandissement
BOENG KENG KANG
TONLÉ BASSAC
Canadia Bank
Hanuman Travel
European Dental Clinic
Cambodia Angkor Air
Ambassade du Myanmar
Koh Pich (Île du Diamant)
Ambassade du Japon (300 m), Ambassade d'Inde (450 m), Ambassade de Thaïlande (450 m), Ambassade d'Indonésie (450 m), Ambassade de Malaisie (1,2 km) et pont Monivong (1,6 km)

Sud de Phnom Penh

Les incontournables

1 Musée du génocide Tuol Sleng ... C6

À voir

2 Monument de l'Amitié Cambodge-Vietnam ... G3
3 Monument de l'Indépendance ... F4
4 Statue de Norodom Sihanouk ... F4
5 Stade olympique ... B3
6 Fabriques de bouddhas de Prayuvong ... F5
7 Galerie Vann Nath ... B1
8 Vat Botum ... G3
9 Vat Langka ... B6
10 Vat Moha Montrei ... B4

Activités

11 Bike Shop ... D5
12 Cambodia Cooking Class ... F3
13 Cambodian Living Arts ... G5
14 Aire de jeux pour les enfants ... G3
15 Dream Land ... H4
16 Free the Bears ... F5
17 Himawari Hotel ... H3
18 Kids City ... E4
19 Monkey Business ... F6
20 NaţaRāj Yoga ... E5
21 Seeing Hand Massage Chan Tharith ... G6
Spa Bliss ... (voir 90)
22 The Place ... B6
23 Yoga Phnom Penh ... F6

Où se loger

24 Blue Dog Guesthouse ... B6
25 Governor's House ... F7
26 H 22 ... D3
27 Imperial Garden ... H3
28 Kabiki ... F4
29 Khmer Surin Boutique Guesthouse ... A6
30 Lazy Gecko Guesthouse ... H3
31 Mad Monkey ... E5
32 Narin Guesthouse ... C4
33 New Me Mate's Villa ... F2
34 Number 9 Guesthouse ... G3
35 One Up Banana Hotel ... F5
36 Pavilion ... F3
37 Plantation ... F2
38 Smiley's Hotel ... C4
39 Sofitel Phnom Penh Phokeethra ... G7
40 Sunday Guesthouse ... C3
41 Tat Guesthouse ... C4
42 Tattoo Guesthouse ... C4
43 Teahouse ... E4
44 Terrace on 95 ... D6
45 The 252 ... D4
46 Top Banana Guesthouse ... B6
47 Villa Langka ... F4
48 White Rabbit ... E5
49 Willow ... G4

Où se restaurer

Aeon Mall Food Court ... (voir 110)
50 ARTillery ... F3
51 Asian Spice ... C4
52 Aussie XL ... B7
53 Backyard Cafe ... G3
54 Black Bambu ... E3
55 Boat Noodle Restaurant ... G5
56 Brown Coffee ... E5
57 Chicky ... E5
58 Chinese Noodle/China Restaurant ... D5
59 Comme à la Maison ... A6
60 Stands de nouilles au curry ... G4
61 Deco ... E6
62 Dosa Corner ... B6
63 From Farm to Table ... F6
64 Hagar ... E5
65 Java Café ... F4
66 JoMa Bakery Cafe ... F5
K'nyay ... (voir 44)
67 Kravanh ... G4

édifice au nom optimiste construit en 1979 dans un style vietnamien (et plutôt communiste). Des concerts ont souvent lieu dans le parc, qui prend vie à partir de 17h avec les fans d'aérobic, de football et de *takraw* (jeu au pied avec une balle en rotin).

Galerie Vann Nath EXPOSITION PERMANENTE

(Carte p. 46 ; Kith Eng Restaurant, 33B St 169). GRATUIT L'artiste cambodgien Vann Nath (1946-2011) est connu dans le monde entier pour ses représentations de scènes de torture perpétrées par les Khmers rouges dans la tristement célèbre prison de haute sécurité 21, dont il fut l'un des sept survivants.

Bon nombre de ses œuvres les plus récentes sont exposées dans le restaurant tenu par sa famille, le Kith Eng Restaurant. Notez qu'il n'y a pas d'horaires fixes, mais la veuve ou le gendre de l'artiste sont souvent présents.

Vann Nath a continué à peindre le S-21 jusqu'à sa mort, en 2011. On peut aussi voir certaines de ses œuvres les plus célèbres au musée Tuol Sleng. Les Vietnamiens incitèrent l'artiste à retourner au S-21 de 1980 à 1982 pour qu'il les peigne *in situ*. "Nous devons penser aux âmes de ceux qui périrent ici", déclara Vann Nath dans une interview peu avant sa mort. "Ces âmes ont quitté ce monde sans espoir, sans lumière, sans futur.

68 La Plaza ... A6
69 Le Lotus Blanc ... F5
70 Lost Room ... F6
71 Magnolia ... E4
72 Malis ... F5
73 Mama Restaurant ... C3
Mama Wong's ... (voir 79)
74 Mara Metro ... E3
Meat & Drink ... (voir 79)
75 Mercy House Coffee Restaurant ... E3
76 My Burger Lab ... F6
77 Ngon ... F4
78 Origami ... G3
79 Piccola Italia Da Luigi ... F5
80 Psar Kabco Restaurant ... G4
Public House ... (voir 50)
81 Red Cow ... F4
82 Sleuk Chark ... E3
83 Sonivid ... E4
84 Sonoma Oyster Bar ... E3
85 Sovanna ... G4
86 Spider Restaurant ... C6
87 Sushi Bar ... F5
88 Taste Budz ... B6
89 Thai Huot ... E6
90 The Shop ... F3
91 The Vegetarian ... G4
92 Tiger's Eye ... G4
93 Topaz ... F7
94 Vego Salad Bar ... B6
95 Yi Sang ... H2
96 Zino Wine Bar ... G5

Où prendre un verre et faire la fête

97 Bar Sito ... G3
98 Bouchon ... H3
99 Che Culo ... F5
Cicada Bar ... (voir 79)
D-22 ... (voir 26)
100 Duplex ... B6
Eclipse ... (voir 26)
101 Epic ... H5
Hangar 44 ... (voir 79)
Harry's Bar ... (voir 79)
Library ... (voir 79)
102 Liquid ... B6
Red Bar ... (voir 79)
103 Score ... B6
Seibur ... (voir 79)
104 Zeppelin Bar ... A6

Où sortir

105 Centre Bophana ... D3
106 Théâtre Chatomuk ... H2
107 CLA's Yike Class ... G5
Flicks ... (voir 44)
Major Cineplex ... (voir 110)
108 Meta House ... G4
109 Showbox ... D6

Achats

110 Aeon Mall ... G6
Bliss Boutique ... (voir 90)
111 Cambodian Handicraft Association ... C6
Couleurs d'Asie ... (voir 90)
112 DAH Export ... D4
113 D's Books ... F3
114 Estampe ... F2
115 International Book Center ... E4
116 Lost 'N' Found Vintage Shop ... E6
117 Monument Books ... F3
Open Book ... (voir 90)
118 Paperdolls ... F5
119 Psar O Russei ... C2
Rehab Craft ... (voir 46)
120 Smateria ... A6
121 Spicy Green Mango ... B6
Subtyl ... (voir 90)
122 Tabitha ... F6
123 Tuol Sleng Shoes ... C6
124 Villageworks ... C6
Waterlily ... (voir 90)
125 Watthan Artisans ... F7

Elles n'avaient pas de vie. Je peins ces scènes pour raconter au monde l'histoire de ceux qui n'ont pas survécu."

Depuis le décès de l'artiste, Chum Mey et Bou Meng sont les deux derniers survivants du S-21.

Ambassade de France SITE REMARQUABLE

(Carte p. 38 ; www.ambafrance-kh.org ; 1 bd Monivong). À l'extrémité nord du boulevard Monivong, l'ambassade de France joua un rôle significatif dans le drame qui suivit la chute de Phnom Penh en 1975. Environ 800 étrangers et 600 Cambodgiens s'y réfugièrent. Au bout de 48 heures, les Khmers rouges annoncèrent au vice-consul qu'ils ne reconnaissaient pas l'immunité diplomatique et que tous seraient massacrés si les Cambodgiens ne sortaient pas.

Les Cambodgiennes mariées à des étrangers eurent le droit de rester, contrairement aux Cambodgiens qui avaient une épouse étrangère. Désespérés, les expatriés virent domestiques, collègues, amis, amants et maris franchir les portes sous escorte et, pour la plupart, disparaître à jamais. Aujourd'hui, un haut mur blanc entoure l'ensemble, qui a retrouvé sa fonction première. Les Français, revenus en nombre au Cambodge, s'efforcent de promouvoir leur langue et leur culture dans leur ancien protectorat.

Bibliothèque nationale SITE REMARQUABLE
(បណ្ណាល័យជាតិ ; carte p. 52 ; St 92 ; ⌚8h-11h et 14h-17h lun-ven). La Bibliothèque nationale occupe un charmant édifice de 1924, près du vat Phnom. Les Khmers rouges, qui la transformèrent en écurie, détruisirent la majorité des ouvrages. Beaucoup furent jetés dans les rues et récupérés par des habitants. Certains les restituèrent à la bibliothèque après 1979 ; d'autres se servirent des pages pour emballer des aliments. Aujourd'hui, l'édifice abrite notamment une collection d'ouvrages usés en anglais et en français.

Fabriques de bouddhas de Prayuvong ART, CULTE
(សិប្បកម្មកសាងព្រះពុទ្ធរូប ព្រះយុវង្ស ; carte p. 46 ; entre St 308 et St 310). Afin de remplacer les innombrables bouddhas et objets rituels détruits par les Khmers rouges, de nombreux artisans se sont installés dans le jardin du vat Prayuvong et réalisent des bouddhas, des *nâga* et de petits stupas en ciment. Si ces représentations sans grâce, peintes de couleurs vives, n'ont rien d'artistique, elles participent de l'effort de la population pour rendre au bouddhisme la place qui était la sienne naguère. Les fabriques sont situées à 300 m au sud du monument de l'Indépendance.

Activités

Aérobic

Tous les jours à l'aube et au coucher du soleil, les Cambodgiens se rassemblent en plusieurs lieux de la ville pour participer à des séances d'aérobic hautes en couleur – un phénomène national ! Un meneur équipé d'une grosse radiocassette et d'un micro veille à la bonne forme physique de ses protégés grâce à un mélange de gymnastique suédoise des années 1980 et de pas de danse à la Michael Jackson. Si ce sport est particulièrement apprécié des femmes d'âge mûr, il attire des individus des deux sexes et de tous âges, et les touristes sont aussi les bienvenus.

Parmi les endroits où il est possible de se joindre aux sportifs ou simplement de regarder, le stade olympique (p. 45) est probablement le meilleur, du fait du grand nombre de participants. Les moniteurs s'y arrachent les clients et le niveau supérieur de la tribune est une cacophonie de musiques de radiocassettes.

On peut également assister à des séances d'aérobic au bord du fleuve ; la zone en face du Blue Pumpkin (p. 63), à l'extrémité de la St 144, est réputée. Des groupes se retrouvent aussi dans le parc du *vat* Botum (p. 45), le long du boulevard Sothearos.

Centres de fitness et piscines

Les hôtels les plus chics cités dans ce chapitre font payer l'accès à leur salle de gym et à leur piscine ; le **Sofitel** (carte p. 46 ; ☎023-999200 ; www.sofitel.com ; 26 bd Sothearos) et l'**Imperial Garden** (carte p. 46 ; ☎023-219991 ; www.imperialgarden-hotel.com ; 315 quai Sisowath) ont également des courts de tennis. Quelques hôtels de charme de milieu de gamme permettent encore d'utiliser leur piscine si vous consommez de la nourriture ou des cocktails – essayez le Teahouse (p. 60) et le **252** (carte p. 46 ; ☎023-998252 ; www.the-252.com ; 19 St 152). Il s'agit cependant de bassins assez petits, parfaits pour se rafraîchir mais peu adaptés à la nage. Dans la plupart des autres établissements de milieu de gamme, l'accès aux équipements est soumis à un droit d'entrée de 5 $US.

Himawari Hotel PISCINE
(Carte p. 46 ; ☎023-214555 ; 313 quai Sisowath ; entrée sem/week-end 7/8 $US). Doté d'un bassin assez grand.

Long Beach Plaza Hotel PISCINE
(Carte p. 38 ; ☎023-998007 ; 3 St 289 ; 1 $US). Pour faire quelques longueurs sans se ruiner – l'endroit est excentré.

Muscle Fitness SALLE DE SPORT
(Carte p. 58 ; angle St 95 et St 386 ; 3,50 $US/séance ; ⌚6h-20h). Une bonne option, en regard du choix d'équipements. La climatisation fonctionne de manière aléatoire.

The Place SALLE DE SPORT
(Carte p. 46 ; ☎023-999799 ; 11 St 51 ; 15 $US ; ⌚6h-22h). Le nec plus ultra, avec beaucoup de machines et une grande piscine.

Course à pied

Hash House Harriers COURSE À PIED
(www.p2h3.com). La Hash House Harriers, appelée "Hash", permet de rencontrer des expatriés. Cette course/marche a lieu le dimanche. Les participants se retrouvent devant la gare ferroviaire (p. 87) à 14h. Le droit d'inscription (5 $US) comprend les boissons (surtout de la bière) à l'arrivée.

Croisières

Les visiteurs apprécient les balades fluviales sur le Tonlé Sap et le Mékong. Elles sont très plaisantes au crépuscule, quand le soleil rougeoyant descend derrière les flèches du Palais royal. De nombreux **bateaux de croisière** (carte p. 38) sont proposés à la location le long du quai, à 500 m au nord de l'endroit où sont amarrés les bateaux touristiques. Comptez environ 20 $US l'heure, selon le nombre de passagers et votre talent de négociateur. Vous pourrez apporter vos boissons ; de la bière et des boissons sans alcool sont en vente à bord.

Vous pourrez aussi opter pour une croisière en groupe. Celles-ci durent environ 45 minutes (5 $US/pers) ; les départs se font toutes les 30 minutes de 17h à 19h30 depuis l'embarcadère touristique (p. 85).

Kanika Boat Tour CROISIÈRES
(Carte p. 52 ; ☎089-848959 ; www.kanika-boat.com ; 7 $US croisière coucher du soleil/dîner 7/20 $US). Le *Kanika*, un beau catamaran blanc, vogue sur le Tonlé Sap et le Mékong tous les soirs, sauf le lundi.

Vous pouvez opter pour la croisière au coucher du soleil à 17h (15 $US avec bière à volonté ou assiettes de dégustation) ou pour celle du dîner, plus longue, qui part à 19h.

Karting

Kambol Kart Raceway KARTING
(☎012-232332 ; 12 $US/10 min). C'est un circuit professionnel qui est implanté à la sortie de Phnom Penh. Le prix comprend le casque et la combinaison. Vous le trouverez à environ 2 km en retrait de la route pour Sihanoukville. Guettez le panneau sur la droite, 8 km après l'aéroport ; si vous arrivez au péage, vous êtes allé trop loin.

PHNOM PENH AVEC DES ENFANTS

À première vue, la circulation anarchique, la pénurie de jardins publics et la solennité tragique de nombreux sites ne font pas de Phnom Penh la ville la plus indiquée pour les enfants. Or, elle compte son lot de petites merveilles propres à séduire les plus jeunes, qui apprécieront aussi les trajets en *tuk-tuk*.

Les enfants adorent les temples bouddhiques – notamment les plus colorés, comme le *vat* Langka (p. 54) ou le *vat* Ounalom (p. 45), et ceux perchés sur des collines comme le *vat* Phnom (p. 44) ou le site d'Udong (p. 90), à l'extérieur de la ville. Bouddhas dorés, stupas étincelants, statues d'animaux et singes en chair et en os y forment un univers fascinant. Le Palais royal (p. 41) est bien fourni en termes d'iconographie bouddhique.

Vous pourrez louer des vélos et traverser le Mékong en ferry depuis le quai situé à l'arrière de l'Imperial Garden Hotel (p. 50). Vous trouverez sur l'autre rive des routes et sentiers faciles permettant de rejoindre le **Smango** (☎016 994555 ; www.smangohouse.com ; piscine 5 $US), une pension située à une quinzaine de kilomètres au nord, où vous trouverez de bons repas et une piscine rafraîchissante – itinéraire détaillé sur le site Web.

Phnom Penh dispose d'agréables espaces de loisirs, dont une **aire de jeux** (carte p. 46 ; bd Samdech Sothearos) au nord-ouest du monument de l'Amitié Cambodge-Vietnam, dans le parc du *vat* Botum, et une autre **aire** (carte p. 52) au sud du *vat* Phnom. Les piscines sont bienvenues dans cette ville où il fait très, très chaud : de nombreux hôtels ouvrent leur bassin aux non-résidents (contre un droit d'entrée ou sous réserve de consommer). Le **Kingdom Resort** (☎023-721514 ; www.thekingdomresort.net ; en retrait de la NH1 ; adulte/enfant 5/3 $US) est idéal pour faire une courte excursion (6 km) en dehors de la ville ; il possède un bassin immense et quelques toboggans.

Idéal pour fuir la chaleur (ou la pluie), **Kids City** (carte p. 46 ; www.kidscityasia.com ; bd Sihanouk ; à partir de 5 $US/heure ; ⏲8h-21h30) est un vaste espace de jeu en intérieur comprenant une superbe salle d'escalade, un parcours dans la jungle, une galerie scientifique et une patinoire. Il existe d'autres espaces de loisirs en intérieur (apportez des chaussettes) avec toboggans, châteaux gonflables et autres, notamment au parc d'attractions **Dream Land** (carte p. 46 ; www.dreamland.com.kh ; 8 quai Sisowath ; 6 $US, aire de jeux 2000 r ; ⏲9h-21h), qui compte également une grande roue et d'autres manèges. Les plus jeunes préféreront **Monkey Business** (carte p. 46 ; St 370 angle St 57 ; enfant 2-4 $US, adulte gratuit ; ⏲9h-19h), où il y a un café avec Wi-Fi pour les adultes.

Beaucoup de restaurants et de cafés accueillent volontiers les enfants. Les sites les plus intéressants se situent en dehors de la ville et constituent d'agréables excursions d'une journée. La réserve animalière de Phnom Tamao (p. 92) abrite par exemple des espèces de la remarquable faune locale.

Nord de Phnom Penh

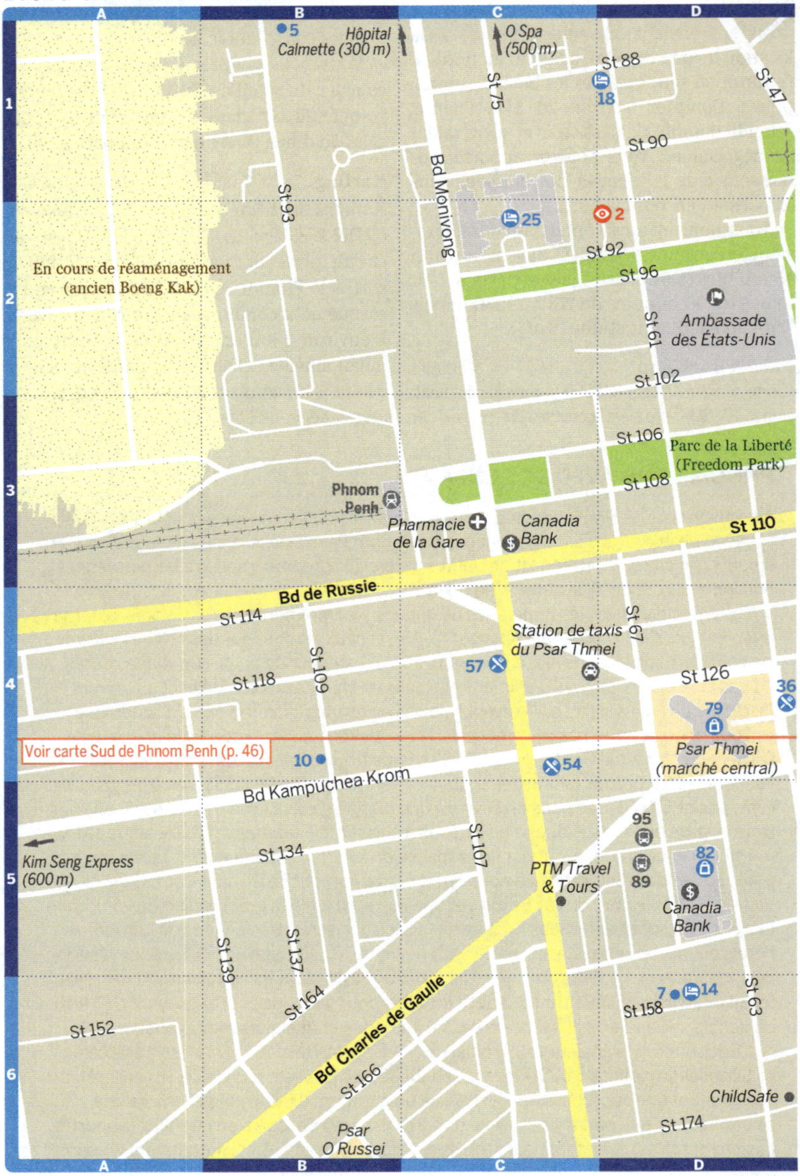

Golf

Si l'appel du swing se fait trop fort, ou tout simplement si vous voulez tester vos aptitudes, sachez que la capitale compte plusieurs parcours 18 trous, pour la plupart situés à au moins 30 km de la ville.

Grand Phnom Penh Golf Club GOLF
(☎023-690 0888 ; www.grandphnompenhgolf.com ; Hanoi Rd ; sem/week-end 85/129 $US, avec voiturette et service du caddy 40 $US). Ce parcours 18 trous, le plus pratique autour de la capitale, a été dessiné par le grand golfeur

Jack Nicklaus. D'Airport Rd, prenez vers le nord et suivez Hanoi Rd sur 5 km ; l'imposante entrée se trouve sur la droite.

Massages et spas

Les salons de massage sont innombrables. Si certains dispensent des services douteux, la capitale compte de nombreux centres sans équivoque et plusieurs spas somptueux où se faire dorloter.

Spa Bliss SPA

(Carte p. 46 ; ☎ 023-215754 ; www.blissspacambodia.com ; 29 St 240 ; massages à partir de 22 $US).

Nord de Phnom Penh

L'un des spas les plus réputés, installé dans une jolie maison coloniale de cette rue animée.

Bodia Spa SPA
(Carte p. 52 ; ☎023-226199 ; www.bodia-spa.com ; angle bd Sothearos et St 178 ; massages à partir de 26 $US ; ⏲10h-23h). Près des rives du fleuve, c'est sans doute le meilleur spa de la ville.

O Spa SPA
(Carte p. 38 ; ☎023-992405 ; www.ospacambodia.com ; 4B St 75 ; massages à partir de 20 $US ; ⏲11h-22h). Une oasis de calme dédiée aux massages revitalisants aux pierres chaudes.

Daughters SPA
(Carte p. 52 ; ☎077-657678 ; www.daughtersofcambodia.org ; 65 St 178 ; soin des pieds 1 heure 10 $US ; ⏲9h-17h30 lun-sam). Les soins (15 min-1 heure) sont assurés par des femmes participant à un programme de formation professionnelle, géré par une ONG.

Nail Bar MASSAGE
(Carte p. 52 ; www.mithsamlanh.org ; boutique Friends n' Stuff, 215 St 13 ; massages 30/60 min 4/7 $US ; ⏲11h-21h). Manucures, pédicures, massages des pieds ou des mains et pose de vernis à prix doux, pour aider Mith Samlanh à former des enfants des rues.

Seeing Hands Massage Chan Tharith MASSAGE
(Carte p. 46 ; ☎092-260910 ; 77 bd Sothearos ; massages 5-7,50 $US ; ⏲7h-22h). On vous soulage de vos douleurs tout en aidant les masseurs, des aveugles, à rester autonomes – le tout avec l'un des meilleurs rapports qualité/prix de la capitale.

Méditation et yoga

Des séances gratuites de 1 heure de méditation vipassana ont lieu dans le *vihara* central du **vat Langka** (carte p. 46 ; angle St 51 et bd Sihanouk) le lundi, le jeudi et le samedi à 18h, et le dimanche à 8h. Pour une

53 Romdeng E6
54 Sam Doo Restaurant C4
55 Sher-e-Punjab G3
Sorya Food Court ..... (voir 82)
56 Special Pho H5
Sugar 'n Spice Cafe ..... (voir 75)
57 Thai Huot C4
58 Van's Restaurant F2
Veiyo Tonlé ..... (voir 43)

Où prendre un verre et faire la fête
59 Blue Chili F6
60 Chez Rina F2
Chow ..... (voir 27)
Dodo Rhum House ..... (voir 59)
61 Dusk Till Dawn E6
Elephant Bar ..... (voir 25)
FCC ..... (voir 19)
62 Heart of Darkness E6
63 Howie Bar E6
Ibiza Lounge ..... (voir 27)
Le Moon ..... (voir 12)
64 Oskar Bistro G3
65 Paddy Rice G3
66 Pickled Parrot F2
67 Pontoon E6

Où sortir
68 Mekong River Restaurant G3
69 Plae Pakaa G6
70 Sharky's F4

Achats
71 Ambre E6
72 Artisans d'Angkor F2
73 Asasax Art Gallery G5
74 Bohr's Books H5
75 Daughters G6
76 D's Books H5
77 Mekong Blue G3
78 Marché de nuit F2
79 Psar Thmei D4
80 Smateria H5
81 Sobbhana E5
82 Sorya Shopping Centre D5
Theam's House ..... (voir 75)
Women for Women ..... (voir 80)

Transports
83 Blue Cruiser G2
84 CTT Net G4
85 Delta Adventure F2
86 Giant Ibis F2
87 Gold VIP F2
88 Golden Bayon Express E4
89 GST D5
90 Hang Chau G2
91 Little Bikes F5
92 Mekong Express F2
93 Neak Krorhorm G3
94 Orient Express 1907 ..... F3
95 Phnom Penh Sorya D5
96 Rith Mony F2
97 Seila Angkor G5
98 Vannak Bikes Rental G3
99 Victoria Hotels G2
100 Virak Buntham F2

initiation, 1 heure vous semblera une éternité. Contentez-vous de 20 ou 30 minutes.

Les studios en ville organisent des cours de yoga réguliers (consultez les horaires sur leur site Internet) pour ceux qui veulent tester cette discipline sur place. Les deux ci-dessous pratiquent des forfaits avantageux pour plusieurs cours.

NaţaRāj Yoga YOGA

(Carte p. 46 ; ☎ 090 311341 ; www.yogacambodia.com ; 52 St 302 ; cours à partir de 9 $US). Atelier de yoga bien connu proposant divers cours.

Yoga Phnom Penh YOGA

(Carte p. 46 ; ☎ 012-739419 ; www.yogaphnompenh.com ; 172 bd Norodom ; cours à partir de 8 $US).

Vélo

Louez un vélo et partez à l'aventure – Koh Dach (p. 90) est accessible sans guide ; vous pouvez aussi traverser le Mékong en prenant un ferry local (1000 r vélo inclus) derrière l'Imperial Garden Hotel (p. 50) pour découvrir les routes bucoliques sur l'autre rive. Pour un parcours plus organisé, (avec ou sans accompagnateur), adressez-vous à l'une des sociétés suivantes. Vicious Cycle propose tous les jours des circuits en groupe à destination d'Udong (p. 90) ou de Koh Dach (départ avant 8h).

Bike Shop VÉLO

(Carte p. 46 ; ☎ 089-834704 ; 31 St 302). Loue des VTT et des vélos de route de bonne facture (10-30 $US) et propose des circuits à vélo sur plusieurs jours à travers tout le pays (à partir de 80 $US/jour et par personne pour un couple).

Vicious Cycle VÉLO

(Carte p. 52 ; ☎ 012-430622 ; www.grasshopperadventures.com ; 23 St 144 ; vélo de route/VTT 4/8 $US/jour). Excellent choix de VTT et d'autres types de vélos. Possibilité de louer des sièges pour les enfants à fixer à votre

BOXE CAMBODGIENNE

Tout le monde connaît la boxe thaïlandaise (*muay thai*) et le *kick-boxing*, mais l'on sait moins que ce sport de contact est sans doute originaire du Cambodge. Le *pradal serey* (littéralement "lutte libre") est la version cambodgienne du *kick-boxing*, et l'on peut voir des combats à Phnom Penh. CTN, la chaîne de télévision à grande audience, présente des combats en direct à 14h le vendredi, le samedi et le dimanche devant son principal studio, sur la NH5, à 4 km au nord du pont de l'Amitié japonaise. L'entrée est gratuite, et une foule tapageuse de supporters s'y presse habituellement et parie clandestinement sur les combats. La plupart des affrontements se terminent par un coup violent du coude et comprennent bien plus de dérobades que dans les autres formes de *kick-boxing*.

Art martial encore plus ancien, le *bokator*, ou *labokatao*, remonterait à l'époque d'Angkor. Son nom signifie "terrasser un lion", et il fut conçu à l'origine pour les affrontements sur les champs de bataille. Perches en bambou, courts bâtons et parfois *krama* (foulards) comptent parmi les armes utilisées. La **Pras Khan Chey Bokator School** (carte p. 52 ; ☎095-455555 ; www.bokatorcambodia.com ; 10 St 109 ; ⌚8h-10h et 18h-20h), à Phnom Penh, propose des **cours** (5 $US/heure) et des stages de préparation à la ceinture marron (1 500 $US). Appelez au préalable pour être sûr d'avoir un formateur parlant au moins anglais.

VTT (3 $US). Vicious représente l'agence Grasshopper Adventures à Phnom Penh.

Cours

Cambodia Cooking Class CUISINE
(Carte p. 46 ; ☎012-524801 ; bureau de réservation 67 St 240 ; demi-journée/journée 15/23 $US). Pour apprendre les subtilités de la gastronomie cambodgienne au Frizz Restaurant. Situé près de l'ambassade de Russie. Réservez.

Circuits organisés

Il existe des formules intéressantes à Phnom Penh et dans les environs. Si vous souhaitez découvrir la ville dans le cadre d'un circuit organisé, sachez que la plupart des pensions et des agences de voyages proposent des formules à 6 $US par personne (droits d'entrée non compris).

Khmer Architecture Tours ARCHITECTURE
(www.ka-tours.org ; visites 10-55 $US selon nombre participants). Il n'y a pas mieux pour ceux qui souhaitent découvrir l'architecture khmère de la période du Sangkum (1953-1970). Ces circuits de découverte de 2-3 heures, à pied ou en cyclo-pousse, passent par les principaux édifices de la capitale. Ils ont lieu 2 ou 3 dimanches par mois, avec un départ à 8h30. Le site Web inclut une carte de l'itinéraire le plus prisé. Pour en savoir plus sur cette architecture, procurez-vous un exemplaire de *Cultures of Independence* (2001) ou de *Building Cambodia: New Khmer Architecture 1953–70* (2006).

Cambodian Living Arts CIRCUITS CULTURELS
(CLA ; carte p. 46 ; ☎017-998570 ; www.cambodianlivingarts.org ; 128 bd Sothearos). Cambodian Living Arts encourage des musiciens cambodgiens âgés à former des jeunes, issus de milieux à risque, à la musique, à la danse et à d'autres formes artistiques traditionnelles. Il est possible d'assister à des cours dans le cadre des "Living Arts Tours", dont ceux de la **classe de l'ensemble pinpeat** (⌚10h45-12h15 lun-ven), dans un bâtiment blanc (White Building) décrépit au style moderniste. Les étudiants apprennent des mélodies qui furent créées pour accompagner les cérémonies, les danses et les pièces masquées dans les cours royales d'Angkor.

Un grand nombre d'autres visites sont proposées, aussi bien à Phnom Penh qu'à Siem Reap, à Takeo et dans d'autres provinces – détails sur le site Internet.

Cyclo Centre CYCLO-POUSSE
(Carte p. 52 ; ☎097-7009762 ; www.cyclo.org.kh ; 95 St 158 ; par heure/jour à partir de 3/12 $US). Un agréable moyen de découvrir les sites de la ville, avec une association qui vient en aide aux conducteurs de cyclo de Phnom Penh. Certains circuits à thème sont axés sur les bars ou la culture.

Kingdom Brewery VISITE DE BRASSERIE
(☎023-430180 ; 1748 NH5 ; visites 6 $US ; ⌚13h-17h lun-ven). La visite de la brasserie Kingdom ne coûte que 6 $US (2 boissons incluses). Il est inutile de réserver. À 1 km au nord du pont de l'Amitié japonaise sur la NH5.

Nature Cambodia QUAD
(☎012-676381 ; www.nature-cambodia.com ; visite 1 heure 30/demi-journée/journée 25/55/110 $US). Partez dans la campagne aux environs de Phnom Penh à bord de quads automatiques, faciles à conduire (2 passagers au maximum). Les circuits d'une journée incluent le Tonlé Bati et la réserve de Phnom Tamao. Ils permettent de découvrir de magnifiques paysages. Il y a aussi des sorties plus longues ou en jeep. Nature Cambodia est à 300 m avant l'entrée de Choeung Ek (p. 44). Réservation indispensable.

Où se loger

Comme dans le reste du Cambodge, l'offre d'hébergement à Phnom Penh est d'un excellent rapport qualité/prix. Quel que soit votre budget, vous pourrez choisir parmi des dizaines de pensions et d'hôtels.

Centre-nord (quartier du quai)

Si l'idée de dormir près du fleuve peut séduire, les meilleures adresses sont situées dans d'autres parties de la ville. Gardez également à l'esprit que les hôtels au bord de l'eau sont généralement bruyants, et que la plupart des chambres économiques n'ont pas de fenêtre ou ne donnent pas sur la berge. Certes, il y a dans ce quartier quelques bons établissements haut de gamme, mais le choix est bien moins alléchant pour les hébergements économiques et de milieu de gamme.

♥ **Foreign Correspondents' Club** BOUTIQUE-HÔTEL $$
(FCC ; carte p. 52 ; ☎023-210142 ; www.fcccambodia.com ; 363 quai Sisowath ; ch standard/deluxe à partir de 59/79 $US petit-déj inclus ; ❄📶). Ce lieu emblématique vous replonge à l'époque des correspondants de guerre. Les chambres affichent un décor en bois poli agrémenté d'œuvres d'art, d'un mobilier haut de gamme et d'anciennes unes du journal *Phnom Penh Post*. Les deluxe ont de ravissants balcons donnant sur le fleuve.

Bougainvillier Hotel HÔTEL-RESTAURANT $$
(Carte p. 52 ; ☎023-220528 ; www.bougainvillierhotel.com ; 277G quai Sisowath ; ch côté rue/fleuve à partir de 55/90 $US petit-déj inclus ; ❄📶). Un hôtel décoré avec goût, qui comprend notamment de vastes suites, avec vue sur le fleuve et balcon privatif. Le bar sur le toit (p. 75) dévoile lui aussi un panorama de choix ; attention : il n'y a pas d'ascenseur !

Amanjaya Pancam Hotel BOUTIQUE-HÔTEL $$$
(Carte p. 52 ; ☎023-214747 ; www.amanjaya-suites-phnom-penh.com ; 1 St 154 ; ch 135-175 $US petit-déj inclus ; ❄@📶). L'Amanjaya jouit d'un emplacement superbe, près du quai, et de chambres spacieuses avec parquet en bois foncé, belles tentures khmères et meubles tropicaux. Bar Moon (p. 75) sur le toit et café **K West** branché au rez-de-chaussée.

The Quay BOUTIQUE-HÔTEL $$$
(Carte p. 52 ; ☎023-224894 ; www.thequayhotel.com ; 277 quai Sisowath ; ch/ste petit-déj inclus à partir de 50/90 $US ; ❄@📶). Style contemporain à l'honneur au bord du fleuve. Mention spéciale pour les suites panoramiques avec vue sur le Mékong, dotées de grands balcons et beaucoup plus spacieuses que les chambres à l'arrière – par ailleurs chics, mais sombres. Belle vue et agréable brise au rendez-vous au bar Chow (p. 75), sur le toit.

Centre-nord (à l'écart du quai)

C'est ici qu'il faut venir pour séjourner à proximité du fleuve sans se ruiner ! Sachez cependant que les pâtés de maisons à l'ouest du Mékong, plus ou moins entre la St 104 et la St 144, sont quelque peu malfamés. Parallèlement, l'émergence de quelques ravissants hôtels de charme traduit aussi une certaine gentrification du quartier. La St 172, entre la St 19 et la St 13, est devenue le secteur le plus prisé des *backpackers* à Phnom Penh.

♥ **Eighty8 Backpackers** AUBERGE DE JEUNESSE $
(Carte p. 52 ; ☎023-5002440 ; www.88backpackers.com ; 98 St 88 ; dort 5,25-7,75 $US, ch 18-26 $US ; ❄@📶). Dans une auberge, piscine rime souvent avec fête ; de fait, l'Eighty8 accueille une grosse soirée le premier vendredi du mois ! Il y a aussi un bar central dans la cour, avec un billard, et beaucoup d'espace pour se prélasser autour du bassin. Côté hébergement : l'immense villa renferme différents types de chambres et dortoirs ; ces derniers (dont un réservé aux femmes) sont climatisés ou ont des ventilateurs.

DoDo Guesthouse PENSION $
(Carte p. 52 ; ☎023-999912 ; dodoguesthouse.wordpress.com ; 2B St 90 ; ch 15-25 $US ; ❄📶). Dans cette impressionnante petite pension au nord du *vat* Phnom, les chambres sont propres, spacieuses et d'un excellent rapport qualité/prix – les salles de bains sont aussi grandes que les chambres de certains de ses concurrents ! Sympathique petit café-bar au rez-de-chaussée.

Marché russe

Me Mate's Place

PENSION $

(Carte p. 52 ; ☎023-5002497 ; www.memates-place.com ; 5 St 90 ; dort 6-7 $US, s/d à partir de 18/20 $US ; ❄@📶🏊). Une charmante petite pension-bar dans un coin tranquille au nord du *vat* Phnom. Les dortoirs pour 6 personnes sont climatisés et incluent de larges et robustes lits. Les chambres, spartiates et parfois sans fenêtre, sont plutôt décevantes par comparaison. Les hôtes peuvent accéder gratuitement à la piscine de l'Eighty8 Backpackers (p. 57). La **New Me Mate's Villa** (carte p. 46 ; ☎012-795961 ; 21A St 184 ; dort 6-10 $US, ch 20-25 $US ; ❄📶) est plutôt destinée aux *flashpackers* (voyageurs sac au dos plus aisés).

Mama Veary's Guesthouse

PENSION $

(Carte p. 52 ; ☎023-989696 ; www.facebook.com/mamavearys ; 26 St 172 ; dort/s/d 4/15/20 $US ; ❄@📶). Des chambres d'hôtel au prix d'une pension : voici une excellente petite adresse dans la St 172 (véritable repaire de *backpackers*). Les dortoirs, propres et climatisés, comptent parmi les hébergements les moins chers de la ville.

Velkommen Backpackers

PENSION $

(Carte p. 52 ; ☎077-757701 ; www.velkommenback-packers.com ; 17 St 144 ; dort 5 $US, ch 8-30 $US ; ❄📶). Cette adresse populaire, dotée de dortoirs climatisés et de chambres de diverses formes et tailles, veille sur les voyageurs depuis une décennie ! On y trouve un bar-restaurant au rez-de-chaussée et de nombreuses infos sur le voyage. De l'autre côté de la rue, la **Velkommen Guesthouse** (carte p. 52 ; ☎077-757701 ; www.velkommengues-thouse.com ; 18 St 144 ; ch 18-45 $US ; ❄📶) loue des chambres plus haut de gamme.

11 Happy Backpacker

AUBERGE DE JEUNESSE $

(Carte p. 52 ; ☎088-7777421 ; happy11gt@hotmail.com ; 87-89 St 136 ; dort 5 $US, ch 8-15 $US ; ❄@📶). Une enseigne historique pour *backpackers*, avec des chambres carrelées de

Marché russe

Activités
1 Muscle Fitness C1

Où se loger
2 Palm Tree Boutique Hotel D1
3 Rambutan Resort C2

Où se restaurer
4 Alma Cucina Mexicana B3
5 Brooklyn Bistro B3
6 Buffalo Sister B4
7 Café Yejj A3
8 Craft Peace Cafe D1
9 Jars of Clay A4
10 Jidaiya D3
11 Restore One Cafe B3
12 Roots & Burgers/Tipico A4
13 Sesame Noodle Bar A4
14 Sisters A3
15 Sumatra B4

Où prendre un verre et faire la fête
16 Mr Bounnareth A3
17 Rock D4

Achats
18 Rajana A3
Rajana .... (voir 7)
19 Marché russe A3

blanc propres et fonctionnelles, et un vaste bar-restaurant sur le toit doté de fauteuils et d'un billard – ambiance calme le jour, plus animée en soirée ! Cinéma, le **Flicks 2**, au rez-de-chaussée.

♥ Blue Lime BOUTIQUE-HÔTEL **$$**
(Carte p. 52 ; ☎023-222260 ; www.bluelime.asia ; 42 St 19z ; ch 50-85 $US petit-déj inclus ; ❄@📶🏊). Le Blue Lime offre d'élégantes chambres de style minimaliste et une magnifique piscine entourée de végétation, qui invite à la détente. Les chambres les plus chères (lits à baldaquin, causeuses) disposent d'un bassin privé. Celles à l'étage du bâtiment principal, moins onéreuses, sont charmantes. Les enfants ne sont pas admis.

Monsoon Boutique Hotel BOUTIQUE-HÔTEL **$$**
(Carte p. 52 ; ☎023-989856 ; www.monsoonhotel.com ; 53-55 Street 130 ; ch 30-45 $US petit-déj inclus ; ❄@📶). Cette petite oasis passe presque inaperçue dans la chaotique St 130. Elle offre pourtant de ravissantes chambres aux sols et murs en béton ciré et de jolies fresques. Prix imbattable à ce niveau de raffinement et si près du fleuve.

De Art Hotel BOUTIQUE-HÔTEL **$$**
(Carte p. 52 ; ☎023-6222298 ; www.dearthotel.com ; 9-12 St 106 ; ch 30-70 $US ; ❄@📶). Ce nouveau boutique-hôtel est venu allonger la liste des établissements chics de Phnom Penh. Et comment ! Il offre un confort quatre étoiles au prix d'un deux-étoiles, avec des chambres ultramodernes ornées d'œuvres d'art contemporain. (Situé à côté des bureaux de compagnies de bus, il peut toutefois être bruyant.)

Billabong BOUTIQUE-HÔTEL **$$**
(Carte p. 52 ; ☎023-223703 ; www.thebillabonghotel.com ; 5 St 158 ; s/d/tr à partir de 36/60/75 $US petit-déj inclus ; ❄@📶🏊). Oasis de calme malgré la proximité du *psar* Thmei, le Billabong loue 41 chambres stylées, autour d'une cour ouverte avec piscine. Optez pour les chambres du rez-de-chaussée donnant sur la piscine, pourvues d'une terrasse privée et plus spacieuses que celles qui sont à l'arrière.

Sundance Inn & Saloon PENSION **$$**
(Carte p. 52 ; ☎016-802090 ; www.sundancecambodia.com ; 61 St 172 ; ch 23-38 $US ; ❄@📶🏊). Lits immenses, salles de bains design, kitchenette et ordinateur relié à un écran plat dans chaque chambre... Le Sundance se distingue des autres hébergements de la St 172. Scène ouverte le lundi, concerts fréquents, cocktails à 1 $US toute la journée et piscine à l'arrière. Une adresse assez festive ; on viendra vous chercher gratuitement à l'aéroport si vous prévenez 24 heures à l'avance.

Artist Guesthouse PENSION **$$**
(Carte p. 52 ; ☎023-213930 ; www.the-artist-guesthouse.com ; 69 St 178 ; 28-58 $US ; ❄📶). Cette petite pension aux faux airs de B&B parfaitement conçue surplombe le Musée national. Les chambres de devant, dotées de balcons, justifient le supplément. Nouveau restaurant au rez-de-chaussée, le **Jay's Diner**.

Sangkum BOUTIQUE-HÔTEL **$$**
(Carte p. 38 ; ☎023-987775 ; www.thesangkum.com ; 35A St 75 ; ch 55-85 $US ; ❄@📶🏊). Par son nom, cette villa des années 1960 installée au nord du *vat* Phnom rend hommage à la période faste que connut le Cambodge sous le règne de Sihanouk (le Sangkum était alors son organisation politique).

Les chambres sont décorées dans le style contemporain et vous profiterez même d'une petite piscine pour vous rafraîchir après avoir exploré la ville.

Raffles Hotel Le Royal HÔTEL HISTORIQUE $$$
(Carte p. 52 ; ☎023-981888 ; www.raffles.com/phnompenh ; angle bd Monivong et St 92 ; ch à partir de 250 $US ;). Depuis l'âge d'or des voyages en Asie, ce palace est l'un des plus prestigieux de la région, dans la lignée de l'illustre Oriental à Bangkok et du Raffles à Singapour. Cette propriété de style colonial classique est l'établissement phare de Phnom Penh, et le service y est à l'aune de l'architecture. Au nombre des équipements : deux piscines, une salle de sport, un spa, ainsi que des bars et restaurants chics.

Entre 1970 et 1975, de nombreux journalistes célèbres travaillant à Phnom Penh séjournèrent ici. Plus récemment, il a accueilli Barack Obama et Angelina Jolie.

La Maison D'Ambre BOUTIQUE-HÔTEL $$$
(Carte p.52 ; ☎023-222780 ; www.lamaisondambre.com ; 123 St 110 ; ste 100-190 $US petit-déj inclus ;). Cet hôtel design, associé à la célèbre boutique de vêtements Ambre, semble avoir été créé pour accueillir un défilé de mode. Les vastes suites thématiques sont décorées avec de superbes œuvres d'art contemporain, de luminaires futuristes, et de belles cuisines.

Une mention toute spéciale au bar sur le toit **The Fifth Element**, avec vue imprenable sur le *vat* Phnom et mobilier contemporain, idéal pour le petit-déjeuner et au coucher du soleil.

Frangipani Royal Palace Hotel BOUTIQUE-HÔTEL $$$
(Carte p. 52 ; ☎023-223320 ; www.frangipanipalacehotel.com ; 27 St 178 ; 80-135 $US ;). Frangipani est une chaîne locale d'hôtels de charme, implantée à Phnom Penh et Siem Reap ; cet établissement surplombant le Palais royal est son navire amiral. Pour mener grand train, demandez une chambre dans les étages supérieurs. Piscine sur le toit avec vue sur le palais ; *happy hour* de 17h à 19h30 au **skybar**.

Quartier de la St 240

Les hôtels de cette partie de la ville jouissent d'un emplacement idéal – ils sont proches du fleuve ainsi que du Palais royal. Sachez également que les établissements de charme avec piscine sont ici monnaie courante. Les voyageurs à petit budget pourront tabler sur la St 258, qui compte plusieurs pensions bon marché.

Number 9 Hotel HÔTEL $
(Carte p. 46 ; ☎023-984999 ; www.number9hotel.com ; 7C St 258 ; ch à partir de 15 $US ;). Le Number 9 fut le premier des établissements pour *backpackers* à l'ancienne de Phnom Penh à monter en gamme pour séduire les *flashpackers*. Il marche toujours très fort grâce à ses excellents tarifs, sa piscine sur le toit et son bar-restaurant animé. Après un séjour dans la campagne cambodgienne, vous aurez peut-être envie d'en profiter !

Aura Thematic Hostel AUBERGE DE JEUNESSE $
(Carte p. 42 ; ☎023-986211 ; www.aurahostel.com ; 205A St 19 ; dort 8-12 $US ;). Dans cette excellente nouvelle auberge, derrière le Palais royal, les chambres explorent les thèmes du désert, de la jungle et de la mer – en réalité, cela se limite à de grandes affiches sur les murs, mais elles n'en sont pas moins immaculées et assorties de belles salles de bains. L'élégant Eluvium Lounge est installé sur le toit.

Lazy Gecko Guesthouse PENSION $
(Carte p. 46 ; ☎078-786025 ; lazygeckocafe@gmail.com ; 1D St 258 ; ch avec ventil 6-10 $US, avec clim 14-20 $US ;). Davantage connu pour son café, le Lazy Gecko propose également des chambres de qualité variable. Les doubles climatisées, qui sont assez quelconques, sont spacieuses et dotées d'un écran plat. Celles avec ventilateur sont petites. Excellent emplacement, parmi les repaires pour *backpackers* de la St 258.

Pavilion BOUTIQUE-HÔTEL $$
(Carte p. 46 ; ☎023-222280 ; www.thepavilion.asia ; 227 St 19 ; ch 50-100 $US petit-déj inclus, app 110-120 $US ;). Dans une ravissante villa coloniale, le célèbre et très agréable Pavilion fut l'un des premiers hôtels de charme de Phnom Penh. Toutes les chambres sont pourvues de lits à baldaquin, de très beaux meubles, d'ordinateurs et de stations pour iPod. Certaines chambres plus récentes disposent d'un bassin privé. Des vélos en bambou sont à la disposition des hôtes. Les enfants ne sont pas admis.

Teahouse BOUTIQUE-HÔTEL $$
(Carte p. 46 ; ☎023-212789 ; www.theteahouse.asia ; 32 St 242 ; ch 33-89 $US petit-déj inclus ;). Le Teahouse est une version plus petite et moins chère du Plantation, avec des chambres élégantes d'un rapport qualité/prix assez exceptionnel. La réception ouverte, surmontée d'un pavillon de style

chinois, est dotée de sièges confortables et d'un accès internet gratuit.

Kabiki BOUTIQUE-HÔTEL **$$**
(Carte p. 46 ; ☎023-222290 ; www.thekabiki.com ; 22 St 264 ; ch 50-80 $US petit-déj inclus ; ❄@📶🏊). Parfait pour les familles, le Kabiki comprend un grand jardin verdoyant et une belle piscine avec pataugeoire. La plupart des chambres disposent d'une terrasse privée ; les familiales renferment des lits superposés.

Plantation BOUTIQUE-HÔTEL **$$$**
(Carte p. 46 ; ☎023-215151 ; www.theplantation.asia ; 28 St 184 ; ch 85-298 $US petit-déj inclus ; ❄@📶🏊). Voici la plus grande et la plus ambitieuse des propriétés du groupe Pavilion. Elle en affiche d'ailleurs les attraits incontournables : hauts plafonds, mobilier et équipements de haut vol, salles de bains sans cloisons et balcons. Deux piscines et une belle réception dans une cour, où sont régulièrement organisées des expositions artistiques.

Boeng Keng Kang et le Tonlé Bassac

Très apprécié des employés des ONG et des expatriés, les quartiers de Boeng Keng Kang (BKK) et du Tonlé Bassac, au sud du monument de l'Indépendance, ont aussi la faveur des voyageurs sac au dos plutôt "aisés" (dits *flashpackers*), grâce à un choix de plus en plus grand de charmants hôtels de milieu de gamme et à une myriade de bars et restaurants branchés, en plus de quelques bonnes auberges.

C'est dans la "Golden St", une section de la St 278, que se concentrent la plupart des hôtels – l'endroit est surnommé ainsi car de nombreux hôtels ont le mot "Golden" dans leur nom.

♥ **Mad Monkey** AUBERGE DE JEUNESSE **$**
(Carte p. 46 ; ☎023-987091 ; madmonkeyhostels.com/phnompenh/ ; 26 St 302 ; dort 4-7 $US, ch à partir de 14-30 $US ; ❄@📶). Une auberge animée et bohème, au succès mérité. Les grands dortoirs, de 6 à 20 lits, ont la climatisation ; les plus petits sont équipés de grands lits superposés pouvant accueillir 2 personnes. Les chambres privées, plutôt chics vu le prix, sont dépourvues de TV et généralement de fenêtre.

Au bar sur le toit surplombant la tranquille Street 302, la bière est gratuite le lundi de 18h à 20h.

Top Banana Guesthouse AUBERGE DE JEUNESSE **$**
(Carte p. 46 ; ☎012-885572 ; topbananahostels.weebly.com ; 9 St 278 ; dort 5 $US, ch 8-18 $US ; ❄@📶). Des chambres assez confortables et quelques dortoirs, dont un réservé aux femmes (4 lits). Le principal attrait de l'endroit est toutefois son emplacement stratégique dominant le *vat* Langka et Golden St, et son espace de détente en plein air. Réservez bien à l'avance. Le **One Up Banana Hotel** (carte p 46 ; ☎023-211344 ; www.1uphotelcambodia.com ; Z9-132 St 51 ; s/d à partir de 33/39 $US ; ❄@📶), à proximité, est conçu pour les *flashpackers*.

The White Rabbit AUBERGE DE JEUNESSE **$**
(Carte p. 46 ; ☎023-223170 ; www.whiterabbit-guesthouse.com ; 40A St 294 ; dort avec ventil/clim à partir de 3/5 $US, ch 6-15 $US ; ❄📶). Cette auberge de jeunesse conviviale est un petit bijou, avec un agréable bar au rez-de-chaussée ainsi qu'un espace détente avec des milliers de films et des jeux de PS3 sur grand écran. Si les chambres privatives sont d'un bon rapport qualité/prix, les clients optent souvent pour les dortoirs confortables, aux salles de bains propres et aux grands lits superposés.

Blue Dog Guesthouse AUBERGE DE JEUNESSE **$**
(Carte p. 46 ; ☎012-658075 ; bluedogguesthouse@gmail.com ; 13 St 51 ; dort 5-6 $US, ch 9-22 $US ; @📶). On préfère s'attarder dans le charmant espace commun/restaurant que dans les chambres, propres mais plutôt basiques. On apprécie néanmoins l'emplacement et le prix. Au bar-restaurant, une boisson gratuite est comprise avec les plats.

♥ **Rambutan resort** BOUTIQUE-HÔTEL **$$**
(Carte p. 58 ; ☎017-992240 ; www.rambutanresort.com ; 29 St 71 ; ch 55-150 $US petit-déj inclus ; ❄📶🏊). Cette superbe villa très années 1960, *gay friendly* et bien tenue, appartenait jadis à l'ambassade des États-Unis. Le bâtiment d'origine élancé et une aile plus récente créent l'ombre nécessaire à la piscine en forme de botte. Avec leurs sols en béton, les 19 chambres, élégantes et pourvues de meubles et d'équipements haut de gamme, ont un petit look industriel.

♥ **Villa Langka** BOUTIQUE-HÔTEL **$$**
(Carte p. 46 ; ☎023-726771 ; www.villalangka.com ; 14 St 282 ; ch 50-120 $US petit-déj inclus ; ❄@📶🏊). L'un des premiers hôtels de charme avec piscine de la capitale, reste très apprécié – malgré la concurrence accrue.

Les 48 chambres, qui sont aménagées avec soin, varient tant par leurs formes que par leurs dimensions.

Palm Tree Boutique Hotel BOUTIQUE-HÔTEL **$$**
(Carte p. 58 ; ☎023-229933 ; www.palmtree-boutiquehotel.com ; 7 St 398 ; ch 42-96 $US ; ❄@☎≋). Ce nouveau boutique-hôtel occupe une villa spacieuse dans le quartier de BKK. Sol en bois ciré et soieries dans les chambres ; minibar (inclus) garni de boissons sans alcool et de quelques bières. Prêt de vélos également.

Khmer Surin Boutique Guesthouse BOUTIQUE-HÔTEL **$$**
(Carte p. 46 ; ☎012-731909 ; www.khmersurin.com.kh ; 11A St 57 ; ch 40-65 $US petit-déj inclus ; ❄☎). Cette pension est rattachée au restaurant du même nom, établi dans une somptueuse villa. Les 19 chambres sont équipées de TV à écran plat, de lits à baldaquin, de meubles anciens et de magnifiques salles de bains, en plus de ravissants balcons ornés de plantes.

The Willow BOUTIQUE-HÔTEL **$$**
(Carte p. 46 ; ☎023-996256 ; thewillowpp.com ; 1 St 21 ; ch 40-70 $US petit-déj inclus ; ❄☎≋). Autre adresse de charme et tendance, le Willow compte douze chambres plutôt spacieuses aménagées dans une splendide villa des années 1960, qui compte également une petite piscine. Les lits à baldaquin, les œuvres d'art moderne, les meubles en bois, les douches à effet de pluie et les écrans plats créent un décor des plus séduisants. L'endroit est réputé pour ses sandwichs et ses *pub quizz* du mercredi soir.

LE DESTIN DU BOENG KAK

Le lac Boeng Kak était le repaire des *backpackers* – semblable à la Khao San Rd de Bangkok, mais au bord de l'eau –, jusqu'à ce qu'il soit complètement comblé avec du sable en 2011, dans le cadre d'un projet de développement immobilier massif. Aujourd'hui, la plupart des pensions ont déménagé plus ou sud, dans la St 172 ou la St 258, et le secteur paraît abandonné. Certains résidents n'ont pas bougé et exigent une compensation de l'État, et il reste encore quelques pensions. Toutefois, désormais, on y vient surtout pour voir les œuvres de *street art* sur les murs, qui évoquent le style de Banksy.

Governor's House BOUTIQUE-HÔTEL **$$$**
(Carte p. 46 ; ☎023-987025 ; www.governorshouse.net ; 3 bd Mao Tse Toung ; ch à partir de 75/185 $US petit-déj inclus ; ❄☎≋). On reste sans voix face aux chambres et aux espaces communs somptueux, décorés de meubles européens très anciens (collection du propriétaire belge, qui est antiquaire), de cet établissement installé dans un bâtiment colonial. Les suites (185 $US) sont tout simplement royales.

Psar O Russei et Tuol Sleng

Avec le déclin du quartier du Boeng Kak, le secteur au sud du *psar* O Russei est devenu très en vogue auprès des voyageurs à petit budget. On y trouve un mélange d'hôtels perchés dans des tours et de pensions pour *backpackers*.

♥ **Narin Guesthouse** PENSION **$**
(Carte p. 46 ; ☎099-881133 ; 50 St 125 ; ch avec ventil/clim 12/17 $US ; ❄@☎). Dans cette pension appréciée de longue date, les chambres sont attrayantes, les salles de bains le sont encore plus, et les prix sont doux. Vous trouverez un agréable restaurant en plein air.

Smiley's Hotel HÔTEL **$**
(Carte p. 46 ; ☎012-365959 ; smileyhotel.pp@gmail.com ; 37 St 125 ; s avec ventil 6 $US, d 15-20 $US ; ❄@☎). Cet immense hôtel de 7 étages, avec ascenseur, compte 40 chambres vastes et (presque) chics. Il y a une grande TV à écran plat dans les chambres à 20 $US.

Sunday Guesthouse PENSION **$**
(Carte p. 46 ; ☎023-211623 ; gech_sundayguesthouse@hotmail.com ; 97 St 141 ; d/tr à partir de 7/11 $US ; ❄@☎). L'authenticité est au rendez-vous dans un bâtiment sur 3 niveaux sans ascenseur, tenu par une famille accueillante. Repas et aide pour organiser votre voyage.

Tat Guesthouse PENSION **$**
(Carte p. 46 ; ☎012-921211 ; tatcambodia@yahoo.com ; 52 St 125 ; s sans sdb 4 $US, ch 7-15 $US ; ❄@☎). Voici une adresse accueillante, avec un espace détente installé sur le toit. Les chambres proposées sont fonctionnelles, mais n'ont rien de franchement exceptionnel (comptez 12 $US pour avoir la climatisation).

La **Tattoo Guesthouse** (carte p. 46 ; ☎011-801000 ; 62A St 125 ; ch 5-10 $US ; ❄☎) voisine loue des chambres plus haut de gamme.

Terrace on 95 BOUTIQUE-HÔTEL $$

(Carte p. 46 ; ☎023-996143 ; www.theterraceon95.com ; 43 St 95 ; ch 35-45 $US ; ❄📶). Dans cet hôtel aussi intimiste qu'un B&B, les 6 chambres joliment meublées occupent une maison traditionnelle impeccablement restaurée. À l'étage, le restaurant K'nyay (p. 73) propose des options végétaliennes. Les chambres du rez-de-chaussée partagent un patio.

H 22 HÔTEL $$

(Carte p. 46 ; ☎023-964020 ; www.d22h22.com ; 22e ét., Phnom Penh Hotel, 445 bd Monivong ; ch "compacte" à partir de 29 $US, ch 60-110 $US ; ❄📶). Les chambres "compactes", installées dans de petites cabanes en bois, sont presque aussi minimalistes que le nom de l'hôtel : elles contiennent tout juste une couchette, un bureau et des rayonnages, le tout dans un espace minuscule. Les chambres standards, nettement plus chères, offrent une vue dégagée sur la ville en plein essor.

Où se restaurer

Les gastronomes seront à la fête à Phnom Penh. Ils se régaleront de plats khmers raffinés et de spécialités venues de tous horizons.

Centre-nord (quartier du quai)

Blue Pumpkin CAFÉ $

(Carte p. 52 ; 245 quai Sisowath ; plats 3-7 $US ; ⏲6h-23h ; 📶). Vous pourrez y petit-déjeuner, vous régaler de pâtes, de sandwichs sains et des meilleures glaces de la capitale, et regarder depuis votre table les séances d'aérobic qui ont lieu tous les soirs au bord du fleuve. Nombreuses adresses en ville, notamment à Kids City (p. 51) et à Monument Books (p. 82).

Anjali/Karma Cafe CAFÉ $

(Carte p. 52 ; 273 quai Sisowath ; plats 3-6 $US ; ⏲7h-tard). Ces restaurants jumeaux partagent presque le même toit et affichent des prix fort raisonnables pour cette partie de la ville. L'Anjali sert quelques plats indiens ; sinon, les deux ont la même carte – plats de pub et quelques spécialités asiatiques.

Kandal House INTERNATIONAL $

(Carte p. 52 ; ☎012-525612 ; 239B quai Sisowath ; plats 4-6 $US ; 📶). Ce restaurant au bord du fleuve est si petit qu'on le manque facilement. Il n'en sert pas moins un délicieux *amok* et d'autres classiques cambodgiens, ainsi que des pâtes, salades et soupes maison. Anchor à la pression, servie en pinte.

¡Viva! MEXICAIN $

(Carte p. 52 ; 139 quai Sisowath ; plats 4-6 $US ; ⏲10h-23h ; 📶). Cette enseigne au bord du fleuve a relevé la barre de la scène culinaire mexicaine de Phnom Penh. Comptez 5 $US pour un pichet de margarita. Vous pourrez aussi vous laisser tenter par les établissements de cuisine internationale situés dans la même zone.

♥ **Yi Sang** CHINOIS $$

(Carte p. 46 ; quai Sisowath ; 6-20 $US ; ⏲6h-23h ; 📶). L'une des rares adresses en ville pour dîner au bord du fleuve – idéale pour prendre un cocktail au coucher du soleil. Au menu : des plats de cuisine de rue cambodgienne bien présentés (dont des *nam ben choc* – nouilles de riz et curry), une profusion de *dim sum* et quelques saveurs internationales.

Pop Café ITALIEN $$

(Carte p. 52 ; ☎012-562892 ; 371 quai Sisowath ; pâtes 6-9 $US ; ⏲11h-14h et 18h-22h). Giorgio vous accueille comme à la maison, avec des pizzas croustillantes, des pâtes fraîches maison et de savoureux gnocchis. L'adresse est appréciée pour sa cuisine italienne authentique.

Grand River INTERNATIONAL $$

(Carte p. 52 ; ☎023-220244 ; 357 quai Sisowath ; 3-12 $US ; ⏲7h-minuit). Ce restaurant récent au bord du fleuve est une excellente adresse pour observer le monde comme il va... La carte comprend des plats cambodgiens et internationaux aux prix modérés et une sélection de boissons correcte.

La Croisette INTERNATIONAL $$

(Carte p. 52 ; ☎023-220554 ; 241 quai Sisowath ; plats 5-18 $US ; ⏲7h-1h ; 📶). Cette Croisette, un endroit sélect et couru sur le quai, sert un bon choix de pâtes et gnocchis maison, de copieux steaks et côtelettes, ainsi que des spécialités cambodgiennes.

Limoncello ITALIEN $$

(Carte p. 52 ; 81 quai Sisowath ; pizzas 5,50-8 $US ; ⏲11h30-14h et 17h30-22h ; 📶). Les pizzas sont tout bonnement divines – ce sont probablement les meilleures de la ville. Les desserts sont également excellents, tout comme l'emplacement au bord du fleuve. Finissez votre repas avec un petit verre de *limoncello* !

Fish POISSON $$

(Carte p. 52 ; ☎023-222685 ; angle St 108 et quai Sisowath ; plats 6-17 $US ; ⏲7h-23h ; 📶). Au menu : des tapas et des plats sophistiqués,

UN REPAS POUR UNE BONNE CAUSE

Plusieurs restaurants de la capitale sont gérés par des associations caritatives. Ils permettent de bien manger tout en contribuant à aider des populations défavorisées.

Centre-nord

Veiyo Tonlé (carte p. 52 ; 237 quai Sisowath ; plats 3.50-6,50 $US ; 7h-23h ;). Un petit restaurant à but non lucratif au bord du fleuve, axé sur la cuisine khmère et italienne (délicieuses pizzas). Une partie des bénéfices est reversée à un orphelinat local.

Romdeng (carte p. 52 ; 092-219565 ; 74 St 174 ; plats 5-8 $US ; 11h-21h ;). Dans une magnifique villa coloniale avec petite piscine, le Romdeng propose une carte cambodgienne rustique avec le fameux *amok* de poisson, une salade de pomélos et un curry de crevettes tigrées. C'est aussi l'endroit tout indiqué pour manger un bœuf au basilic sacré... accompagné de tarentules frites ou de fourmis arboricoles sautées. Il est lié au Friends et emploie d'anciens jeunes des rues et leurs professeurs.

Friends (carte p. 52 ; 012-802072 ; www.friends-international.org ; 215 St 13 ; tapas 4-7 $US, plats à partir de 6-10 $US ; 11h-22h30 ;). Un excellent restaurant, parmi les plus prisés de Phnom Penh, pour ses savoureuses tapas, ses délicieux smoothies et ses cocktails originaux. Des enfants des rues s'y voient offrir un nouveau départ dans l'hôtellerie.

Sugar'n Spice Cafe (carte p. 52 ; www.daughtersofcambodia.org ; 65 St 178 ; sandwichs 3,50-7 $US ; 9h-18h lun-sam ;). Ce fantastique café, sis au dernier étage du centre d'information de l'organisation Daughters, propose soupes, smoothies, boissons au café originales, cupcakes et cuisine fusion. Les serveuses sont d'anciennes prostituées, qui ont été formées par Daughters en vue de leur reconversion.

Centre-sud

Café Yejj (carte p. 58 ; www.facebook.com/CafeYejj ; 170 St 450 ; plats 3,50-6 $US ; 8h-21h ;). À deux pas du Marché russe (montez l'escalier), ce bistrot climatisé est spécialisé dans les pâtes, les salades, les wraps et les plats plus ambitieux comme le ragoût d'agneau à la marocaine et le chili con carne, à partir d'ingrédients bio. Il promeut le commerce et l'emploi équitables.

Jars of Clay (carte p. 58 ; 39B St 155 ; gâteaux 1,50 $US, plats 3-5,50 $US ; 7h30-21h lun-sam ;). Bien plus qu'une simple boulangerie, on y vient pour ses savoureuses spécialités khmères comme le *lok lak* et pour ses boissons rafraîchissantes ; 10% des bénéfices reviennent à des populations dans le besoin, notamment à des femmes arrachées aux réseaux de traite des êtres humains. La climatisation est appréciable par grande chaleur.

Hagar (carte p. 46 ; 44 St 310 ; buffet déj/dîner 6,50/11 $US ; 7h-14h et 18h-21h jeu-sam, 7h-14h dim-mer ;). Tous les bénéfices de ce buffet à volonté contribuent à aider des femmes sans ressources ou maltraitées. Au menu : une cuisine fusion asiatique et des grillades, sauf le mercredi midi et le jeudi soir, où Hagar propose son légendaire buffet italien.

Le Lotus Blanc (carte p. 46 ; 152 St 51 ; plats 4-8,50 $US ; 7h-22h lun-sam ;). Ce restaurant haut de gamme, centre de formation pour les jeunes des rues, est géré par l'ONG française Pour un Sourire d'Enfant. Il sert une cuisine raffinée française et khmère.

Restore One Cafe (carte p. 58 ; 016 302727 ; restoreone.org ; 23 St 123 ; burgers 5,75-6,50 $US ; 11h-21h ;). Dans une belle maison en bois à proximité du Marché russe, le Restore One n'est pas un restaurant de burgers ordinaire. Optez pour un burger "thématique" (American Oink – "Grognement américain" –, Rugged Cowboy – "Cowboy farouche"...) ou préférez du poisson ou du poulet – le tout servi avec des sauces et des frites. Les calories apportées par les burgers contribuent ici à financer des programmes de formation et à venir en aide à des villages déshérités.

Craft Peace Cafe (carte p. 58 ; www.facebook.com/craftpeacecafe ; 14 St 392 ;). Ce café tenu par des jésuites vend des smoothies, des jus de fruits frais, du café, des salades et des sandwichs, ainsi que des articles textiles confectionnés par le personnel handicapé. Un endroit douillet, séduisant et bien climatisé.

notamment une superbe bouillabaisse, et l'un des meilleurs *fish and chips* de la ville.

Happy Herb Pizza PIZZERIA $$
(Carte p. 52 ; ☎012-921915 ; 345 quai Sisowath ; pizzas medium 6-8,50 $US ; 8h-23h ; wi-fi). Les pizzas classiques sont tout à fait recommandables ; celles dénommées "happy" sont déconseillées, car elles contiennent de la marijuana. Une bonne adresse pour boire une bière bon marché, au bord du fleuve.

Bopha Phnom Penh Restaurant CAMBODGIEN $$
(Carte p. 52 ; quai Sisowath ; plats 5-10 $US ; 6h-23h ; wi-fi). Aussi appelé le Titanic, ce restaurant a un cadre ostentatoire, avec des sculptures de style angkorien, un lourd mobilier et une belle terrasse au bord du quai. La carte met l'exotisme à l'honneur, mais il y a aussi des plats occidentaux.

♥ **Chinese House** FUSION $$$
(Carte p. 38 ; ☎023-991514 ; 45 quai Sisowath, angle St 84 ; plats 12-20 $US ; 17h-22h30 lun-sam). Dans un joyau architectural datant du protectorat, la Chinese House mérite une visite, ne serait-ce que pour l'ambiance. Côté table, de nouvelles saveurs asiatiques contemporaines étaient annoncées lors de notre passage... Formule 3 plats à 12,50 $US au déjeuner. L'établissement se double d'un bar à cocktails chic au rez-de-chaussée (concerts réguliers).

Metro FUSION $$$
(Carte p. 52 ; ☎023-222275 ; 271 quai Sisowath ; petites/grandes assiettes 4-8/8-24 $US ; 9h30 -1h ; wi-fi). Avec son étonnante décoration et sa carte plutôt créative, c'est le lieu le plus branché des bords du quai. Au menu : des petites assiettes de dégustation (bœuf aux fourmis rouges, crevettes au poivre noir et tequila) et des grandes assiettes avec grillades et poulet rôti au miel et au soja. Les œufs Bénédicte sont fameux. Le nouveaubar lounge **Mara Metro** (carte p. 46 ; ☎092-776552 ; www.mararestaurant.com ; 16 St 214 ; plats 4,80-13,70 $US ; 10h-1h lun-ven, 17h-1h sam-dim) est une alternative chic à la St 214.

Centre-nord (à l'écart du quai)

Feel Good Cafe CAFÉ $
(Carte p. 52 ; 79 St 136 ; plats 2-5 $US). L'un des rares cafés en ville à torréfier et à moudre son propre café, préparé avec un mélange de grains issus du Cambodge, du Laos et de Thaïlande. La carte internationale va de la Méditerranée au Mexique – sans omettre les *wraps* et les burgers.

Noodle House ASIATIQUE $
(Carte p. 52 ; ☎077 919110 ; 32A St 130 ; plats 3,50-5,50 $US ; 6h-22h). Dans un superbe bâtiment datant du protectorat français merveilleusement restauré, cet établissement paraît plus cher qu'il ne l'est en réalité. Sa carte fait le tour des soupes de nouilles de la région, sans oublier le *kyteow* cambodgien et le *laksa* de Malaisie.

Sorya Food Court ASIATIQUE $
(Carte p. 52 ; 11 St 63 ; 5 000-10 000 r ; 9h-21h). Le *food court* au dernier étage offre une version plus aseptisée de la cuisine locale, avec des stands réunissant un grand choix de plats cambodgiens, chinois, malaisiens et coréens abordables. Fonctionne avec un système de coupons.

Special Pho VIETNAMIEN $
(Carte p. 52 ; 11 St 178 ; plats à partir de 2,50-4,50 $US ; 8h-21h). Un superbe emplacement proche du quai pour déguster un bon *pho* (délicieuse soupe de nouilles), ainsi que du riz frit et des nouilles sautées à un prix modique.

Laughing Fatman CAMBODGIEN $
(Carte p. 52 ; St 172 ; plats 2,50-6,50 $US ; 7h-minuit). Un café accueillant pour les *backpackers*, avec une cuisine bon marché et de copieux petits-déjeuners. C'est l'ancien Oh My Buddha – "Nouveau nom, même corps", a déclaré le patron bien en chair.

Restaurant Soksan CAMBODGIEN $
(Carte p. 52 ; 30 St 136 ; plats 4 000-10 000 r ; 5h30-21h). Ce petit établissement de quartier à deux pas du *psar* Thmei est réputé pour son *lok lak*, son poulet frit épicé et ses soupes de nouilles.

♥ **Sam Doo Restaurant** CHINOIS $$
(Carte p. 52 ; 56-58 bd Kampuchea Krom ; plats 2,50-15 $US ; 7h-2h ; climatisation). Pour de nombreux Chinois du Cambodge, il s'agit tout simplement du meilleur restaurant chinois de la ville ! Outre le riz sauté Sam Doo (sa spécialité), on y trouve du *trey chamhoy* (poisson cuit à la vapeur avec sauce de soja et gingembre), des produits de la mer, des marmites (*hot pots*), des *dim sum*...

Boston CAMBODGIEN $$
(Carte p. 52 ; 54 St 172 ; plats 3-10 $US ; 7h30-23h ; wi-fi). Un café pour *backpackers* haut de

gamme, prisé des expatriés et servant un bon choix de plats cambodgiens et internationaux. Avec sa bonne musique, sa carte des vins et sa présentation soignée, le Boston se distingue de la plupart des autres restaurants de cette rue animée (St 172). Goûtez le bœuf Wellington, sa spécialité !

Exchange INTERNATIONAL $$
(Carte p. 38 ; ☎023-992865 ; 28 St 47 ; 5-15 $US ; ⏲10h-minuit). Ce beau bistrot occupe l'une des vieilles demeures françaises les plus remarquables de Phnom Penh. La carte vous convie à un tour du monde, avec de savoureuses assiettes à partager (méditerranéennes ou de la mer) et d'excellents steaks (viande d'importation).

La Patate BELGE $$
(Carte p. 52 ; 14 St 5 ; plats 4-15 $US ; ⏲7h-2h ; 📶). Une cuisine belge copieuse, avec notamment de riches plats de viande en sauce. On peut aussi opter pour le "burger bazooka", long comme le bras, servi sur un lit *king size* des meilleures frites belges de Phnom Penh.

Dim Sum Emperors CHINOIS $$
(Carte p. 52 ; ☎023-650 7452 ; 48 St 130 ; dim sum 2-3 $US, plats 5-15 $US ; ⏲7h-21h ; 📶). Une adresse extrêmement populaire, pour ses *dim sum*... et pour sa climatisation efficace, bien agréable après une séance shopping au *psar* Thmei voisin.

Lemongrass THAÏLANDAIS $$
(Carte p. 52 ; ☎012-996707 ; 14 St 130 ; plats 4,50-9 $US ; ⏲9h-23h ; 📶). Ce restaurant thaïlandais sélect affiche une belle sélection de plats classiques, à des prix modérés vu le cadre. Craquez pour les *choo chee goong* (crevettes tigrées au curry rouge).

Sher-e-Punjab INDIEN $$
(Carte p. 52 ; ☎023-216360 ; 16 St 130 ; plats 3-7 $US ; ⏲11h-23h ; 🖉). Le Sher-e-Punjab est l'une des meilleures tables indiennes de la capitale. Vous pourrez y déguster des tandooris particulièrement savoureux. Même les crevettes sont à moins de 6 $US.

Lone Star TEX MEX $$
(Carte p. 52 ; 30 St 23 ; 4,50-7 $US ; ⏲7h-23h ; 📶). Si vous avez soudain des envies d'Amérique, vous pourrez regarder ici du football américain, en engloutissant des plats hautement caloriques (pain de viande, tacos de poisson Baja, etc.). On y mangerait les meilleures côtes de porc fumées et ailes de poulet de la ville. Quelques visites en villes après votre repas vous permettront d'éliminer !

♥ **Van's Restaurant** FRANÇAIS $$$
(Carte p. 52 ; ☎023-722067 ; www.vans-restaurant.com ; 5 St 13 ; plats 16-43 $US ; ⏲11h30-14h30 et 17h-22h30). Dans l'ancienne Banque d'Indochine, l'un des plus grandioses bâtiments coloniaux de la ville (on peut encore voir les portes qui ouvraient sur la salle des coffres en se rendant à la salle à manger à l'étage), les plats arborent une décoration soignée – raviolis de langoustines, filet de veau, cailles désossées... Les déjeuners d'affaires sont à 15 $US, verre de vin et café compris.

Armand's FRANÇAIS $$$
(Carte p. 52 ; ☎015 548966 ; 33 St 108 ; repas 12-25 $US ; ⏲à partir de 18h mar-dim). Le propriétaire de ce bistrot français à la réputation de servir les meilleurs steaks de la ville, flambés de surcroît. Tous les autres plats, inscrits sur un tableau, sont à la hauteur de la viande, excellente. L'endroit est petit ; pensez à réserver.

Dine in the Dark INTERNATIONAL $$$
(DID ; carte p. 52 ; ☎077 589458 ; www.didexperience.com ; 126 St 19 ; formule 18 $US ; ⏲18h-23h). Le matin, le Tea Garden ouvre dès 8h dans une cour verdoyante, pour servir ses fameux thé en vrac. Le soir, les lumières s'éteignent et l'on dîne dans le noir à l'étage. Choisissez votre menu (cambodgien, occidental ou végétarien), que vous savourerez dans l'obscurité, assisté d'un guide aveugle. Une expérience enrichissante.

Faire ses courses

Thai Huot SUPERMARCHÉ $
(Carte p. 52 ; 103 bd Monivong ; ⏲7h30-20h30). Ce supermarché est une bonne adresse pour les Français souffrant du mal du pays, car on y trouve de nombreux produits issus de l'Hexagone – de bonnes confitures notamment, et la meilleure sélection de fromages de la ville.

Il existe une autre enseigne dans le quartier de **BKK** (carte p. 46 ; angle St 63 et St 352 ; ⏲7h30-20h30).

Centre-sud

The Vegetarian CAMBODGIEN $
(Carte p. 46 ; 158 St 19 ; plats 1,75-2,50 $US ; ⏲10h30-20h30 lun-sam ; 🖉). L'un des meilleurs rapports qualité/prix de Phnom Penh : tous les plats à 2,50 $US ou moins, servis en portions généreuses. Les spécialités ? Les nouilles et le riz sautés. On apprécie également le cadre arboré dans un coin tranquille et pourtant central, proche du bd Sihanouk.

100% LOCAL

MANGEZ LOCAL !

Barbecues khmers et restaurants de soupes

Le soir, les petits restaurants khmers allument leurs enseignes *Cambodia Beer* et invitent les passants à venir apprécier leur cuisine, accompagnée d'une bière à la pression. N'hésitez pas : la nourriture est excellente et l'ambiance animée.

La plupart des établissements sont spécialisés dans les fruits de mer ou les lamelles de viande grillée, mais on y trouve aussi des nouilles, du riz et d'autres mets sautés, ainsi que des curries et des plats végétariens. Bon nombre de ces restaurants proposent aussi le *phnom pleung* ("montagne de feu"), un barbecue individuel où l'on fait griller sa viande. D'autres permettent de concocter soi-même sa soupe dans un récipient en terre (*soup chhnang dei*), une expérience amusante à plusieurs. Les autres convives vous apporteront de précieux conseils, car il est important de respecter l'ordre et le temps de cuisson des ingrédients, pour ne pas obtenir un mélange d'aliments trop cuits ou trop crus.

On trouve des barbecues khmers dans toute la ville.

Koh Pich (L'île du Diamant ; carte p. 38 ; 2-6 $US). À l'est de l'imposant casino Naga World, abrite plusieurs enseignes réputées.

Red Cow (carte p. 46 ; 126 bd Norodom ; plats 2,50-7 $US ; ⏲16h-23h). On fait griller ici tout ce qui est possible et imaginable – anguille, aubergine, grenouille, chèvre, intestins de porc et caille ; curries et autres spécialités khmères également disponibles.

Sovanna (carte p. 46 ; 2C St 21 ; plats 2-8 $US ; ⏲6h-11h et 15h-23h). Mêlez-vous aux habitants et aux expatriés qui ont fait du Sovanna leur barbecue de prédilection. Vous pourrez aussi goûter au petit-déjeuner national, le *bai sach chrouk* (porc et riz).

Psar Kabco Restaurant (carte p. 46 ; ☎012-702708 ; 5 St 9 ; plats 1,50-4 $US ; ⏲6h-21h). En face du *psar* Kabco (marché Kabco, très local), cet excellent restaurant sino-cambodgien sert une savoureuse cuisine de rue (soupes de nouilles, curries et ragoûts au choix, etc.) et des desserts cambodgiens.

Sonivid (carte p. 46 ; 39 St 242 ; repas 5-10 $US ; ⏲15h-minuit). Ce restaurant très prisé qui fait l'angle de la rue est spécialisé dans les crabes, les calamars, les poissons et les coquillages frits ou cuits à la vapeur. Malgré les apparences, ce n'est pas un barbecue.

Master Suki (carte p. 52 ; 7e ét., Sorya Shopping Centre ; soupe à partir de 5 $US ; ⏲9h-22h). Dans ce restaurant japonais revisité à la mode khmère, on peut s'initier à la préparation de la *soup chhnang dei* – des photos facilitent le choix des ingrédients. Belle vue. D'autres enseignes dans toute la ville.

Cuisine de rue et marchés

Il n'est pas aussi facile de se restaurer dans la rue à Phnom Penh qu'à Bangkok par exemple. Si vous êtes un peu aventureux et que vous voulez faire des économies, lancez-vous. C'est le matin que les échoppes sont le plus animées, puisque la plupart des hommes prennent leur petit-déjeuner dehors. Cherchez du regard les gens assis sur des sièges, et vous trouverez bientôt le stand.

Les nombreux marchés de Phnom Penh ont tous de grands espaces de restauration centraux où sont servies de la soupe de nouilles et des nouilles sautées. La plupart des plats ne coûtent que 4 000-6 000 r. Le moins cher pour manger est le Marché russe (p. 79). Doté d'une aire de restauration en intérieur facile à trouver, il offre un beau choix de spécialités cambodgiennes. À partir de 16h, des stands de restauration s'installent du côté ouest du grand parking – avec notamment des produits de la mer cuits au barbecue. Vous trouverez également de quoi faire au *psar* Thmei (p. 79) et au *psar* O Russei (p. 79). Le **psar Kandal** (carte p. 52 ; entre St 144 et St 154), légèrement en retrait du quai entre la St 144 et la St 154, s'anime un peu plus tard et en début de soirée.

Si l'atmosphère des marchés est trop étouffante, guettez les marchands ambulants qui portent leurs produits sur les épaules ou se déplacent avec de petites charrettes, ou optez pour les **stands de nouilles au curry** (carte p. 46), installés en face du parc du *vat* Botum et ouverts toute la journée.

Phnom Penh

Le charme de la capitale, qui s'exerce d'emblée, prend des formes multiples, des flèches scintillantes du Palais royal aux bâtiments hérités de la présence française. L'ensorcellement vient également de choses simples, comme les effluves de citronnelle échappés des échoppes de rue et l'animation des cafés en bord de fleuve.

1

TOM COCKREM / GETTY IMAGES ©

BEN PIPE / ROBERTHARDING / GETTY IMAGES ©

1. Palais royal (p. 41)
Moines bouddhistes dans l'enceinte de la résidence officielle du roi.

2. Rues de Phnom Penh
Une famille à scooter dans les rues animées de la capitale.

3. Marché alimentaire (p. 67)
Phnom Penh ne manque pas de marchés de primeurs.

4. Salle du Trône (p. 41)
Utilisée pour les couronnements et les cérémonies importantes, cette salle est dotée de toits khmers et de superbes dorures.

STUART DEE / GETTY IMAGES ©

The Shop CAFÉ $
(Carte p. 46 ; 023-986964 ; 39 St 240 ; plats 3,50-6 US $; 7h-19h, 7h-15h dim ;). Ce petit paradis renouvelle régulièrement son choix de sandwichs et de salades à base d'excellents produits (lentilles et champignons sauvages, viande d'agneau, etc.). Les pâtisseries et chocolats sont également délicieux.

Mercy House Coffee Restaurant VÉGÉTARIEN $
(Carte p. 46 ; 157 St 51 ; plats 7 500-15 000 r ; 7h-18h ;). Ce restaurant végétarien de plein air sert une cuisine japonaise teintée de touches cambodgiennes. Optez pour le *teppan-yaki* – fausse viande cuite sur une plaque chauffante surmontée d'un œuf et accompagnée de riz – ou pour les "côtes de porc" aigres-douces.

ARTillery CAFÉ $$
(Carte p. 46 ; St 240 ½ ; plats 4-6 $US ; 7h30-21h mar-dim, 7h30-17h lun ;). Les salades, sandwichs, milk-shakes et en-cas sains (houmous, falafels, etc.) sont servis dans cet espace original, sis dans une allée aux notes artistiques en retrait de St 240. La carte est majoritairement végétarienne, avec notamment des pizzas et un petit volet crudivore. Renseignez-vous sur les plats du jour, invariablement excellents.

Public House FUSION, CUISINE DE PUB $$
(Carte p. 46 ; 017-770754 ; St 240½ ; plats 5-8 $US ; 11h30-23h mar-dim ;). Ce gastropub tenu par des Néo-Zélandais, le premier du genre dans la très tendance St 240½, attire les expatriés branchés avec son long bar et son design épuré. Mais il vaut surtout pour sa cuisine, entre plats fusion (magret de canard rôti servi sur de la semoule, etc.) et recettes de pub (*fish and chips*). *High tea* (thé complet) de 15h à 17h30 ; réservez.

Backyard Cafe VÉGAN $$
(Carte p. 46 ; 078 751715 ; www.backyardeats.com ; 11b St 246 ; plats 4-7 $US ; 7h30-16h30 ;). Pour prendre le pouls de la scène veggie de la capitale cambodgienne, rendez-vous dans ce paisible café contemporain, qui fait la part belle aux superaliments. Avocat farci et bol du dragon (*abundance bowl*) végétalien pour les crudivores ; appétissants desserts végétaliens.

Sleuk Chark CAMBODGIEN $$
(Carte p. 46 ; 012-979199 ; 165 St 51 ; plats 3-10 $US ; 10h30-15h et 17h-22h ;). Ne vous arrêtez pas à l'apparence quelconque du Sleuk Chark : passez la porte pour une expérience culinaire faite de cuisses de grenouille piquantes, d'œufs de caille préparés dans un pot en terre avec du sucre de palme et du poivre noir, de soupe d'œufs de poisson… À moins que vous ne préfériez réveiller vos papilles avec des araignées frites ou du bœuf aux fourmis rouges ?

Magnolia ASIATIQUE $$
(Carte p. 46 ; 012-529977 ; 55 St 51 ; plats 3-8 $US ; 6h-22h ;). Dans une belle maison ancienne restaurée, le Magnolia propose un buffet abordable au déjeuner, des *ban xeo* (crêpes salées vietnamiennes) aussi fines que du papier à cigarette et un choix de classiques régionaux.

Sonoma Oyster Bar POISSON $$
(Carte p. 46 ; 077-723911 ; 159 St 222 ; plateau de 6 huîtres 7,50-9 $US ; 17h-23h ;). Le propriétaire fournit des hôtels de luxe en huîtres importées haut de gamme et en vend à petits prix aux clients de passage. Un *must* pour les amateurs d'huîtres crues. Autres mets alléchants, comme les coquilles Saint-Jacques et les steaks.

Kravanh CAMBODGIEN $$
(Carte p. 46 ; 012-792088 ; 112 bd Sothearos ; plats 3-8 $US ; 11h30-22h ;). Cet élégant restaurant tenu par un Franco-Cambodgien se distingue de ses voisins, notamment par son cadre. Côté carte : des salades composées traditionnelles, des soupes parfumées et des spécialités régionales.

Black Bambu FUSION $$$
(Carte p. 46 ; 023-966895 ; www.black-bambu.com ; 29 St 228 ; 3,50-21,50 $US ; 8h30-23h mar-dim). Ce restaurant chic et contemporain travaille avec l'organisation Cambodia Children's Fund, qui œuvre pour la formation d'enfants démunis dans les secteurs de l'hôtellerie et de la restauration. La carte comprend de délicieuses assiettes à partager – saucisses d'agneau à la citronnelle, poitrine de porc caramélisée au poivre noir, etc.

Origami JAPONAIS $$$
(Carte p. 46 ; 012-968095 ; 88 bd Sothearos ; formule sushis à partir de 25 $US ; 11h30-14h et 18h-22h ;). Cet élégant restaurant fait de la gastronomie japonaise un art à part entière. Certes, les prix sont élevés, mais les connaisseurs ne sauraient se contenter d'une qualité inférieure. Les menus se composent de sushis, de sashimis et de tempura, tous superbement présentés.

Boeng Keng Kang et le Tonlé Bassac

Boat Noodle Restaurant THAÏLANDAIS $
(Carte p. 46 ; 012-774287 ; 57 bd Sothearos ; plats 3-7 $US ; 7h-21h ;). Ce restaurant thaïlando-cambodgien ouvert de longue date est désormais installé sur le boulevard Sothearos. Avec ses plats régionaux, il offre l'un des meilleurs rapports qualité/prix de la ville. Installez-vous, au choix, dans l'espace contemporain à la décoration traditionnelle ou dans la maison en bois typiquement cambodgienne à l'arrière. Délicieuses soupes de nouilles et nombreuses spécialités locales.

Aeon Mall Food Court ASIATIQUE $
(Carte p. 46 ; 132 bd Sothearos ; 1-6 $US ; 9h-22h ;). Il peut sembler incongru de s'aventurer dans le *mall* le plus huppé du pays pour manger à prix doux. L'Aeon Mall n'en compte pas moins deux *food courts*, offrant le meilleur des cuisines d'Asie – et du reste du monde. Menu asiatique au rez-de-chaussée avec des soupes de nouilles, du riz sauté et des sushis. Mobilier plus chic et musique live à l'étage, au World Dining Food Court, situé au niveau 2.

Brown Coffee CAFÉ $
(Carte p. 46 ; angle St 294 et St 57 ; plats 2-5 $US ; 7h-21h ;). Le navire amiral de cette chaîne de café a dépassé ses onéreux concurrents étrangers, tant par le raffinement de son cadre que par son café (le meilleur de la ville). Nombreuses adresses à Phnom Penh.

My Burger Lab BURGERS $
(Carte p. 46 ; 099-666424 ; www.myburgerlab.com.kh ; 160B bd Norodom ; burgers à partir de 1,50 $US ; 10h30-21h ;). Cette nouvelle enseigne adopte une approche expérimentale des burgers, entre saveurs fusion et noms originaux – "Say Cheese", "Kick in the Face"... Notre préférence va au "The A+" (cheddar, oignons caramélisés et shiitakés), même si le pain cuit au charbon de bois tend à manquer de tenue.

JoMa Bakery Cafe CAFÉ $
(Carte p. 46 ; www.joma.biz ; angle bd Norodom et St 294 ; plats 2-6 $US ; 8h-22h ;). Fraîchement arrivé du Laos, le JoMa Bakery Cafe a employé une formule gagnante pour se développer rapidement dans la capitale cambodgienne : la carte est constituée de diverses combinaisons de salades, soupes et sandwichs ; le café, les gâteaux et les smoothies méritent aussi le détour.

Jidaiya JAPONAIS $
(Carte p. 58 ; 097-2306301 ; 79A St 63 ; plats 1-7 $US ; 17h-minuit ;). Au cœur de "Little Tokyo", à l'extrémité sud de la St 63, on se croirait au Japon en entendant les employés crier bien haut "*irasshaimase*" (bienvenue) aux clients qui pénètrent dans le restaurant. Nombreuses brochettes grillées bon marché et divers plats de *soba* et de *ramen*. Bière Sapporo à 2 $US la bouteille.

Dosa Corner INDIEN $
(Carte p. 46 ; 5E St 51 ; plats 1,50-5 $US ; 8h30-14h et 17h-22h). Un vaste choix de crêpes salées (*dosa*) d'Inde du Sud. *Thali* végétariens à 4 $US.

Mama Wong's CHINOIS, FUSION $$
(Carte p. 46 ; 097-8508383 ; 41 St 308 ; plats 3-8 $US ; 10h-22h ;). Une note contemporaine parmi les restaurants chinois de Phnom Penh. Outre les traditionnels soupes de nouilles, petits pains à la vapeur et *congee*, le Mama Wong's offre un mélange de saveurs asiatiques et européennes (mini burgers, etc.). Bon marché et amusant !

Malis CAMBODGIEN $$
(Carte p. 46 ; 023-221022 ; www.malis-restaurant.com ; 136 bd Norodom ; plats 6-12 $US ; 7h-23h ;). Restaurant khmer le plus en vogue, le Malis est un endroit sélect où l'on peut s'installer dans le jardin. La carte originale se compose notamment de bœuf aux pousses de bambou, de gobie au poivre de Kampot, de soupes et de salades traditionnelles. Également prisé pour le petit-déjeuner et formules intéressantes à 3-4 $. Pensez à réserver pour le dîner.

Java Café CAFÉ $$
(Carte p. 46 ; www.javacafeandgallery.com ; 56 bd Sihanouk ; plats 4-8 $US ; 7h-22h ;). Un lieu qui doit sa popularité pérenne à son balcon aéré et à sa carte originale comprenant des salades croquantes, des sandwichs maison, des burgers et des cafés des quatre coins du monde. L'étage se double d'une galerie d'art et le rez-de-chaussée d'une boulangerie.

Piccola Italia Da Luigi PIZZERIA $$
(Carte p. 46 ; 017-323273 ; 36 St 308 ; pizzas 4,50-9 $US ; 11h-14h et 18h-22h ;). C'est ici que tout a commencé dans la St 308 ! On se croirait en Italie dans ce restaurant de quartier animé, où les pizzas sont parmi les meilleures de Phnom Penh.

Petite épicerie fine attenante, pour les amateurs d'antipasti. Réservez pour venir après la tombée de la nuit.

Lost Room INTERNATIONAL $$

(Carte p. 46 ; 078-700001 ; www.thelostroom.asia ; 43 St 21 ; plats 4-12 $US ; 17h-tard lun-sam ;). Dans les petites rues en retrait du Tonlé Bassac (à quelques centaines de mètres), repérez la clé pour trouver cette perle cachée, où l'on se régale de petites assiettes à partager. Goûtez la grillade de kangourou ou le bar et son tartare de fromage de chèvre.

Chicky RÔTISSERIE $$

(Carte p. 46 ; 023-430606 ; 165 St 63 ; plats 3-10 $US ; 11h30-22h). Cette rôtisserie (un peu à la mode française) ne sert que du poulet. La formule est simple : choisissez votre portion (du quart de poulet au poulet entier), puis votre accompagnement (pommes de terre nouvelles, salade, etc.). Savoureux.

Ngon CUISINE DE RUE $$

(Carte p. 46 ; 023-987151 ; www.ngonpnh.com ; 60 bd Sihanouk ; plats 3-9 $US ; 6h30-22h ;). Cette succursale du fameux Quan An Ngon d'Hô Chi Minh-Ville offre un cadre sophistiqué à la cuisine de rue. Faites le tour des vendeurs pour choisir les plats les plus appétissants – à moins que vous ne préfériez consulter directement la carte.

From Farm to Table CAFÉ $$

(Carte p. 46 ; 078-899722 ; 16 St 360 ; plats 3,50-7 $US ; 8h-22h ;). Anciennement Le Jardin, cet établissement possède un jardin luxuriant planté de jaquiers, avec un vieux tracteur sur lequel grimpent les enfants pour s'amuser. Géré par la même équipe que l'ARTillery (p. 70), il promeut l'agriculture biologique au Cambodge et offre une carte saine, avec des petits-déjeuners servis toute la journée, des salades, des sandwichs et des smoothies. Musique live à partir de 18h le vendredi.

Comme à la Maison FRANÇAIS $$

(Carte p. 46 ; 023-360801 ; www.commealamaison-delicatessen.com ; 13 St 57 ; plats 5-9 $US ; 6h-22h30 ;). Un séduisant restaurant en plein air sous un toit de chaume à la balinaise, servant des plats régionaux français, ainsi que des pâtes, des pizzas et des plats du jour en semaine. La boulangerie sur place vend de délicieuses pâtisseries.

Zino Wine Bar INTERNATIONAL $$

(Carte p. 46 ; 023-998519 ; 12 St 294 ; plats 5-15 $US ; 10h30-minuit ;). Ce bistrot et bar à vins populaire offre une carte électique. Formule déjeuner avec entrée-plat-café à 9 $US, brunch à 7,50 $US le week-end (très apprécié) et *happy hour* chaque jour de 16h à 19h. Longue carte des vins.

Aussie XL INTERNATIONAL $$

(Carte p. 46 ; www.aussiexl.com ; 205A St 51 ; plats 7-14 $US ; 9h-23h). On ne vient pas ici pour picorer ! Ici les burgers XL prennent toutes les formes possibles – au poisson, à l'agneau, au poulet et au bœuf. Le week-end, des cochons sont parfois rôtis à la broche. La TV est branchée sur les chaînes de sport australiennes.

Sushi Bar JAPONAIS $$

(Carte p. 46 ; 023-215041 ; www.sushibar-kh.com ; 2D St 302 ; formules sushis à partir de 6 $US ; 11h-22h ;). Dites-vous bien que ce n'est pas seulement pour ses prix bas que cet établissement affiche toujours complet : il s'agit tout bonnement de la meilleure adresse pour manger du poisson cru promptement servi. Installez-vous en bas au bar, dehors dans le patio ou dans les salles privées à l'étage.

La Plaza ESPAGNOL $$

(Carte p. 46 ; 22B St 278 ; tapas 2,50-10 $US ; 11h-14h et 17h-22h ;). Cet authentique bar à tapas espagnol installé dans une confortable maison de négoce de la Golden St affiche une carte variée comprenant les grands classiques (crevettes à l'ail, boulettes de viande) et des déclinaisons plus locales comme les *boquerones del Mekong* (anchois marinés au vinaigre).

Vego Salad Bar CAFÉ $$

(Carte p. 46 ; 011 457711 ; 3 St 51 ; plats 4-7 $US ; 7h30-21h ;). Le Vego séduit les amateurs de cuisine saine avec ses *wraps* et ses salades à composer soi-même – choisissez votre salade, vos légumes, votre viande ou votre fromage, et vos condiments. Formules avec smoothies disponibles.

Taste Budz INDIEN $$

(Carte p. 46 ; 092-961554 ; 13E St 282 ; plats 3-6 $US ; 10h-14h30 et 17h-22h). Ce restaurant au nom étrange grand comme un mouchoir de poche est l'une des meilleures tables indiennes de Phnom Penh – et elles sont nombreuses ! Il est spécialisé dans la cuisine du Kerala (Inde du Sud) ; ses plats *kedai* épicés sont également divins. Commandez un *porotta* (pain plat) en accompagnement et mangez avec les doigts !

Deco EUROPÉEN $$$
(Carte p. 46 ; 017-577327 ; www.decophnompenh.com ; angle St 352 et St 57 ; plats 7-15 $US ; 12h-14h et 17h-22h ;). Le cadre séduisant, dans une maison au style Art déco, et la carte régulièrement renouvelée de cuisine européenne innovante font de ce restaurant l'un des plus raffinés de Phnom Penh. On y sert en continu du magret de canard, des beignets de crabe au poivre de Kampot et de fabuleux cocktails originaux. Vous pourrez également y siroter une bière artisanale.

Topaz FRANÇAIS $$$
(Carte p. 46 ; 023-221622 ; www.topaz-restaurant.com ; 182 bd Norodom ; plats 5-25 $US ; 11h-14h et 18h-23h ;). Ce restaurant historique occupe une belle villa, pourvue de bassins et d'une grande cave. Escargots de Bourgogne à l'ail, foie gras, steak tartare, fondant au chocolat... : la carte se veut résolument française.

Tiger's Eye FUSION $$$
(Carte p. 46 ; 023-212917 ; thetigerseye.asia ; 49 bd Sothearos ; plats 12-23 $US, menu dégustation 55 $US ; 7h30-22h30 ;). Anciennement le Common Tiger, le Tiger's Eye se distingue par ses saveurs fusion originales. C'est le chef sud-africain lui-même qui amène ses créations aux clients, dans d'énormes assiettes. La carte, régulièrement renouvelée, ne comprend généralement que quelques plats principaux. Délicieux pain maison et desserts à tomber.

Psar O Russei et Tuol Sleng

Asian Spice ASIATIQUE $
(Carte p. 46 ; 79 St 111 ; plats 2-3,50 $US ; 6h-21h ;). Si la spécialité de la maison est le *laksa* de Singapour piquant, on trouve aussi des spécialités indonésiennes et malaisiennes parfaitement épicées et des plats européens. L'un des meilleurs rapports qualité/prix de la capitale.

Mama Restaurant CAMBODGIEN $
(Carte p. 46 ; 10C St 111 ; plats 1,50-4 $US ; 7h30-20h30). Ce café pour *backpackers* établi de longue date en plein cœur du quartier du *psar* O Russei sert une savoureuse cuisine khmère aux influences françaises, du *shepherd's pie* (sorte de hachis parmentier) et un fabuleux ragoût de bœuf.

Spider Restaurant CAMBODGIEN $
(Carte p. 46 ; 50 St 113 ; plats 2,50-6 $US ; 8h-17h ;). En face du Tuol Sleng, le Spider Restaurant est un café à l'ambiance décontracté avec ventilateur, bons curries, café, musique jazz et joli carrelage en damier.

Chinese Noodle/China Restaurant CHINOIS $
(Carte p. 46 ; 553 bd Monivong ; plats 1,50-3 $US ; 6h-2h). Ces restaurants jumeaux bon marché attirent aussi bien les Cambodgiens que les expatriés. Le Chinese Noodle sert des nouilles variées (au canard, à l'estomac de porc, etc.) ; le China Restaurant est réputé pour ses raviolis pékinois grillés.

K'nyay VÉGÉTALIEN $$
(Carte p. 46 ; 011 454282 ; 43 St 95 ; plats 4-7 $US ; 12h-22h mar-ven, 8h-22h sam-dim ;). À l'étage de l'hôtel de charme The Terrace on 95 (p. 63), ce magnifique restaurant propose des spécialités cambodgiennes à base de viande, une carte végétalienne et des paniers-repas végétaliens à emporter. Goûtez au savoureux curry à la banane ou à la citrouille. Sinon, passez-y pour un milk-shake sain.

Quartier du Marché russe

Quoi de mieux qu'un café glacé ou un milk-shake aux fruits frais après le tumulte du Marché russe (p. 79) ? Dans l'espace de restauration central du marché, allez voir le charismatique **Mr Bounnareth** (carte p. 58 ; Marché russe, échoppe 547), qui sert les "meilleurs cafés frappés de Phnom Penh" (brevetés) depuis 35 ans.

Les autres échoppes quant à elles vendent des nouilles sautées et des *banh cheav* (viande ou poisson avec des légumes dans une fine crêpe aux œufs et une feuille de salade) pour 1 ou 2 $US.

Les rues partant vers l'est et le sud depuis le Marché russe abritent plusieurs excellentes adresses où déjeuner. Certaines remportent un tel succès qu'elles ouvrent désormais le soir !

Sesame Noodle Bar NOUILLES $
(Carte p. 58 ; www.sesamenoodlebar.com ; 9 St 460 ; plats 3,75-4,50 $US ; 11h30-14h30 et 17h-21h30 ;). Un duo américano-japonais gère l'établissement le plus branché du Marché russe. Vous pourrez y savourer des nouilles froides végétariennes ou aux œufs, agrémentées d'un œuf et de porc caramélisé ou de tofu grillé. Un vrai régal.

Alma Cucina Mexicana MEXICAIN $
(Carte p. 58 ; 43A St 454 ; repas 3-5 $US ; 7h-14h ;). On se demande comment un restaurant de cuisine mexicaine aussi authentique a pu voir le jour ici, mais l'on s'en réjouit. La carte alléchante, régulièrement renouvelée, peut comprendre par exemple des quesadillas au chorizo ou du *bistec encebollado* (steak et oignons). Les petits-déjeuners à base de *huevos rancheros* sont légendaires. Attention : heures d'ouverture restreintes.

Buffalo Sister SANDWICHS $$
(Carte p. 58 ; 017-879403 ; 55D St 456 ; sandwichs à partir de 4,25 $US ; 11h-19h30 ;). Au Buffalo Sister, qui se présente comme un grill, la longue carte de sandwichs est inscrite sur un tableau accroché au mur. Goûtez celui au rôti de porc sauce aux pommes, à moins que vous ne préfériez celui aux légumes rôtis ou un *wrap* aux falafels. Le rôti du dimanche est réputé.

Sumatra INDONÉSIEN $
(Carte p. 58 ; 35 St 456 ; plats 1,50-3,50 $US ; 11h-20h ;). Si les mets végétariens, autour de 2 $US, sont presque donnés vu la qualité, les plus gros mangeurs ne se rassasieront pas d'un seul. Les plats épicés de *balado* (sauce tomate-piment) sont excellents. On mange dans une cour arborée sous un toit de tôle.

Sisters BOULANGERIE $
(Carte p. 58 ; 26B St 446 ; sandwichs 2,50-3,50 $US ; 7h-18h ;). Une minuscule boulangerie qui ne désemplit pas : le petit-déjeuner est servi toute la journée, et l'on peut aussi manger quelques plats cambodgiens. Excellentes pâtisseries, dont des cupcakes peu chers.

Brooklyn Bistro INTERNATIONAL $$
(Carte p. 58 ; 089-925926 ; 20 St 123 ; plats 3-17 $US ; 11h-22h ;). Ce beau *diner* américain, très populaire parmi les expatriés, témoigne de l'évolution en cours au Marché russe. Au menu : 16 pizzas (les plus grosses de la ville), une carte spéciale pour les ailes de poulet, ainsi que d'excellents sandwichs pour gourmets et le meilleur cheese-cake new-yorkais que nous ayons jamais mangé dans cette région du monde.

Roots & Burgers/Tipico FUSION, TAPAS $$
(Carte p. 58 ; 80 St 454 ; 10h-22h ;). Il y a 2 établissements en un dans ce nouveau *concept restaurant* ! Au rez-de-chaussée, saveurs fusion au rendez-vous dans les *bao buns* (petites brioches chinoises farcies) du **Roots & Burgers**. À l'étage, le **Tipico**, un élégant petit bar à tapas espagnol, est l'un des rares bars à fermer (assez) tard dans cette partie de la ville.

Faire ses courses

Super Duper SUPERMARCHÉ
(www.super-duper.biz ; 21 St 488 ; 24h/24). Le Super Duper est le seul supermarché ouvert 24h/24 à Phnom Penh – très pratique pour les petits creux au milieu de la nuit. Grand choix de produits ; les propriétaires importent des conteneurs des États-Unis et d'Australie.

Où prendre un verre et faire la fête

Il existe à Phnom Penh d'excellents bars et clubs, parfaits pour passer une soirée festive. De nombreux établissements ouverts jusqu'à une heure tardive sont regroupés autour de l'intersection de la St 51 et de la St 172, où tout le monde finit par échouer. La "Golden St" (St 278) est très prisée ; on trouve également quantité de bars sur les bords du fleuve. La St 308 et la Bassac Lane adjacente ont également le vent en poupe. Plus au nord, à l'écart du fleuve, l'ambiance se fait plus louche ; dans la St 104 et la St 136, de nombreux établissements sont des "bars à hôtesses", où les employées ont pour mission de flirter avec les clients et de les distraire.

Bars

Les *happy hours* sont très prisés. Mieux vaut donc s'y mettre tôt pour profiter d'offres comme celles du Foreign Correspondents' Club et du Raffles (2 bières pour le prix d'une) ! Le mercredi soir, c'est "Ladies' Night" dans certains bars chics de la ville. Les femmes profitent alors de deux boissons pour le prix d'une, voire de consommations gratuites. La plupart des bars sont ouverts au moins jusqu'à minuit, ce qui correspond à peu près à l'heure où les discothèques s'animent.

Centre-nord (quartier du quai)

FCC BAR
(Foreign Correspondents' Club ; carte p. 52 ; 363 quai Sisowath ; 6h-minuit ;). Véritable institution, le "F" occupe un merveilleux bâtiment colonial qui profite d'une vue superbe et d'une brise rafraîchissante. Presque tous les visiteurs y passent au moins une fois – *happy hour* 17h-19h et 22h-minuit.

Si le bar principal est trop bondé, montez sur le toit, où des concerts sont souvent organisés le week-end. Belle carte de restauration.

Blue Dragon BAR
(Carte p. 42 ; 391 St 184 ; 17h30-13h). Un emplacement inégalé, avec une vue dégagée sur le Palais royal – et une brise venue du fleuve pour adoucir les soirées.

Oskar Bistro BAR
(Carte p. 52 ; www.oskar-bistro.com ; 159 quai Sisowath ;). Ce nouveau gastropub est un parfait mélange de bar et de restaurant. Choisissez parmi les cocktails originaux ou l'énorme carte des vins (55 crus !) et profitez des blends subtils des DJ. Une bonne adresse pour manger tard le soir : la cuisine reste ouverte jusqu'à 23h.

Paddy Rice PUB IRLANDAIS
(Carte p. 52 ; 213 quai Sisowath ; 24h/24 ;). Idéalement situé au bord du fleuve, ce bar touche-à-tout (bons plats de pub, sport sur grand écran, concerts) programme des scènes ouvertes le jeudi soir.

Pickled Parrot BAR SPORTIF
(Carte p. 52 ; 4 St 104 ; 24h/24 ;). On peut venir à toute heure prendre une bière au Pickled Parrot, un bar climatisé sympathique avec de grands écrans, un billard et des boissons bon marché. (Contrairement à de nombreuses adresses du secteur, ce n'est pas un bar à hôtesses.)

Chez Rina BAR À COCKTAILS
(Carte p. 52 ; 6 St 98 ; 17h-minuit ;). Ouvrez grand les yeux pour ne pas manquer ce bar à cocktails niché entre le fleuve et la poste, dans une partie d'un bâtiment datant du protectorat français admirablement rénové. Ses cocktails sont réputés !

Centre-nord (à l'écart du quai)

Dusk Till Dawn BAR
(Carte p. 52 ; 46 St 172). Également surnommé Reggae Bar (de par sa clientèle et sa musique), ce toit-terrasse est idéal pour admirer le coucher du soleil et continuer la soirée jusque tard dans la nuit. Il est réparti sur 2 niveaux : grimpez à l'étage si le premier est (trop) calme. Dans le grand bâtiment en face du Pontoon ; prenez l'ascenseur jusqu'au dernier étage.

Elephant Bar BAR
(Carte p. 52 ; Raffles Hotel Le Royal, St 92 ; happy hour 16h-21h ;). Le bar sophistiqué du Raffles a un charme fou ! Depuis plus de 80 ans, il attire des journalistes, des hommes politiques, des personnalités riches et célèbres... Les Singapore Slings et de nombreuses autres boissons sont à moitié prix pendant le (généreux) *happy hour*.

Howie Bar BAR
(Carte p. 52 ; 32 St 51 ; 19h-6h). Convivial, amusant, imprévisible... Le Howie est l'adresse de repli parfaite quand ses voisins sont bondés. Jusqu'au point du jour,

BARS AVEC VUE

À l'heure où Phnom Penh s'étend et où la ligne d'horizon ne cesse de s'élever, on trouve de plus en plus de bars avec vue. Voici quelques-uns des meilleurs :

Chow (carte p. 52 ; 277 quai Sisowath ; 7h-23h). *Happy hour* (boissons à moitié prix) de 16h à 20h30 au Chow, sur le toit de l'hôtel The Quay, qui possède une belle vue sur le fleuve. La carte des cocktails comprend notamment des notes acidulées de gingembre et de citronnelle, ainsi qu'une caïpirinha aux fruits de la passion.

Eclipse (carte p. 46 ; Phnom Penh Tower, 445 bd Monivong ; 17h-2h). À la saison sèche, ce bar en plein air au 24e étage est apprécié pour sa vue dégagée et pour l'agréable brise. À la saison des pluies, rendez-vous 2 niveaux plus bas, au **D-22** (7h-minuit), un élégant bar-restaurant qui permet de contempler le même panorama, mais à l'abri.

Ibiza Lounge (carte p. 52 ; 277 quai Sisowath ; 17h-minuit). Dans ce bar spacieux au bord du fleuve, situé au-dessus du Bougainvillier Hotel, vous aurez bien gagné votre *happy hour* (17h-19h) : il est au 5e étage, sans ascenseur !

Le Moon (carte p. 52 ; 1 St 154 ; 17h-1h). Cet autre bar d'hôtel, sur le toit de l'Amanjaya, se distingue par sa vue et son atmosphère. Service inégal – armez-vous de patience.

Tonle Sab Sky Bar (carte p. 38 ; Sokha Phnom Penh Hotel). Contemplez Phnom Penh sous un autre angle en prenant un verre dans ce bar situé en haut du gigantesque Sokha Hotel, sur l'autre rive du Tonlé Sap.

RENDEZ-VOUS À BASSAC LANE

Bassac Lane est le surnom donné à l'allée qui part de la St 308 vers le sud. Il lui vient des frères Norbert-Munns, d'origine néo-zélandaise, experts en boissons et en design. Ce lieu éclectique (carte p. 46) compte plus d'une demi-douzaine de bars, ouverts de 17h à 1h : le Meat & Drink, l'enseigne historique, avec ses wraps et burgers fusion ; le Seibur, minuscule et intimiste ; le Library, raffiné ; le Harry's Bar, un nouveau venu ; le Hangar 44, qui fait la part belle aux motos ... Il y a même un temple du gin, le tout petit Cicada Bar, et des restaurants indiens et tex mex devraient voir le jour. Sans oublier Paperdolls (p. 81), une boutique de mode haut de gamme pour femmes. Bassac Lane s'est imposée comme le nouveau quartier bobo de Phnom Penh et mérite une visite.

il attire une sympathique clientèle d'expatriés, de voyageurs et d'habitants.

Zeppelin Bar BAR

(Carte p. 46 ; St 278 ; 17h-tard). Qui a dit que le vinyle était mort ? Il est bel et bien vivant dans ce bar rock à l'ancienne, où le patron fait chaque soir tourner les platines. Le rock des années 1970 est à l'honneur – et il y a aussi un billard. Le Zeppelin a déménagé récemment dans la célèbre Golden St.

Dodo Rhum House BAR

(Carte p. 52 ; 42C St 178 ; 17h-tard). Spécialisé dans les rhums maison (parfumés avec des fruits tropicaux et des épices), ce bar français prisé sert aussi un excellent filet de poisson et d'autres mets savoureux.

Blue Chili GAY

(Carte p. 52 ; 36 St 178 ; 18h-tard ; wi-fi). Le propriétaire de ce bar *gay-friendly* présente son propre spectacle de travesti tous les vendredis et samedis à 22h30.

Centre-Sud

Bar Sito BAR

(Carte p. 46 ; St 240½ ; 17h-minuit ; wi-fi). Voici le bar qui a réveillé la St 240½ ! De l'extérieur, le Sito a de faux airs de club privé, avec son entrée dissimulée. À l'intérieur, il prend des allures de repère branché avec des cocktails impressionnants, des vins servis au verre et des bières en bouteille.

Strangefruit Bar BAR

(Carte p. 42 ; 213 St 19½ ; 17h-23h ; wi-fi). Un nouveau petit bar *gay-friendly* à croquer, niché dans une petite allée derrière le Palais royal, avec des cocktails chics, des vins servis au verre et une collection pointue de photographies d'art.

Bouchon BAR À VINS

(Carte p. 46 ; 3 St 246 ; 16h-minuit). Ce bar à vins – cela vous changera un peu de la bière ! –offre un bon choix de crus, de pâtés et d'amuse-bouches français, dans un espace contemporain occupant une petite rue calme. Comptez 3,50 $US pour un verre du vin rouge de la maison.

Boeng Keng Kang et le Tonlé Bassac

Che Culo BAR

(Carte p. 46 ; www.checulocambodia.com ; 6b St 302 ; 11h-tard lun-sam ; wi-fi). Carrelage rétro et alcôves : une nouvelle adresse formidable à l'ambiance intimiste installée dans le quartier de BKK. Les excellents cocktails sont encore meilleurs pendant l'*happy hour* (17h-19h) ! Restauration (façon tapas) toute la journée et le soir.

Duplex BAR

(Carte p. 46 ; www.duplex.com.kh ; 3 St 278 ; 10h-2h ; wi-fi). Un lieu singulier : une taverne belge avec un grand choix de bières, doublée d'un espace contemporain branché, où ont régulièrement lieu des soirées salsa et latino. Excellents cocktails et bon choix de repas légers.

Score BAR SPORTIF

(Carte p. 46 ; 023-221357 ; www.scorekh.com ; 5 St 282 ; 8h-tard ; wi-fi). Avec son écran XXL, ce bar sombre est l'endroit tout indiqué pour regarder une rencontre sportive – et pas seulement un match de football ou de rugby : vous aurez le choix car presque tous les sports sont représentés. Et si vous préférez jouer, sachez qu'il y a un billard pour passer un bon moment.

Liquid BAR

(Carte p. 46 ; 3b St 278 ; 11h-minuit ; wi-fi). Le Liquid est un bar ouvert de longue date dans une rue populaire, qui propose des boissons bon marché (encore moins chères pendant l'*happy hour*) et possède un billard. Vous pourrez aussi écouter de la bonne musique – à condition de parvenir à faire fonctionner la platine.

Red Bar BAR

(Carte p. 46 ; angle St 308 et St 29 ; 17h-1h ;). Dans ce sympathique petit bar local, les boissons sont si peu chères que les consommateurs tendent à s'attarder jusque tard le soir. Les boissons alcoolisées sont à consommer avec modération, bien entendu.

Clubs et discothèques

Pour connaître la programmation des clubs, consultez **Phnom Penh Underground** (www.phnom-penh-underground.com).

Heart of Darkness BAR, CLUB

(Carte p. 52 ; www.heartofdarknessclub.com.kh ; 26 St 51 ; 20h-tard). Au fil des ans, cette institution décorée sur le thème d'Angkor est devenue davantage une boîte de nuit qu'un bar. L'animation, qui bat son plein tous les soirs de la semaine, attire une clientèle variée. Un passage obligé, ne serait-ce que pour son atmosphère et son histoire.

Pontoon DISCOTHÈQUE

(Carte p. 52 ; www.pontoonclub.com ; 80 St 172 ; 3-5 $US sam-dim, gratuit sem ; 21h30-tard). Après s'être échouée de ponton en ponton (d'où le nom), la première discothèque de la ville a trouvé un abri permanent sur la terre ferme. Les meilleurs DJ locaux s'y produisent, ainsi que quelques grands artistes internationaux. Soirée gay le jeudi, avec spectacle de travestis à 1h. Le Pontoon Pulse adjacent est davantage un club-lounge, avec électro et musique d'ambiance.

Vito CLUB

(Carte p. 42 ; 8 St 214 ; 21h-3h). Ce nouveau club rétro très fréquenté privilégie les tubes des années 1990 à 2000 (voire des années 1980). Il attire un public un peu plus âgé qui souhaite danser, mais aussi discuter.

Epic CLUB

(Carte p. 46 ; 010-600608 ; www.epic.com.kh ; 122b Tonlé Bassac ; 21h-5h). L'avènement des "superclubs" à Phnom Penh. Dans un gigantesque entrepôt (dont le décor n'a rien d'industriel), l'Epic vise une clientèle de jeunes Cambodgiens aisés.

Rock CLUB

(Carte p. 58 ; 468 bd Monivong ; entrée variable ; jusque tard). Ce club, très prisé des Cambodgiens malgré son allure de hangar, est tout indiqué pour vivre une expérience éloignée des lieux touristiques. Il y a notamment des salons de karaoké.

Où sortir

Pour connaître la programmation culturelle, *AsiaLife* est un mensuel gratuit contenant des informations sur les sorties. Consultez aussi les sites www.ladypenh.com et Khmer440.com.

Cinémas

Meta House CINÉMA

(Carte p. 46 ; www.meta-house.com ; 37 bd Sothearos ; 16h-minuit mar-dim ;). Ce cinéma présente des films d'art et d'essai, des documentaires ainsi que des courts-métrages cambodgiens et du monde entier presque tous les jours à 16h (entrée gratuite) et à 19h (prix variable). Les projections sont parfois suivies d'un échange avec les équipes des films. Agrémentez votre soirée de saucisses allemandes, de dérivés de *flammekueches* et de bières.

Major Cineplex CINÉMA

(Carte p. 46 ; 023-901111 ; www.majorcineplex.com.kh ; Aeon Mall, 132 bd Sothearos ; billets 3-15 $US ; 9h-minuit). Le plus beau cinéma de la ville, avec 7 salles, dont un écran VIP – façon classe affaires – et une salle équipée de la technologie 4DX (avec les sièges qui bougent et d'autres surprises), qui place les spectateurs au cœur du film.

Flicks CINÉMA

(Carte p. 46 ; www.theflicks-cambodia.com ; 39B St 95 ; billets 3,50 $US ;). Au moins deux films par jour dans une salle climatisée ultraconfortable. Vous pourrez voir les deux films avec un billet.

Centre Bophana CENTRE CINÉMATOGRAPHIQUE

(Carte p. 46 ; 023-992174 ; www.bophana.org ; 64 St 200 ; entrée libre ; 8h-12h et 14h-18h lun-ven, 14h-18h sam). Fondé par le réalisateur franco-cambodgien Rithy Panh (voir p. 341), ce centre est une source de documentation audiovisuelle pour les cinéastes et les chercheurs. Les visiteurs peuvent consulter ses archives photographiques et cinématographiques. Il y a également des projections gratuites le samedi à 16h.

Mekong River Restaurant CINÉMA

(Carte p. 52 ; angle St 118 et quai Sisowath ; billets 3,5 $US). Projette deux documentaires, l'un sur les Khmers rouges et l'autre sur les mines antipersonnel (en anglais ou en français selon les heures, de 11h à 21h).

100% LOCAL

RENCONTRE AVEC ARN CHORN-POND, MUSICIEN

Arn Chorn-Pond est le fondateur du Cambodian Living Arts (CLA ; p. 56), un organisme dédié à la promotion de la musique, de la danse et d'autres formes artistiques traditionnelles cambodgiennes, tombées dans l'oubli sous le régime des Khmers rouges. Arn lui-même a failli ne pas survivre à cette période sombre. Ses parents dirigeaient une troupe d'opéra réputée à Battambang. Ils constituaient alors une cible de choix pour les Khmers rouges qui, selon Arn, massacrèrent presque tous les artistes. Vingt-cinq membres de sa famille proche, dont cinq de ses huit frères et sœurs, furent malheureusement tués.

Mais les Khmers rouges avaient aussi besoin de quelques musiciens pour jouer leurs hymnes révolutionnaires. Arn faisait partie des enfants de Battambang à avoir été recrutés pour danser et jouer de la flûte et du *khim* (instrument traditionnel à cordes) dans un temple d'exécution local.

"Ils tuèrent trois enfants qui n'apprenaient pas assez vite, raconte Arn. Moi j'apprenais vite, car j'avais la musique dans le sang. Si cette passion ne m'avait pas habité, j'aurais probablement été exécuté. Elle m'a sauvé la vie."

Au temple d'exécution, Arn assista à toutes sortes d'atrocités. Les Khmers rouges le faisaient jouer pour couvrir les cris. À la fin des années 1970, Arn, alors âgé de 12 ans, fut recruté par l'armée assiégée des Khmers rouges et dut échanger son *khim* contre un fusil. Il parvint finalement à s'échapper et se réfugia dans un camp en Thaïlande, où il fut adopté avec d'autres enfants par une famille américaine du New Hampshire.

Quand Arn retourna au Cambodge quelques années plus tard, les gens de Battambang se souvenaient encore de lui comme du "petit garçon qui jouait du *khim*". Il fonda le CLA en 1998.

Arn nous a fait part des cinq lieux culturels qu'il préfère à Phnom Penh.

Amrita Performing Arts (www.amritaperformingarts.org). "Ils créent de nouvelles histoires avec l'aide de danseurs d'apsara et ont étroitement collaboré avec le CLA pour organiser la Saison du Cambodge, qui s'est tenue à New York en 2013."

Apsara Arts Association (ci- dessous) "Cette superbe structure familiale travaille avec une nouvelle génération d'enfants pour préserver des pratiques artistiques comme l'apsara et la danse traditionnelle."

Plae Pakaa (ci- dessous). "Le CLA propose ces spectacles presque tous les soirs devant le Musée national."

CLA's Yike Class (carte p. 46 ; 65 bd Sothearos). "Le maître du théâtre, Leng Sithul, dispense tous les jours des cours d'opéra traditionnel à des jeunes en difficulté et aux touristes qui le souhaitent. Sans ces cours, beaucoup des enfants présents tomberaient dans la prostitution."

Sovanna Phum Arts Association (ci-contre) "Ils font un superbe travail en créant de nouvelles histoires et danses hors des formes traditionnelles cambodgiennes."

PHNOM PENH OÙ SORTIR

Arts et danse classique

♥ **Plae Pakaa** SPECTACLES

(Carte p. 52 ; ☎ 023-986032 ; www.cambodianlivingarts.org ; Musée national, St 178 ; adulte/enfant 15/6 $US ; ⏲19h lun-sam oct-mars, ven-sam mai-sept, fermé avr). Plae Pakaa, proposé par le Cambodian Living Arts (p. 56), est un ensemble de trois spectacles incontournables d'environ 1 heure chacun. *Children of Bassac* fait appel à divers types de danses traditionnelles ; *Passage of Life* traite des différents rituels et célébrations khmers qui ponctuent la vie – mariages, enterrements, etc. ; et *Mak Therng* est un opéra Yike traditionnel.

Apsara Arts Association DANSE

(Carte p. 38 ; ☎ 012-979335 ; www.apsara-art.org ; 71 St 598 ; billets 6-7 $US). Des spectacles de danse classique ou folklorique (5 $US) ont lieu en alternance le samedi à 19h (téléphonez pour confirmation). Les visiteurs peuvent aussi assister aux répétitions du lundi au samedi, de 7h30 à 10h30 et de

14h à 17h (don suggéré : 3 $US). N'oubliez pas qu'il s'agit d'un centre de formation : évitez de faire du bruit et d'utiliser le flash. Dans le quartier de Tuol Kork, à l'extrême nord de la ville.

Sovanna Phum Arts Association ARTS VIVANTS
(☎023-987564 ; sovannaphumtheatre.com ; 166 St 99, entre St 484 et St 498 ; adulte/enfant 5/3 $US). Programme régulièrement des spectacles de théâtre d'ombres, ainsi que des représentations de danse classique et de tambour traditionnel (de manière plus occasionnelle), les vendredis et samedis à 19h30. À l'issue des spectacles (50 minutes), le public peut s'essayer à l'art du théâtre d'ombres. L'association propose également des cours de théâtre d'ombres, de fabrication de marionnettes, de danse classique et folklorique, et de plusieurs instruments de musique traditionnels.

Théâtre Chatomuk THÉÂTRE
(Carte p. 46 ; quai Sisowath). Renseignez-vous sur le programme du théâtre Chatomuk, situé au cœur du quartier très fréquenté au bord du fleuve. Officiellement transformé en centre de conférences, il accueille encore des spectacles culturels.

Musique live

La scène musicale est bien vivante à Phnom Penh, où se produisent des groupes talentueux composés d'étrangers et de Cambodgiens, ou uniquement d'expatriés. Leng Pleng (www.lengpleng.com) publie chaque semaine le programme des concerts à Phnom Penh.

Showbox BAR
(Carte p. 46 ; 11 St 30 ; 11h-1h ;). Le Showbox est un bar musical grunge qui organise régulièrement des concerts et des soirées *open mic*. On y vient aussi pour danser et il accueille parfois des spectacles comiques. Renseignez-vous sur les bons plans, comme la bière gratuite chaque soir de 18h30 à 19h – restez dans les parages pour vivre ensuite une nuit très rock and roll.

Sharky's CONCERTS
(Carte p. 52 ; www.sharkybarblog.com ; 126 St 130 ; 17h-tard ;). Longtemps réputé pour ses billards et sa clientèle, le Sharky s'est judicieusement recentré sur les concerts de qualité.

Doors CONCERTS
(Carte p. 38 ; 18 St 84 ; 7h-minuit ;). Cet établissement sophistiqué, qui se présente comme un "bar à musique et à tapas", possède un bar tout en longueur, sert d'alléchantes tapas et des boissons onéreuses. Il programme également des concerts, notamment de jazz.

Achats

Vous pourrez faire d'excellents achats à Phnom Penh. N'hésitez pas à négocier les prix sur les marchés, cela fait aussi partie du jeu parmi les étals.

Marchés et galeries marchandes

La capitale compte quelques galeries marchandes climatisées. Si ces dernières ne sont pas aussi chics que le Siam Paragon de Bangkok, elles permettent de faire du lèche-vitrines sans être accablé par la chaleur.

Marché russe MARCHÉ
(Psar Tuol Tom Pong ; carte p. 58 ; St 155 ; 6h-17h). Ce bazar étouffant est incontournable. Il s'agit du meilleur endroit pour acheter des souvenirs et des vêtements de grandes marques à prix discount (jusqu'à seulement 20 % du prix que vous auriez payé dans votre pays). Méfiez-vous toutefois : les imitations, nombreuses, côtoient des articles authentiques issus d'usines locales.

Le Marché russe, qui fut surnommé ainsi par les étrangers car les expatriés soviétiques y faisaient leurs courses dans les années 1980, est aussi réputé pour son grand choix d'artisanat et d'antiquités (souvent fausses) : bouddhas miniatures, sculptures sur bois, boîtes à bétel, soieries, bijoux en argent, instruments de musique, etc. Chaque jour, les touristes défilent par centaines ; marchandez ferme !

Psar Thmei MARCHÉ
(ផ្សារថ្មី, marché central ; carte p. 52 ; St 130 ; 6h30-17h30). Point de repère au centre de la capitale, le *psar* Thmei occupe un édifice Art déco bâti dans les années 1930. Un dôme immense, l'un des dix plus grands au monde, coiffe le hall central, qui reste frais et aéré même quand la chaleur est étouffante. Le marché, récemment rénové avec l'aide de la France, a recouvré sa splendeur d'antan.

Il est divisé en quatre ailes, remplies d'échoppes de bijoux en or et en argent, de monnaies anciennes, de montres, de vêtements, etc. La section des produits frais ravira les photographes. Sur le côté ouest, en face du boulevard Monivong, on trouve des stands de restauration.

Plaisant à explorer, le *psar* Thmei est connu pour ses prix souvent excessifs.

Marché de nuit MARCHÉ
(Psar Reatrey ; carte p. 52 ; St 108 et quai Sisowath ; 17h-23h ven-dim). Pendant de plein air du Marché russe, ce marché de nuit s'installe les vendredis, samedis et dimanches soir quand il ne pleut pas.

Surtout n'hésitez pas à marchander, car les prix sont souvent exagérés (et le marchandage fait aussi partie du jeu). Curieusement, ce lieu semble plus prisé des Khmers que des étrangers.

Psar O Russei MARCHÉ
(Carte p. 46 ; 6h30-17h30). Beaucoup plus vaste que les autres marchés en ville, le *psar* O Russei vend des produits alimentaires, des bijoux fantaisie, des articles de toilette importés, des vêtements d'occasion et toutes les marchandises imaginables. Labyrinthe de centaines d'échoppes, le bâtiment ressemble de l'extérieur à un centre commercial.

Aeon Mall GALERIE MARCHANDE
(Carte p. 46 ; www.aeonmallphnompenh.com ; 132 bd Sothearos). Voici le centre commercial le plus huppé de Phnom Penh (et du pays tout entier). Cette enseigne japonaise réunit des boutiques internationales, des *food courts*, divers restaurants, mais aussi un cinéma de 7 salles, une patinoire et un bowling.

Sorya Shopping Centre GALERIE MARCHANDE
(Carte p. 52 ; angle St 63 et St 154 ; 9h-21h). C'est la crème des galeries marchandes de Phnom Penh : nombreuses boutiques, emplacement central, cinéma à l'occidentale et superbe vue sur le *psar* Thmei, plus traditionnel.

Vêtements, soieries et accessoires

Si les marchés sont très bien fournis en articles de contrefaçon (attention, les articles contrefaits ne peuvent être importés en France notamment), quelques boutiques autour du Marché russe vendent des vêtements de marque authentiques, confectionnés ici ou au Vietnam. Phnom Penh compte aussi plusieurs boutiques spécialisées dans les soieries d'ameublement, les vêtements et les accessoires chics. Nombre d'entre elles sont regroupées dans la St 240, la rue de la mode.

Ambre SOIERIES
(Carte p. 52 ; 023-217935 ; 37 St 178 ; 10h-18h). La créatrice cambodgienne Romyda Keth

DES ACHATS POUR UNE BONNE CAUSE

De jolies boutiques vendent de l'artisanat et des textiles afin de financer des projets d'aide aux Cambodgiens défavorisés. Ce sont de bonnes adresses pour dépenser quelques dollars tout en faisant une bonne action.

Cambodian Handicraft Association (CHA ; carte p. 46 ; 1 St 350 ; 8h-19h). Un atelier-boutique bien fourni, avec de beaux vêtements en soie, des foulards, des jouets et des sacs confectionnés par des victimes des mines antipersonnel et de la polio.

Daughters (carte p. 52 ; www.daughtersofcambodia.org ; 65 St 178 ; 9h-18h lun-sam). Cette ONG gère divers programmes visant à former et à aider d'anciennes prostituées et victimes du trafic sexuel. Les participantes fabriquent des vêtements, des sacs et des accessoires tendance à partir de coton écologique et de teintures naturelles.

Mekong Blue (carte p. 52 ; www.bluesilk.org ; 9 St 130 ; 8h-18h). Cette boutique vend les beaux foulards, châles et bijoux de la coopérative de soie la plus réputée de Stung Treng, qui vise à l'autonomisation des femmes.

Rajana (carte p. 58 ; www.rajanacrafts.org ; 170 St 450 ; 7h-18h lun-sam, 10h30-17h dim). Rajana, l'une des meilleures boutiques d'artisanat général, œuvre en faveur de la formation et de salaires décents. On y trouve une superbe collection de cartes, d'objets insolites en métal, de bijoux de qualité, d'articles en bambou, de chemises, de tentures, de bougies, etc. Il existe une autre **boutique** (carte p. 58 ; 10h-18h) dans le Marché russe.

Rehab Craft (carte p. 46 ; 1 St 278 ; 9h-21h). Sculptures, tissages, portefeuilles, bijoux et sacs sont fabriqués dans l'atelier par des artisans handicapés, souvent à partir de matériaux recyclés

a fait de cette villa coloniale une salle d'exposition parfaite pour sa superbe collection de soieries.

Bliss Boutique VÊTEMENTS
(Carte p. 46 ; 29 St 240 ; ⌚9h-21h). Robes et blouses décontractées, chemises pour hommes en matières légères, coussins, crèmes et huiles parfumées.

Couleurs d'Asie ACCESSOIRES
(Carte p. 46 ; www.couleursdasie.net ; 33 St 240 ; ⌚8h-19h). Une bonne adresse pour acheter des souvenirs : nombreux vêtements pour enfants, soieries, crèmes, bijoux imposants, sacs, bibelots, et savons, lotions, huiles et encens parfumés.

DAH Export VÊTEMENTS
(Carte p. 46 ; 87 bd Sihanouk ; ⌚9h-21h). Le plus grand et le meilleur magasin de surplus profite d'un emplacement idéal. On y trouve notamment d'impressionnantes collections d'hiver (veste de ski North Face en Gore-Tex à 99 $US) et pour les enfants.

Lost 'N' Found Vintage Shop SECONDE MAIN
(Carte p. 46 ; lostnfoundvintagestore.weebly.com ; 321 St 63 ; ⌚9h-20h). Cette boutique de vêtements vintage sélectionne les meilleures pièces à travers la ville. Avec une majorité de vêtements et d'accessoires pour femmes.

Paperdolls VÊTEMENTS
(Carte p. 46 ; Bassac Lane ; ⌚10h-18h mar-dim). Une belle collection d'articles pour les femmes (robes d'été, chaussures, lunettes de star, sacs à main, bijoux...).

Spicy Green Mango VÊTEMENTS
(Carte p. 46 ; www.spicygreenmango.com ; 4A St 278 ; ⌚9h-21h). Le nec plus ultra pour dénicher des vêtements originaux pour enfants, des T-shirts de qualité et des articles pour femmes aux touches hippies.

Smateria SACS
(Carte p. 52 ; 7 St 178 ; ⌚9h-21h30). Bien qu'elle vende aussi des vêtements, cette boutique est surtout connue pour ses sacs faits à partir de filets de pêche et d'autres matériaux recyclés – ligne originale de sacs à dos pour enfants. Autre enseigne au quartier de **BKK** (carte p. 46 ; 8 St 57 ; ⌚8h-21h).

Subtyl VÊTEMENTS
(Carte p. 46 ; 43 St 240 ; ⌚9h-19h). Cette boutique tenue par des Français renferme des vêtements et accessoires élégants pour femmes, ainsi que la ligne Chilli Kids pour les petits dans le vent.

Tuol Sleng Shoes CHAUSSURES
(Carte p. 46 ; 136 St 143 ; ⌚7h30-17h). Un conseil : n'hésitez pas, faites-vous plaisir

Sobbhana (carte p. 52 ; www.sobbhana.org ; 23 St 144 ; ⌚8h-12h et 13h-18h). Créée par la princesse Marie, la fondation Sobbhana est une organisation à but non lucratif qui forme les femmes au tissage traditionnel. Vous trouverez dans cette ravissante boutique de superbes soieries.

Tabitha (carte p. 46 ; 239 St 360 ; ⌚7h-18h lun-sam). Cette boutique d'une ONG réputée propose une belle collection de sacs en soie, de vaisselle, d'articles de décoration et de jouets. Les bénéfices servent au développement des communautés rurales (pour le forage de puits par exemple).

Villageworks (carte p. 46 ; www.villageworks.biz ; 118 St 113 ; ⌚8h-17h lun-sam). En face du musée Tuol Sleng, cette boutique vend les habituels sacs et soieries, ainsi que des ustensiles en coque de noix de coco faits par des artisans défavorisés de la province de Kompong Thom.

Watthan Artisans (carte p. 46 ; www.wac.khmerproducts.com ; 180 bd Norodom ; ⌚8h-18h30). À l'entrée du *vat* Than, cette boutique propose des soieries et d'autres objets, dont de superbes sacs à main contemporains, confectionnés par une coopérative visant à aider les victimes des mines et de la polio. Les ateliers de travail du bois et de tissage sont ouverts au public.

Women for Women (WFW ; carte p. 52 ; www.womanforwoman.net ; 9 St 178 ; ⌚7h-22h). Coussins, couvertures, sacs, foulards, bijoux, objets en argent, etc. sont confectionnés par des femmes handicapées.

et offrez-vous des chaussures sur mesure fabriquées à la main. Beautiful Shoes, tout proche, est aussi une bonne adresse.

Waterlily ACCESSOIRES
(Carte p. 46 ; 37 St 240 ; ⏲10h-19h lun-ven, 9h-17h sam). Vous trouverez ici des poupées, des objets d'art, des bijoux et des sacs très originaux, le tout en matériaux recyclés.

Art et livres

Quantité de boutiques vendent des tableaux de peintres cambodgiens, dans la St 178, en face de l'Université royale des beaux-arts, entre la St 13 et la St 19. Grâce à l'arrivée d'une nouvelle génération d'artistes, le choix est bien plus intéressant qu'auparavant. Vous trouverez aussi de multiples reproductions des célèbres statues d'Angkor. Le marchandage est de rigueur.

Artisans d'Angkor ARTISANAT
(Carte p. 52 ; 12 St 13 ; ⏲9h-18h). Chic succursale à Phnom Penh du grand spécialiste de la sculpture et de la soie de Siem Reap.

Asasax Art Gallery ART
(Carte p. 52 ; 192 St 178 ; ⏲8h-19h30). Cette galerie haut de gamme présente les œuvres saisissantes d'Asasax.

Bohr's Books LIBRAIRIE
(Carte p. 52 ; 5 bd Sothearos ; ⏲8h-20h). Une boutique de livres d'occasion proche du fleuve. Quelques ouvrages en français.

D's Books LIBRAIRIE
(Carte p. 52 ; 7 St 178 ; 9h-21h). La plus grande chaîne de librairies d'occasion de la capitale propose un bon choix de titres. Deuxième **enseigne** (carte p. 46 ; 79 St 240 ; ⏲9h-21h) à l'est du bd Norodom.

Estampe RÉTRO
(Carte p. 46 ; 197A St 19 ; ⏲10h-19h lun-sam). Reproductions d'images, d'affiches et de journaux (entre autres) et objets de collection originaux datant du temps de l'Indochine (livres, cartes géographiques, cartes postales…).

International Book Center LIVRES, ACCESSOIRES
(IBC ; carte p. 46 ; 59 bd Sihanouk ; ⏲8h-20h). Une mine d'articles de qualité : casques audio, lampes de poche, lunettes de natation, carnets, stylos, etc.

Monument Books LIBRAIRIE
(Carte p. 46 ; 111 bd Norodom ; ⏲7h-20h30). La librairie la mieux fournie de la ville, avec notamment la quasi-totalité des ouvrages concernant le pays et un excellent rayon consacré aux cartes et aux voyages. Antenne du café Blue Pumpkin avec accès au Wi-Fi (p. 63).

Open Book BIBLIOTHÈQUE, LIBRAIRIE
(Carte p. 46 ; 41 St 240 ; ⏲10h-17h). Vous pourrez aller feuilleter des ouvrages en français (et en anglais) dans cette bibliothèque gérée par une ONG. Également : vente de livres pour enfants sur le Cambodge.

Theam's House ARTISANAT
(Carte p. 52 ; www.theamshouse.com ; 47 St 178 ; ⏲8h-18h). Theam, un créateur d'objets en laque (contemporains ou classiques) réputé, basé à Siem Reap, a ouvert cette galerie dans les anciens locaux de la galerie Reyum.

ℹ Renseignements

ACCÈS INTERNET

Phnom Penh est désormais bien connectée ; presque tous les hôtels, pensions, cafés et restaurants offrent le Wi-Fi gratuitement. Dans ce contexte, les cybercafés se raréfient. Il en reste toutefois quelques-uns dans les principaux rendez-vous des *backpackers* – la St 258, la St 278 et la St 172. La plupart proposent Skype ou des services similaires et permettent de passer des appels VoIP bon marché.

AGENCES DE VOYAGES

Elles sont nombreuses à Phnom Penh. Celles répertoriées ci-après sont intéressantes pour les billets d'avion et toutes sortes d'excursions dans le pays. Elles proposent des services de réservation pour les transports locaux et des visites guidées dans diverses langues.

EXO Travel (carte p. 52 ; ☎023-218948 ; www.exotravel.com ; 66 bd Norodom). Visites dans tout le pays et dans la région du Mékong.

Hanuman Travel (carte p. 46 ; ☎023-218396 ; www.hanuman.travel ; 12 St 310). Guides en plusieurs langues, visites et autres ; couvre tout le pays.

Palm Tours (carte p. 46 ; ☎023-726291 ; www.palmtours.biz ; 1B St 278 ; ⏲8h-21h). L'efficace Volak et son équipe vous aideront dans l'achat de vos billets de bus (pas de commission) et autres.

PTM Travel & Tours (carte p. 52 ; ☎023-219268 ; www.ptmcambodia.com ; 200 bd Monivong ; ⏲8h-17h30 lun-sam). Une bonne adresse pour les vols internationaux.

ARGENT

Il n'est pas vraiment utile de changer des dollars US en riels : le billet vert est accepté partout dans la capitale. Il est possible de changer de nombreuses autres devises en dollars ou en riels chez les petits bijoutiers autour du *psar* Thmei et du Marché russe. Plusieurs hôtels haut de gamme proposent un service de change 24h/24, habituellement réservé à leurs clients.

Vous n'aurez aucun mal à trouver des banques avec DAB et services de change – notamment dans les galeries marchandes et les supermarchés, et le long du fleuve.

ANZ Royal Bank (carte p. 52 ; 265 quai Sisowath ; ⌚8h30-16h lun-ven, 8h30-12h sam). DAB dans toute la ville, y compris dans les supermarchés et les stations-service (5 $US par transaction). Accepte les chèques de voyage en dollars US (commission de 2%).

CAB Bank (carte p. 52 ; 263 quai Sisowath ; ⌚8h-21h). Horaires et emplacement pratiques. Change les chèques de voyage en diverses devises (3% de commission). Guichet Western Union (il y en a d'autres en ville).

Canadia Bank (carte p. 52 ; angle St 110 et bd Monivong ; ⌚8h-15h30 lun-ven, 8h-11h30 sam). Ses DAB, présents dans toute la ville, prélèvent des frais de transaction (4 $US). Cette succursale (la principale) propose aussi un service de change de chèques de voyage émis en diverses devises contre une commission de 2% et délivre sans frais des avances sur les cartes MasterCard et Visa. Canadia Bank assure également les services MoneyGram.

DÉSAGRÉMENTS ET DANGERS

➡ Si Phnom Penh n'est pas aussi dangereuse que beaucoup l'imaginent, mieux vaut se montrer prudent. Des vols à main armée se produisent parfois, mais ils visent rarement les touristes. Les vols de sacs (et de smartphones) à l'arraché constituent en revanche un problème majeur, et les victimes sont souvent blessées durant l'agression en tombant de vélo ou de moto.

➡ En cas d'agression, ne paniquez pas et, surtout, ne résistez pas ! Levez calmement les bras et laissez votre agresseur prendre ce qu'il veut. *Ne mettez pas* les mains dans les poches, il pourrait croire que vous êtes armé ! Ne vous promenez pas la nuit avec un sac, qui ferait de vous une cible tentante.

➡ Si vous conduisez une moto dans la journée, certains policiers essaieront de vous pénaliser à la moindre infraction. Ils vous réclameront 5 $US, menaçant de vous conduire au poste et de vous faire payer une amende de 20 $US en cas de refus. Avec de la patience et des sourires, vous parviendrez à les amadouer en leur remettant 1 $US. L'astuce pour ne pas se faire arrêter est d'éviter de croiser le regard des policiers !

➡ Les abords du fleuve, en particulier les endroits avec terrasse, attirent de nombreux mendiants, à l'instar du *psar* Thmei et du Marché russe.

➡ Les inondations sont un problème majeur pendant la saison des pluies (de juin à octobre). En cas de grosses averses, certaines rues se transforment en canaux pendant quelques heures.

INFORMATIONS TOURISTIQUES

Centre d'information des visiteurs (carte p. 46 ; quai Sisowath ; ⌚8h-17h lun-sam ; 📶). Au bord du fleuve, près du théâtre Chatomuk. S'il ne fournit que peu de renseignements, il offre un accès à Internet et le Wi-Fi gratuits, la climatisation et des toilettes publiques propres.

ChildSafe (carte p. 52 ; ☎023-986601, hotline 012-311112 ; www.childsafe-cambodia.org ; 71 St 174 ; ⌚8h-17h lun-ven). Il comprend un centre destiné à sensibiliser les touristes aux questions liées à la mendicité et à l'exploitation des enfants, aux circuits d'adoption et à d'autres sujets touchant à la protection de l'enfance (le site www.thinkchildsafe.org comprend une liste de conseils utiles). Repérez également le logo ChildSafe sur les *remork* et dans les hôtels, indiquant que le professionnel qui s'occupera de vous est formé à ces questions.

MÉDIAS

Le *Cambodia Daily* et le *Phnom Penh Post*, en anglais, sont largement diffusés. Ils allient

ℹ GARE AUX VOLS À L'ARRACHÉ !

Le vol à l'arraché, qui est devenu un vrai problème à Phnom Penh, vise souvent les étrangers. Si les voleurs à moto, généralement en binôme, sévissent essentiellement le long du quai et aux alentours des marchés, ils peuvent opérer n'importe où et n'importe quand. Pléthore d'expatriés et de touristes se sont blessés en tombant de vélo lors de vols, et en 2007, une jeune Française qui circulait en *moto-dop* est morte après avoir été projetée sous les roues d'une voiture. Gardez toujours votre sac serré contre vous afin que l'on ne puisse pas le saisir. Ne portez pas d'appareil photo coûteux autour du cou et dissimulez vos objets de valeur, surtout lorsque vous traversez, que vous marchez dans la rue, ou que vous circulez en *tuk-tuk* ou en moto. Les voleurs opèrent en un éclair.

LUTTONS CONTRE LA PROSTITUTION ENFANTINE

Les abus sexuels perpétrés sur des enfants constituent un problème majeur au Cambodge. La pédophilie est un crime, et plusieurs étrangers ont, à ce titre, fait de la prison ou sont actuellement détenus dans des prisons cambodgiennes. De nombreux pays, dont la France, ont adopté des lois leur permettant de poursuivre leurs ressortissants à leur retour.

Le combat contre ces pratiques répugnantes progresse lentement, mais sûrement. Dans un pays pauvre comme le Cambodge, le trafic d'enfants revêt de multiples aspects. De nombreux mineurs prostitués au Cambodge sont des Vietnamiens, vendus par leur famille dans leur pays d'origine. Une fois dans le circuit, il leur est difficile d'échapper à une vie de violence et d'abus. Afin de les abrutir et de les garder sous leur coupe, les souteneurs n'hésitent pas à les rendre dépendants au *yama* (une métamphétamine trafiquée) ou à l'héroïne.

Le crime pédophile n'est pas le triste apanage des Occidentaux : des touristes asiatiques s'en rendent aussi coupables. Malheureusement, certains gouvernements n'ont pas encore pris de mesures sévères pour le sanctionner. Le commerce local de la virginité, fondé sur la superstition selon laquelle déflorer une vierge décuple la virilité, n'a pas encore pu être éradiqué.

Les voyageurs peuvent contribuer à la lutte contre ce fléau en repérant les comportements suspects. Ne fermez pas les yeux, tâchez de communiquer le nom et la nationalité de l'individu à l'ambassade concernée. Il existe une **hotline** (☎023-997919) cambodgienne pour signaler de tels abus, et ChildSafe (ci-contre) propose des numéros d'urgence confidentiels à **Phnom Penh** (☎012-311112), **Siem Reap** (☎017-358758) et **Sihanoukville** (☎012-478100). Lorsque vous réservez un hôtel ou empruntez un transport, repérez le logo ChildSafe ; les établissements et les chauffeurs qui l'affichent sont formés pour déceler les abus envers les enfants et pour réagir en conséquence.

Réseau mondial présent dans la plupart des pays occidentaux, **End Child Prostitution and Trafficking** (ECPAT ; www.ecpat.net) lutte pour mettre un terme à la prostitution et à la pornographie enfantines.

nouvelles locales et actualité internationale tirée des agences de presse. *AsiaLife* est un mensuel contenant une foule d'informations à destination des expatriés de Phnom Penh. Procurez-vous aussi *Drinking & Dining* et *Out & About* du **Cambodia Pocket Guide** (www.cambodiapocketguide.com). Le *Phnom Penh Visitors Guide* (www.canbypublications.com) fournit des renseignements utiles sur la capitale et les alentours, ainsi que des plans détaillés de la ville.

POSTE

Poste centrale (carte p. 52 ; St 13 au niveau de St 100 ; ⏲8h-18h). Elle occupe un joli bâtiment colonial français à l'est du *vat* Phnom.

SERVICES MÉDICAUX

Il convient de distinguer les centres médicaux (*clinic*) et les hôpitaux à Phnom Penh. Si les premiers sont parfaits dans la plupart des cas, mieux vaut se rendre dans un hôpital pour une urgence.

European Dental Clinic (carte p. 46 ; ☎023-211363 ; 160A bd Norodom ; ⏲8h-12h et 14h-19h lun-ven, 8h-12h sam, fermé dim). Un établissement qui est réputé pour les soins dentaires de standard international.

Hôpital Calmette (carte p. 38 ; ☎023-426948 ; 3 bd Monivong ; ⏲24h/24). C'est le meilleur hôpital de la ville, avec les services les plus complets et une unité de soins intensifs.

International SOS Medical Centre (carte p. 46 ; ☎023-216911 ou 012-816911 ; www.internationalsos.com ; 161 St 51 ; ⏲8h-17h30 lun-ven, 8h-12h sam ; urgences 24h/24). Une excellente clinique employant de nombreux médecins occidentaux. Tarifs en conséquence.

Naga Clinic (carte p. 46 ; ☎023-211300 ; www.nagaclinic.com ; 11 St 254 ; ⏲24h/24). Un centre médical fiable, géré par des Français.

Pharmacie de la Gare (carte p. 52 ; 81 bd Monivong ; ⏲7h-21h). Une grande pharmacie où l'on parle français.

Pharmacie U-Care (carte p. 52 ; 26 bd Sothearos ; ⏲8h-22h). Une pharmacie satisfaisant aux critères internationaux, bien située près du fleuve.

Royal Phnom Penh Hospital (carte p. 38 ; ☎023-991000 ; www.royalphnompenhhospital.com ; 888 bd de Russie ; ⏲24h/24). Un hôpital international affilié au Bangkok Hospital, doté d'excellents équipements. Onéreux.

Tropical & Travellers Medical Clinic (carte p. 52 ; ☎023-306802 ; www.travellersmedicalclinic.com ; 88 St 108 ; ⏲9h30-11h30 et 14h30-17h lun-ven, 9h30-11h30 sam). Une clinique réputée, spécialisée dans les maladies tropicales et la médecine du voyage, dirigée par un médecin britannique depuis plus de 10 ans.

URGENCES

En cas d'urgence médicale, les patients doivent parfois être évacués vers Bangkok.

Ambulance (☎119, ☎en anglais 023-724891)

Police (☎117)

Pompiers (☎118 en Khmer)

Depuis/vers Phnom Penh

AVION

Il existe de nombreuses liaisons aériennes internationales depuis/vers Phnom Penh. Au niveau national, 3 compagnies relient Phnom Penh à Siem Reap. **Cambodia Angkor Air** (carte p. 46 ; ☎023-666 6786 ; www.cambodiaangkorair.com ; 206A bd Norodom) offre entre 4 et 6 vols par jour à destination de Siem Reap (à partir de 60 $US aller, 30 min) ; les nouvelles compagnies **Bassaka Air** (☎023-217613 ; www.bassakaair.com) et **Cambodia Bayon Airlines** (☎023-231555 ; www.bayonairlines.com) assurent au moins un vol par jour, à partir de 40 $US aller.

BATEAU

Des bateaux rapides remontent le Tonlé Sap jusqu'à Siem Reap et descendent le Mékong jusqu'à Châu Dôc, au Vietnam, au départ de l'**embarcadère touristique** (carte p. 52 ; 93 quai Sisowath) situé à l'extrémité est de la St 104. Les navettes publiques remontant le Mékong jusqu'à Kompong Cham et Kratie ont été supprimées il y a plusieurs années.

Les bateaux rapides pour Siem Reap (35 $US, 5-6 heures) sont moins empruntés depuis qu'une excellente route relie les deux villes, d'autant que le trajet en bus climatisé coûte seulement 6 $US. Mieux vaut réserver votre expérience fluviale pour une autre destination. Plusieurs compagnies assurent à tour de rôle des services quotidiens, qui partent à 7h. Si la première partie du trajet, le long dufleuve, est plaisante, une fois sur le lac, le paysage devient monotone.

Les bateaux pour Siem Reap fonctionnent d'août à fin mars environ (le niveau de l'eau est trop bas le reste du temps).

VOIE TERRESTRE

Bus

La plupart des grandes villes du Cambodge sont maintenant desservies par des bus climatisés au départ de Phnom Penh. Ils partent habituellement des bureaux des compagnies, qui se concentrent essentiellement autour du *psar* Thmei ou vers l'angle de la St 106 et du quai Sisowath. Même si ce n'est pas toujours nécessaire, mieux vaut acheter ses billets de bus à l'avance pour être sûr d'avoir un siège.

Tous les bus n'offrent pas le même confort, ce qui se traduit dans les prix. Les bus des compagnies Capitol Tour et Phnom Penh Sorya sont généralement parmi les moins chers ; Giant Ibis, Mekong Express et Orient Express 1907 sont un peu plus haut de gamme et onéreux.

La plupart des bus longue distance prennent et déposent des passagers en chemin dans les villes principales, comme Kompong Thom sur la route de Siem Reap, Pursat sur celle de Battambang, ou Kompong Cham sur la route de Kratie. Le tarif complet est généralement indistinctement appliqué. Une autre ligne très empruntée est celle de Hô Chi Minh-Ville.

Capitol Tour (carte p. 46 ; ☎023-724104 ; 14 St 182). Permet d'aller jusqu'à Châu Dôc, au Vietnam, en associant bus et bateau. Départ à 8h ; comptez 6-7 heures de trajet.

PASSER AU VIETNAM : DE PHNOM PENH À HÔ CHI MINH-VILLE

Rejoindre la frontière Le **poste-frontière de Bavet/Moc Bai** d'origine entre le Vietnam et le Cambodge connaît un trafic stable depuis une vingtaine d'années. Le plus simple pour rejoindre Hô Chi Minh-Ville (Saigon) est de prendre un bus international (8-13 $US, 7 heures) à Phnom Penh. Il est recommandé d'opter pour une compagnie vietnamienne, Sapaco par exemple (p. 87), ce qui permet d'accélérer l'entrée au Vietnam en cas d'attente à la frontière. Plusieurs compagnies assurent ce trajet.

À la frontière Il n'est pas rare de devoir attendre à la frontière pour entrer au Cambodge ou au Vietnam. Dans le cas contraire, le passage se fait simplement, pourvu que l'on ait acheté son visa vietnamien à l'avance.

Au-delà Même si vous n'avez pas opté pour un bus international, vous n'aurez aucun mal à trouver un moyen de transport pour Hô Chi Minh-Ville ou ailleurs.

Giant Ibis (carte p. 52 ; ☎023-999333 ; www.giantibis.com ; 3 St 106 ;). Bus "VIP" et minibus express. Les grands bus pour Siem Reap offrent de l'espace pour étendre les jambes et une connexion Wi-Fi aléatoire. Une part des bénéfices est reversée à des projets de protection des ibis géants.

Gold VIP (carte p. 52 ; ☎070 988888 ; 3 St 106)

GST (carte p. 52 ; ☎023-218114 ; 13 St 142)

Long Phuong (carte p. 46 ; ☎097-311 0999 ; 274 bd Sihanouk)

Mekong Express (☎012-787839 ; catmekongexpress.com ; 2020 NH5). Dispose d'un bureau de réservation installé au bord du fleuve (carte p. 52 ; quai Sisowath).

Olympic Express (carte p. 38 ; ☎092-868782 ; 70 bd Monireth)

Orient Express 1907 (carte p. 52 ; ☎090-896666 ; 18 St 108)

Phnom Penh Sorya (carte p. 52 ; ☎023-210359 ; angle St 217 et St 67, secteur du *psar* Thmei)

BUS AU DÉPART DE PHNOM PENH

DESTINATION	DURÉE (HEURES)	TARIFS	COMPAGNIES	FRÉQUENCE
Ban Lung	11	12 $US	PP Sorya, Rith Mony	uniquement le matin
Bangkok, Thaïlande	12	18-23 $US	Mekong Express, PP Sorya, Virak Buntham	1 départ/jour/compagnie
Battambang (journée)	5-6	5-6 $US	GST, Phnom Penh Sorya, Rith Mony	plusieurs départs/compagnie
Battambang (nuit)	6	8-10 $US	Virak Buntham	4 départs/nuit
Hô Chi Minh-Ville, Vietnam	7	8-13 $US	Capitol Tour, Long Phuong, Mekong Express, PP Sorya, Sapaco, Virak Buntham (bus de nuit)	plusieurs départs/compagnie, jusqu'à 15h environ
Kampot (direct)	3	5-6 $US	Capitol Tour, Rith Mony	2 départs/jour/compagnie
Kampot (via Kep)	4	6 $US	PP Sorya	7h30, 9h30, 14h45
Kep	3	5 $US	PP Sorya	7h30, 9h30, 14h45
Koh Kong	5½	7 $US	Olympic Express, PP Sorya, Virak Buntham	2-3 départs/compagnie, jusqu'à 12h
Kompong Cham	3	5 $US	PP Sorya, Rith Mony	1 départ/heure, jusqu'à 16h
Kratie	6-8	8 $US	PP Sorya, Rith Mony	6h45, 7h15, 7h30, 9h30, 10h30
Pakse via Don Det, Laos	12-14	28 $US	PP Sorya	6h45
Poipet (journée)	8	9-11 $US	Capitol Tour, Gold VIP, PP Sorya, Rith Mony	Départs frequents jusqu'à 12h
Poipet (nuit)	7	10-11 $US	Gold VIP, Rith Mony, Virak Buntham,	1 départ/compagnie
Preah Vihear (ville)	7	10 $US	GST, PP Sorya	uniquement le matin
Sen Monorom	8	35 000 r	PP Sorya	7h30
Siem Reap (journée)	6	6-8 $US	La plupart des compagnies	départs fréquents
Siem Reap (VIP)	6	13-15 $US	Giant Ibis, Mekong Express, Orient Express 1907	7h45, 8h45, 12h30
Siem Reap (nuit)	6	10 $US	Gold VIP, Virak Buntham	18h, 20h, 23h, 0h30
Sihanoukville	5½	5-6 $US	Capitol Tour, GST, Mekong Express, PP Sorya, Rith Mony, Virak Buntham	départs fréquents
Stung Treng	9	10 $US	PP Sorya, Rith Mony	6h45, 7h30

PASSER AU VIETNAM : DE PHNOM PENH À CHÂU DÔC

La plus belle manière de quitter le Cambodge est de partir à la voile sur le Mékong pour Kaam Samnor, à une centaine de kilomètres au sud/sud-est de Phnom Penh, de traverser la frontière pour rejoindre Vinh Xuong, au Vietnam, et de poursuivre jusqu'à Châu Dôc, au bord du Tonlé Bassac, via un canal ou par les terres. De Châu Dôc, des liaisons routières et fluviales partent vers différents points du delta du Mékong et ailleurs au Vietnam.

Plusieurs compagnies assurent le trajet jusqu'à Châu Dôc, soit intégralement en bateau, soit en combinant bus et bateau ; les prix varient en fonction de la vitesse et du standing. **Delta Adventure** (carte p. 52 ; ☎ 012-733191 ; www.saigonmekong.info ; 19 $US) et Capitol Tour (p. 85) partent de Phnom Penh à 8h ; le trajet, qui implique un transfert en bus, prend entre 6 et 7 heures. **Hang Chau** (carte p. 52 ; ☎ 088-8787871 ; 25 $US) propose un départ à midi et l'ensemble du trajet se fait par bateau. **Blue Cruiser** (carte p. 52 ; ☎ 023-6333666 ; www.bluecruiser.com ; 35 $US), plus haut de gamme et légèrement plus rapide, a un départ à 13h30. La chaîne **Victoria Hotels** (carte p. 52 ; www.victoriahotels.asia ; 95 $US) assure chaque semaine plusieurs trajets en bateau entre Phnom Penh et son hôtel de Châu Dôc. Ces compagnies mettent environ 4 heures pour faire le trajet (lequel comprend un long contrôle à la frontière), assuré intégralement en bateau. Les *guesthouses* et les tour-opérateurs proposent des formules moins chères alliant bus et bateau. Tous les bateaux partent de l'**embarcadère touristique** (carte p. 52 ; 93 quai Sisowath) de Phnom Penh.

Rith Mony (carte p. 52 ; ☎ ; ☎ 017-525388 ; 24 St 102). Bus à impériale à destination de Battambang, Kampot, Krong Koh Kong (ville de Koh Kong), Kompong Cham, Kratie, Pailin, Pakse, Poipet, Siem Reap et Sihanoukville.

Sapaco (carte p. 46 ; ☎ 023-210300 ; www.sapacotourist.com ; 309 bd Sihanouk)

Virak Buntham (Kampuchea Angkor Express ; carte p. 52 ; ☎ 016-786270 ; St 106). Spécialisé dans les bus de nuit à destination de Siem Reap, Sihanoukville et Koh Kong.

Minibus express

Des minibus express de 12 à 14 places desservent des destinations prisées comme Siem Reap et Sihanoukville. Ils permettent de réduire les temps de trajet, mais sont souvent exigus et roulent parfois très vite – cœurs sensibles, s'abstenir. Plusieurs grandes compagnies de bus proposent aussi des minibus ; la plus connue est Mekong Express. Il est préférable de réserver sa place.

CTT Net (carte p. 52 ; ☎ 023-217217 ; 223 quai Sisowath)

Golden Bayon Express (carte p. 52 ; ☎ 023-966968 ; 3 St 126)

Kampot Express (carte p. 46 ; ☎ 077-555123 ; 2 St 215)

Kim Seng Express (carte p. 46 ; ☎ 012-786000 ; 506 bd Kampuchea Krom). À destination de Sen Monorom, au Mondolkiri.

Mey Hong Transport (☎ 023-6372722). Appelez pour que l'on vienne vous chercher.

Neak Krorhorm (carte p. 52 ; ☎ 092-966669 ; 4 St 108)

Seila Angkor (carte p. 52 ; ☎ 077-888080 ; 43 St 154)

Taxis collectifs, minibus et pick-up

De Phnom Penh, des taxis collectifs, des pick-up et des minibus locaux desservent tout le pays. Les taxis pour Kampot, Kep et Takeo partent du **psar Dang Kor** (carte p. 38 ; bd Mao Tse Toung), alors que les minibus et taxis locaux bondés à destination de la plupart des autres destinations de l'extrémité nord-ouest partent du **psar Thmei** (carte p. 52).Les véhicules pour la frontière vietnamienne partent de la station de taxis **Chbah Ampeau**, du côté est du pont Monivong, au sud de la ville. Vous devrez peut-être patienter un moment (parfois jusqu'au lendemain si vous arrivez l'après-midi), jusqu'à ce que votre véhicule soit plein, ou payer pour les places non occupées.

Les minibus locaux sont à éviter quand il existe des bus climatisés plus grands ou des taxis collectifs plus rapides – ce qui est le cas à peu près partout. Si votre budget est très serré, ils permettent d'économiser 1 ou 2 dollars.

Train

Aucun train de passagers ne circule actuellement au Cambodge. Ne le regrettez pas, car ces trains circulaient à une vitesse moyenne de 20 km/h !

Pour information, la gare ferroviaire de Phnom Penh est à l'extrémité ouest de la St 106 et de la St 108, dans un beau bâtiment colonial où règne une pagaille indescriptible. La remise en état du réseau ferroviaire est en cours et des trains de marchandises circulent déjà ; le transport de passagers pourrait reprendre d'ici à quelques années.

ℹ Comment circuler

Il reste assez facile de se déplacer dans cette capitale peu étendue, malgré une circulation qui empire chaque année. Les embouteillages sont réguliers matin et soir, aux heures de pointe, notamment aux abords des deux grands boulevards nord-sud, les boulevards Monivong et Norodom.

DEPUIS/VERS L'AÉROPORT

L'aéroport international de Phnom Penh (p. 370) est à 7 km à l'ouest du centre, via le boulevard de Russie.

Un guichet officiel à l'extérieur de la zone des arrivées assure la réservation des taxis pour le centre (12 $US) ; comptez 9 $US pour une *remork*. Vous trouverez aussi des *tuk-tuk* pour 5 $US et des *moto-dop* pour 3 $US dans la rue, à une minute à pied de l'aéroport. Pour vous rendre à l'aéroport depuis le centre de Phnom Penh, comptez environ 10/5/3 $US en taxi/*tuk-tuk*/*moto-dop*. Le trajet dure généralement entre 30 minutes et 1 heure en fonction de la circulation.

CYCLO-POUSSE

Si le *cyclo* (*samlor*) est un moyen de transport reposant pour découvrir les sites du centre-ville, il n'est pas adapté aux longues distances. Une journée de promenade vous reviendra à 10 $US – trouvez votre *cyclo* vous-même ou négociez un circuit via le Cyclo Centre (p. 56). Pour un aller simple court, le prix équivaut à celui d'une *moto-dop*. Les *cyclo* se font plus rares en pleine nuit.

MOTO-DOP

Dans les quartiers touristiques, les conducteurs de *moto-dop* parlent généralement anglais et parfois un peu français. Ailleurs, vous aurez du mal à faire comprendre votre destination. Un court trajet coûte en moyenne 2 000 r. Comptez au moins 1 $US pour traverser la ville.

Si les Cambodgiens ne négocient jamais pour un trajet en *moto-dop* (ils paient simplement la somme qui leur semble juste), il est recommandé aux étrangers de toujours se mettre d'accord sur un prix au préalable, en particulier avec les *moto-dop* présentes dans les secteurs touristiques (abords du fleuve et des hôtels de luxe, etc.). De même, si vous prenez une *moto-dop* depuis un bar fréquenté par les touristes pour rentrer chez vous le soir, n'oubliez pas de négocier pour éviter une mauvaise surprise.

Les conducteurs garés devant les pensions et les hôtels fréquentés parlent souvent un bon anglais et peuvent servir de guides pour environ 10 $US/jour selon les destinations.

TAXI

Le taxi est un moyen de transport bon marché (3 000 r/km), mais ne vous attendez pas à en trouver un par hasard dans la rue. Appelez **Global Meter Taxi** (☎ 011-311888), **Choice Taxi** (☎ 023-888023 ou 010-888010) ou **Taxi Vantha** (☎ 012-855000).

TUK-TUK (REMORK-MOTO)

Généralement appelées *tuk-tuk*, les *remork* sont des motos munies d'un chariot, qui constituent le principal moyen de transport des touristes à Phnom Penh. Elles coûtent en moyenne le double d'une *moto-dop* – 2 $US pour des trajets courts dans le centre, 3 $US pour des trajets un peu plus longs. Les conducteurs de *remork* ont la fâcheuse tendance de demander un supplément lorsqu'il y a plusieurs passagers. Refusez : le paiement se fait à la course et non au nombre de passagers (les groupes de 4 personnes ou plus pourront en revanche payer 1 $US de plus).

MINIBUS EXPRESS AU DÉPART DE PHNOM PENH

DESTINATION	DURÉE (HEURES)	TARIFS	COMPAGNIES	FRÉQUENCE
Battambang	4½	10-12 $US	Mekong Express, Golden Bayon	plusieurs départs/ compagnie
Kampot	2	8-9 $US	Giant Ibis, Kampot Express, Olympic Express	3 départs/compagnie
Kep	2½	8 $US	Olympic Express	7h15, 13h30
Sen Monorom	5½	11 $US	Kim Seng	7h, 7h30, 11h, 13h30
Siem Reap	5	10-12 $US	Golden Bayon, Mekong Express, Mey Hong, Neak Krohorm, Olympic Express, Seila Angkor	3-5 départs/ compagnie
Sihanoukville	4	10-12 $US	CTT Net, Giant Ibis, Golden Bayon, Mekong Exp, Mex Hong	2-4 départs/ compagnie

TAXIS COLLECTIFS AU DÉPART DE PHNOM PENH

DESTINATION	TARIF	DURÉE (HEURES)
Battambang	55 $US	4½
Kampot	35 $US	3
Kep	40 $US	3
Koh Kong	65 $US	4½
Kompong Cham	35 $US	2½
Kompong Thom	45 $US	3
Kratie	50 $US	5
Pursat	45 $US	3
Siem Reap	70 $US	5
Sihanoukville	50 $US	4
Takeo	25 $US	2
Frontière vietnamienne	50 $US	3

VÉLO

Certaines pensions louent des vélos pour 1-2 $US/jour. Prenez bien la mesure du trafic anarchique avant de vous jeter à l'eau. Une fois que vous êtes habitué à la circulation, le vélo constitue un moyen plaisant de se déplacer. Des échoppes (p. 55) louent des vélos de ville et des VTT.

VOITURE ET MOTO

On peut louer une voiture avec chauffeur par l'intermédiaire des agences de voyages, des pensions et des hôtels. Comptez à partir de 25 $US pour une berline et 60 $US pour un 4x4 ; les prix augmentent rapidement si l'on sort de la capitale.

Pour qui est habitué à des conditions de circulation chaotiques, découvrir Phnom Penh et les environs à moto peut se révéler formidable.

Il est possible de louer des motos en de nombreux endroits. Une Honda 100 cm³ revient à 4-7 $US/jour et une tout-terrain 250 cm³, à 12-30 $US. Vous devrez laisser votre passeport au loueur – les permis de conduire et les autres pièces d'identité ne sont pas acceptés. La qualité du deux-roues sera généralement fonction du prix que vous serez prêt à mettre.

Si vous faites beaucoup de route, il peut être judicieux de vous procurer un permis cambodgien. Les loueurs de motos pourront vous en fournir un pour environ 40 $US. Sinon, vous devrez théoriquement être muni d'un permis international pour conduire au Cambodge (même si celui-ci non plus n'est pas toujours reconnu). Si vous souhaitez souscrire une assurance (disponible chez les loueurs de motos pour environ 22 $US/mois), vous devrez avoir un permis cambodgien ou international. Les vols de motos sont fréquents ; n'oubliez pas d'utiliser un solide antivol.

Harley Tours Cambodia (carte p. 46 ; ☎012-948529 ; www.harleytourscambodia.com). Organise des randonnées en Harley aux alentours de Phnom Penh, dont des circuits de 2 jours à Kompong Cham ou à Kep. Loue également des Harley à la journée, à des prix prohibitifs.

Little Bikes (carte p. 52 ; ☎017-329338 ; 97 St 154). Bonnes motos tout-terrain à partir de 18 $US, et 125 cm³ à 7/30 $US la journée/semaine.

Lucky! Lucky! (carte p. 46 ; ☎023-212788 ; 413 bd Monivong). Location de motos à 4-7 $US/jour ; tarifs dégressifs pour plusieurs jours. Motos tout-terrain à partir de 12 $US.

Two Wheels Only (carte p. 58 ; ☎012-200513 ; www.twocambodia.com ; 34L St 368). Loue des deux-roues bien entretenus (moto/scooters 25/5 $US par jour).

Vannak Bikes Rental (carte p. 52 ; ☎012-220970 ; 46 St 130). Ce prestataire loue des motos tout-terrain (jusqu'à 600 cm³) pour 15-30 $US/jour, et des motos plus petites pour 5-7 $US.

ENVIRONS DE PHNOM PENH

Aux alentours de Phnom Penh, plusieurs sites constituent d'agréables excursions d'une journée. Koh Dach, le plus accessible, est l'occasion idéale pour une balade à VTT, en *moto-dop* ou en *tuk-tuk*. Les autres curiosités citées ci-après sont à au moins une heure de voiture, davantage en *moto-dop* ou en *remork*.

Le temple angkorien de Tonlé Bati, la réserve animalière de Phnom Tamao et la pagode qui coiffe la colline de Phnom Chisor sont proches les uns des autres, en retrait de la NH2. Il est tout à fait possible de visiter deux de ces sites au cours d'une même excursion (les trois feraient un peu trop). Cela constitue aussi une bonne halte lors d'un trajet vers Takeo ou Kep/ Kampot, au sud.

Udong, l'ancienne capitale, fait l'objet d'une excursion séparée d'une demi-journée ; elle peut se combiner avec Kompong Chhnang, une "authentique" ville cambodgienne. Le parc national de Kirirom est situé plus loin, à mi-chemin environ du trajet pour Sihanoukville, en quittant la NH4.

Koh Dach កោះដាច់

Appelée "île de la Soie" par les étrangers, Koh Dach fait référence à deux îles du Mékong, situées à 5 km au nord-est du pont de l'Amitié japonaise. Elles se visitent facilement en une demi-journée, sans guide, et donnent un aperçu de la vie locale, loin de l'effervescence de la capitale.

L'endroit doit son nom au grand nombre de tisseurs de soie vivant sur les îles. À votre arrivée en ferry, vous vous ferez à coup sûr aborder par des femmes souriantes parlant quelques mots d'anglais, qui vous inviteront chez elles pour voir les tisseurs à l'œuvre et éventuellement acheter des *krama* (foulards traditionnels), des sarongs ou d'autres articles en soie. Si vous n'êtes pas intéressé, n'hésitez pas à décliner l'offre poliment, avec le sourire – vous verrez de toute façon quantité de tisseurs au cours de votre excursion.

Quelques ensembles de temples modernes et colorés constituent, avec le paysage rural, les autres attraits de Koh Dach.

Comment s'y rendre et circuler

Les conducteurs de *tuk-tuk* proposent des visites de Koh Dach d'une demi-journée ; 20 $US devraient suffire (moins si vous vous faites déposer au ferry), mais les prix atteignent parfois 40 $US. Vous pouvez aussi opter pour l'un des **circuits en bateau** (10 $US/pers) qui partent chaque jour de l'embarcadère touristique de Phnom Penh (p. 85) à 8h30, 9h30 et 13h (minimum 4 pers). **Cambocruise** (☎ 092-290077 ; www.cambocruise.com ; sans/avec déj 14/22 $US) propose chaque jour une excursion à destination de Koh Dach ; départ à 12h30 (déjeuner en option) ; on pourra venir vous chercher gratuitement dans la ville.

Autre possibilité : louer un VTT ou une moto et partir à l'aventure. La traversée du Mékong en ferry, possible à trois endroits, coûte 500 r par personne, plus 500 r par vélo. Le point de traversée le plus au sud est aussi le plus pratique ; il permet d'arriver sur l'île la plus grande et la plus proche. Traversez le pont de l'Amitié japonaise et suivez la NH6 sur 4 km, puis tournez à droite juste avant la Medical Supply Pharmaceutical Enterprise. Vous trouverez immédiatement une route non goudronnée parallèle au Mékong. Prenez à gauche et suivez la route vers le nord sur environ 500 m jusqu'à l'embarcadère du ferry.

Depuis la plus grande île, vous n'êtes qu'à quelques minutes à vélo d'un pont reliant les deux îles. L'île la plus petite (appelée Koh Okhna Tey, ou île du Mékong) a de meilleurs aménagements, dont une route principale goudronnée. La plus grande est plus rustique et semble plus isolée, notamment dans sa partie nord.

Udong ឧដុង្គ

Udong (la "Victorieuse") fut la capitale du Cambodge entre 1618 et 1866. Ce nom optimiste ne reflétait guère la réalité, le Cambodge étant alors en plein déclin. Ce qui n'empêcha pas plusieurs souverains, dont le roi Norodom, d'y être couronnés.

Les principaux sites sont aujourd'hui les deux collines de **Phnom Udong** (ភ្នំឧដុង្គ), jalonnées de stupas. Toutes deux offrent une belle vue sur la campagne environnante, parsemée de palmiers à sucre. La colline la plus haute – la première en venant de la NH5 –, **Phnom Preah Reach Throap** (ភ្នំព្រះរាជទ្រព្យ ; "colline de la Fortune royale"), doit son nom à un roi khmer du XVIe siècle qui y aurait caché le trésor national lors d'une guerre contre les Thaïs.

Depuis le parking, la première construction que vous verrez en montant l'escalier nord principal entouré de singes est un temple moderne qui renfermait jusqu'à récemment des reliques du Bouddha (ce que l'on tenait pour un cil, ainsi que des fragments de dents et d'os). Lesdites reliques furent hélas dérobées fin 2013 (retrouvées depuis). En suivant le chemin derrière le stupa le long de la crête, vous arriverez devant trois grands stupas alignés. Le premier (au nord-ouest), le **Damrei Sam Poan**, fut construit par le roi Chey Chetha II (1618-1626) pour recevoir les cendres de son prédécesseur, le roi Soriyopor. Le deuxième stupa, l'**Ang Doung**, décoré de carreaux colorés, fut édifié en 1891 par le roi Norodom pour recueillir les cendres de son père, le roi Ang Duong (1845-1859). Selon certains, ce dernier serait en fait inhumé près de la pagode d'Argent, à Phnom Penh. Dans le dernier stupa, le **Mak Proum**, repose la dépouille du roi Monivong (1927-1941). Orné de *garuda* (créatures mi-oiseau mi-homme), de motifs floraux et d'éléphants, il est surmonté de quatre visages.

En suivant le chemin derrière le Mak Proum, vous verrez un *vihara* en pierre avec un toit en ciment renfermant un bouddha assis (lors de notre passage, il arborait fièrement une casquette de marin), puis arriverez dans une clairière parsemée de constructions, dont trois petits *vihara* et un stupa. Le premier *vihara* est le **Vihear Prak Neak**, dont les murs craquelés et le toit de tôle abritent un *nâga* protégeant un bouddha assis (*prak neak* signifie "protégé par un *nâga*"). La deuxième structure renferme également un bouddha assis. La troisième, le **Vihear Preah Keo**, est un bâtiment en ciment abritant une statue de Preah Ko, le taureau sacré ; la statue d'origine fut dérobée par les Thaïs il y a bien longtemps. Un peu plus loin, non loin du stupa, des pumas rouge et noir gardent l'entrée d'un *vihara* moderne en brique.

Continuez vers le sud-est en longeant un sentier en ciment bordé de fleurs de lotus pour rejoindre la construction la plus impressionnante de Phnom Preah Reach Throap, le **Vihear Preah Ath Roes**. Détruit par les Khmers rouges en 1977, le *vihara,* soutenu par huit énormes piliers et surmonté d'un toit de tôle en pointe, fut récemment reconstruit, à l'instar du bouddha de 20 m de haut – les structures d'origine avaient été consacrées en 1911 par le roi Sisowath.

En bas de l'escalier principal (nord) menant à Phnom Preah Reach Throap, près des restaurants, un **mémorial** aux victimes de Pol Pot contient les ossements de quelques-uns de ceux qui furent enterrés dans une centaine de fosses communes, qui contenait chacune une douzaine de corps. Des instruments de torture furent également découverts lors des exhumations, en 1981 et 1982. Juste au nord du mémorial, un pavillon est orné de peintures murales décrivant les atrocités commises par les Khmers rouges.

Au sud-est de Phnom Preah Reach Throap, la plus petite colline comporte deux édifices, ainsi que plusieurs stupas au sommet. De la **mosquée Ta San**, orientée à l'ouest en direction de La Mecque, on découvre au sud, au-delà de la plaine, **Phnom Vihear Leu**, une colline surmontée d'un *vihara* (sanctuaire) flanqué de deux mâts blancs. Le bâtiment à droite du *vihara* servit de prison sous le régime khmer rouge. La pagode **Arey Ka Sap** (អរិយក្សត្រ) se dresse en contrebas, sur la gauche.

Si Phnom Udong attire une foule de Cambodgiens le week-end, l'endroit est calme en semaine. L'entrée est gratuite. En revanche, une armée de mendiants et de solliciteurs fera sans doute des pieds et des plats pour vous extirper un peu d'argent.

Où se loger et se restaurer

L'impressionnant **Cambodia Vipassana Dhura Buddhist Meditation Centre** (contactez M. Um Sovann 016-883090 ; www.cambodiavipassanacenter.com) se trouve non loin de la base de l'escalier ouest menant à Phnom Preah Reach Throap. Les étrangers peuvent y pratiquer la méditation avec des moines et des nonnes bouddhistes expérimentés pendant un ou plusieurs jours. Les séances de méditation ont lieu tous les jours de 7h à 9h et de 14h à 17h. Entre les deux, vous pourrez flâner à la bibliothèque, qui contient quantité de livres sur le bouddhisme – sans parler de l'impressionnante collection de guides Lonely Planet contrefaits ! Bien que dépourvues de matelas (on dort sur des paillasses en osier relativement douillettes), les chambres, équipées de salle de bains, sont plutôt confortables pour un établissement monastique. Le petit-déjeuner et le déjeuner sont assurés (mais pas le dîner). Il n'y a pas de prix fixe pour une retraite de méditation ; donnez selon vos moyens – 25 $US par jour semble une somme correcte. Les séances de méditation sont gratuites.

Vous trouverez une myriade de stands de restauration autour du parking principal animé, en bas de l'escalier nord.

Depuis/vers Udong

Udong est à 37 km de la capitale. Prenez un bus Phnom Penh Sorya en direction de Kompong Chhnang (10 000 r, 1 heure jusqu'à Udong). Il vous déposera à la route d'accès pour Phnom Udong, à 3 km d'Udong (4 000 r en *moto-dop*). Udong est également desservie par d'autres compagnies de bus (p. 85). Pour revenir à Phnom Penh, faites signe à un bus pour qu'il s'arrête sur la NH5.

Pour aller de Phnom Penh à Udong en voiture ou à moto, prenez la NH5 vers le nord et tournez à gauche (sud) au niveau d'un imposant porche voûté situé entre les bornes des km 36 et 37.

De Phnom Penh, un taxi vous demandera environ 40 $US pour la journée. À *moto-dop*, comptez 15 $US la journée, mais sachez que la route est encombrée et très poussiéreuse (le bus est plus confortable).

Tonlé Bati ទន្លេបាទី

Tonlé Bati (3 $US) désigne deux *vat* de l'époque angkorienne et une aire de pique-nique au bord du lac. N'hésitez pas à y faire un crochet si vous vous rendez à Phnom Tamao et à Phnom Chisor. Le site compte plusieurs échoppes permettant de faire des emplettes pour un pique-nique et il est possible de louer des chambres à air (2 000 r) pour paresser sur le lac. Évitez simplement de venir le week-end, car il y a alors foule.

À voir

Ta Prohm TEMPLE HINDOU

(តាព្រហ្ម). Le roi Jayavarman VII (1181-1219) fit construire ce temple en latérite sur le site d'un sanctuaire khmer du VIe siècle. Le sanctuaire principal comporte cinq salles, lesquelles renferment chacune un Bouddha moderne. Elles sont ornées de bas-reliefs très travaillés et bien conservés. La salle centrale renferme un lingam (symbole phallique) portant les traces des ravages perpétrés par les Khmers rouges.

Yeay Peau TEMPLE HINDOU

(យាយពៅ). Ce temple, qui porte le nom de la mère du roi Prohm, est à 150 m au nord du Ta Prohm, dans l'enceinte d'une pagode moderne. Selon la légende, Peau mit au monde un fils, Prohm. Lorsque celui-ci découvrit que son père était le roi Preah Ket Mealea, il partit vivre auprès de lui. Quelques années plus tard, Prohm retourna voir sa mère, mais ne la reconnut pas. Ébloui par sa beauté, il la demanda en mariage et refusa de la croire lorsqu'elle lui révéla leur parenté. Pour mettre fin à ses avances, elle lui lança un défi dans le but d'éviter le mariage imminent. Vous découvrirez le dénouement de cette légende p. 283.

Depuis/vers Tonlé Bati

La route d'accès au Tonlé Bati est indiquée à droite sur la NH2, à 33 km au sud du monument de l'Indépendance de Phnom Penh. L'entrée de l'ensemble architectural se trouve à 1,8 km de la nationale.

La plupart des visiteurs louent un véhicule pour venir. Comptez 12/25 $US aller-retour en *moto-dop/tuk-tuk* depuis Phnom Penh. Prévoyez 5 $US de plus pour aller également à Phnom Tamao, et davantage si vous ajoutez Phnom Chisor.

Vous pouvez aussi prendre un bus Phnom Penh Sorya pour Takeo (4 bus/jour, prenez celui de 7h ou de 10h30) et descendre à la route d'accès. Cependant, le retour à Phnom Penh peut s'avérer problématique. Le mieux est d'acheter un billet à l'avance pour l'un des bus reliant Takeo à Phnom Penh. Sinon, louez une moto.

Réserve animalière de Phnom Tamao

ភ្នំតាម៉ៅ (សួនសត្វ)

Cette belle **réserve** (tarif plein/réduit 5/2 $US ; 8h-17h) abrite des gibbons, des ours malais, des éléphants, des tigres, des lions, des cerfs et d'énormes pythons. On y trouve aussi une gigantesque volière. Tous les animaux, confisqués à des braconniers ou à des propriétaires abusifs, reçoivent soins et protection dans le cadre d'un programme de reproduction durable des espèces. Une fois soignés, ils sont relâchés dans la nature. Le centre dirige également des programmes de reproduction pour des espèces menacées à l'échelle mondiale. La réserve occupe un vaste site au sud de la capitale. Les animaux y vivent dans d'excellentes conditions, au regard des normes en vigueur en Asie du Sud-Est. Ils évoluent dans d'immenses enclos, améliorés et agrandis au fil des ans avec l'aide d'ONG internationales de protection de la nature.

Le centre héberge les plus importantes populations de gibbons à coiffe et d'ours des cocotiers en captivité du monde, ainsi que des espèces menacées comme le crocodile du Siam et le marabout argala. Les immenses enclos des tigres figurent parmi les attractions favorites, de même que la volière.

Des éléphants participent parfois aux activités. Un parcours pédestre traverse le territoire des macaques et des cervidés. Il est difficile d'observer les grands mammifères du Cambodge, car ils vivent dans des régions reculées. Phnom Tamao est le lieu idéal pour en découvrir l'incroyable variété. Si vous n'aimez pas les zoos, Phnom Tamao ne vous plaira pas, mais souvenez-vous que ces animaux sont des rescapés et qu'ils ont besoin d'un habitat. En payant le droit d'entrée, vous contribuez à la protection de la faune du pays.

Circuits organisés

Free the Bears CIRCUIT ORGANISÉ

(Carte p. 46 ; www.freethebears.org ; 70 $US/pers, 50 $US/pers pour les groupe de 5 et plus). Free the Bears dirige le programme Bear Keeper for a Day, qui permet à des étudiants et à d'autres adultes passionnés par la faune de mieux connaître l'ours noir d'Asie et l'ours malais. Les participants n'ont pas de contact avec les ours, mais passent la journée dans les coulisses de la réserve Phnom Tamao, découvrant ainsi tous les aspects des soins qui sont apportés aux quelque 130 plantigrades vivant ici. Des postes de bénévoles sont proposés pour des périodes allant de 1 à 12 semaines.

Wildlife Tours CIRCUIT ORGANISÉ
(☎095-970175 ; www.wildlifealliance.org ; don minimum 150 $US). La Wildlife Alliance a mis en place un excellent circuit interactif d'une journée dans le but de rassembler des fonds pour Phnom Tamao. Les donateurs peuvent interagir avec divers animaux rescapés, dont des éléphants, des macaques et des gibbons, et faire connaissance avec des tigres, des crocodiles et peut-être la seule loutre de Sumatra en captivité dans le monde. Tous les bénéfices servent aux actions en faveur des animaux de Phnom Tamao. Ils peuvent également se promener avec des éléphants dans la forêt et nourrir divers bébés animaux dans la nursery de la réserve, autrement fermée au public.

Betelnut Jeep Tours CIRCUIT ORGANISÉ
(Carte p. 52 ; ☎012-619924 ; www.betelnuttours.com ; 40 $US/pers). Betelnut Jeep Tours propose des circuits guidés de découverte en jeep dans la réserve de Phnom Tamao. Du mardi au samedi ; départ à 9h45 de la Lazy Gecko Guesthouse (p. 60) à Phnom Penh. Le prix comprend l'entrée de la réserve, le repas du midi et un *krama* pour se protéger des éléments.

Depuis/vers Phnom Tamao

La voie d'accès à Phnom Tamao est bien indiquée sur la droite, à 6,5 km au sud de l'embranchement pour Tonlé Bati sur la NH2. La réserve est à 5 km de la nationale, sur une route extrêmement poussiéreuse. Si vous venez en bus, demandez à descendre à l'embranchement, où des *moto-dop* pourront vous amener à la réserve.

Phnom Chisor ភ្នំជីសូរ

Temple de l'époque angkorienne, **Phnom Chisor** (2 $US) se dresse sur une colline solitaire dans la province de Takeo. Il offre une vue superbe sur la campagne alentour. Venez tôt le matin ou en fin d'après-midi, car la chaleur de la mi-journée rend l'ascension pénible.

Le temple principal se tient sur le versant est de la colline. Construit en brique et en latérite, avec des linteaux de grès sculptés, l'ensemble architectural est entouré par les murs partiellement en ruine d'une galerie de 2,50 m de largeur, percée de fenêtres. Des inscriptions datent du XIe siècle, quand le site s'appelait Suryagiri.

Dans la plaine qui s'étire à l'ouest, les sanctuaires de **Sen Thmol** (au-dessous de Phnom Chisor), de **Sen Ravang**, ainsi que l'étang sacré de **Tonlé Om** se suivent en ligne droite en direction d'Angkor. Lors des cérémonies qui s'y déroulaient il y a 900 ans, le roi, les brahmanes et la cour suivaient cette direction pour gravir un escalier monumental de 400 marches jusqu'à Suryagiri.

Si vous n'avez pas l'énergie d'entreprendre l'éprouvant trajet jusqu'au Preah Vihear ou à Phnom Bayong (près de Takeo), Phnom Chisor est un excellent choix dans la catégorie des temples avec vue. Près du temple principal, un *vihara* moderne accueille des moines.

Depuis/vers Phnom Chisor

Phnom Chisor est situé à environ 55 km au sud de Phnom Penh. La route d'accès à Phnom Chisor, vers l'est, est signalée (en khmer) sur la gauche, à 12 km au sud de l'embranchement pour Phnom Tamao, sur la NH2. Le temple est à 4,5 km de la nationale – des *moto-dop* attendent au croisement. Pour vous y rendre, suivez les indications pour le Tonlé Bati et Phnom Tamao ; comptez quelques dollars de plus si vous voyagez en véhicule privé.

Parc national de Kirirom

ឧទ្យានជាតិគិរីរម្យ

Pour un sentiment d'évasion total, rendez-vous dans ce luxuriant **parc d'altitude** (5 $US), à 2 heures de route au sud-ouest de Phnom Penh. Des sentiers de randonnée sillonnent les forêts de pins jusqu'à des falaises et à des cascades, abondantes à la saison des pluies, avec une vue extraordinaire sur la chaîne des Cardamomes. Les plus aventureux s'en donneront à cœur joie à VTT.

Depuis la NH4, parcourez 10 km sur une route goudronnée jusqu'à un petit village proche de l'entrée du parc. À la bifurcation, deux choix s'offrent à vous : la route de gauche mène à l'entrée du parc, à 50 m, puis continue sur 17 km sur une route plutôt raide jusqu'au **Kirirom Information Centre**, un centre d'accueil des visiteurs dépourvu de personnel à l'intérieur du parc ; la route de droite vous fera parcourir le périmètre du parc pendant 10 km sur une route non goudronnée jusqu'à la **commune de Chambok**, où il existe un excellent **programme écotouristique** communautaire (CBET ; ☎012-698529 ; mlup@online.com.kh ; tarif plein/réduit 3/1 $US). Ces deux itinéraires offrent des expériences très différentes et éloignées géographiquement l'une de l'autre. Mieux vaut donc consacrer une journée à chacun d'entre eux.

Aire protégée

Le parc proprement dit abrite une myriade de sentiers de randonnée et de routes non goudronnées menant à des petites cascades (à la saison des pluies), à des lacs, à des *vat* et à des bâtiments abandonnés – il est nécessaire d'avoir une carte ou d'avoir recours à un guide pour se repérer. Un passionné de VTT basé à Phnom Penh a réalisé une excellente carte des sentiers et des routes du parc ; essayez de vous en procurer un exemplaire.

Mr Mik (☎015-810271), *ranger* (garde forestier) et guide, est généralement présent aux abords des cabanes de barbecue près du parking principal animé, à environ 500 m au nord-est du centre d'accueil des visiteurs. Pour 10 $US, il vous fera faire une marche plus sportive de 2 heures jusqu'au sommet du Phnom Dat Chivit ("mont de la Fin de la vie"), où une falaise abrupte offre une vue dégagée sur la chaîne de l'Éléphant et sur la chaîne des Cardamomes à l'ouest.

Commune de Chambok

La principale curiosité du site écotouristique de Chambok est son parcours de randonnée de 4 km menant à trois cascades successives (faisable sans guide). La deuxième chute d'eau est dotée d'un bassin où il est possible de se baigner. La troisième, haute de 40 m, est très impressionnante. On peut louer des vélos pour 1,50 $US, mais le sentier se détériorant assez rapidement, ils ne sont pas d'une grande utilité. Vous pourrez aussi opter pour une promenade en char à bœufs, visiter la grotte aux chauves-souris et partir pour un circuit guidé dans la nature (guide 15 $US/jour).

Où se loger et se restaurer

Séjours chez l'habitant CHEZ L'HABITANT $
(☎012-938920 ; 3 $US/pers, plus 3 $US/repas). Plusieurs hébergements chez l'habitant sont proposés dans la commune de Chambok dans le cadre du programme écotouristique.

Romantic Waterfall & Cafe PENSION $
(☎012-733694 ; www.romantic-cafe.org ; ch 8 $US). À 1 km au sud de la commune de Chambok, le Romantic compte quelques chambres sommaires et un restaurant cambodgien – passez votre commande à l'avance.

♥ **vKirirom Pine Resort** COMPLEXE HÔTELIER $$
(☎078 777384 ; www.vkirirom.com ; camping 20 $US, ch 50-230 $US ; ❄@📶). Cet élégant *resort* japonais offre un choix de chambres remarquable, avec notamment d'étonnantes chambres dans des "tuyaux", des cabanes dépouillées construites en rotin et de luxueux bungalows tout équipés. Si vous venez pour la journée dans le parc, le beau restaurant, conçu avec un grand espace ouvert, sera votre meilleure option pour déjeuner.

Kirirom Mountain Lodge PENSION $$
(☎092-490216 ; www.kirirom.asia ; ch sem/week-end 40/65 $US ; ❄📶). Cette pension ouverte de longue date a été remise au goût du jour par le groupe hôtelier à l'origine du Plantation, à Phnom Penh. Les chambres affichent une élégante simplicité et il y a aussi un bon restaurant, offrant un mélange de saveurs françaises, marocaines et asiatiques. Vous pourrez louer le *lodge* en entier (6 chambres seulement) pour 200 $US, pour faire la fête au milieu des pins !

Kirirom Hillside Resort COMPLEXE HÔTELIER $$
(☎016-303888 ; www.kiriromresort.com ; ch/bungalow à partir de 50/65 $US ; ❄📶🏊). En contrebas du parc, ce *resort* loue de beaux bungalows de style scandinave répartis dans un vaste domaine ; certains possèdent un fabuleux balcon dominant un petit lac. Il comprend une belle piscine, un restaurant de qualité aléatoire, un zoo et même un parc avec des dinosaures en plastique. Certains des services annoncés comme l'équitation, le Wi-Fi et la location de VTT sont rarement disponibles.

Depuis/vers Kirirom

On accède au parc national de Kirirom via le village de Treng Trayern, qui donne sur la NH4 à 87 km au sud-ouest de Phnom Penh et à 139 km au nord-est de Sihanoukville. En taxi, comptez environ 60 $US depuis l'une de ces deux villes. Vous pouvez aussi vous faire déposer en bus à la sortie de Treng Trayern, où des *moto-dop* vous conduiront à l'entrée du parc pour rien de moins que 5 $US (un peu plus pour la commune de Chambok, et encore davantage pour monter jusqu'au parc à proprement parler). Il est fortement recommandé de disposer de son propre moyen de transport !

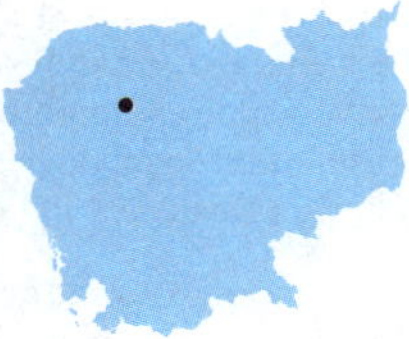

Siem Reap

☎063 / 175 000 HABITANTS (VILLE) / RÉGION (PROVINCE) 10 299 KM²

Dans ce chapitre ➡

Le top des restaurants

- Cuisine Wat Damnak (p. 118)
- Flow (p. 116)
- Haven (p. 111)
- Marum (p. 111)
- Mie Cafe (p. 117)

Le top des hébergements

- Ivy Guesthouse 2 (p. 106)
- La Résidence d'Angkor (p. 108)
- Sala Lodges (p. 110)
- Soria Moria Hotel (p. 109)
- Viroth's Hotel (p. 109)

Pourquoi y aller

Porte des temples d'Angkor, Siem Reap (prononcez "sim rip" ; សៀមរាប) a toujours été vouée à des fonctions prestigieuses. Après l'épisode dramatique du Kampuchéa démocratique, la cité est devenue l'épicentre d'un Cambodge touristique, doté aussi bien de repaires festifs de *backpackers*, que d'hôtels et de restaurants de classe internationale et de spas somptueux.

Certes, le développement nuit à l'authenticité de la ville, clinquante par endroits. Mais après avoir connu une longue période de souffrances, les Khmers profitent de cette prospérité. À courte distance, la province de Siem Reap conserve la beauté rurale du Cambodge éternel. Explorer les villages flottants et les réserves ornithologiques ou se promener à travers les paysages de rizières est un parfait antidote à l'agitation urbaine. Angkor est un endroit à savourer sans précipitation et Siem Reap est la base idéale pour organiser son exploration.

Quand partir

Siem Reap

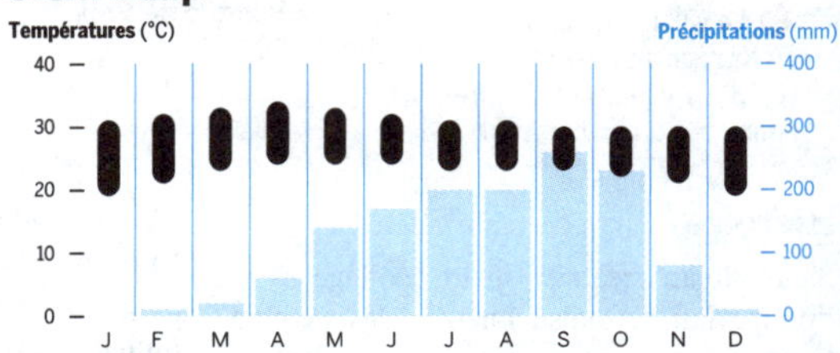

Nov-mars La haute saison, à éviter si vous redoutez les foules. Défilé de marionnettes géantes en février.

Avr-mai La chaleur écrasante dessèche la campagne et peut rendre les déplacements pénibles.

Juin-oct Saison humide ; le centre-ville peut être inondé durant plusieurs jours en octobre.

À ne pas manquer

1 **Pub St** (p. 118), le centre de la fête à Siem Reap, ainsi que les restaurants et les bars alentour

2 Le village sur pilotis de **Kompong Pluk** (p. 131), une extraordinaire construction en bambou

3 La découverte de grands oiseaux aquatiques, parmi les plus rares au monde, dans la **réserve ornithologique de Prek Toal** (p. 130)

4 Un **cours de cuisine** (p. 103) pour apprendre les secrets de la gastronomie locale et régaler vos amis à votre retour

5 Nombreuses **activités** (p. 101), des tyroliennes au vélo en passant par le golf

Histoire

Siem Reap n'était qu'un village sous domination siamoise lorsque des explorateurs français redécouvrirent Angkor au XIXe siècle. Avec le retour d'Angkor dans le giron cambodgien (ou plutôt français) en 1907, Siem Reap commença à s'agrandir pour accueillir les premiers touristes. Le Grand Hôtel d'Angkor ouvrit en 1932, et les temples d'Angkor comptèrent parmi les sites majeurs d'Asie jusqu'à la fin des années 1960. La guerre et l'arrivée des Khmers rouges plongèrent la ville dans un long sommeil, dont elle n'émergea qu'au milieu des années 1990.

Le tourisme est la principale ressource de Siem Reap qui, si elle n'était l'objet d'un urbanisme raisonné, pourrait devenir une horreur bétonnée. Des signes encourageants, comme les restrictions sur la hauteur des hôtels et la taille des bus, semblent montrer que les promoteurs ont tiré des leçons des erreurs commises dans d'autres lieux touristiques d'Asie du Sud-Est. Quoi qu'il advienne, Angkor est désormais une étape majeure sur la carte mondiale du tourisme, et Siem Reap, sa base arrière, ne peut que se développer.

À voir

Les voyageurs viennent à Siem Reap pour visiter les temples d'Angkor. Les curiosités de la ville et des alentours font pâle figure en comparaison. Les pagodes modernes de Siem Reap n'en offrent pas moins un contraste intéressant avec les vénérables édifices en grès d'Angkor.

La région compte également d'autres attraits. Vous pourrez découvrir le district de Banteay Srei (p. 127) et les villages flottants (p. 131) du Tonlé Sap. N'omettez pas de visiter l'Angkor Centre for Conservation of Biodiversity (p. 170), près de Kbal Spean, l'un des sites angkoriens les plus reculés.

♥ Musée national d'Angkor — ART KHMER

(សារមន្ទីរអង្គរ ; carte p. 98 ; ☎063-966601 ; www.angkornationalmuseum.com ; 968 bd Charles de Gaulle ; adulte/enfant -1,20 m 12/6 $US ; ⊙8h30-18h, 8h30-18h30 oct-mars). Surplombant la route d'Angkor, ce musée national constitue une remarquable présentation, tant de la civilisation khmère que de la majesté du sanctuaire. Au fil des galeries, les collections sont organisées par époque, religion et règne. Après une courte introduction, les visiteurs pénètrent dans la "galerie des Mille Bouddhas", riche d'un bel ensemble de statues. Parmi les autres collections figurent celles consacrées aux périodes préangkoriennes Funan et Chenla, aux grands souverains khmers, à Angkor Vat, à Angkor Thom et aux inscriptions gravées en sanskrit.

Les expositions, qui s'accompagnent de vidéos sur écran tactile et de commentaires au ton épique, donnent l'occasion d'admirer un lever de soleil panoramique sur Angkor Vat. La collection de sculptures est certes moins riche que celle du Musée national (p. 42) de Phnom Penh et le prix d'entrée est un peu élevé : 12 $US auxquels s'ajoutent 3 $US pour l'audioguide (sachant que l'accès à l'ensemble des temples d'Angkor revient à 20 $US/jour). Pour autant, la visite est précieuse pour découvrir l'histoire d'Angkor et de l'Empire khmer avant d'explorer les temples.

Artisans d'Angkor – Les Chantiers Écoles — CENTRE D'ART

(អាទីសង់អង្គរ ; carte p. 98 ; www.artisansdangkor.com ; ⊙7h30-18h30). GRATUIT Siem Reap est le centre du mouvement qui s'efforce de revitaliser la culture cambodgienne traditionnelle, presque anéantie par les Khmers rouges et les années d'instabilité qui ont suivi. Les Chantiers Écoles s'adressent à des jeunes issus de milieux défavorisés, qui s'initient à la sculpture sur pierre et sur bois, à la peinture sur soie, au travail de la laque et à d'autres techniques. Des visites guidées gratuites, organisées tous les jours de 7h30 à 18h30, présentent les techniques traditionnelles. Nichée au bout d'une petite rue, l'école est bien indiquée à partir de Sivatha St.

Sur place, l'école possède une superbe boutique, Artisans d'Angkor (p. 122), qui vend tous ces objets, des reproductions en pierre ou en bois de statues angkoriennes aux éléments de décoration. Un deuxième magasin est situé dans le bâtiment de l'Angkor Café, en face d'Angkor Vat, et il existe aussi des succursales dans les aéroports de Phnom Penh et de Siem Reap. Les bénéfices servent à financer l'école, qui est détenue à 20% par les artisans, et à ouvrir les formations à davantage de jeunes Cambodgiens.

SIEM REAP AVEC DES ENFANTS

Siem Reap ne manque pas d'attraits pour les enfants. Les temples plairont aux plus grands – notamment le Ta Prohm et le Beng Mealea, dont l'ambiance évoque les aventures d'Indiana Jones, l'immense Angkor Vat et le Bayon, avec ses gigantesques visages énigmatiques.

Parmi les autres activités, citons les balades sur le Tonlé Sap à la découverte des villages flottants (p. 131), les baignades dans les piscines (p. 101) des hôtels et autres *resorts*, les tyroliennes (p. 100) dans la jungle, les promenades à cheval ou à vélo (p. 103, p. 104) dans la campagne, la visite du Cambodian Cultural Village (p. 101) – plutôt kitsch –, le minigolf de l'Angkor Wat Putt (p. 103), l'exploration du Banteay Srei Butterfly Centre (p. 129)… Enfin, les restaurants et les cafés de Siem Reap accueillent volontiers les enfants, et les glaciers font toujours le bonheur des jeunes gourmands.

Siem Reap

0
400 m
Voir carte Nord de Siem Reap (p. 106)
Musée national d'Angkor
Airport Rd
NH6
Sivatha St
Bd Charles de Gaulle
Office du tourisme de Siem Reap
Jardins royaux
Résidence royale
Taphul St
Oum Chhay St
St 3
Oum Khun St
St 20
St 14
Av. Pokambor
River Rd
St 21
Angkor Hospital for Children
Hup Guan St
Tep Vong St
Vat Preah Prohm Roth
St 22
St 24
St 23
St 25
St 26
St 27
Wat Bo Rd
Sok San St
ConCERT
Voir carte Psar Chaa (p. 102)
Siem Reap
Psar Krohm St
Tonlé Sap Rd
7 Makara St

Siem Reap

Les incontournables
1 Musée national d'Angkor C1

À voir
2 Artisans d'Angkor – Les Chantiers Écoles A6
3 Khmer Ceramics Centre D1
4 Reproductions miniatures des temples d'Angkor D2
5 Vat Bo D5
6 Vat Dam Nak B6

Activités
7 Frangipani Spa B4
Grasshopper Adventures .... (voir 48)
8 Helistar A4
9 KKO (Khmer for Khmer Organisation) Bike Tours D4
KKO Countryside Moto Tour .... (voir 9)
10 Lemongrass Garden Spa B4
11 Quad Adventure Cambodia B7
12 Sam Veasna Center D6
13 Seeing Hands Massage 4 .... A4
14 Siem Reap Quad Bike Adventure C7

Où se loger
15 Angkor Village C6
16 Babel Guesthouse D3
17 Downtown Siem Reap Hostel B6
18 European Guesthouse D3
19 FCC Angkor C3
20 Golden Banana B&B B6
21 Golden Temple Villa A5
22 Grand Hotel d'Angkor C2
23 Happy Guesthouse D3
24 Ivy Guesthouse 2 .... B4
25 La Noria D3
26 La Résidence d'Angkor C4
27 Mad Monkey B3
28 Mémoire d'Angkor Boutique Hotel B3
29 Petit Villa Boutique C6
30 Rambutan Resort B6
31 Rosy Guesthouse D3
32 Secrets Pavilion A5
33 Seven Candles Guesthouse D4
34 Shinta Mani C4
35 Siem Reap Hostel C6
36 Soria Moria Hotel C5
37 Velkommen Guesthouse D1
38 Viroth's Hotel C5

Où se restaurer
39 Angkor Market B3
Armand's .... (voir 78)
40 Banllé Vegetarian Restaurant C5
41 Blossom Cafe B4
42 Bugs Cafe A4
43 Chanrey Tree C4
44 Common Grounds C4
45 Cuisine Wat Damnak D7
46 Curry Walla B3
47 Embassy C6
FCC Angkor .... (voir 19)
48 Flow C5
49 Haven D7
50 Japanese Restaurant Genkiya B2
Jungle Burger .... (voir 48)
51 Kanell D7
52 King's Road B6
53 Kuriosity Kafe A5
54 Le Café C5
55 Lucky Market B3
56 Marum D2
57 Moloppor Cafe C4
58 Pages Cafe C5
59 Hôtel et restaurant de l'école Sala Baï A3
60 Siem Reap Brewpub C4
61 Sugar Palm A3
62 Tangram Garden B7
63 Temple Coffee & Bakery C5
64 The Glasshouse A4
65 The Hive Siem Reap B4
66 The Little Red Fox Espresso B4
67 Restaurants de grillades du vat Damnak B6

Où prendre un verre et faire la fête
68 Barcode B5
Nest .... (voir 27)

Où sortir
69 Théâtre Apsara C5
La Noria Restaurant .... (voir 25)
Plae Pakaa .... (voir 2)

Achats
70 Angkor Night Market A5
Artisans d'Angkor .... (voir 2)
71 IKTT A7
72 McDermott Gallery C3
73 Monument Books B6
74 Nyemo A5
75 Rajana A5
Samatoa .... (voir 48)
76 Siem Reap Art Center B6

Renseignements
77 ABA Bank B4
78 ANZ Royal Bank B4
79 Canadia Bank A4

Transports
80 Giant Ibis A6
81 Gold VIP A6
82 Golden Bayon Express D3
83 Green e-bikes B4
84 GST A6
85 Hang Tep C6
86 Helicopters Cambodia B4
87 Helistar B4
88 Mekong Express B4
89 Nattakan B4
90 Orient Express 1907 .... B4
Sapaco Transport .... (voir 81)
Virak Buntham .... (voir 84)

À NE PAS MANQUER

FLIGHT OF THE GIBBON ANGKOR : EN AVANT POUR L'AVENTURE !

Angkor offre un cadre d'exception pour s'élancer en tyrolienne – même si les temples ne sont pas visibles du parcours. **Flight of the Gibbon Angkor** (carte p. 134 ; ☎096-9999101 ; www.treetopasia.com ; près du temple Ta Nei, Angkor ; 99 $US/pers ; 🕗7h-17h) compte pas moins de 10 tyroliennes (dont une en tandem), 21 plateformes dans les arbres, 4 passerelles suspendues et une descente en rappel à l'arrivée. Un espace panoramique, où sont servis des rafraîchissements, marque la mi-parcours. Pour assurer leur sécurité, les utilisateurs sont toujours attachés aux câbles par des mousquetons et reçoivent tout du long des instructions claires en anglais. L'attraction comprend également un volet protection de la nature : deux gibbons ont été relâchés dans la forêt alentour et d'autres devraient suivre. Le transfert depuis n'importe quel hôtel de Siem Reap et un déjeuner à proximité de Sra Srang avant ou après l'aventure sont inclus dans le prix.

Les Chantiers Écoles possèdent également une **magnanerie** (🕗7h30-17h30), qui produit des soieries parmi les plus soignées du Cambodge – vêtements, décoration intérieure, accessoires, etc. Des visites gratuites (tous les jours) présentent les étapes de la fabrication de la soie, de la culture des mûriers et du nourrissage des vers à la teinture et au tissage ; une navette gratuite au départ des Chantiers Écoles (9h30 et 13h30) rejoint la magnanerie située à 16 km à l'ouest de Siem Reap, près de la route de Sisophon dans le village de Puok.

Cambolac CENTRE D'ART

(ខមេបូឡាក់ ; carte p. 128 ; ☎097-843 1790 ; www.cambolac.com ; 🕗8h-11h30 et 13h-17h lun-sam). GRATUIT Au Cambodge, l'art de la laque est le fruit d'une longue tradition. Certaines techniques ont malheureusement été perdues au cours des années sombres qu'a traversées le pays ; Cambolac œuvre aujourd'hui à leur renaissance tout en apportant une touche contemporaine. Vous pourrez faire le tour de l'atelier, afin de découvrir la minutie requise pour fabriquer chaque objet. La plupart des guides sont malentendants ; vous ferez leur connaissance au cours de la visite et pourrez même apprendre quelques gestes simples en langue des signes.

Des produits artisanaux sont en vente – ils vous permettront de contribuer à cette entreprise à but social, tout en achetant des souvenirs raffinés. Les boutiques en ville ouvrent de 9h30 à 22h30.

Khmer Ceramics Centre CÉRAMIQUES

(មជ្ឈមណ្ឌលស្អាតខ្មែរ ; carte p. 98 ; ☎017-843014 ; www.khmerceramics.com ; bd Charles de Gaulle ; 🕗8h-19h30). Sur la route des temples, le centre des céramiques khmères est consacré à la renaissance de la poterie traditionnelle, un art qui se distingua par son degré de raffinement à l'époque d'Angkor. On peut le visiter, s'essayer au maniement du tour ou suivre un cours d'initiation à des techniques traditionnelles (20 $US), comme la poterie et la peinture sur céramique.

Des visites, gratuites, permettent de découvrir les techniques mises en œuvre à Angkor et un nouveau musée consacré aux fours pour la céramique. Vous trouverez une boutique dans Alley West.

House of Peace Association GALERIE

(សមាគមន៍ផ្ទះសន្តិភាព ; carte p. 128 ; Airport Road ; 🕗9h-18h). La fabrication des *sbei tuoi* (marionnettes du théâtre d'ombres) en cuir est un art khmer traditionnel. Qu'elles représentent des dieux ou des démons du *Reamker* (récit épique, version khmère du *Ramayana* indien) ou de ravissants éléphants au caparaçon travaillé, elles constituent de superbes souvenirs. La House of Peace Association, à 4 km sur la NH6 en direction de l'aéroport, fabrique et vend ces marionnettes (15-150 $US selon la taille).

Reproductions miniatures des temples d'Angkor JARDIN DE SCULPTURES

(គំរូចម្លងចម្លាក់ប្រាសាទអង្គរវត្ត ; carte p. 98 ; 16 district de Slokram ; 2 $US ; 🕗9h-17h). L'un des endroits les plus curieux de Siem Reap est le jardin d'un maître sculpteur local, Dy Proeung, qui contient des reproductions miniatures d'Angkor Vat, du Bayon, du Banteay Srei et d'autres temples. On peut ainsi profiter d'une vue aérienne d'Angkor sans louer un hélicoptère !

Des miniatures à l'échelle sont également présentées au temple Preah Ko, à Angkor.

Cambodian Cultural Village
CAMBODGE MINIATURE

(ភូមិវប្បធម៌កម្ពុជា ; carte p. 128 ; ☎063-963836 ; www.cambodianculturalvillage.com ; Airport Rd ; adulte/enfant -1,10 m 9 $US/gratuit ; ⏲8h-19h). Kitsch et un peu saugrenu, ce village culturel est prisé des Cambodgiens et séduit immanquablement les enfants. Ses concepteurs se sont appliqués à représenter tout le pays, au moyen d'un rapide circuit, avec maisons et villages reconstitués.

La visite commence par un musée de cire et se poursuit par des habitations cham, chinoises, kreung et khmères, ainsi que par des reproductions miniatures des principaux monuments cambodgiens. Des spectacles, notamment de danse, ont lieu tout au long de la journée.

Le village se situe à mi-chemin de Siem Reap et de l'aéroport.

War Museum
MUSÉE

(សារមន្ទីរប្រវត្តិសាស្ត្រសង្គ្រាម ; carte p. 128 ; ☎097-457 8666 ; www.warmuseumcambodia.com ; Kaksekam ; avec guide 5 $US). L'unique intérêt de ce musée est qu'il invite les visiteurs à manipuler (et à faire des photos) des vieilles armes, du fusil d'assaut AK-47 au lance-roquettes. On y trouve également un char T-54 et un avion de combat MiG-19, de fabrication soviétique.

Vat Bo
TEMPLE BOUDDHIQUE

(វត្តបូ ; carte p. 96 ; Tep Vong St ; ⏲6h-18h). Ce temple, l'un des plus anciens de la ville, est riche d'une collection de peintures murales de la fin du XIXe siècle bien préservées, inspirées du *Reamker*.

Vat Preah Inkosei
TEMPLE BOUDDHIQUE

(វត្តព្រះឥន្ទ្រកោសីយ៍ ; carte p. 106 ; ⏲6h-18h). Implanté au nord de la ville, ce *vat* est construit sur le site d'un temple angkorien en brique, toujours debout au fond de l'enceinte.

Vat Athvea
TEMPLE BOUDDHIQUE

(វត្តអធ្វា ; carte p. 134 ; ⏲6h-18h). Jolie pagode au sud du centre-ville, le *vat* Athvea se dresse également sur le site d'un temple ancien. Ce dernier, en très bon état, attire bien moins de visiteurs que les temples d'Angkor, ce qui en fait un endroit paisible pour une promenade en fin d'après-midi.

Vat Thmei
TEMPLE BOUDDHIQUE

(វត្តថ្មី ; carte p. 128 ; ⏲6h-18h). Le *vat* Thmei possède un petit stupa qui abrite des crânes et des ossements de victimes des Khmers rouges. Présents sur place, de jeunes moines tentent habituellement d'engager la conversation en anglais.

Vat Dam Nak
TEMPLE BOUDDHIQUE

(វត្តដំណាក់ ; carte p. 98 ; ⏲6h-18h). Palais royal sous le règne du roi Sisowath (*dam nak* signifie palais), ce bâtiment abrite aujourd'hui le Center for Khmer Studies (www.khmerstudies.org), une institution indépendante œuvrant pour une meilleure connaissance de la culture khmère et dotée d'une bibliothèque.

Activités

Siem Reap compte un large choix d'activités. En plus de fréquenter piscines, spas et greens, vous pourrez vous élancer sur une tyrolienne, monter à cheval dans la forêt, faire du vélo dans la campagne ou jouer au minigolf dans un cadre inspiré d'Angkor.

Après une chaude journée passée à crapahuter au milieu des temples, rien ne vaut un plongeon dans une piscine. La plupart des hôtels proposent l'accès à leur piscine et/ou à leur salle de sport pour 5-20 $US par jour pour les non-clients, selon le standing de l'enseigne (de la catégorie moyenne au palace cinq étoiles). De plus en plus d'hôtels abordables se dotent d'une piscine. Les habitants vont nager dans le Baray occidental le week-end.

The Great Escape
DÉFI

(Carte p. 128 ; ☎063-5069777 ; www.greatescape-cambodia.com ; C-39 Angkor Shopping Arcade, Airport Rd ; 18-25 $US/pers). Vous avez une heure pour vous échapper en vous appuyant exclusivement sur votre capacité de réflexion : tel est le défi lancé par The Great Escape, sorte de Fort Boyard à la mode de Siem Reap. Ne manquez pas le Warehouse of Jack Travis, sur le thème d'Angkor.

Golf

Angkor Golf Resort
GOLF

(Carte p. 128 ; ☎063-761139 ; www.angkor-golf.com ; forfait 115 $US). Cet excellent parcours a été conçu par le célèbre golfeur britannique Nick Faldo. Avec les clubs, le caddie, la voiturette et tout le reste, le tarif peut atteindre 175 $US.

Psar Chaa

0 — 100 m

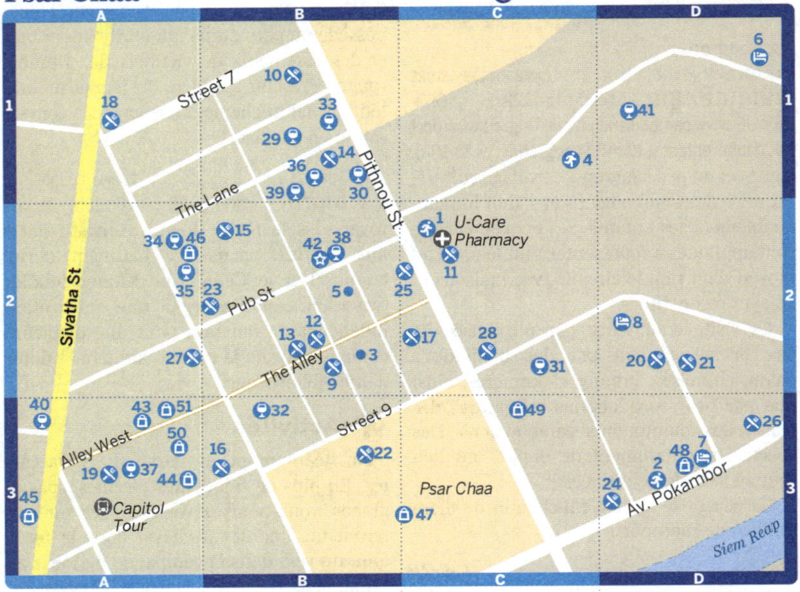

Psar Chaa

Activités

1 Bodia Spa C2
2 Bodytune D3
3 Cambodian Cooking Cottage B2
4 Camouflage C1
5 Le Tigre de Papier B2

Où se loger

6 Prohm Roth Guesthouse D1
7 Shadow of Angkor Residence D3
8 Steung Siem Reap Hotel D2

Où se restaurer

9 Amok B2
10 Belmiro's Pizzas & Subs B1
11 Blue Pumpkin C2
12 Restaurants de grillades B2
13 Chamkar B2
14 Dakshin's B1
15 Il Forno B2
16 Joe-to-Go B3
17 Khmer Kitchen Restaurant C2
18 Le Malraux A1
Le Tigre de Papier .... (voir 5)
19 Little Italy A3
20 New Leaf Book Cafe D2
21 Olive D2
22 Psar Chaa B3
23 Red Piano B2
24 Sister Srey Cafe D3
25 Soup Dragon C2
26 Swenson's Ice Cream D3
27 The Sun A2
28 Viva C2

Où prendre un verre et faire la fête

Angkor What? .... (voir 5)
29 Asana B1
30 Charlie's B1
31 Laundry Bar C2
32 Linga Bar B3
33 Long's Bar B1
34 Malone's A2
35 Mezze Bar A2
36 Miss Wong B1
37 Picasso A3
38 Temple Club B2
39 The Yellow Sub B1
40 X Bar A3
41 YOLO Bar D1

Où sortir

42 Temple Club B2

Achats

43 Bambou Indochine A3
44 Blue Apsara A3
45 Mekong Quilts A3
46 Mooglee A2
47 Psar Chaa C3
48 Rehab Craft D3
49 Senteurs d'Angkor C3
50 Smateria A3
51 Spicy Green Mango A3

Angkor Wat Putt GOLF
(☎012-302330 ; www.angkorwatputt.com ; adulte/enfant 5/4 $US ; ⌚7h30-22h). Émaillé de reproductions miniatures des temples d'Angkor et d'autres obstacles, ce minigolf de 14 trous fait plus couleur locale que le vaste green à l'extérieur de la ville. Un trou en un vous vaudra une bière gratuite !

Phokheetra Country Club GOLF
(☎063-964600 ; www.phokeethragolf.com ; forfait 100 $US). Ce club, qui accueille chaque année une compétition du circuit asiatique, englobe un pont angkorien ancien parmi ses greens impeccables.

Équitation

Happy Ranch ÉQUITATION
(Carte p.128 ; ☎012-920002 ; www.thehappyranch.com ; heure/demi-journée 28/59 $US). Le Happy Ranch permet d'explorer les environs de Siem Reap à cheval à travers villages et temples isolés : une manière paisible de découvrir la campagne, loin de la circulation et des foules.

Des excursions conduisent au *vat* Athvea (p.101), une pagode moderne avec un temple ancien dans son enceinte, et au *vat* Chedi, bâti sur une plaine inondable près du lac Tonlé Sap. Des cours d'équitation sont proposés aux enfants et aux débutants. Réservez par vous-même pour bénéficier des meilleurs prix.

Massage et spa

Les massages des pieds remportent un franc succès, ce qui n'a rien de surprenant, à considérer les escaliers abrupts des temples. Dans la rue au nord-ouest du *psar* Chaa, une demi-douzaine d'établissements, plus ou moins authentiques, proposent des massages d'une heure pour 6-8 $US.

Si vous ne craignez pas les chatouilles, allez tremper vos pieds dans le bassin du Dr Fish, où des poissons viendront grignoter vos peaux mortes. L'établissement d'origine se trouvait dans l'Angkor Night Market (marché de nuit) ; des concurrents ont depuis surgi dans toute la ville. Ils sont une dizaine autour de Pub St et du *psar* Chaa.

Bodia Spa SPA
(Carte p. 102 ; ☎063-761593 ; www.bodia-spa.com ; Pithnou St ; ⌚10h-minuit). Près du *psar* Chaa, ce spa sophistiqué propose un choix complet de gommages, de frictions et de remèdes naturels, ainsi que sa propre ligne de produits aux plantes.

Bodytune SPA
(Carte p. 102 ; ☎063-764141 ; www.bodytune.co.th ; 293 av. Pokambor ; ⌚10h-22h). Luxueuse succursale d'un spa thaïlandais renommé, c'est un bel endroit pour se détendre au bord de la rivière.

Frangipani Spa SPA
(Carte p. 98 ; ☎063-964391 ; www.frangipani-siemreap.com ; 615 Hup Guan St ; ⌚10h-22h). Voici un établissement charmant, pour des massages et un choix complet de soins.

Krousar Thmey MASSAGE
(Carte p. 106 ; www.krousar-thmey.org ; bd Charles de Gaulle ; massage 7 $US). Les massages sont assurés par des aveugles formés par l'organisation humanitaire Krousar Thmey. La section Seing in the Dark ("Voir dans l'obscurité") permet de découvrir le quotidien des aveugles en compagnie d'un étudiant malvoyant. Vous pourrez également voir une exposition en accès libre sur le Tonlé Sap.

Lemongrass Garden Spa SPA
(Carte p. 98 ; ☎012-387385 ; www.lemongrassgarden.com ; 105B Sivatha St ; ⌚11h-23h). Élégant et central, le Lemongrass Garden Spa dispense des soins abordables.

Seeing Hands Massage 4 MASSAGE
(Carte p. 98 ; ☎012-836487 ; 324 Sivatha St ; ventil/clim 5/7 $US l'heure). Hands forme des masseurs aveugles. Méfiez-vous des imitateurs, qui exploitent parfois les non-voyants.

Yoga et méditation

Peace Cafe Yoga YOGA
(Carte p. 106 ; ☎063-965210 ; www.peacecafeangkor.org ; River Rd ; séance 6 $US). Ce foyer municipal fréquenté, qui abrite un café, propose des séances d'ashtanga yoga et de hatha yoga tous les jours, à 8h30 et 18h30.

Cours

Les cours de cuisine remportent un franc succès à Siem Reap. Plusieurs restaurants et hôtels, souvent haut de gamme, proposent une initiation aux secrets de la gastronomie cambodgienne.

Cambodian Cooking Cottage CUISINE
(Carte p. 102 ; ☎077 566455 ; www.restaurant-siemreap.com ; Champey Restaurant, The Alley ; 25 $US/pers). Vous trouverez ici des cours pour une cuisine élaborée et des conseils de présentation ; vous repartirez avec un livre de recettes, un DVD et quelques épices.

Cooks in Tuk Tuks CUISINE
(Carte p. 106 ; ☎063-963400 ; www.theriver-garden.info ; River Rd West ; 25 $US/pers). La formation commence tous les matins à 10h par des courses au *psar* Leu, puis retour au River Garden pour un cours professionnel.

Le Tigre de Papier CUISINE
(Carte p. 102 ; ☎012-265811 ; www.angkor-cooking-class-cambodia.com ; Pub St ; 14 $US/pers). Chaque jour, il y a des séances à 10h et 13h en anglais, et à 17h en français ; les cours incluent la visite du marché.

Vegetarian Cooking Class CUISINE
(Carte p. 106 ; ☎092-177127 ; peacecafeangkor.org ; River Rd ; 20 $US/pers). Au menu de ce cours de cuisine végétarienne : *amok* au tofu, salade de papaye et rouleaux de printemps végétariens.

Circuits organisés

La plupart des visiteurs se rendent à Siem Reap pour visiter les temples d'Angkor. Sans surprise, toutes les agences ne se valent pas : renseignez-vous avant de réserver. En dehors des temples, il existe aussi nombre de circuits à vélo ou à moto dans la campagne environnante et quelques itinéraires gastronomiques.

Angkor et ses environs

Beyond TOURISME ÉQUITABLE
(www.beyonduniqueescapes.com). Découverte du Beng Mealea et de Kompong Pluk, excursions à vélo et cours de cuisine vous sont proposés par ce prestataire.

Buffalo Trails TOURISME ÉQUITABLE
(☎012-297506;www.buffalotrails-cambodia.com). Écotourisme et découverte de la vie locale. Randonnées à pied et balade en charrette à buffles ou à bœufs.

Indochine Exploration CIRCUITS
(www.indochineex.com). Indochine Exploration organise des excursions en kayak à Me Chrey et des visites de temples isolés.

Terre Cambodge CIRCUITS
(☎077-448255 ; www.terrecambodge.com). Visite de sites isolés autour d'Angkor, sorties à vélo et belles promenades en bateau sur le Tonlé Sap. Cette agence est tenue par des francophones.

À vélo

Le charme de la campagne autour de Siem Reap invite à partir en balade à deux-roues.

> **ARTS MARTIAUX À SIEM REAP**
>
> Si les scènes d'arts martiaux représentées sur les bas-reliefs du Bayon vous inspirent, contactez l'**Angkor Fight Club** (carte p. 128 ; ☎095-839725 ; www.angkorfightclub.com ; cours individuel/en groupe 15/5 $US), où des professeurs internationaux dispensent des cours de *kick-boxing* et d'arts martiaux mixtes (MMA) à des tarifs très raisonnables.
>
> Il existe aussi des cours de *bokator*, un art martial khmer ancien dont le nom signifie "se battre comme un lion", organisés par le grand maître San Kimsean dans son école, **Bokator Cambodia** (☎012-820330 ; www.bokatorcambodia.com) ; il est possible de passer ses ceintures dans le cadre de stages en résidence.

Camouflage VTT
(Carte p. 102 ; ☎012-306299 ; www.camouflage-cambodia.com ; 37 New St A ; circuits 25-85 $US/pers). Ce prestataire spécialiste du VTT propose une dizaine de circuits intéressants. Au programme : temples, sites reculés, campagne et villages. Il organise des excursions faciles à destination des familles ou des sorties plus exigeantes, à Phnom Kulen et au Beng Mealea.

Grasshopper Adventures VÉLO
(Carte p. 98 ; ☎012-462165 ; www.grasshopperadventures.com ; 586 St 26 ; à partir de 39 $US/pers). Cette agence spécialiste de l'Asie propose une trentaine de circuits dans la campagne de Siem Reap, autour des temples et une sortie plus longue à Beng Mealea.

KKO (Khmer for Khmer Organisation) Bike Tours VÉLO
(Carte p. 98 ; ☎093-903024 ; www.kko-cambodia.org ; angle St 20 et Wat Bo Rd ; à partir de 35-50 $US/pers). Cette association solidaire propose des circuits le long des sentiers d'Angkor ou dans la campagne au-delà du Baray occidental. Les bénéfices sont reversés à l'organisation Khmer for Khmer, qui œuvre pour l'éducation et la formation professionnelle.

Itinéraires gastronomiques

La cuisine cambodgienne est aujourd'hui réputée ; sur place, d'excellents circuits offrent un aperçu de la scène culinaire de Siem Reap. Le circuit nocturne ("After Dark

Foodie Tour") de Cambodia Vespa Adventures permet de combiner promenade en Vespa et découverte gastronomique.

Siem Reap Food Tours CUISINE
(☎012-505542 ; www.siemreapfoodtours.com ; 75 $US/pers). Les circuits organisés par un chef écossais (par ailleurs amateur de stand-up) et un auteur culinaire américain promettent de belles rencontres gastronomiques. Préférez ceux du matin, qui passent par des marchés et des stands de *naom banchok* (grosses nouilles de riz) de Preah Dak ou ceux du soir, qui incluent des échoppes de rue et des restaurants de grillades.

À moto

La plupart des Cambodgiens circulent à moto dans la campagne : suivez leur exemple ! À Siem Reap, vous pourrez aussi organiser un périple à moto sur mesure avec un chauffeur de *moto-dop* parlant anglais – une solution plus abordable qu'un circuit organisé.

Cambodia Vespa Adventures VESPA
(Carte p. 128 ; ☎012-861610 ; www.cambodiavespaadventures.com ; 60-99 $US). Les Vespa, plus agréables que les *moto-dop* ordinaires, constituent un moyen agréable d'explorer les temples, de découvrir la vie dans la campagne cambodgienne ou de s'initier, de nuit, à la cuisine de rue. Le tout en compagnie d'excellents guides locaux.

Khmer Ways MOTO
(Carte p. 128 ; ☎088 606 3374 ; www.khmerways.com ; circuits 60-95 $US). Circuits dans la campagne, excursions plus longues jusqu'au Beng Mealea et sorties sur les routes de la jungle de Phnom Kulen. Le tout sur une Honda Dream !

TOURISME RESPONSABLE

Nombre de voyageurs passant par Siem Reap souhaitent pouvoir venir en aide aux villages qu'ils visitent lors de leur découverte des temples et de la campagne alentour. **ConCERT** (carte p. 98 ; ☎092-353211 ; www.concertcambodia.org ; 560 Phum Stoueng Thmey ; ⌚9h-17h lun-ven), une organisation locale, recense les projets humanitaires et les indique aux touristes désireux d'aider la population. Elle vous informera sur toutes sortes de sujets, de l'écotourisme au bénévolat.

KKO Countryside Moto Tour MOTO
(Carte p. 98 ; ☎093-903024 ; www.kko-cambodia.org ; St 20 ; 30-60 $US). Roulez pour une bonne cause en découvrant l'histoire de Siem Reap, des temples d'Angkor à l'écart des circuits touristiques et une campagne authentique. Les bénéfices sont reversés à des actions en faveur de l'éducation et de la formation.

Circuits en quad

Cambodia Quad Bike QUAD
(Carte p. 128 ; ☎012-893447 ; www.cambodiaquadbike.com ; 1 heure/demi-journée 30/100 $US). Ce prestataire propose des circuits dans la campagne autour de Siem Reap, y compris au lever ou au coucher du soleil.

Quad Adventure Cambodia QUAD
(Carte p. 98 ; ☎092-787216 ; www.quad-adventure-cambodia.com ; sortie au coucher du soleil 30 $US, journée complète 170 $US). Quad Adventure a lancé la mode de cet engin à Siem Reap. Les excursions dans la région permettent d'admirer le coucher du soleil sur les rizières, de découvrir de jolis temples et d'emprunter des petites routes qui traversent des villages.

Siem Reap Quad Bike Adventure QUAD
(Carte p. 98 ; ☎012-324009 ; www.srquadbikeadventure.com; 30 $US 1 heure, avec 1 enfant 40 $US). Cette compagnie locale est dotée de quads automatiques.

Où se loger

Siem Reap offre le meilleur choix d'hébergements du Cambodge. De nombreuses pensions, tenues par des familles, louent des chambres pour 5 à 20 $US aux voyageurs au budget serré. Pour un confort de catégorie moyenne, optez plutôt pour une pension haut de gamme ou pour un petit hôtel (à partir de 20 $US).

Les rabatteurs des pensions attendent à la station de taxis et à l'aéroport. Même si vous n'avez pas réservé, ne soyez pas surpris de voir votre nom sur une pancarte : la plupart des pensions de la capitale travaillent avec celles de Siem Reap et échangent les noms de leurs clients. Ce système implique habituellement le trajet "gratuit" jusqu'à la pension ; si elle ne vous plaît pas, vous ne serez pas obligé d'y loger, mais devrez payer la course, soit 2 $US ou plus.

Les auberges pour *backpackers* et les hébergements pour *flashpackers* (voyageurs sac au dos "aisés") se sont multipliés.

Nord de Siem Reap

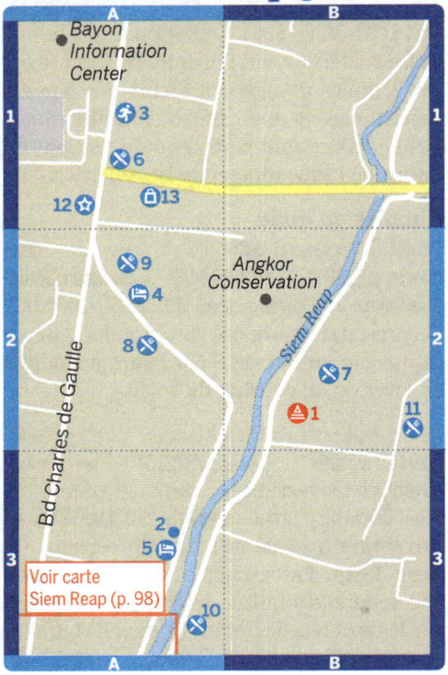

Nord de Siem Reap

À voir
1 Vat Preah Inkosei B2

Activités
2 Cooks in Tuk Tuks A3
3 Krousar Thmey A1
Peace Cafe Yoga .... (voir 10)
Vegetarian Cooking Class .... (voir 10)

Où se loger
4 HanumanAlaya A2
5 River Garden A3

Où se restaurer
6 Angkor Palm A1
7 L'Oasi Italiana B2
8 Mahob A2
9 Mie Cafe A2
10 Peace Cafe A3
11 Touich B2

Où sortir
12 Beatocello A1

Achats
13 AHA Local Handicraft Market A1

Toutefois, vous paierez parfois aussi (voire plus) cher pour un lit en dortoir dans ces établissements que pour une chambre dans une pension.

Avec la multiplication des hébergements de charme, les bons établissements de catégorie moyenne ne manquent pas. Les tarifs incluent généralement le transfert gratuit depuis l'aéroport ou le port.

De nombreux hôtels de catégorie supérieure ajoutent 10% de taxe gouvernementale, 2% de taxe touristique et parfois 10% pour le service. En revanche, le petit-déjeuner est compris dans le tarif. La réservation est fortement recommandée entre novembre et mars, surtout pour les adresses ayant le plus de charme.

En basse saison (avril-septembre), les voyageurs bénéficient de nombreuses offres allant de la formule "trois nuits pour le prix d'une" aux réductions de 30 à 50%. Les hôtels de luxe affichent généralement deux tarifs : haute et basse saison.

Siem Reap comptant 600 hôtels et pensions, il existe – et c'est tant mieux ! – quantité de bonnes adresses en plus de celles qui sont citées dans ce guide.

Les escroqueries à la commission étant monnaie courante à Siem Reap, soyez particulièrement vigilant.

Quartier du psar Chaa

Avec ses restaurants, ses bars et ses boutiques, c'est le quartier le plus vivant de Siem Reap : un endroit amusant, mais plutôt bruyant. Ceux qui ont le sommeil léger éviteront !

♥ Ivy Guesthouse 2 PENSION $

(Carte p. 98 ; ☎012-800860 ; www.ivy-guesthouse.com ; Psar Kandal St ; ch 6-15 $US ; ❄@☜). Une pension attrayante et animée, dotée d'un espace détente et d'un bar. Le restaurant, très correct, propose une vaste sélection de plats végétariens ; le vendredi, c'est "Tapas Friday", avec des tapas à 1 $US !

Downtown Siem Reap Hostel AUBERGE DE JEUNESSE $

(Carte p. 98 ; ☎012-675881 ; www.downtownsiemreaphostel.hostel.com ; quartier du vat Dam Nak ; dort 6-8 $US, ch 12-18 $US ; ❄☜≋). L'établissement pratique des prix particulièrement attractifs, d'autant plus qu'il possède une petite piscine dans le jardin. Les non-résidents peuvent profiter de celle-ci, sous réserve de dépenser au moins 6 $US en nourriture et boissons. Les chambres et dortoirs les plus chers ont la climatisation.

Prohm Roth Guesthouse PENSION $
(Carte p. 102 ; ☎012-466495 ; www.prohmroth-guesthouse.com ; à côté du vat Preah Prohm Roth ; ch 12-33 $US ; ❄@📶). Cette pension centrale et accueillante, nichée dans une petite rue parallèle au *vat* Preah Prohm Roth, loue toutes sortes de chambres, y compris pour trois ou quatre personnes. Transfert gratuit depuis l'aéroport, le port ou la gare routière.

Shadow of Angkor Residence HÔTEL $$
(Carte p. 102 ; ☎063-964774 ; www.shadowangkor-residence.com ; 353 av. Pokambor ; ch à partir de 25 $US ; ❄@📶🏊). Installé dans un majestueux bâtiment datant du protectorat français donnant sur la rivière, cet hôtel loue des chambres climatisées à des prix abordables, dans un cadre vraiment superbe. Suite à une rénovation, l'établissement s'inscrit désormais dans la catégorie moyenne, tout comme son annexe, sur l'autre rive, qui comporte une piscine.

Steung Siem Reap Hotel HÔTEL $$
(Carte p. 102 ; ☎063-965167 ; www.steung-siemreaphotel.com ; à côté du psar Chaa ; ch à partir de 65 $US ; ❄@📶🏊). Dans le style colonial français qui prédomine autour du *psar* Chaa, cet hôtel possède des plafonds hauts, des persiennes et des balcons en fer forgé. Belles boiseries dans les chambres trois étoiles ; emplacement imbattable !

Golden Banana B&B PENSION $$
(Carte p. 98 ; ☎063-761259 ; www.golden-banana.com ; quartier du vat Dam Nak ; s/d 30/34 $US ; ❄@📶🏊). Le Golden Banana historique occupe de beaux pavillons aux faux airs de temple meublés dans le style sino-khmer. Petit-déjeuner inclus ; annexes à proximité.

Rambutan Resort COMPLEXE HÔTELIER $$
(Carte p. 98 ; ☎063-766655 ; rambutans.info ; quartier du vat Dam Nak ; ch 49-89 $US ; ❄@📶🏊). Autrefois intégré au groupe du Golden Banana B&B, le Rambutan Resort a acquis sont indépendance. Le résultat ? Une adresse charmante et *gay-friendly*, dotée de chambres spacieuses et chics surplombant une belle piscine dans la cour.

Quartier de Sivatha St

Le quartier à l'ouest de Sivatha St offre un bon choix de pensions pour les petits budgets et d'hôtels de charme de catégorie moyenne.

Mad Monkey AUBERGE DE JEUNESSE $
(Carte p. 98 ; ☎063-6880008 ; www.madmonkeyhostels.com ; Sivatha St ; dort 7-9 $US , ch 16-26 $US ; ❄@📶). Doté de plusieurs dortoirs, de chambres à prix avantageux et du classique bar sur le toit, ce représentant, à Siem Reap, d'une chaîne en pleine expansion a toutes les caractéristiques du point de chute pour *backpackers*.

Funky Flashpacker AUBERGE DE JEUNESSE $
(Carte p. 128 ; ☎070-221524, 096-7521040 ; www.funkyflashpacker.com ; Funky Lane ; dort 7 $US, ch 16-35 $US ; ❄@📶🏊). Dans cet établissement pour *backpackers* haut de gamme, la cour est tout entière occupée par une piscine, où des rencontres de water-polo sont régulièrement organisées. Une formidable adresse (interdite aux -18 ans), où il se passe toujours quelque chose, et c'est bruyant – ce qui n'est pas idéal pour les fêtards qui récupèrent.

Garden Village Guesthouse PENSION $
(Carte p. 128 ; ☎012-217373 ; www.guesthouse.gardenvillageguesthouse.com ; 434 Sok San St ; dort 4 $US , ch 8-25 $US ; ❄@📶). Ce repaire de voyageurs est parmi les moins chers de la Siem Reap. Il loue 70 chambres, dont des dortoirs à huit lits au tarif raisonnable de 4 $US le lit. Le bar sur le toit se remplit au coucher du soleil.

Golden Temple Villa HÔTEL $$
(Carte p. 98 ; ☎012-943459 ; www.goldentemplevilla.com ; ch 15-40 $US ; ❄@📶). Apprécié de longue date, le Golden Temple Villa a récemment déménagé. Vous y trouverez un bar-restaurant au rez-de-chaussée ainsi que de nombreux extras gratuits (1 heure de massage, spectacle de danse au Temple Club – p. 121 –, etc.).

Associé, le Golden Temple Residence (www.goldentempleresidence.com), également remarquable, offre un standing quatre étoiles.

Secrets Pavilion BOUTIQUE-HÔTEL $$
(Carte p. 98 ; ☎063-966 879 ; www.secretspavilion.com ; 120 Angkor Night Market St ; 25-75 $US ; ❄@📶🏊). Un formidable rapport qualité/prix pour ce boutique-hôtel contemporain à l'ambiance détendue, dans lequel les chambres arborent d'impressionnants motifs issus des bas-reliefs d'Angkor Vat, et des soieries somptueuses.

Mémoire d'Angkor Boutique Hotel BOUTIQUE-HÔTEL **$$**
(Carte p. 98 ; ☎063-766999 ; www.memoiredangkor.com ; Sivatha St ; 65-150 $US ; ❄@🛜🏊). Cet hôtel central de la très fréquentée Sivatha St rend hommage à Angkor et présente de remarquables objets en laque qui proviennent de la région. Il possède des chambres contemporaines, spacieuses et colorées, ainsi qu'une agréable piscine – un véritable atout – pour se détendre après la visite des temples.

Bord de rivière et jardins royaux

L'extrémité chic de la ville regroupe la résidence royale, ainsi que de nombreux hôtels de luxe et de charme.

Rosy Guesthouse PENSION **$**
(Carte p. 98 ; ☎063-965059 ; www.rosyguesthouse.com ; 74 East River Rd ; ch 9-35 $US ; ❄🛜). Les 13 chambres de cette pension tenue par des Britanniques ont chacune une TV et un lecteur de DVD. Un pub animé, installé au rez-de-chaussée, sert une cuisine savoureuse et accueille des événements en faveur de projets de développement local, dont une soirée quiz populaire.

La Noria HÔTEL-RESTAURANT **$$**
(Carte p. 98 ; ☎063-964242 ; www.lanoriaangkor.com ; River Rd ; ch 49-69 $US ; ❄@🛜🏊). Au cœur d'un jardin tropical agrémenté d'une jolie piscine, cette charmante pension déjà ancienne abrite des chambres de style traditionnel, avec véranda (ni TV ni réfrigérateur). Son jumeau, l'hôtel Borann, est presque identique. Les tarifs varient en fonction de la saison.

♥ **La Résidence d'Angkor** COMPLEXE DE CHARME **$$$**
(Carte p. 98 ; ☎063-963390 ; www.residencedangkor.com ; River Rd ; ch à partir de 220 $US ; ❄@🛜🏊). Habillées de boiseries, les 54 chambres, avec vérandas et immenses baignoires, figurent parmi les plus raffinées de la ville. À noter aussi : la piscine splendide, la nouvelle aile ultracontemporaine et le somptueux Kong Kea Spa.

Shinta Mani COMPLEXE HÔTELIER **$$$**
(Carte p. 98 ; ☎063-761998 ; www.shintamani.com ; Oum Khun St ; ch 140-305 $US ; ❄@🛜🏊). D'un chic contemporain imaginé par un architecte, le Shinta Mani Resort possède une belle piscine centrale, tandis que le Shinta Mani Club comporte des chambres plus sélectes. Shinta Mani a reçu plusieurs récompenses internationales pour ses pratiques en matière de tourisme responsable. Il accueille un marché baptisé "Well Made in Cambodia" (p. 122).

Grand Hotel d'Angkor HÔTEL **$$$**
(Carte p. 98 ; ☎063-963888 ; www.raffles.com/siem-reap ; 1 bd Charles de Gaulle ; ch à partir de 220 $US ; ❄@🛜🏊). Cet hôtel historique, fondé en 1932, a compté parmi ses clients illustres Charlie Chaplin, le Président de la République française Charles de Gaulle, Jackie Kennedy et le 42e président des États-Unis Bill Clinton. Son opulence un peu surannée évoque l'époque du protectorat, tout comme l'aménagement des chambres. Vous y trouverez une impressionnante variété de produits de toilette à disposition dans les salles de bains.

FCC Angkor BOUTIQUE-HÔTEL **$$$**
(Carte p. 98 ; ☎063-760280 ; fcccambodia.com ; av. Pokambor ; ch/ste à partir de 95/150 $US ; ❄@🛜🏊). Cet excellent hôtel privilégie les soieries dans les chambres, dotées de grandes baignoires et de l'accès Wi-Fi. Une piscine carrelée de noir et le Visaya Spa complètent le tableau. Petit-déjeuner servi gratuitement dans les chambres dès 4h30 – pour les départs "lever du soleil sur Angkor".

Quartier de Wat Bo Rd

Ce quartier en plein essor abrite aussi bien des pensions adeptes du tourisme responsable que d'élégants hôtels de charme. D'excellentes pensions sont regroupées dans une rue parallèle à l'extrémité nord de Wat Bo Rd – pensez-y si vous n'avez pas réservé.

Babel Guesthouse PENSION **$**
(Carte p. 98 ; ☎078-858469 ; www.babel-siemreap.com ; 738 Wat Bo Village ; ch 18-33 $US petit-déj inclus ; ❄@🛜). Le service et le cadre de cette pension, entourée d'un paisible jardin tropical, la classent un cran au-dessus des adresses économiques alentour. Les propriétaires, des Norvégiens, sont de farouches partisans du tourisme responsable.

European Guesthouse PENSION **$**
(Carte p. 98 ; ☎097-8486810 ; www.europeanguesthouse.com ; 566 Wat Bo Village ; dort 7 $US , ch 22 $US ; ❄@🛜🏊). Des chambres bien aménagées dans un établissement sympathique qui compte désormais, outre un

agréable jardin, une piscine. L'European est membre des réseaux d'ONG locales Childsafe et ConCERT et soutient des projets tels que White Bicycles.

Happy Guesthouse PENSION $
(Carte p. 98 ; 063-963815 ; www.happyangkorguesthouse.com ; 134 Wat Bo Village ; ch 7-14 $US ;). Les propriétaires accueillants parlent un peu français et bien anglais. Chambres d'un excellent rapport qualité/prix (à ce tarif, vous dormiriez en dortoir ailleurs) et Internet gratuit.

Siem Reap Hostel AUBERGE DE JEUNESSE $
(Carte p. 98 ; 063-964660 ; www.thesiemreaphostel.com ; 7 Makara St ; dort 8-10 $US , ch 34-45 $US petit-déj inclus ;). Plutôt chic, cette auberge, qui fut la première destinée aux *backpackers*, possède des dortoirs bien tenus, des chambres plaisantes, un bar-restaurant animé et une piscine couverte.

Soria Moria Hotel BOUTIQUE-HÔTEL $$
(Carte p. 98 ; 063-964768 ; www.thesoriamoria.com ; Wat Bo Rd ; ch 39-63 $US ;). Cet hôtel, qui soutient des projets de développements locaux, possède de jolies chambres aux salles de bains raffinées, un restaurant fusion au rez-de-chaussée, un Jacuzzi en plein air au dernier étage et une piscine. Depuis 2011, un collectif d'employés détient la moitié de l'hôtel – une vision progressiste du management !

Viroth's Hotel BOUTIQUE-HÔTEL $$
(Carte p. 98 ; 063-766107 ; www.viroth-hotel.com ; St 24 ; ch à partir de 86 $US ;). Le nouveau Viroth's est un établissement ultrastylé au chic rétro de 30 chambres, au mobilier élégant et contemporain. L'impressionnante façade cache une piscine de 30 m de long, une salle de sport et un spa. L'hôtel d'origine (7 chambres) est toujours en activité dans la Viroth's Villa.

Seven Candles Guesthouse PENSION $$
(Carte p. 98 ; 063-963380 ; www.sevencandlesguesthouse.com ; 307 Wat Bo Rd ; ch 20-38 $US ;). Les bénéfices de cette pension financent une fondation locale impliquée dans l'éducation en milieu rural. Les 28 chambres, dont certaines sont pourvues d'un balcon, ont l'eau chaude et sont équipées d'une TV et d'un réfrigérateur.

Petit Villa Boutique BOUTIQUE-HÔTEL $$
(Carte p. 98 ; 063-764234 ; www.petitvilla.com ; quartier du vat Dam Nak ; 40-80 $US ;). Dans ce merveilleux petit hôtel à l'atmosphère tranquille, les chambres, spacieuses, sont prolongées par des balcons surplombant la piscine centrale et un jardin luxuriant. Vous pourrez suivre des cours de cuisine sur place et profiter d'un petit spa.

Angkor Village BOUTIQUE-HÔTEL $$$
(Carte p. 98 ; 063-963561 ; www.angkorvillage.com ; St 26 ; 75-350 $US ;). L'Angkor Village, qui fut le premier boutique-hôtel de Siem Reap (à une époque où "boutique" rimait avec haut de gamme), demeure l'un des plus charmants. Les chambres occupent d'élégants bungalows en bois, répartis autour d'un agréable bassin avec un restaurant au milieu. Son jumeau, l'Angkor Village Resort, est encore plus chic.

Plus loin

N'hésitez pas à vous aventurer plus loin du centre-ville, pour trouver certains des hôtels de charme les plus attrayants.

Velkommen Guesthouse PENSION $
(Carte p. 98 ; 012-477270 ; www.velkommenguesthouse.com ; près du bd Charles de Gaulle ; dort 5 $US, ch à partir de 22 $US). Dans une grande villa khmère, cette succursale d'une adresse populaire à Phnom Penh possède des dortoirs bon marché et des chambres confortables. Informations touristiques ; billard.

HanumanAlaya BOUTIQUE-HÔTEL $$
(Carte p. 106 ; 063-760582 ; www.hanumanalaya.com ; 5 Krom 2, Phoum Treang, près du bd Charles de Gaulle ; ch 60-100 $US ;). Le plus cambodgien des boutique-hôtels de Siem Reap est organisé autour d'un jardin luxuriant et d'une jolie piscine. Les chambres, décorées d'antiquités et d'artisanat, comprennent des équipements modernes (TV à écran plat, minibar, coffre...).

Pavillon Indochine BOUTIQUE-HÔTEL $$
(Carte p. 128 ; 012-849681 ; www.pavillon-indochine.com ; ch 55-70 $US, ste 75-95 $US ;). Le Pavillon loue de charmantes chambres de style colonial, distribuées autour d'une petite piscine. Sur place : antiquités asiatiques, moustiquaires et coffre-fort ! Pour les réservations en direct, le transport en *tuk-tuk* est offert vers les temples et le centre-ville.

River Garden BOUTIQUE-HÔTEL $$
(Carte p. 106 ; 063-963400 ; www.therivergarden.info ; River Rd West ; ch 40-115 $US ;).

Joliment situé dans un jardin verdoyant, cet ensemble en bois compte son lot de chambres attrayantes – certaines avec grand balcon. Il est aussi réputé pour ses cours de cuisine "Cooks in tuk-tuk" et pour son circuit consacré à la cuisine de rue.

Sala Lodges HÔTEL DE CHARME **$$$**
(063-766699 ; www.salalodges.com ; 498 Salakomroeuk ; ch 230-510 $US ;). Onze maisons traditionnelles khmères, aménagées pour offrir le confort d'un hôtel de charme rustique, forment cet ensemble original aux allures de village paradisiaque. La piscine et le restaurant ajoutent encore une touche de charme à cette adresse.

Navutu Dreams HÔTEL DE CHARME **$$$**
(063-964864 ; navutudreams.com ; 80-230 $US ;). Dans une banlieue rurale de Siem Reap, ce complexe hôtelier se compose de villas conçues avec de grands espaces ouverts (*open plan*) et de trois piscines dans des jardins luxuriants. Centre de yoga et de bien-être dans une extension récente.

Heritage Suites BOUTIQUE-HÔTEL **$$$**
(Carte p. 128 ; 063-969100 ; www.relaischateaux.com/heritage ; Vat Polanka ; ch 120-380 $US ;). Les suites, de style colonial, sont spectaculaires. Beaucoup possèdent une baignoire sur pied… et un petit jardin ! Le Lanterns Restaurant, très réputé, accueille des soirées jazz le jeudi.

Où se restaurer

Entre stands de rue, échoppes et restaurants de qualité, Siem Reap donne l'occasion de goûter à des cuisines venues de tous les continents. De nouveaux établissements ouvrent chaque année dans la ville et vous pourrez découvrir à loisir la subtilité de la gastronomie cambodgienne ou vous régaler de plats quotidiens. Des tables parmi les plus remarquables (ci-contre) sont par ailleurs impliquées dans des projets de développement local ou de formation professionnelle.

En raison de l'affluence touristique, les meilleurs restaurants sont souvent pris d'assaut en haute saison. Toutefois, vous trouverez facilement un autre endroit tout aussi séduisant et plus tranquille. De nombreux restaurants accueillent des groupes ; pour les éviter, préférez le quartier du *psar* Chaa.

Les pensions et les hôtels servent souvent des plats locaux ou occidentaux, ou ont un restaurant. S'il est pratique de dîner sur place, ne manquez pas d'explorer la scène culinaire de Siem Reap. Certains hébergements de catégorie moyenne et tous ceux de catégorie supérieure ont un restaurant, parfois excellent. Plusieurs hôtels et restaurants en ville proposent un dîner-spectacle (danse traditionnelle ou théâtre d'ombres).

The Alley est jalonnée de bons restaurants cambodgiens, souvent tenus par une famille. Leur nom comprend habituellement le mot "khmer", et ils proposent des repas et des bières à prix doux. Flânez dans la rue et faites votre choix.

Vous pourrez vous approvisionner en fruits et en pain frais sur les marchés, où des échoppes servent des repas à prix modiques. Pour trouver du fromage et du chocolat ou pour préparer un pique-nique, rendez-vous dans les supermarchés.

Pub St et ses environs

Certes, Pub St n'est sans doute pas la rue la plus calme pour dîner. Néanmoins, les ruelles qui sillonnent le quartier recèlent quelques endroits sympathiques.

Khmer Kitchen Restaurant CAMBODGIEN **$**
(Carte p. 102 ; www.khmerkitchens.com ; The Alley ; plats 2-5 $US ; 11h-22h). Une adresse prisée, qui sert à des prix abordables une sélection de spécialités khmères et thaïlandaises, dont des curries relevés.

Red Piano ASIATIQUE, INTERNATIONAL **$$**
(Carte p. 102 ; www.redpianocambodia.com ; Pub St ; plats 3-10 $US ;). Logé dans un bâtiment colonial joliment restauré, le Red Piano possède un grand balcon, parfait pour observer l'animation en contrebas. La carte offre une belle sélection de plats asiatiques et internationaux à des prix raisonnables. Un cocktail porte le nom d'un hôte célèbre : Angelina Jolie.

The Sun INTERNATIONAL **$$**
(Carte p. 102 ; 092 844362 ; St 11 ; plats 2,25-12,75 $US ; 7h-minuit). Dans un bâtiment à l'angle de Pub St, The Sun est tout à la fois un café, un bistrot et un bar à tapas. Au menu, donc : des tapas (entre Orient et Occident), de vraies pizzas, quelques plats cambodgiens, mais aussi un café très apprécié (préparé avec une machine La Marzocco). *Happy hour* de 17h30 à 18h30.

Le Tigre de Papier INTERNATIONAL **$$**
(Carte p. 102 ; www.letigredepapier.com ; Pub St ; plats 2-9 $US ; 24h/24 ;). Parmi les meilleurs

UN REPAS POUR UNE BONNE CAUSE

De bons restaurants de Siem Reap soutiennent des causes louables ou participent à la formation des futurs professionnels de l'industrie touristique. Dîner dans un restaurant-école donne aux apprentis l'occasion d'exercer leurs talents auprès de vrais clients.

Marum (carte p. 98 ; www.marum-restaurant.org ; quartier du vat Polanka ; plats 3,25-6,75 $US ; 11h-22h lun-sam ;). Dans une jolie maison en bois entourée d'un vaste jardin, le Marum sert un beau choix de plats végétariens ou de produits de la mer et quelques desserts appétissants. On retiendra sur la carte les beignets de fourmis rouges arboricoles et les boulettes de viande au basilic et au gingembre. Marum fait partie du groupe Tree Alliance qui forme des apprentis en restauration. Une expérience à ne pas manquer.

Haven (carte p. 98 ; 078-342404 ; www.haven-cambodia.com ; Chocolate Rd ; plats 3-7 $US ; 11h30-14h30 et 17h30-21h30 lun-sam ;). Dans cette rencontre culinaire des plus réussies entre l'Orient et l'Occident, le filet de poisson à la mangue verte est une réussite. Le restaurant a déménagé récemment dans le quartier du *vat* Dam Nak, près d'Angkor High School. Chocolate Rd n'est pas une rue connue. Notez le téléphone du restaurant, votre chauffeur l'appellera en cas de besoin.

Blossom Cafe (carte p. 98 ; www.blossomcakes.org ; St 6 ; cupcakes 1,50 $US ; 10h-17h lun-sam ;). Cet élégant café élève les cupcakes au rang d'art. Joliment présentés, les gâteaux se déclinent en 48 parfums, régulièrement renouvelés. Ils sont accompagnés de café, de thé et de jus de fruits originaux. Les bénéfices sont affectés à la formation professionnelle des femmes.

Common Grounds (carte p. 98 ; 719 St 14 ; repas légers 3-5 $US ; 7h-22h ;). Une adresse sophistiquée, qui sert un excellent café, des gâteaux maison et des en-cas, et donne accès gratuitement au Wi-Fi et à des terminaux Internet. Le Common Grounds dispense des cours gratuits d'anglais et d'informatique à la population locale et soutient différentes causes.

Joe-to-Go (carte p. 102 ; près du psar Chaa ; plats 2-5 $US ; 7h-21h30). Si vous avez besoin d'une dose de caféine avant de vous attaquer aux temples, vous pourrez commander ici du café de qualité, ainsi que des milk-shakes et des choses à grignoter. Les bénéfices servent à aider les enfants des rues. Une petite boutique à l'étage soutient l'ONG The Global Child.

New Leaf Book Cafe (carte p. 102 ; près du psar Chaa ; plats 3-6 $US ; 7h-22h). Ce nouveau café/librairie d'occasion reverse ses bénéfices à une ONG. Au menu : une cuisine internationale, avec un zeste de saveurs italiennes et de spécialités cambodgiennes.

Peace Cafe (carte p. 106 ; www.peacecafeangkor.org ; River Rd ; plats 2,50-4,50 $US ; 7h-21h ;). Ce café populaire sis dans un jardin sert des repas végétariens et des boissons à base de produits frais, en particulier une séduisante sélection de jus de légumes. Parmi les activités, cours de yoga quotidiens et de khmer le week-end à 16h.

Sister Srey Cafe (carte p. 102 ; 200 av. Pokambor ; plats 3-6 $US ; 7h-19h mar-dim). Un café sympathique et amusant au bord de la rivière, près du *psar* Chaa. Parfait après une visite des temples à l'aube, il offre notamment un choix remarquable pour le petit-déjeuner, incluant de savoureux œufs Bénédicte. La carte du déjeuner, occidentale et aux notes créatives, réunit des plats comme les burgers, les wraps et les salades.

Les Jardins des Délices (carte p. 128 ; 063-963673 ; www.ecolepauldubrule.org ; NH6 ; menu déj 15 $US ; 12h-14h lun-ven). Régalez-vous d'un repas de qualité sans vous ruiner, grâce au menu composé de trois plats asiatiques et occidentaux, préparés par les apprentis de l'école d'hôtellerie et de tourisme Paul Dubrule. Propose aussi un cours de cuisine intitulé "Khmer Food Lovers".

Hôtel et restaurant de l'école Sala Baï (carte p. 98 ; www.salabai.com ; Taphul St ; menu déj 10-12 $US ; 7h-9h et 12h-14h lun-ven). Cette école, qui forme de jeunes Khmers aux métiers de l'hôtellerie, affiche une carte abordable de spécialités occidentales et cambodgiennes. Elle loue également 4 chambres à l'étage.

Siem Reap et ses environs

Siem Reap est connue comme la porte des temples d'Angkor. Pour autant, la ville et ses environs méritent que l'on s'y attarde : partez à la découverte des villages flottants du Tonlé Sap, profitez des superbes bars, restaurants et boutiques, prenez part aux excellents cours de cuisine et aux nombreuses autres activités (de l'ornithologie aux circuits en vélo électrique)...

1

MARZONC / GETTY IMAGES ©

PETER STUCKINGS / GETTY IMAGES ©

1. Psar Chaa (p. 121)
Au vieux marché, le secteur des vendeurs de produits frais est particulièrement pittoresque.

2. Kompong Pluk (p. 131)
Ce village flottant est constitué de maisons sur pilotis.

3. Cuisine de rue (p. 110)
Offrez-vous un savoureux plat de nouilles sautées dans le quartier du *psar* Chaa, où la cuisine est bon marché.

4. Banteay Srei Butterfly Centre (p. 129)
Ce centre de conservation des papillons, le plus grand du genre en Asie du Sud-Est, assure un revenu régulier aux habitants.

LEONID SEREBRENNIKOV / ALAMY STOCK PHOTO ©

restaurants de Siem Reap, Le Tigre sert une cuisine khmère authentique, d'excellents plats italiens et diverses spécialités des quatre coins du globe. Il donne à la fois sur Pub St et sur The Alley – la seconde est généralement bien plus calme.

Chamkar VÉGÉTARIEN **$$**

(Carte p. 102 ; The Alley ; plats 4-8 $US ; 11h-23h, fermé déj dim ;). Cet établissement, dont le nom signifie "ferme", se distingue par la créativité des plats qu'il concocte et la qualité des produits. Les saveurs asiatiques dominent, comme en témoignent la citrouille farcie et les brochettes de légumes, dans une sauce au poivre noir.

Restaurants de grillades BARBECUE **$$**

(Carte p. 102 ; www.angkorw.com ; The Alley ; plats 5-9 $US ; 11h-23h ;). Les grillades de crocodile, de serpent, d'autruche et de kangourou ajoutent une note exotique au *phnom pleung* (montagne de feu) traditionnel. Dans les rues alentour, une demi-douzaine d'établissements similaires proposent régulièrement des plats du jour à prix réduits.

Amok CAMBODGIEN **$$**

(Carte p. 102 ; www.angkorw.com ; The Alley ; plats 4-9 $US ; 10h-23h ;). Au cœur de The Alley, son nom rend hommage au plat national cambodgien. Savourez ce curry de poisson cuit dans une feuille de bananier ou commandez l'assiette d'assortiment *amok*, avec quatre variétés.

Il Forno ITALIEN **$$**

(Carte p. 102 ; ilforno.restaurant ; The Lane ; plats 5-15 $US ; 11h-23h ;). Une confortable trattoria dotée d'un four en brique, parfaite pour déguster des antipasti frais, d'authentiques pizzas et quelques plats italiens maison.

Soup Dragon ASIATIQUE, INTERNATIONAL **$$**

(Carte p. 102 ; Pub St ; plats 2-10 $US ; 6h-23h ;). Ce restaurant sur trois niveaux sert des petits-déjeuners asiatiques classiques et bon marché au rez-de-chaussée. Dans les étages, la carte, variée, comprend des plats asiatiques et internationaux, notamment italiens et marocains.

Little Italy ITALIEN **$$**

(Carte p. 102 ; Alley West ; plats 4-12 $US ; 11h-23h). Un élégant restaurant, beaucoup plus abordable que son extérieur raffiné ne le laisse penser. Au menu : des pizzas au feu de bois, ainsi que des pâtes et de la charcuterie en provenance d'Italie.

Dakshin's INDIEN **$$**

(Carte p. 102 ; 012-808011 ; The Lane ; 2-8 $US ; 11h-23h30). Au Dakshin's, on ne doute pas de la qualité des plats issus du sous-continent. La preuve : la cuisine est ouverte ! De fait, il s'agit du meilleur des (nombreux) restaurants indiens de Siem Reap. Délicieux *butter chicken* (curry de poulet crémeux) et classiques de l'Inde du Nord et du Sud.

Belmiro's Pizzas & Subs INTERNATIONAL **$$**

(Carte p. 102 ; 095-331875 ; St 7 ; pizzas 3-12 $US ; 12h-minuit). Vous aurez deviné le menu de l'établissement, qui revendique les plus grosses pizzas de la ville, vendues entières ou à la part. Cela dit, les sandwichs chauds au bœuf (*French dip sandwich*) et les gros burritos figurent régulièrement parmi les formules du jour.

Quartier du psar Chaa

Blue Pumpkin CAFÉ **$**

(Carte p. 102 ; tbpumpkin.com ; Pithnou St ; plats 3-7 $US; 6h-22h). Cette adresse est l'enseigne historique de cette chaîne locale en plein essor. À l'étage, dans une salle d'un blanc minimaliste, avec sofas et Wi-Fi gratuit, on se régale d'en-cas légers, de délicieux sandwichs, de copieux plats du jour et de milk-shakes divins. Glaces maison, avec quelques parfums exotiques.

Psar Chaa CAMBODGIEN **$**

(Carte p. 102 ; plats 1,50-4 $US ; 7h-21h). Au nord-ouest du *psar* Chaa, de nombreuses échoppes, avec enseignes et cartes en anglais, servent des repas à petits prix. Certains plats

ENVIE D'UNE GLACE ?

Après une chaude journée à explorer les temples, quoi de meilleur qu'une glace ? Dans ce domaine, Siem Reap réserve quelques belles surprises :

Blue Pumpkin (ci-dessus). Glaces maison aux parfums tropicaux, du gingembre au fruit de la passion.

The Glasshouse (carte p. 98 ; Park Hyatt, Sivatha St ; cônes 2 $US ; 6h-22h). Glaces crémeuses, dont une au chocolat blanc, et sorbets acidulés.

Swenson's Ice Cream (carte p. 102 ; av. Pokambor ; cônes 1,25 $US ; 9h-21h). Ce glacier nord-américain a conquis Siem Reap, où il est installé dans l'Angkor Trade Centre.

sautés au wok sont déjà préparés, tandis que d'autres sont cuisinés à la demande. Tout est généralement sain et copieux.

Olive FRANÇAIS **$$**

(Carte p. 102 ; ☎063-769899 ; près de l'Angkor Trade Center ; 5-15 $US ; ⏲11h-23h). Un restaurant français raffiné, caché dans une ruelle près du *psar* Chaa, avec climatisation et nappes blanches immaculées. Sur la carte : des plats comme les souris d'agneau ou le filet mignon de porc. Gardez de la place pour le plateau de fromages ou le dessert !

Viva MEXICAIN **$$**

(Carte p. 102 ; www.ivivasiemreap.com ; Pithnou St ; plats 2,50-12,50 $US ; ⏲7h-tard). Pimentez votre séjour avec des saveurs mexicaines et des margaritas dans cet établissement ouvert de longue date, qui possède une pension à l'étage. À un emplacement stratégique, en face du *psar* Chaa.

Quartier de Sivatha St

The Little Red Fox Espresso CAFÉ **$**

(Carte p. 98 ; www.facebook.com/thefoxespresso ; Hup Guan St ; plats 2-8 $US ; ⏲6h30-18h30, fermé mer). Ce joli petit café jouit d'une incroyable popularité auprès des étrangers de Siem Reap, qui jurent que le café Feel Good (qui est produit dans la région) est le meilleur de la ville. Et puis il y a également les formidables petits-déjeuners, les jus de fruits originaux, les formules du déjeuner... Autant de bonnes raisons de s'attarder. Le salon de coiffure à l'étage est l'un des plus en vue de la ville.

Curry Walla INDIEN **$**

(Carte p. 98 ; Sivatha St ; plats 2-5 $US ; ⏲10h30-23h). Le patron connaît parfaitement les épices et prépare une cuisine indienne d'un excellent rapport qualité/prix. Les *thali* (repas complets) sont une véritable aubaine.

The Hive Siem Reap CAFÉ **$**

(Carte p. 98 ; Psar Kandal St ; plats 2-6 $US ; ⏲7h-18h). Avec ses cafés originaux, ses jus servis dans des pots à confiture, ses tartines sur du pain de seigle (à la purée d'avocat ou au saumon fumé, par exemple), ce café fait le buzz parmi les expatriés de Siem Reap. Vous êtes plutôt café arrangé ? Goûtez le cocktail Espresso Martini !

Bugs Cafe INSECTES **$**

(Carte p. 98 ; ☎017-764560 ; www.bugs-cafe.com ; Steung Thmei St ; plats 2-8 $US ; ⏲17h-minuit ; 📶). Les Cambodgiens consommaient déjà des insectes bien avant que les scientifiques ne vantent leurs vertus. Ici, vous ferez votre choix parmi un véritable festin de criquets, insectes aquatiques, vers à soie, araignées... Soupe à la crème d'abeilles, samosas feta-tarentules, scorpions frits : vous n'oublierez pas la carte de sitôt !

♥ **Sugar Palm** CAMBODGIEN **$$**

(Carte p. 98 ; www.thesugarpalm.com ; Taphul St ; plats 5-9 $US ; ⏲11h30-15h et 17h30-22h lun-sam ; 📶). Dans une superbe maison en bois, le Sugar Palm est l'endroit rêvé pour goûter des saveurs traditionnelles parfumées d'herbes et d'épices, tels les délicieux plats *char kreung* (à la citronnelle). Son patron, Kethana, reçoit régulièrement des chefs étrangers pour leur apprendre les secrets de la préparation de l'*amok*.

Kuriosity Kafe INTERNATIONAL **$$**

(Carte p. 98 ; ☎063-963240 ; Sok San Rd ; plats 4-12 $US ; ⏲10h-minuit). Cet établissement réparti sur trois niveaux, kitsch et singulier, se distingue des autres adresses tendance de Sok San Rd. La carte va des en-cas (sandwichs ou wraps) à une authentique cuisine khmère – avec notamment un curry de poulet parfumé. Les travers de porc au barbecue sont absolument divins !

Le Malraux FRANCO-ASIATIQUE **$$**

(Carte p. 102 ; www.le-malraux-siem-reap.com ; Sivatha St ; plats 5-15 $US ; ⏲7h-minuit). Recommandé aux gastronomes, ce café-restaurant Art déco sert une cuisine française raffinée. Commencez par la combinaison de tartare et de carpaccio de bœuf ou de saumon, puis continuez avec un plat asiatique. Choix de cognac et d'armagnac.

Japanese Restaurant Genkiya JAPONAIS **$$**

(Carte p. 98 ; ☎063-967978 ; www.genkiya-restaurant.com ; Airport Rd ; 6-18 $US ; ⏲11h30-14h et 18h-22h). Les restaurants japonais ne manquent pas à Siem Reap. Le Genkiya se distingue par ses formules à prix doux (7 $US) pour le déjeuner. Au choix : maquereau grillé, sashimis, crevettes, saumon, poulet frit ou tempura.

Armand's FRANÇAIS **$$$**

(Carte p. 98 ; ☎092-305401 ; 586 Tep Vong St ; plats 5-25 $US ; ⏲17h-tard lun-sam). La nouvelle adresse du flamboyant restaurant français de Phnom Penh est fidèle à sa réputation. Dans un espace sophistiqué, on déguste les meilleurs steaks de la ville, dont le fameux tournedos Rossini (la spécialité de la maison). L'Armand's possède aussi le plus long bar de la ville – vins au verre corrects et excellent whisky.

Faire ses courses

Angkor Market SUPERMARCHÉ $
(Carte p. 98 ; Sivatha St). Le meilleur supermarché, régulièrement approvisionné en produits internationaux.

Lucky Market SUPERMARCHÉ $
(Carte p. 98 ; Sivatha St). Le plus vaste supermarché de la ville, dans une grande galerie marchande de Sivatha St.

Bord de rivière et jardins royaux

Chanrey Tree CAMBODGIEN $$
(Carte p. 98 ; www.chanreytree.com ; av. Pokambor ; plats 5-12 $US ; 11h-22h). L'endroit incarne le nouveau visage de la restauration cambodgienne : il marie cadre stylé et présentation étudiée, tout en conservant l'essence de la cuisine khmère. Goûtez les aubergines grillées servies avec les travers de porc ou les cuisses de grenouilles.

FCC Angkor INTERNATIONAL $$
(Carte p. 98 ; 063-760280 ; av. Pokambor ; plats 5-15 $US ; 7h-minuit ;). Le FCC se repère aisément du bord de la rivière grâce à son bassin, à ses tables éclairées aux torches et à son bar dans le jardin. À l'intérieur, le chic colonial se poursuit avec de confortables fauteuils et la cuisine ouverte. La carte combine plats asiatiques et internationaux.

Siem Reap Brewpub INTERNATIONAL $$
(Carte p. 98 ; 080-888555 ; www.siemreapbrewpub.asia ; St 5 ; 4-15 $US ; 11h-23h). Cette table est la rencontre de la gastronomie et de l'art du brassage. Dans une villa avec un grand espace ouvert, profitez de la carte de cuisine fusion internationale (des en-cas légers et tapas aux repas gastronomiques) et des quatre sortes de bière (blonde, gold, ambrée ou brune) ; plateau de dégustation à 3 $US.

Quartier de Wat Bo Rd

Pages Cafe CAFÉ $
(Carte p. 98 ; 092 966812 ; www.pages-siemreap.com ; St 24 ; plats 2-6 $US ; 6h-22h ;). Depuis l'ouverture du Viroth's Hotel, juste en face, ce repaire branché n'est plus aussi confidentiel. Son décor design invite à s'attarder devant un excellent petit-déjeuner ou des tapas légères. Barbecue extérieur le samedi, avec vin... et accès à la piscine ! Des chambres sont également disponibles.

Le Café CAFÉ $
(Carte p. 98 ; Centre culturel français ; en-cas 2-4 $US ; 7h30-21h ;). Géré en partenariat avec l'école d'hôtellerie et de tourisme Paul Dubrule, ce café sert de succulents sandwichs, salades et milk-shakes dans le Centre culturel français.

Banllé Vegetarian Restaurant VÉGÉTARIEN $
(Carte p. 98 ; 085-330160 ; www.banlle-vegetarian.com ; St 26 ; plats 2-4 $US ; 9h-21h30, fermé mar ;). Dans une maison traditionnelle en bois, le Banllé, qui possède son propre potager bio, est une excellente adresse pour un repas sain. La carte conjugue plats internationaux et cambodgiens, avec notamment un *amok* végétarien et des smoothies poivrés aux fruits et légumes.

Moloppor Cafe JAPONAIS, INTERNATIONAL $
(Carte p. 98 ; River Rd ; plats 1-4 $US ; 10h-23h ;). Bien situé avec vue sur la rivière, il concocte des plats asiatiques (notamment japonais) et italiens à des prix dérisoires.

Restaurants de grillades du vat Damnak BARBECUE $
(Carte p. 98 ; Wat Dam Nak St ; plats 2-5 $US ; 11h-23h). En face du vénérable temple, vous pourrez manger des grillades de bœuf, d'autres viandes, et de poisson du lac. Les restaurants, qui font aussi débits de bière, vendent des bières pression très bon marché.

Flow FUSION $$
(Carte p. 98 ; 012-655285 ; St 26 ; plats 5-12 $US ; 5h-23h). Dans un espace chic et

KING'S ROAD

Le village gastronomique de **King's Road** (carte p. 98 ; 015-855855 ; www.kingsroadangkor.com ; Achar Sva St ; 7h-minuit) réunit des tables haut de gamme sur la rive est de la Siem Reap. Il accueille une quinzaine de restaurants, dans de beaux bâtiments en bois traditionnels. Faites-en le tour pour décider si vous avez plutôt envie de manger cambodgien (Embassy), chinois (Emperors of China), italien (Terrazza)... Le site, qui n'est pas encore très populaire, est néanmoins promis à un beau succès.

contemporain, le Flow séduit les expatriés de Siem Reap avec sa cuisine créative, où se mêle le meilleur des cuisines occidentales et asiatiques. Au programme ici : carpaccio de poulpe, joue de bœuf tendre à souhait, mi-cuit au chocolat absolument divin... Longue carte des vins.

Jungle Burger INTERNATIONAL **$$**
(Carte p. 98 ; ☎098 293400 ; St 26 ; plats 2,50-10 $US ; ⏲11h-22h). Plus d'une dizaine de burgers différents, dont l'énorme Burg Kalifa, des pizzas, de sandwichs consistants, des tourtes maison à la mode néo-zélandaise... Le Jungle Burger se double d'un petit bar sportif et possède un billard très prisé.

Temple Coffee & Bakery INTERNATIONAL **$$**
(Carte p. 98 ; River Rd ; plats 3-12 $US ; ⏲7h-23h). Cette gigantesque enseigne, la dernière en date du groupe Temple (et la plus remarquable), réunit une boulangerie, un restaurant et un bar à cocktails. De vieilles motos et des gâteaux alléchants vous attendent au rez-de-chaussée ; le bar sur le toit, avec piscine et poufs géants, séduit les jeunes Cambodgiens avec son ambiance détendue.

Tangram Garden INTERNATIONAL **$$**
(Carte p. 98 ; www.tangramgarden.com ; plats 4,75-9,50 $US ; ⏲11h-14h et 17h-22h ; 📶🍸👪). À proximité du *vat* Dam Nak, dans un secteur paisible, ce restaurant en plein air, sis au cœur d'un jardin doté d'un espace dédié aux enfants, privilégie les grillades au barbecue, les plats végétariens originaux et les classiques khmers. Il est particulièrement charmant le soir.

Embassy CAMBODGIEN **$$$**
(Carte p. 98 ; ☎063-963840 ; www.restaurant-siemreap.com ; King's Rd ; menu à partir de 27 $US ; ⏲11h-23h). Dans le village gastronomique de King's Rd (voir l'encadré ci-contre), l'Embassy est tout entier dédié à la gastronomie khmère, dans ce qu'elle a de plus créatif. La carte évolue au gré des saisons – sous la houlette des jumeaux Kimsan, qui se sont formés auprès de Régis Marcon (Haute-Loire, trois étoiles au Michelin).

Environs de Siem Reap

♥ Mie Cafe CAMBODGIEN, INTERNATIONAL **$$**
(Carte p. 106 ; ☎012-791371 ; www.miecafe-siemreap.com ; près d'Angkor Conservation ; plats 4-8 $US ; ⏲11h-14h et 17h30-22h, fermé mar). Ce restaurant cambodgien impressionnant rehausse les saveurs traditionnelles d'une touche fusion. Dans une maison en bois en retrait de la route d'Angkor, il propose un menu gourmet à 24 $US (côtes de porc marinées, raviolis à l'encre de seiche, etc.).

Mahob CAMBODGIEN **$$**
(Carte p. 106 ; ☎063-966986 ; www.mahob-khmer.com ; près d'Angkor Conservation ; plats 3,50-15 $US ; ⏲11h-23h). "*Mahob*" signifie "nourriture" en cambodgien. Et ici, elle est délicieuse ! Dans une maison en bois traditionnelle avec une touche contemporaine, la cuisine fait l'objet de la même attention que la décoration. Le résultat ? Des plats comme le jarret de porc caramélisé au gingembre et poivre et le bœuf sauté au wok, avec des fourmis rouges arboricoles. Grillades sur pierre également.

Touich CAMBODGIEN **$$**
(Carte p. 106 ; the-touich-restaurant-bar.blogspot.com ; plats 2,50-8 $US ; ⏲17h30-22h30). Caché dans une ruelle aux alentours du *vat* Preah Inkosei, ce restaurant khmer traditionnel mérite le détour. La carte comprend des spécialités régionales, ainsi que des crevettes du Mékong, du vivaneau de Koh Kong et d'autres poissons et crustacés. Pour éviter de vous perdre, consultez le blog.

Por Cuisine CAMBODGIEN **$$**
(Carte p. 128 ; ☎012-356585 ; www.porcuisine.com ; plats 3,50-18 $US ; ⏲10h30-22h30). Cet établissement moderne et stylé offre un grand choix de plats asiatiques et internationaux et le meilleur des saveurs cambodgiennes. Le spectacle de danse classique, qui a lieu chaque soir, compte parmi les plus élaborés de la ville. Une bonne option pour une sortie culturelle abordable à Siem Reap !

L'Oasi Italiana ITALIEN **$$**
(Carte p. 106 ; www.oasiitaliana.com ; plats 5-17 $US, pizzas 5-9 $US ; ⏲18h-22h lun, 11h-14h et 18h-22h mar-dim ; 📶). Cette oasis italienne se cache dans une forêt, près du *vat* Preah Inkosei. Les expatriés raffolent des gnocchis et des pâtes maison – notamment les raviolis aux cèpes.

Madame Butterfly ASIATIQUE **$$**
(Carte p. 128 ; www.madamebutterflyrestaurant.com ; Airport Rd ; plats 4-10 $US ; ⏲10h-23h ; 📶). Dans une maison en bois traditionnelle, somptueusement décorée de soieries et de drapés flottants, vous dégusterez une cuisine khmère et asiatique dans une

ambiance charmante, parfois dénaturée par les nombreux groupes de touristes.

Angkor Palm CAMBODGIEN **$$**

(Carte p. 106 ; www.angkorpalm.com ; bd Charles de Gaulle ; plats 3-9 $US ; ⌚10h-22h). Saveurs authentiques garanties dans ce restaurant populaire qui a déménagé sur la route d'Angkor, et dont même les Khmers vantent le légendaire *amok*. L'assiette de dégustation est d'un excellent rapport qualité/prix. Il est possible également de suivre ici des cours de cuisine.

Kanell INTERNATIONAL **$$**

(Carte p. 98 ; www.kanellrestaurant.com ; 7 Makara St ; plats 4-13 $US ; ⌚10h-22h ; 📶). Dans une belle villa khmère à la lisière de la ville, le Kanell allie les plaisirs de la table à ceux d'un grand jardin et d'une piscine (accès gratuit pour 5 $US dépensés). La carte propose des plats d'influence française et quelques classiques cambodgiens.

♥ **Cuisine Wat Damnak** CAMBODGIEN **$$$**

(Carte p. 98 ; www.cuisinewatdamnak.com ; Wat Dam Nak ; menu de 5/6 plats 24/28 $US ; ⌚18h30-22h30 mar-sam, dernier service 21h30). Le restaurant de Johannès Rivières, chef français originaire de Roanne, occupe une maison en bois traditionnelle. La carte est à l'avant-garde de la cuisine khmère contemporaine. Les menus saisonniers, renouvelés chaque semaine, utilisent des produits frais du marché. Pour des plats végétariens, faites la demande à l'avance.

Abacus FRANÇAIS **$$$**

(Carte p. 128 ; www.cafeabacus.com ; plats 10-22 $US ; ⌚11h-tard ; 📶). Meilleur restaurant français de la ville, l'Abacus sert des steaks avec une sauce aux truffes, de l'agneau succulent et de savoureux poissons, comme le thon *maguro*. La carte comporte aussi quelques plats khmers très joliment présentés. Installez-vous dans le jardin ou dans la salle climatisée.

Où prendre un verre et faire la fête

Devenue une destination touristique de premier plan au Cambodge, Siem Reap figure à ce titre sur la carte nocturne du Sud-Est asiatique. De fait, à la nuit tombée, la cité ressemble plus à une station balnéaire qu'à une capitale culturelle. Dans le quartier du *psar* Chaa, particulièrement animé, la rue surnommée Pub St est fermée le soir à la circulation.

The Alley, parallèle à Pub St, est à peine moins bruyante, de même que plusieurs petites rues au nord. La ville compte bien d'autres endroits festifs ; prévoyez au moins une soirée pour en profiter. En fin de soirée, il y a foule dans Wat Prohm Roth St et au X Bar ; plus tard encore, on se presse dans Sok San St, où plusieurs bars restent ouverts jusqu'à l'aube. La plupart des bars offrent des *happy hours*, y compris dans certains hôtels haut de gamme ; les non-résidents peuvent ainsi savourer un instant de luxe dans une ambiance parfois un peu austère.

Un certain nombre de restaurants se doublent de bars animés en soirée, tels le charmant Abacus, le classique FCC Angkor, le populaire Red Piano et le Soup Dragon, sur le toit, qui verse 7% de sa recette à l'Angkor Hospital for Children (hôpital pour enfants).

♥ **Charlie's** BAR

(Carte p. 102 ; www.charliessiemreap.com ; 98 Pithnou St ; ⌚10h-1h ; 📶). Le Charlie's est un peu le chaînon manquant entre les établissements sophistiqués du *psar* Chaa et la folie nocturne de Pub St : un bar américain rétro, servant des consommations bon marché dans une ambiance conviviale. Restauration en option – boissons obligatoires !

Laundry Bar BAR

(Carte p. 102 ; St 9 ; ⌚16h-tard ; 📶). Ce bar aux lumières tamisées et au décor étudié, qui privilégie la musique électronique et d'ambiance, fait le plein le week-end ou quand des DJ invités montent le son. *Happy hour* jusqu'à 21h.

Asana BAR

(Carte p. 102 ; www.asana-cambodia.com ; The Lane ; ⌚11h-tard ; 📶). Également connue comme la "maison en bois", ce bâtiment rural traditionnel transplanté dans les petites rues de Siem Reap compose un cadre pittoresque. Prélassez-vous sur des sacs de riz garnis de kapok, devant des cocktails à base d'alcool de riz que vous pourrez apprendre à concocter vous-même à partir de liqueurs Sombai (15 $US/personnes).

Miss Wong BAR

(Carte p. 102 ; www.misswong.net ; The Lane ; ⌚17h-tard ; 📶). Un bar détendu évoquant le Shanghai des années 1920, renommé pour ses cocktails et sa carte de *dim sum*. Très prisé des expatriés. *Gay friendly*.

The Yellow Sub BAR

(Carte p. 102 ; www.theyellow-sub.com ; The Lane ; 11h-23h ;). Ce bel hommage aux "quatre garçons dans le vent", avec une couverture d'album signée et d'autres souvenirs du groupe sur les murs, occupe plusieurs niveaux. En montant, vous trouverez une table de billard et, au 3e étage, un bar à whisky pour les amateurs de single malt. Burgers sur le thème des Beatles, et autres mets savoureux.

Picasso BAR

(Carte p. 102 ; Alley West; 17h-tard ;). Ce minuscule bar à tapas est un endroit convivial pour grignoter un en-cas au comptoir. Il compte seulement une dizaine de tabourets ; aussi, les clients s'installent dans la rue dès que la sangria et la Tiger bon marché ou les vins du monde coulent à flots !

Angkor What? BAR

(Carte p. 102 ; Pub St ; 17h-tard ;). Le premier bar à avoir été fondé à Siem Reap se vante d'inviter à boire sans modération depuis 1998. L'*happy hour* (jusqu'à 21h) installe l'ambiance jusque tard, quand tout le monde danse sur des tubes indé – parfois sur les tables, voire en dessous.

YOLO Bar BAR

(Carte p. 102 ; Wat Prohm Roth St ; 17h-tard ;). Ce rendez-vous des *backpackers* situé dans une ruelle est spécialisé dans les cocktails bon marché servis au seau (ou presque) ; la musique d'ambiance est aussi maison. Allez y faire un tour... après tout, on n'a qu'une vie !

Barcode BAR

(Carte p. 98 ; barcodesiemreap.com ; Wat Prohm Roth St ; 17h-tard ;). On ne plaisante pas avec les apparences dans ce bar gay ultra-stylé, où les cocktails méritent vraiment le détour – tout comme le spectacle de drag-queens qui est présenté à 21h30. *Happy hour* tous les jours de 17h à 19h.

Mezze Bar BAR

(Carte p.102 ; www.mezzesiemreap.com ; St 11 ; 18h-tard ;). Située à l'étage, cette adresse très tendance, au décor contemporain rehaussé d'œuvres d'art originales, domine la frénésie du quartier de Pub St. Des DJ s'y produisent régulièrement.

Malone's BAR

(Carte p. 102 ; St 11 ; 8h-minuit ;). Ce bar à l'étage réchauffe le cœur des nostalgiques de la verte Erin, l'Irlande. Whiskey Powers, Guinness et excellents plats de pub. À consommer avce modération, bien entendu.

Long's Bar BAR

(Carte p. 102 ; The Lane ; 17h-tard ;). Ce formidable petit refuge caché dans The Lane sert des cocktails originaux (infusion pamplemousse-basilic ou mojito gingembre-citronnelle, par exemple). Bières bon marché dans le bar intérieur, climatisé et non-fumeurs.

Linga Bar BAR À COCKTAILS

(Carte p. 102 ; The Alley ; 16h-tard ;). Ce bar gay sélect séduit une clientèle variée grâce à son atmosphère détendue, son excellente carte de cocktails et sa musique d'ambiance. Il a déménagé de l'autre côté de The Alley mais n'a rien perdu de sa popularité.

Temple Club BAR

(Carte p. 102 ; Pub St ; 10h-tard ;). Ce temple de la bière s'anime tôt et ne baisse pas la musique avant une heure avancée. *Happy hour* de 10h à 22h !

UNE PETITE BIÈRE ?

Siem Reap compte des dizaines de bars à bières, fréquentés par les jeunes Cambodgiens qui travaillent dans le secteur du tourisme. Ils sont parfaits pour prendre une bière bon marché avec un en-cas et pour rencontrer des habitants autres que votre chauffeur ou votre guide. Tous servent de la bière glacée, parfois dans des "tours" de 3 litres, munies d'un refroidisseur. L'ambiance est parfois un peu macho, et il est conseillé aux femmes seules de se joindre à d'autres voyageurs.

Les bars les plus attrayants sont au nord d'Airport Rd, à partir des premiers feux de croisement après Sivatha St, appelée localement "Cambodian Pub St". Le **Samut Siem Reap** (carte p. 128 ; Cambodian Pub St ; 17h-tard) est l'un des plus séduisants. Il possède un immense comptoir central et retransmet des matchs de foot sur grand écran. Flânez dans le quartier pour repérer d'autres adresses.

X Bar BAR
(Carte p. 102 ; Sivatha St ; ⏲16h-aube ; 📶). Rendez-vous des fêtards après la fermeture des autres établissements, le X Bar passe des films sur grand écran en début de soirée. Il possède des tables de billard et même une rampe de skateboard.

Nest BAR-RESTAURANT
(Carte p. 98 ; nestangkor.com ; Sivatha St ; ⏲11h-tard ; 📶). Avec des abris en forme de voiles et des sièges stylés, ce bar sort de l'ordinaire. Il propose une liste de cocktails particulièrement inventive, ainsi qu'une impressionnante carte de plats fusion et internationaux.

Sombai DISTILLERIE
(Carte p. 128 ; ☎095 810890 ; www.sombai.com ; Sombai Rd). S'agit-il ici de prendre un verre ou de faire des emplettes ? Un peu des deux ! Cette distillerie d'alcool de riz vend en effet des alcools infusés dans de belles bouteilles peintes à la main. Huit parfums au choix (dont gingembre, piment et café anisé). Dégustation gratuite sur rendez-vous. Les liqueurs sont également servies dans des bars de Siem Reap.

☆ Où sortir

Notez que plusieurs restaurants et hôtels programment des spectacles culturels en soirée. Pour de nombreux visiteurs, ils constituent la seule occasion de voir de la danse cambodgienne classique. Loin d'atteindre le raffinement du Ballet royal de Phnom Penh, ces représentations, destinées aux touristes, n'en restent pas moins gracieuses et vraiment charmantes. Sachez enfin que les prix incluent généralement un buffet.

Théâtre Apsara DANSE
(Carte p. 98 ; ☎063-963561 ; www.angkorvillagehotel.asia/apsara.php ; St 26 ; 25 $US). Deux spectacles de danse classique cambodgienne ont lieu chaque soir dans un splendide pavillon en bois de style *vat* (dîner compris). Notez bien que l'adresse est prise d'assaut par les groupes.

Plae Pakaa ARTS VIVANTS
(Carte p. 98 ; ☎099 516580 ; www.cambodianlivingarts.org ; Artisans Angkor – Les Chantiers Écoles ; adulte/enfant 15/6 $US ; ⏲19h lun-sam). Des spectacles de danse traditionnelle, par les talentueux danseurs de Cambodian Living Arts, créés à Phnom Penh et programmés par Artisans Angkor durant la haute saison, de novembre à fin mars ; des représentations peuvent également être organisées en basse saison.

Beatocello MUSIQUE CLASSIQUE
(Carte p. 106 ; www.beatocello.com ; bd Charles de Gaulle ; ⏲19h15 jeu et sam). Plus connu sous le nom de Dr Beat Richner, Beatocello joue au violoncelle des morceaux de sa composition au Jayavarman VII Children's Hospital. L'entrée n'est pas payante, mais les dons sont appréciés afin d'aider l'hôpital, qui soigne gratuitement les enfants cambodgiens.

La Noria Restaurant ARTS VIVANTS
(Carte p. 98 ; ☎063-964242 ; River Rd ; spectacles 6 $US, plats 4-8 $US). Le mercredi soir,

À NE PAS MANQUER

UN CIRQUE PAS COMME LES AUTRES

Loin des cirques conventionnels, le **Phare the Cambodian Circus** (carte p. 128 ; ☎015-499480 ; www.pharecambodiancircus.org ; extrême ouest de Sok San Rd ; adulte/enfant 18/10 $US, fauteuils premium 35/18 $US ; ⏲20h) met l'accent sur l'aspect artistique des numéros – tous transmettent un message social, de manière subtile mais néanmoins percutante. Principale organisation cambodgienne consacrée au cirque, au théâtre et aux arts de la scène, Phare Ponleu Selpak présente depuis 2013, sous son grand chapiteau, un spectacle unique à voir absolument si vous passez par Siem Reap. Plusieurs générations d'artistes ont été formés dans son centre de Battambang et se produisent partout dans le monde. Beaucoup d'entre eux ont connu une vie marquée par la misère et les mauvais traitements. Le spectacle, dont l'intégralité de la recette est réinvestie dans les activités de l'organisation, réjouit petits et grands. Les amis des bêtes doivent savoir qu'aucun animal n'y est employé ! Le cirque a déménagé récemment à la périphérie ouest de la ville et ne se trouve donc plus derrière le musée national d'Angkor. Chaque année, début mai, le site accueille le festival international de cirque Tini Tinou (tinitinou.com) qui réunit des troupes de différents pays.

une représentation de théâtre d'ombres et de danse classique a lieu à La Noria (p. 108). Une partie des bénéfices est reversée au profit des orphelins, dont s'occupe l'ONG Krousar Thmey.

Rosana Broadway CABARET

(Carte p. 128 ; ☎063-769991 ; www.rosanabroadway.com ; NH6 ; spectacles 25-45 $US ; ⏰19h30). Le programme de ce cabaret comme on en trouve à Bangkok inclut des danses folkloriques de la région et un spectacle de travestis moins culturel. Tarifs plutôt élevés.

Temple Club DANSE

(Carte p. 102 ; Pub St ; 📶). À partir de 19h30, spectacle de danse traditionnelle gratuit, à condition de commander un plat et une boisson sur la carte, aux prix très raisonnables.

Achats

La plupart des articles vendus sur les marchés de Siem Reap sont également proposés par les enfants et les marchands aux abords des temples d'Angkor. Certains s'agacent de leur insistance, d'autres profitent de cette occasion pour bavarder avec des Cambodgiens. Des touristes s'offusquent de la présence des enfants, estimant qu'ils devraient plutôt être à l'école. Lorsque la famille en a les moyens, sachez que la plupart d'entre eux sont scolarisés au moins à mi-temps.

Cartes postales, T-shirts, décalquages de bas-reliefs, instruments de musique curieux, couteaux et arbalètes décoratifs font partie des articles proposés près des temples. Les prix étant habituellement surévalués, n'hésitez à marchander.

Autour des temples, des enfants et des handicapés proposent des livres bon marché sur Angkor et le Cambodge ; beaucoup sont des photocopies de piètre qualité.

Le Shinta Mani (p. 108) organise un marché baptisé Well Made in Cambodia ("bien fabriqué au Cambodge") qui se tient de 16h à 21h les samedis, dimanches et mardis. Il réunit bon nombre des meilleurs artisans et créateurs de Siem Reap.

Psar Chaa MARCHÉ

(Vieux marché ; carte p. 102). En ville, le *psar* Chaa réunit une variété infinie d'articles : des bijoux en or et en argent, des soieries, des sculptures sur bois, des statues en pierre, des bouddhas, des tableaux, diverses monnaies, des T-shirts, des sets de table, etc. Vous pourrez faire de bonnes affaires à condition de marchander avec patience et humour. N'achetez pas d'anciennes sculptures en pierre, prétendument d'Angkor : en acquérant ces objets, qu'ils soient ou non authentiques, vous ne feriez qu'encourager le pillage – et ils vous seraient de surcroît confisqués à la douane.

Angkor Night Market MARCHÉ

(Carte p. 98 ; www.angkornightmarket.com ; ⏰16h-minuit). Installé près de Sivatha St, le marché de nuit d'Angkor, très fréquenté, regroupe de nombreux stands d'artisanat, de souvenirs et de soieries. Il mérite la visite quand la température se rafraîchit. Vous pourrez ensuite vous détendre à l'Island Bar, vous offrir un massage au Dr Fish ou regarder un film en 3D (3 $US) sur les Khmers rouges ou le fléau des mines terrestres. Il existe désormais une demi-douzaine d'imitations de ce marché dans les parages immédiats.

Siem Reap Art Center MARCHÉ

(Carte p. 98 ; rive sud de la Siem Reap ; ⏰16h-23h). Ce marché de nuit, qui réunit des stands d'artisanat et de souvenirs, est relié au *psar* Chaa par un pont en bois traditionnel enjambant la Siem Reap.

Bambou Indochine VÊTEMENTS

(Carte p. 102 ; Alley West ; ⏰10h-22h). Vous y trouverez des vêtements originaux, inspirés de la péninsule indochinoise.

Blue Apsara LIVRES

(Carte p. 102 ; St 9 ; ⏰9h-21h). La plus ancienne librairie d'occasion de la ville accueille en rayon un bon choix de livres, en français notamment.

Diwo Gallery ARTS

(www.tdiwo.com ; quartier du vat Svay ; ⏰9h-18h). Dans cette galerie vous découvrirez la collection de photos d'art d'Angkor par le photographe et écrivain français Thierry Diwo, ainsi que des copies d'excellente qualité de sculptures en bronze, en pierre ou en bois.

Atelier Eric Raisina MODE

(Carte p. 128 ; ☎063-965207 ; www.ericraisina.com ; quartier du vat Thmei ; ⏰sur rv). Né à Madagascar, élevé en France et résidant au Cambodge, Eric Raisina, créateur renommé, marie ces diverses influences dans une splendide collection de vêtements et d'accessoires, présentée dans plusieurs adresses en ville.

FAIRE DU SHOPPING POUR UNE BONNE CAUSE

Plusieurs boutiques viennent en aide aux handicapés et aux déshérités, qu'ils emploient pour la fabrication ou à qui ils reversent leurs bénéfices.

AHA Local Handicraft Market (carte p. 106 ; 078-341454 ; www.aha-kh.com ; Rd 60, village de Trang). Pour des souvenirs produits localement (ce qui n'est pas forcément le cas au *psar* Chaa), rendez-vous dans ce marché d'artisanat un peu excentré, où un grand choix d'articles traditionnels sont vendus sur plus d'une vingtaine de stands.

Artisans d'Angkor (carte p. 98 ; www.artisansdangkor.com ; 7h30-18h30). Dans les locaux des Chantiers Écoles (p. 97), ce magasin vend aussi bien des reproductions en pierre et bois de statues angkoriennes que du mobilier. Une deuxième boutique est installée en face d'Angkor Vat, dans le bâtiment de l'Angkor Cafe.

IKTT (carte p. 98 ; Tonlé Sap Rd ; 9h-17h). Dans une maison en bois traditionnelle, l'Institute for Khmer Traditional Textiles vend de beaux *krama*, écharpes, dessus-de-lit, etc.

Mekong Quilts (carte p. 102 ; www.mekong-quilts.org ; 5 Sivatha St ; 8h-22h). Couvre-lits, courtepointes et autres accessoires pour la maison faits main en coton, en lin et en soie. Mekong Quilts aide des femmes vivant en milieu rural en leur permettant de travailler tout en restant au sein de leur communauté.

Nyemo (carte p. 98 ; Angkor Night Market ; 16h-minuit). Des articles en soie – coussins, tentures, dessus-de-lit – et des jouets. Les bénéfices servent à aider des malades du sida et des femmes en difficulté.

Jayav Art ARTS

(Carte p. 128 ; 89 787345 ; A25 bd Charles de Gaulle ; 9h-18h). Si les sculptures d'Angkor vous ont inspiré, prenez la direction de cette boutique spécialisée dans les répliques en papier mâché de différentes tailles, faciles à transporter.

McDermott Gallery ARTS

(Carte p. 98 ; www.asiaphotos.net ; FCC Angkor, av. Pokambor ; 10h-22h). Calendriers, cartes et photos sépia des temples d'Angkor. Expositions régulières.

Monument Books LIVRES

(Carte p. 98 ; av. Pokambor ; 9h-21h). Une librairie bien fournie, près du *psar* Chaa, avec un rayon d'ouvrages en français. Autre enseigne à l'aéroport.

Mooglee VÊTEMENTS

(Carte p. 102 ; www.mooglee.com ; The Lane ; 10h-22h). Cette boutique amusante vend des T-shirts originaux, aux motifs animaliers ou tirés de vieilles affiches touristiques d'Angkor. Un souvenri parfait.

Rogue MUSIQUE

(Carte p. 128 ; Sok San St ; 10h-22h). Baladeurs numériques, accessoires, T-shirts…

Spicy Green Mango MODE

(Carte p. 102 ; www.spicygreenmango.com ; Alley West ; 8h-22h). Le Spicy Green Mango est un petit magasin de vêtements et d'accessoires branchés et cocasses, installé dans une maison ancienne.

Theam's House ARTS

(Carte p. 128 ; www.theamshouse.com ; 25 Veal, Kokchak ; 8h-19h). Artiste et décorateur cambodgien, Theam a collaboré pendant des années avec Artisans d'Angkor (voir p. 97) pour faire revivre l'artisanat khmer. Il possède désormais son propre atelier de laques où il crée des œuvres très originales. Avant de vous y rendre, vérifiez que le chauffeur connaît l'endroit.

Orientation

Siem Reap reste une petite ville, où il vous sera facile de vous repérer. Le centre est organisé autour du *psar* Chaa (vieux marché) et les hébergements sont disséminés dans toute la localité. La nationale 6 (NH6) traverse le nord de la ville, passe par le *psar* Leu (marché principal) à l'est, puis par la Résidence royale et le Grand Hotel d'Angkor dans le centre, avant de continuer vers l'aéroport et la frontière thaïlandaise au-delà. La Stung Siem Reap (rivière Siem Reap) coule dans le sens nord-sud en traversant le centre-ville ; il est facile de passer d'une rive à l'autre, grâce à un nombre suffisant de ponts. En revanche, le système de numérotation, passablement incohérent, complique la recherche d'une adresse.

Rajana (carte p. 98 ; ☎063-964744 ; www.rajanacrafts.org ; Sivatha St ; ⊙9h-21h lun-sam). Des objets originaux en bois et en métal, de jolis bijoux en argent et des cartes faites main. Rajana promeut le commerce et l'emploi équitables.

Rehab Craft (carte p. 102 ; Av Pokambar ; ⊙8h-17h30). Des écharpes traditionnelles, des articles en soie, des sculptures, des peintures et des cartes postales, dont le produit de la vente bénéficie aux handicapés.

Samatoa (carte p. 98 ; ☎063-965310 ; www.samatoa.com ; St 26 ; ⊙8h-23h). Si vous avez besoin d'une robe de soirée, cette boutique de créateur propose des vêtements en soie originaux et réalise des confections sur mesure en 48 heures. Elle encourage en outre le commerce équitable.

Senteurs d'Angkor (carte p. 102 ; ☎063-964860 ; Pithnou St ; ⊙8h30-21h30). En face du *psar* Chaa, ce magasin présente une sélection éclectique de soieries et de sculptures, ainsi qu'un choix de produits de beauté traditionnels, confectionnés localement. L'entreprise forme et fait travailler des personnes issues de régions rurales déshéritées et achète les produits locaux aux paysans. Visitez son superbe **jardin botanique** (carte p. 128 ; Airport Rd ; ⊙7h30-17h30), un plaisir pour les sens, où l'on peut goûter des thés et des cafés spéciaux.

Smateria (carte p. 102 ; www.smateria.com ; Alley West ; ⊙10h-22h). Du recyclage, naissent ici des sacs amusants, fabriqués à partir de filets, de sacs en plastique, de housses de sièges de moto, etc. Cette entreprise de commerce équitable emploie des Cambodgiens handicapés.

Angkor Vat et Angkor Thom sont situés respectivement à 6 et à 8 km au nord du centre-ville.

Les bus et les taxis collectifs déposent habituellement leurs passagers à la gare routière/station de taxis, à 3 km à l'est du centre : de là, un court trajet à *moto-dop* ou en *tuk-tuk* conduit aux pensions et aux hôtels. Les bateaux rapides en provenance de Phnom Penh et de Battambang accostent à Phnom Krom, à 11 km au sud de la ville ; la plupart des hébergements offrent le transfert gratuit à *moto-dop* ou en minibus. L'aéroport international de Siem Reap, desservi par de nombreux taxis et *moto-dop*, se trouve à 7 km à l'ouest de la ville.

ℹ Renseignements

ACCÈS INTERNET

À l'heure où la plupart des bars et des restaurants proposent le Wi-Fi gratuit, les cybercafés disparaissent. Il en reste quelques-uns, qui facturent environ 0,50 $US/heure et permettent de téléphoner à bas prix via Internet. Presque toutes les pensions et hôtels offrent l'accès Internet gratuit à leurs clients, sur un ordinateur et/ou via le Wi-Fi.

ARGENT

Pour changer des espèces, les marchés (où l'on trouve des échoppes de bijoutiers ou de changeurs) sont plus rapides et plus simples que les banques.

ABA Bank (carte p. 98 ; Tep Vong St). Les retraits sont plafonnés à 100 $US (frais de 4 $US par transaction).

ANZ Royal Bank (carte p. 98 ; Achar Mean St). Cette banque délivre des avances sur les cartes bancaires et change les chèques de voyage émis dans les principales devises ; compte plusieurs agences et de nombreux DAB en ville (comptez 5 $US par retrait).

Canadia Bank (carte p. 98 ; Sivatha St). Cette banque délivre également des avances sur les cartes bancaires (4 $US) et change les chèques de voyage émis dans les principales devises (commission de 2%).

DÉSAGRÉMENTS ET DANGERS

Siem Reap est une ville plutôt sûre, même la nuit. Toutefois, si vous louez un vélo, ne déposez pas votre sac dans le panier afin de ne pas tenter les voleurs à l'arraché.

Il est fortement déconseillé aux femmes de rentrer seules à pied tard le soir, surtout dans les quartiers mal éclairés.

Des petits hôtels et des pensions versent une commission aux conducteurs de *moto-dop* et de taxi qui leur amènent des clients. Pour éviter cette pratique, réservez par téléphone ou par Internet et demandez que l'on vienne vous chercher. Si vous arrivez de Phnom Penh, vous pouvez aussi opter pour une pension partenaire de celle de la capitale.

Malheureusement de nombreux mendiants sont présents à Siem Reap. Sachez que loin d'être une solution à long terme, donner aux mendiants et aux familles de la rue les maintient dans leur statut. Cela empêche les ONG de trouver des solutions de réintégration et de travail pour eux car ils n'en veulent pas, puisque travailler leur rapporterait moins que de mendier. Le mieux est souvent de passer par des ONG comme Krousar Thmey ou Friends, qui connaissent les réalités locales et encouragent ces populations sur la voie du développement. Si vous donnez de la nourriture, ouvrez toujours le paquet – faute de quoi elle sera revendue.

Une petite arnaque se pratique à Siem Reap : une femme portant un bébé s'approche pour vous demander de quoi acheter du lait en poudre. Si vous acceptez, elle vous conduit dans la supérette voisine et choisit la marque la plus chère. Une fois l'opération terminée, la femme rapporte le produit au magasin et partage l'argent avec le commerçant.

Restez sur les chemins tracés lorsque vous visitez les temples reculés. Des mines antipersonnel subsistent dans des endroits comme Phnom Kulen et Koh Ker.

OFFICE DU TOURISME

Siem Reap possède un office du tourisme officiel, mais il ne fait guère plus que distribuer quelques brochures. Les pensions et les hôtels constituent souvent des sources d'information relativement fiables, de même que les voyageurs qui ont passé quelques jours sur place.

Procurez-vous un exemplaire du *Siem Reap Angkor Visitors Guide* (www.canbypublications.com), un magazine trimestriel rempli d'adresses. Publiés par Pocket Guide Cambodia (www.cambodiapocketguide.com) et disponibles partout (en anglais), *Drinking and Dining* recense les bars et restaurants et *Out and About*, les commerces et les services.

Office du tourisme de Siem Reap (carte p. 98 ; ☎063-959600 ; siemreaptourism.gov.kh ; jardins royaux). Bien situé, mais guère utile.

POSTE

Poste principale (carte p. 98 ; av. Pokambor ; ⏲7h-17h30). Même si les services sont aujourd'hui plus fiables, il est préférable de vérifier que votre courrier a bien été oblitéré. La poste accueille une guichet d'EMS, un service postal express.

SERVICES MÉDICAUX

Siem Reap possède un hôpital conforme aux standards internationaux, qui peut traiter les urgences. Toute complication sérieuse nécessite un transfert à Bangkok.

Angkor Hospital for Children (AHC ; carte p. 98 ; ☎063-963409 ; angkorhospital.org ; angle Oum Chhay St et Tep Vong St ; ⏲24h/24). Un hôpital pédiatrique de niveau international. Accueille aussi les adultes en cas d'urgence pour 24 heures au maximum. Les dons sont acceptés.

Royal Angkor International Hospital (carte p. 128 ; ☎063-761888 ; www.royalangkorhospital.com ; Airport Rd). Sachez que cet établissement international, associé au Bangkok Hospital et très onéreux, a l'habitude de traiter avec les compagnies d'assurance.

U-Care Pharmacy (carte p. 102 ; ☎063-965396 ; Pithnou St ; ⏲8h-22h). Une bonne pharmacie et parapharmacie, semblable à Boots en Thaïlande.

SIEM REAP-BANGKOK EN BUS

De nombreuses pensions et agences de voyages vendent des billets de bus "internationaux" à destination de Bangkok (environ 15 $US) avec changement à la frontière. Il existe même quelques bus de nuit, mais ils ne servent pas à grand-chose, dans la mesure où le poste-frontière de Poipet n'ouvre qu'à 7h.

Un bus **Nattakan** (carte p. 98 ; ☎078 795333 ; Sivatha St) "direct" pour Bangkok (25 $US) part chaque jour à 8h du bureau de la compagnie dans Sivatha St ; les formalités d'immigration s'effectuent de façon accélérée au passage de la frontière. Cette formule se révèle plus avantageuse pour aller de la Thaïlande au Cambodge que l'inverse. Néanmoins, sachez que vous risquez de payer votre visa cambodgien plus cher que la normale ; pour éviter ce désagrément, demandez un visa électronique (25 $) au préalable. Dans le sens Thaïlande-Cambodge, le bus quitte la gare routière Mo Chit de Bangkok à 9h et le billet coûte 750 B.

TÉLÉPHONE

Désormais, pour passer leurs appels internationaux, les voyageurs ont recours à Facetime, Skype ou encore Viber. Pensez à télécharger les différentes applications avant votre départ pour le Cambodge.

Si vous restez au Cambodge quelque temps, vous pourrez envisager d'acheter une carte SIM locale (à condition que votre téléphone ne soit pas verrouillé), voire un téléphone cambodgien – ce qui ne devrait pas vous ruiner.

Les hôtels surchargent lourdement les communications ; vérifiez les tarifs avant d'utiliser le téléphone.

URGENCES

Police touristique (carte p. 128 ; ✆012-402424). Installé dans la principale billetterie du site d'Angkor (carte p. 128), le poste de police touristique est l'endroit où il faut s'adresser pour porter plainte en cas de problèmes sérieux.

ℹ Depuis/vers Siem Reap

AVION

De Siem Reap, des vols internationaux directs assurent la liaison avec Bangkok (Thaïlande) ; Vientiane, Luang Prabang et Pakse (Laos) ; Hô Chi Minh-Ville, Hanoi et Danang (Vietnam) ; Kuala Lumpur (Malaisie) ; Beijing, Guangzhou, Hong Kong, Kunming et Shanghai (Chine) ; Pusan et Séoul (Corée du Sud) ; Singapour ; Taipei (Taïwan) ; Manille (aux Philippines) ; et Rangoun (Myanmar).

Les liaisons intérieures, qui se limitent actuellement à Phnom Penh (à partir de 40 $US aller) et Sihanoukville (à partir de 50 $US aller), sont assurées par Bassaka Air, Cambodia Angkor Air et Cambodia Bayon Airlines. Réservez dès que possible en haute saison car la demande est forte. Certains tarifs promotionnels sont réservés aux Cambodgiens.

BATEAU

Des bateaux express circulent tous les jours entre Siem Reap et Phnom Penh (35 $US, 5-6 heures) ou Battambang (20 $US, 4-8 heures ou plus selon la saison). Le bateau depuis/vers Phnom Penh n'est guère avantageux, car le trajet en bus est aussi rapide pour un prix bien inférieur. Le parcours jusqu'à Battambang est splendide, parfois ralenti par des pannes ou le niveau bas du fleuve.

À Siem Reap, les bateaux partent du village flottant de Chong Kneas près de Phnom Krom, à 11 km au sud de la ville. Comme le village flottant, l'embarcadère change d'endroit selon la saison et le niveau du lac. Une route, praticable toute l'année, facilite l'accès au secteur. En revanche, sachez que la route principale qui part du lac est inondée pendant la mousson.

La plupart des pensions de Siem Reap vendent des billets de bateau, qui incluent habituellement la course à *moto-dop* ou en minibus jusqu'à l'embarcadère. Sinon, comptez 3 $US à *moto-dop*, 7 $US en *tuk-tuk* et 15 $US en taxi.

BUS

Entre Siem Reap et Phnom Penh, l'état de la route est inégal et varie d'une année sur l'autre. Actuellement, le tronçon entre Phnom Penh et Skuon est couvert par une excellente route à deux fois deux voies. En revanche, la section entre Skuon et Kompong Thom était en travaux lors de nos recherches. La route qui part vers l'ouest en direction de Sisophon, la Thaïlande et Battambang est généralement assez bonne.

Tous les bus partent de la **gare routière/station de taxis** (carte p. 128), à 3 km à l'est de la ville et à 1 km au sud de la NH6. Les billets sont en vente dans les pensions, les hôtels, les bureaux des compagnies de bus, les agences de voyages et les billetteries. Certaines compagnies envoient un minibus pour prendre les passagers dans leurs hôtels. Plusieurs départs sont programmés chaque jour pour Phnom Penh, y compris des bus de nuit. Les bus pour d'autres destinations démarrent généralement tôt le matin. En arrivant à Siem Reap, préparez-vous à affronter la mêlée des conducteurs de *moto-dop*. Les minibus express pour Phnom Penh (à partir de 10 $US) connaissent un succès croissant car ils permettent de gagner beaucoup de temps sur les portions de route en mauvais état.

Notez que plusieurs trajets longue distance impliquent un changement. C'est particulièrement le cas quand il faut franchir une frontière, et notamment à destination de Bangkok, Hô Chi Minh-Ville ou Pakse, dans le sud du Laos. Par ailleurs, vous devrez faire un grand détour par Sihanoukville pour rejoindre certaines destinations de la côte sud comme Kampot et Kep. Renseignez-vous bien sur l'itinéraire

TRANSPORTS AU DÉPART DE SIEM REAP

DESTINATION	VOITURE ET MOTO	BUS	BATEAU	AVION
Bangkok, Thaïlande	8 heures	15-28 $US, 10 heures, fréquents	-	À partir de 90 $US, 1 heure, 8/jour
Battambang	3 heures	5-8 $US, 4 heures, réguliers	20 $US, 6-8 heures, 7h	-
Kompong Thom	2 heures	5 $US, 3 heures, fréquents	-	-
Phnom Penh	6 heures	6-15 $US, 7 heures, fréquents	35 $US, 5 heures, 7h	À partir de 40 $US, 30 min, 9/jour
Poipet	3 heures	5-8 $US, 3 heures, réguliers	-	-

et sa durée avant de réserver. Il est parfois plus intéressant de passer par Phnom Penh.

De nombreux voyageurs prennent désormais des bus de nuit entre Siem Reap et Phnom Penh ou pour couvrir des trajets plus longs, jusqu'à Sihanoukville et au-delà. La plupart des bus de nuit passent d'ailleurs par Sihanoukville, ce qui implique de faire un détour pour aller à Kampot ou Koh Kong – mais ce qui permet aussi d'arriver à une heure plus raisonnable. Vérifiez bien les horaires !

Capitol Tour (carte p. 102 ; ☎063-963883 ; www.capitoltourscambodia.com)

Giant Ibis (carte p. 98 ; ☎023-999333 ; www.giantibis.com). La compagnie la plus haut de gamme. Bus quotidien pour Phnom Penh (15 $US) ; Wi-Fi gratuit.

GST (carte p. 98 ; ☎092-905016)

Gold VIP (carte p. 98 ; ☎063-6327600). Minibus express à destination de Phnom Penh et Sihanoukville.

Golden Bayon Express (carte p. 98 ; ☎063-966968 ; www.facebook.com/GoldenBayonExpressCompany)

Hang Tep (carte p. 98 ; ☎012-645264)

Larryta Express (carte p. 128 ; ☎066-202020). Nouveaux minibus Ford Transit chics ; toute la journée, un bus par heure à destination de Phnom Penh.

Mekong Express (carte p. 98 ; ☎063-963662 ; catmekongexpress.com). Compagnie haut de gamme, avec boissons et service assuré par des hôtesses.

Mey Hong (carte p. 128 ; ☎063-965979). Minibus express pour Phnom Penh.

Orient Express 1907 (carte p. 98 ; ☎069-881907 ; www.facebook.com/orientexpress1907). L'un des meilleurs choix en terme de standing pour rejoindre la capitale.

Phnom Penh Sorya (carte p. 128 ; ☎012-235618 ; www.ppsoryatransport.com)

Sapaco Transport (carte p. 98 ; ☎063-761434 ; www.sapacotourist.vn). Bus pour Hô Chi Minh-Ville, avec changement à Phnom Penh.

Virak Buntham (carte p. 98 ; ☎017-790440). Spécialisé dans les bus de nuit pour Phnom Penh, Sihanoukville et Koh Kong.

TAXI COLLECTIF, MINIBUS ET PICK-UP

Des taxis collectifs et d'autres véhicules empruntent certaines grandes lignes et sont parfois un peu plus rapides que les bus.

Ils desservent notamment Phnom Penh (10 $US, 5 heures), Kompong Thom (5 $US, 2 heures), Sisophon (5 $US, 2 heures) et Poipet (7 $US,

BUS AU DÉPART DE SIEM REAP

DESTINATION	DURÉE	TARIFS	COMPAGNIES	FRÉQUENCE
Anlong Veng	3 heures	5 $US	GST	1/jour, à 7h15
Bangkok, Thaïlande	10 heures	15-28 $US	Capitol Tour, Hang Tep, Nattakan, Virak Buntham	Fréquents jusqu'à 16h
Battambang	4 heures	5-8 $US	Capitol Tour, Phnom Penh Sorya	Réguliers le matin
Hô Chi Minh-Ville, Vietnam	12 heures	22-27 $US	Mekong Express, Sapaco Transport	2/jour, à 7h30
Kampot	13 heures	13 $US	Virak Buntham	1/jour, à 19h
Koh Kong	13-14 heures	17-22 $US	Virak Buntham	2/jour, à 19h et 23h
Kompong Cham	5-6 heures	5 $US	Capitol Tour, GST	Fréquents le matin
Kratie	7-8 heures	8-13 $US	GST	2/jour, à 6h et 7h15
Phnom Penh	6-7 heures	6-15 $US	Capitol Tour, Giant Ibis, Gold VIP, Golden Bayon Express, GST, Larryta Express, Mekong Express, Mey Hong, Orient Express 1907, Phnom Penh Sorya, Virak Buntham	Fréquents pendant la journée et le soir, jusqu'à minuit
Poipet	3 heures	5-8 $US	Capitol Tour, Hang Tep	Fréquents le matin
Preah Vihear (ville)	3-4 heures	8-12 $US	AVT, GST	2 le matin
Sihanoukville	10-11 heures	13-25 $US	Capitol Tour, Mekong Express, Virak Buntham	3 le matin, 5 entre 19h et minuit
Stung Treng	7 heures	20 $US	AVT	1/jour, à 8h15

3 heures). Pour aller au temple de Banteay Chhmar, rejoignez Sisophon, puis continuez par un autre mode de transport.

Comment circuler

Les *moto-dop* et les *tuk-tuk* figurent parmi les moyens de transport les plus courants à Siem Reap. Vous pourrez louer un vélo à la journée afin de vous dégourdir les jambes. De nombreux hôtels et pensions vous trouveront une voiture à louer avec chauffeur pour explorer des destinations plus lointaines.

DEPUIS/VERS L'AÉROPORT

L'aéroport international de Siem Reap est implanté à 7 km du centre-ville. De nombreux hôtels et pensions viennent gratuitement chercher les clients qui ont réservé. Des taxis officiels stationnent près du terminal (9 $US). Pour rejoindre le centre-ville, comptez 3 $US à *moto-dop* et 7 $US en *tuk-tuk*.

MOTO-DOP

Une *moto-dop* avec chauffeur revient à environ 1 $US par jour (selon la destination ; vous débourserez davantage pour rejoindre les temples plus éloignés). Le prix moyen d'un court trajet en ville avoisine 2 000 r ; comptez au minimum 1 $US pour les sites disséminés sur les routes menant à Angkor ou l'aéroport. Mieux vaut négocier la course au préalable, car les conducteurs réclament souvent une somme excessive aux touristes.

TUK-TUK (REMORK-MOTO)

Il est agréable de se promener à deux dans Siem Reap en *tuk-tuk*, même si les conducteurs ont tendance à gonfler les prix. Les tarifs des trajets en ville démarrent à 2 $US ; comptez davantage pour rejoindre la périphérie de la ville de nuit. Les prix augmentent avec le nombre de passagers.

VÉLO

Des pensions et quelques boutiques autour du *psar* Chaa louent des vélos pour 1 ou 2 $US/jour. **White Bicycles** (www.thewhitebicycles.org ; 2$US/j) loue des vélos par l'intermédiaire de plus de 50 pensions et hôtels de Siem Reap. Les bénéfices sont reversés à des projets de développement locaux. Des tour-opérateurs spécialistes du cyclotourisme louent des VTT moyennant 8 à 10 $US/jour. Vous pourrez aussi opter pour les **Green e-bikes** (carte p. 96 ; ☎095-700130 ; www.greene-bike.com ; marché central ; 10 $US/24 heures ; ⏲7h30-19h tlj), sorte de vélo électrique à l'apparence de petite moto.

VOITURE ET MOTO

La plupart des hôtels et des pensions vous procureront une voiture de location avec chauffeur pour 30 $US ou plus par jour. Les hôtels haut de gamme pratiquent des tarifs plus élevés. Les étrangers ne sont pas autorisés à louer une moto ou un scooter à Siem Reap et aux alentours. Si vous voulez circuler à moto, vous devrez en louer une à Phnom Penh et venir avec à Siem Reap.

ENVIRONS DE SIEM REAP

District de Banteay Srei

ស្រុក បន្ទាយស្រី

Réputé pour son célèbre temple taillé dans la pierre rose (p. 169), Banteay Srei ne se limite pas aux sites angkoriens, comme la rivière aux Mille Lingams à Kbal Spean (p. 170) et le temple du XIIe siècle de Banteay Samré (p. 166). De nouveaux sites et prestations (notamment séjours chez l'habitant, découverte de la vie locale, ateliers artisanaux) sont développés pour inciter les visiteurs à prolonger leur séjour dans les environs.

À voir et à faire

Si les temples (p. 169) constituent naturellement les sites majeurs du district de Banteay Srei, ne manquez pas l'Angkor Centre for Conservation of Biodiversity (p. 170) en vous rendant à la rivière aux Mille Lingams, à Kbal Spean. Vous pourrez aussi marcher dans la forêt de Kbal Teuk, où poussent des népenthès, des plantes carnivores rares.

Cambodia Landmine Museum MUSÉE

(សារមន្ទីរគ្រាប់មីនកម្ពុជា និងមូលនិធិសង្គ្រោះ ☎012-598951 ; www.cambodialandminemuseum.org ; 5 $US ; ⏲7h30-17h). Ce musée fondé par Aki Ra, un démineur amateur, présente une exposition instructive sur le fléau des mines terrestres dans le pays. Il réunit des mines, des mortiers, des fusils et d'autres armes, et comprend un faux champ de mines où les visiteurs peuvent tenter de repérer des engins désamorcés. Le musée est situé à 25 km de Siem Reap, avant Banteay Srei. Les bénéfices financent des campagnes de sensibilisation.

Environs de Siem Reap

Environs de Siem Reap

À voir
1 Cambodian Cultural Village C2
2 Cambolac E3
3 House of Peace Association C2
4 Jardin botanique (Senteurs d'Angkor) .. D2
5 War Museum C1
6 Vat Thmei E1

Activités
7 Angkor Fight Club D3
8 Angkor Golf Resort B3
9 Cambodia Quad Bike E4
10 Cambodia Vespa Adventures E1
11 Happy Ranch C4
12 Khmer Ways E1
13 The Great Escape C2

Où se loger
14 Funky Flashpacker D3
15 Garden Village Guesthouse D4
16 Heritage Suites E3
17 Pavillon Indochine E1

Où se restaurer
18 Abacus D2
19 Les Jardins des Délices A1
20 Madame Butterfly C2
21 Por Cuisine F4

Où prendre un verre et faire la fête
22 Samut Siem Reap D2
23 Sombai E4

Où sortir
24 Phare the Cambodian Circus C4
25 Rosana Broadway G3
26 Smile of Angkor G2

Achats
27 Eric Raisina Workshop E1
28 Jayav Art E1
29 Rogue D4
30 Theam's House D1

Banteay Srei Butterfly Centre RÉSERVE DE PAPILLONS
(សួនមេអំបៅបន្ទាយស្រី ; 097-852 7852 ; www.angkorbutterfly.com ; adulte/enfant 4/2 $US ; 9h-17h). Ce centre abrite la plus grande réserve de papillons fermée d'Asie Sud-Est. Il conserve plus de 30 espèces endémiques, dont on peut observer l'évolution complète, de l'œuf à la chenille et jusqu'à la sortie du cocon – ce qui séduit particulièrement les enfants. Le centre s'attache à garantir un revenu régulier à des paysans pauvres ; la plupart des papillons sont élevés autour de Phnom Kulen. Le centre se trouve environ 7 km avant le temple de Banteay Srei, du côté gauche de la route.

Tani Museum of Ceramics MUSÉE
(សារមន្ទីរកុលាលភាជន៍ ភូមិតានី ; village de Tani ; 1 $US). Ce minuscule musée situé sur la commune de Tani réunit une collection limitée de poteries angkoriennes datant de l'Empire khmer, qui enthousiasmera surtout les amateurs. Un bon guide saura vous faire découvrir des fours datant de l'époque d'Angkor dans le secteur.

Où se loger et se restaurer

Il existe plusieurs hébergements chez l'habitant dans le district de Banteay Srei, entre chambres rustiques à la campagne et adresses de charme.

Bayon Smile Homestay CHEZ L'HABITANT $
(086 595402 ; sarouensean@gmail.com ; village de Banteay Srei ; s/d 10/15 $US). Un ensemble de 6 belles maisons de village spacieuses, géré par l'enthousiaste M. Sarouen, juste au nord du temple de Banteay Srei. Nombreuses activités proposées : sculpture sur bois, circuits dans les villages, excursions à vélo, treks plus aventureux jusqu'à des sites isolés comme Phnom Cheur et Phnom Hop... Recommandé.

Tbeng Village Homestays CHEZ L'HABITANT $
(092 966047 ; village de Tbeng ; maison 15 $US). M. Khuon, l'instituteur de Tbeng, un joli petit village à l'est de Banteay Srei, a mis sur pied un programme d'hébergement chez l'habitant regroupant une dizaine de maisons. Choisissez de préférence parmi les maisons avec un toit de tuiles (plus fraîches que celles couvertes de tôles). Des activités sont proposées au sein du village, où vous pourrez rencontrer des habitants.

Bong Thom Home Stay CHEZ L'HABITANT $$
(012-520092 ; www.bongthomhomestay.com ; ch 60-80 $US). Cette adresse de charme possède de belles maisons en bois dans la campagne, décorées avec goût et dotées de lits à baldaquin. Nombreuses activités : cours de cuisine, vélo, balades en char à bœufs... Le restaurant, réputé, est ouvert aux non-résidents sur réservation.

Naom Banchok Noodle Stalls STANDS DE NOUILLES $
(Preah Dak ; nouilles 4 000 r). Le village de Preah Dak est connu pour ses stands de *naom banchok* (grosses nouilles de riz), regroupés

sur la route principale menant à Banteay Srei. Ces nouilles maison sont servies avec un bouillon de poisson ou un curry de poulet doux, et un assortiment de légumes et de condiments.

Depuis/vers Banteay Srei

Banteay Srei est implanté à 32 km environ au nord-est de Siem Reap. Les routes sont bonnes ; comptez environ 45 minutes en voiture et 1 heure en *tuk-tuk*. Entendez-vous sur le prix de la course avant le départ.

Réserve ornithologique de Prek Toal

Prek Toal (ជម្រកសត្វស្លាបទឹកព្រែកទាល់; 25-50 $US), forme l'une des trois biosphères du lac Tonlé Sap. Cette splendide réserve ornithologique est la plus intéressante et la plus facile à visiter. Sur une superficie réduite, elle abrite un nombre significatif d'espèces rares, dont le marabout chevelu, le marabout argala, le tantale blanc et le pélican à bec tacheté. Même les profanes seront impressionnés par l'envergure de ces oiseaux et la taille de leurs nids.

Pendant la saison sèche (décembre-avril), les oiseaux s'y rassemblent, en nombre impressionnant, quand l'eau commence à s'évaporer ailleurs. On peut aussi visiter la réserve à partir de septembre, mais la faune aviaire y est alors moins dense. Le petit matin et la fin de l'après-midi sont les meilleurs moments pour observer les oiseaux, ce qui oblige à partir très tôt ou à passer la nuit au bureau de l'environnement de Prek Toal, qui loue des chambres simples/doubles spartiates pour 15/20 $US.

Plusieurs agences d'écotourisme organisent des excursions à Prek Toal. Le **Sam Veasna Center** (SVC ; carte p. 98 ; ☎063-963710 ; www.samveasna.org ; à partir de 100 $US/pers), propose des circuits qui contribuent à la préservation de la région en fournissant un revenu aux communautés locales qui s'abstiennent de chasser et de déboiser. Comptez environ 100 $US par personne pour un groupe de 5 personnes ou plus ; vous payerez davantage pour les groupes moins importants. **Osmose** (☎012-832812 ; www.osmosetonlesap.net ; 95 $US/pers) offre aussi des excursions d'une journée à Prek Toal (à partir de 4 personnes).

Les prix comprennent le transport, le droit d'entrée, les services d'un guide, le petit-déjeuner, le déjeuner et l'eau. Des jumelles sont disponibles sur demande ; le Sam Veasna Center a en outre des longues-vues. Les deux tour-opérateurs peuvent organiser des circuits de 2 jours pour les plus enthousiastes. Une partie des bénéfices sert à sensibiliser les villageois et notamment les enfants à l'importance des oiseaux et de l'environnement unique de la forêt inondée. Les circuits comprennent la visite d'un village. Pour ceux d'une journée : ramassage à l'hôtel vers 6h et retour à la tombée de la nuit.

Pour rejoindre la réserve par vos propres moyens, prenez une *moto-dop* (environ 3 $US) ou un taxi (comptez 15 $US l'aller) jusqu'au village flottant de Chong Kneas (20 minutes ; selon l'heure, vous devrez peut-être payer un supplément au nouveau port), puis un bateau jusqu'au bureau de l'environnement (environ 55 $US aller-retour, 1 heure dans chaque sens). De là, un petit bateau (cela vous coûtera 30 $US avec un guide) vous emmènera dans la réserve, à 1 heure du bureau.

N'oubliez pas d'emporter de l'écran solaire et un chapeau, car il peut faire vraiment très chaud pendant la saison sèche. Les guides de la réserve possèdent des brochures avec

LA RENAISSANCE DE LA SOIE DORÉE

Dans le district de Banteay Srei, à environ une trentaine de kilomètres de Siem Reap, la magnanerie **Golden Silk** (☎012-596811 ; www.goldensilk.org ; Phum Thmey) doit son nom à la "soie dorée" qu'elle tire des cocons jaunes du bombyx local.

Jadis répandue au Cambodge, cette production traditionnelle a malheureusement décliné ces dernières années en raison de la fragilité du ver à soie et de l'exigence des méthodes de fabrication. Il faut en effet 100 kg de cocons et 1 500 kg de feuilles de mûrier pour 10 kg de soie.

Le public peut visiter l'atelier de tissage et peut également assister à tout le processus. Un don de 10 $US est demandé pour aider l'ONG, qui emploie des orphelins et des femmes issues de foyers défavorisés.

les noms des oiseaux en anglais, mais ils parlent peu cette langue, contrairement à leurs homologues du Sam Veasna Center et d'Osmose (supplément guide francophone environ 15 $US par groupe).

Réserve d'Ang Trapeng Thmor

Cette **réserve ornithologique** (អាងត្រពាំងថ្ម ; 10 $US) est située de l'autre côté de la frontière de la province de Banteay Meanchey, dans la région de Phnom Srok, à 100 km de Siem Reap. C'est l'un des quelques endroits du monde où l'on peut voir la grue antigone, une espèce rarissime représentée sur les bas-reliefs du Bayon. Ces oiseaux au plumage gris se caractérisent par des pattes immensément longues et une tête rouge vif. La réserve, d'une incroyable beauté, entoure un réservoir créé pendant le régime khmer rouge en employant le travail forcé. Elle ne comporte que des infrastructures très rudimentaires. Apportez des jumelles, car vous n'en trouverez pas sur place, ainsi qu'un petit guide ornithologique.

Pour rejoindre la réserve, suivez la route de Sisophon sur 72 km, puis tournez vers le nord à Prey Mon et parcourez 22 km en traversant quelques villages réputés pour le tissage de la soie. Le Sam Veasna Center organise des sorties d'observation des oiseaux (100 $US par personne, à partir de 4 personnes), qui constituent sans doute le moyen le plus facile d'explorer Ang Trapeng Thmor.

Village flottant de Chong Kneas

ភូមិអណ្តែតទឹកចុងឃ្នាស

Ce village flottant, très prisé des touristes, se visite aisément en indépendant. Si vous préférez des endroits plus paisibles, aventurez-vous plus loin jusqu'à d'autres villages du Tonlé Sap. Ceux qui arrivent en bateau de Phnom Penh ou de Battambang ont un premier aperçu de Chong Kneas près du débarcadère de Phnom Krom. Le village est très pittoresque dans la lumière du petit matin ou de la fin de l'après-midi et on peut profiter d'une visite sur place pour aller admirer le coucher du soleil au temple de Phnom Krom. Malheureusement, les groupes de touristes sont nombreux, et les bateaux se suivent entre les maisons flottantes. Pour éviter la foule, demandez à votre batelier d'emprunter des canaux secondaires.

Dans Chong Kneas, faites halte au **Gecko Centre** (jinja.apsara.org/gecko ; ⌚8h30-17h30), qui présente la flore et la faune de la région, ainsi que des informations sur les villages du lac.

Le village se déplace au gré des saisons et vous devrez louer un bateau pour le découvrir. La compagnie Sou Ching, qui organise les visites, a fixé le prix du trajet à 15 $US par personne pour les voyageurs indépendants. Il s'agit d'une somme très exagérée, surtout comparée aux temples d'Angkor. Vous paierez généralement bien moins cher en vous joignant à un circuit bon marché.

L'une des meilleures solutions consiste à s'adresser à **Tara Boat** (☎092 957765 ; www.taraboat.com), qui propose des circuits tout compris à bord d'un cargo reconverti. Les tarifs incluent les transferts, le droit d'accès, les bateaux locaux, les services d'un guide et un repas de 2 plats (à partir de 26/36 $US le circuit avec déj/dîner au crépuscule et boissons à volonté).

De Siem Reap au village flottant (20 minutes), comptez 2 $US à *moto-dop* et 15 $US en taxi. Vous pouvez aussi louer un vélo en ville et effectuer ce paisible trajet de 11 km à travers les villages et les rizières.

Kompong Pluk

ព្រៃលិចទឹកកំពង់ភ្លុក

Kompong Pluk (20 $US) semble tout droit sorti d'un film. Dans ce village accueillant, la plupart des maisons se dressent sur des pilotis hauts de 6 ou 7 m. Il est situé à côté d'une forêt inondée, submergée chaque année lorsque la crue du Mékong fait monter le niveau du lac. Lors du reflux, les arbres pétrifiés apparaissent. Explorer l'endroit en pirogue durant la saison des pluies est une expérience mémorable.

Le prix, ici aussi trop élevé, a été fixé à 20 $US par personne pour le bateau, auxquels s'ajoutent des frais annexes ; il peut revenir moins cher d'opter pour un circuit bon marché au départ de Siem Reap.

Pour rejoindre Kompong Pluk, vous pourrez louer un bateau (1 heure 15, à partir de 55 $US aller-retour) au village de Chong Kneas, ou passer par la bourgade de Roluos en combinant route (environ 7 $US à *moto-dop* ou 20 $US en taxi) et bateau ;

ce trajet dure jusqu'à 2 heures ; la proportion route/bateau change en fonction de la saison. En saison sèche, la nouvelle route réduit ce temps à près d'une heure. Tara Boat (voir p. 131) propose des excursions d'une journée à Kompong Pluk pour 60 $US par personne.

Kompong Khleang

កំពង់ឃ្លាំង

Kompong Khleang, qui compte parmi les plus grandes localités du Tonlé Sap, tient de fait plutôt d'une bourgade et comprend plusieurs pagodes élaborées. La plupart des maisons reposent sur de hauts pilotis afin de pallier les fortes variations du niveau de l'eau. Comparée aux villages flottants plus proches de Siem Reap, Kompong Khleang voit peu de visiteurs, ce qui ajoute à son charme. Elle ne compte qu'un petit quartier flottant, mais la ville sur pilotis mérite une promenade d'une ou deux heures. Une balade en bateau autour du village et sur le lac revient à 20 $US par personne environ pour 2 heures – il se peut qu'on vous demande 30 $US. Une route praticable en toute saison via Dam Nek rend Kompong Khleang facilement accessible de Siem Reap ; le trajet aller-retour en taxi coûte 40 $US.

Me Chrey

មេជ្រៃ

À mi-chemin de Siem Reap et de Prek Toal, **Me Chrey** (entrée 1 $US) est l'un des plus petits villages flottants de la région. Récemment "découvert", il reçoit bien moins de visiteurs que Chong Kneas. Me Chrey change d'emplacement selon le niveau du lac ; il est plus joli durant la saison des pluies, quand les maisons sont amarrées autour d'une île-pagode. Me Chrey se trouve au sud du district de Puok, à 25 km de Siem Reap, sur une jolie piste qui serpente à travers les rizières. Venez par la route (environ 8/25 $US en *moto-dop*/taxi), puis explorez le secteur en bateau (pour le prix élevé de 20 $US/personne).

Unique Kayak Cambodia (☎097-456 2000 ; uniquekayakcambodia.com ; demi-journée 70-115 $US, journée 100-150 $US) propose des sorties en kayak à la découverte du village et de la forêt inondée près de Me Chrey. À moins d'être un rameur aguerri, une demi-journée suffit. La forêt inondée est magnifique et il est possible d'observer quelques oiseaux aquatiques. Les tarifs, qui incluent tous les transferts en voiture et en bateau et une halte à l'Artisans Angkor Silk Farm (magnanerie), dans le district de Pouk, sont plus intéressants si vous réservez à plusieurs.

Temples d'Angkor

Dans ce chapitre ➡

Les plus beaux levers et couchers du soleil

- Angkor Vat (p. 148)
- Phnom Bakheng (p. 160)
- Prè Rup (p. 166)
- Sra Srang (p. 163)

Les plus beaux décors de cinéma

- Angkor Vat (p. 148)
- Bayon (p. 153)
- Beng Mealea (p. 172)
- Porte est d'Angkor Thom (p. 153)
- Ta Prohm (p. 162)

Pourquoi y aller

Âme du royaume khmer, Angkor (ប្រាសាទអង្គរ) est une source d'inspiration et de fierté nationale pour les Cambodgiens, qui y viennent tous en pèlerinage. Les temples symbolisent pour la plupart le mont Meru, montagne mythique considérée comme l'axe du monde et la demeure des dieux hindous. Les visiteurs étrangers affluent, fascinés par leur somptueuse beauté.

Angkor représente la fusion parfaite de l'ambition créatrice et de la dévotion spirituelle. Les dieux-rois de jadis tentèrent chacun de surpasser leurs prédécesseurs par l'édification de sanctuaires de taille, d'envergure et de symétrie inégalées. Angkor Vat est le plus grand édifice religieux de la planète.

À ne pas manquer

- Le lever du soleil sur Angkor Vat (p. 148), un temple impressionnant
- La sérénité et la splendeur du Bayon (p. 153), orné de 216 visages à l'expression énigmatique
- Le triomphe de la végétation dans les ruines du Ta Prohm (p. 162)
- Les exquises sculptures du Banteay Srei (p. 169), le joyau d'Angkor
- Une randonnée dans la jungle pour découvrir la rivière aux Mille Lingams, à Kbal Spean (p. 170)
- Les lianes enchevêtrées, les galeries effondrées et les blocs de grès renversés du Beng Mealea (p. 172)

Temples d'Angkor

0
5 km
E
F
G
H
Banteay Srei (19 km)
et Kbal Spean (37 km)
PREAH
KHAN
Douves
20
27
13
Phnom
Bok
1
Phnom Kulen (43 km)
et Koh Ker (110 km)
26
30
24
34
Baray oriental
10
9
25
Roluos
7
17
3
Ta Prohm
TA PROHM
6
2
16
Siem Reap
3
4
Roluos
TEMPLES
DE ROLUOS
Baray
NH6
11
5
19
38
Beng Mealea
(46 km)
40
39
4
Douves
VILLE
DE ROLUOS
6
7

Temples d'Angkor

Les incontournables
1 Angkor Vat D3
2 Bayon D2
3 Ta Prohm E2

À voir
4 Bakong H6
5 Baksei Chamkrong D2
6 Banteay Kdei et Sra Srang E2
7 Banteay Samré G2
8 Baphuon D2
9 Chau Say Tevoda E2
10 Mébon oriental F2
11 Lolei H5
12 Phnom Bakheng D2
13 Phnom Bok H1
14 Phnom Krom B7
15 Prasat Chrung D2
16 Prasat Kravan E3
17 Prè Rup F2
18 Preah Khan D1
19 Preah Ko H5
20 Preah Neak Poan E1
21 Preah Palilay D1
22 Enceinte royale et Phimeanakas D1
23 Run Ta Dev D2
24 Spean Thmor E1
25 Ta Keo E2
26 Ta Nei E1
27 Ta Som F1
28 Terrasse des Éléphants D2
29 Terrasse du Roi lépreux D1
30 Thommanon E1
31 Vat Athvea C6
32 Mébon occidental B2

Activités
33 Angkor Balloon D3
34 Flight of the Gibbon Angkor E1

Où se restaurer
Angkor Reach Restaurant .... (voir 35)
35 Blue Pumpkin D3
36 Chez Sophea D3
37 Khmer Angkor Restaurant D3

Achats
38 Maître sculpteur Dy Proeung H5
39 Khmer Group Art of Weaving H5
Lo-Yuyu .... (voir 40)
40 Prolung Khmer H5

Histoire

La période d'Angkor, époque de la construction des temples et de l'accession de l'Empire khmer au rang de grande puissance du Sud-Est asiatique, s'étendit de 802 à 1432. Des phases de déclin et de renaissance, ainsi que des guerres contre les puissances rivales du Vietnam, du Siam (Thaïlande) et de la Birmanie (Myanmar) jalonnèrent ces six siècles.

Les centaines de temples à nous être parvenus ne constituent que la partie sacrée du vaste centre politique, social et religieux de l'ancien Empire khmer, une cité qui comptait à son apogée 1 million d'habitants, alors que Londres n'en dénombrait que 50 000. Les maisons, les bâtiments publics et les palais, construits en bois, ont disparu depuis longtemps ; la brique et la pierre étaient en effet réservées aux édifices sacrés.

Naissance d'un empire

La période angkorienne commença avec le règne de Jayavarman II (802-850), le premier souverain qui unifia les royaumes rivaux du Cambodge avant l'apparition d'Angkor. Sa cour résida dans divers endroits, dont Phnom Kulen, à 40 km au nord-est d'Angkor, et Roluos (alors appelée Hariharalaya), à 13 km à l'est de Siem Reap.

Jayavarman II créa un précédent, lequel devint une caractéristique de la période d'Angkor et en explique l'impressionnant foisonnement architectural. Il se proclama *devaraja* (dieu-roi), représentant terrestre du dieu hindou Shiva, et fit construire un temple-montagne à Phnom Kulen, symbole du mont Meru – la demeure de Shiva et le centre de l'Univers.

Indravarman Ier (877-889), sans doute un usurpateur, aurait conquis le titre de dieu-roi à l'issue d'une bataille. Il construisit un *baray* (réservoir) de 6,5 km² à Roluos et le Preah Ko. Le *baray* fut le premier élément d'un système d'irrigation voué à alimenter toute la région et à permettre aux anciens Khmers de maîtriser le cycle de la nature. L'ouvrage, qui allie harmonieusement forme et fonction, possédait également une signification religieuse, figurant les océans qui entouraient le mont Meru. La dernière œuvre d'Indravarman fut le Bakong, une représentation pyramidale du mont Meru.

Le fils d'Indravarman Ier, Yasovarman Ier (889-910), fit édifier plus loin son propre temple-montagne afin d'affirmer sa divinité et sa gloire. Il construisit d'abord le Lolei sur une île artificielle dans le *baray* bâti par son père, puis entama les travaux du Bakheng sur la colline aujourd'hui appelée

Phnom Bakheng, un endroit prisé pour le coucher du soleil sur Angkor Vat. Une route surélevée fut tracée pour relier le Bakheng et Roluos, à 16 km au sud-est, et un grand *baray* fut creusé à l'est de Phnom Bakheng ; aujourd'hui nommé Baray oriental, il est totalement envasé. Yasovarman Ier fit également ériger les temples-montagnes de Phnom Krom et Phnom Bok.

Après sa mort, le pouvoir fut transféré d'Angkor à Koh Ker, à 80 km au nord-est, sous un autre usurpateur, Jayavarman IV (928-942). En 944, Angkor retrouva la prédominance avec le règne de Rajendravarman II (944-968), qui fit édifier le Mébon oriental et le Prè Rup. On doit au règne de son fils, Jayavarman V (968-1001), les temples de Ta Keo et de Banteay Srei, ce dernier ayant été construit par un brahmane.

Âge d'or d'Angkor

Les temples les plus réputés d'Angkor – Angkor Vat et ceux d'Angkor Thom – datent de l'âge d'or ou période classique. Si cette époque fut caractérisée par une remarquable productivité, elle connut aussi des heures mouvementées, des conquêtes et des défaites. La splendide cité fortifiée d'Angkor Thom doit son existence à la destruction de l'ancienne cité d'Angkor, bâtie sur le même site, lors de l'invasion cham de 1177.

Suryavarman Ier (1002-1049) usurpa le trône au moyen d'alliances stratégiques et de conquêtes. Bien qu'il ait adopté le culte hindou du dieu-roi, on pense qu'il était issu d'un milieu bouddhiste mahayana et aurait favorisé l'expansion du bouddhisme au Cambodge. Durant cette période, la sculpture bouddhique se répandit dans la région d'Angkor.

S'il reste peu de vestiges du règne de Suryavarman Ier, les succès militaires de ce roi élargirent le contrôle d'Angkor sur la majeure partie du centre du Siam et du centre-sud du Laos. Son fils, Udayadityavarman II (1049-1065), continua les expéditions militaires, repoussa encore les frontières de l'Empire et fit construire le Baphuon et le Mébon occidental. Nombre des grandes villes de la région du Mékong étaient d'importantes cités khmères aux XIe et XIIe siècles, notamment Vientiane, la capitale laotienne, et la ville thaïlandaise de Lopburi.

De 1066 à la fin du XIe siècle, Angkor fut à nouveau déchirée par des factions rivales convoitant le trône. Premier monarque important de cette période, Suryavarman II (1112-1152) unifia le pays et ét... influence jusqu'en Malaisie et en Bi... Sur le plan religieux, il se distingua par ... dévotion à Vishnou, auquel il consacra le plus grand et le plus beau des temples angkoriens, Angkor Vat.

Le règne de Suryavarman II et la construction d'Angkor Vat sont considérés comme l'un des pics de la civilisation khmère. Plusieurs signes annonçaient néanmoins le déclin. Il semblerait que le système de réservoirs et de canaux qui irriguait les terres agricoles était surexploité et commençait lentement à s'envaser sous l'effet de la surpopulation et de la déforestation. La construction d'Angkor Vat greva considérablement les finances du royaume. De plus, vers la fin de son règne, Suryavarman II conduisit une campagne désastreuse contre les Dai Viet (Vietnamiens), au cours de laquelle il fut tué.

Règne de Jayavarman VII

En 1177, les Cham du royaume de Champa (sud du Vietnam), annexé de longue date par l'Empire khmer, se soulevèrent et mirent Angkor à sac. Arrivés par la mer, les rivières et les lacs plutôt que par les traditionnelles routes terrestres, les assaillants prirent les Khmers par surprise. Les Cham brûlèrent la cité de bois et pillèrent ses richesses.

TENUE VESTIMENTAIRE

Les temples d'Angkor demeurent un site sacré aux yeux des Khmers. Aussi, même s'ils s'abstiennent souvent de commentaires par courtoisie, ces derniers n'apprécient guère que l'on s'y promène vêtu de manière inappropriée. Débardeurs (pour hommes et femmes), mini-shorts et jupes courtes sont à proscrire. Sur certains sites, des panneaux précisent même la tenue autorisée. Il est notamment interdit de visiter le niveau le plus élevé d'Angkor Vat avec les épaules et les genoux dénudés. Les autorités locales ont récemment publié un "code de conduite" et une vidéo pour encourager les touristes à porter une tenue appropriée, mais aussi pour leur rappeler de ne pas toucher les structures anciennes, de ne pas s'asseoir n'importe où, de prêter attention aux zones réglementées et de se montrer respectueux des moines.

es d'A kor

UNE VISITE DE 3 JOURS

Gigantesque ensemble, d'une richesse inouïe, Angkor comprend le plus grand édifice religieux du monde, une multitude de temples et une vaste cité fortifiée, abandonnée de longue date, mais qui fut la première métropole d'Asie du Sud-Est, bien avant Bangkok et Singapour.

En commençant par les temples de Roluos, l'une des premières capitales d'Angkor, suivez le Grand Circuit qui inclut le 1 **Preah Khan**, un sanctuaire hindou-bouddhique, et le 2 **Preah Neak Poan**, entouré d'eau.

Le jour suivant, parcourez le Petit Circuit en débutant à l'aube par le 3 **Ta Prohm**, puis continuez par le temple pyramidal de Ta Keo, le monastère bouddhique de Banteay Kdei et l'immense bain royal du 4 **Sra Srang**.

Rejoignez ensuite plus loin le Banteay Srei, joyau de l'art angkorien, et le Beng Mealea, envahi par la jungle.

Gardez le plus spectaculaire pour la fin : admirez le lever du soleil à 5 **Angkor Vat** et attardez-vous dans le temple pour découvrir sa fabuleuse architecture alors que la plupart des touristes prennent leur petit-déjeuner. L'après-midi, explorez 6 **Angkor Thom**, la cité qui abrite l'énigmatique 7 **Bayon**.

Trois jours à Angkor ? Ce n'est qu'une entrée en matière...

NOS CONSEILS

» **Pour éviter la foule** Venez à l'aube au Sra Srang, après le lever du soleil à Angkor Vat et à l'heure du déjeuner au Banteay Srei.

» **Exploration prolongée** Le forfait de 3 jours peut s'utiliser en discontinu durant une semaine, mais il faut le préciser lors de l'achat.

MICK ELMORE / GETTY IMAGES ©

Bayon
Le temple du roi légendaire Jayavarman VII, où 216 visages rappellent aux pèlerins l'autorité du souverain et le magistère du sacré.

Angkor Vat
Le plus grand ensemble religieux du monde. Contemplez le lever du soleil sur le saint des saints, puis admirez les superbes bas-reliefs.

JOHN BANAGAN / GETTY IMAGES ©

ANDERS BLOMQVIST / GETTY IMAGES ©

ANDERS BLOMQVIST / GETTY IMAGES ©

Angkor Thom

La dernière grande capitale de l'Empire khmer recèle de nombreux temples ; ses proportions devaient inspirer dévotion et crainte révérencielle.

Preah Khan

Temple syncrétique dédié à Bouddha, à Brahma, à Shiva et à Vishnou, avec un dédale de couloirs qui semble s'étirer à l'infini.

Preah Neak Poan

Une petite tour dressée au milieu d'un plan d'eau.

Ta Prohm

Témoins de l'entropie et du triomphe de la nature, les énormes racines des fromagers étranglent les pierres qui subsistent.

Sra Srang

Bassin d'ablutions jadis réservé au roi et à ses épouses, ce vaste plan d'eau resplendit au lever ou au coucher du soleil.

ARIADNE VAN ZANDBERGEN / GETTY IMAGES ©

Quatre ans plus tard, Jayavarman VII (1181-1219) reconquit Angkor et chassa les Cham du Cambodge.

Le règne de ce souverain, qui se démarqua de ceux de ses prédécesseurs, a donné lieu à de nombreuses controverses parmi les historiens. Pendant des siècles, le concept de dieu-roi s'était inspiré du dieu hindou Shiva ou, occasionnellement, de Vishnou. Or Jayavarman VII, optant pour le bouddhisme mahayana, se plaça sous les auspices d'Avalokiteshvara, le bodhisattva de la Compassion. En agissant ainsi, il n'aurait fait que se convertir à une religion déjà populaire parmi ses sujets. On peut également expliquer son choix par le besoin d'insuffler un nouvel élan religieux au culte du dieu-roi, fortement affaibli après la destruction d'Angkor.

Au cours de son règne, Jayavarman VII entreprit la construction d'une myriade de temples autour du Baphuon, le site de la capitale détruite par les Cham. Angkor Thom, sa nouvelle cité, fut entourée de remparts et de douves, reliées au système d'irrigation d'Angkor. L'édifice central d'Angkor Thom, le Bayon, un temple-montagne orné de multiples visages, forme avec Angkor Vat le tandem le plus célèbre des temples cambodgiens. On doit aussi à Jayavarman VII le Ta Prohm, le Banteay Kdei et le Preah Khan. Plus loin, celui qui fut le plus grand bâtisseur des nombreux rois d'Angkor fit reconstruire de vastes ensembles, comme le Banteay Chhmar et le *prasat* Bakhaeng (ou Preah Khan) dans la province de Preah Vihear.

Dans le cadre d'un important programme de travaux publics, il fit tracer des routes, et édifier des écoles et des hôpitaux dans tout l'empire. De nombreux vestiges de ces voies et de leurs ponts splendides sont encore visibles dans le pays. Le pont le plus connu, Spean Praptos, se situe à Kompong Kdei, à 65 km au sud-est de Siem Reap sur la NH6. Il en reste bien d'autres, cachés dans la jungle le long de l'ancienne route angkorienne menant au magnifique Preah Khan, dont le Spean Ta Ong, aujourd'hui accessible, à 28 km à l'est du Beng Mealea, près du village de Khvau.

Après la mort de Jayavarman VII vers 1219, l'Empire khmer entama son déclin. L'hindouisme redevint la religion d'État pendant plus d'un siècle et les sculptures bouddhiques qui ornaient les temples hindous furent saccagées ou abîmées. Les Siamois pillèrent Angkor en 1351, puis de nouveau en 1431. La prestigieuse capitale siamoise d'Ayuthaya, qui connut un âge d'or du XIVe au XVIIIe siècle, fut en grande partie une reconstitution des splendeurs d'Angkor, dont s'inspirèrent les conquérants siamois. La cour des souverains

LES DIX PLUS GRANDS ROIS D'ANGKOR

D'innombrables monarques ont dirigé l'Empire khmer entre le IXe et le XVe siècle. Leur nom se termine invariablement par *varman*, qui signifie "armure" ou "protecteur". La liste ci-après recense les souverains les plus puissants.

Jayavarman II (802-836). Fondateur de l'Empire khmer en 802.

Indravarman Ier (877-889). Il fit édifier le premier *baray* (réservoir), le Preah Ko et le Bakong.

Yasovarman Ier (889-910). Ce roi déplaça la capitale à Angkor et construisit le Lolei et Phnom Bakheng.

Jayavarman IV (928-942). Souverain usurpateur, il transféra la capitale à Koh Ker.

Rajendravarman II (944-968). Construisit le Mébon oriental, le Prè Rup et le Phimeanakas.

Jayavarman V (968-1001). Il supervisa la construction du Ta Keo et du Banteay Srei.

Suryavarman Ier (1002-1049). Ce roi agrandit l'empire jusqu'à occuper la majeure partie du Laos et du Siam.

Udayadityavarman II (1049-1065). Il fit ériger le Baphuon et le Mébon occidental.

Suryavarman II (1112-1152). Bâtisseur légendaire d'Angkor Vat et du Beng Mealea.

Jayavarman VII (1181-1219). Le roi des dieux-rois, il construisit Angkor Thom, le Preah Khan et le Ta Prohm.

khmers se déplaça alors à Phnom Penh et ne revint que brièvement, au XVIe siècle, à Angkor, qui fut ensuite abandonnée aux pèlerins, aux religieux et à la nature.

Redécouverte d'Angkor

La "découverte" d'Angkor par les Français dans les années 1860 connut un retentissement mondial. De fait, il ne s'agissait pas vraiment d'une découverte : lorsque l'explorateur français Henri Mouhot (1826-1861) arriva pour la première fois devant Angkor Vat au cours d'une expédition organisée par la Royal Geographic Society, le temple abritait un monastère prospère, entretenu par des moines et des esclaves. Par ailleurs, des voyageurs portugais avaient visité Angkor au XVIe siècle et l'avaient nommée la Cité fortifiée. En 1614, Diego do Couto rédigea une description précise d'Angkor, qui ne fut éditée qu'en 1958. Un pèlerin japonais du XVIIe siècle dessina quant à lui un plan détaillé d'Angkor Vat, mais indiqua par erreur qu'il l'avait vu en Inde.

Il fallut attendre la publication en 1868, à titre posthume, de l'ouvrage d'Henri Mouhot, *Voyage dans les royaumes de Siam, de Cambodge et de Laos*, avec ses descriptions minutieuses et de superbes esquisses, pour qu'un public plus large découvre l'existence d'Angkor. Bien que Mouhot n'ait jamais revendiqué la primeur de la connaissance du site, on lui décerna, dans les années 1870, le titre de premier explorateur de la cité perdue du Cambodge. Le missionnaire français Charles-Émile Bouillevaux avait pourtant visité Angkor dix ans avant Mouhot et publié le récit de ses propres recherches, mais sans éveiller un grand intérêt.

Peu après Mouhot, d'autres aventuriers et explorateurs commencèrent à arriver. Le photographe écossais John Thomson (1837-1921) prit les premières photos des temples en 1866 et fut le premier Européen à émettre l'idée qu'ils étaient des représentations symboliques du mythique mont Meru. Louis Delaporte (1842-1925), officier de marine arrivé pour la première fois à Angkor à la même époque, consacra sa vie à témoigner de la grandeur de l'art khmer. Il contribua pour beaucoup à la construction du mythe d'Angkor. Outre son ouvrage intitulé *Voyage au Cambodge, l'architecture khmer* (1880), vous pourrez également vous procurer le catalogue d'une exposition organisée au musée Guimet en 2013, intitulé *Angkor, naissance d'un mythe. Louis Delaporte et le Cambodge* (Gallimard, 2013). L'architecte français Lucien Fournereau se rendit à Angkor en 1887. Il traça des plans et des coupes transversales précises qui demeurèrent inégalées jusque dans les années 1960.

À partir de l'époque de Mouhot, Angkor devint l'objet d'expéditions financées par la France. En 1901, l'École française d'Extrême-Orient (www.efeo.fr) entama une longue coopération avec Angkor par une première expédition au Bayon. En 1907, Angkor fut restituée au Cambodge après plus d'un siècle aux mains des Thaïlandais et l'EFEO prit la responsabilité de dégager et de restaurer l'ensemble du site. Cette même année, les premiers touristes étrangers (jusqu'à 200 en trois mois) découvrirent la capitale de l'Empire khmer. Angkor, "sauvée" de la jungle, occupa désormais une place de choix dans le monde moderne.

LES FOUS DES TEMPLES

Les dieux-rois d'Angkor furent d'infatigables bâtisseurs. Chacun se devait d'édifier un temple à son dieu tutélaire, le plus souvent Shiva ou Vishnou durant la période d'Angkor, puis à ses ancêtres, mère, père et grands-parents inclus (maternels et paternels), ce qui représentait encore une bonne demi-douzaine de sanctuaires. Enfin, il fallait un mausolée ou un temple pour le souverain lui-même, afin de le déifier et de consolider son pouvoir. De l'exigence, pour ces monuments, d'être plus grands et plus beaux que leurs prédécesseurs, résulta l'extraordinaire foisonnement architectural de la période khmère.

Archéologie

À l'exception d'Angkor Vat, restauré par les rois khmers au XVIe siècle pour servir de sanctuaire bouddhique, les temples furent abandonnés à la jungle pendant des siècles. La plupart d'entre eux étaient en grès, un matériau qui tend à se dissoudre sous l'effet de l'humidité. La fiente corrosive des chauves-souris contribua aux dommages, ainsi que les pillages sporadiques de sculptures et de pierres taillées. Certains temples,

MOTIFS, SYMBOLES ET PERSONNAGES D'ANGKOR

Les temples d'Angkor comportent d'innombrables sculptures évoquant les mythes et les légendes originelles, à l'aide de symboles et de personnages emblématiques. Les déchiffrer peut être ardu, et nous présentons ici une sélection des motifs les plus courants.

Apsara Nymphes célestes ou déesses, également appelées *devada* ; ces femmes superbes ornent les murs de nombreux temples.

Asura Ces démons figurent en nombre dans les représentations du *Barattage de la mer de lait*, comme à Angkor Vat.

Deva Les "bons dieux" dans le mythe du *Barattage de la mer de lait*.

Flammes Les flammes flanquent les marches et les portes d'entrée afin de purifier le fidèle qui entre dans le temple.

Garuda Monture de Vishnou ; cette créature mi-homme mi-oiseau apparaît dans certains temples et fut associée à son vieil ennemi, le *nâga*, sous Jayavarman VII pour encourager l'unité religieuse.

Kala Le gardien du temple désigné par Shiva, doté d'un tel appétit qu'il dévora son propre corps ; seule sa tête géante figure au-dessus de nombreuses portes. Également appelé Rehu.

Lingam Symboles phalliques de fertilité et de puissance, des lingams étaient installés à l'origine dans les tours de la plupart des temples hindous.

Lotus Symbole de pureté, le lotus est très présent dans la forme des tours, au niveau des marches d'entrée et dans la décoration.

Makara – Serpent de mer géant avec une mâchoire réticulée ; il est représenté au coin des frontons, vomissant un *nâga* ou une autre créature.

Nâga Serpent à plusieurs têtes, demi-frère et ennemi des *garuda*. Il contrôle la pluie et, de fait, la prospérité du royaume ; on le voit sur les chaussées, les portes d'entrée et les toits. Le *nâga* à 7 têtes, présent dans de nombreux temples, représente l'arc-en-ciel, soit un pont entre le ciel et la terre.

Nandi Taureau, monture de Shiva ; plusieurs statues de Nandi ornent les temples, mais beaucoup ont été détruites ou volées par des pillards.

Rishi Ascète ou sage hindou, également appelé *essai* ; ces personnages barbus sont souvent assis en tailleur à la base des piliers ou contre des murs.

Vigne Autre symbole de pureté, la vigne décore les portes et les linteaux. Elle aide le visiteur à se purifier pour son voyage dans ce paradis sur terre, la demeure des dieux.

Yama Le dieu de la Mort qui règne sur l'au-delà et décide du sort des défunts, l'enfer ou le paradis.

Yoni Symbole de la fertilité féminine : combiné au lingam, il produit l'eau sacrée qui apporte la fertilité.

comme le Ta Prohm, étaient tellement envahis par la végétation que les dégager risquait de provoquer l'effondrement de l'édifice.

Les premières tentatives de déblaiement, sous l'égide de l'École française d'Extrême Orient, se heurtèrent à des obstacles techniques (sitôt élaguée, la jungle reprenait ses droits) et à de multiples querelles sur l'étendue des restaurations et l'éventuelle suppression d'ajouts postérieurs, comme des statues du Bouddha dans les temples hindous.

Il fallut attendre les années 1920 pour trouver une solution cohérente, avec l'adoption de la méthode que les Hollandais avaient utilisée pour la restauration de Borobodur à Java (Indonésie), l'anastylose. Cette technique consiste à reconstruire les édifices à l'identique avec les matériaux d'origine. À Angkor, l'utilisation de nouveaux matériaux ne fut autorisée qu'en cas de disparition de ceux d'origine et à la condition que le remplacement soit discret. On peut voir le résultat de cette méthode sur la chaussée qui conduit à l'entrée d'Angkor Vat, dont le côté droit fut restauré par les Français.

Les premières rénovations majeures furent entreprises au Banteay Srei en 1930 – là même où, en 1923, André Malraux, son épouse Clara et leur ami et complice Louis Chevasson avaient joué aux pilleurs (voir l'encadré *Petite bibliographie sur Angkor*, p. 166). Le résultat fut une telle réussite que quantité de travaux de plus grande envergure suivirent. Ceux-ci culminèrent avec la restauration d'Angkor Vat dans les années 1960, à l'aide de grues, de bulldozers et d'une débauche d'instruments topographiques.

Après la victoire des Khmers rouges et pendant l'impitoyable guerre civile, Angkor subit moins de dommages qu'on aurait pu le redouter, l'EFEO et le ministère de la Culture ayant retiré de nombreuses statues des temples pour les mettre à l'abri. Les travaux de restauration furent néanmoins interrompus, ce qui permit à la jungle de repartir à l'assaut des monuments.

Le commerce illégal d'objets d'art a également constitué une grave menace pour Angkor et continue de mettre en péril les sites les plus isolés.

Depuis 1992, date de l'inscription d'Angkor au patrimoine mondial, les efforts se sont poursuivis, au niveau local et international, pour préserver et restaurer les monuments. Signe tangible d'amélioration, l'Unesco a retiré Angkor de la liste des sites menacés en 2003.

Angkor conserve nombre de secrets, les travaux ayant davantage porté sur la restauration des temples que sur les fouilles archéologiques. Sous le sol se cache encore la véritable histoire de la cité et de ses habitants ; les inscriptions sur les temples ne délivrent que des informations partielles sur les dieux auxquels ils étaient dédiés et les rois qui les ont érigés.

Notez que Google Maps propose désormais une visite virtuelle d'Angkor Vat, résultat d'un assemblage de plus d'un millions de photos.

Styles architecturaux

Depuis l'époque des premiers monuments angkoriens de Roluos, l'architecture khmère ne cessa d'évoluer, souvent à la faveur de l'accession au trône d'un nouveau souverain. Les archéologues classent les monuments en neuf périodes, nommées d'après la principale structure du style architectural correspondant.

L'évolution de l'architecture khmère s'organisa autour du temple-montagne, idéalement édifié sur une colline naturelle. Plus un temple est ancien, plus sa conception se rapproche de cette idée fondamentale. Les anciens rois khmers choisirent Phnom Kulen pour symboliser le mont Meru, la demeure des dieux (que les hindous situent dans la chaîne de l'Himalaya). En l'absence de relief naturel, la montagne est représentée par une tour, construite sur une base en gradins. Au sommet se dresse le sanctuaire central, généralement avec une ouverture à l'est et trois portes fictives aux autres points cardinaux.

À compter de la période du Bakheng, cette configuration initiale fut embellie. Le sommet de la tour centrale fut couronné de cinq "pics", quatre aux points cardinaux et un au centre. Angkor Vat reprend cet ordonnancement à grande échelle. D'autres détails vinrent s'ajouter, dont une tour d'entrée et une chaussée d'accès bordée de balustrades en forme de *nâga* (serpent mythique).

À mesure que les temples prirent de l'ampleur, la tour centrale perdit de son importance tout en restant le cœur de l'édifice. Plus tard, des cours et des galeries

LES LIEUX DE TOMB RAIDER

Plusieurs scènes du film *Lara Croft : Tomb Raider* (2001), avec Angelina Jolie dans le rôle-titre, furent tournées dans les temples d'Angkor. Sur Phnom Bakheng, Lara contemple à travers ses jumelles le mystérieux temple. Les méchants sont déjà en train de pénétrer par la porte est d'Angkor Thom en démolissant une gigantesque apsara en polystyrène. Retrouvant sa Land Rover personnalisée, Lara tourne autour du Bayon avant de découvrir une voie dérobée pour pénétrer dans le temple depuis le Ta Prohm, où elle cueille un brin de jasmin et débouche dans... les Pinewood Studios. Après avoir lutté contre une statue vivante et échappé à Daniel Craig (alias 007) en plongeant dans une cascade à Phnom Kulen, elle émerge au milieu d'un marché flottant devant Angkor Vat. Remontée sur le rivage, elle emprunte un téléphone portable à un moine local et s'aventure dans la galerie aux Mille Bouddhas, où elle est soignée par le supérieur.

OÙ SE LOGER AUX ENVIRONS D'ANGKOR

La ville de Siem Reap, point de départ pour explorer les temples d'Angkor, offre un vaste choix d'hébergements (p. 105) pour tous les budgets. Vous ne pourrez pas séjourner à Angkor à proprement parler, mais si vous recherchez une expérience locale, vous trouverez des logements chez l'habitant dans le district de Banteay Srei (p. 127).

richement décorées entourèrent la tour centrale. Des tourelles surmontèrent les portes et les angles des murs ; leur nombre avait souvent une signification religieuse et astrologique.

Ces raffinements et ajouts trouvèrent leur apogée à Angkor Vat, qui consacra l'évolution du style angkorien. En revanche, l'architecture de la période du Bayon rompit avec le modèle traditionnel. Dans des temples comme le Ta Prohm et le Preah Khan, le tracé horizontal des galeries, des couloirs et des cours semble totalement éclipser la tour centrale.

Dans ces édifices, la surprenante étroitesse des corridors et des portes peut s'expliquer par le fait que les architectes angkoriens ne maîtrisaient pas l'arc-boutant. Ils construisaient les voûtes en posant des blocs les uns sur les autres jusqu'à ce qu'ils se rejoignent en un point central ; ces "fausses voûtes" ne pouvaient pas avoir une grande portée.

La plupart des gros blocs en grès comportent des petits trous circulaires dans lesquels étaient insérés des piquets en bois afin de les soulever et les placer lors de la construction avant de les scier.

Quand partir

Évitez la chaleur écrasante de mars à mai. La période la plus agréable, de novembre à mars, coïncide avec la haute saison et la plus forte concentration de visiteurs (plus de 2 millions chaque année à Angkor). Juillet et août peuvent être étonnamment plaisants, avec un paysage vert émeraude, des douves remplies d'eau et des mousses et des lichens qui se détachent sur le grès pâle.

Le semi-marathon international d'Angkor Vat se déroule chaque année en décembre. Il comprend des courses à vélo pour ceux qui ne souhaitent pas courir.

Itinéraires

Au début du tourisme à Angkor, les questions concernant les monuments à visiter et l'ordre à respecter aboutirent à deux itinéraires : le petit circuit et le grand circuit. Si personne n'imagine aujourd'hui les suivre à la lettre, ils constituaient alors un élément essentiel de l'expérience angkorienne et se parcouraient souvent à dos d'éléphant.

Aujourd'hui, la plupart des voyageurs indépendants préfèrent découvrir les temples à leur rythme et ont tendance à combiner plusieurs modes de transport comme la voiture, le *tuk-tuk,* le vélo ou encore le pick-up. Prévoyez un itinéraire de l'aube au crépuscule, avec une longue pause pour le déjeuner, au plus fort de la chaleur. Vous pouvez aussi explorer les temples en milieu de journée, quand ils sont bien moins fréquentés que le matin ou l'après-midi, à condition de supporter la canicule et de ne pas espérer prendre de photos en extérieur sous la lumière écrasante.

Petit circuit

Long de 17 km, le petit circuit commence à Angkor Vat, puis se dirige au nord vers Phnom Bakheng, Baksei Chamkrong et Angkor Thom – où l'on découvre les remparts et les portes de la cité, le Bayon, le Baphuon, l'enceinte royale, le Phimeanakas, le Preah Palilay, la terrasse du Roi lépreux, la terrasse des Éléphants, les Kleang et le *prasat* Suor Prat. L'itinéraire quitte Angkor Thom par la porte de la Victoire dans le mur oriental, et continue vers le Chau Say Tevoda, le Thommanon, le Spean Thmor et le Ta Keo. Il se dirige ensuite au nord-est de la route vers le Ta Nei, tourne au sud vers le Ta Prohm avant de virer à l'est vers le Banteay Kdei et le Sra Srang, puis revient à Angkor Vat via le *prasat* Kravan.

Grand circuit

Long de 26 km, le grand circuit est une extension du précédent. Au lieu de quitter la cité fortifiée d'Angkor Thom par la porte est, il emprunte la porte nord et continue jusqu'au Preah Khan et au Preah Neak Poan. Il poursuit vers l'est jusqu'au Ta Som, puis vers le sud via le Mébon oriental jusqu'au Prè Rup. Il court ensuite vers l'ouest et le sud-ouest pour revenir à Angkor Vat.

Un jour

Le mieux consiste à arriver à Angkor Vat au lever du soleil et à explorer le temple avant l'arrivée de la foule. De là, continuez jusqu'au Ta Prohm avant de faire une pause pour déjeuner. Dans l'après-midi, découvrez les temples de la cité fortifiée d'Angkor Thom, puis le splendide Bayon à la lueur du soleil couchant.

Deux jours

Deux jours permettent d'admirer d'autres temples majeurs. Débutez le premier matin par la visite du minuscule Banteay Srei aux fabuleuses sculptures ; au retour, faites halte au Banteay Samré. L'après-midi, explorez l'immense Preah Khan, le délicat Preah Neak Poan et le Ta Som, envahi par la végétation, avant de contempler le coucher du soleil sur le Prè Rup. Le lendemain matin, levez-vous de bonne heure pour arriver à Angkor Vat au lever du soleil, puis profitez quelques heures de la relative quiétude avant d'aller au Ta Prohm. Consacrez ensuite l'après-midi à Angkor Thom.

De trois à cinq jours

Vous pourrez voir la plupart des sites importants. Une méthode consiste à en visiter le plus possible les deux premiers jours, puis à en découvrir d'autres comme les temples de Roluos et le Banteay Kdei. Vous pourrez également commencer par les monuments mineurs et terminer par les plus spectaculaires, ou choisir l'approche chronologique et finir par Angkor Thom, suivant l'évolution de l'architecture et de l'art khmers.

La rivière aux Mille Lingams, à Kbal Spean, mérite le détour pour ses merveilles naturelles et créées par l'homme, tout comme le Beng Mealea, un grand temple éloigné, envahi par la végétation. Ces deux sites peuvent se combiner avec le Banteay Srei au cours d'une journée d'excursion.

Une semaine

Vous pourrez non seulement visiter tous les temples de la région, mais aussi consacrer du temps au shopping et à la détente au bord d'une piscine ou dans un spa à Siem Reap. Éventuellement, explorez des sites plus reculés, comme Koh Ker, le *prasat* Preah Vihear ou le Banteay Chhmar.

Circuits organisés

Si vous ne disposez que d'un jour ou deux, une visite guidée vous rendra plus aisée la découverte du site. Des guides officiels proposent leurs services à Siem Reap (p. 104), où un certain nombre de tour-opérateurs organisent des visites d'une journée, des circuits à vélo ou encore des excursions vers des sites plus isolés. La **Khmer Angkor Tour Guide Association** (☎063-964347 ; www.khmerangkortourguide.com) en représente certains. Comptez 20-40 $US pour un guide francophone ou anglophone.

Orientation

En partant de Siem Reap vers le nord, on arrive d'abord à Angkor Vat, puis à la cité fortifiée d'Angkor Thom. À l'est et à l'ouest de cette dernière s'étendent deux anciens grands réservoirs (celui de l'est est aujourd'hui complètement asséché), lesquels participaient jadis de la subsistance d'une importante population. Plus loin à l'est se dressent d'autres temples, dont le Ta Prohm, le Banteay Kdei et le Prè Rup. Au nord d'Angkor Thom se tient le Preah Khan et, bien plus loin au nord-est, le Banteay Srei, Kbal Spean, Phnom Kulen et le Beng Mealea. Au sud-est de Siem Reap, on trouve les premiers temples angkoriens du groupe de Roluos.

Renseignements

DROITS D'ENTRÉE

Les droits d'entrée, relativement élevés selon les critères cambodgiens, restent abordables pour les visiteurs étrangers. Vous aurez le choix entre un forfait d'une journée (20 $US), de 3 jours (40 $US) ou d'une semaine (60 $US). Depuis 2009, le forfait de 3 jours est valable sur une période d'une semaine (il n'est pas obligatoire de regrouper les visites sur 3 jours d'affilée) et celui d'une semaine, durant un mois. Les forfaits sont en vente à la grande billetterie officielle, sur la route d'Angkor Vat. Le poste de contrôle des billets d'Angkor devrait être déplacé le long d'une nouvelle route parallèle à l'actuelle. Les forfaits comportent une photo numérique, prise au guichet d'entrée, ce qui provoque souvent une longue attente en haute saison. Les visiteurs qui entrent après 17h profitent d'un crépuscule gratuit, puisque le billet est officiellement valide à partir du lendemain. Les forfaits donnent accès à tous les monuments de la région de Siem Reap, hormis la montagne sacrée de Phnom Kulen (20 $US) et les sites éloignés du Beng Mealea (5 $US) et de Koh Ker (10 $US).

Des employés en uniforme vérifient les billets dans les principaux temples. En revanche, vous n'avez pas besoin de billet pour explorer les villages autour et au-delà d'Angkor, même si vous devez vous arrêter aux postes de contrôle et indiquer votre itinéraire aux gardes.

ON NE FRAUDE PAS !

Les visiteurs surpris sans billet dans les temples se voient infliger une amende de 100 $US.

COMMENT ÉVITER LA FOULE À ANGKOR ?

Angkor, site incontournable des circuits touristiques, accueille plus de deux millions de visiteurs chaque année, un nombre qui ne cesse d'augmenter. Mais avec un peu d'organisation, vous pourrez éviter la foule. Néanmoins, sachez que l'affluence dans un temple au lever ou au coucher du soleil n'est pas due au hasard, et que suivre le mouvement en vaut la peine, au moins une fois.

Selon la coutume, Angkor Vat, qui fait face à l'ouest, se visite en fin d'après-midi, et le Bayon, orienté à l'est, dans la matinée. Le Ta Prohm, ombragé par la végétation, peut s'explorer en milieu de journée. Toutefois, inverser l'ordre n'enlève rien à la beauté des temples, et apporte un peu plus de tranquillité.

Seuls quatre temples ouvrent à 5h pour le lever du soleil : Angkor Vat, Phnom Bakheng, Sra Rang et Prè Rup. Le plus couru au lever du soleil, Angkor Vat retrouve son calme quand la plupart des groupes retournent à Siem Reap pour le petit-déjeuner. Profitez-en pour le découvrir entre 7h et 9h. Le Bayon voit défiler bien moins de visiteurs au petit matin. Le Sra Srang est habituellement assez calme, et le soleil levant qui se reflète dans l'eau y est spectaculaire. Phnom Bakheng peut constituer une bonne alternative, car le soleil y apparaît derrière Angkor Vat et la fréquentation n'a alors rien à voir avec l'affluence au crépuscule. L'atmosphère magique du Ta Prohm au petit jour compense l'absence de vue sur le lever du soleil.

Perché sur la colline, le temple de Phnom Bakheng offre indéniablement les plus beaux couchers de soleil. Le nombre de touristes présents à la fois est désormais restreint à 300, alors qu'il pouvait autrefois atteindre le millier. Mieux vaut venir à l'aube ou en début de matinée pour éviter la cohue. Rester dans l'enceinte d'Angkor Vat jusqu'au crépuscule permet de profiter du calme après le départ des visiteurs pour Phnom Bakheng, vers 16h30. Le Prè Rup, prisé pour le coucher du soleil sur la campagne alentour, commence à être très fréquenté. Préférez le temple au sommet de Phnom Krom, qui domine le Tonlé Sap, mais n'oubliez pas que vous devrez ensuite faire la longue route jusqu'en ville à la nuit tombée. Vous pourrez aussi admirer le soleil couchant sur l'extrémité est du Baray occidental ou de l'île du Mébon oriental, un endroit généralement paisible.

C'est en milieu de journée que l'on est le plus tranquille dans les sanctuaires les plus courus, car les groupes rentrent déjeuner à Siem Reap. Mais ce sont aussi les heures les plus chaudes, pénibles pour parcourir les temples exposés, comme le Banteay Srei et ou le Bayon. Profitez-en pour découvrir les monuments ombragés, tels le Ta Prohm, le Preah Khan et le Beng Mealea, ou les bas-reliefs d'Angkor Vat. L'affluence atteint son comble à Angkor Vat entre 6h et 7h et de 15h à 17h, au Bayon de 8h à 10h, et au Banteay Srei en milieu de matinée et d'après-midi. Dans d'autres édifices fréquentés, comme le Ta Prohm et le Preah Khan, il est plus difficile de prévoir. Si vous voyez un parking rempli de bus, partez pour un endroit plus calme : Angkor ne manque pas de temples !

CARTES

Plusieurs cartes gratuites, dont la *Siem Reap Angkor 3D Map*, sont disponibles dans certains hôtels et restaurants de Siem Reap. River Books, un éditeur thaïlandais, publie l'*Angkor Map*, une carte très détaillée.

SITES INTERNET

Angkor – Site du patrimoine mondial de l'Unesco (whc.unesco.org/fr/list/668). Des informations, des images et des vidéos sur l'un des plus importants sites au monde.

National Geographic (ngm.nationalgeographic.com/2009/07/angkor/angkor-animation). Pour voir des illustrations animées de la vie sous l'Empire khmer.

Heritage Watch (www.heritagewatchinternational.org). Tourisme durable impliquant la communauté locale.

Lonely Planet (www.lonelyplanet.fr/destinations/asie/cambodge/regions-et-quartiers/temples-dangkor)

Comment s'y rendre et circuler

Les visiteurs qui se rendent aux temples d'Angkor – à savoir : pratiquement tous les voyageurs venant au Cambodge, ou peu s'en faut ! – doivent choisir le moyen le plus commode pour circuler sur le site. Nombre des temples les plus connus se situent à quelques kilomètres de la cité fortifiée d'Angkor Thom, elle-même à 8 km de Siem Reap, et sont accessibles par divers moyens de transport, voire à pied.

Pour profiter pleinement d'Angkor, variez les modes de déplacement en utilisant *moto-dop*, *tuk-tuk* ou voiture pendant une journée pour couvrir les sites éloignés, un vélo pour les temples centraux, et la marche pour un moment de calme et de sérénité.

Les transports sont évidemment plus chers pour les temples éloignés, tels le Banteay Srei ou le Beng Mealea, en raison du coût du carburant.

À PIED

Si certains sites se trouvent trop loin de Siem Reap, Angkor Vat et les temples d'Angkor Thom sont facilement accessibles à pied. Si vous souhaitez vous écarter des routes, la paisible promenade de 13 km le long des remparts d'Angkor Thom donne l'occasion de voir plusieurs petits temples isolés et d'observer des oiseaux. La traversée de la forêt du Ta Nei au Ta Keo a aussi de l'attrait.

À DOS D'ÉLÉPHANT

Au début du XXe siècle, les touristes découvraient traditionnellement Angkor sur le dos d'un pachyderme. Même si vous en voyez encore aller de la porte sud d'Angkor Thom au Bayon en matinée ou rejoindre le sommet de Phnom Bakheng au coucher du soleil, plusieurs organisations de protection des éléphants dénoncent cette pratique (p. 284).

HÉLICOPTÈRE ET MONTGOLFIÈRE

Helicopters Cambodia (☎012-814500 ; www.helicopterscambodia.com ; 658 Hup Quan St, Siem Reap) et **Helistar** (carte p. 98 ; ☎063-966072 ; www.helistarcambodia.com ; 24 Sivatha St, Siem Reap) proposent de survoler Angkor Vat (90 $US) et les temples aux alentours d'Angkor Thom (150 $US) depuis l'aéroport de Siem Reap. Les deux compagnies assurent aussi des vols vers des sites reculés, comme le Prasat Preah Vihear et le Preah Khan.

Angkor Balloon (carte p. 134 ; ☎012-759698 ; 15 $US/pers) garantit une vue d'ensemble d'Angkor Vat. La montgolfière, retenue par une amarre, peut transporter jusqu'à 30 passagers et s'élève à 200 m du sol.

MINIBUS

Divers hôtels et agences de voyages de Siem Reap assurent le transport vers le site à bord de minibus de 12 places (50 $US/jour) et de bus de 25 ou 30 places (80-100 $US/jour).

MOTO-DOP

Nombre de voyageurs indépendants privilégient ce mode de transport. Les conducteurs accostent les touristes à leur arrivée à Siem Reap et se révèlent généralement sympathiques et compétents. Ils vous déposent et viennent vous chercher à une heure et à un endroit précis moyennant 10 $US minimum par jour. Certains dispensent même quelques commentaires sur les temples. D'ailleurs, beaucoup parmi les plus doués deviennent un jour des guides officiels.

TUK-TUK

Les *tuk-tuk* (ou *remork-motos*) ont la faveur des touristes qui peuvent bavarder pendant le trajet et sont protégés en cas de pluie. Certains conducteurs sont aussi agréables et bien informés que ceux des *moto-dop*. Les prix varient de 15 à 25 $US par jour, selon la destination et le nombre de passagers.

VÉLO

Écologique et utilisé par la plupart des habitants, le vélo est un excellent moyen de déplacement d'un temple à l'autre. Le terrain relativement plat et les routes en bon état conviennent aux simples amateurs. En circulant lentement, vous serez attentif à plus de détails que par la vitre d'une voiture ou à l'arrière d'une moto.

White Bicycles (www.thewhitebicycles.org ; 2 $/jour), sponsorisée par quelques pensions de Siem Reap, finance avec ses bénéfices des projets communautaires. Nombre d'hôtels et de pensions louent des vélos pour 1-2 $US par jour.

Certains endroits fournissent des VTT de meilleure qualité, comme les marques Trek ou Giant, moyennant 7 à 10 $US par jour. Essayez Grasshopper Adventures (p. 104), qui propose des VTT de marque internationale avec casque pour 8 $US.

VOITURE ET MOTO

Appréciée en ce qu'elle protège de la pluie et du soleil, la voiture peut, partagée à plusieurs, se révéler un compromis économique. Elle présente l'inconvénient de priver le visiteur de certaines sensations visuelles, sonores

LINGAM ET YONI

Les symboles de fertilité sont légion dans les temples d'Angkor. Les tours de la plupart des temples hindous abritaient à l'origine un lingam, symbole phallique du dieu Shiva. Installé dans un *yoni*, sa contrepartie féminine, il produit l'eau sacrée qui apporte la puissance fécondante et créatrice. Les brahmanes versent de l'eau sur le lingam, qui est drainée à travers le *yoni* et sort du temple par un réseau de gouttières afin d'oindre les pèlerins à l'extérieur.

et olfactives. Adressez-vous aux hôtels ou aux agences de Siem Reap et comptez de 25 à 35 $US par jour pour circuler entre les temples centraux. Actuellement, la location de motos est interdite à Siem Reap, mais des voyageurs viennent à moto de Phnom Penh. Si c'est votre cas, laissez votre engin sur un parking gardé ou à l'une des échoppes devant les temples pour qu'on ne vous le vole pas.

ANGKOR VAT

Expression suprême du génie khmer, **Angkor Vat** (អង្គរវត្ត ; carte p. 134 ; 5h-17h30) est l'un des monuments les plus grandioses et les plus inspirés jamais conçus par l'homme.

Représentation terrestre du mont Meru, montagne mythique considérée comme la demeure des dieux dans la religion hindoue, Angkor Vat, le "temple qui est une cité", constitue une combinaison parfaite de l'ambition créatrice et de la dévotion spirituelle. Les dieux-rois khmers d'autrefois tentèrent chacun de surpasser leurs prédécesseurs en érigeant des sanctuaires de taille, d'envergure et de symétrie inégalées jusqu'à réaliser Angkor Vat, considéré comme le plus grand édifice religieux de la planète.

Ce temple est l'âme et le cœur du Cambodge, son emblème national, l'épicentre de la civilisation khmère et une immense source de fierté. S'élançant vers le ciel et entouré d'une douve gigantesque, c'est le plus illustre et le plus spectaculaire des temples d'Angkor, le seul à n'avoir jamais été abandonné aux forces de la nature et qui soit pratiquement toujours resté en activité depuis sa construction.

Alliance exceptionnelle de la spiritualité et de la symétrie, symbole durable de la dévotion de l'Homme à ses dieux, Angkor Vat est unique. Savourez la première approche, le moment de frisson que l'on éprouve en arrivant sur la chaussée intérieure. C'est aussi le temple le mieux conservé d'Angkor, et de nouveaux détails s'en révèlent à chaque visite, justifiant à eux seuls d'y retourner encore et encore.

Angkor Vat comporte de multiples spécificités. Il est orienté vers l'ouest, la direction qui symbolise la mort. Cette orientation exceptionnelle a incité de nombreux spécialistes à penser que le temple devait être à l'origine un tombeau, une supposition étayée par les bas-reliefs exécutés en sens inverse des aiguilles d'une montre – une pratique utilisée dans d'anciens rites funéraires hindous. Toutefois, Vishnou étant également souvent associé à l'ouest,

Angkor Vat

0 — 400 m

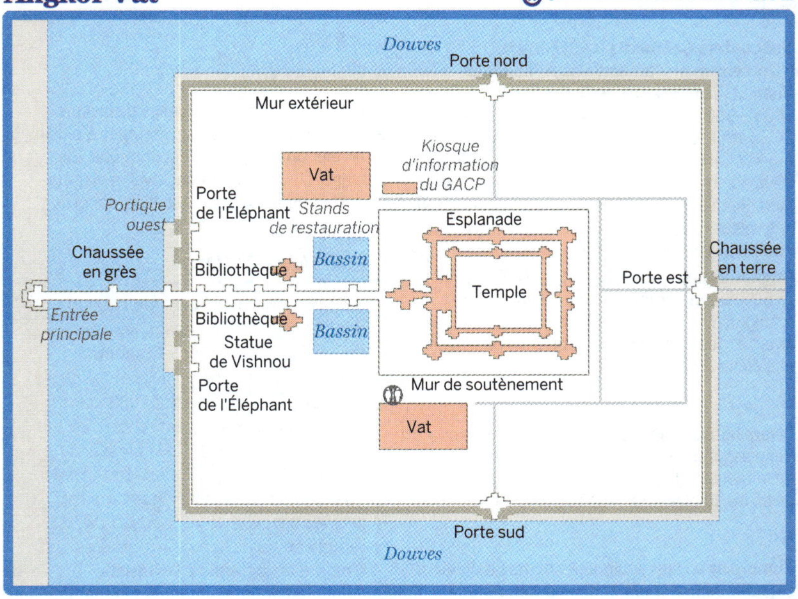

Angkor Vat - partie centrale

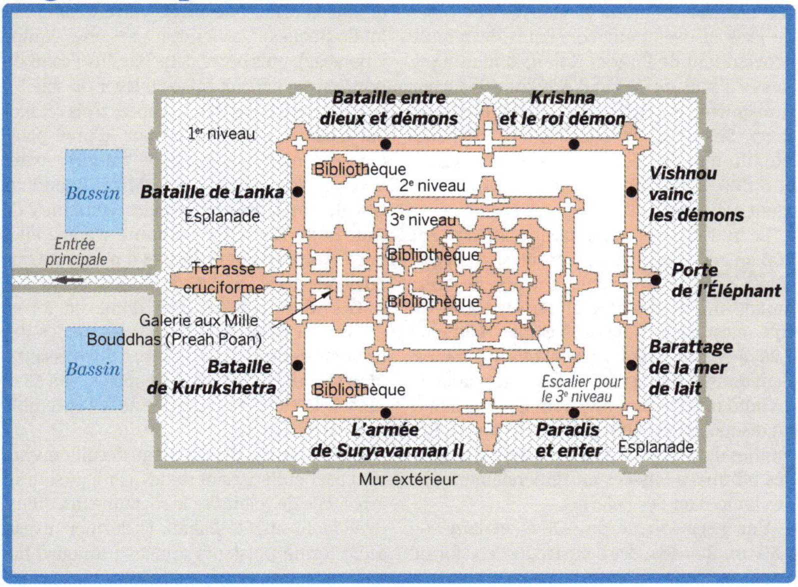

il semble désormais acquis qu'Angkor Vat servit à la fois de temple et de mausolée pour Suryavarman II.

Angkor Vat est connu pour ses ravissantes apsaras (nymphes célestes), toutes uniques. Plus de 3 000 sont sculptées sur les murs, et vous leur découvrirez plus de 37 coiffures différentes. Beaucoup furent fort abîmées au cours des siècles par les déjections de chauves-souris, mais elles sont aujourd'hui restaurées par les équipes du **German Apsara Conservation Project** (GACP ; www.gacp-angkor.de). Cette organisation possède un petit kiosque d'information dans l'angle nord-ouest d'Angkor Vat, près du temple moderne, où elle vend de superbes cartes postales et photos en noir et blanc d'Angkor.

Consacrez au moins 2 heures à Angkor Vat, et prévoyez une demi-journée si vous souhaitez déchiffrer ses bas-reliefs avec un guide et monter jusqu'au Bakan, son niveau supérieur, qui n'est ouvert aux visiteurs que par un système de file d'attente minuté.

Symbolisme

Les visiteurs sont ébahis par la taille imposante du monument, ses décorations élaborées et ses splendides bas-reliefs.

Eleanor Mannika explique dans son ouvrage *Angkor Wat : Time, Space and Kingship* que les dimensions spatiales d'Angkor Vat équivalent à la durée des quatre âges (*yuga*) de la pensée hindoue classique. Ainsi, le visiteur qui parcourt la chaussée jusqu'à l'entrée principale et traverse les cours jusqu'à la tour centrale, qui contenait jadis une statue de Vishnou, se fend-il d'un trajet symbolique qui le ramène à la création de l'Univers.

À l'instar des autres temples-montagnes d'Angkor, Angkor Vat est une réplique miniature du Cosmos. La tour centrale symbolise le mont Meru, entouré de pics plus petits (les autres tours), au milieu des continents (les cours inférieures) et des océans (la douve). Le *nâga* à sept têtes représente l'arc-en-ciel, pont symbolique entre l'Homme et la demeure des dieux.

Alors que Suryavarman II avait sans doute prévu de faire d'Angkor Vat son temple funéraire, il n'y fut jamais enterré car il périt dans une bataille au cours d'une expédition malheureuse pour soumettre les Dai Viet (Vietnamiens).

Configuration architecturale

Une douve large de 190 m entoure Angkor Vat et forme un gigantesque rectangle de 1,5 km sur 1,3 km. À l'ouest, une chaussée en grès enjambe la douve. Les blocs de grès utilisés pour construire le temple proviennent de Phnom Kulen, la montagne sacrée à plus de 50 km d'Angkor ; ils furent transportés en radeau sur la rivière Siem Reap. Selon des inscriptions, la construction du temple nécessita 300 000 ouvriers et 6 000 éléphants et ne fut jamais totalement achevée.

Le mur extérieur, qui mesure 1 025 m sur 800 m, est percé d'une porte sur chaque côté ; l'entrée principale, un porche large de 235 m richement sculpté, se trouve du côté ouest. Une statue de Vishnou, haute de 3,25 m et taillée dans un seul bloc de grès, se tient dans la tour à droite. Les huit bras de la divinité brandissent une massue, une lance, un disque, une conque et d'autres objets. Les mèches de cheveux déposées à ses pieds sont des offrandes laissées en remerciement par des fiancés ou des pèlerins.

Une allée longue de 475 m et large de 9,50 m, bordée de balustrades en forme de *nâga*, conduit de l'entrée principale au temple central. Elle passe entre deux jolies bibliothèques (restaurées par une équipe japonaise), puis entre deux bassins ; celui du nord est un endroit prisé au lever du soleil.

Le temple central compte trois étages en latérite, disposés autour d'une place entourée d'un labyrinthe de galeries. Avant la guerre, la galerie aux Mille Bouddhas (Preah Poan) renfermait des centaines de statues du Bouddha ; nombre d'entre elles ont été ôtées ou dérobées, et il n'en reste que quelques-unes.

Des tours coiffées d'un dôme en forme de bouton de lotus occupent les angles des deuxième et troisième niveaux. Se dressant à 31 m au-dessus du troisième niveau et à 55 m du sol, la tour centrale donne à l'ensemble sa somptueuse unité.

Les escaliers qui mènent au dernier niveau sont particulièrement raides, car il ne saurait être facile de rejoindre le royaume des dieux. Également appelé Bakan, le dernier niveau a été fermé plusieurs années ; aujourd'hui

BALADES PARMI LES TEMPLES

Éparpillés sur une vaste superficie de plaines tropicales humides, les temples d'Angkor ne sont pas la meilleure destination envisageable pour une randonnée. Toutefois, dans cette région couverte de forêt, suivre les chemins ombragés pour rejoindre les temples constitue un excellent moyen d'éviter les foules.

Angkor Thom s'explore idéalement à pied en raison de ses dimensions raisonnables et de ses nombreux monuments. Commencez par la spectaculaire porte sud et admirez l'immense représentation du *Barattage de la mer de lait* avant de vous éloigner des touristes et de leurs transports motorisés. Grimpez le rempart de l'ancienne cité et dirigez-vous vers l'ouest en profitant de la vue sur la vaste douve à gauche et la jungle épaisse à droite. Il est facile d'observer des oiseaux le long de cet itinéraire paisible. Arrivé à l'angle sud-ouest, contemplez le *prasat* Chrung, l'un des quatre temples identiques qui marquent les angles de la cité. Descendez pour voir l'eau qui débouche du Run Ta Dev, l'un des nombreux canaux qui sillonnaient cette puissante cité à son apogée.

De retour sur le rempart, continuez vers la porte ouest en guettant la vue sur l'immense Baray occidental sur la gauche. Descendez à la porte ouest pour contempler la beauté de la tour centrale. Flânez vers l'est le long du chemin qui mène au cœur d'Angkor Thom en ignorant le Bayon, qu'il vaut mieux garder pour la fin. Si vous êtes accompagné d'un guide, vous devrez vous y rendre en premier et suivre l'ordre désigné. Les voyageurs indépendants, quant à eux, pourront tracer leur propre circuit.

Tournez au nord vers le Baphuon et explorez à l'arrière ce que d'aucuns appellent le "plus grand puzzle au monde". Passez par le petit temple de Phimeanakas et l'ancien palais royal, dont il ne reste guère que des murs croulant sous la végétation parmi des arbres immenses. Continuez plus au nord jusqu'au petit et charmant Preah Palilay.

Rejoignez ensuite le parcours classique, en traversant la terrasse du Roi lépreux et en longeant la façade de la terrasse des Éléphants, la tribune royale. Si vous en avez le temps, faites un détour à l'est pour visiter les tours en latérite du *prasat* Suor Prat et le charmant temple bouddhique de Preah Pithu. Sinon, continuez vers le spectaculaire Bayon : étrange et fascinant, c'est l'un des temples les plus énigmatiques d'Angkor. Prenez le temps de déchiffrer les bas-reliefs avant de grimper vers les visages légendaires du niveau supérieur.

rouvert, il n'accueille qu'un nombre limité de visiteurs chaque jour avec un système de file d'attente minuté. Une fois au sommet, le pèlerinage s'achève devant un panorama splendide ; appréciez la brise et trouvez un endroit paisible pour contempler la symétrie et le symbolisme de ce site grandiose.

Bas-reliefs

À l'extérieur du temple central, une extraordinaire série de bas-reliefs s'étire sur 800 m. Ci-dessous figure une brève description de l'épopée relatée dans cette galerie, en sens inverse des aiguilles d'une montre à partir du côté ouest. Si la plupart de ces bas-reliefs datent du XIIe siècle, plusieurs ont été ajoutés au XVIe siècle afin de compléter les panneaux inachevés.

Les bas-reliefs étaient autrefois protégés par le toit en bois du cloître, depuis longtemps disparu à l'exception d'une poutre dans la moitié ouest de la galerie nord. Les autres parties du toit ont été reconstruites.

La bataille de Kurukshetra — BAS-RELIEF

La partie sud de la galerie ouest dépeint une bataille de l'épopée hindoue du *Mahabharata*, au cours de laquelle les Kaurava (venus du nord) et les Pandava (arrivant du sud) s'affrontent violemment. En bas du panneau figurent les fantassins, puis les officiers à dos d'éléphant et les chefs aux 2e et 3e niveaux. Parmi les détails les plus intéressants, citons (de gauche à droite) : un chef mort gisant sur un amas de flèches, entouré de parents et de soldats en pleurs ; un combattant sur un éléphant qui, l'arme en berne, reconnaît sa défaite ; un officier mortellement blessé qui tombe de son char dans les bras de ses soldats.

Au fil des siècles, les millions de mains qui ont touché certaines parties du bas-relief lui ont donné l'aspect du marbre noir. Des sculptures représentant des personnages du *Ramayana* ornent le portique du coin sud-ouest.

L'armée de Suryavarman II — BAS-RELIEF

La section ouest de la galerie sud illustre la progression triomphante de l'armée de Suryavarman II. À l'angle sud-ouest, à 2 m du sol, Suryavarman II, juché sur un éléphant, porte la tiare royale et une hache de guerre ; protégé par quinze parasols, il est éventé par une légion de serviteurs. Comparez cette représentation du roi avec celle de Rama dans la galerie nord et vous remarquerez la ressemblance troublante qui renforça l'aura du dieu-roi.

Plus loin, on distingue une procession de soldats en armes et d'officiers à cheval ; leurs chefs à l'allure martiale avancent parmi eux à dos d'éléphant. Peu avant la fin du panneau apparaît l'armée plutôt désorganisée des mercenaires siamois, alors alliés aux Khmers pour repousser les Cham. Les troupes khmères portent un plastron (cuirasse) carré et des lances. Les Siamois, reconnaissables à leurs coiffes et à leurs jupes, sont armés de tridents.

Les rectangles vides du bas-relief de l'armée de Suryavarman II correspondent, dit-on, à des scènes comportant des inscriptions, mais retirées par des soldats thaïlandais : elles auraient indiqué l'emplacement du trésor de Suryavarman II, enterré sous le règne de Jayavarman VII.

Le paradis et l'enfer — BAS-RELIEF

La moitié orientale de la galerie sud dépeint les punitions et les récompenses distribuées dans les 32 enfers et les 37 paradis. À gauche, aux niveaux supérieur et intermédiaire, des hommes et des femmes élégamment parés s'avancent vers Yama aux 18 bras (le juge des Morts), assis sur un taureau ; au-dessous se tiennent ses assistants, Dharma et Sitragupta. Au niveau inférieur, des démons traînent les méchants sur le chemin de l'enfer. À la droite de Yama, la scène est divisée par une ligne horizontale de *garuda* : en haut, les élus vivent dans de belles demeures, servis par des femmes et des domestiques ; en bas, les condamnés subissent d'horribles tortures. Le plafond de cette section a été restauré par les Français dans les années 1930.

Le barattage de la mer de lait — BAS-RELIEF

La partie sud de la galerie orientale comporte le *Barattage de la mer de lait*, le plus célèbre bas-relief d'Angkor Vat. Cette sculpture superbement réalisée représente 88 *asura* (démons) sur la gauche et sur la droite 92 *deva* (dieux) coiffés d'un cimier, occupés à fouetter la mer afin d'en extraire l'élixir de l'immortalité. Les démons tiennent la tête du serpent Vasuki (l'un des rois des *nâga* de la mythologie hindoue) et les dieux, la queue. Au milieu de la mer, Vasuki, lové autour du mont Mandala, est tiré à hue et à dia par les adversaires. Vishnou, incarné en une gigantesque tortue, porte le mont Mandala sur sa carapace. Brahma, Shiva, Hanuman (le dieu-singe) et Lakshmi

PAROLE D'EXPERT

RENCONTRE AVEC LE PROFESSEUR ANG CHOULEAN

Quel est pour vous le temple khmer le plus important ? Angkor Thom est le site le plus intrigant pour les archéologues car c'était une cité vivante où cohabitaient les hommes et leurs dieux.

Le site archéologique majeur du Cambodge ? Sambor Prei Kuk compte parmi les plus importants en raison de son style artistique et de son homogénéité pour cette période.

Le roi le plus marquant dans l'histoire du pays ? Suryavarman Ier, dont la vision politique transparaît dans les monuments qu'il édifia, tels le Preah Vihear et le *vat* Phu.

Votre position dans le débat sur le Ta Prohm : faut-il lui laisser son charme actuel ou le restaurer ? Il faut préserver un équilibre. Les arbres sont fantastiques, mais il est de notre devoir d'entretenir le monument.

Quelle autre civilisation vous intéresse particulièrement ? La civilisation japonaise, si différente de la civilisation khmère, me permet de mieux comprendre la mienne.

Le professeur Ang Choulean est l'un des principaux experts en anthropologie et en archéologie du Cambodge et un historien renommé. Il a reçu, en 2011, le Grand Prix Fukuoka pour sa contribution à la culture asiatique.

(la déesse de la Fortune et de la Prospérité) sont tous présents. Au-dessus d'eux, un chœur d'esprits féminins les encourage avec des chants et des danses. Soutenus par les apsaras, trop nombreuses pour être enlevées par les démons assoiffés de sang, les dieux l'emportent. La restauration de ce fabuleux bas-relief par le **World Monuments Fund** (WMF ; www.wmf.org) a été achevée en 2012.

La porte de l'Éléphant
BAS-RELIEF

Cette porte sans escalier était utilisée par le roi et les membres de la cour pour monter ou descendre d'un éléphant directement dans la galerie. Au nord de la porte, une inscription en khmer rappelle l'édification d'un stupa au XVIIIe siècle.

Vishnou vainc les démons
BAS-RELIEF

La partie nord de la galerie orientale décrit un combat féroce entre Vishnou, monté sur un *garuda*, et une multitude de démons. Bien sûr, Vishnou les tue tous. Cette galerie fut achevée sans doute au XVIe siècle ; les sculptures tardives sont moins raffinées que celles du XIIe siècle.

Krishna et le roi démon
BAS-RELIEF

Dans la partie est de la galerie nord, Vishnou, incarné en Krishna, chevauche un *garuda* et arrive devant une cité fortifiée en flammes, la résidence de Bana, le roi démon. Le *garuda* éteint l'incendie et Bana est capturé. Dans la scène finale, Krishna s'agenouille devant Shiva et lui demande d'épargner Bana.

La bataille entre dieux et démons
BAS-RELIEF

La section ouest de la galerie nord décrit la bataille entre les 21 divinités du panthéon brahmanique et divers démons. Les dieux arborent leurs attributs et montures traditionnels. Vishnou, doté de quatre bras, est assis sur un *garuda*, alors que Shiva chevauche une oie sacrée.

La bataille de Lanka
BAS-RELIEF

La moitié nord de la galerie ouest illustre des scènes du *Ramayana*. Au cours de la bataille de Lanka, Rama (sur les épaules d'Hanuman) affronte, avec son armée de singes, Ravana, le démon à 10 têtes et 20 bras qui a enlevé sa belle épouse Sita. Ravana conduit un chariot tiré par des monstres et commande une armée de géants.

ANGKOR THOM

Si la majesté et la splendeur d'Angkor Vat restent inégalées, la cité fortifiée d'Angkor Thom (អង្គរធំ) fascine par le nombre d'éléments grandioses qui la composent. Dernière capitale de l'Empire khmer, la "Grande Cité" couvre plus de 10 km^2 et porte le "monumental" à un niveau encore jamais atteint.

Elle fut construite en réaction au sac d'Angkor par les Cham, après que Jayavarman VII (1181-1219) eut décidé que son empire ne serait jamais plus vulnérable.

À son apogée, la cité aurait compté un million d'habitants. Édifiée autour du Bayon, le fantastique temple d'État de Jayavarman VII, Angkor Thom est entourée d'un *jayagiri* (rempart carré) haut de 8 m et long de 12 km, lui-même ceinturé d'un *jayasindhu* (douve) de 100 m de largeur, qui devait arrêter les envahisseurs les plus intrépides. Ce plan est une représentation du mont Meru entouré par les océans.

Les portes impressionnent tout d'abord, avec leurs chaussées bordées d'une représentation du *Barattage de la mer de lait*, dans laquelle sont mis en scène une nuée de démons et de dieux, unissant leurs efforts pour draguer les eaux. Sur chaque porte, le visage bienveillant du bodhisattva Avalokiteshvara surveille le royaume.

La **porte sud** (carte p. 134), la plus prisée des visiteurs, a été entièrement restaurée ; la plupart des statues y ont conservé leur tête (même s'il s'agit souvent de copies). Très fréquentée, cette porte est située sur la route principale entre Angkor Vat et Angkor Thom. Les **portes est** et **ouest** (carte p. 134), desservies par des pistes, sont plus calmes. La chaussée menant à la porte ouest, complètement effondrée, se résume à un fouillis de pierres.

Les principaux monuments de la cité – le Bayon, le Baphuon, l'Enceinte royale, le Phimeanakas et la terrasse des Éléphants – se regroupent au cœur de l'enceinte fortifiée. Prévoyez au moins une demi-journée pour explorer Angkor Thom en profondeur.

Bayon បាយ័ន

Au cœur d'Angkor Thom, le **Bayon** (បាយ័ន ; carte p. 134 ; ⏲7h30-17h30) est le temple d'État du roi légendaire de l'Empire khmer, Jayavarman VII. Son audace architecturale incarne le génie créatif et l'ego hypertrophié de ce souverain énigmatique. La structure,

Centre d'Angkor Thom

0 — 400 m

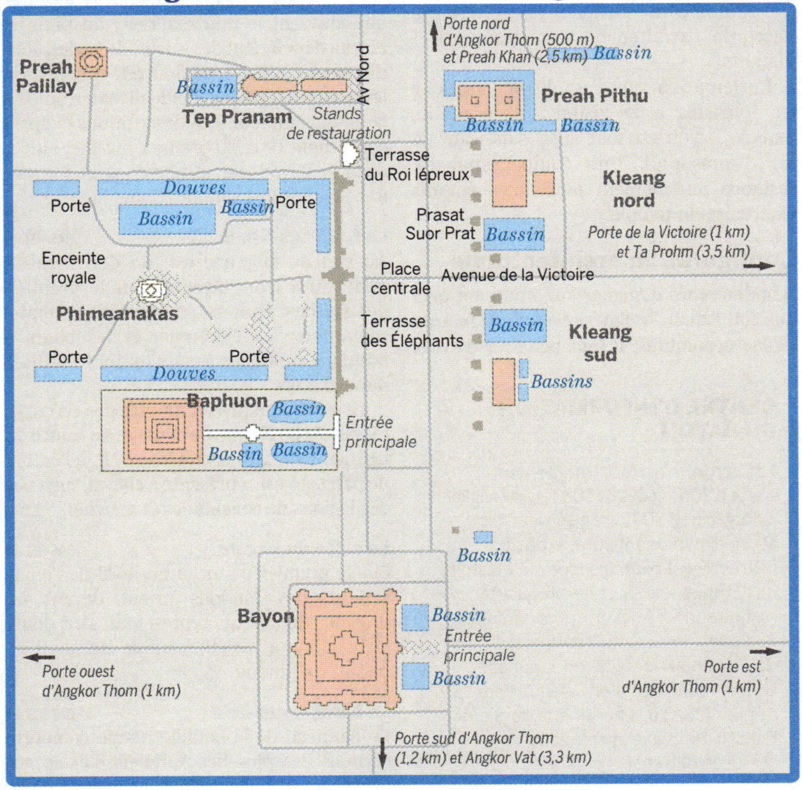

qui forme un ensemble de couloirs voûtés et d'escaliers escarpés, compte 54 tours ornées de 216 visages monumentaux d'Avalokiteshvara. La ressemblance du bodhisattva avec le grand souverain est frappante. Selon certains historiens, l'Empire khmer était divisé en 54 provinces lors de la construction du Bayon ; ainsi, les multiples yeux d'Avalokiteshvara (ou de Jayavarman VII) veillaient sur les sujets jusqu'aux confins du royaume. Ces visages au sourire froid expriment à la fois la puissance, l'autorité et la bienveillance, des qualités indispensables pour gouverner une population disparate et dispersée dans un vaste empire. Où que vous alliez dans le temple, vous serez environné de visages, de face ou de profil, à votre niveau ou en surplomb.

Le Bayon étant enfoui dans la jungle, les chercheurs mirent longtemps à constater qu'il occupait le centre exact de la cité d'Angkor Thom. Bien des aspects restent à élucider, comme sa fonction exacte et son symbolisme, un halo de mystère qui s'accorde parfaitement avec les sourires distants.

L'orientation vers l'est du Bayon incite les touristes à le visiter tôt le matin, mais le Bayon est tout aussi saisissant en fin d'après-midi. Une équipe japonaise restaure actuellement plusieurs éléments extérieurs du temple.

Configuration architecturale

À la différence d'Angkor Vat, imposant quel que soit l'angle, le Bayon évoque de loin un tas de décombres. Il faut pénétrer dans le temple et grimper au troisième niveau pour que la magie opère.

La structure de base comporte trois niveaux, qui correspondent approximativement aux trois étapes de sa réalisation. Ayant entrepris la construction du temple à un âge avancé, Jayavarman VII n'était pas sûr de l'achever et attendait la fin d'une phase de travaux pour entamer la suivante. Les deux premiers niveaux, carrés et ornés de bas-reliefs, mènent au troisième, circulaire, avec les tours et leurs visages.

Selon certains historiens, l'Empire khmer était divisé en 54 provinces lors de la construction du Bayon ; ainsi, les multiples yeux d'Avalokiteshvara (ou de Jayavarman VII) veillaient sur les sujets jusqu'aux confins du royaume.

CENTRE D'INFORMATION DU BAYON

Le **Bayon Information Center** (carte p. 106 ; ☎092-165083 ; www.angkor-jsa.org/bic ; 2 $US ; ⏲8h-16h mar,mer et ven-dim) présente une exposition instructive et bien agencée sur l'histoire de l'Empire khmer et les projets de restauration à Angkor, comprenant quelques documentaires. Installé dans le beau domaine du Japanese Government Team for Safeguarding Angkor (JSA) à la périphérie de Siem Reap, il remplace avantageusement le Musée national d'Angkor.

Bas-reliefs

Fourmillant de détails et encore plus développés que ceux d'Angkor Vat, les extraordinaires bas-reliefs du Bayon se déploient sur 1,2 km et comptent plus de 11 000 personnages. Les célèbres sculptures qui couvrent le mur extérieur du premier niveau dépeignent des scènes de la vie quotidienne au XIIe siècle. Souvent fragmentés, les bas-reliefs du deuxième niveau n'ont pas la même ampleur. Les descriptions ci-après concernent ceux du premier niveau ; entrez dans le Bayon par la porte est et tournez dans le sens des aiguilles d'une montre.

La fuite des Cham — BAS-RELIEF

Au sud de la porte est, on découvre un panneau à trois niveaux. Sur le premier, des soldats khmers partent au combat ; remarquez les éléphants et les chars à bœufs, semblables à ceux toujours utilisés dans le pays.

Le deuxième niveau montre des cercueils rapportés du champ de bataille. Au centre du troisième niveau, Jayavarman VII, à l'ombre de parasols, est représenté à cheval, suivi par des légions de concubines (à gauche).

Le culte du lingam — BAS-RELIEF

Sur le premier panneau au nord de l'angle sud-est, des hindous prient devant un lingam. L'image, qui représentait sans doute le Bouddha à l'origine, aurait été modifiée par un roi hindou.

La bataille navale — BAS-RELIEF

Le panneau de la bataille navale comporte certains des plus beaux reliefs. Les scènes décrivent une bataille navale sur le lac

Bayon

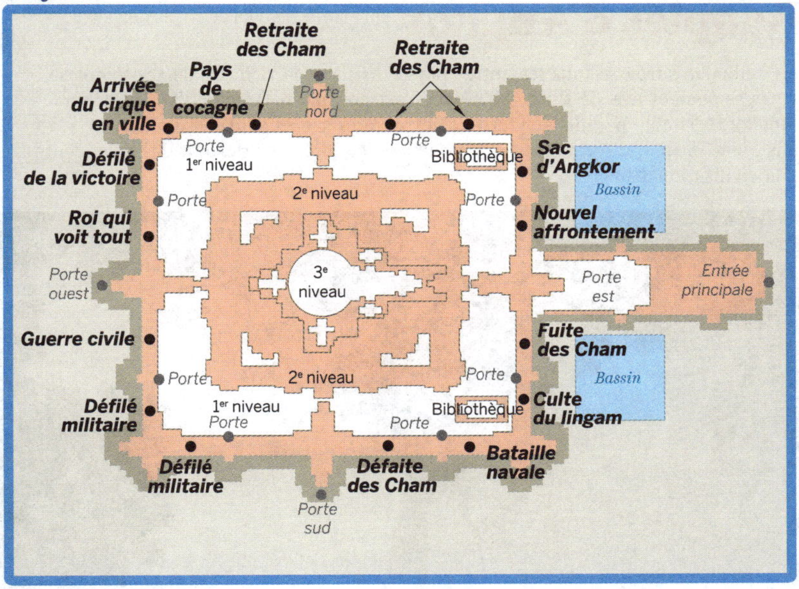

Tonlé Sap entre les Khmers et les Cham (ces derniers portent des coiffes), et la vie quotidienne alentour. Repérez les habitants qui s'épouillent mutuellement, les chasseurs et, à l'extrémité ouest du panneau, la femme qui accouche.

La défaite des Cham — BAS-RELIEF

Sur le panneau qui suit, les scènes de la vie quotidienne continuent, et la bataille s'est déplacée sur le rivage du lac où les Cham sont défaits. Remarquez les deux personnages qui jouent aux échecs, le combat de coqs et les femmes qui vendent du poisson au marché. On observe aussi la préparation et le service de repas, en l'honneur de la victoire des Khmers.

Le défilé militaire — BAS-RELIEF

La section la plus à l'ouest de la galerie sud, qui représente un défilé militaire, est inachevée, comme le panneau où des éléphants descendent des montagnes. Des brahmanes, poursuivis par des tigres, se sont réfugiés dans deux arbres.

La guerre civile — BAS-RELIEF

Selon certains érudits, ce panneau décrit une guerre civile. Des groupes de gens, dont certains armés, s'affrontent et la violence augmente alors que des éléphants et des guerriers se joignent à la mêlée.

Le roi qui voit tout — BAS-RELIEF

Le combat se poursuit à une moindre échelle sur le panneau suivant. Un gigantesque poisson engloutit une antilope. Parmi les plus petits poissons figure une crevette, sous laquelle une inscription proclame que le roi fera rechercher ceux qui se cachent.

Le défilé de la victoire — BAS-RELIEF

Sur ce panneau, le roi portant un arc participe à un défilé. Il s'agit probablement de la célébration de sa victoire.

L'arrivée du cirque en ville — BAS-RELIEF

À l'angle ouest du mur nord figure un cirque khmer. Un homme fort porte trois nains, un autre homme, allongé sur le dos, fait tourner une roue avec ses pieds et un groupe de funambules évolue au-dessus. À droite du cirque, la cour royale regarde d'une terrasse un défilé d'animaux en contrebas. Certains bas-reliefs de cette partie sont inachevés.

Le pays de cocagne — BAS-RELIEF

Les deux rivières, l'une à côté du chambranle de la porte et l'autre à quelques mètres sur la droite, grouillent de poissons.

La retraite des Cham — BAS-RELIEF

Dans la partie inférieure de cette scène à trois niveaux inachevée, les armées cham en déroute sont expulsées du royaume

Temples d'Angkor

Le Cambodge surpasse tous les autres pays d'Asie par la richesse de ses temples. Et pas seulement avec le saint des saints, l'extraordinaire Angkor Vat. En dehors d'Angkor, véritable paradis sur terre, d'autres sites sacrés sont disséminés dans Siem Reap, qui formait jadis le cœur de l'empire. Ils attestent des splendeurs de la civilisation khmère.

1

2

MARTIN PUDDY / GETTY IMAGES ©

3

WIBOWO RUSLI / GETTY IMAGES ©

1. Ta Prohm (p. 162)
Arbres et temples s'enchevêtrent, dans les ruines d'Angkor.

2. Sra Srang (p. 163)
Seul subsiste le socle en pierre de ce temple qui se dressait jadis dans le paisible bassin.

3. Bayon (p. 153)
Ce temple est sculpté de plus de 210 visages d'Avalokiteshvara ; sa ressemblance avec Jayavarman VII, le roi légendaire de l'Empire khmer, est frappante.

4. Banteay Srei (p. 169)
Des sculptures d'une finesse exceptionnelle ornent ce sanctuaire hindou en pierre rose, dédié à Shiva.

4

TRAVELSTOCK44 - JUERGEN HELD / GETTY IMAGES ©

khmer. Le panneau suivant montre l'avancée de l'armée cham, puis un panneau très endommagé représente les Cham (à gauche) poursuivant les Khmers.

Le sac d'Angkor BAS-RELIEF

Ce panneau illustre la guerre de 1177, qui se solda par la défaite des Khmers et le sac d'Angkor par les Cham. Le roi khmer, blessé, est descendu de son éléphant, tandis qu'un général khmer, également touché, est transporté dans un hamac suspendu à un bâton. Au-dessus, des Khmers noient leur désespoir dans une beuverie. Les Cham (à droite) poursuivent leur ennemi en déroute.

Un nouvel affrontement BAS-RELIEF

Ce panneau décrit un affrontement entre les armées khmère et cham. Remarquez les porte-drapeaux des troupes cham (à droite). Les Cham furent vaincus dans cette guerre, qui s'acheva en 1181, comme le montre le premier panneau de la série.

Baphuon បាពួន

L'École française d'Extrême-Orient (EFEO) se consacrait à la restauration du **Baphuon** (carte p. 134 ; 7h30-17h30) lorsque éclata la guerre civile, qui interrompit les travaux pendant vingt-cinq ans. Alors que le temple avait été démonté morceau par morceau, selon les principes de restauration par anastylose, tous les registres furent détruits durant la période des Khmers rouges. Les spécialistes se retrouvèrent ainsi avec quelque 300 0000 pierres à remettre en place. Après des années de pénibles recherches, le temple fut partiellement restauré. Dans la partie ouest, le mur de soutènement du deuxième niveau fut façonné, au XVIe siècle, en un bouddha couché (encadré ci-dessous) long de 60 m.

Une chaussée en grès surélevée, longue de 200 m, mène au Baphuon, dont la structure centrale s'élève à 43 m. Passez sous la chaussée pour une vue étonnante sur les centaines de piliers qui la soutiennent.

Représentation pyramidale du mythique mont Meru, le Baphuon fut certainement l'un des plus beaux temples d'Angkor à son apogée. Sa construction commença probablement sous Suryavarman Ier et fut achevée par Udayadityavarman II. À 200 m au nord-ouest du Bayon, il marquait le centre de la cité qui précéda Angkor Thom.

LE BOUDDHA COUCHÉ DU BAPHUON

Sur le côté ouest du Baphuon, le mur de soutènement du deuxième niveau fut façonné, apparemment au XVe ou au XVIe siècle, en forme d'un bouddha couché long d'environ 60 m. La tête se situe du côté nord du mur et les hanches sont à hauteur de la porte ; à gauche de la porte, un bras fait saillie. Il vous faudra vous imaginer les jambes et les pieds tels qu'à l'origine, ces derniers ayant complètement disparu. Ce projet pharaonique, entrepris par des fidèles bouddhistes il y a 500 ans, témoigne de ce qu'Angkor ne fut jamais totalement abandonnée.

Enceinte royale et Phimeanakas ភិមានអាកាស

Le **Phimeanakas** (carte p. 134) se tient près du centre d'un espace fortifié qui abritait jadis le palais royal. Du palais ne restent aujourd'hui que deux bassins de grès près du mur nord ; destinés aux ablutions royales, ils servent aujourd'hui de piscine aux enfants. Phimeanakas signifie "palais céleste". Certains historiens affirment qu'il était autrefois surmonté d'une flèche dorée.

Aujourd'hui, on ne peut qu'imaginer sa splendeur passée. Le temple, autre représentation pyramidale du mont Meru, comporte trois niveaux. La plupart des ornements ont été détruits ou dérobés. Grimpez jusqu'au sommet pour profiter d'une belle vue sur le Baphuon.

La construction du palais débuta sous Rajendravarman II. L'édifice fut habité par Jayavarman V et Udayadityavarman Ier, puis agrandi et embelli par Jayavarman VII et ses successeurs. La terrasse des Éléphants devance l'Enceinte royale, à l'est.

Des lianes et des arbres immenses couvrent l'extérieur du mur nord-ouest de l'Enceinte royale, une vision mémorable à découvrir en marchant dans la forêt du Preah Palilay au Phimeanakas.

Preah Palilay ព្រះប៉ាលីឡៃ

À 200 m au nord de l'Enceinte royale, le **Preah Palilay** (carte p. 134 ; 7h30-17h30), érigé sous le règne de Jayavarman VII, renfermait un bouddha, depuis longtemps disparu. Malheureusement, les arbres énormes qui ombrageaient le temple ont été coupés. Leur absence prive désormais l'endroit d'une part de son charme, mais les troncs montrent déjà des signes de repousse.

Tep Pranam ទេពប្រណម្យ

À 150 m à l'est du Preah Palilay, le **Tep Pranam** (⏲7h30-15h30), une terrasse bouddhique en forme de croix de 82 m sur 34 m, était autrefois la base d'une pagode en matériaux légers. Non loin, le bouddha haut de 4,50 m est une reproduction de l'original. Des nonnes bouddhistes vivent à proximité, dans un bâtiment en bois.

Preah Pithu ព្រះពិធូ

De l'autre côté de l'avenue Nord (Northern Ave) en venant du Tep Pranam, le **Preah Pithu** (⏲7h30-17h30) regroupe plusieurs temples hindous et bouddhiques du XIIe siècle, enceints d'un mur. Il comprend quelques terrasses superbement décorées et des animaux gardiens – lions et éléphants. Peu de touristes le visitent, ce qui en fait un site agréable à explorer à son rythme, tout en s'imprégnant de l'impressionnante jungle alentour.

Terrasse du Roi lépreux ទីលានព្រះគម្លង់

La **terrasse du Roi lépreux** (carte p. 134) se situe au nord de la terrasse des Éléphants. Datant de la fin du XIIe siècle, cette plate-forme haute de 7 m est surmontée d'une mystérieuse statue nue et asexuée. Les murs de soutènement de la façade portent, au moins sur cinq niveaux, des sculptures élaborées d'apsaras assises. Du côté sud de la terrasse du Roi lépreux (face à la terrasse des Éléphants), un accès mène à la façade d'une terrasse cachée, couverte lors de la construction de la structure extérieure – une terrasse dans la terrasse.

La statue d'origine est conservée au Musée national de Phnom Penh et diverses théories courent quant à sa signification. Selon la légende, au moins deux rois d'Angkor auraient contracté la lèpre et la statue représenterait l'un d'eux. Une autre théorie, plus vraisemblable, avance qu'il s'agit de Yama, le dieu de la Mort, et que la terrasse abritait le crématorium royal.

Parmi les autres personnages figurent des rois aux diadèmes pointus, armés d'épées à double tranchant et accompagnés de leur cour et de princesses parées de somptueux colliers de perles. Les quatre niveaux d'apsaras et d'autres représentations, dont des *nâga*, semblent avoir été sculptés hier tant ils sont remarquablement conservés. Certains personnages arborent des expressions féroces. En longeant le mur intérieur de la terrasse du Roi lépreux, remarquez les traces de burin de plus en plus grossières sur les personnages, preuves que ce mur ne fut jamais achevé, comme nombre des temples d'Angkor.

Terrasse des Éléphants ទីលានជល់ដំរី

Longue de 350 m, la **terrasse des Éléphants** (carte p. 134) servait de tribune géante pour les cérémonies publiques. Le roi l'utilisait également comme grande salle d'audience. Imaginez le faste et la grandeur de l'Empire khmer à son apogée, l'infanterie, la cavalerie, les attelages et les éléphants paradant sur la place centrale, avec banderoles et étendards. À l'ombre de somptueux parasols, le dieu-roi observait le défilé, entouré de notables et de servantes portant des ustensiles en or et en argent.

La terrasse des Éléphants compte cinq avancées vers la place centrale, trois au milieu et une à chaque bout. La partie centrale du mur de soutènement est ornée de *garuda* et de lions grandeur nature. La célèbre parade des éléphants, menés par des cornacs khmers, est représentée à chaque bout.

Kleang et Prasat Suor Prat ប្រាសាទឃ្លាំង និងប្រាសាទសួព្រ័

Sur le côté est de la place centrale, deux groupes de bâtiments, le **Kleang nord** et le **Kleang sud**, furent peut-être des palais. Le Kleang nord date du règne de Jayavarman V.

Le long de la place centrale, devant les deux Kleang, se dressent 12 tours en latérite – 10 alignées et 2 à angle droit face à l'avenue de la Victoire –, appelées **prasat Suor Prat** ou temple des Funambules. Ces tours, sans doute édifiées sous Jayavarman VII, forment une haie d'honneur le long de la place.

À l'origine, chacune contenait probablement un lingam ou une statue. On raconte que des funambules se produisaient pour le roi sur des cordes tendues entre les tours.

Selon l'émissaire chinois Tchéou Ta-Kuan, au XIIIe siècle, les tours servaient également à une sorte d'ordalie : en cas de conflit, les deux plaignants devaient s'asseoir dans deux tours ; celui qui succombait à une maladie était déclaré coupable.

ENVIRONS D'ANGKOR THOM

Baksei Chamkrong បក្សីចាំក្រុង

Au sud-ouest de la porte sud d'Angkor Thom, **Baksei Chamkrong** (carte p. 134 ; ⌚7h30-17h30), bien proportionné fait partie des quelques édifices en brique proches d'Angkor. Jadis recouvert d'un mortier à la chaux, il ouvre vers l'est, comme la quasi-totalité des édifices d'Angkor. Au début du Xe siècle, Harshavarman Ier y fit ériger cinq statues : deux de Shiva, une de Vishnou et deux de Devi.

Phnom Bakheng ភ្នំបាក់ខែង

La vue sur Angkor Vat au soleil couchant constitue le principal attrait de **Phnom Bakheng** (carte p. 134 ; ⌚5h-19h), à 400 m au sud d'Angkor Thom. Si pendant des années des foules de touristes se sont bousculées au sommet, le nombre de visiteurs est désormais limité à 300 à la fois ; arrivez vers 16h pour être sûr d'assister au coucher du soleil. Le temple fut construit par Yasovarman Ier (889-910).

Phnom Bakheng abrite le premier des temples-montagnes à avoir été construits à proximité d'Angkor. Yasovarman Ier préféra cette colline à Roluos, site de la première capitale et de ses temples-montagnes.

Le temple comporte cinq étages, soit sept niveaux avec la base et le sommet. La base comptait 44 tours, et chaque étage en possédait 12. Au sommet se dressaient un sanctuaire central et quatre tours aux points cardinaux. Tous ces chiffres ont une signification symbolique. Les sept niveaux représentent les sept paradis hindous ; le nombre total des tours, 108 sans compter le sanctuaire central, est un porte-bonheur, en corrélation avec le calendrier lunaire.

Certains préfèrent grimper la colline tôt le matin afin de profiter de la fraîcheur et d'une moindre affluence. Cependant, le coucher du soleil sur le Baray occidental est bel et bien magnifique. Comptez au moins 2 heures pour profiter au mieux du site.

Prendre une belle photo d'Angkor Vat sur fond de crépuscule depuis le sommet de Phnom Bakheng nécessite un objectif d'au moins 300 mm, car le temple est à 1,3 km.

Chau Say Tevoda ចៅសាយទេវតា

À l'est de la porte de la Victoire d'Angkor Thom, le **Chau Say Tevoda** (carte p. 134 ; ⌚7h30-17h30), dédié à Shiva et Vishnou, fut probablement bâti dans le deuxième quart du XIIe siècle sous le règne de

Phnom Bakheng

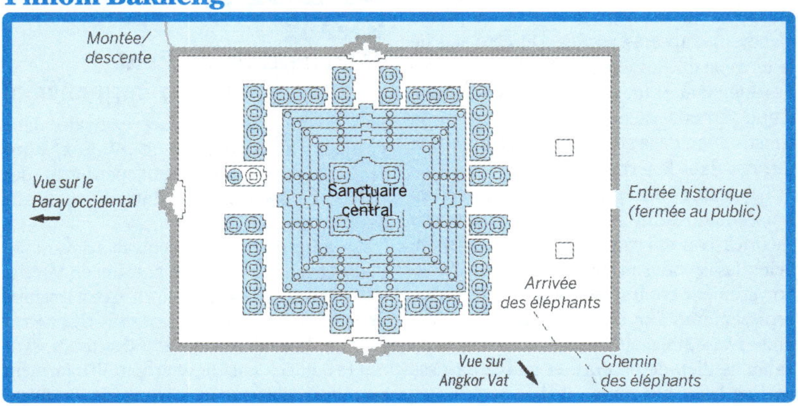

OÙ DÉJEUNER À ANGKOR ?

La plupart des groupes qui visitent Angkor retournent à Siem Reap pour le déjeuner – une bonne raison pour rester sur place et profiter du calme afin d'explorer des sites très courus, puis de se restaurer dans l'une des multiples échoppes présentes autour des principaux temples. Si vous vous déplacez à *moto-dop* ou en *tuk-tuk*, demandez au conducteur de vous indiquer une bonne adresse à petit prix.

Le plus grand choix de restaurants fait face à l'entrée d'Angkor Vat. C'est là que l'on trouve notamment le **Khmer Angkor Restaurant** (carte p. 134 ; plats 3-6 $US ; ⌚6h-18h) et l'**Angkor Reach Restaurant** (carte p. 134 ; plats 3-6 $US ; ⌚6h-18h). Une enseigne **Blue Pumpkin** (carte p. 134 ; Angkor Café ; plats 2-8 $US ; ⌚7h-19h) sert des sandwichs, des salades, des glaces et d'excellents jus de fruits, à consommer sur place ou à emporter. **Chez Sophea** (carte p. 134 ; ☎012-858003 ; plats 10-20 $US ; ⌚11h-22h), vous vous régalerez de poisson ou de viande grillés, accompagnés d'une délicieuse salade, mais les prix sont élevés.

Parfaits pour un repas rapide, des dizaines de stands de nouilles sont installés juste au nord de la terrasse du Roi lépreux, dans Angkor Thom. On peut aussi se restaurer près des temples centraux, comme le Ta Prohm, le Preah Khan et le Ta Keo. D'accueillants restaurants khmers jalonnent la rive nord du Sra Srang.

Près du Banteay Srei, plusieurs petits restaurants s'agrémentent de jolis meubles en bois. Plus au nord, à Kbal Spean, des stands de restauration se tiennent au pied de la colline et préparent du riz sauté et des soupes de nouilles ; l'attrayant **Borey Sovann Restaurant** (repas 3-6 $US ; ⌚11h-18h), situé près de l'entrée du Kbal Spean, est un bel endroit pour se détendre avant ou après la grimpée jusqu'à la rivière aux Mille Lingams. Quelques **stands de restauration** (plats 2-4 $US) sont regroupés près de l'entrée du Beng Mealea. On trouve partout des bouteilles d'eau et des sodas, et de nombreux marchands proposent des boissons fraîches devant les temples. Vous les bénirez s'ils arrivent au bon moment, mais leurs sollicitations peuvent agacer. Ne vous énervez pas pour autant : vous vous rendriez ridicule, et vous perdriez la face !

Suryavarman II. Il a été restauré par une équipe chinoise et a retrouvé un état identique au Thommanon, son jumeau.

Thommanon ប្រាសាទធម្មនន

Au nord du Chau Say Tevoda et également consacré à Shiva et Vishnou, le **Thommanon** (carte p. 134 ; ⌚7h30-17h30) fut édifié à la même époque selon un plan similaire. Il n'en reste pas moins unique et complète son voisin. Il doit son bon état actuel aux travaux de grande ampleur menés par l'EFEO dans les années 1960.

Spean Thmor ស្ពានថ្ម

Le **Spean Thmor** (pont de Pierre ; carte p. 134), dont il reste une arche et plusieurs piliers, se trouve à 200 m à l'est du Thommanon. Jayavarman VII fit construire de nombreuses routes avec d'immenses ponts en pierre enjambant les cours d'eau. Celui-ci est le seul grand pont qui subsiste à proximité d'Angkor. Il illustre de manière évidente comment le niveau de l'eau a modifié le cours des rivières au fil des siècles et fournit une autre explication à l'effondrement du vaste système d'irrigation d'Angkor. Une grande roue à eau trône au nord du Spean Thmor.

La province de Siem Reap conserve des exemples plus spectaculaires de ces anciens ponts, tels le Spean Praptos qui compte 19 arches à Kompong Kdei, sur la NH6 en venant de Phnom Penh, et le Spean Ta Ong, long de 77 m et orné d'un superbe *nâga*, enfoui dans la forêt à 28 km à l'est du Beng Mealea.

Ta Keo តាកែវ

Temple austère dépourvu d'ornement, le **Ta Keo** (carte p. 134 ; ⌚7h30-17h30) aurait certainement été l'un des plus beaux d'Angkor s'il avait été achevé. Bâti par Jayavarman V et dédié à Shiva, ce fut le premier bâtiment d'Angkor entièrement en grès. La tour centrale, qui culmine à près de 50 m, est entourée de quatre tours plus basses. Cet agencement, avec quatre tours aux angles d'un carré et une cinquième au centre, est typique des temples-montagnes d'Angkor.

Personne ne sait avec certitude pourquoi les travaux ne furent jamais terminés ; la mort de Jayavarman V est une cause probable. D'autres expliquent l'absence de décoration par la dureté du grès, impossible à sculpter. Selon des inscriptions, le temple fut frappé par la foudre pendant sa construction, un mauvais présage qui entraîna peut-être son abandon.

Prévoyez environ 30 minutes pour la visite.

Ta Nei តានី

Le **Ta Nei** (carte p. 134 ; ⏲7h30-17h30), à 800 m au nord du Ta Keo, fut érigé par Jayavarman VII (1181-1219). La mousse et les racines tentaculaires qui recouvrent de nombreuses parties extérieures de ce petit temple évoquent, à moindre échelle, le Ta Prohm ; les visiteurs y sont moins nombreux, ce qui ajoute au charme du lieu.

Il peut se rejoindre à pied en franchissant un barrage construit par les Français, ou en marchant à travers la forêt du Ta Nei au Ta Keo, un excellent moyen d'échapper à la foule. En incluant le trajet à pied pour se rendre sur place, comptez environ 2 heures de visite. Les tyroliennes de Flight of the Gibbon Angkor se trouvent à proximité.

Ta Prohm តាព្រហ្ម

Le **Ta Prohm** (carte p. 134 ; ⏲7h30-17h30) est sans doute le vestige le plus séduisant d'Angkor. Ombragés par d'énormes fromagers, ses tours et ses murs croulants sont maintenus par l'entrelacs des racines. Il figure au nombre des temples les plus prisés. Son principal attrait réside dans le fait qu'il a été englouti par la jungle et ressemble aux monuments découverts par les premiers explorateurs européens. Aujourd'hui protégé de la végétation envahissante, il ne conserve que les gros arbres qui enserrent les pierres et n'offre pas l'aspect sauvage du Beng Mealea. Si Angkor Vat, le Bayon et d'autres temples attestent le génie des anciens Khmers, le Ta Prohm rappelle surtout l'inexorable puissance de la jungle.

Construit vers 1186 et alors appelé Rajavihara (monastère du Roi), le Ta Prohm était un temple bouddhique dédié à la mère de Jayavarman VII. C'est l'un des rares sanctuaires de la région d'Angkor dans lequel une inscription fournit des informations sur la population qui l'entretenait ou y travaillait :

Ta Prohm

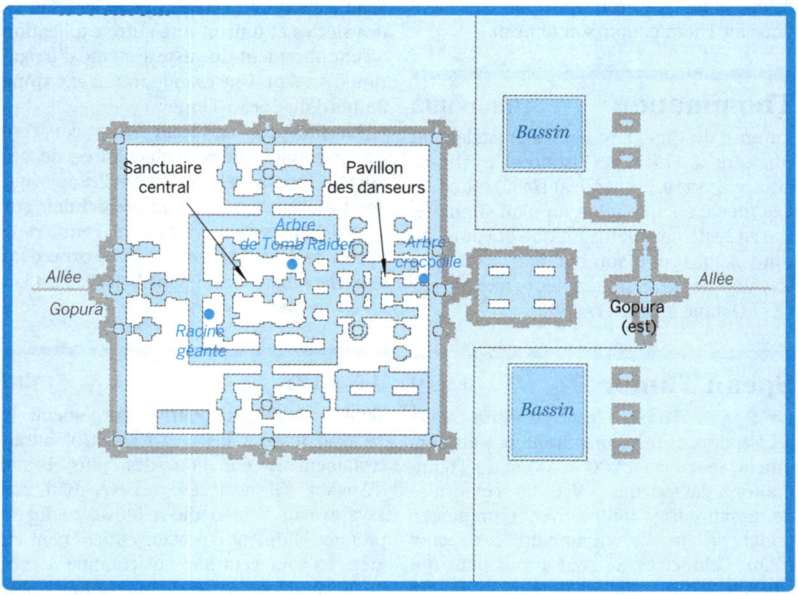

À PAS DE GÉANT

L'un des avatars préférés de Vishnou est le nain Vamana, qui réussit à libérer le monde de l'emprise du roi-démon Bali. Le nain demanda poliment à Bali de lui octroyer un terrain pour méditer, précisant qu'il lui suffisait d'une parcelle qu'il pourrait traverser en trois pas. Le démon accepta et vit alors le nain se transformer en un géant qui traversa l'univers en trois enjambées ! Cette légende, représentée au *prasat* Kravan, vaut à Vishnou le surnom de "aux trois pas" (Trivikrama).

à savoir près de 80 000 personnes, dont 2 700 administratifs et 615 danseurs.

Le Ta Prohm se compose de tours, de cours fermées et de couloirs étroits, souvent comblés par des pierres délicatement sculptées, descellées par des racines. Sur les murs ventrus, lichens, mousses et plantes grimpantes recouvrent les bas-reliefs. Des buissons surgissent du sommet des porches monumentaux. Des arbres plusieurs fois centenaires ombragent l'ensemble, ne laissant passer qu'une lumière verdâtre.

Le gopura (pavillon d'entrée) le plus à l'est de l'enceinte centrale est étranglé par une racine particulièrement spectaculaire, surnommée arbre-crocodile. Pour la sauvegarde du monument et des visiteurs, il est désormais interdit de grimper sur les galeries endommagées. Les blocs de pierre qui se balancent dangereusement pèsent souvent plus d'une tonne, et leur chute causerait de sérieux dégâts. Des travaux de stabilisation et de restauration du Ta Prohm sont actuellement effectués par une équipe d'archéologues indiens, en collaboration avec leurs homologues cambodgiens.

Le Ta Prohm est particulièrement beau à l'aube, avant l'arrivée des foules. Prévoyez jusqu'à 2 heures sur place pour explorer son dédale de corridors et d'arbres enracinés dans les ruines.

Banteay Kdei et Sra Srang បន្ទាយក្តីនិងស្រះស្រង់

Le **Banteay Kdei** (carte p. 134 ; ⌚7h30-17h30), un imposant monastère bouddhique de la fin du XIIe siècle, est entouré de quatre murs concentriques. Chacune des quatre entrées est ornée de *garuda* et comporte l'un des thèmes favoris de Jayavarman VII : les quatre visages d'Avalokiteshvara. À l'est du Banteay Kdei et plus ancien, le **Sra Srang**, un bassin d'ablutions réservé au roi et à ses épouses, mesure 800 m sur 400 m.

Le mur extérieur mesure 500 m sur 700 m. L'intérieur de la tour centrale ne fut jamais terminé et le temple, hâtivement construit, est en piètre état. La fréquentation, bien moindre qu'au Ta Prohm voisin, justifie à elle seule la visite.

Au centre, un îlot comportait autrefois un temple en bois dont ne subsiste que la base en pierre. Ce joli plan d'eau offre un cadre paisible au lever du soleil.

Consacrez à peu près 1 heure au Banteay Kdei et incluez la perspective sur le Sra Srang voisin.

Prasat Kravan ប្រាសាទក្រវ៉ាន់

Si l'ensemble n'a, vu de l'extérieur, pas grand attrait, le **prasat Kravan** (carte p. 134 ; ⌚7h30-17h30) recèle en revanche de splendides sculptures ciselées dans la brique à l'intérieur de ses cinq tours. Celles-ci, alignées dans le sens nord-sud et orientées à l'est, furent édifiées en 921 pour le culte hindou. Contrairement aux usages, le temple ne fut pas construit par un roi, ce qui explique son emplacement à l'écart du centre de la capitale. Il se tient juste au sud de la route qui relie Angkor Vat et Banteay Kdei.

Une restauration partielle en 1968 a rendu leur splendeur aux sculptures en brique. Des représentations de Vishnou dans la plus grande tour centrale montrent la divinité aux huit bras sur le mur du fond, faisant trois pas de géant pour s'approprier le monde sur le mur de gauche, et chevauchant un *garuda* sur celui de droite. Des bas-reliefs représentant Lakshmi, l'épouse de Vishnou, ornent la tour la plus septentrionale.

Preah Khan ព្រះខ័ន្ធ

Dédale de couloirs voûtés, de sculptures raffinées et de pierres couvertes de lichens, le temple de **Preah Khan** (Epée sacrée ; carte p. 134 ; ⌚7h30-17h30) figure parmi les plus grands ensembles d'Angkor. Un peu moins visité que le Ta Prohm et pourtant en bien meilleur état grâce aux travaux de restauration du World Monuments Fund (WMF ; www.wmf.org), il en rappelle la

Preah Khan

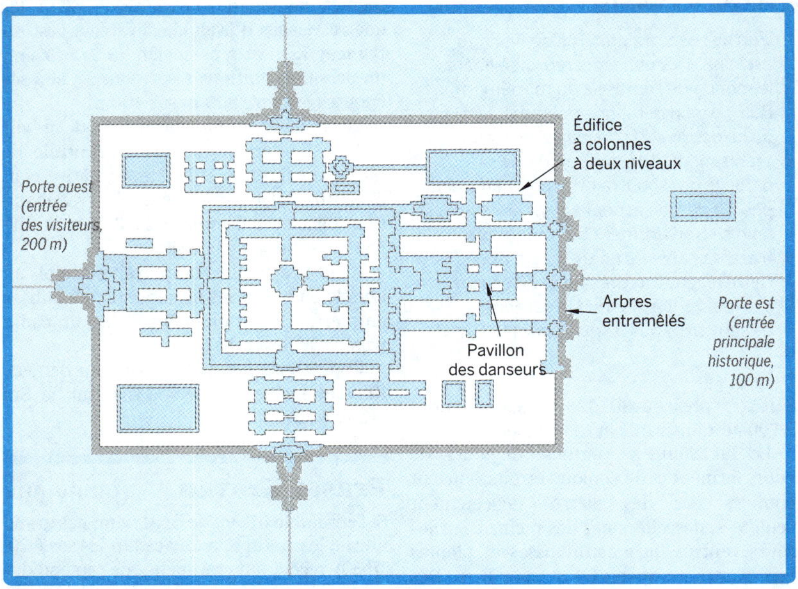

structure avec ses enceintes couronnées de tours et ses corridors étroits.

Érigé par Jayavarman VII, il lui servit probablement de résidence pendant la construction d'Angkor Thom. Le sanctuaire central fut consacré en 1191. Une grande stèle en pierre, à l'origine dans la première enceinte orientale et aujourd'hui à l'Angkor Conservation, a fourni de nombreuses informations sur le rôle du temple en tant que centre de culte et d'enseignement. Dédié à 515 divinités et requérant des milliers de serviteurs pour son entretien, il accueillait chaque année 18 fêtes majeures.

Le site est très étendu, mais le temple lui-même n'occupe qu'un rectangle fortifié de 700 m sur 800 m. Quatre chaussées de procession mènent aux portes et sont bordées, comme à l'entrée d'Angkor Thom, d'une superbe représentation du *Barattage de la mer de lait* ; les têtes des statues ont pour la plupart disparu. Du sanctuaire central, quatre longues galeries voûtées partent vers les points cardinaux. Nombre des murs intérieurs étaient autrefois couverts de plâtre, maintenu grâce à des orifices creusés dans la pierre. Les délicats reliefs ont presque tous survécu, dont des sculptures de *rishi* (sages) et d'apsaras.

L'entrée principale se situe du côté est. La plupart des visiteurs passent par la porte ouest, près de la route principale, traversent le temple jusqu'à la porte est avant de revenir au sanctuaire central et sortent par la porte nord. Si la force de la nature ne s'exprime guère à l'entrée ouest, deux arbres entremêlent leurs racines monstrueuses à l'extérieur du mur de soutènement de la porte est. Dans l'enceinte, une étonnante structure de style grec à deux niveaux n'a pas encore livré le secret de sa fonction. Vous pourrez aussi entrer par la porte nord et sortir par la porte est. Vu l'étendue du site, prévoyez entre 1 heure 30 et 2 heures.

Le Preah Khan est un lieu marqué de syncrétisme : l'entrée orientale est en effet dédiée au bouddhisme mahayana avec des portes de taille similaire, tandis que les autres points cardinaux sont consacrés à Shiva, Vishnou et Brahma, avec des portes de plus en plus petites, illustrant le système des castes dans l'hindouisme.

Preah Neak Poan ព្រះនាគព័ន្ធ

Petit temple bouddhique aux proportions parfaites, le **Preah Neak Poan** (ou Preah Neak Pean ; temple des Nâga enchevêtrés ; carte p. 134 ; ⏲7h30-17h30) fut construit par

Jayavarman VII à la fin du XIIe siècle. Il comporte un grand bassin carré entouré de quatre bassins plus petits. Au centre du grand bassin, une "île" circulaire est entourée de deux *nâga*, dont les queues entremêlées ont donné son nom au temple.

Des quatre statues qui ornaient jadis le grand bassin, il n'en reste qu'une, reconstituée à partir des débris par les archéologues français qui déblayèrent le site. Cette curieuse statue représente un cheval doté d'un entrelacs de jambes humaines. Elle évoque la légende selon laquelle Avalokiteshvara sauva un groupe de disciples naufragés sur une île hantée de goules en se transformant en cheval volant. Une superbe copie orne le principal carrefour de l'aéroport international de Siem Reap.

L'eau coulait autrefois du bassin central dans les bassins périphériques par des gargouilles ornementales, en forme de têtes d'éléphant, de cheval, de lion et d'homme. Elles sont toujours visibles dans les pavillons postés à chaque axe du grand bassin, utilisé pour les purifications rituelles.

Le Preah Neak Poan occupait jadis le centre du Jayatataka, un gigantesque *baray* de 3 km sur 900 m qui alimentait le Preah Khan, aujourd'hui de nouveau partiellement en eau du fait d'une nouvelle ouverture dans la digue. L'accès étant limité à la lisière du complexe via une chaussée en bois, 30 minutes suffisent.

Ta Som តាសោម

Autre temple bouddhique bâti par Jayavarman VII à la fin du XIIe siècle, le **Ta Som** (carte p. 134 ; 7h30-17h30) se situe à l'est du Preah Neak Poan. Son élément le plus impressionnant est l'arbre énorme qui envahit le gopura oriental, l'une des photos les plus célèbres d'Angkor.

Baray oriental et Mébon oriental

បារាយណ៍ខាងកើត និងមេបុណ្យខាងកើត

Le **Baray oriental**, un gigantesque réservoir de 7 km sur 1,8 km, fut réalisé sur ordre de Yasovarman Ier, avec des stèles marquant les quatre angles. Ouvrage public le plus important de Yasodharapura, la capitale de ce souverain, ce bassin aujourd'hui asséché était alimenté par la Siem Reap.

Le **Mébon oriental** (carte p. 134 ; 7h30-17h30) fut bâti par Rajendravarman II sur un îlot au centre du Baray oriental. Conforme au concept de temple-montagne, il est surmonté de cinq tours. Les sanctuaires de

Preah Neak Poan

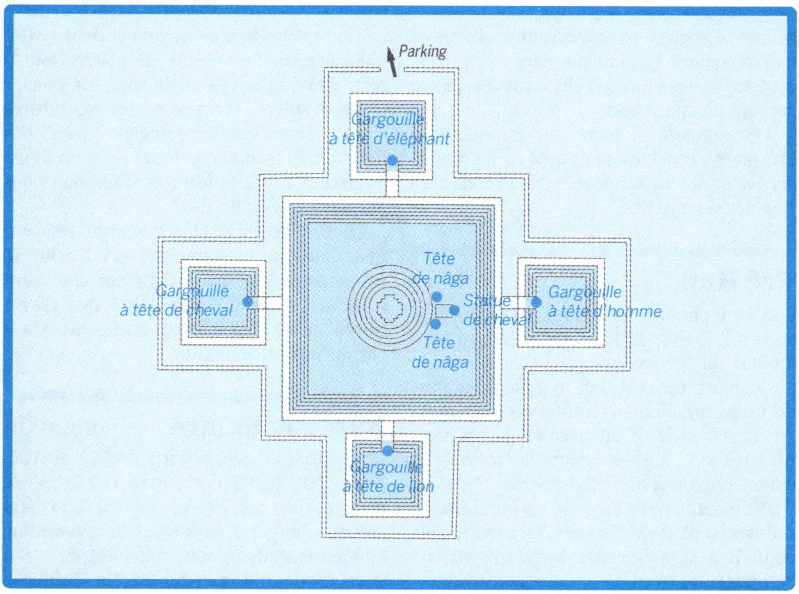

PETITE BIBLIOGRAPHIE SUR ANGKOR

D'innombrables livres ont été écrits sur Angkor, et de nouveaux titres paraissent en permanence, témoignant de l'engouement pour ce site. En voici une sélection :

Mémoires sur les coutumes du Cambodge, de Tchéou Ta-Kuan (Jean Maisonneuve, 2003). Le récit d'un émissaire chinois qui passa une année dans la capitale khmère à la fin du XIIIe siècle. Le seul témoignage d'époque sur Angkor.

Voyage dans les royaumes de Siam, de Cambodge et de Laos, d'Henri Mouhot (Olizane, coll. Objectif Terre, 1999). Un ouvrage publié en 1868 à titre posthume.

Angkor, de Pierre Loti (Magellan et Cie, coll. Heureux qui comme, 2013). Un texte majeur, écrit après un voyage de l'auteur en 1901.

La Voie royale, d'André Malraux (1930 ; Livre de Poche, 1976). Un roman d'aventure partiellement autobiographique, inspiré du temps où le jeune Malraux joua les pilleurs de ruines au temple de Banteay Srei (p. 169). À lire à propos du même épisode : **Nos vingt ans**, de Clara Malraux (1962 ; Grasset, coll. Cahiers rouges, 2006).

Les Monuments du groupe d'Angkor, de Maurice Glaize (1944 ; Jean Maisonneuve, 1993). Le texte de référence, par un ancien conservateur d'Angkor (1936-1946).

Angkor. La forêt de pierre, de Bruno Dagens (Gallimard, coll. Découvertes, 1989). L'histoire de la "redécouverte" d'Angkor, complétée par de somptueuses illustrations.

Voyage à travers Angkor, de Mark Standen (Asa, 1998). Un remarquable recueil de photos du site.

Angkor. Résidence des dieux, de Claude Jacques (Olizane, 2001). Rédigé par l'un des grands spécialistes d'Angkor et illustré par des photos de Michael Freeman. Un ouvrage accessible pour visiter les temples.

Angkor. Splendeurs de la civilisation khmère, de Marilia Albanese (White Star, 2010). Un beau livre agrémenté de superbes photos pour aborder les principaux temples et certains des sites les plus reculés du nord du Cambodge.

Temples perdus. Et Henri Mouhot découvrit Angkor, de Claudine Le Tourneur d'Ison (CNRS, 2013). L'auteure retrace l'incroyable périple de l'explorateur.

brique élaborés sont parsemés d'orifices qui retenaient l'enduit de plâtre. À la base du temple, de superbes éléphants de pierre gardent chaque angle.

Les rampes en terre qui flanquent le Mébon oriental indiquent qu'il ne fut jamais achevé et aident à comprendre la construction des sanctuaires.

Prè Rup ប្រែរូប

Construit par Rajendravarman II, le **Prè Rup** (carte p. 134 ; 5h-19h) se tient à environ 1 km au sud du Mébon oriental. Très fréquenté au coucher du soleil, ce temple-montagne de forme pyramidale comprend cinq tours en forme de lotus au dernier de ses trois niveaux. Prè Rup, qui signifie "tourner le corps", renvoie à une méthode de crémation traditionnelle dans laquelle les contours du cadavre sont dessinés dans la cendre, cela conduit à supposer que le temple fut un crématorium royal.

Les sanctuaires de brique étaient autrefois couverts d'un enduit de plâtre, dont il reste des fragments sur la tour sud-ouest ; cette dernière comporte des sculptures d'une remarquable finesse sur des linteaux. Plusieurs des tours les plus à l'est menacent de s'effondrer et sont soutenues par des étais en bois.

Le Prè Rup est l'un des sites les plus fréquentés au coucher du soleil pour la vue superbe sur les rizières qui entourent le Baray oriental – bien que des arbres commencent à la cacher. L'affluence y est parfois impressionnante.

Banteay Samré បន្ទាយសំរែ

Le **Banteay Samré** (carte p. 134 ; 7h30-17h30), bâti par Suryavarman II à la même époque qu'Angkor Vat, est en bon état grâce à d'importants travaux de rénovation. Malheureusement, son isolement en a fait la cible de pillages durant les dernières décennies. Le Banteay Samré se compose d'un temple central à quatre ailes, précédé d'un hall et de deux bibliothèques, celle du sud étant particulièrement bien préservée. L'ensemble est entouré de deux grands murs concentriques qui longent une douve intérieure, aujourd'hui asséchée.

Le Banteay Samré se situe à 400 m à l'est du Baray oriental. Sa visite peut se combiner avec celle du Banteay Srei ou de Phnom Bok.

Baray occidental et Mébon occidental

បារាយណ៍ខាងលិច និងមេបុណ្យខាងលិច

Le **Baray occidental**, qui mesure 8 km sur 2,3 km, fut construit à la main pour irriguer les terres intensément cultivées aux alentours d'Angkor. Les énormes *baray* d'Angkor n'étaient pas creusés dans le sol, mais réalisés en édifiant d'immenses digues au pourtour.

Le Baray occidental est un lieu de baignade apprécié ; à l'extrémité ouest, une petite plage, avec huttes de pique-nique et chambres à air, fait le plein le week-end. Au centre du Baray occidental se dressent les ruines du **Mébon occidental** (carte p. 134 ; ⌚7h30-17h30), qui renfermait jadis la statue en bronze de Vishnou désormais exposée au Musée national (p. 42). Le temple est accessible en bateau.

TEMPLES DE ROLUOS

Les monuments de Roluos (រលួស), qui faisaient partie de Hariharalaya, la capitale d'Indravarman Ier, comptent parmi les premiers grands temples permanents érigés par les Khmers et marquent le début de l'art classique khmer. Avant la construction de Roluos, on utilisait généralement des matériaux légers et moins durables, comme la brique.

Ces temples se situent à 13 km à l'est de Siem Reap, sur la NH6 près de la ville moderne de Roluos. Comptez 2 à 3 heures sur place, une demi-journée en ajoutant le village sur pilotis de Kompong Pluk.

Preah Ko TEMPLE HINDOU

(ព្រះគោ ; carte p. 134 ; ⌚7h30-17h30). Édifié par Indravarman Ier à la fin du IXe siècle, le Preah Ko était dédié à Shiva, mais aussi à ses ancêtres déifiés en 880. Les tours de la première rangée sont reliées aux ancêtres mâles ou dieux, celles de la seconde rangée, aux ancêtres féminins ou déesses. Des lions gardent les escaliers du temple. Les tours comportent trois *nandi* (taureaux sacrés), tous en mauvais état. Les six *prasat* (tours-sanctuaires de pierre), alignées sur deux rangées et ornées de reliefs en grès et en plâtre, font face à l'est. La tour centrale de la première rangée est beaucoup plus grande que les autres. Le Preah Ko comporte des ornements en plâtre très bien conservés, actuellement restaurés par une équipe allemande. Des inscriptions en sanskrit figurent sur le chambranle des portes de chaque tour.

Bakong TEMPLE HINDOU

(បាគង ; carte p. 134 ; ⌚7h30-17h30). Le Bakong est le plus grand et le plus intéressant des temples du groupe de Roluos. Construit et dédié à Shiva par Indravarman Ier, il symbolise le mont Meru et fut le temple principal de la cité. L'ensemble, orienté vers l'est, se compose d'une pyramide centrale en grès à cinq niveaux sur une base de 60 m², flanquée de huit tours en brique et en grès et de sanctuaires mineurs. Plusieurs tours ont conservé en partie leur enduit de plâtre d'origine.

Une douve et trois murs concentriques entourent l'ensemble. Des éléphants en pierre bien préservés ornent les angles des

PROJETS CARITATIFS À ROLUOS

Plusieurs initiatives à but caritatif se sont développées dans la région de Roluos. Sur la route qui relie le Preah Ko et le Bakong, repérez **Prolung Khmer** (carte p. 134 ; www.prolungkhmer.blogspot.com), un centre de tissage qui produit de jolis *krama* (écharpes) en coton, fruit d'une collaboration entre le Japon et le Cambodge. Sur place, l'atelier de céramique **Lo-Yuyu** fabrique des poteries de style angkorien traditionnel.

En face du Preah Ko, le **Khmer Group Art of Weaving** (carte p. 134) tisse des écharpes en soie et en coton sur des métiers traditionnels. Également à cet endroit, le **maître sculpteur Dy Proeung** (carte p. 134 ; dons bienvenus) crée des reproductions à l'échelle du Preah Ko, du Bakong, du Lolei, d'Angkor Vat, du Preah Vihear et de Banteay Srei.

LA PRÉSERVATION DES TRÉSORS D'ANGKOR

Branche du ministère de la Culture, l'**Angkor Conservation** est installée sur les rives de la Siem Reap, à 400 m à l'est du Sofitel Phokheetra Royal Angkor Hotel. Elle abrite plus de 5 000 statues, lingams et stèles, protégés ici du pillage qui a dépouillé des centaines de sites angkoriens. La plus belle statuaire d'Angkor se cache dans ses entrepôts, soigneusement numérotée et cataloguée. Malheureusement, faute de contact adéquat, vous n'aurez aucune chance de pouvoir contempler ces trésors. Certains sont désormais exposés au Musée national d'Angkor (p. 97) à Siem Reap, mais ils ne représentent qu'une infime partie de la collection.

L'**Apsara Authority** (Autorité pour la protection et la gestion d'Angkor et de la région de Siem Reap ; www.autoriteapsara.org) possède un bureau imposant sur l'une des routes principales menant à Angkor. Cet organisme est responsable de l'étude, de la protection et de la conservation du patrimoine culturel d'Angkor, de l'urbanisme de Siem Reap et du développement touristique dans la région. L'ampleur du défi est à la mesure de ces attributions, d'autant que le gouvernement porte désormais un grand intérêt à ses travaux. Angkor est devenu une mine d'or. Reste à savoir si l'Apsara aura le pouvoir de privilégier la préservation avant les profits. Cette autorité puissante a été surnommée par certains "le ministère d'Angkor".

trois premiers niveaux du temple central. Douze stupas – trois de chaque côté – s'élèvent au troisième niveau. Le sanctuaire du cinquième niveau fut un ajout tardif dans le style de la tour centrale d'Angkor Vat sous le règne de Suryavarman II.

Un monastère bouddhique en activité, antérieur d'un siècle ou plus, a été récemment restauré.

Lolei TEMPLE HINDOU
(លលៃ ; carte p. 134 ; 7h30-17h30). Yasovarman Ier, fondateur de la première cité d'Angkor, fit bâtir ces quatre tours en brique, répliques quasi identiques de celles du Preah Ko. Elles se tenaient sur un îlot au centre d'un grand réservoir, aujourd'hui devenu une rizière. Dans les niches des temples, les sculptures en grès méritent le coup d'œil. Des inscriptions en sanskrit ornent le chambranle des portes ; l'une d'elles précise que les 4 tours furent dédiées par Yasovarman Ier à sa mère, son père et ses grands-parents maternels le 12 juillet 893.

ENVIRONS D'ANGKOR

Phnom Krom ភ្នំក្រោម

Le temple hindou de **Phnom Krom** (carte p. 134 ; 7h30-17h30), à 12 km au sud de Siem Reap sur une colline qui domine le Tonlé Sap, date du règne de Yasovarman Ier. Son nom signifie "petite colline" et fait référence à sa situation géographique par rapport aux temples de Phnom Bakeng et de Phnom Bok. Phnom Krom comprend un *vat* en activité et reste l'un des endroits les plus paisibles pour le coucher du soleil.

Les trois tours, en ruine, sont dédiées, du nord au sud, à Vishnou, Shiva et Brahma. Un forfait d'Angkor est nécessaire pour visiter le temple de Phnom Krom. Si vous n'en disposez pas, les gardiens ne vous laisseront pas accéder au sommet de la colline. Si vous venez à *moto-dop* ou en voiture, demandez au chauffeur de vous conduire au sommet, car la longue montée est pénible. Prévoyez une demi-journée en combinant la visite avec celle du village flottant de Chong Kneas (p. 131).

Phnom Bok ភ្នំបូក

Dans un endroit paisible et reculé, le troisième des temples-montagnes édifiés par Yasovarman Ier à la fin du IXe ou au début du Xe siècle voit peu de visiteurs. Le petit **temple** (carte p. 134 ; 7h30-17h30), en assez bon état, et la vue sur Phnom Kulen, au nord, et les plaines d'Angkor, au sud, justifie à eux seuls de grimper sur cette colline haute de 212 m. Les vestiges d'un lingam de 5 m de haut se distinguent à l'autre extrémité de la butte, et l'on pense que des lingams similaires se dressaient sur Phnom Bakheng et Phnom Krom. Phnom Bok se trouve à environ 25 km de Siem Reap.

Un long sentier sinueux mène au temple en 20 minutes environ ; un escalier en ciment plus direct y grimpe en plein soleil. Évitez la chaleur de la mi-journée et emportez de l'eau (également en vente sur place).

Phnom Bok se repère aisément sur la route menant au Banteay Srei. Pour y accéder, poursuivez la route du Banteay Samré vers l'est sur 6 km. Vous pourrez revenir à Siem Reap via les temples de Roluos en vous dirigeant vers le sud (et non vers l'ouest) au retour, ce qui permet en outre de traverser une jolie campagne. Venir à Phnom Bok pour le lever ou le coucher du soleil n'est pas recommandé en raison du long trajet dans l'obscurité que cela implique à l'aller ou au retour.

Chau Srei Vibol ចៅស្រីវិបុល

Longtemps peu visité en raison de sa difficulté d'accès, **Chau Srei Vibol** (⏲7h30-17h30), petit temple perché sur une colline figure désormais sur l'itinéraire des temples grâce à de nouvelles routes. Un *vat* moderne se dresse à proximité du sanctuaire central, en ruine. Des murs de latérite ceinturent le pied de la colline et comportent chacun une salle d'entrée en assez bon état. Prenez la route qui relie Roluos et Anlong Veng, puis tournez à l'est à 8 km au nord de la NH6 (ou à 5 km au sud de Phnom Bok). Un petit panneau facile à manquer indique l'embranchement. N'hésitez pas à demander votre chemin.

Banteay Srei បន្ទាយស្រី

Largement considéré comme le joyau de l'art angkorien, **Banteay Srei** (⏲7h30-17h30), temple hindou dédié à Shiva, taillé dans une pierre rose, possède des sculptures d'une finesse exceptionnelle. La construction du temple débuta en 967. L'un des sites les plus petits d'Angkor, il est remarquablement conservé et comporte de nombreuses sculptures en trois dimensions.

Banteay Srei, qui signifie "citadelle des femmes", aurait été édifié par une femme – remarquez le raffinement de ses ornements. et, chose rare à Angkor, ne fut pas commandé par un roi mais par un brahmane, peut-être un précepteur de Jayavarman V. En forme de quadrilatère, il comprend des entrées est et ouest, une chaussée à l'est, des bibliothèques somptueusement décorées et trois tours centrales, ornées de dieux, de déesses et de splendides reliefs en filigrane.

Parmi les sculptures classiques figurent des femmes gracieuses en jupe traditionnelle, tenant à la main des fleurs de lotus, et, sur les frontons des bibliothèques, de fabuleuses scènes du *Ramayana*. La beauté des détails ne saurait faire oublier la splendeur de l'ensemble, dont chaque centimètre, ou presque, est richement orné. Les gardiens mythiques de ces merveilles sont des copies ; les originaux sont conservés au Musée national.

L'EFEO effectua sa première restauration d'envergure au Banteay Srei en 1930 en utilisant la méthode d'anastylose (reconstitution avec les éléments retrouvés sur place). La réussite de cette entreprise ouvrit la voie à d'autres grands projets, comme la restauration du Bayon. Premier temple doté d'infrastructures touristiques complètes, il comprend un vaste parking, un secteur avec boutiques et restaurants, des informations claires pour les visiteurs et une excellente exposition sur l'histoire du temple et sa restauration. Il y a également un petit *baray* (réservoir) à l'arrière du temple où des gens du cru proposent des excursions en bateau (7 $US/bateau) sur l'étang de lotus.

À la découverte du Banteay Srei, on estima que l'édifice datait du XIIIe ou du XIVe siècle, car le raffinement des sculptures semblait correspondre à la fin de la période d'Angkor. Par la suite, des inscriptions trouvées sur le site indiquèrent qu'il avait été construit en 967.

L'APPEL DE LA NATURE

Il existe à Angkor des sanitaires fonctionnels et bien entretenus. Installés dans des chalets en bois, avec un équipement de pointe (chasses d'eau électroniques notamment), ils ne dépareraient pas dans un hôtel de luxe. Malheureusement, les gardiens mettent rarement en marche les générateurs qui les alimentent, et il faut s'orienter dans l'obscurité. Implantées près des principaux temples, les toilettes sont accessibles gratuitement sur présentation du forfait d'Angkor.

Dans les sites reculés, ne sortez jamais des sentiers tracés : mieux vaut être surpris dans une position peu glorieuse que de sauter sur une mine !

PAROLE D'EXPERT

CENTRE DE CONSERVATION DE LA BIODIVERSITÉ D'ANGKOR

Bien placé près de la base du sentier menant à Kbal Spean, l'**Angkor Centre for Conservation of Biodiversity** (មជ្ឈមណ្ឌលអង្គរសម្រាប់ការអភិរក្សជីវចម្រុះ ; ACCB ; www.accb-cambodia.org ; don 3 $US ; ⌚visite 9h et 13h lun-sam) a pour mission de recueillir, soigner et réintroduire dans leur milieu naturel des animaux menacés. Des visites du centre de 1 heure 30 ont lieu tous les jours à 9h et à 13h. Celle du matin est plus intéressante : on peut voir les animaux être nourris et ces-derniers se montrent plus vifs qu'en pleine chaleur l'après-midi. Parmi les espèces actuellement recueillies figurent le gibbon à bonnet, le langur argenté, le loris lent du Bengale, la civette palmiste hermaphrodite et le chat-léopard du Bengale. Citons également plusieurs grands échassiers, dont l'impressionnante grue antigone et le rarissime ibis géant, l'oiseau national du Cambodge et l'unique connu en captivité.

Des visites privées du centre sont possibles en dehors des heures de travail mais doivent être réservées et coûtent 25 $US par personne ou 10 $US pour un groupe de 5 personnes ou plus. Notez que vous n'avez pas besoin d'avoir le forfait d'Angkor pour la visite de l'ACCB, seulement pour celle de Kbal Spean.

En 1923, André Malraux fut arrêté à Phnom Penh, avec son épouse Clara et leur complice et ami Louis Chevasson, pour avoir tenté de voler plusieurs statues et frontons du Banteay Srei.

Le Banteay Srei est à 32 km de Siem Reap et à 21 km au nord-est du Bayon. Le site est bien indiqué et la route totalement asphaltée. Comptez environ 45 minutes de Siem Reap en voiture ou 1 heure en *tuk-tuk*. Si vous venez à *moto-dop* ou en *tuk-tuk*, entendez-vous sur le prix avec le conducteur avant de partir. Les activités ne manquent pas dans le quartier de Banteay Srei, où vous trouverez plusieurs logements chez l'habitant (p. 129) si vous souhaitez explorer la région. Vous pourrez combiner la visite de Banteay Srei avec une longue journée d'excursion à la rivière aux Mille Lingams à Kbal Spean et au Beng Mealea. Un itinéraire d'une demi-journée peut inclure Banteay Srei, le musée des Mines terrestres du Cambodge et Banteay Samre. Comptez 45 minutes pour la visite du temple de Banteay Srei, ou 1 heure 30 si vous y ajoutez le centre d'information et les alentours.

Kbal Spean ក្បាលស្ពាន

Enfoui dans la jungle au nord-est d'Angkor, **Kbal Spean** (⌚7h30-17h30), est un lit de rivière superbement sculpté. Kbal Spean signifie "tête de pont", une référence à un pont naturel de rochers, mais l'endroit est plus connu sous le nom de rivière aux Mille Lingams. Des lingams et des représentations de divinités hindoues y ont délicatement été sculptés au fond du cours d'eau et alentour. Kbal Spean fut "découvert" en 1969, lorsqu'un *rishi* le montra à Jean Boulbet, un ethnologue de l'EFEO.

Un joli sentier monte à travers la jungle sur 2 km en passant par d'intéressantes formations rocheuses. Emportez de l'eau, car vous n'en trouverez plus après le parking. Le chemin bifurque pour mener d'un côté à une cascade et de l'autre aux sculptures. Une impressionnante représentation de Vishnou est située dans la partie supérieure de la rivière, suivie d'une série de sculptures sur la tête de pont. Quelques-unes ont été sauvagement entaillées par le passé, mais ont depuis été remplacées par d'excellentes répliques. L'endroit est désormais protégé afin d'éviter tout autre dommage.

En suivant la rivière vers l'aval, vous remarquerez d'autres belles sculptures de Vishnou, de Shiva et de son épouse Uma, avant de découvrir, plus bas, des centaines de lingams. Au sommet de la cascade figurent de nombreuses représentations d'animaux, dont une vache et une grenouille. Un sentier contourne les rochers jusqu'à un escalier de bois qui conduit au pied de la cascade, grondante de juillet à décembre – entre janvier et juin, elle se résume à un filet d'eau. Mieux vaut commencer par les sculptures en aval, puis remonter jusqu'à la cascade pour vous rafraîchir. Du parking, la visite prend environ 2 heures, marche incluse, et près de 3 heures avec une douche naturelle ou un pique-nique. En incluant l'Angkor Centre for Conservation of Biodiversity (ci-dessus), le temple de Banteay Srei (p. 169) et le Cambodia Landmine Museum (p. 127), l'excursion dure quasiment toute la journée.

Kbal Spean est à 50 km au nord-est de Siem Reap et à 18 km du Banteay Srei. La route, excellente, part vers le nord et continue jusqu'à Anlong Veng et la frontière thaïlandaise ; de Siem Reap, comptez 1 heure environ jusqu'au centre.

Les conducteurs de *moto-dop* vous demanderont sûrement quelques dollars de plus pour aller jusqu'à Kbal Spean ; comptez environ 15 $US pour la journée, Banteay Srei compris. En *tuk-tuk*, prévoyez au moins 25 $US et plus en taxi. L'accès à Kbal Spean est compris dans le forfait d'Angkor (dernière entrée à 15h30).

Phnom Kulen ភ្នំគូលេន

Montagne la plus sacrée du pays, Phnom Kulen (entrée 20 $U) est un lieu de pèlerinage fréquenté le week-end et les jours fériés. Le site a joué un rôle important dans l'histoire de l'Empire khmer, car c'est ici que Jayavarman II se proclama *devaraja* (dieu-roi) en 802, et annonça la fin de la domination de Java, donnant ainsi naissance au royaume du Cambodge. Au sommet de la montagne, le petit *vat* Preah Ang Thom abrite un grand bouddha couché, taillé dans le rocher de grès qui le supporte. Non loin, des piscines naturelles surmontent une grande cascade ; plusieurs sculptures, dont de nombreux lingams, émaillent le lit de la rivière. Les touristes étrangers doivent payer 20 $US pour emprunter la route privée qui dessert le site, un prix exorbitant comparé au billet d'entrée à Angkor et dont une très faible part revient à la conservation du site.

La route serpente à travers une jungle spectaculaire et débouche sur le plateau après 20 km de montée. Puis elle bifurque : l'embranchement de gauche mène à l'aire de pique-nique, la cascade et les ruines d'un temple du IXe siècle ; celui de droite passe par un pont et quelques sculptures taillées dans la rivière avant d'arriver au bouddha couché. Dans ce lieu de pèlerinage, n'oubliez pas d'ôter chaussures et chapeau avant de grimper les marches jusqu'au sanctuaire. Le sommet, à 487 m, offre une vue magnifique au-delà du plateau boisé.

La cascade serait bien plus belle sans les détritus laissés par les pique-niqueurs du week-end. Près de son sommet, un temple enfoui dans la jungle, le *prasat* Krau Romeas, date du IXe siècle.

Nombre d'autres édifices angkoriens parsèment Phnom Kulen. Parmi les 20 temples mineurs disséminés sur le plateau, le *prasat* Rong Chen, le plus important, fut le premier temple-montagne construit dans la région d'Angkor. Bien plus impressionnants, les gigantesques animaux de pierre ou gardiens de la montagne, connus sous le nom de Sra Damrei (bassin de l'Éléphant), sont assez difficiles à rejoindre ; le chemin est impraticable pendant la saison des pluies. Les rares visiteurs découvrent un éléphant de pierre grandeur nature (4 m de long et 3 m de haut) et des statues plus petites représentant des lions, une grenouille et une vache, érigées sur le versant sud de la montagne ; la vue sur les plaines est spectaculaire. Pour rejoindre Sra Damrei, vous devrez prendre une *moto-dop* (10 $US pour la demi-journée) au *vat* Preah Ang Thom et parcourir 12 km de mauvaise piste. De là, une marche de 1 km à travers la forêt conduit aux statues. N'essayez pas de trouver le site seul et emportez beaucoup d'eau. D'autres lieux impressionnants pourraient faire l'objet d'une excursion

LA CITÉ PERDUE DE MAHENDRAPRAVARTA

Phnom Kulen a fait la une des médias en 2013, lors de la "découverte" d'une cité perdue, qui était appelée Mahendrapravarta à l'époque angkorienne. La télédétection par laser (LIDAR) a permis de localiser sous terre, à travers la canopée, les structures d'un vaste site archéologique. Cette trouvaille se révéla toutefois moins spectaculaire qu'annoncé, car on connaissait depuis longtemps déjà l'importance de Phnom Kulen. Le LIDAR n'a fait que confirmer les dimensions de la cité, avec ses canaux et ses *baray*, de la même façon que l'imagerie satellite de la NASA avait contribué à repérer l'étendue du système hydraulique d'Angkor il y a plus de 10 ans. De plus, si de nouveaux temples et d'autres éléments architecturaux ont été identifiés sous la jungle, ils demeurent inaccessibles en raison des difficultés du terrain et de l'éventuelle présence de mines terrestres. Un nouveau relevé par LIDAR de l'ensemble du plateau de Kulen a été réalisé en 2015.

ATTENTION, MINES !

Durant la visite de Kbal Spean ou de Phnom Kulen, ne quittez sous aucun prétexte les chemins tracés. Il peut rester des mines aux alentours !

à la journée autour de Phnom Kulen, comme les gravures rupestres anciennes de **Poeng Tbal**, un site pittoresque composé d'énormes rochers, ou encore le temple partiellement restauré de **Damrei Krap**.

Phnom Kulen est un vaste plateau à 50 km de Siem Reap et à 15 km de Banteay Srei. Pour emprunter la route à péage, prenez l'embranchement signalé à droite juste avant le village de Banteay Srei et continuez jusqu'au carrefour. Avant le début de la montée, un poste de péage perçoit les 20 $US. Le **City Angkor Hotel** (☎063-760336 ; www.cityangkorhotel.com ; Airport Rd), à Siem Reap, vend des billets d'entrée à Phnom Kulen à prix réduit (12 $US). On ne peut monter à Phnom Kulen qu'avant 11h et n'en redescendre qu'après 12h, afin d'éviter le croisement des véhicules sur la route étroite. Des gargotes et des stands de restauration sont installés près de la cascade et dans le village proche du *vat* Preah Ang Thom.

Comptez au moins 20 $US à *moto-dop* pour ce trajet et prévoyez une surcharge si vous louez une voiture (plus du double du tarif pour Angkor). La route est trop raide pour les *tuk-tuk*. À considérer la longueur du trajet, autant passer une bonne partie de la journée sur place. On peut toutefois en profiter pour découvrir aussi le Banteay Srei ou le Beng Mealea.

Beng Mealea បឹងមាលា

Mis en pièces par la végétation, le **Beng Mealea** (5 $US ; ⏲7h30-17h30), est l'un des temples les plus mystérieux d'Angkor, à environ 68 km au nord-est de Siem Reap. Édifié au XIIe siècle sous le règne de Suryavarman II, il suit un plan similaire à celui d'Angkor Vat. L'énorme douve qui l'entoure, est longue de 1,2 km et large de 900 m.

La jungle qui envahissait le temple bouddhique a été partiellement repoussée et dégagée ces dernières années. En entrant par le sud, il faut se frayer un chemin sur des piles de blocs en grès finement ciselés, à travers de longues salles sombres et entre des lianes. La tour centrale est effondrée, mais plusieurs sculptures impressionnantes se cachent parmi les décombres et la végétation. Une bibliothèque bien conservée se tient dans le quart nord-est. Cet endroit singulier mérite que l'on prenne le temps de l'explorer – les gardiens de l'Apsara Authority vous montreront où grimper et sauter d'un bloc à l'autre. Une large passerelle en bois permet d'accéder au centre de l'édifice ; elle fut édifiée pour le tournage du film *Deux Frères* (2004) de Jean-Jacques Annaud, l'histoire de deux tigres dans l'Indochine française des années 1920.

Quelques logements chez l'habitant, très sommaires et non signalés, se trouvent à quelques centaines de mètres derrière les restaurants qui font face à l'entrée du temple. Le **Romduol Angkor II** (plats 5 $US ; ⏲7h-19h), une succursale du Romduol Angkor près de Sra Srang, sert une bonne cuisine cambodgienne et des boissons glacées.

Le droit d'entrée au Beng Mealea s'élève à 5 $US, auxquels il faut ajouter un supplément pour le transport ; convenez dès le départ avec le chauffeur ou le guide qui paiera ces frais.

Le Beng Mealea se trouve à 40 km à l'est du Bayon (à vol d'oiseau), à 6,5 km au sud-est de Phnom Kulen et à 68 km de Siem Reap par la route (1 heure en voiture, davantage en *moto-dop* ou en *tuk-tuk*). L'itinéraire le plus court passe par Dam Dek, sur la NH6 à environ 37 km de Siem Reap en direction de Phnom Penh. Tournez au nord juste après le marché et suivez cette route sur 31 km. L'entrée du temple se tient juste après l'embranchement sur la gauche vers Koh Ker. Prévoyez une demi-journée en comptant le trajet depuis Siem Reap. Si vous ajoutez Koh Ker, il vous faudra une journée entière et de préférence un 4x4.

Le Beng Mealea se dresse au milieu d'une ancienne route angkorienne (aujourd'hui la route 66) qui reliait Angkor Thom et le *prasat* Bakhaeng dans la province de Preah Vihear. Un petit pont angkorien à l'ouest du Chau Srei Vibol constitue le seul vestige du tronçon Beng Mealea-Angkor Thom. Entre le Beng Mealea et le *prasat* Bakhaeng, au moins une dizaine de ponts à l'abandon subsistent dans la forêt. Les plus intrépides pourront suivre cet itinéraire pour rejoindre le *prasat* Bakhaeng, mais ne vous lancez pas à la légère.

Beng Mealea

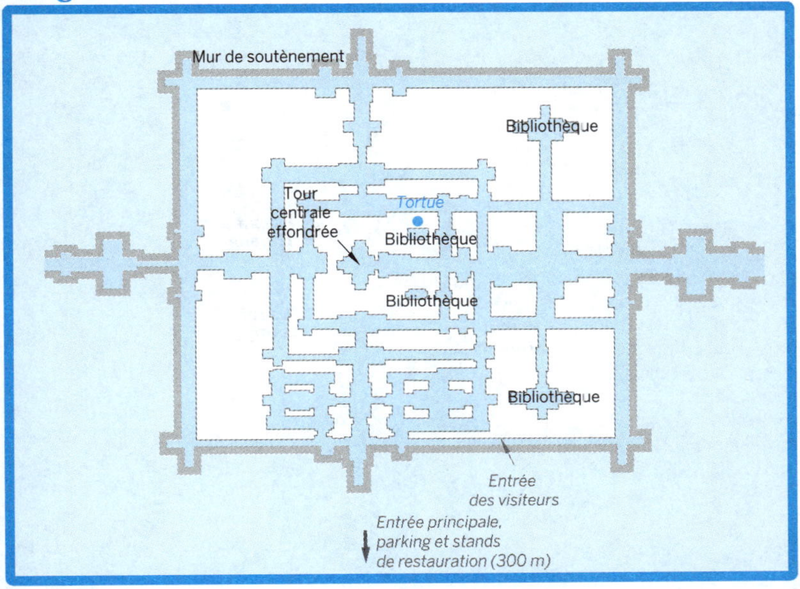

SITES ANGKORIENS RECULÉS

Koh Ker កោះកេរ

Abandonnée pendant des siècles dans les forêts du Nord, **Koh Ker** (10 $US ; ⏲7h30-17h30), capitale de l'Empire angkorien de 928 à 944, fut longtemps l'un des ensembles de temples les plus reculés et les plus inaccessibles du pays. Depuis l'ouverture d'une route à péage à partir de Dam Dek (via le Beng Mealea), Koh Ker (prononcez ko-*kei*) peut se visiter dans la journée depuis Siem Reap. Cependant, pour réellement apprécier les temples – au nombre de 42 dans un site de 9 km sur 4 km –, il faut passer au moins une nuit sur place.

La plupart des visiteurs commencent par le **prasat Krahom** (Temple rouge), le deuxième plus grand édifice de Koh Ker, qui doit son nom aux briques rouges qui le composent. S'il ne subsiste aucun des lions sculptés qui faisaient jadis la renommée du temple, il reste beaucoup à voir : des arches et des galeries en pierre et de superbes sculptures sur les linteaux et les chambranles des portes. Une chaussée flanquée de *nâga* et une série de sanctuaires, de bibliothèques et de portes sont entourées d'arbres et d'étangs recouverts par la végétation. Juste à l'ouest du *prasat* Krahom, à l'extrémité ouest d'une colonnade à moitié écroulée, se dressent les vestiges (une bonne partie de la tête) d'une statue de Nandi.

Principal monument de Koh Ker, le **prasat Thom** (ou *prasat* Kompeng) est une pyramide à sept niveaux de 40 m de haut sur 55 m de large, couverte de grès. Quelque 40 inscriptions, datant de 932 à 1010, y ont été découvertes. Cette étonnante structure, aux allures de temple maya, s'élève à l'ouest du *prasat* Krahom. L'escalier qui conduit au sommet est ouvert à un nombre limité de visiteurs, et si vous n'avez pas le vertige, la vue est à couper le souffle.

Au sud de ce groupe central, le **Rahal**, un *baray* de 1 185 m sur 548 m, est alimenté par la riviere Sen. Il irriguait jadis ce secteur aride.

À 1 km au nord-est du *prasat* Thom, quatre temples, dont le **prasat Thneng** et le **prasat Leung**, abritent certains des plus grands lingams du pays. Parmi les nombreux autres temples de Koh Ker, le **prasat Bram** est l'un des plus impressionnants. Il se compose de tours en brique, dont deux sont complètement envahies par des figuiers étrangleurs ; les racines passent à travers les briques.

Koh Ker

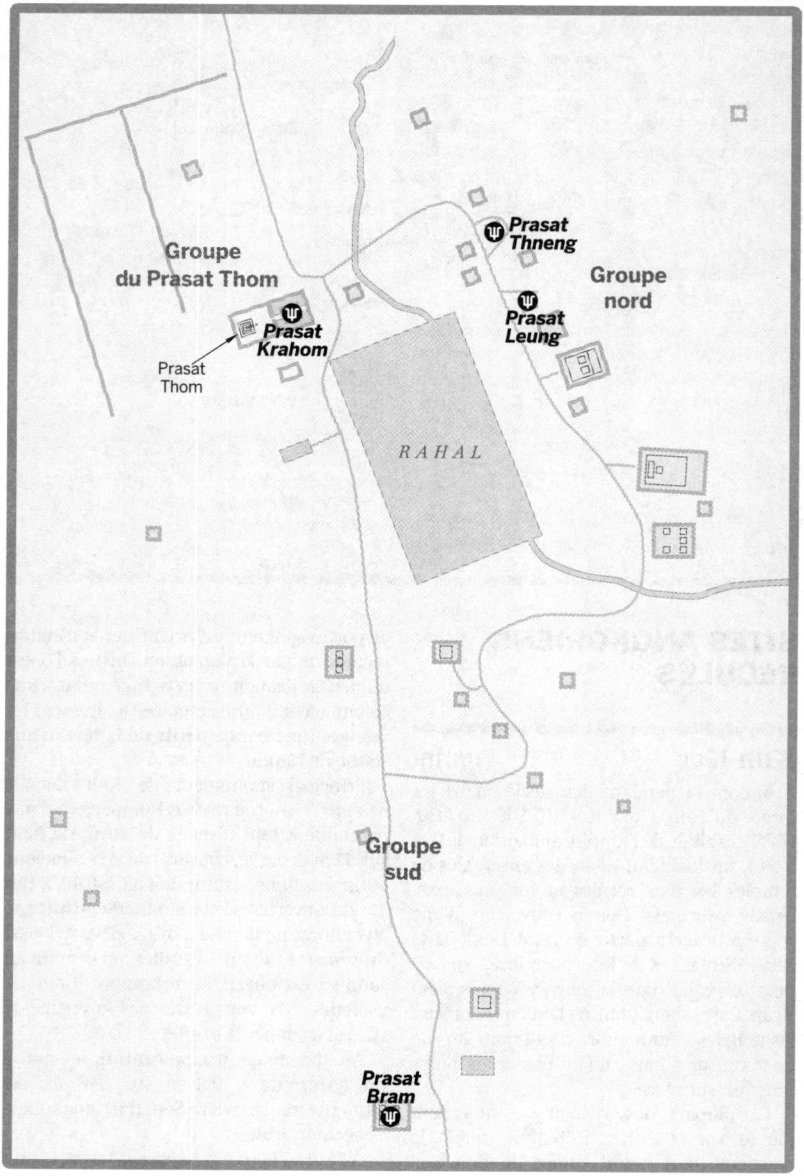

Koh Ker est l'un des ensembles de temples les moins étudiés de la période angkorienne. Louis Delaporte le visita en 1880 au cours de ses recherches approfondies sur les temples angkoriens. En 1921, le grand Henri Parmentier en fit le levé pour un article dans le *Bulletin de l'École française d'Extrême-Orient*, mais aucun travail de restauration n'y a jamais été entrepris. Des études archéologiques furent menées par des équipes cambodgiennes dans les années 1950 et 1960. Mais tous les registres furent détruits dans les années 1970, entretenant le statut énigmatique de cet ensemble.

Certaines des plus belles sculptures du Musée national (p. 42) de Phnom Penh proviennent de Koh Ker, dont l'immense garuda qui accueille les visiteurs dans le hall d'entrée et la sculpture unique représentant deux rois-singes engagés dans une lutte.

Où se loger et se restaurer

À proximité du temple principal du *prasat* Thom se tiennent quelques échoppes ouvertes en journée, tenues par les épouses des policiers locaux. Le village de Srayong (10 km), compte aussi des petits restaurants.

Mom Morokod Koh Ker Guesthouse PENSION $

(011-935114 ; ch à partir de 10 $US). À environ 200 m au sud de la billetterie de Koh Ker, elle-même à 8 km au sud du *prasat* Krahom, cette pension paisible possède 11 chambres propres et spacieuses, avec des portes en bois joliment sculptées et des salles de bains.

Ponloeu Preah Chan Guesthouse PENSION $

(012-489058 ; ch 5 $US). Dans le village de Srayong, cette pension accueillante, tenue par une famille, compte 14 chambres avec des moustiquaires et juste assez d'espace pour un lit double. Les toilettes et les douches sont à l'arrière.

ATTENTION, MINES !

Nombre des temples de Koh Ker ont été minés pendant la guerre. La plupart sont sécurisés depuis 2008. Les équipes de déminage ont déterré dans le secteur 1 382 mines et 1 447 212 pièces d'engins explosés ou non, mais la prudence reste de rigueur : ne vous éloignez en aucun cas des chemins tracés et ne vous enfoncez pas dans la forêt. Il peut rester des mines à quelques centaines de mètres des temples.

Depuis/vers Koh Ker

Koh Ker est à 127 km au nord-est de Siem Reap (2 heures 30 en voiture) et à 72 km à l'ouest de Tbeng Meanchey (1 heure 30). La route à péage qui part de Dam Dek, goudronnée jusqu'à la limite de la province de Preah Vihear, passe par le Beng Mealea, à 61 km au sud-ouest de Koh Ker. De Siem Reap, des excursions d'une journée incluent souvent les deux ensembles de temples. En venant de Siem Reap, les droits d'entrée sont parfois perçus au péage proche du Beng Mealea.

De Siem Reap, louer une voiture pour une excursion d'une journée à Koh Ker revient à 80 $US environ. Aucun transport public ne dessert Koh Ker ; quelques pick-up (10 000 r) relient Srayong, à 10 km au sud du *prasat* Krahom, et Siem Reap. Par ailleurs, vous pourrez sans doute prendre l'un des taxis collectifs qui circulent entre Siem Reap et Tbeng Meanchey, et descendre à Srayong.

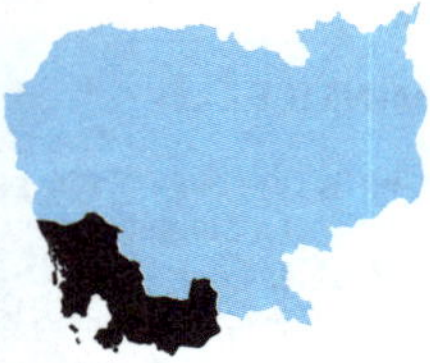

Côte sud

2 MILLIONS D'HABITANTS / SUPERFICIE 27 817 KM²

Dans ce chapitre ➡

Le top des aventures nature

- Randonnées du CBET (p. 187)
- Climbodia (p. 216)
- Parc national de Ream (p. 205)
- Parc national de Kep (p. 225)
- SUP Asia (p. 216)

Le top des hébergements

- Rikitikitavi (p. 218)
- Rainbow Lodge (p. 184)
- Mushroom Point (p. 198)
- Green House (p. 220)
- Cita Resort (p. 214)

Pourquoi y aller

La côte sud du Cambodge (ឆ្នេរខាងត្បូង) est le remède idéal aux listes interminables de temples à visiter. Même si mer et plages séduisent les visiteurs, il faut prendre le temps d'explorer la région pour découvrir bien plus que des étendues de sable.

Plus au sud, les voyageurs pourront flâner à loisir dans Kampot et apprécier son histoire en admirant son architecture coloniale. Ils se régaleront d'assiettes débordant de crabe à Kep, ou exploreront la campagne environnante, véritable mosaïque de rizières parsemée de grottes.

Et si l'appel de la plage se fait sentir, la côte sud ne vous décevra pas. Tandis que la station animée de Sihanoukville n'est pas du goût de tous, les îles au large ont de quoi plaire au plus grand nombre, que vous soyez un inconditionnel de la fête ou en quête de solitude. Choisissez votre plage, étendez-vous sur le sable, installez votre hamac : vous comprendrez pourquoi nombre de visiteurs ont décidé de ne jamais repartir.

Quand partir

Sihanoukville

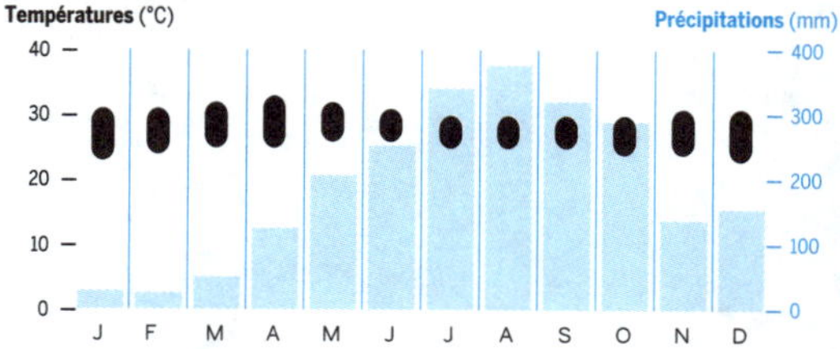

Nov-jan L'idéal pour la randonnée. Profitez des Cardamomes sous des températures agréables.

Fév Fin de la haute saison dans les îles. Le nombre de touristes diminue et le temps reste splendide.

Juin-oct Le prix des hôtels chute, les bonnes affaires abondent ; prévoyez un parapluie.

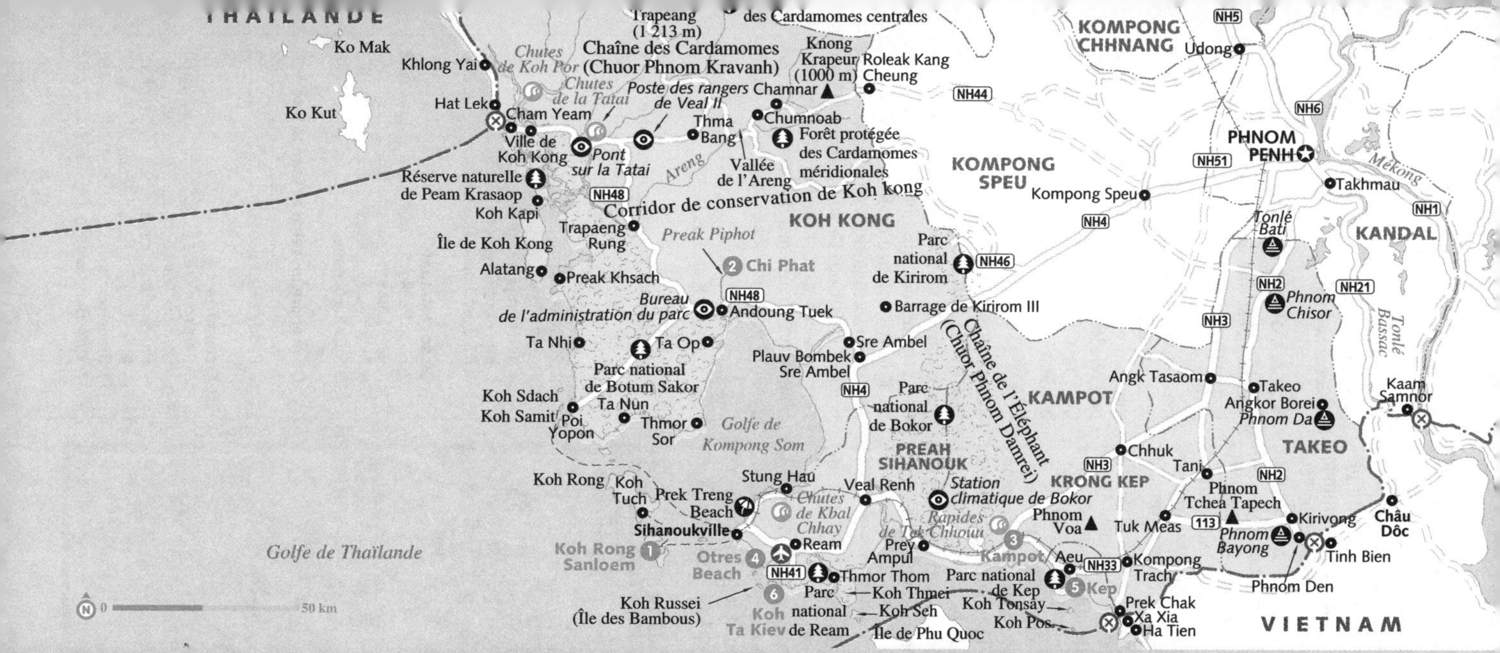

À ne pas manquer

1 Se prélasser sur le sable blanc de la baie de Saracen, sur **Koh Rong Sanloem** (p. 211)

2 Explorer la forêt, avant de dormir chez l'habitant à **Chi Phat** (p. 185), dans le cadre du projet d'écotourisme le plus abouti du Cambodge

3 Flâner dans les rues de **Kampot** (p.216), la ville historique la mieux conservée du pays, puis faire le plein d'aventures dans les grottes et le long de la rivière

4 Faire bronzette le jour, et siroter des cocktails le soir, sur le sable de la paisible **Otres Beach** (p. 190) à Sihanoukville

5 Goûter le savoureux crabe au poivre à **Kep** (p. 224), puis se dépenser dans le parc national de Kep

6 Se déconnecter du monde sur **Koh Ta Kiev** (p. 207), où les hamacs font partie du style de vie

PROVINCE DE KOH KONG

Vaste et faiblement peuplée, la province de Koh Kong (ខេត្ត កោះកុង), au sud-ouest, englobe certains des sites naturels les plus remarquables du pays. Jusqu'à récemment, elle était très enclavée en raison de l'état désastreux de ses routes. Sa capitale, Koh Kong (Krong Koh Kong), était alors plus facilement accessible depuis la Thaïlande (à 8 km seulement) ; le bath thaïlandais y était roi et la majorité des visiteurs étrangers, munis d'un visa délivré à Pattaya, venaient pour le tourisme sexuel. Tout a changé depuis que la NH48 (route nationale 48) est goudronnée et que des bus fréquents relient la région à Phnom Penh et à Sihanoukville.

Désormais, Koh Kong, jolie cité fluviale, est le meilleur point de départ pour explorer la jungle qui s'étire le long du corridor de conservation de Koh Kong et pour rejoindre, en bateau, des îles, des criques sablonneuses et des villages de pêcheurs sur pilotis.

Ville de Koh Kong ក្រុងកោះកុង

035 / 36 053 HABITANTS

La petite ville paisible de Koh Kong, jadis cité isolée frontalière marquée par la contrebande, la prostitution et le jeu, a longtemps fait figure de Far West cambodgien. Si les vestiges de ce passé restent encore présents, cette ville poussiéreuse installée sur les rives du Koh Poi – qui se jette dans le golfe de Thaïlande à quelques kilomètres au sud – accueille aujourd'hui des voyageurs venus explorer la chaîne des Cardamomes.

Ville de Koh Kong

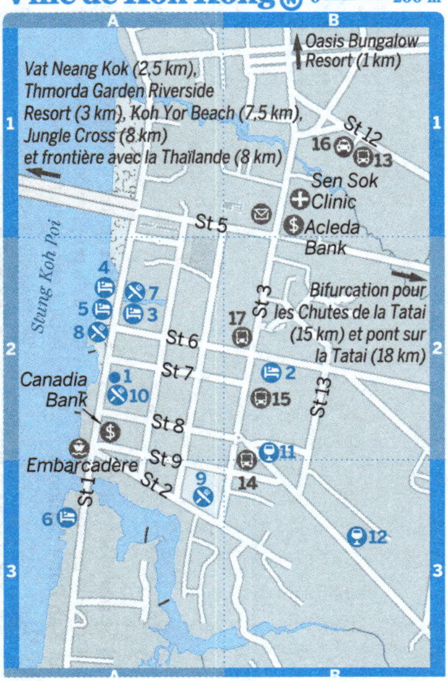

Ville de Koh Kong

Activités
1 Ritthy's Koh Kong Eco Adventure Tours A2

Où se loger
2 99 Guesthouse B2
3 Asian Hotel A2
4 Koh Kong Bay Hotel A2
5 Koh Kong City Hotel A2
6 PS Guesthouse A3

Où se restaurer
7 Baan Peakmai A2
8 Café Laurent A2
9 Psar Leu A3
10 Seta Ice Cream A2

Où prendre un verre et faire la fête
11 Fat Sam's B2
12 Paddy's Bamboo Pub B3

Transports
13 Gare routière B1
14 Olympic Transport B3
Phnom Penh Sorya .... (voir 11)
15 Rith Mony B2
16 Station de taxis B1
17 Virak Buntham B2

À voir et à faire

Koh Kong est une base idéale pour partir à la découverte de la chaîne des Cardamomes et du corridor de conservation de Koh Kong, mais la ville a aussi quelques attraits. Pour vous rafraîchir, sachez que la piscine de l'Oasis Bungalow Resort (p. 180) est ouverte aux non-résidents (2/4 $US enfant/adulte). Côté mer, outre Koh Yor Beach, des plages bordent le golfe de Thaïlande plus au nord, près de la frontière thaïlandaise.

Koh Yor Beach PLAGE

(ឆ្នេរកោះយ៉ នៅបាក់ខ្លង). Cette longue plage sous le vent est située du côté ouest de la péninsule qui forme la rive ouest du Koh Poi, en face de Koh Kong. Elle n'a rien d'extraordinaire, si ce n'est ses coquillages et le fait qu'elle soit souvent déserte. Pour y accéder, traversez la rivière par le pont (payant) au nord du centre-ville puis, après le poste de péage, parcourez 1,5 km avant de prendre un embranchement sur la gauche. La plage est à environ 6 km.

Vat Neang Kok TEMPLE BOUDDHIQUE
(វត្តនាងកុក). Un promontoire rocheux sur la rive droite (ouest) du Koh Poi supporte des statues grandeur nature illustrant les tourments qui attendent les pécheurs dans l'enfer bouddhique. Cet ensemble appartient au *vat* Neang Kok. Pour y accéder, franchissez le pont puis, 600 m après le poste de péage (*moto-dop* 1 400 r), tournez à droite. Vous verrez les statues, 150 m après le temple.

Circuits organisés

Les excursions en bateau sont idéales pour découvrir les nombreux sites du littoral. **Teur** (☎016-278668) qui parle anglais et flâne autour du quai aux bateaux (angle St 1 et St 9) peut vous aider à louer un hors-bord pour 6/3 passagers (40/15 chevaux). Vous pourrez par exemple rejoindre les plages de l'ouest de l'île de Koh Kong (grand/petit bateau 80/50 $US), faire le tour de cette même île (grand/petit bateau 120/90 $US) et aller à la réserve naturelle de Peam Krasaop (grand/petit bateau 40/30 $US).

L'excursion la plus appréciée est l'excursion pour l'**île de Koh Kong** (25 $US/pers la journée, déj et équipement snorkeling compris, ou 55 $US/pers avec nuit sur place). Lors de cette sortie, vous verrez aussi une partie des mangroves de la **réserve naturelle de Peam Krasaop** et vous aurez de bonnes chances d'apercevoir des dauphins d'eau douce de l'Irrawaddy tôt le matin. Les excursions avec nuit sur l'île supposent de camper sur la plage ou de loger chez l'habitant. La plupart des circuits en bateau sont suspendus durant la saison des pluies (juil-oct), à cause de la mer trop agitée. Toutefois, les sorties en bateau privé vers la réserve de Peam Krasaop sont possibles toute l'année.

Avec le développement du tourisme, les détritus s'accumulent sur certaines plages de l'ouest de l'île de Koh Kong – du fait, surtout, de la négligence des patrons de bateau et des voyagistes. Choisissez une compagnie réputée. La plupart proposent des excursions terrestres dans les Cardamomes, ainsi que des circuits en bateau.

Ritthy's Koh Kong Eco Adventure Tours AVENTURE
(☎012-707719 ; www.kohkongecoadventure.com ; St 1 ; ⏲8h-21h). Adresse incontournable pour des circuits au départ de Koh Kong, ce voyagiste spécialisé dans l'écotourisme est aussi le plus ancien de la ville. Parmi les excursions, citons les balades en bateau vers l'île de Koh Kong, ou encore, dans le corridor de conservation de Koh Kong, les randonnées d'observation ornithologiques et les treks dans la jungle. Les circuits dans la jungle avec randonnée et camping (35/70 $US/personne pour 1/2 nuits) sont très appréciés.

Neptune Adventure ÉCOTOURISME
(☎088-7770576 ; neptuneadventure-cambodia.com ; Tatai). Ce voyagiste spécialisé écotourisme est installé depuis longtemps sur les rives de la Tatai, aux Neptune River Bungalows (p. 184). Au programme : des circuits dans la jungle combinant plusieurs activités, dont la randonnée et le kayak. Comptez entre 10 et 25 $US/personne pour une journée complète.

Jungle Cross EN MOTO, À VÉLO
(☎015-601633 ; www.junglecross.com ; location moto tout-terrain 25 $US/jour ; ⏲9h-18h). Une agence spécialisée dans les circuits à moto tout-terrain, en vélo et en jeep dans des parties isolées des Cardamomes, avec nuit en hamac au bord de la rivière. Certains itinéraires permettent de s'enfoncer pendant une dizaine de jours dans des secteurs encore plus reculés des Cardamomes, avec transport en jeep jusqu'au point de départ. Basée au Koh Kong Safari World, près de la frontière thaïlandaise.

Où se loger

Koh Kong est une destination prisée des familles cambodgiennes, si bien que les établissements affichent rapidement complet et augmentent leurs tarifs durant les vacances. Si la ville ne vous attire pas particulièrement, quelques beaux écolodges bordent la Tatai (18 km à l'est).

♥ **Koh Kong City Hotel** HÔTEL $
(☎035-936777 ; kkcthotel.netkhmer.com ; St 1 ; ch 15-20 $US ; ❄@🛜). Un rapport qualité/prix épatant pour ces chambres impeccables avec 2 lits doubles, une grande salle de bains (produits de toilette fournis), l'eau gratuite et la TV (50 chaînes). Vue sur la rivière pour les chambres les plus chères et personnel sympathique pour couronner le tout.

Asian Hotel HÔTEL $
(☎035-936667 ; www.asiankohkong.com ; St 1 ; ch 15-20 $US ; ❄@). Bien qu'il ne donne pas sur la rivière, comme les autres adresses

situées de l'autre côté de la route, l'Asian compense avec des chambres spacieuses, propres, confortables et élégamment rétro. Pour disposer d'un balcon, demandez une chambre en façade (côté route).

99 Guesthouse HÔTEL **$**
(☎ 035-936799 ; 99guesthouse@gmail.com ; St 6 ; s/d avec ventil 8/10 $US, avec clim 13/15 $US ; ❄ 📶). Tenu par le charmant Piseth, le 99 est une adresse bon marché et fiable. Large choix de chambres lumineuses, propres et calmes, malgré l'emplacement central.

PS Guesthouse PENSION **$**
(☎ 097-7291600 ; St 1 ; ch avec ventil/clim 7/12 $US ; ❄ 📶). Les chambres ultra-simples de cette pension au bord de la rivière sont impeccables et peintes avec toutes les couleurs de l'arc-en-ciel.

♥ **Oasis Bungalow Resort** BUNGALOWS **$$**
(☎ 092-228342 ; oasisresort.netkhmer.com ; d/tr 30/35 $US ; ❄ 📶 🏊). Entouré par la végétation, à 2 km au nord du centre de Koh Kong, l'Oasis porte bien son nom. Parfaits pour se détendre et recharger ses batteries, ses cinq grands bungalows lumineux entourent une magnifique piscine à débordement avec les Cardamomes en toile de fond. Pour vous y rendre, suivez les panneaux bleus depuis l'Acleda Bank. Supplément de 5 $US en décembre et janvier. La politique anti-tourisme sexuel de cet établissement est à remarquer.

Koh Kong Bay Hotel BOUTIQUE-HÔTEL **$$**
(☎ 077-555590 ; www.kohkongbay.com ; St 1 ; ch petit-déj inclus 32-45 $US, ste à partir de 60 $US ; ❄ 📶 🏊). Le plus ancien hôtel de charme de Koh Kong loue des chambres de style européen au décor minimaliste avec plancher en bois, balcon et douche à ciel de pluie dans les salles de bains. Mais à ce prix-là, on s'attend à un peu plus de propreté dans les parties communes. Si les détails étaient un peu plus soignés, il remporterait la première place.

Thmorda Garden Riverside Resort COMPLEXE HÔTELIER **$$**
(☎ 035-6900324 ; www.thmordagarden.com ; Neang Kok ; ch standard/deluxe 35/60 $US ; ❄ 📶). Les chambres standards sont minuscules mais l'emplacement paisible de ce petit complexe hôtelier est idéal pour les voyageurs en quête de relaxation. Il est situé au cœur de la péninsule qui donne sur le Koh Poi (de l'autre côté du pont à péage de Koh Kong). Kayaks gratuits et vélos à louer.

Où se restaurer et prendre un verre

Les meilleurs stands de restauration sont regroupés à l'angle sud-est du **Psar Leu** (marché ; St 3 ; ⏰ 8h-23h) ; vous trouverez les étals de fruits dans la partie sud-ouest. Au bord de la rivière, des carrioles (*food carts*) vendent nouilles et bières pour quelques milliers de riels ; l'endroit est apprécié pour prendre un verre au coucher du soleil.

Baan Peakmai ASIATIQUE **$**
(St - 1 ; plats 7 000-15 000 r ; ⏰ 11h-14h et 17h-22h ; 🌿). L'ambiance n'est certes pas des plus exaltantes, mais ne vous laissez pas rebuter par le décor quelconque. Le Baan Peakmai prépare une cuisine panasiatique savoureuse et copieuse, composée de spécialités thaïes, chinoises et khmères, et d'un grand nombre de plats végétariens. Service irréprochable.

Crab Shack POISSON **$**
(Koh Yor Beach ; plats 4-8 $US ; ⏰ 11h-21h). Tenu en famille sur la plage de Koh Yor, de l'autre côté du pont, le Crab Shack est réputé pour ses copieuses portions de crabe frit au poivre (sur demande) – et ses couchers de soleil.

♥ **Café Laurent** INTERNATIONAL **$$**
(St 1 ; plats 4-15 $US ; ⏰ 10h30-23h mer-lun ; 📶). Installez-vous et venez admirer le coucher du soleil dans l'un des pavillons sur l'eau de cet élégant café-restaurant, tout en dégustant une cuisine raffinée occidentale et khmère. Au menu : viandes, pâtes, mais aussi poissons et fruits de mer et de spécialités asiatiques, le tout servi avec panache.

Thmorda Crab House POISSON **$$**
(☎ 035-6901252 ; Neang Kok ; plats 4-20 $US ; ⏰ 7h-22h). Pour un dîner dans un décor un peu différent, traversez le pont jusqu'à ce restaurant du Thmorda Garden Riverside Resort, perché sur pilotis au-dessus de la rivière. Spécialité de crabe et belle variété de plats thaïlandais. Quelques pavillons privés.

Seta Ice Cream INTERNATIONAL **$$**
(St 1 ; plats 4-10 $US ; ⏰ 7h-22h). Variété de pizzas, curries, et plats de nouilles sans oublier les petits-déjeuners (1,50-4,50 $US). Sa terrasse en bord de route est aussi appréciée en soirée pour prendre un verre.

Fat Sam's BAR
(Près de St 3 ; ⏰ 9h-22h lun-sam, 16h-22h dim ; 📶). Un bar-restaurant informel, tenu par un expatrié originaire du pays de Galles, proposant une sélection de bières, d'alcools

et de vins. Vaste carte affichant *fish and chips*, pâtes, chili con carne et plats cambodgiens et thaïlandais. Informations touristiques et location de motos.

Paddy's Bamboo Pub BAR

(St 7 ; plats 2-4 $US). Une adresse pour les *backpackers* avec bières à 1 $US, billard et cuisine khmère, plus quelques bons plats occidentaux. Si votre budget est fort limité, des chambres extrêmement basiques sont disponibles à l'arrière (simples/doubles 4,50/5,50 $US). Informations pour les voyageurs et organisation de circuits en bateau et autres excursions.

Renseignements

ARGENT

Les bahts thaïlandais sont acceptés facilement par les commerces. Si besoin, les comptoirs de téléphonie mobile autour du *psar* Leu proposent un service de change.

Acleda Bank (St 3 ; 8h-15h30 lun-ven, 8h-11h30 sam, DAB 24h/24)

Canadia Bank (St 1 ; 8h-15h30 lun-ven, 8h-11h30 sam, DAB 24h/24)

INFORMATIONS TOURISTIQUES

Les pensions de la ville et Ritthy's Koh Kong Eco Adventure Tours (p. 179) sont les meilleures sources d'informations sur la région. Vous pourrez aussi vous procurer le Koh Kong Visitors Guide (www.koh-kong.com), gratuit et financé par la publicité.

SERVICES MÉDICAUX

En cas d'urgence, vous pourrez être facilement transféré en Thaïlande par le poste-frontière de Cham Yeam/Hat Lek, à l'hôpital de Trat (92 km de la frontière).

Sen Sok Clinic (012-555060 ; kkpao@camintel.com ; St 3 ; 24h/24). Médecins francophones.

Depuis/vers Koh Kong

La ville de Koh Kong (Krong Koh Kong) est située sur la NH48, à 220 km au nord-ouest de Sihanoukville et à 290 km à l'ouest de Phnom Penh. La frontière thaïlandaise se rejoint par une route à péage débutant après le pont de 1,9 km qui enjambe le fleuve Koh Poi.

BUS

À l'arrivée à Koh Kong, la plupart des bus vous déposent à la gare routière (St 12) – un parking en terre battue – en lisière nord-est de la ville, où attendent *moto-dop* et *tuk-tuk*. Rallier en *moto-dop/tuk-tuk* le centre-ville prend 3 minutes et ne devrait pas coûter plus de 1/2 $US. Au départ de Koh Kong, les bus embarquent les passagers devant le comptoir des compagnies. Celles-ci offrent généralement le transfert en *tuk-tuk* depuis votre pension jusqu'à leur comptoir.

- Pour Phnom Penh (7 $US, 6 heures), les bus de **Virak Buntham** (089 998760 ; St 3) et **Phnom Penh Sorya** (077 563447 ; St 3) partent à 7h45 ; ceux d'**Olympic Transport** (011-363678 ; St 3) à 7h45 et 11h45 ; et ceux de **Rith Mony** (012-640344 ; St 3) à 7h30 et 11h30.
- Pour Sihanoukville (5 heures), Virak Buntham (8 $US, à 8 h), Olympic Transport (10 $US, à 11h45) et Rith Mony (8 $US, à 14h) assurent toutes une liaison par jour.
- Notez que Virak Buntham et Rith Mony proposent des bus de nuit de Siem Reap à Koh Kong. Ils transitent par Sihanoukville très tôt le matin et nécessitent un second trajet de 5 heures pour rejoindre Koh Kong.

CÔTE SUD DEPUIS/VERS HONG KONG

PASSER EN THAÏLANDE : DE KOH KONG À TRAT

Rejoindre la frontière Le **poste-frontière de Cham Yeam/Hat Lek** (8h-22h), entre Koh Kong, au Cambodge et Trat, en Thaïlande, est apprécié des touristes qui voyagent entre les plages des deux pays. Au départ de Koh Kong, prenez un taxi (10 $US plus le péage), un *tuk-tuk* (8 $US) ou une *moto-dop* (3 $US plus le péage) pour franchir le pont à péage jusqu'à la frontière. Une fois en Thaïlande, empruntez un minibus jusqu'à Trat, d'où des bus desservent régulièrement Bangkok.

À la frontière Quitter le Cambodge via Hat Lek est assez simple. Dans l'autre sens, sachez qu'à l'arrivée au Cambodge, le poste-frontière de Cham Yeam est connu pour surfacturer les visas ; même si aujourd'hui, vous êtes susceptible de payer 1 300 B, ce qui revient pratiquement au même prix qu'un e-Visa.

Au-delà Côté thaïlandais, prenez un minibus direct pour Trat (120 B). Là, des bus assurent la liaison avec Bangkok (254 B, 6 heures) – ils desservent les gares routières Est, Nord et Nord-Est de la capitale. Les départs se font toutes les heures de 6h à 23h30. Pour rejoindre l'île de Koh Chang, vous trouverez un moyen de transport à Trat.

En arrivant au Cambodge, notez que le tarif sera plus intéressant si vous payez le transport jusqu'à Koh Kong en dollars plutôt qu'en bahts.

➡ Ces deux compagnies proposent aussi en milieu de journée des départs pour Bangkok, avec changement de bus à la frontière (20 $US, 8 heures). Il y a également des liaisons pour Koh Chang en Thaïlande (14 $US ferry inclus), avec changement de bus à la frontière puis trajet en ferry jusqu'à l'île.

TAXI

De la station de taxis (St 12, près de la gare routière), des taxis collectifs partent pour Phnom Penh (11 $US, 5 heures) et, parfois, pour Sihanoukville (10 $US, 4 heures) et Andoung Tuek (5 $US). Mieux vaut tenter votre chance le matin. Votre hébergement peut vous réserver un taxi privé pour Phnom Penh (55 $US) ou Sihanoukville (50 $US).

Un taxi privé depuis/vers la frontière thaïlandaise coûte environ 10 $US (plus 6000 r pour le péage). En *moto-dop/tuk-tuk*, comptez 3/8 $US.

Comment circuler

MOTO, MOTO-DOP ET TUK-TUK

Un court trajet dans le centre-ville coûte 2 000/4 000 r en *moto-dop/tuk-tuk*. La surfacturation est monnaie courante !

La plupart des pensions, ainsi que Ritthy's Koh Kong Eco Adventure Tours (p. 179) et Jungle Cross (p. 179) louent des motos.

VÉLO

Ritthy's Koh Kong Eco Adventure Tours (p. 179) propose des vélos à la location (demi-journée/journée 1/2 $US).

Environs de la ville de Koh Kong

Île de Koh Kong កោះកុង

La plus grande île du Cambodge domine une eau si claire que l'on y voit le fond à plusieurs mètres de profondeur. Ses 7 plages, regroupées sur la côte ouest, sont malheureusement de plus en plus polluées par des tour-opérateurs irresponsables qui ne se soucient pas de ramasser leurs détritus. Une situation que nous espérons réversible, car cette île est une merveille.

Plusieurs plages, bordées de cocotiers et d'une végétation luxuriante, occupent l'embouchure de petits cours d'eau. Sur la sixième plage en partant du nord, un étroit bras de mer conduit à un lagon caché.

Côté est de l'île, une demi-douzaine de monts boisés – le plus haut culmine à 407 m – longent abruptement la côte, bordée de mangroves. Le village de pêcheurs d'Alatang, avec ses maisons sur pilotis et ses bateaux colorés, se trouve sur la côte sud-est. En face, on distingue l'extrémité nord-ouest du parc national de Botum Sakor.

L'intérieur boisé de l'île est interdit d'accès. Côté hébergement, il y a deux complexes de bungalows et l'on peut aussi camper à condition d'être accompagné d'un guide.

Où se loger

Koh Kong Island Resort COMPLEXE HÔTELIER **$$**
(☎035-936371 ; koh-kong.com/koh-kong-island-resort ; île de Koh Kong ; bungalows d 25-50 $US, f 70 $US). Premier hébergement ouvert sur l'île, les bungalows en bois avec un porche sont équipés de panneaux photovoltaïques et de ventilateurs. Aux bungalows standards, assez petits, préférez les “deluxe” (50 $US).

Depuis/vers l'île de Koh Kong

L'île est située à 25 km au sud de Koh Kong. Pour la rejoindre, le plus pratique consiste à participer à un circuit en bateau.

Le Koh Kong Island Resort dispose d'un service quotidien par bateau pour 15 $US/personne – départ de Koh Kong à 8h30 et retour à 15h ; pensez à réserver.

Réserve naturelle de Peam Krasaop ជម្រកសត្វព្រៃបឹងក្រយ៉ាក នៅពាមក្រសោប

Ancrées aux îles alluviales, dont certaines sont à peine plus grandes qu'une maison, les magnifiques mangroves de la **réserve naturelle de Peam Krasaop** (260 km² ; 5 000 r ; ⌚6h30-18h) protègent la côte de l'érosion, jouent un rôle vital dans la reproduction et l'alimentation des poissons, crevettes et mollusques, et hébergent de vastes populations d'oiseaux. L'entrée de la réserve se trouve à 5,5 km au sud-est de la ville de Koh Kong. Comptez 5/10 $US pour l'aller-retour en *moto-dop/tuk-tuk*.

Pour profiter d'un aperçu de cet écosystème fragile, suivez la promenade en dur qui court sur 600 m au-dessus des eaux saumâtres de la mangrove. Au bout de cet itinéraire, une tour d'observation haute de 15 m offre un panorama unique. Plusieurs autres sentiers en bois partent de la passerelle principale. Si vous voyagez avec des enfants, soyez vigilant car les sentiers (notamment ceux en bois) ne sont pas toujours entretenus. Avec un peu de chance, vous verrez s'ébattre des singes amateurs de boissons gazeuses.

Près de l'entrée de la réserve, une trentaine de bungalows sur pilotis ont été construits au milieu de la mangrove, dans un style qui dénature le paysage.

On peut les éviter en montant dans un bateau en bois qui se loue sur le quai à l'entrée de la réserve (circuits courts/longs 5/10 $US). Cependant, nous recommandons plutôt de prendre une excursion en bateau au départ de Koh Kong. Celle-ci vous permettra en particulier de voir des hameaux de pêcheurs. Sur les bords des rives, de longs pièges fins qui dérivent sur l'eau retiennent les poissons qui restent au frais jusqu'au jour de marché. Sur certaines îles plus éloignées, des petites plages isolées incitent à mettre pied à terre et à lézarder, avec pour seule compagnie quelques crustacés.

Une grande partie de la réserve naturelle de Peam Krasaop est inscrite sur la liste des zones humides d'importance internationale, protégées par la convention de Ramsar (www.ramsar.org). Cet espace fragile fait aussi partie du corridor de conservation de Koh Kong. Dans la région, les habitats et les zones de pêche de la région sont menacés par l'extraction massive de sable exporté vers Singapour et, en Thaïlande, des forêts similaires ont été sacrifiées pour répondre au développement économique.

Corridor de conservation de Koh Kong

របៀងអភិរក្សខេត្តកោះកុង

Cette zone protégée s'étend de part et d'autre de la NH48, entre la ville de Koh Kong et le golfe de Kompong Som (au nord-ouest de Sihanoukville). Elle englobe nombre des plus beaux sites naturels du Cambodge, dont les plus vastes mangroves du Sud-Est asiatique continental et la partie méridionale des Cardamomes, une région à la biodiversité remarquable.

La chaîne des Cardamomes (Chuor Phnom Kravanh) s'étend sur 20 000 km² dans le sud-ouest du Cambodge. Ses 18 fleuves et ses sommets isolés, dont certains culminent à 1 800 m, abritent près d'une soixantaine d'espèces protégées, dont des tigres, des éléphants d'Asie, des ours, des crocodiles du Siam, des pangolins et 8 espèces de tortues terrestres et marines.

Deuxième forêt tropicale vierge d'Asie du Sud-Est continental par son étendue, les Cardamomes sont aussi l'une des deux régions où des forêts restées vierges relient des sommets à la mer (l'autre se trouve au Myanmar). Dans certaines zones, les précipitations annuelles dépassent les 5 m. Certains biologistes militent pour que les montagnes soient inscrites au patrimoine mondial de l'Unesco.

Ici, la nature reste intacte, tandis qu'ailleurs en Asie du Sud-Est, forêts et littoraux ont été défigurés par des promoteurs et une exploitation forestière excessive. La chaîne des Cardamomes et les mangroves voisines ont été protégées par leur isolement, mais aussi par la guerre civile.

Les prochaines années seront cruciales pour les Cardamomes. Des ONG comme Conservation International (www.conservation.org), Fauna & Flora International (FFI ; www.fauna-flora.org) et Wildlife Alliance (www.wildlifealliance.org), ainsi que des équipes de *rangers* (gardes forestiers) parfois armés tentent de protéger les 16 écosystèmes de la convoitise des bûcherons et des braconniers. L'écotourisme pourrait également jouer un rôle déterminant, en générant des revenus pour la population locale. Le développement durable pourrait ainsi se substituer aux activités illégales.

Rivière et chutes de la Tatai

ស្ទឹងតាតៃ និងទឹកធ្លាក់តាតៃ

À environ 18 km à l'est de la ville de Koh Kong par la NH48, le pont Phun Daung (Tatai) offre un accès dans la jungle. Les impressionnantes **chutes de la Tatai** plongent du haut d'une saillie rocheuse de 4 m de hauteur et forment une succession de cascades, en particulier pendant la saison des pluies. Le niveau d'eau baisse à la saison sèche mais on peut se baigner dans les bassins toute l'année.

C'est sa situation isolée dans la forêt qui fait tout l'attrait de la Tatai. Y passer quelques jours à explorer la nature luxuriante ou à se balancer dans un hamac en contemplant les eaux du fleuve est une expérience incomparable.

Où se loger

La plupart des hébergements font aussi restaurant et organisent des randonnées, sorties en bateau ou en kayak et autres aventures autour et le long de la rivière.

Rainbow Lodge ÉCOLODGE $$
(☎012-160 2585 ; www.rainbowlodgecambodia.com ; Tatai ; s/d/f pension compl 75/100/140 $US ; wifi). Enclave chic en pleine jungle, le Rainbow Lodge est la preuve qu'écotourisme peut rimer avec confort matériel. Ses bungalows, un peu en retrait de la rivière, accessibles par des passerelles surélevées au milieu de la végétation luxuriante, sont fournis en énergie par des panneaux solaires et du biocarburant. Ils sont disposés autour d'une plateforme à ciel ouvert qui fait office de salon et de bar. L'accès se fait par bateau ; transferts gratuits depuis/vers le pont.

Parmi les activités : kayak, randonnées, promenades en bateau, visites de villages locaux et camping. Un pavillon-spa au bord de la rivière propose des massages relaxants.

Neptune River Bungalows ÉCOLODGE $$
(☎088-777 0576 ; neptuneadventure-cambodia.com ; Tatai ; bungalow 35-50 $US petit-déj inclus). Envie de jouer les Robinson Crusoé ? Vous êtes au bon endroit. Thomas, également à l'initiative de Neptune Adventure (p. 179), a créé cette retraite rustique et pleine de charme dans la jungle. Les quatre bungalows sur pilotis construits en matériaux naturels sont entourés d'arbres fruitiers. Les repas (3-7 $US), à base de produits du potager, se prennent en commun, ce qui ajoute à la convivialité des lieux. Des excursions en bateau et des randonnées dans la jungle peuvent être organisées et des kayaks sont mis à disposition gratuitement. Transferts depuis/vers le pont inclus.

Four Rivers Floating Lodge ÉCOLODGE $$$
(☎097-758 9676 ; www.ecolodges.asia ; Tatai River ; d 259 $US petit-déj inclus ; wifi). Les 12 villas-tentes de cet écolodge flottent sur un ponton situé sur un bras de l'estuaire de la Tatai, à 6 km en aval du pont. À l'intérieur, l'utilisation somptueuse d'osier et de bois sombre crée une ambiance à la fois coloniale et tendance, couronnée par les salles de bains les plus somptueuses qui soient sous toile. Transferts en bateau depuis/vers le pont inclus.

Depuis/vers les chutes de la Tatai

On accède aux chutes de la Tatai en voiture ou à moto par la NH48, en prenant un embranchement, bien indiqué, à environ à 15 km au sud-est de Koh Kong, ou à 2,8 km au nord-ouest du pont sur la Tatai. Cette route d'accès cahoteuse sur 2 km mène aux chutes ; il faut franchir un cours d'eau à mi-chemin. Pendant la saison des pluies, il est parfois nécessaire d'effectuer le dernier kilomètre à pied.

Depuis Koh Kong, l'excursion d'une demi-journée aux chutes de la Tatai en *moto-dop/tuk-tuk* coûte 10/15 $US l'aller-retour (moins pour l'aller simple jusqu'au pont). Si vous rejoignez l'un des écolodges en arrivant de Phnom Penh par le bus, demandez au chauffeur de vous déposer à hauteur du pont.

Forêt protégée des Cardamomes centrales ឧទ្យានជាតិជួរភ្នំក្រវាញ

Cette zone (Central Cardamoms Protected Forest, CCPF ; 4 013 km²) englobe trois écosystèmes, parmi les plus menacés d'Asie du Sud-Est : des forêts sempervirentes de basse plaine, des forêts ripicoles et des zones humides.

Les *rangers* et les militaires qui protègent cette vaste région de la chasse et de l'exploitation forestière illégales, avec le soutien de Conservation International (www.conservation.org), sont répartis dans 6 postes de contrôle, notamment à **Thma Bang**. Vous y trouverez 2 **pensions** rudimentaires (5 $US/pers, l'une tenue par les rangers, l'autre par la communauté locale) avec chacune 2 chambres et un dortoir, et l'électricité de 18h à 21h. Possibilité de restauration (2 $US). Emportez des vêtements chauds car la température peut descendre à 10°C.

En majeure partie couverte par une forêt humide, la zone de Thma Bang se prête à l'observation des oiseaux et à la randonnée avec un guide (les *rangers* vous aideront à en trouver). Un nouveau **projet d'écotourisme communautaire (CBET)** (☎097-752 9960 ; ccheb@conservation.org) devait également voir le jour. À proximité, la **vallée de l'Areng**, dont certains habitants appartiennent à la minorité khmère des Daeum, abrite des espèces menacées, en particulier des éléphants d'Asie, des scléropages (poissons inoffensifs) ainsi que la deuxième plus grande population mondiale de crocodiles du Siam. Ces animaux, qui peuvent atteindre 3,5 m de longueur, sont menacés de disparition. Inoffensifs pour l'homme, ils se nourrissent de poissons, serpents, grenouilles et petits mammifères. La vallée et sa faune vivent sous la menace d'un barrage hydroélectrique, financé par des capitaux chinois. Le projet, s'il voit le jour, entraînera le déplacement de 1 500 personnes et l'inondation de 90 à 120 km² de terres, englobant une importante voie migratoire empruntée par les éléphants. L'État, qui soutient ce projet privé, affirme que cet investissement permettra de fournir l'électricité indispensable dans un pays pauvre et dépourvu d'énergies fossiles.

De décembre à mai, les voyageurs les plus intrépides peuvent effectuer un trek de 8 jours entre Thma Bang et Kravanh au nord, ou un trek de 5-6 jours au départ de Chamnar (relié à Thma Bang par la route), à travers les montagnes et jusqu'à Kravanh.

Pour une randonnée plus facile, praticable tout au long de l'année, comptez 3-4 jours entre Chumnoab, à l'est de Thma Bang, et Roleak Kang Cheung, plus à l'est et relié à Kompong Speu par la route. Entre les deux, Knong Krapeur (1 000 m) se niche parmi les prairies d'altitude et les pins. La région, déjà habitée il y a 500 ans, est connue pour ses grandes urnes funéraires en céramique.

On ne peut pas réserver de Thma Bang ; hébergement et treks s'organisent sur place.

ℹ Depuis/vers la forêt des Cardamomes centrales

Logiquement, l'accès aux étendues méridionales de la forêt s'effectue plus facilement par le sud. La route menant de la NH48, à Thma Bang a été élargie et il suffit de 1 heure en voiture pour s'y rendre depuis Koh Kong. L'embranchement part de la NH48 à environ 10 km à l'est du pont sur la Tatai, à la hauteur du poste de contrôle de Veal II (Veal Pii).

Thma Bang est reliée à Chi Phat par un sentier de fortune, tout juste praticable à moto et uniquement à la saison sèche. Nous ne le recommandons pas. Si vous devez l'emprunter, vous devrez être en groupe avec des motards expérimentés qui pourront guider les motos dans les passages difficiles à travers les rivières et les chutes d'eau asséchées.

Depuis Koh Kong, une route refaite (même si elle reste davantage praticable durant la saison sèche) part vers le nord. Elle rejoint Pursat, Pailin et Battambang, en traversant les Cardamomes par des villages de montagne isolés comme Veal Veng, Ou Som (où un projet d'écotourisme est en train de voir le jour) et Promouy (principale localité de la réserve naturelle de Phnom Samkos). Près de Koh Kong, la bifurcation se trouve sur l'ancienne route de Phnom Penh, après l'aéroport, quelques centaines de mètres au-delà de la base militaire.

En direction du sud, à la saison sèche, des taxis collectifs relient Pursat à Promouy, O Som et Koh Kong. Pendant la saison des pluies, il est encore possible d'effectuer en moto-dop le long trajet de Promouy jusqu'à Koh Kong – après avoir vérifié l'état des routes et les précipitations.

Vers le nord depuis Koh Kong, les taxis collectifs sont plus rares. Les territoires septentrionaux de la forêt sont accessibles depuis Pursat (p. 238).

Parc national de Botum Sakor
រមណីយដ្ឋានឧទ្យានជាតិបុទុមសាគរ

Ce parc national de 1 834 km² couvre presque la totalité de la péninsule (35 km de large) sauvage située en face de Sihanoukville, au nord-ouest, par-delà le golfe de Kompong Som. Cerné par les mangroves et les plages, il abrite une faune riche – tigres, éléphants, cerfs, léopards, ours malais…

Il semble, hélas, que le Botum Sakor ne soit un parc national qu'en titre. Un projet touristique financé par des fonds chinois va entraîner l'aménagement, dans le tiers occidental du parc, de 7 "villes" conçues comme des stations balnéaires. Commencés en 2010, les travaux devraient s'étaler sur 25 ans, mais d'ores et déjà, des centaines de familles ont été expulsées et une route à 4 voies a été aménagée au cœur du parc et un parcours de golf a ouvert. La nouvelle route, qui commence à 6 km à l'ouest d'Andoung Tuek, facilite l'accès à l'archipel de Koh Sdach (p. 215).

Par ailleurs, une concession a été accordée à Ly Yong Phat, homme d'affaires cambodgien, pour l'aménagement d'une vaste bande centrale du parc.

Ainsi, les visites sont désormais cantonnées au tiers oriental de la péninsule. Il est possible de louer des bateaux à Andoung Tuek pour naviguer sur 4 cours d'eau : le Ta Op, le plus large, sur la côte est ; le Ta Nun, au milieu de la côte sud ; le Ta Nhi et le Preak Khsach, sur la côte est.

Au **bureau du parc** (✆ 099-374797 ou 081-414988 ; NH48), sur la NH48, à 3,5 km à l'ouest d'Andoung Tuek, vous pourrez organiser une randonnée avec un *ranger* (5 $US/jour) ou une sortie en bateau depuis Andoung Tuek.

Les amateurs de VTT et les motards intrépides préféreront sans doute la route accidentée qui fait le tour du parc par la côte est, via le village de pêcheurs de Thmor Sor. Construit sur pilotis sur la baie alluviale, celui-ci s'étend sur presque un kilomètre jusqu'à la mer.

Chi Phat សហគមន៍ទេសចរណ៍ជីផាត់

Afin de protéger la zone méridionale des Cardamomes de l'exploitation forestière, du braconnage et de l'appropriation des terres,

Wildlife Alliance (www.wildlifealliance.org) a lancé un projet d'écotourisme qui tient compte des besoins de la population locale, en termes de ressources et d'emploi. Grâce à celui-ci, la **forêt protégée des Cardamomes méridionales** (1 443 km²), dont la limite sud est formée par la NH48 (entre Koh Kong et Andoung Tuek) a gagné en protection, même si les gains en matière d'environnement sont toujours à confirmer.

Le village fluvial de Chi Phat (630 familles), où exerçaient autrefois des bûcherons et des braconniers, accueille désormais le projet d'écotourisme communautaire (CBET) innovant de Wildlife Alliance. Chi Phat propose aux voyageurs l'occasion de séjourner au sein d'une communauté rurale où le tourisme est contrôlé par les villageois eux-mêmes. Les voyageurs explorent les écosystèmes des Cardamomes tout en contribuant à leur préservation et en permettant aux villageois, reconvertis en guides, d'augmenter leur revenu moyen.

Activités

Le **centre d'accueil des visiteurs du CBET** (092-720925, 035-675 6444 ; www.chi-phat.org ; Chi Phat ; 7h-19h ;) est le seul intermédiaire pour les prestations qui s'adressent aux voyageurs. Le bâtiment principal est situé à 2 minutes à pied de l'embarcadère. Il dispose du Wi-Fi (gratuit), fonctionne avec l'énergie solaire et abrite un bon restaurant de cuisine cambodgienne.

Les tarifs des excursions sont plutôt raisonnables : de 15 à 25 $US par personne, déjeuner, transport et équipement compris. Pour les circuits de plusieurs jours, le tarif journalier est un peu plus élevé. Les prix incluent une contribution au fonds de conservation de la communauté. Les guides sont le plus souvent des gens du cru, parfois d'anciens bûcherons ou braconniers. Certains parlent anglais, d'autres quelques mots seulement et leurs connaissances du territoire et de la forêt sont inégales.

Chaque prestation se gère au centre d'accueil, la veille, au plus tard à 17h pour le lendemain. Cela permet ainsi d'échanger avec les guides qui reviennent de leur randonnée. Le centre offre une information complète sur les différents itinéraires et les activités mais également sur les questions qui concernent plus spécifiquement la communauté locale (travail, agriculture, santé, protection de l'environnement...).

CHI PHAT, UN EXEMPLE POUR L'ÉCOTOURISME

Longtemps, les ressources des forêts voisines ont permis à la communauté de Chi Phat de compléter ses maigres revenus agricoles. La collecte des produits forestiers non ligneux (PFNL) et de bois de chauffage ne porte pas atteinte à l'écosystème tant qu'elle est limitée. En revanche, l'exploitation anarchique de la forêt perpétrée dans les années 1990 a entraîné sa destruction massive, menacé la nature et bouleversé le quotidien des villageois. Le braconnage des animaux est devenu, pour beaucoup, un mode de vie.

En 2002, Wildlife Alliance est intervenue pour sauver les Cardamomes méridionales. Villageois et étrangers empiétaient alors sur les terres protégées, déboisaient en toute illégalité et chassaient des animaux menacés pour alimenter la consommation locale et le marché noir. Des équipes de *rangers* ont été envoyées sur place, afin d'éviter la catastrophe écologique – et notamment la capture des macaques, vendus 60 $US et exportés par bateau au Vietnam.

Dans un premier temps, l'application de la loi a été mal perçue par les habitants, confrontés à une perte de revenus. D'où la nécessité pour Wildlife Alliance de coopérer avec les habitants pour sauver les forêts des Cardamomes et de trouver d'autres sources de revenus que le braconnage ou l'abattage illégal des arbres.

Sous l'égide de Wildlife Alliance (www.wildlifealliance.org), un projet d'écotourisme communautaire a été mis en place. La première étape a consisté à responsabiliser la communauté locale. Un comité de 14 représentants élus a été chargé d'évaluer les impacts positifs et négatifs du projet, de définir des buts et de piloter les initiatives. D'anciens bûcherons et braconniers ont été impliqués dans le projet.

Aujourd'hui, le programme est un succès. Les bénéfices générés par l'écotourisme contribuent au financement de l'opération et procurent des ressources supplémentaires aux villageois. Chi Phat sert de modèle à d'autres projets du même genre et attire des délégations de tout le Cambodge, désireuses de s'inspirer de son fonctionnement.

Le centre propose des activités qui vont de la randonnée à pied ou à VTT mais aussi des sorties en kayak sur la rivière ou encore la visite de la pépinière de Wildlife Alliance qui a pour objectif de replanter un million d'arbres sur la région. Une expérience très instructive et l'occasion de laisser une trace positive après son passage. Lors de notre dernière visite, des cours de cuisine khmère étaient sur le point d'être proposés.

Circuits en bateau

Les promenades en bateau (12-35 $US/pers) permettent d'explorer la beauté de la Preak Piphot, qu'il s'agisse d'observer les oiseaux à l'aube ou les étoiles au coucher du soleil. L'un des itinéraires implique de faire un parcours de 1 heure 30 en *long-tail boat* (long bateau en bois, à moteur), puis d'embarquer dans un bateau à rames traditionnel (avec rameur) afin de glisser sur la placide Stung Proat, un affluent de la Preak Piphot, en pleine forêt vierge.

Langurs argentés, macaques à longue queue, calaos bicornes et autres créatures de la forêt se montrent souvent sur les berges de la Stung Proat. Les gibbons se laissent rarement surprendre, mais on entend leurs cris dans la canopée.

Circuits en VTT

Les excursions en VTT (20-25 $US/pers et par jour) empruntent les sentiers pédestres pour rejoindre des lieux de baignade naturelle, des sites abritant des jarres funéraires, ou des communautés rurales. La nuit se passe dans un hamac (avec moustiquaire). Si vous voulez explorer seul la campagne autour du village, vous pouvez également louer des VTT au centre d'accueil du CBET.

Circuits vers la station de remise en liberté

Wildlife Alliance Release Station Tours CIRCUIT ORGANISÉ

(☎ 010-690864 ; www.wildlifealliance.org/page/view/507/wildlife-release-station-tours ; adulte/enfant 1 nuit 120/50 $US, 2 nuits 200/75 $US). La Wildlife Alliance organise des circuits vers la station de remise en liberté située à environ 30 minutes de Chi Phat, La station gère la remise en liberté d'animaux issus du trafic illégal, en particulier des ours malais et des binturongs. L'hébergement, les repas et les activités – randonnée dans la jungle, suivi de la faune et des installations techniques (caméras) – sont inclus. Le transport en moto se fait au départ de Andoung Tuek ou de Chi Phat. Réservations indispensables.

Randonnées

Une vingtaine de treks (15-25 $US/pers et par jour) de 1 à 7 jours sont proposés par l'intermédiaire du CBET. Les itinéraires dans la journée permettent de rejoindre des grottes de chauves-souris, des cascades, des communautés montagnardes ou encore des sites mystérieux abritant des jarres funéraires dans les environs. Les plus aventureux peuvent aussi se faire une idée du travail de protection de la forêt en passant entre 3 et 5 jours à patrouiller avec les *rangers*.

Lors des expéditions de plusieurs jours, il est possible de passer la nuit dans des hamacs ou dans l'un des 5 campements établis par Wildlife Alliance – avec toilettes sèches, cuisines de campagne et hamacs confortables dotés de moustiquaires. L'observation de la faune n'est pas garantie mais il y a généralement quantité d'occasions de photographier singes et calaos. Si la plupart des guides sont chaussés de tongs, il est conseillé d'être équipé de chaussures de marche pour éviter les glissades et de finir les derniers kilomètres pieds nus. Les randonnées à la journée ne sont pas particulièrement difficiles mais peuvent faire souffrir les organismes. En fin de parcours, n'hésitez pas à héler un pick-up ou un conducteur de moto qui se feront un plaisir de vous épargner les derniers kilomètres.

Où se loger

L'hébergement à Chi Phat est géré, comme le reste, par CBET qui dispose de quelques pensions et de chambres chez l'habitant dans le centre du village et dans la campagne environnante. Les prestations sont assez semblables et les chambres – inspectées chaque mois par le comité du CBET – sont propres et équipées de ventilateurs, de moustiquaires, de draps en coton, de matelas en mousse, de serviettes, d'eau en bouteille (gratuite). L'électricité est disponible, comme dans le reste du village, de 5h à 9h et de 18h à 21h (prévoyez une lampe de poche).

Rendez-vous au centre de CBET pour choisir votre hébergement. Le propriétaire de la pension ou de la chambre viendra vous chercher.

Chambres chez l'habitant du CBET CHEZ L'HABITANT $

(Ch 4 $US). La plupart des 13 logements chez l'habitant sont situés dans des maisons en bois sur pilotis, offrant un aperçu de la vie à la campagne. Les chambres sont basiques mais propres et la salle de bains partagée avec la famille. Certains logements disposent de toilettes (à la turque) et de douches traditionnelles (une citerne d'eau de pluie, avec un seau en plastique). Le dîner (2,50 $US) est parfois proposé.

Lors de votre réservation, précisez si vous souhaitez une salle de bains à l'occidentale. Certaines sont également équipées de ventilateurs (12 V), alimentés la nuit par une petite batterie électrique.

Pensions du CBET PENSION $

(Ch 5 $US, avec sdb 6 $US). Les 18 pensions du projet du CBET de Chi Phat proposent des chambres petites mais propres, certaines avec salle de bains commune, d'autres avec salle de bains particulière (précisez-le à la réservation). Les pensions sont reliées au réseau électrique du village, qui fonctionne quelques heures le matin et en fin de journée.

Bungalows du CBET BUNGALOW $

(Bungalow 10-15 $US). Pour plus d'intimité, optez pour l'un des deux bungalows. Construits avec des matériaux naturels, ils sont équipés de salle de bains et de petits balcons. L'électricité est raccordée au réseau du village.

Butterfly Island BUNGALOW $$

(Bungalow 30-35 $US). Le Butterfly Island est l'hébergement haut de gamme et le plus paisible du village. Ce sont des bungalows simples et robustes entourés par la forêt, situés sur une petite île au milieu d'une rivière, accessible par un pont tournant. Fermés lors de notre dernière visite, le CBET prévoit de les rouvrir. Renseignez-vous au moment de la réservation.

Où se restaurer et prendre un verre

Sur la route en terre qui relie l'embarcadère au centre d'accueil, quelques échoppes servent des plats simples pour environ 2 $US. Vous trouverez de la bière et des boissons sans alcool dans les épiceries. Le centre d'accueil possède, en plus du restaurant, le seul bar du village (lorsqu'il est ouvert), qui n'a pas à rougir de ses cocktails.

Restaurant du centre d'accueil RESTAURANT $

(Petit-déj 2,50 $US, déj et dîner 3,50 $US ;). Le seul restaurant du village sert une sélection de 3 plats qui changent tous les jours. Également assiettes végétariennes et en-cas à emporter.

Renseignements

Il n'y a ni banque ni DAB à Chi Phat, donc prévoyez suffisamment d'espèces pour régler hébergements, restauration, activités et transport (comptez environ 25-35 $US/pers et par jour). Pour préparer votre visite (activités, hébergements et transport), connectez-vous sur www.chi-phat.org, puis sur la rubrique "booking" pour réserver (au moins pour la première nuit et une activité le lendemain).

Sur le quai des bateaux depuis/vers Andoung Tuek et dans les épiceries et cafés alentour, on essayera peut-être de vous proposer des prestations. Refusez fermement et rejoignez le centre des visiteurs du CBET pour organiser votre séjour à Chi Phat en toute tranquillité.

Depuis/vers Chi Phat

Chi Phat se trouve sur les rives du fleuve Preak Piphot, à 21 km en amont d'Andoung Tuek. Cette localité se trouve le long de la NH48, à 98 km de Koh Kong. Elle est desservie par les bus qui font les liaisons Koh Kong/Phnom Penh et Koh Kong/Sihanoukville.

En arrivant à Andoung Tuek, les bus s'arrêtent généralement devant la Kim Chhoun Guesthouse (le restaurant aux piliers bleus), qui travaille avec le CBET pour organiser le transport vers Chi Phat. Deux solutions : la *moto-dop* ou le bateau. Si vous n'avez pas pu confirmer votre arrivée sur Internet (www.chi-phat.org) et si le bateau est plein, la *moto-dop* est la seule solution qui vous reste pour rejoindre Chi Phat. C'est normalement plus rapide que le bateau mais bien moins reposant.

Le *long-tail boat* du CBET (10 $US), qui effectue le trajet en 2 heures tous les jours depuis Andoung Tuek, est le moyen le plus pittoresque de rejoindre Chi Phat. Mieux vaut le réserver au moins 48 heures à l'avance sur le site du CBET pour être sûr d'avoir une place à bord.
Le bateau part d'Andoung Tuek à 13h (il attend le bus Virak Buntham en provenance de Phnom Penh). Le CBET ne travaille qu'avec des bateaux approuvés par l'organisation, formés à respecter les consignes de sécurité (gilets de sauvetage et moteur de secours) et dont les bateaux offrent suffisamment de confort aux touristes.

Le trajet en *moto-dop* (7 $US) pour effectuer les 17 km de route non asphaltée jusqu'à Chi Phat se fait en 45 minutes environ. On peut réserver un véhicule mais il est aussi facile d'en trouver à Andoung Tuek. À l'arrivée, on vous déposera sur la rive du fleuve, où un petit radeau (1 000 r) permet de rejoindre Chi Phat.

Depuis Chi Phat, les trajets en bateau et *moto-dop* pour regagner Andoung Tuek doivent être réservés la veille. L'arrivée se fait dans la matinée, où vous attendrez les bus pour rejoindre le nord ou le sud. Le bureau du CBET peut s'occuper de réserver les billets de bus.

Si vous êtes motorisé, la route vers Chi Phat n'est pas asphaltée mais en assez bon état. Vous devrez alors suivre les lignes téléphoniques, avant de prendre le ferry pour traverser la rivière. Les motards peuvent emprunter un *raft-ferry* plus petit, à environ 100 m à gauche du ferry principal.

PROVINCE DE PREAH SIHANOUK

La province de Preah Sihanouk (ខេត្តព្រះសីហានុ ; aussi appelée Kompong Som), coincée entre les provinces de Kampot et de Koh Kong, s'organise autour de Sihanoukville, sa dynamique cité portuaire. Les plages autour de la ville, les superbes îles au large, les chutes de Kbal Chhay et le parc national de Ream, à 18 km à l'est de Sihanoukville, comptent parmi les sites remarquables de cette province.

Sihanoukville ក្រុងព្រះសីហានុ

034 / 91 000 HABITANTS

Entourée de plages de sable blanc et d'îles tropicales préservées, Sihanoukville (Krong Preah Sihanouk), aussi appelée Kompong Som, est la destination balnéaire la plus en vogue du Cambodge. La ville, qui doit son nom à l'ancien roi et chef de l'État, a émergé de la jungle à la fin des années 1950 pour devenir le premier et seul port en eau profonde du pays : un atout vital pour les exportations cambodgiennes, qui transitaient auparavant par le Vietnam, via le delta du Mékong.

Aujourd'hui, Sihanoukville est une ville animée et en expansion, mais ses plages conservent une ambiance décontractée, à l'écart du bruit. La zone de Serendipity Beach est une sorte de sas de décompression pour *backpackers*, qui affluent ici pour se remettre de leurs voyages et faire la fête jusqu'à tard.

À l'extrémité sud de la ville, Otres Beach, où les bungalows bon marché et les *guesthouses* côtoient désormais les complexes hôteliers chics, est encore plus tranquille. Loin de l'agitation, elle est parfaite pour ceux qui aspirent à des journées de farniente sous le soleil plutôt qu'à des nuits à sillonner les bars.

Aucune des plages de Sihanoukville ne peut prétendre être la plus belle d'Asie du Sud-Est, mais dès que l'on s'éloigne du centre, on y profite d'étendues de sable désertes (ou presque) au charme tropical, à l'ombre des casuarinas et des cocotiers. Et si ces plages ne sont pas assez paradisiaques pour vous, Sihanoukville est aussi le point de départ vers les îles les plus méridionales du Cambodge, véritables repaires de naufragés branchés.

À voir

C'est un rituel en fin d'après-midi, des bandes de singes apprivoisés se rassemblent au 2 Thnou St, derrière et sur la clôture qui entoure le terrain de l'Independence Hotel (p. 197), dans l'espoir d'obtenir des cacahuètes et des bananes des passants.

Vat Leu TEMPLE BOUDDHIQUE

(វត្តលើ, Vat Chhnothean ; carte p. 190 ; Wat Leu Rd). Perché au sommet d'une colline boisée, à 1,5 km au nord-ouest du centre, le *vat* Leu offre une vue spectaculaire sur presque toute la ville. Du centre, le trajet en *moto-dop* jusqu'en haut de la colline au nord coûte 6 000 r, mais les chauffeurs vous demanderont sûrement 2 $US. Les *tuk-tuk* prennent 5 $US, car ils doivent effectuer un long détour.

Plages

Les plages de Sihanoukville présentent des caractères très différents. De quoi plaire à tout le monde. Les plus sauvages se trouvent dans le parc national de Ream (p. 205), accessible par un court trajet.

Occheuteal Beach PLAGE

(ឆ្នេរអូរឈើទាល ; carte p. 194). Cette longue plage de 4 km est de loin la plus populaire de Sihanoukville. À l'extrémité nord-ouest, la plage rocheuse de **Serendipity Beach** (carte p. 194) accueille quelques bars-restaurants qui, pratiquement les pieds dans l'eau, jouissent d'un cadre romantique. À gauche de la jetée, une série de bars de plage bordent le sable blanc. Mieux vaut éviter cette section en journée, quand les vendeurs et les mendiants s'y pressent et que le bruit des Jet-Skis est incessant. Pour échapper à la foule, il suffit de marcher plus au sud.

Occheuteal peut parfois être bondée, notamment le week-end, quand les familles de la région viennent profiter de la plage. Elle est également loin d'être propre, en particulier le long des bars de plage, où l'on peut voir les eaux usées s'écouler dans la mer. La partie sud de la plage, où un complexe hôtelier Sokha est prévu, reste pour le moment plutôt vide.

Sihanoukville

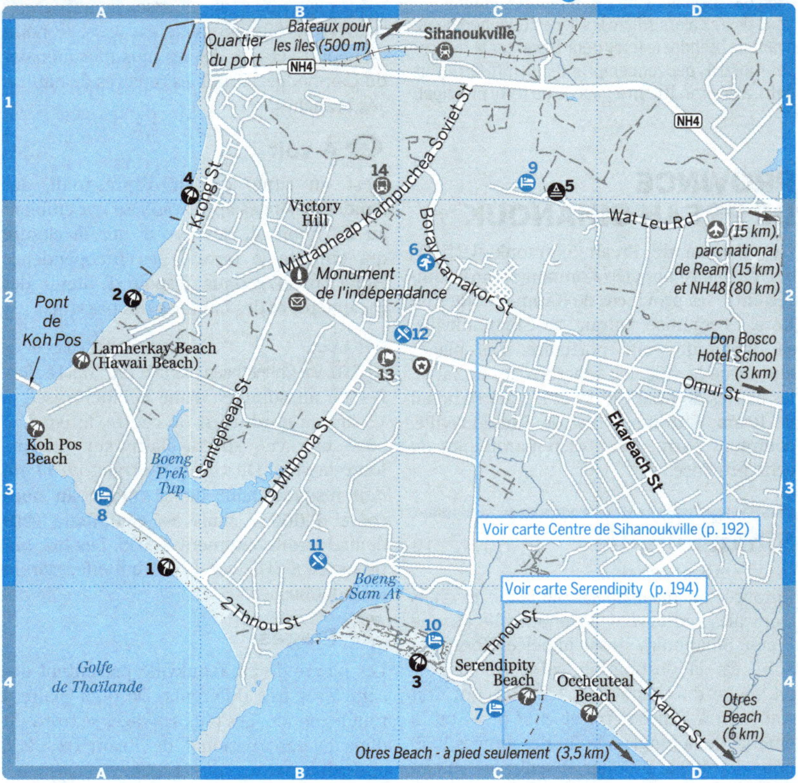

♥ Otres Beach — PLAGE

(ឆ្នេរអូរត្រេះ ; carte p. 198). À l'extrémité sud d'Occheuteal Beach, derrière le promontoire, **Phnom Som Nak Sdach** (colline du Palais du roi), Otres Beach étire à l'infini son sable bordé de casuarinas.

Si elle n'est plus la plage déserte qu'elle fut autrefois, Otres bénéficie en revanche d'une eau plus propre et d'une ambiance plus décontractée que les autres plages de Sihanoukville. Très étendue, il suffit de marcher vers le sud pour trouver un coin de sable rien que pour soi.

Convoitée par les promoteurs, Otres a jusqu'à présent réussi à éviter les grands complexes touristiques mais une trentaine d'infrastructures indépendantes et de bungalows de plage, y compris deux boutique-hôtels plus haut de gamme, s'y sont installés. Otres Beach est divisée en trois parties distinctes : **Otres 1** (carte p. 198), le secteur le plus proche et le plus fréquenté ; **Otres 2** (carte p. 198), plus calme et plus connu sous le nom de "Long Beach", qui s'étire après une étendue de plage déserte de plus de 2 km au sud (promise à des aménagements) ; et enfin **Otres Village**, à l'intérieur des terres, autour de l'estuaire, de plus en plus apprécié et doté d'une ambiance détendue.

Otres Beach est située à 5 km au sud du secteur de Serendipity. Pour y accéder, comptez 2/5 $US en *moto-dop/tuk-tuk* (supplément la nuit). Pour rejoindre Otres par vos propres moyens, suivez vers le sud-est la route qui longe la plage et contournez la colline en vous dirigeant vers l'intérieur des terres par la route goudronnée. Depuis le centre-ville, à partir du *psar* Leu, prenez Omui St vers l'est, sur 5 km.

Sokha Beach — PLAGE

(ឆ្នេរសុខា ; carte ci -dessus). S'étirant sur 1,5 km, entre Independence et Serendipity, Sokha est la plus jolie plage de

Sihanoukville

À voir

- 1 Independence Beach A3
- 2 Lamherkay Beach A2
- 3 Sokha Beach C4
- 4 Victory Beach A1
- 5 Vat Leu C1

Activités

- 6 Fitness Resort C2

Où se loger

- 7 Cloud 9 .... C4
- 8 Independence Hotel A3
- 9 Pagoda Rocks C1
- 10 Sokha Beach Resort C4

Où se restaurer

- 11 Chez Claude B3
- 12 Dao of Life C2

Renseignements

- 13 Consulat du Vietnam B2

Transports

- 14 Gare routière B1

Sihanoukville, avec son sable fin qui crisse sous les pieds. Seule sa minuscule extrémité orientale est publique, sans qu'il n'y ait jamais foule. Le reste de la plage appartient désormais au luxueux **Sokha Beach Resort** (carte ci-contre ; ☎034-935999 ; www.sokhahotels.com ; Thnou St ; ch/ste à partir de 171/210 $US ;). Les non-résidents peuvent en profiter, à condition de consommer, et peuvent se baigner dans la piscine de l'hôtel (5 $US).

Victory Beach PLAGE

(ឆ្នេរជ័យជំនះ ; carte ci-contre). Ce n'est pas la plus belle plage de la ville – le port de Sihanoukville se profile en arrière-plan –, mais cette étendue de sable est propre et convient aux familles. Vous trouverez de nombreux petits restaurants de plage.

Lamherkay Beach PLAGE

(ឆ្នេរលំហែកាយ ; carte ci-contre). À 1,5 km au sud-ouest de Victory Beach, Lamherkay Beach ("Hawaii Seaview Beach") est prise d'assaut par des Cambodgiens qui viennent en voiture le week-end et les jours fériés. En semaine, elle est bien plus calme. **Koh Pos** (île aux Serpents), à 800 m du rivage, devrait accueillir prochainement un vaste *resort* financé par des capitaux russes, d'où ce nouveau pont qui la relie au continent.

Independence Beach PLAGE

(ឆ្នេរឯករាជ្យ ; carte ci-contre). Au nord-est de Sokha Beach, Independence Beach (7-Chann Beach) a presque été entièrement colonisée pour un projet de construction. La seule partie accessible est en contrebas du vénérable hôtel à laquelle la plage doit son nom.

Activités

Starfish Bakery & Café MASSAGE

(Carte p. 192 ; près du 7 Makara St ; 6-10 $US/heure ; 7h-18h). Les masseuses (non-voyantes ou handicapées physiques), formées par des thérapeutes occidentaux, proposent différentes formules : massages cambodgiens ou thaïlandais, des pieds aux huiles ou de la tête à l'indienne. Les profits sont reversés à des projets d'aide sociale.

Relax SPA

(Carte p. 194 ; ☎085-352213 ; Serendipity Beach Rd ; à partir de 10 $US/heure ; 10h-21h30). Les massages cambodgiens des pieds, aux huiles de lavande et de jasmin, ont un franc succès. Également : soins du visage et des pieds, et épilation à la cire.

Seeing Hands Massage 3 MASSAGE

(Carte p. 192 ; 95 Ekareach St ; 6 $US/heure ; 8h-21h). Certains des masseurs non-voyants qui travaillent dans cet établissement parlent anglais.

Fitness Resort CENTRE DE FITNESS

(Carte p. 190 ; ☎015-620534 ; www.fitness-sihanoukville.com ; Boray Kamakor St ; pass journée/cours 5/6 $US ; 6h-20h lun-sam, 6h-12h dim). Un centre tenu par des Français avec une immense salle de gym en plein air, où l'on peut pratiquer la musculation et l'aérobic, et suivre des cours de boxe khmère ou thaïlandaise.

Plongée et sports aquatiques

Scuba Nation PLONGÉE

(Carte p. 194 ; ☎012-604680 ; www.divecambodia.com ; Serendipity Beach Rd ; forfait 2 plongées 85 $US, PADI Open Water 445 $US ; 8h-18h30). Le plus ancien prestataire de plongée à Sihanoukville, Scuba Nation est un centre PADI 5 étoiles, avec un bateau confortable pour les excursions d'une journée ou les croisières de plusieurs jours.

Dive Shop PLONGÉE

(Carte p. 194 ; ☎034-933664 ; www.diveshop-cambodia.com ; Serendipity Beach Rd ; PADI Discover Scuba 95 $US, forfait 1/2 plongée(s)

Centre de Sihanoukville

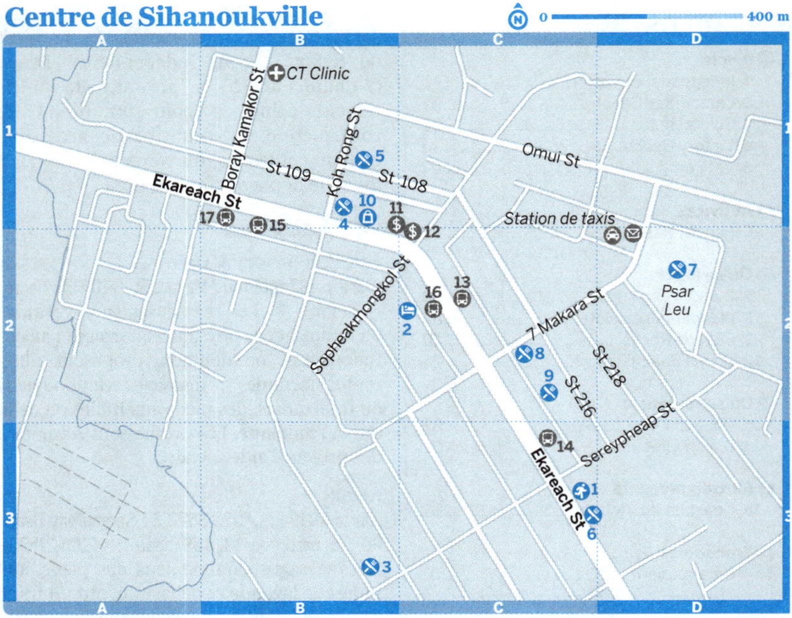

Centre de Sihanoukville

Activités
1 Seeing Hands Massage 3 .... C3
Starfish Bakery & Café.................... (voir 9)

Où se loger
2 Small Hotel C2

Où se restaurer
3 Cabbage Farm Restaurant.................... B3
4 Espresso Kampuchea B1
5 Gelato Italiano B1
6 Holy Cow C3
7 Psar Leu D2
8 Samudera Supermarket........................ C2
9 Starfish Bakery & Café.......................... C2

Achats
10 Mr Heinz B1
Starfish .... (voir 9)

Renseignements
11 ANZ Royal Bank....................................... B1
12 Canadia Bank.. C2

Transports
13 Capitol Tour C2
14 GST.. C3
15 Phnom Penh Sorya B1
16 Rith Mony C2
17 Virak Buntham... B1

65/80 $US ; ⏲9h-19h). Un centre de plongée PADI 5 étoiles qui offre toute la gamme de cours PADI, mais également des plongées ludiques et des croisières qui durent plusieurs jours.

Vous trouverez également une boutique de plongée à Koh Rong Sanloem.

EcoSea Dive PLONGÉE
(Carte p. 194 ; ☎034-934631 ; www.ecoseadive.com ; ⏲9h-19h). Ce prestataire propose des formations PADI et SSI et forfaits plongée aux tarifs abordables (voir site Internet).

Hurricane Windsurfing SPORTS AQUATIQUES
(Carte p. 198 ; ☎017-471604 ; sydney.victor@yahoo.fr ; Queenco Palm Beach Resort, Otres 1 ; ⏲9h-18h30). Location de *paddle boards* (8 $US/heure), de planches à voile (basique/haute performance 10/20 $US/heure), de kayaks de mer (1/2 personnes 4/6 $US/heure) et de *skim boards* (laissez-vous tenter par le *skim* tracté). Quand la houle se forme au large d'Otres Beach, ce qui arrive parfois de mai à octobre, on peut aussi louer des planches de surf et des bodyboards.

Blue Lagoon Kitesurf Centre SPORTS AQUATIQUES
(Carte p. 198 ; ☎085-511145 ; Papa Pippo, Otres 1 ; cours équipement inclus 50 $US/heure ; ⏲9h-19h). Ce centre de kitesurf loue du matériel et dispense des cours d'un ou plusieurs jours. Situé sur Otres Beach, près du restaurant Papa Pippo, il organise aussi des excursions en bateau vers 4 îles (15 $US/personne avec petit-déjeuner, déjeuner et snorkeling).

Cours

Don Bosco Hotel Khmer Cooking Course CUISINE
(☎034-934478 ; www.donboscohotelschool.com/cooking.php ; Don Bosco Hotel School, Ou Phram St ; 30 $US/pers). Les cours de cuisine offrent l'opportunité de soutenir l'honorable école hôtelière Don Bosco et d'acquérir quelques compétences culinaires khmères. Au programme : visites de l'école et du marché et déjeuner composé de 3 plats (que vous aurez aidé à préparer). Les cours se tiennent généralement de 10h à 12h30 le mardi, le jeudi et le samedi.

Circuits organisés

Les circuits à la journée vers les îles proches et vers le parc national de Ream (20 $US/pers) ont beaucoup de succès – néanmoins, il est aussi possible de louer un bateau pour visiter les îles par vous-même (adressez-vous aux agences de voyages et aux pensions). Comptez 50 $US pour un bateau d'Occheuteal à Koh Ta Kiev, un peu moins pour Koh Russei. Tarif plus avantageux au départ d'Otres Beach.

Les croisières "alcoolisées" offrent aux *backpackers* l'occasion de passer la journée à boire (déconseillé) sous le soleil à bord d'un bateau. Sachez que des accidents se sont déjà produits (un bateau a notamment coulé à cause d'un nombre trop important de passagers) et qu'il y a rarement assez de gilets de sauvetage à bord. Renseignez-vous bien sur le prestataire avant de réserver.

Eco-Trek Tours CIRCUITS D'AVENTURE
(Carte p. 194 ; ☎012-987073 ; www.ecotourscambodia.com ; ⏲8h-22h). Excursions en bateau et randonnées vers le parc national de Ream, ainsi que des sorties en mer autour des îles.

Liberty Ranch ÉQUITATION
(Carte p. 198 ; ☎097-257 0187; www.libertyranch-sihanoukville.com ; village d'Otres ; randonnée 1/2/3 heures 25/45/60 $US ; ⏲7h-11h et 15h-18h). Une balade à cheval est un bon moyen de découvrir la campagne paisible autour de Sihanoukville. Les débutants pourront choisir des randonnées le long d'Otres Beach et explorer les petits villages environnants. Les cavaliers plus aguerris pourront s'aventurer plus loin dans les collines.

Party Boat CROISIÈRES
(Carte p. 194 ; www.thepartyboat.asia ; jetée de Serendipity Beach ; 25 $US/pers). Le Party Boat propose une croisière quotidienne (9h30-17h) vers Koh Rong Sanloem avec snorkeling, en-cas, déjeuner et boisson. Également service de transport pour assister aux fêtes de la pleine lune (départ de Sihanoukville à 17h ; retour vers 8h le lendemain).

Stray Dogs of Asia CIRCUITS D'AVENTURE
(Carte p. 194 ; ☎017-810125 ; www.straydogasia.com ; Mithona St ; circuits organisés à partir de 100 $US/jour ; ⏲9h-18h). Circuits à la journée autour de Sihanoukville sur des motos trials.

Où se loger

À Sihanoukville, tout est question d'emplacement : chaque quartier a son identité et attire une clientèle spécifique. Les prix mentionnés ici valent pour la haute saison (de novembre à mars) ; ils baissent de juin à octobre, en particulier sur Serendipity Beach et Otres Beach, et peuvent augmenter fortement lors des fêtes khmères dans certains établissements.

Serendipity et Occheuteal

La route de Serendipity Beach (Serendipity Beach Rd) est le grand repaire des *backpackers*. Elle s'étend jusqu'à la colline depuis la plage, et relie Ekareach St au **Golden Lions Roundabout** (rond-point des Lions dorés ; carte p. 194 ; Ekareach St). Une série d'hôtels et de pensions bon marché bordent la rue qui grimpe sur la colline. De bonnes adresses de catégorie moyenne jalonnent également les rues qui partent vers le sud-est.

Le bruit des boîtes de nuit voisines affecte ici la plupart des hébergements. Il diminue sensiblement autour des auberges de jeunesse plus à l'est. Ceux qui ont le sommeil léger devraient éviter d'y séjourner.

Chochi Garden PENSION $
(Carte p. 194 ; ☎096-2747674 ; www.facebook.com/Chochi-Garden-Guest-House-944887078922026 ; Serendipity Beach Rd ; ch ventil/clim 15/25 $US ;). Enfin une auberge de jeunesse de charme à Serendipity ! Le couple italo-japonais Francesca et Taka a réussi à créer

Serendipity

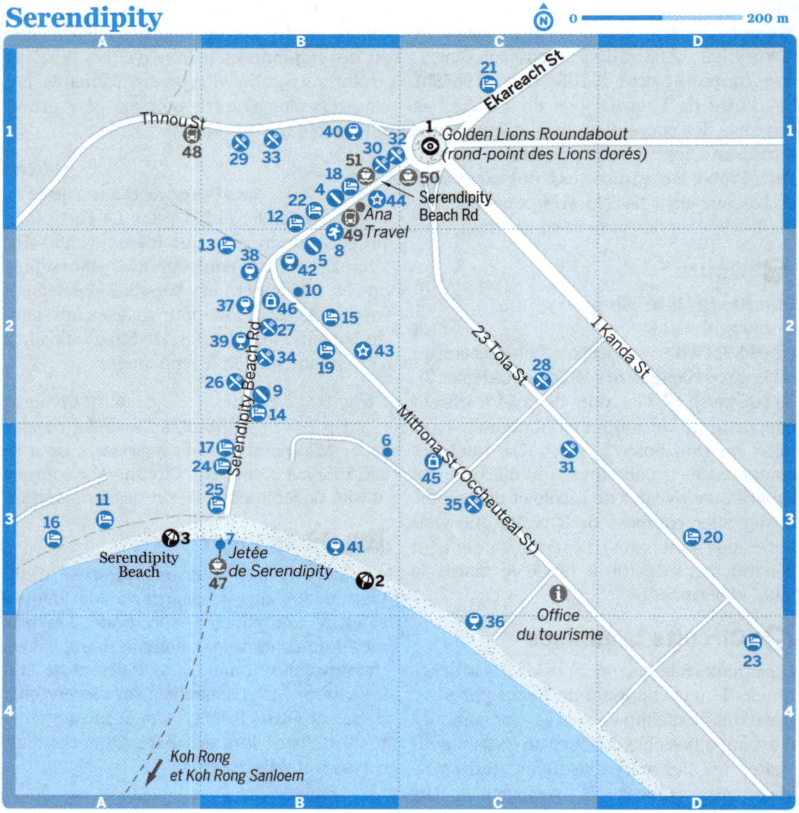

ce qui se rapproche le plus d'une oasis de tranquillité au cœur de l'action. À l'avant, un bar-restaurant branché. Et à l'intérieur, des chambres simples, certaines avec toit de chaume. Jardin bucolique parsemé de sièges confortables.

The Gypsies PENSION $

(Carte ci-dessus ; ☎088-7882100 ; www.the-gypsies.com ; Serendipity Beach Rd ; dort/ch 7/25 $US ; ❄ 📶). À côté de la jetée de Serendipity, le Gypsies est facilement repérable avec sa façade jaune. À l'étage, 4 chambres aérées au charme bohème donnent sur un grand balcon spacieux qui permet de profiter de l'agitation de la rue. Il y a aussi un dortoir exigu. Le café au rez-de-chaussée sert une cuisine correcte.

One Stop Hostel AUBERGE DE JEUNESSE $

(Carte ci-dessus ; ☎096-3390005 ; onederz.com/sihanoukville ; Golden Lions Roundabout ; dort 7 $US ; ❄ 📶 🏊). Cette auberge de jeunesse propose des dortoirs de 8 lits, rénovés récemment, et pourvus de lampes individuelles ainsi que de casiers. Quant aux chambres, elles sont disposées autour d'une petite piscine, et sont protégées du bruit par des baies vitrées, preuve que l'élégance n'est pas nécessairement hors de prix

Monkey Republic AUBERGE DE JEUNESSE $

(Carte ci-dessus ; ☎092-000000 ; monkeyrepublic.info ; Serendipity Beach Rd ; dort 6 $US, ch avec ventil 15-22 $US, ch avec clim 18-30 $US ; ❄ @ 📶). Auto-proclamé le "siège des *backpackers*", le Monkey Republic s'est relevé de ses cendres en 2013, suite à l'incendie spectaculaire qui heureusement n'a fait aucune victime. L'établissement dispose de dortoirs corrects et simples, de chambres abordables dans un bâtiment jaune de style colonial. Le bar-restaurant attire une clientèle de jeunes voyageurs.

Serendipity

À voir
1 Golden Lions Roundabout.......C1
2 Occheuteal Beach.......B3
3 Serendipity Beach.......A3

Activités
4 Dive Shop.......B1
5 EcoSea Dive.......B2
6 Eco-Trek Tours.......B3
7 Party Boat.......B3
8 Relax.......B2
9 Scuba Nation.......B2
10 Stray Dogs of Asia.......B2

Où se loger
11 Above Us Only Sky.......A3
12 Big Easy.......B1
13 Blue Sea Boutique Hotel.......B2
14 Chochi Garden.......B2
15 Coolabah Resort.......B2
16 Cove.......A3
17 Diamond Ocean Resort.......B3
18 Monkey Republic.......B1
19 Nice Beach Hotel.......B2
20 OC Hotel.......D3
21 One Stop Hostel.......C1
22 Reef Resort.......B1
23 Ropanha Boutique Hotel.......D4
24 Serendipity Beach Resort.......B3
25 The Gypsies.......B3

Où se restaurer
26 Cafe Mango.......B2
27 Invito.......B2
28 Leisure Cafe.......C2
29 Marco Polo.......B1
30 Mick & Craig's.......B1
31 Nyam.......C3
32 Olive & Olive.......B1
33 Sandan.......B1
34 So.......B2
35 Taj Mahal.......C3

Où prendre un verre et faire la fête
36 JJ's Playground.......C4
37 La Rhumerie.......B2
38 Led Zephyr.......B2
39 Maybe Later.......B2
40 Reggae Bar.......B1
41 Sessions.......B3
42 Utopia.......B2

Où sortir
43 Galaxy Cinema.......B2
44 Top Cat Cinema.......B1

Achats
45 Q&A.......C3
46 Tapang.......B2

Transports
47 Quai des ferries.......B3
48 Giant Ibis.......A1
49 Kampot Tours & Travel.......B1
50 Speed Ferry Cambodia.......C1
51 TBC Speed Boat.......B1

Big Easy
AUBERGE DE JEUNESSE $

(Carte ci-contre ; ☎081-943930 ; Serendipity Beach Rd ; dort 3 $US, ch 6-10 $US ;). Cette auberge de jeunesse associe sous un même toit hébergement, cuisine réconfortante et bar musical, tendance rock. Les chambres sont basiques mais vous passerez la plus grande partie de votre temps au bar, où il règne une bonne ambiance, avec parfois des concerts ou des retransmissions de matchs de foot.

Ropanha Boutique Hotel
BOUTIQUE-HÔTEL $$

(Carte ci-contre ; ☎012-556654 ; www.facebook.com/RopanhaBoutiqueHOTEL ; 23 Tola St ; ch 45-55 $US petit-déj inclus ;). Le Ropanha est actuellement la meilleure adresse aux environs de Serendipity dans la catégorie hôtel de charme abordable. Entourées d'un jardin luxuriant agrémenté et d'une piscine, les chambres sont bien équipées (TV et lecteurs DVD) et les salles de bains ont des douches à ciel de pluie. Propreté exemplaire et murs peints en blanc. Les chambres "luxe" donnent sur la piscine.

OC Hotel
HÔTEL $$

(Carte ci-contre ; ☎012-239333 ; www.ochotel.asia ; 23 Tola St ; ch 49-86 $US petit-déj inclus ;). L'adresse compte 2 hôtels "OC". Le plus récent offre des chambres de luxe élégantes et contemporaines, ouvertes sur la piscine ; le plus économique propose des chambres dans l'ancien bâtiment, bien équipées mais moins lumineuses. Transferts gratuits vers Otres Beach pour les clients.

Coolabah Resort
HÔTEL $$

(Carte ci-contre ; ☎017-678218 ; www.coolabah-hotel.com ; 14 Mithona St ; ch 42-65 $US ;). Cet hôtel populaire, tenu par un Australien, peut se vanter d'avoir le personnel le plus serviable de Serendipity. Vous y trouverez un bon choix de chambres (y compris familiales) de style classique aux tons neutres et décorées de tableaux. Salles de bains contemporaines. Le bar est l'un des endroits les plus décontractés de Serendipity, idéal pour se détendre autour d'une bière.

Reef Resort HÔTEL $$

(Carte p. 194 ; ☎034-934281 ; www.reefresort.com.kh ; Serendipity Beach Rd y ; petit-déj inclus d 30-40 $US, f 55-60 $US ;). Plus ancien hôtel haut de gamme à avoir vu le jour à Serendipity, le Reef a été récemment rénové dans un style méditerranéen moderne par ses nouveaux propriétaires dynamiques. Vastes chambres, suites familiales bien équipées et piscine de 12,5 m en font un excellent choix.

Cloud 9 BUNGALOWS $$

(Carte p. 190 ; ☎098-215166 ; www.cloud9bungalows.com ; Serendipity Beach ; bungalow avec ventil 40-100 $US ;). Cet établissement agréable, le plus récent de Serendipity Beach, est aussi le plus éloigné du bruit des boîtes de nuit. Il abrite un bar tropical chaleureux et plusieurs bungalows en bois de style khmer, dont les balcons donnent sur la mer.

Cove BUNGALOWS $$

(Carte p. 194 ; ☎034-6380296 ; www.thecovebeach.com ; Serendipity Beach ; ch avec clim à partir de 29 $US, bungalow à partir de 40 $US ;). Nichés à flanc de colline, les bungalows, dont la plupart font face à la mer, sont tous dotés de balcons et de hamacs. Mais ne vous attendez pas à beaucoup d'intimité car les bungalows sont très rapprochés. Il y a également des chambres dans un bâtiment en béton perché sur la colline.

Blue Sea Boutique Hotel HÔTEL $$

(Carte p. 194 ; ☎034-933999 ; www.bluesea-boutique.com ; Serendipity Beach Rd ; ch 60-80 $US petit-déj inclus ;). Les bungalows sont répartis au cœur d'un jardin luxuriant avec piscine. Les chambres, décorées de touches asiatiques, sont bien équipées (bouilloire et produits de toilette). Quelques-unes sont idéales pour les familles.

Nice Beach Hotel HÔTEL $$

(Carte p. 194 ; ☎034-6594999 ; www.nice-beach-hotel.com ; 14 Mithona St ; ch 25-35 $US petit-déj inclus ;). Cet hôtel, aux allures de villa, offre un rapport qualité/prix attractif. Chambres climatisées équipées de réfrigérateur et de TV. Optez pour une chambre à l'avant avec salle de bains et balcon.

Diamond Ocean Resort HÔTEL $$

(Carte p. 194 ; ☎034-6833999 ; www.diamondoceanresort.com ; Serendipity Beach Rd ; ch 55-75 $US petit-déj inclus ;). La façade quelconque cache un hôtel récent qui devrait satisfaire les amateurs de confort moderne. Les chambres spacieuses révèlent des touches subtiles d'art khmer et des salles de bains contemporaines.

Serendipity Beach Resort HÔTEL $$

(Carte p. 194 ; ☎034-938888 ; www.serendipitybeachresort.com ; Serendipity Beach Rd ; ch 45-75 $US ;). Ne prêtez pas attention à l'extérieur, peu attirant : l'intérieur est splendide. Résolument bon marché, compte tenu de la taille et du style des chambres. Grande piscine un peu à l'ombre.

Above Us Only Sky BUNGALOWS $$$

(Carte p. 194 ; ☎089 822318 ; www.aboveusonlysky.asia ; Serendipity Beach ; bungalow 80-100 $;). Les bungalows sont agréablement minimalistes à l'intérieur, avec sols carrelés et portes vitrées pour profiter au maximum de la vue. Vous risquez de passer une bonne partie de votre temps sur le balcon, confortablement installé dans un fauteuil en rotin à contempler la mer. Le bar-restaurant, perché sur près du rivage, est un vrai bijou.

Centre-ville et ses environs

Assez décrépit, le centre-ville s'étend le long d'Ekareach St et vers le nord. Le quartier a parfois la faveur des voyageurs pour ses adresses bon marché sur des périodes longues, pour son éloignement des zones touristiques et pour son côté pratique (nombreuses banques et commerces, et marché principal).

Le secteur de Victory Hill (Weather Station Hill, ou encore "The Hill"), qui était auparavant privilégié par les *backpackers*, se trouve sur les hauteurs au-dessus de Victory Beach. Bien loin de son ancienne ambiance hippie, l'artère principale est devenue un peu sinistre. On y trouve néanmoins l'une des plus anciennes pensions, qui reste une bonne adresse.

Les deux plages d'Independence Beach et de Sokha Beach sont bordées de complexes hôteliers haut de gamme.

Small Hotel HÔTEL $

(Carte p. 192 ; ☎034-6306161 ; www.thesmallhotel.info ; s/d 17/25 $US ;). Cet hôtel accueillant et douillet, dirigé par un chaleureux couple suédo-cambodgien – est tenu dans la pure tradition scandinave. Il abrite 11 chambres immaculées, avec eau chaude, réfrigérateur et TV.

Don Bosco Hotel School HÔTEL $$
(☎034-934478 ; www.donboscohotelschool.com ; Ou Phram St ; s 35 $US, d 40-65 $US ;). Cet excellent hôtel est doublé d'une école hôtelière, où des jeunes apprennent les métiers de l'hôtellerie. Les chambres sont d'un très bon rapport qualité/prix et le service est digne d'un 3-étoiles ! Grande piscine, salle de sport et restaurant italien. De quoi compenser son emplacement qui n'est pas idéal !

Le Don Bosco est clairement indiqué depuis Omui St, lorsque l'on quitte le centre-ville par la route d'Otres Beach.

Pagoda Rocks BOUTIQUE-HÔTEL $$
(Carte p. 190 ; ☎077-524275 ; www.pagodarocks.com ; quartier du vat Leu ; d/f 65/105 $US ;). Une adresse éloignée des plages mais qui ne manque pas d'atouts : restaurant chic, piscine à débordement avec vue sur le port et bungalows élégants. L'accès n'est pas simple sans véhicule ; comptez 5 $US l'aller en *tuk-tuk* (indiquez le *vat* Leu au chauffeur).

Independence Hotel HÔTEL $$$
(Carte p. 190 ; ☎034-934300 ; www.independencehotel.net ; 2 Thnou St ; d/ste à partir de 130/155 $US ;). Relancé il y a une dizaine d'années, ce bel hôtel de 7 étages construit en 1963 rappelle l'ambiance Riviera de la grande époque de Sihanoukville. Chambres contemporaines avec vue sur la mer ou sur les jardins paysagers, et quelques bungalows donnant sur la mer. Prenez l'ascenseur jusqu'à la plage privée !

Otres Beach

Petite et branchée, Otres est la plage décontractée de Sihanoukville, avec une série de bungalows, pensions et hôtels de charme installés le long du sable. La plage est divisée en deux parties (1 et 2) séparées par une section non construite de 2,5 km de long. Otres 1 rassemble la plupart des hébergements, tandis qu'Otres 2, au sud et plus au calme, abrite les complexes hôteliers chics. À l'arrière du bord de mer, Otres Village compte plusieurs établissements agréables sur les rives de l'estuaire.

Wish You Were Here AUBERGE DE JEUNESSE $
(Carte p. 198 ; ☎097-7261172 ; wishotres.com ; Otres 1 ; dort 6 $US, ch 14-16 $US, bungalows 18 $US ;). Ce bâtiment en bois massif est l'un des repaires les plus branchés d'Otres. Les chambres sont simples mais il y a un balcon à l'étage, idéal pour se détendre, et un bar-restaurant au rez-de-chaussée, avec une bonne ambiance grâce à sa programmation

LA DERNIÈRE BATAILLE DE LA GUERRE DU VIETNAM

Le dernier épisode meurtrier de la guerre du Vietnam a eu lieu au Cambodge, au large de Sihanoukville. Le 12 mai 1975, deux semaines après la chute de Saigon, des Khmers rouges appréhendent un navire marchand américain, le *Mayagüez*. Ils ont eux-mêmes embarqué sur des Swift, des navires américains pris à l'ennemi. Le porte-conteneurs, qui est en train de suivre un trajet de routine entre Hong Kong et la Thaïlande, est amarré à 50 km au sud-ouest de Sihanoukville, au large de Koh Tang. Les 39 membres de l'équipage sont conduits à Sihanoukville.

Désireux d'afficher sa détermination face à cet "acte de piraterie", le président Gerald Ford ordonne la libération des marins et la restitution du navire. Des avions décollent du porte-avions américain *Coral Sea* pour bombarder la raffinerie de pétrole de Sihanoukville et la base aérienne de Ream. Les marines se préparent à livrer leur premier abordage sur un navire en mer depuis 1826.

Le 15 mai, ils se lancent à l'assaut du *Mayagüez*, mais celui-ci a été abandonné. Parallèlement, des unités aériennes se posent à Koh Tang. L'île, que les Américains croyaient mal défendue, a été fortifiée dans l'éventualité d'une attaque vietnamienne – le Vietnam la revendique également. Par ailleurs, à l'insu des Américains, tôt le matin, les Khmers rouges ont fait monter l'équipage du Mayagüez à bord d'un bateau de pêche thaïlandais. Pendant l'assaut, la plupart des hélicoptères américains sont endommagés ou détruits, et 15 soldats perdent la vie. Durant leur retrait précipité de l'île, trois marines sont laissés sur place. Ils seront, dit-on, exécutés par les Khmers rouges.

Aujourd'hui, à Washington, le mémorial de la guerre du Vietnam présente la liste des hommes tombés au combat. Les noms sont donnés par ordre chronologique ; les victimes de cet épisode y figurent donc en dernier.

Otres Beach

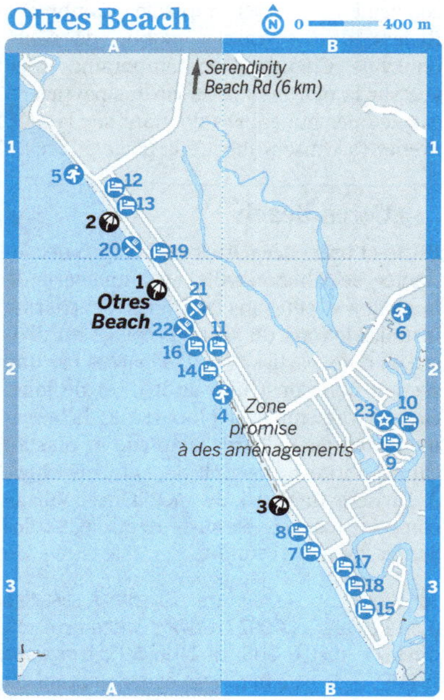

Otres Beach

Les incontournables
1 Otres Beach A2

À voir
2 Otres 1 Beach A1
3 Otres 2 Beach B3

Activités
4 Blue Lagoon Kitesurf Centre B2
5 Hurricane Windsurfing A1
6 Liberty Ranch B2

Où se loger
7 Castaways B3
8 Elephant Garden B3
9 Hacienda B2
10 Mama Clare's B2
11 Mushroom Point A2
12 Otres Lodge A1
13 Otres Orchid A1
14 Papa Pippo A2
15 Ren B3
16 SeaGarden A2
17 Secret Garden B3
18 Tamu B3
19 Wish You Were Here A1

Où se restaurer
20 Chez Paou A1
21 Mom's Kitchen A2
Mushroom Point .... (voir 11)
Papa Pippo .... (voir 14)
22 Shin A2

Où sortir
23 Otres Market B2

musicale et à son personnel sympathique. Même si vous n'y séjournez pas, arrêtez-vous pour prendre un verre ou pour goûter aux tourtes à la viande (4,50-7 $US) ou aux *quesadilla* (3-4,50 $US).

Otres Orchid BUNGALOW $

(Carte ci-dessus ; ☎034-6338484 ; www.otresorchid.com ; Otres 1 ; bungalow avec ventil/clim 20/35 $US ; ❄📶). D'un excellent rapport qualité/prix, l'Orchid loue des bungalows situés dans un jardin à deux pas de la plage. Les bungalows supérieurs, plus élégants, sont équipés de ventilateurs et d'un balcon avec hamacs.

SeaGarden BUNGALOW $

(Carte ci-dessus ; ☎096-2538131 ; www.seagardenotres.com ; Otres 1 ; dort 5 $US, ch 15-20 $US ; 📶). Si vous êtes en quête d'un bungalow bon marché sur la plage, ne cherchez pas plus loin. Le SeaGarden loue des huttes basiques et des chambres dans un bâtiment sur pilotis sur la plage. L'adresse est impeccable et le propriétaire construisait un nouveau dortoir lors de notre passage.

Castaways BUNGALOW $

(Carte ci-dessus ; ☎012-998492 ; Otres 2 ; bungalow 15-25 $US). Cinq bungalows sur le sable, avec parquet et peintures au mur. Les plus chers sont équipés de salles de bains privées. Emplacement calme, idéal pour se détendre.

Hacienda AUBERGE DE JEUNESSE $

(Carte ci-dessus ; ☎070-814643 ; Otres Village ; dort 4 $US, ch 8-15 $US ; 📶). Cette auberge de jeunesse décontractée, située sur l'estuaire d'Otres, propose des dortoirs bon marché et des bungalows basiques. Vous trouverez sur place un bar-restaurant populaire où les soirées se transforment souvent en fêtes !

♥ **Mushroom Point** BUNGALOWS $$

(Carte ci-dessus ; ☎078-509079 ; Otres 1 ; dort 8 $US, bungalow 25-30 $US ; 📶). Situé au-dessus du restaurant, le dortoir, ouvert aux quatre vents, a la forme d'un champignon, d'où son nom ("mushroom" en anglais). Même les plus réticents à la vie communautaire apprécieront les "coques" drapées de moustiquaires. Hamacs à l'extérieur et annexe sur la plage avec d'autres bungalows et un bar.

Elephant Garden COMPLEXE HÔTELIER $$
(Carte ci-contre ; ☎034-659 0222 ; www.elephant-garden.com ; Otres 2 ; bungalow 35-50 $US, f 60 $US ; ❄📶). Ce complexe hôtelier plutôt intimiste jouit d'un emplacement tranquille sur la plage ainsi que de terrasses ombragées et confortables. Au choix, installez-vous dans l'une des maisons khmères sur pilotis ou optez pour un bungalow au toit de chaume. La suite en duplex est parfaite pour ceux qui voyagent en famille.

Otres Lodge BUNGALOWS $$
(Carte ci-contre ; ☎070-857391 ; www.otreslodge.com ; Otres 1 ; bungalow avec ventil/clim 45/55 $US ; ❄📶🏊). Bungalows spacieux en bois et toit de chaume, au milieu d'un jardin fleuri. À l'avant, une petite piscine, pratique pour les paresseux qui n'auront pas à traverser la route jusqu'à la plage pour se rafraîchir. Le restaurant est réputé pour ses burgers.

Papa Pippo BUNGALOWS $$
(Carte ci-contre ; ☎010-359725 ; www.papapippo.com ; Otres 1 ; bungalow 30-35 $US). Bungalows confortables et élégants situés sur le bord de la plage. On apprécie les baies vitrées offrant un vue sur la mer, tandis que les murs en bois peints et les sols carrelés ajoutent une touche d'originalité.

Mama Clare's BUNGALOWS $$
(Carte ci-contre ; ☎097-6902914 ; www.mamaclares.com ; Otres Village ; bungalow 30-35 $US ; 📶). Installé sur la rive de la rivière, cet établissement simple invite au repos. Les bungalows sur pilotis et habillés de toit de chaume offrent une retraite rustique. Repas végétariens (4-5 $US) servis à heure fixe.

Ren COMPLEXE HÔTELIER $$$
(Carte ci-contre ; ☎098-392526 ; www.ren-resort.com ; Otres 2 ; ch 95-107 $US petit-déj inclus ; 🚭❄📶🏊). Adresse chic à l'architecture des années 1950. Les 24 jolies chambres sont réparties autour d'une piscine et entourées de végétation. Trois d'entre elles sont pourvues de belles salles de bains extérieures, tandis que d'autres jouissent d'un balcons ouvert sur la piscine. Idéal pour piquer une tête dès le réveil.

Secret Garden COMPLEXE HÔTELIER $$$
(Carte ci-contre ; ☎097-6495131 ; www.secretgardenotres.com ; Otres 2 ; bungalow à partir de 119 $US petit-déj inclus ; ❄📶🏊). Le plus ancien hôtel de charme haut de gamme à Otres est toujours l'un des meilleurs. Les bungalows, placés au milieu d'un jardin bien entretenu, avec piscine, sont lumineux et aérés. Bar-restaurant sur la plage de l'autre côté de la route.

Tamu BOUTIQUE-HÔTEL $$$
(Carte ci-contre ; ☎088-9017451 ; www.tamucambodia.com ; Otres 2 ; ch 110-170 $US petit-déj inclus ; ❄📶🏊). Cet hôtel de charme à l'architecture contemporaine propose différents types de chambres. Situées au rez-de-chaussée, les plus simples donnent un accès direct à la piscine. Les plus chères offrent une salle de bains extérieure et un petit jardin privatif. Restaurant branché sur la plage, qui est ouvert à tous.

Où se restaurer

Sihanoukville est le lieu idéal pour changer du plat de nouilles qui constitue le repas moyen dans le Cambodge profond. Serendipity regroupe le plus grand choix de restaurants. Le centre commercial austère renferme aussi quelques surprises culinaires. Pour un repas pittoresque les pieds au bord de l'eau, Otres est le meilleur choix.

Serendipity et Occheuteal

Pour l'ambiance, tentez votre chance dans les restaurants des complexes hôteliers à Serendipity Beach. À deux pâtés de maisons du rivage, Tola St abrite de plus en plus de restaurants, dont beaucoup proposent, en soirée, des barbecues.

♥ **Nyam** CAMBODGIEN $
(Carte p. 194 ; fr-fr.facebook.com/NyamSihanoukville ; 23 Tola St ; plats 2-4,25 $US ; ⏲17h-22h ; 📶). Le Nyam ("manger" en khmer) est l'adresse idéale pour se régaler d'une cuisine cambodgienne créative. Également grands classiques comme l'*amok* (poisson cuit au four dans une feuille de bananier) et, bien sûr, les fruits de mer.

Cafe Mango ITALIEN $
(Carte p. 194 ; Serendipity St ; plats 3-6 $US ; ⏲7h-22h ; 📶). Au menu de ce petit bistrot italien : pizzas au feu de bois, pâtes maison et gnocchis. À déjeuner, ou si vous dînez avant 18h30, un plat accompagné d'une bruschetta et d'une boisson revient à 5 $US.

Leisure Cafe CAFÉ $
(Carte p. 194 ; 23 Tola St ; plats 1,50-3,50 $US ; ⏲7h-21h ; 📶). Dans ce café moderne, situé dans l'enceinte du Golden Sands Hotel, vous dégusterez une boisson originale au café ou des glaces d'importation.

Sandan CAMBODGIEN $$
(Carte p. 194 ; 2 Thnou St ; plats 4-10 $US ; 7h-21h lun-sam ;). Cette table épatante et gastronomique s'inspire vaguement du Romdeng (p. 64), restaurant renommé de Phnom Penh. Elle propose une cuisine cambodgienne créative et participe au programme de formation professionnelle géré par l'ONG locale M'lop Tapang. Aire de jeux pour les enfants et spectacles culturels.

Invito ASIATIQUE $$
(Carte p. 194 ; Serendipity Beach Rd ; plats 4,50-10,50 $US ; 10h-22h ;). Les plats thaïlandais et khmers servis ici comptent parmi les meilleurs de Serendipity Beach Rd. Faites-vous plaisir avec le saumon *nium tre* (saumon et mangue), le curry Panang ou l'*amok* de poisson. Large choix de pâtes et de plats de viande.

So INTERNATIONAL $$
(Carte p. 194 ; Serendipity Beach Rd ; plats 4-10 $US ; 8h-22h ;). Le So a la réputation d'être l'une des meilleures adresses de la ville. Spécialement pour le dîner quand les tables sont éclairées aux bougies et que le menu varie tous les soirs. Parmi les spécialités : crevettes au wasabi et coquilles Saint-Jacques au vin. Si vous dînez tôt, entre 17h et 18h30, vous bénéficiez de 2 plats pour 5 $US.

Marco Polo ITALIEN $$
(Carte p. 194 ; Thnou St ; plats 3-8 $US ; 11h-22h ;). Une cuisine italienne pleine de saveurs préparée par son chef et patron. Pâtes al dente et pizzas à la pâte fine et croustillante.

Taj Mahal INDIEN $$
(Carte p. 194 ; 23 Mithana St ; curries 3-10 $US ; 7h-21h ;). Les expatriés raffolent de la cuisine de ce restaurant, surtout des curries. Cependant, l'addition peut vite grimper et l'on apprécie les *thali* (menus fixes ; 4-7 $US) particulièrement intéressants.

Olive & Olive MÉDITERRANÉEN $$
(Carte p. 194 ; 086-283151 ; Serendipity Beach Rd ; plats 7-13 $US ; 7h-22h). Au menu : une pincée de cuisine grecque, quelques influences turques et beaucoup de spécialités italiennes. Grand choix de pâtes, de fruits de mer et de viandes. La plupart des clients optent pour les pizzas au feu de bois, tout simplement énormes.

Mick & Craig's INTERNATIONAL $$
(Carte p. 194 ; 034-934845 ; www.mickandcraigs.com ; Serendipity Beach Rd ; plats 4-7 $US ; 7h-22h ;). Pension populaire, cette adresse se double d'un restaurant apprécié pour sa cuisine internationale. Menus indiens à 6 $US, et barbecue les jeudis et vendredis soir avec travers de porc.

Centre-ville et ses environs

Pour manger à moindre coût, rien ne vaut les stands de restauration installés dans et autour du **Psar Leu** (carte p. 192 ; 7 Makara St ; 7h-21h). Les vendeurs situés de l'autre côté de la rue, près de la station de taxis depuis/vers Kampot, vous accueillent non-stop, 24h/24.

Dao of Life VÉGAN $
(Carte p. 190 ; Ekareach St ; plats 3,50-6 $US ; 12h-21h mar-dim ;). Installé sur le toit d'un bâtiment, ce café décoré de hamacs et de mobilier recyclé sert des repas végan créatifs et savoureux. Laissez-vous tenter par un burger végétalien (patates douces et haricots noirs), ou par les *linguine* de courgettes. Soirée cinéma les mercredis et projets solidaires avec la communauté locale.

Starfish Bakery & Café CAFÉ $
(Carte p. 192 ; www.starfishcambodia.org ; près du 7 Makara St ; sandwichs 2,50-4,50 $US ; 7h-18h ;). Cet agréable café logé dans un jardin est géré par une ONG. Copieux petits-déjeuners occidentaux, gâteaux, tartes, salades et sandwichs originaux. Idéal pour faire une pause-café dans l'agitation de Sihanoukville. Les bénéfices aident à financer des projets de développement durable.

Espresso Kampuchea CAFÉ $
(Carte p. 192 ; Boray Kamakor St ; plats 2-4 $US ; 8h-17h). Caché dans une rue latérale quelconque dans le centre de Sihanoukville, l'Espresso Kampuchea est une étape obligée pour les amateurs de caféine. Sophal achète personnellement son café au Laos et sert d'excellents cappuccinos et expressos. Petit menu de baguettes et nouilles sautées.

Cabbage Farm Restaurant CAMBODGIEN $
(Carte p. 192 ; petits/grands plats 8 000 r/15 000 r ; 11h-22h). Connu par les gens du quartier sous le nom de Chom Ka Spey, ce lieu remporte un franc succès grâce à ses produits de la mer et à ses assaisonnements épicés. Repérez le panneau en anglais dans Sereypheap St.

Gelato Italiano GLACIER $
(Carte p. 192 ; St 108 ; à partir de 1 $US ; 8h-21h ;). Tenu par des élèves de l'école hôtelière

Don Bosco (p. 197), ce café s'est spécialisé dans les glaces à l'italienne. Boissons à base de café et en-cas servis dans un espace aéré et lumineux également.

Samudera Supermarket SUPERMARCHÉ $
(Carte p. 192 ; 64 7 Makara St ; 6h-22h). Fruits, légumes et produits d'importation, dont du vin et des fromages.

Chez Claude FRANÇAIS $$
(Carte p. 190 ; après 2 Thnou St ; plats 5-15 $US ; 7h-23h ;). Perché au-dessus de Sokha Beach – vue spectaculaire sur la mer – et accessible par un petit téléphérique, ce restaurant logé dans une maison en bois bénéficie d'une belle réputation. Cuisines française, vietnamienne et cambodgienne, et plats de la mer au menu. Faites coïncider votre visite avec le coucher du soleil pour admirer les lumières de Sihanoukville.

Holy Cow INTERNATIONAL $$
(Carte p. 192 ; 83 Ekareach St ; plats 2,50-7 $US ; 8h30-23h ;). Pâtes, burgers et tourtes à la viande, ce café-restaurant branché sert aussi des bagels au fromage, des sandwichs au pain maison et une bonne sélection d'assiettes végétariennes. Le menu comprend deux desserts végan, à base de chocolat.

Otres Beach

Mom's Kitchen CAMBODGIEN $
(Carte p. 198 ; Otres 1 ; plats 1,50-2,50 $US ; 8h-19h). Installez-vous côté rue pour savourer les plats bon marché à base de riz et de nouilles préparés par les femmes de l'arrière-boutique. Rien de vraiment extraordinaire : simplement une cuisine khmère fraîche et savoureuse.

Chez Paou INTERNATIONAL $$
(Carte p. 198 ; Otres 1 ; plats 5-8 $US, spécialités khmères 15-22 $US ; 7h-22h ;). La cuisine gastronomique et originale façon Otres et côté plage. Le menu présente des classiques occidentaux (pâtes et burgers), ainsi que des spécialités khmères (à commander), comme la raie cuite à la braise et relevée au poivre de Kampot, les crevettes flambées au pastis ou encore le crabe cuisiné de deux façons.

Mushroom Point INTERNATIONAL $$
(Carte p. 198 ; Otres 1 ; plats 3,50-12 $US ; 8h-22h). Délicieux petits-déjeuners servis avec baguette, confiture de mangue et muesli. Les pizzas et les assiettes de fruits de mer cuits au barbecue sont les plats les plus demandés. Belle carte des vins.

Papa Pippo ITALIEN $$
(Carte p. 198 ; www.papapippo.com ; Otres 1 ; plats 5-7 $US ; 9h-21h30 ;). En bord de plage, le Papa Pippo diffuse un parfum d'Italie à Otres. Les pâtes maison comptent parmi les meilleures du littoral et le menu affiche de nombreuses spécialités d'Émilie-Romagne, d'où sont originaires les gérants.

Shin JAPONAIS $$
(Carte p. 198 ; Otres 1 ; plats 6-9 $US ; 9h-4h). Sirotez un cocktail en grignotant des sushis fraîchement préparés, les pieds sur le sable. Le soir, le bar prend le dessus sur le restaurant. Si vous cherchez une adresse à Otres ouverte jusque tard, vous êtes au bon endroit.

Où prendre un verre et faire la fête

Sihanoukville ne manque pas de bars pour siroter une bière Angkor servie à la pression et de fabrication locale (à partir de 0,50 $US). Les auberges de jeunesse situées sur Serendipity Beach Rd sont connues pour abriter des bars animés, comme le Monkey Republic (p. 194, *happy hour* 18h-21h), le Big Easy (p. 195), retransmissions sportives et concerts) et l'**Utopia** (carte p. 194 ; angle Serendipity Beach Rd et Mithona St ; 24h/24).

Occheuteal Beach est jalonnée de bars de plage mais elle semble attirer un certain nombre de touristes sexuels. Peu recommandée pour les femmes voyageant seules. Pour une ambiance plus décontractée, préférez le bar-restaurant du Above Us Only Sky (p. 196) ou des autres complexes hôteliers de Serendipity Beach. Sur la plage, les bars de Coolabah Resort (p. 195) et de Chochi Garden (p. 193) sont tous deux agréables.

La longue série d'établissements du Golden Lions Plaza, sur les hauteurs de Serendipity Beach Rd, mise davantage sur les hôtesses que sur l'ambiance. Quelques anciens bars subsistent parmi les bars à hôtesses de Victory Hill, mais l'atmosphère générale n'a rien à voir avec l'ambiance balnéaire de Serendipity. Pour siroter un verre au coucher du soleil, les pieds dans le sable, Otres Beach est imbattable.

La Rhumerie BAR
(Carte p. 194 ; Serendipity Beach Rd ; 18h-2h). Installez-vous sur un tabouret au bar et sirotez les délicieux rhums arrangés au

poivre de Kampot ou au gingembre, le tout au rythme de la salsa. L'éclairage bleu étrange n'est pas du goût de tous, mais le rhum infusé au café est irrésistible. Et si vous n'êtes pas fan de rhum, les cocktails sont aussi excellents.

Maybe Later BAR
(Carte p. 194 ; Serendipity Beach Rd ; ⌚17h-2h). Cette petite *taquería* d'influence mexicaine se double d'un bar de nuit servant de délicieuses margaritas et tequilas. Une adresse "civilisée", qui change de l'ambiance fêtarde du bord de mer.

Led Zephyr BAR
(Carte p. 194 ; Serendipity Beach Rd ; ⌚7h-minuit). Ce bar musical est animé tous les soirs ou presque par un groupe de musiciens résidents Au programme : des tubes des années 1960 à 1980, et un peu de Red Hot Chili Peppers.

Sessions BAR
(Carte p. 194 ; Occheuteal Beach ; ⌚17h-1h). L'excellente sélection musicale en fait le bar le plus agréable pour s'offrir un coucher du soleil sur Occheuteal. Expatriés et *backpackers* commencent leur soirée ici, avant, pour les plus toniques, d'aller faire la fête dans les établissements ouverts jusque tard.

JJ's Playground BAR
(Carte p. 194 ; Occheuteal Beach ; ⌚18h-6h). Les noctambules et les fêtards se retrouvent ici depuis fort longtemps. L'ambiance est bien résumée par leur slogan "let's get wasted" (littéralement "prenons une cuite"). Attendez-vous à des shots, de la techno, quelques cracheurs de feu, et un certain chaos général. Sans mentionner les toilettes...

Reggae Bar BAR
(Carte p. 194 ; Thnou St ; ⌚17h-1h). Ici, le célèbre Bob Marley est partout sur les murs (Dell, le propriétaire, est un collectionneur acharné), et la clientèle lui rend un fervent hommage.

☆ Où sortir

Otres Market MUSIQUE LIVE
(Carte p. 198 ; www.otresmarket.com ; Otres Village ; ⌚12h-21h sam nov-avr). Située au bord de l'estuaire, à Otres Village, cette cabane en bois, plus connue sous le nom de "the barn" ("la grange"), se transforme en salle de concert les samedis pendant la haute saison. Les vendeurs tiennent des étals de nourriture et d'artisanat, tandis que les DJ et les groupes montent sur scène à partir de 16h. Renseignez-vous sur leurs événements spéciaux – ils ont déjà accueilli de très bons groupes locaux, comme Cambodian Space Project.

Top Cat Cinema CINÉMA
(Carte p. 194 ; ☎012-790630 ; Serendipity Beach Rd ; billets 3,50 $US ; ⌚11h-3h). Projection de films sur un écran haute définition (6 personnes au minimum) ou sur un écran plat de TV. Fauteuils confortables et climatisation puissante.

Galaxy Cinema CINÉMA
(Carte p. 194 ; ☎017-721677 ; Mithona St ; billets 3 $US ; ⌚11h-13h). Projections à partir de 19h. Possibilité de louer la salle pour une séance privée.

Achats

Le restaurant Holy Cow (p. 201), très branché, vend quelques vêtements à l'étage.

Tapang ARTISANAT
(Carte p. 194 ; www.mloptapang.org ; Serendipity Beach Rd ; ⌚10h-20h). Ce magasin tenu par une ONG vend sacs, foulards et T-shirts de qualité qui aident à la scolarisation des enfants des rues.

Starfish ARTISANAT
(Carte p. 192 ; www.starfishcambodia.org ; près du 7 Makara St ; ⌚7h-18h). Les soieries et autres souvenirs vendus ici, dans l'enceinte de la boulangerie du même nom, assurent un emploi durable à des familles.

Q&A LIVRES
(Carte p. 194 ; Mithona St ; ⌚7h30-19h30). Une agréable librairie de livres d'occasion, située derrière Occheuteal Beach, avec 8 000 titres dans plus de 20 langues. Petit café.

Mr Heinz LIVRES
(Carte p. 192 ; 219 Ekareach St ; ⌚9h-18h). Vous y trouverez un vaste fonds, avec des titres dans une dizaine de langues.

Renseignements

L'accès au Wi-Fi est généralement gratuit dans la plupart des pensions et des hôtels, ainsi que dans la majorité des bars et restaurants. Quelques magasins sur Serendipity Beach Rd et Ekareach St disposent de terminaux Internet pour le public.

Les banques de Sihanoukville – toutes pourvues de DAB – sont regroupées dans le centre, le long d'Ekareach St. On trouve aussi de nombreux DAB sur Serendipity Beach Rd et deux sur Otres 1, à Otres Beach.

Ana Travel (carte p. 194 ; ☎034-933929 ; Serendipity Beach Rd ; ⏲8h-22h). Prorogation des visas cambodgiens et obtention des visas vietnamiens le jour même.

ANZ Royal Bank (carte p. 192 ; 215 Ekareach St ; ⏲8h-15h30 lun-ven, 8h-11h30 sam, DAB 24h/24)

Canadia Bank (carte p. 192 ; 197 Ekareach St; ⏲8h-15h30 lun-ven, 8h-11h30 sam, DAB 24h/24)

CT Clinic (carte p. 192 ; ☎081-886666 ou 034-936666 ; 47 Boray Kamakor St ; ⏲24h/24 pour les urgences). La meilleure clinique de la ville. Peut effectuer des injections de sérums antivenimeux et antirabiques.

Office du tourisme (carte p. 194 ; 14 Mithona St ; ⏲9h-11h30 et 14h-17h lun-sam). N'espérez pas grand-chose des offices du tourisme de Sihanoukville. Toutefois, le meilleur, situé juste en retrait d'Occheuteal Beach, fournit des brochures et peut aider à réserver un hôtel.

Poste (carte p. 192 ; 19 7 Makara St ; ⏲7h-17h)

DÉSAGRÉMENTS ET DANGERS

Le vol est un problème récurrent sur les plages, et notamment à Occheuteal Beach ; laissez vos objets de valeur dans votre chambre. Les larcins sont souvent commis par des enfants, parfois avec le soutien d'adultes. Les jeunes voleurs arrivent en groupe. Un ou deux se chargent de distraire la personne visée, pendant que les autres s'emparent des objets de valeur posés sur sa serviette. Ils opèrent également pendant que les touristes se baignent.

Sur Occheuteal, un flux continu de mendiants (dont beaucoup d'enfants et d'infirmes) sollicitent les touristes. L'ONG M'lop Tapang, qui œuvre en faveur des enfants des rues, conseille de ne pas donner d'argent ni de nourriture aux enfants.

Comme à Phnom Penh, des voleurs à l'arraché sévissent à moto, ce qui est très dangereux quand on roule à moto soi-même. Tenez votre sac bien serré devant vous, en particulier la nuit. La route entre Otres et Sihanoukville est considérée comme particulièrement dangereuse après la tombée de la nuit. Si vous séjournez dans les environs, adressez-vous à votre pension pour trouver un *tuk-tuk* ou une *moto-dop* plutôt que de vous adresser à un inconnu en ville.

De nuit, il est déconseillé de se promener seul sur les plages et sur les routes isolées et mal éclairées. Les femmes doivent être prudentes.

Sachez aussi que les courants au large d'Occheuteal peuvent être très forts, en particulier pendant la saison des pluies.

ℹ Depuis/vers Sihanoukville

La NH4 qui relie Sihanoukville à Phnom Penh (230 km) est en excellent état, mais la densité de camions et les conducteurs qui doublent à vive allure sans visibilité en font l'un des axes les plus dangereux du pays. Le risque s'accroît encore au crépuscule et la nuit.

La NH3 vers Kampot (105 km) et la NH48, qui dessert Koh Kong (220 km) et la frontière thaïlandaise (230 km), sont en très bon état aussi.

AVION

Cambodia Angkor Airlines (☎023-6660330 ; www.cambodiaangkorair.com) assure tous les

SERVICES DE BUS DEPUIS SIHANOUKVILLE

DESTINATION	DURÉE (HEURES)	PRIX	COMPAGNIES	FRÉQUENCE
Bangkok	14	28 $US	Rith Mony, Virak Buntham (nuit)	8h15, 9h15, 19h
Battambang	12	17 $US	Capitol Tour, Rith Mony, Virak Buntham (nuit)	7 services 7h-14h15, 19h
Kampot (minibus)	2	5-6 $US	Champa Mekong Travel (s'adresser à Ana Travel), Kampot Tours & Travel	7h30, 11h30, 13h30, 15h30
Kep (minibus)	2¼	7-8 $US	Champa Mekong Travel (s'adresser à Ana Travel), Kampot Tours & Travel	7h30, 11h30, 13h30, 15h30
Koh Kong	4½	8 $US	Rith Mony, Virak Buntham	6 services 7h45-14h45
Phnom Penh	4½	5-11 $US	Capitol Tour, Giant Ibis, GST, Phnom Penh Sorya, Rith Mony	service régulier 7h-14h30
Phnom Penh (minibus)	4	10 $US	Virak Buntham	6 services 7h45-14h45
Siem Reap	12	13-17 $US	GST, Rith Mony, Virak Buntham (nuit)	6 services 7h-12h30, 20h

GARE AUX COMMISSIONS À L'ARRIVÉE !

À la gare routière de Sihanoukville, seuls les membres de l'association officielle des *moto-dop* sont autorisés à prendre en charge les voyageurs à leur descente du bus (les chauffeurs indépendants qui viennent chercher quelqu'un doivent montrer le nom de leur passager), selon un système de rotation. Aussi les prix sont-ils souvent majorés. Marchander ne sert pas à grand-chose car, si vous contestez la somme fixée (généralement 8 000 r pour les plages), personne n'acceptera de vous conduire. Vous pouvez essayer d'aller directement dans la rue pour trouver une *moto-dop*, mais le trafic est plutôt sporadique dans cette partie de la ville et il faudra, au préalable, vous être débarrassé du chauffeur que l'on vous aura attribué. Des affrontements opposent parfois les conducteurs affiliés à leurs collègues indépendants. La situation est la même pour les *tuk-tuk*, plus adaptés si vous avez un bagage. Le prix fixe pour les *tuk-tuk* est de 6 $US jusqu'au secteur de Serendipity.

De nombreuses pensions versent une commission de 2 $US aux chauffeurs qui transportent leurs clients – certaines déboursent même jusqu'à 4, voire 5 $US. Aussi, peut-être aurez-vous du mal à vous faire conduire... là où vous le souhaitez. Ne soyez pas surpris d'entendre que l'hébergement de votre choix est, soi-disant, fermé, "plein de prostituées", ou que l'eau y est contaminée.

jours un vol direct pour Phnom Penh, et un autre pour Siem Reap, depuis l'aéroport international de Sihanoukville (à partir de 115 $US l'aller).

L'aéroport est situé à 15 km à l'est de la ville, tout près de la NH4. Un taxi depuis/vers l'aéroport coûte environ 20 $US. Comptez 5/10 $US en *moto-dop/tuk-tuk* pour l'aller simple.

BATEAU

Sihanoukville est le port d'accès aux îles du sud du Cambodge. Seules Koh Rong et Koh Rong Sanloem disposent de services de ferry publics réguliers. Pour les autres îles, le transport se fait dans le cadre d'excursions à la journée ou à bord des bateaux privés des complexes hôteliers.

Au moment de la rédaction de ce guide, les deux principales compagnies de ferry pour Koh Rong et Koh Rong Sanloem sont **Speed Ferry Cambodia** (carte p. 194 ; www.speedferrycambodia.com ; Koh Rong Dive Centre, Serendipity Beach Rd ; aller-retour 26 $US) et **TBC Speed Boat** (carte p. 194 ; ☎088-7811711 ; www.tbckohrongspeedboat.com ; Serendipity Beach Rd ; aller-retour 20 $US).

Les bateaux de Speed Ferry Cambodia partent pour Koh Rong à 8h, 11h et 15h, et pour Koh Rong Sanloem à 8h et 15h. Celui de TBC Speed Boat part pour Koh Rong Sanloem et Koh Rong à 10h, 13h et 15h30.

Des deux compagnies, Speed Ferry Cambodia semble être la plus fiable, mais dans les deux cas, les horaires ont tendance à changer souvent. Les prix des billets baissent considérablement entre juin et octobre.

Les bateaux partent de la jetée de Serendipity Beach Rd, mais si les conditions de mer sont défavorables, le départ est déplacé au quai des ferries du port de Sihanoukville (à 7 km au nord de Serendipity Beach).

Le cargo "slow boat" est meilleur marché. Il part généralement du quai des ferries du port de Sihanoukville deux fois par jour pour Koh Rong Sanloem et Koh Rong (8h et 14h, aller-retour 10 $US, 3 heures). Notez que la sécurité n'est pas la priorité numéro 1 à bord de ce bateau. Les billets s'achètent dans la plupart des agences de voyages aux environs de Serendipity Beach Rd.

BUS

Toutes les grandes compagnies de bus desservent Phnom Penh, depuis tôt le matin jusqu'à au moins 14h. Capital Tour et Rith Mony pratiquent les tarifs les moins chers. Giant Ibis opère un service "de luxe", avec présence d'une hôtesse et Wi-Fi, à 7h30, 9h30 et 13h30.

Les réservations faites via des hôtels ou des agences de voyages font l'objet d'une commission. La plupart des agences de voyages ne travaillent qu'avec deux ou trois compagnies ; renseignez-vous à d'autres adresses si l'horaire proposé ne vous convient pas.

Ana Travel (p. 203) peut réserver des trajets en minibus pour Kampot et Kep.

La plupart des bus partent du terminus de leur compagnie, dans Ekareach St, et s'arrêtent à la nouvelle **gare routière** (carte p. 190 ; Mittapheap Kampuchea Soviet St) à la sortie de la ville. La majorité des compagnies de bus incluent un ramassage gratuit depuis Serendipity et le centre de Sihanoukville.

Capitol Tour (carte p. 192 ; ☎034-934042 ; 169 Ekareach St)

Giant Ibis (carte p. 194 ; ☎089-999818 ; www.giantibis.com ; Thnou St)

GST (carte p. 192 ; ☎015-995950 ; Ekareach St)

Phnom Penh Sorya (carte p. 192 ; ☎ 034-933888 ; 236 Ekareach St)

Rith Mony (carte p. 192 ; ☎ 093-465858 ; Ekareach St)

Virak Buntham (carte p. 192 ; ☎ 016-754358 ; Ekareach St)

TAXIS COLLECTIFS

Des taxis collectifs (6 $US/45 $US, par pers/voiture) et des minibus (15 000 r) souvent bondés partent pour Phnom Penh depuis la gare routière jusque vers 20h. Les minibus sont déconseillés pour qui tient à son confort et à sa sécurité. Les hôtels pourront vous trouver un taxi privé pour Phnom Penh (50-60 $US ; environ 4 heures). Les taxis collectifs pour Kampot (5 $US, 1 heure 30) partent, uniquement le matin, d'un **parking de taxis** (carte p. 192 ; 7 Makara St) en face du *psar* Leu. Ce parking et la gare routière sont de bons endroits pour chercher un véhicule à partager jusqu'à Koh Kong ou la frontière thaïlandaise. Faute de coéquipier, comptez 45-60 $US jusqu'à la frontière.

Comment circuler

DEPUIS/VERS LA GARE ROUTIÈRE

En arrivant à Sihanoukville, les bus s'arrêtent à la gare routière. Certains des bus, si vous êtes chanceux, continuent ensuite vers leur terminus, en centre-ville. De la gare routière au secteur de Serendipity Beach, le tarif fixe est de 2/6 $US en *moto-dop/tuk-tuk*. Mieux vaut donc gagner le centre pour y prendre un *tuk-tuk*, qui vous coûtera moins cher – puisque la course sera plus courte.

MOTO-DOP ET TUK-TUK

Les chauffeurs de *moto-dop* de Sihanoukville sont connus pour leurs prétentions exagérées. Négociez, avec le sourire, avant de monter à bord.

Du centre-ville, en *moto-dop/tuk-tuk*, comptez environ 1/2 $US jusqu'à Victory Hill et aux plages de Serendipity, d'Occheuteal et de Victory. Pour un *tuk-tuk* de Serendipity à Victory Hill/Victory Beach, vous devriez débourser 3 $US (les conducteurs demandent généralement 5 $US).

De nombreuses pensions fournissent des motos pour 5-7 $US/jour. La police s'en prend parfois aux conducteurs étrangers. Parmi les motifs de contravention courants figurent l'absence de permis, de casque ou de rétroviseur, ou la conduite avec les feux éteints (pourtant généralisée) durant la journée.

Louer une *moto-dop* (avec son conducteur) coûte 10 $US/jour plus l'essence. Pour un *tuk-tuk*, prévoyez environ 20 $US/jour.

VÉLO

De nombreuses pensions louent des vélos (environ 2 $US/jour).

Parc national de Ream

À 15 km à l'est de Sihanoukville, le **parc national de Ream** (ឧទ្យានជាតិរាម), composé de forêts primaires, de mangroves et de longues étendues de plages désertes, est un territoire idéal à explorer à pied ou en bateau. Il s'agit d'une escapade facile pour qui souhaite fuir l'animation de Sihanoukville.

Le parc abrite des populations d'oiseaux de proie menacés, comme le milan sacré, le pygargue à tête grise et le pygargue blagre. Vous pourrez les observer autour de l'estuaire de la **Prek Toeuk Sap**. Parmi les oiseaux qui se nourrissent dans les vasières, on observe des marabouts chevelus, des tantales blancs et des tantales indiens.

Malgré son statut, le parc est menacé par des projets de développement touristique, en particulier le long du littoral. En le visitant, vous prouverez non seulement sa valeur inestimable, mais aussi son importance économique majeure pour Sihanoukville. Des axes routiers ont été tracés au bulldozer pour permettre l'accès aux plages et une route devrait à terme relier la NH4 à Otres Beach.

À voir et à faire

Les randonnées et les excursions en bateau dans le parc peuvent être réservées auprès d'un tour-opérateur à Sihanoukville, ou organisées par l'**administration du parc** (☎ 016-767686 ou 012-875096 ; NH4 ; ⏲ 7h-17h) elle-même, située en face de l'entrée de l'aéroport de Sihanoukville. Ce n'est pas une obligation, mais il est préférable de téléphoner à l'administration avant de réserver. Les recettes contribuent à la protection du parc.

Pour accéder par ses propres moyens à certaines des plages désertes, suivez sur environ 9 km la route goudronnée qui part vers le sud depuis le bureau de l'administration du parc et l'aéroport, jusqu'à la base navale de Ream. Prenez légèrement à gauche en contournant la base et suivez la piste jusqu'à une série de longues plages de sable blanc bordées de casuarinas. Vous pourrez accéder à Koh Sampoach Beach par la route en prenant immédiatement à gauche depuis la route du parc national de Ream en quittant la NH4 – si vous passez l'entrée de l'aéroport, c'est que vous êtes allé trop loin. Suivez cette route sur environ 12 km et vous finirez par arriver à un petit restaurant de plage sur Koh Sampoach.

Le parc national de Ream englobe deux îles propices au snorkeling, **Koh Thmei** (p. 207) et **Koh Seh** – cette dernière se situe juste au large de l'île vietnamienne de Phu Quoc, mais on y accède plus facilement depuis Koh Thmei.

Excursions en bateau

Des balades en bateau guidées par des *rangers* permettent d'explorer l'estuaire de la Prek Toeuk Sap et ses chenaux plantés de mangrove. Les bateaux partent d'un poste forestier situé en bordure de la Prek Toeuk Sap, à environ 3 km à l'est du bureau de l'administration du parc, à côté d'un grand pont sur la NH4. Les employés du bureau vous indiqueront comment y accéder et veilleront à ce qu'un bateau vous y attende.

Le bateau conduit en 1 heure (35 $US l'aller-retour pour 1-3 personnes) au village de pêcheurs de **Ta Ben**. L'excursion à la journée (50 $US pour un groupe) se poursuit durant 1 heure vers l'est jusqu'au village d'**Andoung Toeuk**, d'où un sentier à travers la jungle mène, en 25 minutes, à **Koh Sampoach Beach**, la plus belle plage du parc – également surnommée la plage chinoise depuis que des promoteurs chinois ont obtenu la concession pour cette zone.

Randonnées dans la jungle

Les randonnées guidées par des *rangers* sont faciles à organiser (les randonnées non accompagnées ne sont pas autorisées). Comptez 6 $US/personne pour un itinéraire de 2 heures dans la forêt située à l'arrière des bureaux de l'administration. Une randonnée de 4 à 6 heures vers le relief de l'intérieur revient à 10 $US par personne.

Comment s'y rendre et circuler

Les agences de voyages de Sihanoukville proposent des excursions à la journée au parc national de Ream – comptez 20 $US, comprenant le bateau, la randonnée et un déjeuner. Si vous êtes motorisé, le parc est facilement accessible : de Sihanoukville, il suffit de suivre la NH4 vers l'est jusqu'à l'embranchement pour l'aéroport, qui se situe à 15 km de la brasserie Cambrew, à la jonction de la NH4 et de Wat Leu Rd. Prenez à droite et continuez sur 500 m pour rejoindre le bureau de l'administration du parc.

Depuis Sihanoukville, l'aller-retour en *moto-dop* devrait coûter 7-15 $US ; comptez 15-20 $US en *tuk-tuk*. Le prix est fonction du niveau d'anglais du conducteur et du temps passé sur place.

Chutes de Kbal Chhay

Situées sur la Prek Toeuk Sap, les **chutes** (ទឹកធ្លាក់ក្បាលឆាយ; 1 $US, plate-formes de pique-nique 5 000 r/jour) ont été popularisées par le film *Kon Pouh Keng Kang* (*La Fille du roi-serpent*, 2001), de Fay Sam Ang, grand succès du cinéma cambodgien post-Khmers rouges. Depuis, les Cambodgiens affluent sur le site.

Au-delà du parking, un pont en rondins (Khmers/touristes 300/500 r) conduit à des criques sablonneuses et à des rapides dangereux. Pour vous rafraîchir sans risques, empruntez un second pont, vers la rive d'un affluent de la rivière. Les eaux sont plus calmes et transparentes. Le débit est faible pendant la saison sèche.

De Sihanoukville, prenez la NH4 en direction de l'est sur 5,5 km depuis la jonction de Cambrew, puis, au panneau, suivez au nord la large piste sur 8 km. L'aller-retour coûte 7/15 $US en *moto-dop*/*tuk-tuk*.

ÎLES DU SUD

Pour les voyageurs à la recherche de plénitude, les îles du sud du Cambodge symbolisent toujours le bonheur tropical. Si ailleurs les complexes hôteliers ont poussé comme des champignons, ces îles ont, pour l'instant, été épargnées et les voyageurs indépendants profiteront d'infrastructures qui se limitent à des bungalows rustiques.

Mais le développement, même à petite échelle, n'est pas tout rose non plus. Koh Rong, en particulier, a considérablement changé au cours des deux dernières années, en particulier autour du village de Koh Tui dont le développement chaotique est maintenant une réalité. Hormis cela, les îles du Cambodge sont toujours paradisiaques : longs croissants de sable fin, hamacs frémissant sous la brise, villages de pêcheurs sur pilotis, couchers de soleil, sans oublier le bruit de la pluie sur le toit de chaume à l'heure de la sieste. C'est trop beau pour durer, profitez-en vite !

Depuis/vers les îles du Sud

Le plus simple est de partir de Sihanoukville pour rejoindre les îles habitables entre le corridor de conservation de Koh Kong et le parc national de Ream.

Des bateaux réguliers relient Sihanoukville à Koh Rong et Koh Rong Sanloem. D'autres îles,

> **TOUT SAVOIR SUR LES ÎLES**
>
> - Il n'y a ni banque ni DAB sur les îles. Prévoyez suffisamment d'espèces.
> - N'oubliez pas d'emporter un répulsif contre les insectes. Les phlébotomes peuvent être féroces.
> - Ayez avec vous un bon antiseptique local. Les piqûres peuvent vite évoluer en ulcères lorsqu'on les gratte. Une lampe de poche peut aussi être utile.
> - En partant, si vous avez réservé une correspondance au départ de Sihanoukville, ne prenez pas le dernier ferry/bateau. Les traversées peuvent être retardées ou annulées au dernier moment, à cause des conditions en mer.

comme Koh Ta Kiev, sont accessibles avec des bateaux privés, généralement rattachés aux complexes hôteliers qu'ils desservent.

L'archipel de Koh Sdach est accessible par voie terrestre par la route à quatre voies qui traverse le parc national de Botum Sakor.

Koh Kong est le point de départ pour visiter l'île de Koh Kong, la plus grande du Cambodge.

Koh Ta Kiev កោះតាគៀវ

Si vos vacances idéales consistent à vous déconnecter et à paresser sur la plage, alors cette petite île au large du parc national de Ream est faite pour vous. Bien qu'elle ait été concédée à des promoteurs français et chinois – et qu'une route ait récemment été construite, laissant suggérer l'implantation prochaine d'un projet touristique – Koh Ta Kiev ne possède, pour l'instant, qu'une poignée d'établissements basiques et bon marché, où l'ambiance est à la détente.

La plupart des hébergements en bungalow sur la plage sont situés sur **Long Beach**, une plage de sable blanc sur la côte ouest. De là, des sentiers s'enfoncent dans la forêt. L'un rejoint une plage sauvage sur la côte sud. Malheureusement, des déchets s'échouent régulièrement sur l'île. Ne vous attendez pas à des étendues de sable immaculées.

Koh Ta Kiev, de même que Koh Russei et d'autres îlots inhabités de la région, figurent dans la plupart des circuits au départ de Sihanoukville. Les sorties à la journée partent d'Otres Beach (12 $US) ou de Serendipity Beach (15 $US).

Où se loger

Les conditions d'hébergements sur Koh Ta Kiev sont spartiates : pas de Wi-Fi, électricité limitée (prévoyez une lampe torche) et salles de bains communes rudimentaires (douches avec seau d'eau et toilettes à la turque) pour la plupart des adresses.

Ten103 Treehouse Bay BUNGALOWS $
(☎097-9437587 ; www.ten103-cambodia.com ; Koh Ta Kiev ; hamac/dort 5/7 $US, hutte sans sdb 20-25 $US). Déconnectez et détendez-vous – le Ten103 est un refuge pour les *backpackers* sur une plage où il fait bon vivre. Les huttes ouvertes sur pilotis, aux airs de cabanes dans les arbres, ont vue sur la mer, tandis que les dortoirs à ciel ouvert et les hamacs sous les toits de chaume donnent encore plus la sensation d'un retour à la nature. Transport sur leur bateau depuis Otres (13 $US aller-retour) à réserver 24 heures à l'avance.

The Last Point BUNGALOWS $
(☎088-5026930 ; www.lastpointisland.com ; Koh Ta Kiev ; dort/tente 4/6 $US, bungalow 15-20 $US). Isolé sur une plage de la côte sud de Koh Ta Kiev, à 40 minutes de marche des autres établissements de l'île, le Last Point propose des jolis petits bungalows aux toits de chaume, parfaits pour jouer les Robinson Crusoé, et un dortoir en plein air à seulement deux pas de la plage.

Koh Russei កោះឫស្សី

À 1 heure de bateau de Sihanoukville, la minuscule Koh Russei (île des Bambous) a été débarrassée de la plupart de ses *resorts* dans le cadre d'un grand projet d'aménagement haut de gamme, toujours en phase de construction. La plupart des excursions en bateau à la journée au départ de Sihanoukville font halte à Koh Russei.

Koh Thmei កោះថ្មី

Intégrée dans le parc national de Ream, la grande île de Koh Thmei compte un seul hébergement, le **Koh Thmei Resort** (☎097-7370400 ; www.koh-thmei-resort.com ; bungalows 35 $US, f 60 $US), géré par un Allemand, qui s'avère un véritable bijou. Les bungalows très simples, dont l'électricité provient de panneaux solaires et de biocarburants, sont en parfaite harmonie avec le paysage. Il se situe sur une très belle plage, d'où l'on peut facilement accéder à pied à plusieurs autres.

Pratique du kayak et snorkeling (visibilité variable) sont possibles. La cuisine cambodgienne est délicieuse (repas 6 $US).

Koh Thmei est difficile d'accès. Du continent, il faut rejoindre le village de pêcheurs de Koh Kchhang (l'embranchement part de la NH4 à hauteur de la localité de Bat Kokir, à 12 km à l'est de l'aéroport de Sihanoukville) par vos propres moyens. De Koh Thmei à Koh Kchhang, comptez 1 heure 15 de bateau (6 passagers, 15 $US). Le Koh Thmei Resort peut organiser le transport depuis Sihanoukville, ainsi que la traversée en bateau.

Koh Rong កោះរ៉ុង

Si vous êtes venu pour faire la fête, vous êtes au bon endroit. Il y a quelques années, Koh Rong n'était guère plus qu'une épaisse jungle bordée de plages, avec quelques paillotes ponctuant le littoral autour du village de Koh Tui. Aujourd'hui, la rue qui donne sur le quai est une succession d'auberges de jeunesse, restaurants, et bars tous plus bruyants les uns que les autres. On aime ou on déteste. Mais pour les jeunes voyageurs débarqués en masse du ferry, Koh Rong (en particulier la plage de Koh Tui) est un arrêt obligatoire sur la route de l'Asie du Sud-Est.

Ceux qui veulent échapper à cette animation devront s'éloigner du village. Le soir, le chant des grenouilles l'emporte sur la basse des raves, la mer est phosphorescente et les charmes de l'île, avec ses plages idylliques sur fond de forêt luxuriante, sont bien réels.

Le développement du tourisme sur Koh Rong ne se fait pas sans problèmes et représente aujourd'hui un danger pour son environnement. La plupart des bars et auberges de jeunesse ont été construits à la hâte ne possèdent pas de systèmes septiques. Les eaux usées se déversent directement dans la mer et la plage la plus proche du village est parfois jonchée de détritus. Cette menace devrait s'amplifier

Koh Rong

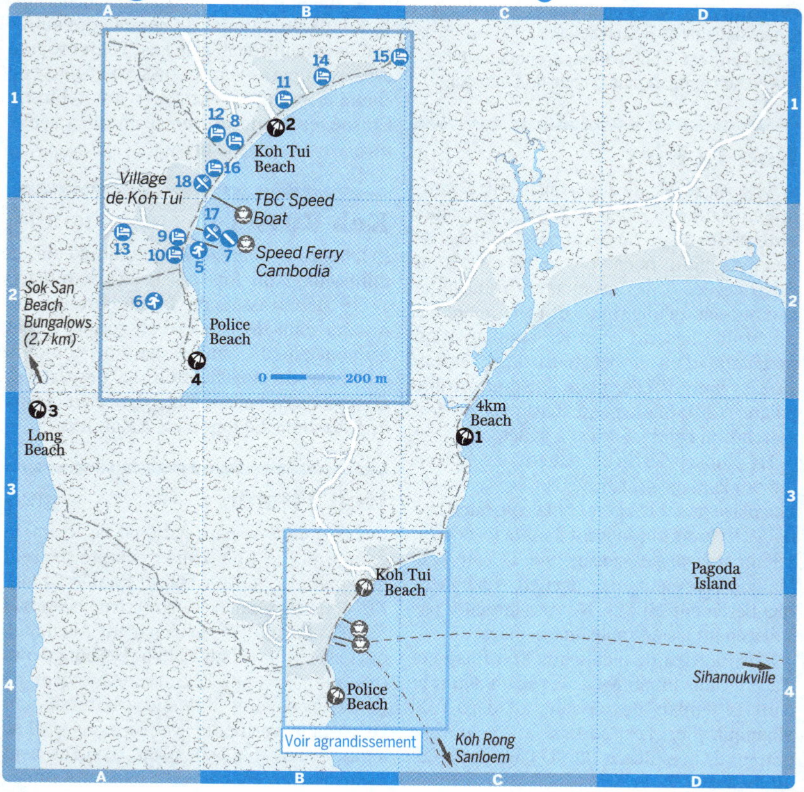

CÔTE SUD KOH RONG

avec l'achèvement de la route intérieure, qui annonce la construction programmée d'un complexe hôtelier sur Long Beach.

Si vous voulez rencontrer d'autres voyageurs, passer toute une nuit (ou trois) à faire la fête dans une rave et vous écrouler sur le sable la journée, Koh Rong est idéal. Mais si vous recherchez une ambiance plus détendue, choisissez plutôt un bungalow à l'écart du village de Koh Tui ou optez pour Koh Rong Sanloem.

Plages

Koh Tui Beach PLAGE

Koh Tui Beach s'étend sur environ 1 km au nord-est de l'embarcadère du village de Koh Tui. À mesure que l'on s'éloigne, elle semble retrouver son côté sauvage. En direction du cap (près des Treehouse Bungalows) vous serez assuré de trouver du sable blanc et une ambiance plus détendue.

Long Beach PLAGE

Côté ouest, cette longe bande de sable qui s'étire sur 7 km est la plus belle plage de Koh Rong. Elle est baptisée Long Beach (ou Sok San Beach, du nom du village de pêcheurs au nord). Des *long-tail boat* s'y rendent depuis le quai de Koh Tui, pour un retour en fin de journée. Quelques *resorts* rudimentaires sont installés au nord et au sud de la plage. Il n'y a presque rien entre ces deux points.

Lors de notre dernière visite, des installations au sud étaient en cours de démolition pour laisser la place à un nouvel hôtel.

4km Beach PLAGE

Passé le cap de Koh Tui Beach (près des Treehouse Bungalows) la 4km Beach, est une bande de sable qui permet de marcher une bonne heure sans rencontrer beaucoup de monde. Quelques bungalows viennent de s'installer sur le bord de la plage mais sans briser la tranquillité des lieux. Plus loin, la plage fait la jonction avec Nature Beach, autre belle étendue de sable blanc.

Activités

L'**excursion à la journée en long-tail boat** jusqu'à Long Beach (avec snorkeling, pêche et baignade) est la principale activité sur Koh Rong. Quasiment chaque établissement propose un départ (10 $US/personne).

Pour une journée plus aventureuse, rejoignez en bateau le village de Sangker, sur la côte est, puis louez une *moto-dop* avec chauffeur pour faire le tour de l'île. L'auberge de jeunesse Vagabonds peut vous aider à organiser cet itinéraire (comptez environ 25 $US/personne).

Depuis Koh Tui, un sentier pédestre à travers la jungle permet de rejoindre Long Beach (1 heure 30 environ, prévoyez des chaussures fermées).

L'île se prête au **snorkeling** et vous trouverez à louer du matériel auprès des hébergements (environ 5 $US/jour). Plusieurs établissements louent des **kayaks de mer** (5/8 $US l'heure le kayak de 1/2 pers). Depuis Koh Tui Beach, on peut rejoindre, en pagayant (30 minutes), Pagoda Island, une île idyllique surmontée d'un *vat*.

High Point Rope Adventure SPORTS EXTRÊMES

(☎016-839993 ; www.high-point.asia ; Koh Tui ; 35 $US/pers ; ⏲9h-18h). Une collection de tyroliennes, de ponts mobiles et de câbles transporte les amateurs de sensations fortes à travers un parcours de 400 m dans la canopée. Accès illimité à la journée. D'avril à octobre, réductions de 10 $US.

Koh Rong Dive Center PLONGÉE

(☎034-934744 ; kohrong-divecenter.com ; embarcadère Koh Tui). Le principal centre de plongée de Koh Rong organise des plongées dans les eaux de Koh Rong et Koh Rong Sanloem.

Koh Rong

À voir

1 4km Beach C3
2 Koh Tuch Beach B1
3 Long Beach A3
4 Police Beach A2

Activités

5 Friends of Koh Rong A2
6 High Point Rope Adventure A2
7 Koh Rong Dive Center B2

Où se loger

8 Bongs B1
9 Dreamcatch Inn A2
10 Green Ocean Guesthouse A2
11 Monkey Island B1
12 Nam Nam B1
13 Natural Lounge A2
14 Paradise Bungalows B1
15 Treehouse Bungalows B1
16 Vagabonds B1

Où se restaurer

17 Buffalo B2
18 Koh Lanta A1
Loops Bar .... (voir 9)

Friends of Koh Rong BÉNÉVOLAT
(☎096-5520416 ; www.friendsofkohrong.org ; embarcadère Koh Tui). Cette ONG recrute des bénévoles enseignants dans le cadre de leurs programmes d'éducation (minimum 2 mois). Bénévolat dans le développement communautaire et les projets de santé. Nettoyages des plages avec les voyageurs.

Où se loger

Pendant la haute saison (en particulier décembre et janvier), les hébergements à Koh Rong sont vite complets. Si vous craignez de ne pas avoir de logement en arrivant sur l'île, il est possible de réserver une chambre pour la première nuit et, une fois sur place, de faire le tour des auberges de jeunesse. En période d'affluence, les voyageurs sans réservation se retrouvent à louer un hamac. Quasiment tous les établissements disposent de l'électricité 24h/24, du Wi-Fi, de moustiquaires et de ventilateurs. La climatisation est une exception.

Natural Lounge PENSION $
(☎069-541177 ; hengseksa@gmail.com ; Koh Tui ; dort 8 $US, ch avec/sans sdb à partir de 30/20 $US ; Wi-Fi). Une oasis de calme tenue par une famille, au milieu du brouhaha de Koh Tui. Petites chambres impeccables avec parquet aménagées autour d'une cour arborée. Au rez-de-chaussée, deux chambres avec salle de bains privée et 2 lits doubles immenses qui pourraient aisément accueillir 4 personnes.

Bongs AUBERGE DE JEUNESSE $
(☎093-924856 ; www.bongsguesthouse.com ; Koh Tui ; ch 20 $US ; Wi-Fi). Installées au-dessus du bar éponyme, les chambres en bois bien entretenues offrent un bon rapport qualité/prix au cœur de l'animation du village. Toutes sont équipées de salles de bains minuscules mais adéquates. Eau à volonté gratuite, thé et café.

Green Ocean Guesthouse AUBERGE DE JEUNESSE $
(☎096-9169267 ; mengly007@gmail.com ; Koh Tui ; dort 8-10 $US, d 25 $US ; Wi-Fi). Les chambres carrelées ont été rénovées et font partie des plus spacieuses et des plus jolies de Koh Tui. Agréable balcon commun à l'avant et dortoir de 12 lits avec vue sur la mer.

Vagabonds AUBERGE DE JEUNESSE $
(www.vagabondskohrong.com ; Koh Tui ; dort 5 $US, ch avec sdb commune 10 $US). Chambres spartiates et dortoirs 4 lits (avec casiers) égayés de peintures colorées. Personnel sympathique et bonne ambiance dans le café au rez-de-chaussée. Belles assiettes de cuisine (3-5 $US). N'accepte pas les réservations.

Dreamcatch Inn PENSION $
(kohrongdreamcatch@gmail.com ; Koh Tui ; ch avec sdb privée 15 $US ; Wi-Fi). Plus calme que la plupart des établissements du village, le Dreamcatch Inn loue des chambres basiques qui mènent à une terrasse colorée aménagée de hamacs et de chaises suspendues. Salles de bains communes avec toilettes à la turque. N'accepte pas les réservations.

Nam Nam PENSION $
(Koh Tui ; ch 25 $US ; Wi-Fi). Les 3 chambres de cet établissement, avec terrasse commune à l'avant, comptent parmi les plus spacieuses du village et sont équipées de salles de bains correctes. La pension se situe dans une ruelle près de la plage mais vous trouverez le gérant dans leur restaurant, à côté de Bong's Bar. N'accepte pas les réservations.

♥ **Treehouse Bungalows** BUNGALOWS $$
(☎034-934744 ; www.treehouse-bungalows.com ; Koh Tui Beach ; bungalows 45-55 $US, cabanes 45-60 $US ; Wi-Fi). Au bord d'une crique isolée, à environ 15 minutes à pied par la plage de la jetée de Koh Tui, le Treehouse dégage un charme indéniable. Bungalows avec balcons décorés de coquillages (le B3 jouit d'une belle vue sur la mer), cabanes "*tree houses*" surélevées avec vue imprenable, et restaurant à côté d'un réservoir naturel avec jardin bio à l'arrière. Même si vous ne résidez pas sur place, l'endroit vaut le détour pour les pizzas au feu de bois et les spécialités khmères de fruits de mer.

Paradise Bungalows BUNGALOWS $$
(☎092-548883 ; www.paradise-bungalows.com ; Koh Tui Beach ; bungalows 35-100 $US ; Wi-Fi). Rustiques et charmants, les bungalows (de toutes formes et tailles) sont perchés sur la colline, au cœur d'une jungle. Les chambres à 35 $US surplombent la mer du haut de la colline, tandis que les plus chères bordent la plage, à deux pas des vagues à marée haute. Le restaurant lounge, avec son toit en feuilles de palmier et son panorama sur le littoral, est excellent.

Monkey Island BUNGALOWS $$
(☎081-830992 ; www.monkeyisland-kohrong.com ; Koh Tui Beach ; bungalows avec sdb 35-40 $US, sans sdb 30 $US ; Wi-Fi). Lié au populaire Monkey Republic de Sihanoukville, le Monkey Island

est apprécié des *backpackers* pour son bar en bambou et en chaume. Certains bungalows basiques peuvent accueillir 5 personnes et disposent de porches avec hamacs.

Sok San Beach Bungalows BUNGALOWS $$
(☎034-5000127 ; village de Soksan, Long Beach ; bungalow 20-25 $US). La situation sur Long Beach se paie. Les bungalows sont branlants, l'électricité est limitée et les commodités sont rares. Mais vous êtes loin du bruit de Koh Tui et les voyageurs en quête d'une vie plus spartiate se réjouiront de cette solitude.

Où se restaurer et prendre un verre

Bongs et Vagabonds sont deux bonnes adresses où boire une bière et se détendre. Bongs organise souvent des concerts le soir.

Pendant la haute saison, des fêtes ont souvent lieu toute la nuit sur **Police Beach**, juste au sud de Koh Tui. Vous trouverez plus d'informations sur des prospectus distribués dans le village. Police Beach est aussi le lieu des fêtes de la pleine lune.

Loops Bar INTERNATIONAL $
(Koh Tui ; plats 2,50-5,50 $US ; 8h-23h ; wi-fi). Au rez-de-chaussée du Dreamcatch Inn, ce café-bar est reconnaissable à ses bouteilles d'eau recyclées en pots de fleurs. Les petits-déjeuners, composés de pains perdus revisités à la tropicale et de muesli à la noix de coco, sont étonnants. Au menu du déjeuner et du dîner, spécialités khmères et petits plats occidentaux. Te, le gérant, fait une démonstration de jonglage de feu tous les samedis soir.

Koh Lanta INTERNATIONAL $
(Koh Tui ; 3-6 $US ; 7h-22h). Du nom de la célèbre émission de téléréalite tournée sur Koh Rong, ce restaurant prépare les meilleures pizzas au feu de bois de l'île.

Buffalo INTERNATIONAL $$
(Embarcadère de Speed Ferry Cambodia, Koh Tui ; plats 7-10 $US ; 8h-tard ; wi-fi). Situé sur l'embarcadère, Buffalo offre une carte large qui va des *fajitas* aux pizzas, en passant par les *gözleme* (crêpes turques). *Happy hour* (15h-17h) avec bière pression à 0,75 $US.

Renseignements

Pas de DAB sur l'île et il faut prévoir assez d'espèces. Si vous êtes à court d'argent, Vagabonds a un service de prêt (10% de frais).

DÉSAGRÉMENTS ET DANGERS

Le vol est parfois problématique sur Koh Rong. Dans la mesure du possible, utilisez un casier fermé si vous dormez en dortoir ou laissez vos objets de valeur dans un coffre-fort si vous avez une chambre. Les voyageurs – hommes et femmes – ne devraient pas se promener seuls dans les zones reculées de l'île, ni sur la plage tard le soir.

Depuis/vers Koh Rong

Chaque jour, les bateaux de **Speed Ferry Cambodia** (www.speedferrycambodia.com ; aller/aller-retour 13/26 $US) quittent Koh Tui pour Sihanoukville à 10h, 12h et 16h ; ceux de **TBC Speed Boat** (☎088-7811711 ; www.tbckohrongspeedboat.com ; aller/aller-retour 12,50/20 $US) à 10h30, 13h30 et 16h. Comptez entre 45 minutes et 1 heure de traversée selon la météo. Si vous n'avez pas de billet retour, vous pouvez en acheter un aux guichets des ferries sur l'embarcadère de Koh Tui. Si vous avez déjà votre billet, rendez-vous au guichet de votre compagnie de ferry la veille de votre départ pour le confirmer et réserver votre place sur le bateau. Les prix sont à la baisse de juin à octobre.

Pendant la haute saison, des traversées supplémentaires sont souvent programmées. Si la mer est trop agitée (en particulier de juin à octobre), les ferries sont annulés au dernier moment.

Si vous avez réservé dans un *resort* qui ne se trouve pas du côté est de l'île, réservez le transport auprès de votre hébergement.

Koh Rong Sanloem

កោះរ៉ុងសន្លឹម

En forme de fer à cheval, d'une dizaine de kilomètres de long, Koh Rong Sanloem a les caractéristiques de l'île paradisiaque. La plupart des hébergements, surtout des bungalows, se trouvent le long de la grande plage qui borde la baie de Saracen, sur la façade est de l'île. Si l'endroit n'est pas assez sauvage pour vous, vous pouvez rejoindre la partie sud-ouest de l'île (accessible par un sentier pédestre ou en bateau privé) qui compte quelques *resorts* isolés.

Pour un séjour vraiment alternatif, rendez-vous au village de M'Pai Bay, au nord de l'île. Ici pas de plage de sable blanc romantique et photogénique (le sable est jaune et granuleux), mais les pensions bon marché offrent en revanche une ambiance décontractée et une immersion plus locale qui ravira les amateurs d'authenticité.

À voir et à faire

Depuis la **baie de Saracen**, une marche facile de 25 minutes mène à **Lazy Beach** (les non-résidents devront commander une boisson ou un repas au restaurant du complexe hôtelier pour pouvoir rester et admirer la plage), et une randonnée de 45 minutes (chaussures fermées nécessaires) à **Sunset Beach**. Il existe aussi un sentier plus escarpé qui, en 1 heure 30, rejoint le sud de l'île (lieu de nidification des pygargues) et un phare. Des soldats postés au phare peuvent vous demander un pourboire (1 $US).

Pour explorer plus en détail l'intérieur de l'île, adressez-vous à **Gil** (☎088-3796528), qui se trouve habituellement aux Paradise Villas, dans la baie de Saracen, de novembre à mars. Il organise des randonnées (12-15 $US/personne).

Le centre d'activités du Beach Resort (ci-contre) loue des kayaks (10 $US) et organise des excursions guidées de kayak ou de snorkeling. Tom, de Coral Garden Dive Resort, est l'un des mieux placés pour organiser une sortie de pêche (30 $US).

Cambodian Diving Group PLONGÉE
(☎088-6856986 ; www.cambodiandiving.com ; M'Pai Bay ; forfait 2 plongées 65 $US, PADI Discover Scuba 75 $US, 3 jours PADI Open Water 345 $US). Installés à M'Pai Bay, les moniteurs de ce centre possèdent une excellente connaissance des sites de plongée grâce à des années d'expérience. En plus des forfaits de plongée d'une journée et de divers cours PADI, ils organisent des plongées d'exploration de 3 jours pour les plongeurs plus expérimentés. Le centre est impliqué dans les efforts de protection marine.

Coral Garden Dive Resort PLONGÉE
(☎096-6833197 ; www.coraldivers.org ; baie de Saracen ; 2 plongées 80 $US, 2 plongées Discover Scuba 95 $US, 3 jours PADI Open Water 385 $US). Aux commandes de ce centre, Tom Mellon connaît les sites de plongée autour de Koh Rong Sanloem et Koh Rong comme

Koh Rong Sanloem

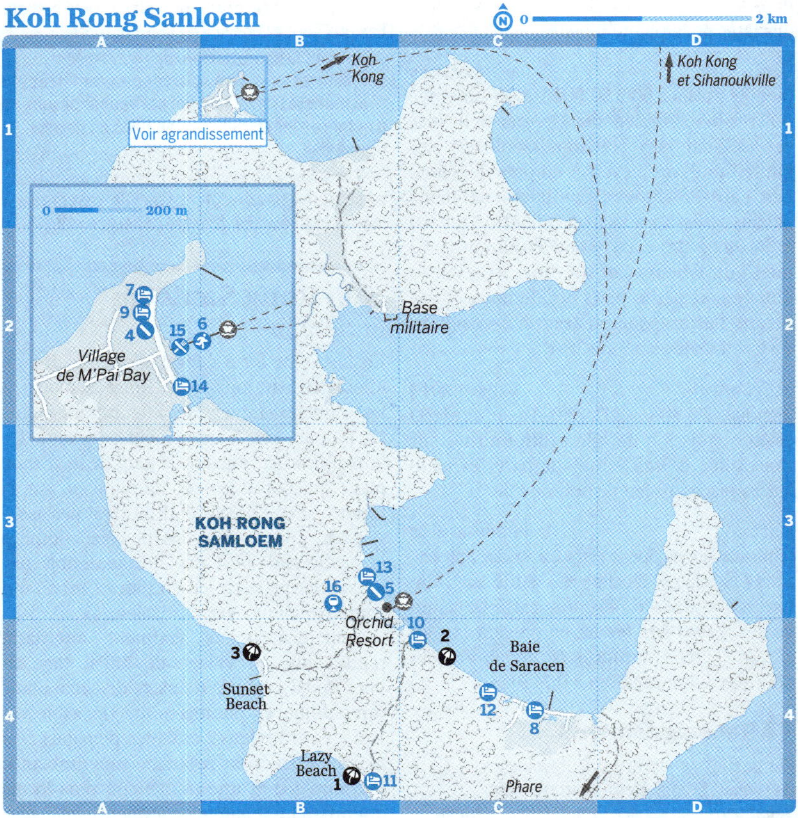

personne. Il organise des sorties aussi bien pour les novices que pour les plongeurs plus aguerris, à bord d'un catamaran de 12 m. Les forfaits de 2 plongées s'arrêtent à M'Pai Bay pour un déjeuner local. Les adeptes du snorkeling sont les bienvenus (25 $US 2 sites).

Save Cambodian Marine Life BÉNÉVOLAT
(☎096-8073236 ; www.savecambodianmarinelife.com ; M'Pai Bay ; forfait bénévolat 1 sem 250 $US). Cette ONG œuvre à la protection des récifs autour de Koh Rong Sanloem (entretien des pépinières de corail et plongées pour nettoyer le récif). Les forfaits de bénévolat comprennent les plongées, l'hébergement (partagé) et les repas.

Où se loger

La plage de la baie de Saracen abrite une dizaine de petits *resorts* qui disposent (comme dans le reste de l'île) de l'électricité 24h/24. En revanche le Wi-Fi est encore rare. Quand il est disponible, il est au mieux sporadique. La plupart des établissements offrent des réductions de juin à octobre.

Easy Tiger PENSION $
(☎096-9153370 ; www.easytigerbungalows.com ; M'Pai Bay ; dort/ch/bungalow 7,50/15/30 $US). Cette pension chaleureuse dans le village de M'Pai Bay possède un charme particulier grâce à ses aimables propriétaires. Dortoirs simples et petites chambres privées sont logés dans le bâtiment principal. À l'arrière, des bungalows basiques avec de grandes vérandas offrent plus d'intimité. Le restaurant et l'atmosphère conviviale sont les véritables atouts du lieu.

Koh Rong Sanloem

À voir
1 Lazy Beach B4
2 Saracen Bay C4
3 Sunset Beach B4

Activités
4 Cambodian Diving Group A2
5 Coral Garden Dive Resort B3
6 Save Cambodian Marine Life B2

Où se loger
7 Chill Inn A2
8 Cita Resort C4
9 Easy Tiger A2
10 Green Blue Resort C4
11 Lazy Beach B4
12 Secret Paradise C4
13 The Beach Resort B3
14 The Drift A2

Où se restaurer
15 Fishing Hook A2

Où prendre un verre et faire la fête
16 Good Vibz B3

Chill Inn PENSION $
(☎016-824211 ; www.chillinncambodia.com ; M'Pai Bay ; dort 7,50 $US). Le bar, avec ses hamacs, est le repaire des soirées décontractées à M'Pai Bay, tandis que les dortoirs simples répondent aux besoins basiques. L'idéal pour ceux qui préfèrent l'ambiance aux confort.

The Drift PENSION $
(☎015-865388 ; www.thedriftcambodia.com ; M'Pai Bay ; dort/ch 8/15 $US). Cette pension récente dispose de dortoirs impeccables et de deux chambres installés dans une jolie maison en bois sur le sable. Bonne ambiance et repas maison (3 $US) souvent pris en commun.

Lazy Beach BUNGALOWS $$
(☎017-456536 ; www.lazybeachcambodia.com ; bungalows 60 $US). Isolé sur la côte sud-ouest de Koh Rong Sanloem, ce lieu idyllique fait face à l'une des plus belles plages de la région. Les 16 bungalows, prolongés par des vérandas avec hamacs, abritent 2 grands lits et d'élégantes salles de bains au sol en pierre. Agréable restaurant-espace commun avec des livres et des jeux. Idéal pour les familles.

The Beach Resort COMPLEXE HÔTELIER $$
(☎034-6666106 ; www.thebeachresort.asia ; baie de Saracen ; dort 7,50 $US, bungalow avec/sans sdb 35/25 $US, de luxe 50-85 $US ; 📶). Ce *resort* s'adapte à tous les budgets, avec un dortoir extérieur et des petits bungalows en bois ou en pierre plus luxueux. L'adresse est aussi une escale sur la route du Party Boat qui fait la liaison avec Sihanoukville. Du coup, les groupes s'agglutinent au bar presque tous les après-midi, ce qui – selon vos goûts – vous donnera envie d'y séjourner ou vous fera fuir.

Green Blue Resort COMPLEXE HÔTELIER $$
(☎010-261401 ; www.greenblueresort.com ; baie de Saracen ; dort 10 $US, bungalow 65-80 $US). Accueillant, le Green Blue dispose de bungalows, certains en retrait de la mer, au milieu d'un jardin bien tenu. Un petit dortoir basique à l'arrière accueille les voyageurs à petit budget. Électricité uniquement le soir.

LA PLONGÉE AU CAMBODGE

Le Cambodge n'est peut-être pas aussi célèbre pour la plongée que la Thaïlande, mais quelques merveilles vous attendent sous l'eau. Bien que la vie aquatique soit inférieure à celle d'autres destinations d'Asie (une conséquence d'années de pratiques de pêche irresponsable, aujourd'hui inversées grâce à des organismes de protection marine), les eaux autour des îles du sud au large de Sihanoukville sont célèbres pour la biodiversité du corail et certaines espèces, en particulier les hippocampes et les nudibranches.

Les meilleurs sites de plongée se trouvent dans les récifs bordant **Koh Rong Sanloem** et **Koh Koun**, qui dissimulent une variété étonnante de nudibranches, d'étoiles de mer et d'hippocampes, tous plus étranges et farfelus les uns que les autres. Parmi les poissons fréquemment observés, citons les scalaires, les poissons-demoiselles et les rascasses. Plus loin, les îles de **Koh Tang** et **Koh Prins** abritent une vie aquatique riche, des requins-chabots bambous aux raies pastenagues à taches bleues, en passant par les labres et les poissons chauves-souris. On peut même y apercevoir des requins-baleines.

Parmi les centres de plongée de la région, certains ont une connaissance approfondie des sites d'observation des macro-organismes ; citons le Cambodian Diving Group (p. 212) et le Coral Garden Dive Resort (p. 212).

♥ Cita Resort COMPLEXE HÔTELIER $$$
(☎096-2612418 ; www.citaresort.com ; baie de Saracen ; bungalow 85-90 $US). Au sud de la baie de Saracen, ce *resort* intimiste propose 5 bungalows surélevés joliment conçus : chambres avec balcons, vue sur la mer et salle de bains en plein air. Au niveau inférieur, aire de détente ombragée avec hamacs. Le restaurant excellent sert des plats de pâtes fraîches et autres spécialités italiennes.

Secret Paradise COMPLEXE HÔTELIER $$$
(www.secretparadiseresort.asia ; baie de Saracen ; bungalow 100 $US). Le Secret Paradise loue de vastes bungalows élégants : grandes baies vitrées, meubles en rotin, salles de bains raffinées et vérandas face à la mer. Le service est impeccable et le restaurant sert une savoureuse cuisine khmère.

Où se restaurer et prendre un verre

Les restaurants de la baie de Saracen sont ceux des hébergement, offrant l'embarras du choix. Koh Rong Sanloem misant davantage sur la détente que sur la fête, ne vous attendez pas à beaucoup d'animation le soir. Le Beach Resort est habituellement le lieu où prendre un verre.

Fishing Hook INTERNATIONAL $
(M'Pai Bay ; plats 2,50-5,50 $US ; ⏲18h-22h30). Ce restaurant perché sur la jetée de M'Pai Bay offre l'une des meilleures cuisines de l'île. Au menu : poissons et fruits de mer façon khmère (poisson grillé dans une sauce au tamarin) et plats occidentaux. La terrasse en surplomb de la mer offre un cadre élégant pour profiter du paysage paradisiaque.

Good Vibz JUNGLE BAR
(www.good-vibz-camp.com ; ⏲approx déc-avr). On accède à ce bar isolé en pleine forêt, situé en haut d'un colline, après un sentier de 436 marches (suivez d'abord l'itinéraire de Saracen Bay à Sunset Beach). Chaque semaine sont organisées raves sous tente ou soirées cinéma sur fond de forêt luxuriante. Ceux qui ne peuvent se résoudre à partir (ou n'en sont plus capables) peuvent louer un hamac (1 $US) ou une tente (à partir de 3 $US) pour la nuit.

Depuis/vers Koh Rong Sanloem

Speed Ferry Cambodia (www.speedferrycambodia.com ; aller/aller-retour 13/26 $US) et **TBC Speed Boat** (☎088-781 1711 ; www.tbckohrongspeedboat.com ; aller/aller-retour 12,50/20 $US) assurent la liaison entre la baie de Saracen et Sihanoukville. Speed Ferry Cambodia fait escale à M'Pai Bay.

Le bateau de Speed Ferry Cambodia quitte l'embarcadère de la baie de Saracen à 9h30 et 15h30, puis débarque/embarque les passagers à M'Pai Bay (15 minutes plus tard) et sur l'île de Koh Rong (5 $US pour s'arrêter sur chaque île) avant de rejoindre Sihanoukville.

Speed Ferry Cambodia a installé ses bureaux à l'Orchid Resort, près de l'embarcadère de la baie de Saracen. Assurez-vous d'y valider votre billet un jour avant votre trajet pour être sûr d'avoir une place à bord.

Le bateau de TBC Speed Boat quitte l'embarcadère de la baie de Saracen en direction de Sihanoukville à 10h30, 13h30 et 16h.

Les horaires peuvent varier selon la saison. Renseignez-vous quand vous achetez votre billet.

Archipel de Koh Sdach ប្រជុំកោះស្ដេច

Au large de la pointe sud du parc national de Botum Sakor (p. 185), ce modeste archipel regroupe 12 îlots, pour la plupart inhabités. Deux îlots sont dotés d'un hébergement – **Koh Sdach** (île du Roi) et **Koh Totang** –, et offrent la possibilité de passer une journée ou deux à explorer les autres îlots, dont certains sont bordés de plages isolées et propices au snorkeling. La plupart des circuits d'île en île englobent **Koh Ampil**, trois îles minuscules entourant une langue de sable, et les longues plages de part et d'autre de **Koh Smach**.

Le seul village de l'archipel digne de ce nom se situe sur Koh Sdach. Hors des routes touristiques, l'économie locale dépend de la pêche. Le village se trouve à environ 10 minutes en bateau du continent. Le départ s'effectue au bout de la nouvelle route qui traverse le parc national de Botum Sakor. Cette route, qui rend l'accès à l'archipel infiniment plus facile et fait partie d'un grand projet d'aménagement touristique est en train de changer définitivement le visage de la côte sud-ouest de Botum Sakor, autrefois réputée pour ses plages désertes adossées à une forêt vierge (un parcours de golf de 18 trous a été ouvert le long de la côte continentale). Heureusement, les îlots sont pour l'instant exclus de ces projets touristiques. L'électricité fonctionne 24h/24 sur Koh Sdach.

Où se loger et se restaurer

Mean Chey Guesthouse PENSION $

(☎ 011-983806 ; Koh Sdach ; ch 7,50 $US). Cette modeste pension proche du village, côté nord-ouest de Koh Sdach, est parfaite pour les voyageurs au budget serré. Une quinzaine de cottages en béton bleu pastel sont disponibles. Les cuisines française et cambodgienne sont à l'honneur au restaurant l'Yvonne, qui offre une belle vue sur les îles voisines.

Nomads Land COMPLEXE HÔTELIER $$$

(☎ 011-916171 ; nomadslandcambodia.com ; Koh Totang ; bungalows s/d repas inclus à partir de 60/90 $US ; ⏲ nov-mai). Difficile d'imaginer un endroit plus paisible. Karim, son propriétaire, a fait de son hôtel le plus écologique des îles. Les 5 bungalows sont équipés de panneaux solaires et l'eau de pluie est recueillie pour la consommation. Il se trouve sur une plage de Koh Totang. Accès par le bateau de l'hôtel au départ du village de Poi Yopon (sur le continent, 15 min de traversée).

Depuis/vers l'archipel de Koh Sdach

Rejoindre Koh Sdach peut s'avérer compliqué. Le plus facile, mais le plus cher, consiste à louer un transport privé depuis Koh Kong (60 $US), Sihanoukville (80 $US) ou Phnom Penh (90 $US) et à rejoindre par la nouvelle route, le village de Poi Yopon, situé sur le continent, en face de Koh Sdach.

Par les transports publics il faut monter dans un bus à destination de la NH48 et descendre là où commence la nouvelle route chinoise, à 6 km à l'ouest d'Andoung Tuek. De là, un minibus local (7,50 $US, 2 heures, uniquement le matin) ou un conducteur de *moto-dop* (15-20 $US selon vos talents de négociateur) vous emmènera à Poi Yopon.

Louer un bateau à moteur de Poi Yopon à Koh Sdach coûte environ 10 $US. Le Nomads Land (p. 215) possède son propre bateau privé qui peut venir vous chercher. Il peut aussi organiser un service de taxis jusqu'à Poi Yopon.

Une manière bien plus aventureuse (ou frustrante selon les points de vue) consiste à tenter d'embarquer sur le cargo qui fait la route entre Sihanoukville et Koh Sdach. De Sihanoukville, le cargo part du Royal Pier du port tous les jours, ou tous les deux jours selon divers facteurs, entre 12h et 14h (10 $US, 4 heures 30, avec 1 ou 2 escales). Le départ de Koh Sdach s'effectue à 20h.

PROVINCE DE KAMPOT

La province de Kampot (ខេត្តកំពត) est l'une des destinations les plus attirantes du pays, grâce à un mélange idéal entre villages décontractés et paysages luxuriants truffés de grottes calcaires alvéolaires.

La province est aussi connue pour son poivre, considéré comme l'un des plus raffinés sur la planète. Kampot est aussi productrice de durian, un fruit à l'odeur particulièrement forte, dont le goût subtil parfume les plats cambodgiens.

Kampot កំពត

033 / 39 500 HABITANTS

On comprend l'engouement des voyageurs pour Kampot. La cité fluviale, avec ses rues bordées de vieilles maisons de commerce, possède un charme particulier, comme si le temps s'était arrêté sur la cité.

Bien que la fondation de Sihanoukville en 1959 ait mis fin aux activités portuaires de Kampot, la ville est aujourd'hui une base idéale pour explorer le parc national de Bokor, la station balnéaire de Kep, ainsi que les temples troglodytes et la campagne verdoyante de la région.

À voir

L'intérêt de Kampot tient davantage à son atmosphère qu'à ses sites. L'activité la plus agréable consiste à flâner dans le quartier de la vieille ville, à pied ou à vélo, le long des allées bordées d'anciennes maisons de commerce délabrées, construites au milieu du XXe siècle par les marchands chinois de la ville. Les plus belles rues, dont deux ont été restaurées, se trouvent dans un triangle formé par le rond-point du Durian, la poste et le vieux pont français.

École de musique traditionnelle — CENTRE CULTUREL

(www.kcdi-cambodia.com ; St724 ; 14h-17h lun-mar et 17h-19h ven). GRATUIT Cette école initie les enfants orphelins ou handicapés à la musique et à la danse traditionnelles. Pendant les heures de visite, vous pouvez venir observer les cours et/ou assister aux spectacles. Dons appréciés.

Musée provincial de Kampot — MUSÉE

(សារមន្ទីរខេត្តកំពត ; kampotmuseum.wordpress.com ; River Rd ; 2 $US ; 15h-18h mar et jeu, 8h-11h et 15h-18h sam et dim). Ce petit musée ouvert en 2015, situé à l'intérieur de l'ancienne résidence coloniale du gouverneur français, est magnifiquement restauré. Il retrace l'histoire de Kampot et de sa région, grâce aux savoirs et à l'expérience de Jean-Michel Filippi, un anthropologue français installé dans la région.

Prison de Kampot — ÉDIFICE HISTORIQUE

(ពន្ធនាគារ ខេត្តកំពត ; St 736). L'ancienne prison est logée dans une belle maison décrépite de l'époque coloniale française. Les gardes ont l'habitude de voir des touristes s'y arrêter, mais demandez avant de prendre des photos.

> **LA SAISON DES FESTIVALS**
>
> Au programme du Kampot Writers & Readers Festival : 4 jours de discussions littéraires, de lectures de poésie, d'expositions d'art, de concerts et d'ateliers. Inauguré en 2015, il a lieu tous les ans au mois de novembre (www.kampotwritersfestival.com).

Ancien pont français — PONT

Détruit par les Khmers rouges, l'ancien pont français de Kampot a été reconstruit dans un curieux mélange de styles. Il est officiellement fermé pour des raisons de sécurité, mais les habitants escaladent la barrière pour l'emprunter. Faites attention où vous mettez les pieds si vous décidez d'y grimper.

Activités

Kampot s'est spécialisée dans les sports et les activités d'aventure. L'escalade et les sports nautiques le long de la Kampong sont les principales attractions.

Climbodia — ESCALADE

(095 581951 ; www.climbodia.com ; Phnom Kbal Romeas, NH33 ; demi-journée 35-40 $US, journée 70 $US). Fondé par un jeune Belge, ce centre d'escalade, le premier en plein air au Cambodge, organise des sorties de quelques heures à une journée. Au programme : escalade, via ferrata, descente en rappel et spéléologie au cœur des formations calcaires de Phnom Kbal Romeas, à 5 km au sud de Kampot.

SUP Asia — SPORTS NAUTIQUES

(093-980550 ; www.supasia.org ; rive est de la Kampong ; 2 heures 30 25 $US ; tlj mi-oct à juil). Le SUP (stand-up paddle) a fait une arrivée remarquée à Kampot. Des circuits organisés (départs à 8h30 et 15h30), vous feront passer devant les sites le long de la rivière (après une leçon de SUP). Un parcours sur 2 jours (18 km) permet de rejoindre la mer.

Khmer Roots Cafe — COURS DE CUISINE

(088-3568016 ; khmerrootscafe.com ; NH33 ; cours de cuisine avec aller-retour depuis/vers Kampot 20 $US ; 10h-16h). Plus qu'un cours de cuisine, le Khmer Roots Cafe offre un aperçu de la vie rurale, au cœur des jardins arborés et potagers bio de Soklim, le propriétaire. Le cours comprend la préparation de 2 plats (après avoir rassemblé les ingrédients), le déjeuner et la possibilité d'explorer la campagne. À environ 1 heure à l'est de Kampot.

Seeing Hands Massage 5 MASSAGE
(River Rd ; 5 $US/heure ; 7h-23h). Massages par des praticiens aveugles et bien formés.

Circuits organisés

Vous serez certainement sollicité pendant votre séjour pour effectuer un circuit. Les possibilités sont nombreuses : station climatique de Bokor (12-15 $US), salins, exploitation de poivriers, grotte de Phnom Chouk, sans oublier Kep et Koh Tonsay (18-20 $US).

On peut également louer une *moto-dop* avec ou sans chauffeur et concocter sa propre visite des grottes, de Kep et de la campagne. Comptez 15/25 $US pour un circuit de 4 heures/1 journée.

Les croisières au coucher du soleil et des sorties en bateau le soir permettent d'observer les lucioles sous réserve de bonnes conditions.

Bart the Boatman CROISIÈRES
(092-174280 ; 2 pers 40 $US). Connu comme Bart le capitaine, cet expatrié belge organise des excursions originales en bateau, le long des petits affluents de la Kampong. Chaudement recommandé par les voyageurs.

Captain Chim's CROISIÈRES
(012-321043 ; Captain Chim's Guesthouse, St 724 ; excursion au coucher du soleil 5 $US/pers). Les croisières au coucher du soleil et les sorties d'observation des lucioles sur un bateau traditionnel incluent une bière fraîche. Excellent rapport qualité/prix. Excursions de pêche avec déjeuner (11 $US) et location de vélo (2 $US/jour).

Kampot Dreamtime Tours CIRCUITS, CROISIÈRES
(089-908417 ; www.kampotrivercruises.com ; River Rd). Les excursions partent du quai en face de Rikitikitavi (p. 218) à 16h et descendent la rivière jusqu'à l'embouchure de la rivière dans un bateau ayant appartenu au roi Norodom Sihanouk. Vin, fromage et fruits de mer grillés au barbecue sont inclus.

Sok Lim Tours CIRCUITS
(012-796919 ; www.soklimtours.com ; St 730 ; 8h-19h). La plus ancienne agence de Kampot a une bonne réputation. Les circuits à travers la campagne sont réalisés par des guides et des conducteurs de *tuk-tuk* qui parlent anglais et ont des connaissances sur la production poivrière. Si le bureau est fermé, adressez-vous au restaurant voisin Jack's Place.

Quad Cambodia Kampot QUAD
(088-9381242 ; www.quadcambodiakampot.wix.com/quadcambodiakampot ; River Rd ; circuit coucher du soleil 1 heure 30 1/2 pers 23/33 $US). Approche motorisée du tourisme local dans la campagne, les circuits au coucher du soleil en quad partent à 16h15. Circuits plus longs (à partir de 36 $US/personne).

Où se loger

Côté hébergement, deux possibilités s'offrent aux voyageurs. Le centre-ville historique, où se concentrent hôtels et restaurants, et les rives du fleuve, synonyme d'un séjour plus détendu, ou plus festif.

Centre de Kampot

Magic Sponge PENSION $
(017-946428 ; www.magicspongekampot.com ; St 730 ; dort 4 $US, ch avec clim 10-15 $US, sans clim 15-20 $US ;). Ce repaire pour petit budget loue un dortoir agréable (ventilateurs et lampes individuels) situé sur le toit. Les chambres, claires et bien tenues, sont d'un bon rapport qualité/prix. Au rez-de-chaussée : salon cinéma et bar-restaurant, réputé pour sa cuisine indienne. *Happy hour* (12h-20h) et minigolf.

Pepper Guesthouse PENSION $
(017-822626 ; www.pepperguesthouse.com ; St 730 ; dort 3 $US, ch avec clim 10 $US, bungalow 25 $US ;). Mention spéciale pour cette pension chaleureuse tenue par des gens du cru dans une maison du milieu du XXe siècle. Les chambres équipées de ventilateur sont charmantes avec leur vieux parquet en bois (la chambre n°101 est la plus belle). Dans le jardin à l'avant, 2 bungalows joliment décorés, avec douches à ciel de pluie, offrent une expérience plus haut de gamme.

Blue Buddha Hotel HÔTEL $
(017 843 550 ; www.bluebuddhahotel.com ; St 730 ; d/tr/f 22/27/38 $US ;). Dans la catégorie des adresses bon marché, le Blue Buddha fait un peu mieux que la normale avec des chambres spacieuses et bien équipées : lits confortables, TV, minibars et salles de bains modernes. Réductions auprès de divers établissements, vélos gratuits et gérants serviables.

Captain Chim's Guesthouse PENSION $
(012-321043 ; www.facebook.com/Captain-Chims-Guest-House-1497913850462736 ; St 724 ; dort 3 $US, ch avec/sans clim 13/8 $US ;). Cette pension familiale dispose de chambres simples mais impeccables, et d'un dortoir spacieux avec balcon. Eau froide uniquement. Laverie et vélos gratuits.

Kampot

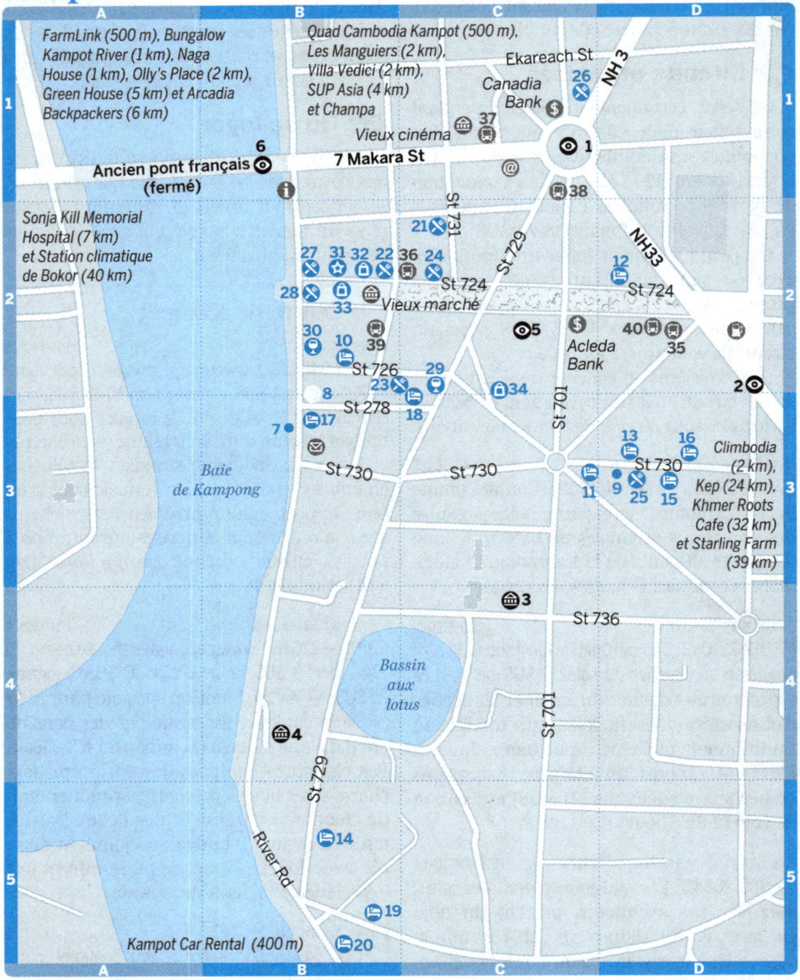

The Mad Monkey Hostel AUBERGE DE JEUNESSE **$**
(☎033-6668853 ; www.madmonkeyhostels.com/kampot ; River Rd ; dort 5 $US, d avec/sans clim 25/18 $US ;). Cette adresse attire les *backpackers* avec ses dortoirs relativement spacieux (ventilateur uniquement) et son bar au bord de la piscine, qui accueille une clientèle jeune et fêtarde.

Nyny Guesthouse HÔTEL **$**
(☎077-901460 ; nynyhotel@yahoo.com ; St 730 ; s/d 6/8 $US, avec clim 13/15 $US ;). Cet hôtel d'apparence banal s'avère bon marché et bien équipé. Les chambres impeccables sont équipées de douches avec eau chaude.

♥ **Rikitikitavi** BOUTIQUE-HÔTEL **$$**
(☎012-235102 ; www.rikitikitavi-kampot.com ; River Rd ; ch 48-53 $US, f 58 $US petit-déj inclus ;). Assurément parmi les boutique-hôtels les mieux tenus du pays. Les chambres sont un exemple de luxe, qui allient décoration d'inspiration asiatique et confort. Grandes salles de bains, TV, lecteur DVD, réfrigérateur et bouilloire. Une référence.

The Columns BOUTIQUE-HÔTEL **$$**
(☎092-128300 ; www.the-columns.com ; St 728 ; ch petit-déj inclus 45-59 $US, ste 75 $US ;). Cet hôtel de charme fusionne les styles classique

Kampot

À voir

1 Rond-point du Durian C1
2 Rond-point des Quatre Nâga D2
3 Prison de Kampot C4
4 Musée provincial de Kampot B4
5 École de musique traditionnelle C2
6 Ancien pont français B1

Activités

Captain Chim's .... (voir 12)
7 Kampot Dreamtime Tours B3
8 Seeing Hands Massage 5 .... B2
9 Sok Lim Tours D3

Où se loger

10 Baraca B2
11 Blue Buddha Hotel C3
12 Captain Chim's Guesthouse D2
13 Magic Sponge D3
14 Mea Culpa B5
15 Nyny Guesthouse D3
16 Pepper Guesthouse D3
17 Rikitikitavi B3
18 The Columns C3
19 The Mad Monkey Hostel B5
20 Two Moons B5

Où se restaurer

Baraca .... (voir 10)
21 Cafe Espresso C2
22 Captain Chim's B2
23 Ellie's B2
24 Epic Arts Café C2
25 Jack's Place D3
26 Marché de nuit C1
Rikitikitavi .... (voir 17)
27 Rusty Keyhole B2
28 Veronica's Kitchen B2

Où prendre un verre et faire la fête

29 KAMA C2
30 Oh Neils B2

Où sortir

31 Ecran B2

Achats

32 Dorsu B2
33 Kepler's Kampot Books B2
34 Tiny Kampot Pillows C2

Transports

35 Capitol Tours D2
36 Champa Mekong Travel C2
37 Giant Ibis C1
38 Kampot Express C1
39 Kampot Tours & Travel B2
40 Phnom Penh Sorya D2

et moderne dans ses chambres minimalistes avec meubles des années 1950, TV et salles de bains modernes et chics. Au rez-de-chaussée, Green's, un café accueillant reconnaissable à son carrelage ancien, propose un bon menu de salades et de milk-shakes.

Two Moons HÔTEL **$$**
(☎033-932857 ; www.twomoonshotel.com ; River Rd ; ch 35-50 $US, ste 70-85 $US, ch avec sdb partagée dans maison khmère 15-20 $US ;). Les chambres lumineuses et contemporaines du bâtiment principal donnent sur un balcon commun. Suites "*penthouse*" colorées au dernier étage, parfaites pour les familles. Le vaste jardin, avec piscine et excellent bar-restaurant, accueille une maison khmère en bois traditionnelle avec deux chambres pittoresques et bon marché.

Mea Culpa PENSION **$$**
(☎012-504769 ; www.meaculpakampot.com ; St 729 ; ch 25-27 $US ;). Cette villa moderne dispose de 11 chambres très accueillantes. Située au sud du centre-ville, elle garantit une ambiance décontractée et paisible. Restaurant dans le jardin, plébiscité pour ses pizzas au feu de bois.

Au bord de la rivière

Les hébergements sont situés le plus souvent à 10 minutes en *tuk-tuk* du centre. Ils longent le fleuve et sont dotés de pavillons sur l'eau ou de pontons facilitant la baignade.

Bungalow Kampot River BUNGALOWS **$**
(☎033-6666418 ; sokvireak25@gmail.com ; Tuk Chhou Rd ; bungalow 6-10 $US ;). Pour un séjour relaxant, optez pour cette pension tenue par une famille cambodgienne. Le restaurant en bord de rivière (repas à partir de 2 $US) est l'endroit idéal pour contempler le coucher du soleil. Bungalows rustiques aux toits de chaume (matelas au sol, moustiquaire et ventilateur), avec salle de bains attenante pour ceux qui sont sur pilotis.

Olly's Place BUNGALOWS **$**
(☎092-605837 ; www.ollysplacekampot.com ; Tuk Chhou Rd ; dort 3 $US, ch 6-8 $US ;). Cette retraite paisible est tenue par Olly, un Belge expatrié. Bungalows aux toits de chaume et chambres basiques d'un excellent rapport qualité/prix, compte tenu de l'atmosphère décontractée et de l'emplacement en or. Vélos à disposition pour les clients.

Naga House BUNGALOWS $
(☎012-289916 ; www.facebook.com/nagahouse-kampot ; Tuk Chhou Rd ; bungalow 7-12 $US ; 📶). Ce repaire de voyageurs propose des bungalows basiques aux toits de chaume, au milieu de la végétation. Salle de bains commune. Le bar-restaurant convivial au bord de la rivière reste souvent animé le soir, avec des concerts réguliers et des DJ.

Arcadia Backpackers AUBERGE DE JEUNESSE $
(☎977 455 073 ; www.arcadiabackpackers.com ; Tuk Chhou Rd ; dort 5-8 $US, ch avec sdb 17-20 $US, sans sdb 10 $US, bungalow 25 $US ; 📶). L'Arcadia est l'adresse la plus festive de Kampot. En journée, on bronze sur le ponton de la rivière, et le soir on se joint aux festivités du bar-restaurant qui se prolonge jusqu'au petit matin. Mieux vaut éviter le dortoir à 5 $US si vous êtes en quête de sommeil.

♥ **Green House** BUNGALOWS $$
(☎888-863071 ; www.greenhousekampot.com ; Tuk Chhou Rd ; bungalow avec sdb 20-30 $US, sans sdb 12 $US ; 📶). Ce magnifique complexe en bord de rivière est un havre de tranquillité. Bungalows au toit de chaume (avec salle de bains partagée) et chalets en bois colorés avec balcon ; les meilleurs donnent directement sur la berge (les enfants de moins de 12 ans ne sont pas acceptés). Le bâtiment historique en teck, où se trouve le restaurant (ouvert de 7h à 20h45), abritait autrefois le légendaire bar de Phnom Penh "Snowy's" (alias "Maxine's"), transporté ici en 2011.

Champa Lodge BUNGALOWS $$
(☎092-525835 ; www.champalodge.com ; Kompong Kreang ; bungalow 38-60 $US ; 📶). Refuge campagnard lové dans un méandre du fleuve, le Champa Lodge propose des chambres de style bohème réparties dans des maisons khmères en bois. Elles sont équipées de vérandas où se prélasser et admirer la vue. Location de kayaks et de vélos. Le restaurant-bar est connu pour sa vaste sélection de bières belges.

Les Manguiers BUNGALOWS ET CHAMBRES $$
(☎092-330050 ; www.mangokampot.com ; rive est de la Kompong ; ch avec sdb commune 11-24 $US, bungalow 32-80 $US ; @📶). Belle situation pour cette adresse en bord de fleuve. Plusieurs formules d'hébergements dont des chambres d'hôtes, spacieuses et lumineuses, des bungalows en bois sur pilotis (ventilateur et eau froide) et même une maison à louer. Les activités ne manquent pas : canoës et vélos, badminton, ping-pong et aire de jeux pour enfants. On peut plonger dans la rivière depuis l'un des 4 pavillons installés au-dessus de l'eau. Également, restauration.

Villa Vedici COMPLEXE HÔTELIER $$
(☎089-290714 ; www.villavedici.com ; rive est de la Kompong ; ch 30-45 $US, bungalows à partir de 55 $US ; ❄@📶🏊). Un grand bâtiment qui loue des chambres plus fonctionnelles qu'esthétiques, mais les clients passent la plupart de leur temps au bord de la piscine. Autour, c'est un terrain de jeux pour petits et grands : kitesurf, *wakeboard* et ski nautique, sans oublier les jeux vidéo sur écran géant.

Où se restaurer

Le **marché de nuit** (NH3 ; ⏰16h-minuit) fourmille de stands très variés où l'on peut se régaler de plats simples : nouilles, riz, viande grillée, pour conclure avec du riz gluant au lait de coco.

Les pensions du centre offrent également des tables agréables. Citons le Mea Culpa et ses pizzas au feu de bois et le Magic Sponge (p. 217) pour sa cuisine indienne. Pour manger au bord de l'eau, on rejoindra les adresses en périphérie, en particulier le Green House.

Cafe Espresso CAFÉ $
(St 731 ; plats 4-6 $US ; ⏰8h30-16h mar-ven, 9h-16h30 sam-dim ; 📶✎). Un petit café, facile à manquer, dont les propriétaires australiens ont fait une table agréable. *Quesadillas* végétariens ou sandwichs au porc de style brésilien sans oublier les petits-déjeuners savoureux. Café torréfié et moulu sur place.

Epic Arts Café CAFÉ $
(www.facebook.com/EpicArtsCafe ; St 724 ; plats 2-4 $US ; ⏰7h-16h ; 📶). 🍃 Idéal pour un petit-déjeuner ou un repas léger. Ce café emploie des jeunes handicapés, notamment des sourds, et ses bénéfices financent des ateliers artistiques. Cours de langue des signes à 15h le vendredi.

Jack's Place CAMBODGIEN $
(St 730 ; plats 2,50-6 $US ; ⏰7h-22h ; 📶✎). Tenu en famille, cet établissement chaleureux et en plein air sert des spécialités khmères, en particulier le *yao hon* (ragoûts khmers) et le *char kroeung* (légumes sautés et cacahuètes). Les soupes sont délicieuses, tout autant que les sandwichs et les burgers.

Ellie's CAFÉ $
(St 726 ; plats 3-5 $US ; ⏰8h-16h mar-lun ; 📶✎). Œufs Bénédicte, pains perdus, muffins anglais : les voyageurs en manque de saveurs

100% LOCAL

LE POIVRE DE KAMPOT

Avant la guerre civile au Cambodge, tout grand restaurant parisien digne de ce nom utilisait du poivre issu des plantations de la province de Kampot, qui furent ensuite détruites par les Khmers rouges pour faire place à des rizières.

Aujourd'hui, grâce à un groupe d'entrepreneurs et de gastronomes passionnés, ce poivre à l'arôme délicat et puissant fait son retour en force.

L'épice est cultivée dans des exploitations familiales de Phnom Voar et des vallées environnantes, au nord-ouest de Kompong Trach, où un climat unique, conjugué à la fidélité des paysans aux techniques agricoles nécessitant une main-d'œuvre importante, donnent des baies particulièrement piquantes. Le poivre de Kampot est si exceptionnel qu'il est le premier produit cambodgien à avoir bénéficié d'une indication géographique protégée (IGP, l'équivalent du l'AOP). La hausse des ventes a eu des répercussions non négligeables sur le niveau de vie des cultivateurs locaux, et notamment sur la vie des filles, dont les familles ont désormais les moyens de payer la dot.

La cueillette des baies se fait de février à mai. Le poivre noir est issu de fruits parvenus presque à maturité et séchés au soleil, le poivre rouge provient de fruits entièrement mûrs et le poivre blanc est tiré de fruits mûrs, débarrassés de leur écorce dans l'eau. La période de septembre à février est celle du poivre vert, dont les grains doivent être consommés immédiatement après la récolte – les restaurants du marché aux crabes de Kep comptent parmi les lieux rêvés pour le goûter dans toute sa subtilité. Ce poivre constitue un merveilleux souvenir ou cadeau, à la fois léger et incassable ! Il se conserve par ailleurs des années lorsqu'il est en grains et stocké à l'abri de l'humidité. Comptez environ 30 $US le paquet de 300g. Sur le marché de Kampot, vous trouverez du poivre vendu moins cher mais l'origine locale du produit ne peut pas être établie.

FarmLink (☎ 033-6902354 ; www.farmlink-cambodia.com ; ⌚ 7h30-11h30 et 13h30-16h30 lun-ven). À Kampot, la boutique de FarmLink, pionnier de la production de poivre d'origine protégée vend des produits déjà conditionnés. Vous pouvez voir le séchage du poivre dans le jardin à l'avant, et visiter la salle de tri. Pour vous y rendre, passé le nouveau pont ; prenez la première à droite, FarmLink se trouve sur la gauche. Boutique en ligne

Sothy's Pepper Farm (☎ 088-951 3505 ; www.mykampotpepper.asia ; Phnom Vour, quartier de Kep, près de la NH33 ; ⌚ 9h-17h). De loin la plantation de poivriers la plus agréable à visiter, Sothy's dispose d'une boutique et organise de brèves visites qui présentent l'histoire et les procédés de production. Plus proche de Kep que de Kampot.

Starling Farm (www.starlingfarm.com ; quartier de Kampot, près de la NH33 ; ⌚ 7h-17h). Boutique et restaurant sur place. La ferme n'organise pas de visites mais vous pouvez aller voir le champ de poivriers le plus proche par vous-même. Le paysage en venant de Kampot mérite le détour. Boutiques en ligne et à Siem Reap et Phnom Penh.

connues ne trouveront pas de meilleurs petits-déjeuners en ville. Les gâteaux et les sandwichs, comme celui au potiron, épinard et feta, mettent d'aplomb pour la journée.

Captain Chim's CAMBODGIEN **$**
(St 724 ; plats 1-3 $US ; ⌚ 7h-22h ; 📶). Difficile de faire meilleur et moins cher. Ce Captain est réputé pour ses petits-déjeuners et ses spécialités cambodgiennes, comme le *loc lak* (bœuf).

♥ **Rikitikitavi** INTERNATIONAL **$$**
(www.rikitikitavi-kampot.com ; River Rd ; plats 5-8 $US ; ⌚ 7h-22h ; 📶🍷). On s'installe sur une jolie terrasse ombragée en surplomb de la route et du fleuve dans ce restaurant qui tire son nom de la mangouste dans le *Livre de la jungle*. Dans les assiettes : poulet au poivre de Kampot, burritos, curry lentement mijoté et salades. Le lieu est idéal pour échanger autour d'un verre (*happy hour* 17h à 19h, deux cocktails pour le prix d'un).

Veronica's Kitchen INTERNATIONAL **$$**
(River Rd ; plats 4,75-6 $US ; ⌚ 7h30-22h ; 📶). Ce restaurant en plein air accueillant est tenu par une famille locale. Menu à base de classiques khmers et de spécialités européennes. En bord de rivière, idéal également pour une bière en fin d'après-midi.

Rusty Keyhole INTERNATIONAL $$

(River Rd ; côtes grillées petites/grandes/super-grandes 5/7,50/10 $US ; 8h-23h nov-mai, 11h-23h juin-oct ;). Ce bar-restaurant au bord de la rivière ne désemplit pas. On s'y régale de plats cambodgiens et internationaux. Réputé pour ses travers de porc.

Baraca TAPAS $$

(St 726 ; tapas 1,50-3 $US, plateau pour 2 pers 10 $US ; 17h-22h ;). Un établissement chaleureux et coloré, à l'atmosphère légèrement bohème. Le Baraca sert des tapas inventives aux influences asiatiques, méditerranéennes et orientales. À l'arrière, la **pension** (011-290434 ; www.baraca.org ; d 12-16 $US, f 20 $US ;) loue des chambres simples et aérées. Plafond haut et joli carrelage au sol.

Où prendre un verre et sortir

KAMA BAR

(Kampot Arts and Music Association ; St 726 ; 18h-minuit mer-dim ;). À la fois bar et espace d'artistes, le KAMA a été créé par Julien Poulson, tasmanien d'origine et guitariste d'un groupe de rock, le Cambodian Space Project. Ambiance musicale autour d'une bière ou d'un plat. Certains soirs, projections de films et événements artistiques.

Oh Neils BAR

(River Rd ; 17h-tard ;). Un petit bar rock en bordure de fleuve, probablement le plus animé de son genre.

Ecran CINÉMA

(St 724 ; 10 000 r/film ; 11h-21h mer-lun). Un bar apprécié des cinéphiles. Projections de films sur grand écran. Idéal pour revoir ses classiques (*La Déchirure*) et autres films cultes. Nouilles et raviolis maison (2 $US-2,50 $US) ; boissons.

Achats

Pour l'achat de poivre, voir l'encadré p. 221.

Tiny Kampot Pillows ARTISANAT, VÊTEMENTS

(www.tinykampotpillows.com ; 2000 Roundabout ; 10h-18h). Une multitude de petits oreillers en soie coloré, ainsi que d'autres accessoires, des vêtements jusqu'aux sacs.

Dorsu VÊTEMENTS

(www.dorsu.org ; St 724 ; 10h-17h30). Des vêtements de qualité dessinés et fabriqués par une équipe locale.

Kepler's Kampot Books LIVRES

(St 724 ; 8h-20h). Livres d'occasion et produits artisanaux.

Renseignements

Procurez-vous le *Kampot Survival Guide* (www.kampotsurvivalguide.com) guide gratuit en anglais pour un regard drôle et décalé sur Kampot, les expatriés... et le Lonely Planet. *Coastal* est un guide gratuit de Kampot et de Kep en anglais

Une série de boutiques de photocopies, avec accès Internet, jalonnent 7 Makara St, au sud-ouest du rond-point du Durian. Le Wi-Fi est gratuit dans la plupart des pensions, cafés et restaurants.

Acleda Bank (St 724 ; 8h-15h30 lun-ven, 8h-11h30 sam, DAB 24h/24).

Canadia Bank (Durian Roundabout ; 8h-15h30 lun-ven, 8h-11h30 sam, DAB 24h/24).

Office du tourisme (033-6555541 ; lonelyguide@gmail.com ; River Rd ; 7h-19h). Tenu par le savant Mr Pov, l'office du tourisme de Kampot distribue des conseils, vend des circuits et organise le transport vers des sites de la région.

Sonja Kill Memorial Hospital (urgences 078-265782, consultations externes 077-666752 ; www.skmh.org ; NH3, 7 km ouest de Kampot). Le meilleur hôpital de la région. Équipements de pointe et médecins locaux et expatriés chevronnés.

Depuis/vers Kampot

Kampot se trouve sur la NH3, à 148 km au sud-ouest de Phnom Penh, à 105 km à l'est de Sihanoukville et à 25 km au nord-ouest de Kep.

Les compagnies de bus **Capitol Tours** (092-665001 ; NH33) et **Phnom Penh Sorya** (092-181810 ; NH33) ont leur guichet en face de la station-service Total, près du rond-point des Quatre Nâga. Départ pour Phnom Penh à 7h (5-6 $US, 4 heures) et à 13h (Capitol seulement). Les bus de Sorya passent par Kep (2 $US, 45 minutes).

Certains voyageurs choisissent de se rendre à Phnom Penh en minibus, plus rapides et plus confortables. Les minibus de **Giant Ibis** (095-666809 ; www.giantibis.com ; 7 Makara St) partent pour Phnom Penh (9 $US, 2 heures 30) à 8h30 et 14h45. Ceux de **Kampot Express** (077-555123 ; St 729) partent pour Phnom Penh (8 $US, 2 heures 45) à 8h, 13h et 16h30. Pour Sihanoukville, les principales compagnies de minibus sont **Kampot Tours & Travel** (092-125556 ; St 710 ; 5 $US, 8h et 15h30, 2 heures) et **Champa Mekong Travel** (033-6300036 ; St 724 ; 5 $US ; 8h, 10h30, 15h30 ; 2 heures). Pour Kep (3 $US, 30 minutes), Kampot Tours & Travel assure des liaisons à 9h30 et 14h, tandis que les minibus de Champa partent à 10h30 et 15h. Dans les deux cas, le service du matin continue sur Ha Tien, au Vietnam (8 $US, 1 heure 30).

Les pensions peuvent réserver des billets et des pick-up.

Le trajet en *moto-dop/tuk-tuk* jusqu'à Kep revient à 6/12 $US.

Comment circuler

Comptez environ 2 000 r pour un trajet en *moto-dop* en ville (*tuk-tuk* 1 $US). Le trajet jusqu'aux pensions le long du fleuve devrait vous coûter entre 2 et 4 $US.

Nombre de pensions en ville louent des vélos (2 $US/jour) et des motos (environ 5 $US/jour). **Kampot Car Rental** (012-312 600 ; www.facebook.com/kampotcarrental ; River Rd ; à partir de 20 $US/jour ; 7h-20h). Loue des voitures bon marché. Lisez attentivement les clauses en petits caractères de votre contrat.

Environs de Kampot

Les collines calcaires à l'est de Kampot accessibles par la route de Kep sont parcourues de grottes. La plus remarquable est la grotte de Phnom Chhnork dans des paysages de collines et de rizières. En une demi-journée, on peut la rejoindre, ainsi que celle de Phnom Sorsia.

Phnom Chhnork — GROTTE

(ភ្នំឈ្នោក ; 1 $US ; 7h-18h). La grotte est située à une courte distance, à travers la campagne, du *vat* Ang Sdok (droit d'entrée et enfants qui s'improvisent guides).

Un escalier de 203 marches gravit la colline puis redescend jusqu'à une caverne, aussi impressionnante qu'une cathédrale gothique. La balade vers le *vat* et la vue depuis le sommet sont magiques, surtout en fin d'après-midi.

À l'intérieur de la grotte, on découvre une stalagmite évoquant un éléphant, puis la silhouette d'un second éléphant, tracée dans l'aplat de la falaise, sur la droite. De minuscules chauves-souris ont élu domicile dans les deux cheminées naturelles qui s'élancent vers le ciel.

La caverne principale abrite un **temple de brique** du VIIe siècle (période du Funan), dédié à Shiva. Protégé par la grotte, l'édifice est admirablement préservé. À l'intérieur, une ancienne stalagmite fait office de lingam. Un passage glissant, inondé à la saison des pluies, traverse la colline.

Pour accéder à Phnom Chhnork, suivez la NH33 sur 5,5 km vers l'est, puis bifurquez à gauche à l'annonce d'un panneau "Phnom Chhngok Resort", au niveau d'une mosquée cham. Poursuivez sur 6 km jusqu'à la grotte par une route chaotique. Depuis Kampot, comptez 6/10 $US l'aller-retour en *moto-dop/tuk-tuk*.

Phnom Sorsia — GROTTE

(ភ្នំសសៀរ, Phnom Sia ; 7h-18h). GRATUIT Il s'agit d'un ensemble de grottes situé près d'un **temple** moderne aux couleurs vives (accès par un escalier du parking). Sur la gauche, un escalier mène jusqu'à la **Rung Damrey Saa** (grotte de l'Éléphant blanc). Un escalier glissant et pentu, où le moindre faux pas peut être dangereux, descend puis remonte avant de ressortir par une petite ouverture dans la roche. Suivez le sentier, sur la droite, qui revient vers le temple.

Sur la droite, un escalier mène à la **grotte aux Chauves-Souris**. Les mammifères rejoignent la forêt à la tombée de la nuit en passant par une étroite cheminée dans la roche. Les habitants se servent de perches de bambou pour faire dévier leur itinéraire. Le circuit s'achève près d'un stupa, perché en haut d'une colline, d'où la vue est impressionnante.

Pour vous rendre à Phnom Sorsia depuis Kampot, suivez la NH33 sur 13,5 km (sud-est), puis vous trouverez la bifurcation pour Phnom Sorsia à 13,5 km au sud-est de Kampot et à 1,3 km au nord-ouest du rond-point du Cheval blanc (White Horse Roundabout), non loin de Kep. Repérez le panneau indiquant "Phnom Sorsia Resort" : de là, un sentier (1 km) mène vers le nord-est, à travers les rizières.

Rapides de Tek Chhou — RIVIÈRE

(ទឹកឈូ ; 1 $US). Appréciés par la population locale, ces modestes rapides sont bordés de petites échoppes et d'aires de pique-nique. Depuis Kampot, un trajet en *tuk-tuk* coûte environ 5 $US. Suite à la construction d'un barrage hydroélectrique en amont, le débit de la rivière a été fortement réduit. Cependant, le coin reste agréable et permet de partager un moment de détente avec les habitants qui viennent se rafraîchir.

Station climatique de Bokor

កស្ថានីយភ្នំបូកគោ

L'ancienne station climatique de Bokor GRATUIT construite dans les années 1920 est située dans le **parc national de Bokor** (ឧទ្យានជាតិបូកគោ, parc national de Preah

Monivong ; motor/voiture 2 000/4 000 r) territoire de 1 581 km² connu pour son climat rafraîchissant. Par mauvais temps et par brouillard, l'atmosphère du site est chargée d'étrangeté. D'ailleurs, une scène du thriller *City of Ghosts* (2002, avec Matt Dillon et Gérard Depardieu) a même été tournée ici.

Aujourd'hui, l'ambiance du site est largement gâchée par l'imposant casino et le Thansur Bokor Highland Resort, qui défigurent le sommet. Ce vaste projet spéculatif n'a d'ailleurs pas vraiment conquis les touristes car il est souvent vide.

Histoire

Perchée sur le Phnom Bokor (1 080 m), l'ancienne station d'altitude française, construite au début des années 1920, est renommée pour la vue qui embrasse la plaine côtière, en contrebas.

Bokor a été abandonnée à deux reprises : à la fin des années 1940, lors de l'invasion des forces vietnamiennes et de Khmers Issarak (Khmers libres) pendant la lutte pour l'indépendance ; puis en 1972, quand le régime de Lon Nol l'abandonna aux Khmers rouges qui ne cessaient de gagner du terrain. Sa position stratégique lui valut l'intérêt des deux camps durant la guerre civile et, en 1979, lors de leur entrée au Cambodge, les Vietnamiens durent batailler ferme pour conquérir les lieux. Pendant plusieurs mois, les Khmers rouges s'abritèrent dans l'église catholique, que les forces vietnamiennes mitraillaient du Bokor Palace, à 500 m de là.

À voir

Bokor Palace — ÉDIFICE HISTORIQUE

(ដំណាក់បូកគោ). GRATUIT Ouvert en 1925, l'ancien grand hôtel servait de lieu de villégiature pour les fonctionnaires français. À l'intérieur du bâtiment, vous devrez faire preuve d'imagination pour vous représenter la décoration somptueuse qui ornait la salle de bal et les chambres. Aujourd'hui, le bâtiment est totalement vidé et il ne reste que les murs et quelques carreaux d'origine.

Église catholique — ÉGLISE

GRATUIT L'église catholique, de style roman, a conservé la croix sur son clocher trapu. Des morceaux de verre restent accrochés aux baies de la nef, et une fenêtre latérale laisse encore apparaître les contours rouillés d'un crucifix. Les cloisons ont été ajoutées par les Khmers rouges. Un peu plus haut sur la colline, un à-pic surplombe la forêt vierge.

Vat Sampov Pram — TEMPLE BOUDDHIQUE

(វត្តសំពៅប្រាំ). Recouvert de lichens, le *vat* Sampov Pram (*vat* aux Cinq Bateaux) offre une vue éblouissante sur la jungle qui s'étend jusqu'au littoral, y compris l'île de Phu Quoc au Vietnam. Des singes tournent autour du temple à la recherche de nourriture.

Chutes de Popokvil — CASCADE

(ទឹកធ្លាក់ពពកវិល). Depuis le Thansur Bokor Highland Resort, la route continue vers le nord jusqu'aux chutes de Popokvil. Elles sont impressionnantes de juillet à octobre.

Depuis/vers Bokor

Pour vous rendre à la station climatique, inscrivez-vous pour une excursion d'une journée au départ de Kampot. Autre solution : louer un scooter. Une route récente à l'entrée du parc a été construite pour acheminer les touristes au Thansur Bokor Highland Resort.

Kep — កែប

036 / 35 000 HABITANTS

Fondée en 1908 par l'élite française, repaire de la haute société cambodgienne dans les années 1960, Kep (Krong Kep, ou Kaeb) attire dorénavant les touristes pendant la saison sèche. Certains lui reprochent de manquer d'âme, faute de centre. D'autres sont séduits par son ambiance nonchalante.

Même sans centre-ville et sans véritable plage de sable, Kep a vu proliférer les *resorts* de charme. Les établissements s'adressent clairement à une clientèle qui préfère randonner le long des sentiers du parc national de Kep et se détendre dans un hamac plutôt que faire la fête.

Renommée pour ses couchers de soleil et la qualité de ses fruits de mer, Kep compte aussi nombre de villas qui évoquent les années d'avant-guerre. Décrépites, recouvertes par la végétation, elles sont abandonnées depuis les années 1980, après les départ des Khmers Rouges et les pillages qui ont suivi.

À voir

Les vestiges de **villas** construites jusqu'au milieu du XXe siècle témoignent de plusieurs époques : la période coloniale mais aussi celle des Khmers rouges et de la guerre civile. La plupart sont de style moderniste, avec des lignes épurées et un décor limité. Elles sont laissées à l'abandon depuis les années 1980 et certaines sont squattées.

De beaux exemples se trouvent le long de la NH33A, en direction du nord, depuis le rond-point situé au nord de Kep. Elles ont été achetées pour une bouchée de pain dans les années 1990 par des spéculateurs.

Parc national de Kep PARC
(ឧទ្យានជាតិកែប ; 4 000 r). Le parc national de Kep couvre l'intérieur de la péninsule de Kep. Un circuit de 8 km, praticable à pied ou à VTT, serpente à travers une épaisse forêt jusqu'à des *vats* et des points de vue. Une signalisation jaune marque les sentiers pédestres qui mènent à l'intérieur du parc. Le sentier "Stairway to Heaven", qui gravit la colline jusqu'à une pagode, un couvent et le point de vue de Sunset Rock, vaut le détour.

La principale entrée du parc se trouve derrière le Veranda Natural Resort.

Vous pouvez prendre des forces, ou vous détendre après votre randonnée, au Led Zep Cafe (p. 229), qui se trouve sur le sentier, à 300 m de l'entrée principale. Le gérant, Christian, est à l'origine de la création, de la cartographie et de la signalisation des sentiers, et il continue encore aujourd'hui à prendre soin de l'environnement du parc.

Koh Tonsay (île du Lapin) ÎLE
(កោះទន្សាយ). Si vous rêvez d'une vie rustique, la plage principale de cette île, longue de 250 m, est faite pour vous. Mais dépêchez-vous : Koh Tonsay est convoitée par les promoteurs. La plage est l'une des plus belles des îles de la région, mais ne vous attendez pas à du sable blanc éclatant. Des cabanes-restaurants et des bungalows rudimentaires (à partir de 7 $US/nuit) bordent le sable.

Les bateaux pour Koh Tonsay quittent l'embarcadère Rabbit Island à 9h, et regagnent Kep à 16h (10 $US aller-retour, 30 minutes). À Kep, vous pourrez vous procurer vos billets auprès de votre pension, ou à la billetterie de l'embarcadère. Un transport privé peut être organisé au bureau de l'embarcadère (25 $US aller-retour).

Parmi les autres îles, **Koh Pos** (île aux Serpents ; environ 30 minutes après Koh Tonsay) est dotée d'une plage déserte et de sites propices au snorkeling, mais ne possède aucun hébergement (l'excursion d'une journée à bord d'un bateau de 10 passagers coûte 50 $US) ; **Koh Svay** (île aux Mangues) est dépourvue de plage, mais son sommet dévoile une belle vue.

Koh Tonsay doit son nom à sa forme, qui rappellerait celle d'un lapin selon les habitants de la région.

Ferme aux papillons de Kep FERME
(កសិដ្ឋានមេអំបៅកែប ; sentier Jasmine Valley, parc national de Kep ; donations acceptées ; 9h-18h). GRATUIT Ce petit jardin fleuri est l'habitat d'une vaste population de papillons. Vous pouvez vous y rendre à vélo ou à moto, ou à pied depuis le sentier du parc national de Kep, en prenant l'embranchement "Connection Path".

Plages

Les plages de Kep ne sont guère propices à la baignade : trop de cailloux et pas assez d'eau. On peut malgré tout nager en allant un peu plus au large ou à partir du quai du club de voile.

Kep Beach PLAGE
Cette minuscule étendue de sable est la seule véritable plage de Kep. Avant la guerre, du sable était régulièrement ajouté par camions entiers, une pratique qui a repris en 2013. Elle est cependant un peu caillouteuse, et souvent bondée le week-end. La promenade ombragée qui la borde s'achève, à l'est, par la **Sela Cham P'dey**, la statue d'une femme attendant le retour des pêcheurs.

Coconut Beach PLAGE
Coconut Beach, qui n'a de plage que le nom, est bordée de petites échoppes et de plate-formes pour se sustenter. Elle débute à quelques centaines de mètres au sud-est de Kep Beach, après la populaire **statue d'un crabe géant**.

Activités

Club de voile SPORTS NAUTIQUES
(078-333686 ; www.knaibangchatt.com/the-sailing-club ; 8h-17h). Le club loue des kayaks de mer (5 $US/heure), des catamarans Hobie Cat (à partir de 15 $US/heure) et des planches à voile (12 $US/heure). Egalement VTT corrects à louer (10 $US/jour).

Magic Tree DANS LES ARBRES
(099-896859;maxdiscoverycambodia.wordpress.com ; 8 $US). Envie de prendre de la hauteur ? Escaladez cet arbre dans le parc national de Kep. En haut, il y a un panorama incomparable sur la campagne. La descente s'effectue en rappel. Guide et instructions à la hauteur de l'exercice.

Kep

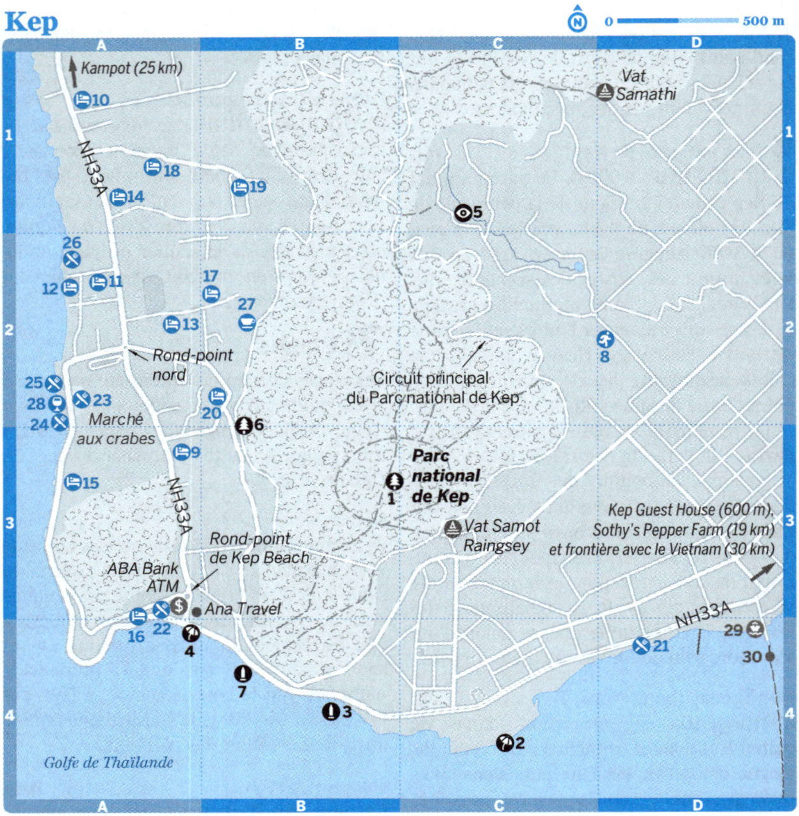

Ranch de la Plantation ÉQUITATION
(☎097-8474960 ; www.kep-plantation.com ; 20/34 $US pour 1/2 heures ; ⏲8h-18h). Des balades à cheval dans une partie du parc national de Kep et dans la campagne près de la ville. Les montures pouvant être un peu revêches, mieux vaut être un cavalier expérimenté.

Marine Conservation Cambodia BÉNÉVOLAT
(www.marineconservationcambodia.org ; Koh Seh). Installée sur l'île de Koh Seh (à 18 km de Kep), cette organisation œuvre à la préservation de l'environnement marin dans la région, et lutte contre la destruction de la vie aquatique. Recrutement de bénévoles qui prennent part à des patrouilles pour repérer la pêche illégale et participent à des projets de recherche.

Circuits organisés

Kep est une base pratique pour aller visiter Sothy's Pepper Farm (p. 221), des temples troglodytes, dont le *vat* Kiri Sela (p. 230) près de Kompong Trach, ainsi que Phnom Chhnork (p. 223) et Phnom Sorsia (p. 223). Le meilleur moyen de découvrir ces sites est de louer les services d'un chauffeur de *tuk-tuk* anglophone (20 $US/jour) et d'organiser avec lui votre programme.

Où se loger

Kep, qui s'étend le long du littoral sur 5 km, abrite des complexes hôteliers et des pensions le long de la route principale. On trouve d'autres adresses nichées sur les collines qui mènent au parc national de Kep.

♥ **Botanica Guesthouse** BUNGALOWS $
(☎097-8998614 ; www.kep-botanica.com ; NH33A ; ch avec ventil/clim 19/29 $US ;). Bien qu'un peu excentrée, cette pension est une adresse à retenir avec ses jolis bungalows aux salles de bains modernes. Petite piscine et vélos à disposition pour rejoindre la plage.

Kep

Tree Top Bungalows BUNGALOWS $
(☎012-515191 ; bungalow avec/sans sdb 25/5 $US, bungalow "tree house" à partir de 10 $US ; @ 📶). Ces bungalows perchés dans les arbres sont construits en bambou (une salle de bains pour 2 bungalows). Au niveau du sol, d'autres bungalows plus grands avec salle de bains attenante, sans oublier des chambres parmi les moins chères de Kep – de simples cabanes séparées par des minces cloisons.

Kimly Lodge PENSION $
(☎012-721200 ; www.kimlylodge.com ; d 25 $US, bungalow à partir de 45 $US ; ❄📶🏊). Voici une pension d'un excellent rapport qualité/prix. Les 7 chambres ont une décor chaleureux et des salles de bains nettes. À l'arrière, 5 bungalows spacieux avec salles de bains et petites vérandas.

Kep Guest House AUBERGE DE JEUNESSE $
(☎097-3748080 ; NH33A ; dort 5-7 $US, ch 9-17 $US ; ❄📶). Cette auberge de jeunesse modeste est la plus agréable dans sa catégorie petit budget. Elle loue des chambres lumineuses, aérées et propres, et un dortoir avec lits doubles. Belle vue sur la mer depuis le restaurant sur le toit. La chambre à 17 $US est climatisée.

Bacoma BUNGALOWS $
(☎088-4112424 ; bacoma.weebly.com ; NH33A ; ch 10-36 $US ; 📶). Ces petites huttes circulaires avec toit de chaume et installées dans un jardin sont une option bon marché. Elles sont toutes équipées de moustiquaires et de ventilateurs et les salles de bains partagées sont impeccables. Grands bungalows et maisons traditionnelles avec salle de bains également.

Le Coco De Mer BUNGALOWS $
(☎090-880413 ; www.facebook.com/lecocodemer-bungalows ; bungalow avec ventil/clim 25/35 $US petit-déj inclus ; ❄📶). Niché sur une colline, au cœur d'un jardin, Le Coco De Mer loue des bungalows en bois, simples et rustiques (ventilateur) mais agréables, avec hamacs sur le porche. Les chalets construits en dur et climatisés sont parfaits pour lutter contre la chaleur de Kep.

♥ **Saravoan Hotel** BOUTIQUE-HÔTEL $$
(☎036-6393909 ; www.saravoanhotel-kep.com ; d/lits jum/f 45/50/55 $US ; 🚭❄📶🏊). Cette nouvelle adresse joliment contemporaine loue des chambres spacieuses avec de grandes baies vitrées offrant la plus belle vue sur la mer de toute la ville. La piscine logée sur la terrasse est idéale pour se rafraîchir après avoir exploré le parc national de Kep.

Tara Lodge PENSION $$
(☎097-6236167 ; www.taralodge-kep.com ; d 50-60 $US, f 75 $US petit-déj inclus ; 🚭❄📶🏊). Le très accueillant Tara Lodge est apprécié pour ses chambres spacieuses et confortables. Elles sont nichées au cœur d'un jardin de palmiers et de fleurs, autour d'une belle piscine. Son cadre reculé invite au repos. Vue magnifique depuis la terrasse du restaurant.

Le Flamboyant Resort COMPLEXE HÔTELIER $$
(017-491010 ; www.flamboyant-hotel.com ; NH33A ; d à partir de 60 $US petit-déj inclus ;). Plus charmant que flamboyant, cet hôtel de charme est situé dans un parc dont la pelouse verdoyante est entretenue par un cheval. Les bungalows, comme des chalets, sont décorés de touches de couleur et disposent de petites vérandas. Deux piscines, un petit spa et un bon restaurant sur place.

Sea View Bungalows COMPLEXE HÔTELIER $$
(012-204155 ; www.seaviewbungalows.com ; bungalows à partir de 40 $US petit-déj inclus ;). Bonne option pour les familles, ce complexe de bungalows s'étend sur la colline au milieu d'un vaste jardin arboré avec piscine. Un peu à l'écart, il est pourtant assez central et permet de rejoindre le marché aux crabes facilement. Les suites familiales et les bungalows standards sont confortables et impeccables, même si le décor est quelconque.

Veranda Natural Resort COMPLEXE HÔTELIER $$$
(012-888619 ; www.veranda-resort.asia ; Kep Hillside Rd ; ch à partir de 80 $US petit-déj inclus ;). Charmants et romantiques bungalows décorés de bois, bambou et de pierre. On y accède par des passerelles sur pilotis. Le prix des chambres dépend de la superficie de la chambre. Magnifique vue sur le soleil couchant depuis le pavillon du restaurant, réputé pour sa cuisine.

Le Ponton Hotel BOUTIQUE-HÔTEL $$$
(017-780061 ; www.lepontonhotel.com ; bungalow à partir de 80 $US petit-déj inclus ;). Cet hôtel dégage une ambiance de vacances avec ses aires de détente colorées et sa piscine attrayante. Les chambres de style bungalows, au cœur d'un magnifique jardin tropical, sont chics et disposent de petits balcons. À quelques minutes à pied du marché aux crabes et de la plage.

Knai Bang Chatt BOUTIQUE-HÔTEL $$$
(036-210310 ; www.knaibangchatt.com ; s/d à partir de 188/319 $US petit-déj inclus ;). Le premier hôtel vraiment design de Kep occupe un ensemble de villas des années 1960 sur le front de mer. Les chambres semblent tout droit sorties d'un magazine de luxe. Mais pour ce tarif, nous aurions aimé que les baies vitrées soient impeccables pour apprécier la vue sur la mer. Pas de véritable plage.

Où se restaurer

Incontournable à Kep : déguster du crabe frit au poivre. Direction le **marché aux crabes**, des baraques en bois près du marché au poisson. Pour garantir la fraîcheur, les crabes sont conservés dans des enclos à quelques mètres de la plage. Deux solutions : manger sur place (crevettes, calmar, poisson et produits de la terre sont aussi proposés) ou s'approvisionner (environ 35 000 r le kilo de crabe) et les faire cuisiner dans sa pension. Certains hôtels à Kep servent une cuisine raffinée. Le Strand, pavillon en bord de mer du Knai Bang Chatt, et le Veranda Natural Resort figurent parmi les meilleurs, et jouissent d'une vue superbe.

Kimly POISSON $$
(036-904077 ; marché aux crabes ; plats 2,50-8 $US ; 10h-22h). Parmi les échoppes du marché aux crabes, celle-ci est la plus populaires pour les gens du cru. Kimly prépare le crabe de 27 façons différentes (6-7 $US) et pour quelques dollars de plus, vous pouvez commander une portion géante.

La Baraka INTERNATIONAL $$
(Marché aux crabes ; plats 6-10 $US ; 11h-22h ;). Cette adresse se distingue avec une carte un peu plus originale que les autres adresses. Ici se mélangent les saveurs européennes et asiatiques dans les plats de poisson et les fruits de mer, comme le carpaccio d'espadon. Et pour ceux qui n'aiment pas les produits de la mer, les pizzas et pâtes sont aussi excellentes. La terrasse, au-dessus de la mer, est le cadre rêvé pour un cocktail au coucher du soleil.

Breezes FUSION $$
(NH33A ; plats 5-10 $US ; 12h-21h30 ;). Voici un agréable restaurant de plein air sur la route, à deux pas du rivage, du côté de l'embarcadère pour Koh Tonsay. Déco raffinée, plats (asiatiques, occidentaux et fusion) délicieux, et belle vue sur l'île.

Brise de Kep INTERNATIONAL $$
(036-6336339 ; Kep Beach; plats 3-9 $US ; 7h-22h). Saveurs françaises et asiatiques à l'honneur. On se régale, face à la mer, de thon, barracuda et autres produits de la mer.

Sailing Club FUSION $$
(Plats 7-12,50 $US ; 10h-22h ;). Avec sa petite plage et sa jetée qui s'avance dans la mer, ce bar-restaurant, logé dans une ancienne maison de pêcheurs, est l'un des

endroits les plus agréables pour terminer la journée. La cuisine asiatique, revisitée, est excellente. On peut venir avec son crabe. Essayez le *Kep Special Fish*, un poisson servi dans une sauce au poivre et à la noix de coco : une explosion de saveurs.

Où prendre un verre et faire la fête

Toucan BAR
(Marché aux crabes ; 11h-minuit ;). La terrasse du Toucan est le meilleur endroit pour prendre un verre et papoter au coucher du soleil. Le bar reste ouvert parfois jusqu'à minuit, une heure tardive pour Kep.

Led Zep Cafe CAFÉ
(Parc national de Kep ; 9h30-18h). Un agréable café, un peu isolé, sur le sentier du parc national de Kep. Ici, on vient siroter un jus au citron vert sur la terrasse en admirant la vue sur la côte. Idéal pour se requinquer après une randonnée.

Renseignements

Le site www.visitkep.com est une excellente source d'informations.

Il n'y a pas de banque à Kep, mais il y a un **DAB d'ABA Bank** (24h/24) à Kep Beach.

Presque tous les hôtels et les restaurants offrent un accès gratuit au Wi-Fi.

Depuis/vers Kep

Kep est à 25 km de Kampot et à 41 km du poste-frontière vietnamien de Prek Chak-Xa Xia.

Les bus s'arrêtent à Kep Beach, devant une rangée d'agences de voyages qui vendent des tickets de bus et de minibus. Adressez-vous à **Ana Travel** (036-652 3999 ; Kep Beach ; 9h-18h) pour des informations sur les correspondances. Les hébergements vendent aussi les billets de bus.

Les bus Phnom Penh Sorya (p. 222) et **Hua Lian** (carte p. 46 ; 223025 ; Monireth Blvd et Olympic Stadium) partent pour Phnom Penh à 7h30, 13h et 14h30 (5 $US, 4 heures). Un taxi privé coûte 40-45 $US pour Phnom Penh (2 heures 30).

PASSER AU VIETNAM : DE KEP À HA TIEN

Rejoindre la frontière Le **poste-frontière de Prek Chak/Xa Xia** (6h-17h30), de plus en plus fréquenté, permet de rejoindre facilement Ha Tien et l'île vietnamienne de Phu Quoc ou Hô-Chi-Minh-Ville, depuis Kampot et Kep.

Pour rejoindre le plus facilement Prek Chak, puis Ha Tien, au Vietnam, il faut monter dans un minibus au départ de Phnom Penh (16 $US, 5 heures), Sihanoukville (16 $US, 4 heures), Kampot (8 $US, 1 heure 30) ou Kep (5 $US, 1 heure) jusqu'à la frontière. Virak Buntham (p. 87) assure cette liaison depuis Phnom Penh. Au départ de Kampot ou Kep, Kampot Tours & Travel (p. 222) garantit le service le plus fiable.

Même si vous avez un billet pour Hô-Chi-Minh-Ville ou Phu Quoc, vous devrez changer de bus à la frontière.

Pour avoir plus de flexibilité au niveau des horaires, il est conseillé, depuis Phnom Penh ou Kampot, de descendre du bus à Kompong Trach, puis de prendre une *moto-dop* (environ 3 $US) pour effectuer les 15 derniers kilomètres jusqu'à la frontière.

À Kep, votre pension pourra vous réserver un *tuk-tuk* (13 $US, 1 heure) ou un taxi (20 $US, 30 minutes) qui vous emmènera directement à la frontière. Au départ de Kampot, comptez presque le double en temps et en prix. Les véhicules privés empruntent une nouvelle route qui coupe au sud jusqu'à la frontière, à 10 km à l'ouest de Kompong Trach.

À la frontière À l'arrivée au Vietnam, les voyageurs français, belges suisses et canadiens reçoivent un visa de 15 jours gratuit. Pour une durée plus longue, le visa est payant. Ces conditions d'entrée peuvent être modifiées à tout moment par les autorités.

À Prek Chak, pour 5 $US, une *moto-dop* pourra vous amener au poste-frontière vietnamien, 300 m après le poste cambodgien, puis jusqu'à Ha Tien (7 km). Pour faire des économies, traversez à pied le no man's land et prenez une *moto-dop* de l'autre côté pour 2-3 $US.

Au-delà Les voyageurs allant à Phu Quoc doivent arriver à Ha Tien au plus tard à 12h30, pour être sûrs d'obtenir un billet pour le ferry de 13h (230 000 d ou environ 11 $US, 1 heure 30). Les plus matinaux arriveront peut-être à Ha Tien à temps pour prendre le car-ferry de 8h à destination de Phu Quoc. Les bus réguliers du Cambodge à Ha Tien arrivent à temps pour le départ du ferry de 13h.

; Virak Buntham (p. 205) qui assurent Ha Tien-Sihanoukville passent par 30 (7 $US, 3 heures). Pour plus de confort, mieux vaut prendre les minibus pour Sihanoukville (6-7 $US, 2 heures 30) via Kampot (3 $US, 30 minutes) gérés par **Kampot Tours & Travel** (carte p. 194 ; ☎ à Kampot 092-125556 ; Ana Travel, Serendipity Beach Rd) et Champa Mekong Travel (p. 222), qui partent respectivement à 10h30 et 14h30.

Le trajet pour Kampot coûte environ 12/20 $US en *tuk-tuk*/taxi privé. Les conducteurs de *tuk-tuk* attendent au rond-point de Kep Beach. Il y a très peu de conducteurs de *moto-dop* en ville.

Une moto coûte 5-7 $US/jour ; renseignez-vous auprès de votre pension ou d'une agence de voyages.

Environs de Kep

Vat Kiri Sela TEMPLE BOUDDHIQUE

(វត្តគិរីសិលា ; ⏲7h-18h). Ce temple bouddhique est installé au pied du Phnom Kompong Trach, une spectaculaire formation karstique percée d'une centaine de grottes et de galeries. Du *vat*, un souterrain mène au cœur d'une formation circulaire entourée de falaises tapissées de verdure et ouverte sur le ciel. Différentes grottes emplies de stalagmites abritent des bouddhas couchés et de petits sanctuaires bouddhiques.

La ville la plus proche est Kompong Trach. Du centre-ville sur la NH33, suivez sur 2 km la piste en face de l'Acleda Bank.

Kompong Trach se trouve à 28 km au nord-est de Kep, sur la NH33, ce qui en fait une destination facile d'excursion à la journée depuis Kep ou Kampot.

Au *vat*, des enfants, munis de lampes torches, guident volontiers les visiteurs ; si vous acceptez leurs services, n'oubliez pas de leur donner un pourboire.

PROVINCE DE TAKEO

Souvent considérée comme le berceau de la civilisation cambodgienne, cette province (ខេត្តតាកែវ) faisait partie d'une région appelée "Chenla de l'eau" dans les annales chinoises, en raison des inondations récurrentes. Cette province rurale déshéritée ne voit guère passer de touristes. Ceux qui y viennent profitent ainsi en solitaires ou presque de certains des plus anciens et des plus intéressants temples du Cambodge.

Les temples de Tonlé Bati (p. 91) et de Phnom Chisor (p. 93), dans la province de Takeo, font généralement l'objet d'excursions à la journée depuis Phnom Penh.

Takeo តាកែវ

☎ 032 / 40 000 HABITANTS

Il n'y a pas grand chose à voir dans cette paisible capitale provinciale au bord d'un lac. Cependant Takeo constitue une base parfaite pour rejoindre en bateau les temples préangkoriens d'Angkor Borei (p. 232) et de Phnom Da (p. 232).

On y vient aussi pour déguster des écrevisses au bord du lac (uniquement durant la saison des pluies).

À voir et à faire

Bien qu'elles n'aient rien de comparable avec celles de Kampot, quelques jolies maisons de négoce datant du protectorat français, et tombant en décrépitude, bordent les rues autour du *psar* Nat. L'édifice qui abrite le *psar* Nat, une atrocité en béton, a été construit après le renversement des Khmers rouges.

Maison de Ta Mok ÉDIFICE HISTORIQUE

(ផ្ទះតាម៉ុក ; ⏲7h-17h). GRATUIT Une agréable promenade (via un pont de 150 m de long, sans garde-fou) mène à la maison du plus tristement célèbre enfant de la province de Takeo : Ta Mok, dit "le Boucher". Chef d'état-major des Khmers rouges, il ordonna d'épouvantables atrocités alors qu'il était commandant de la zone sud-ouest. La demeure abrite aujourd'hui un centre d'entraînement de la police, mais on peut se promener dans la propriété. Ta Mok possédait aussi une résidence près d'Anlong Veng.

Où se loger

Peu de voyageurs passent la nuit à Takeo, qui se visite facilement à la journée depuis Phnom Penh, ou lors d'une excursion vers le sud à destination de Kep ou de Kampot.

Meas Family Homestay CHEZ L'HABITANT $

(☎011-925428 ; cambodianhomestay.com ; district d'Ang Tasaom ; adulte/enfant repas inclus 17/13 $US ; @). La famille Meas (il est professeur d'anglais à l'école, elle travaille pour des organisations cambodgiennes) accueille des hôtes depuis 15 ans au sein d'une petite communauté rurale entre Angk Tasaom et Takeo qui propose 11 chambres, réparties

Takeo

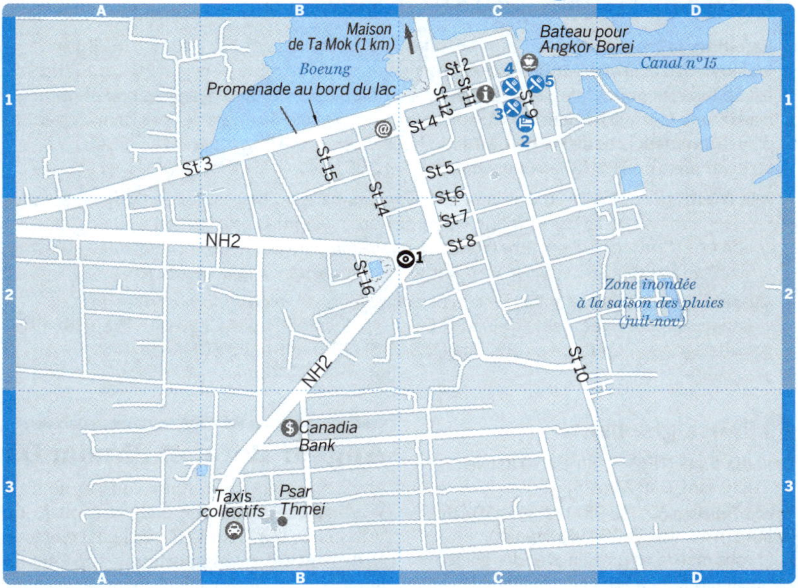

dans des bungalows ; le tarif inclut les repas. Possibilité de participer bénévolement à quantité d'activités dans le village.

Daunkeo Guesthouse PENSION $
(☎032-210303 ; www.daunkeo.com ; St 9 ; s/d avec ventil 6/8 $US, avec clim 13/15 $US ; ❄📶). La pension la plus agréable de Takeo, répartie sur 3 villas modernes. Les chambres, impeccables, ont la climatisation, la TV satellite et des douches chaudes. Faites-vous plaisir avec la grande chambre VIP, à seulement 25 $US !

Takeo

À voir
1 Monument de l'Indépendance C2

Où se loger
2 Daunkeo Guesthouse C1

Où se restaurer
3 Delikes C1
4 Psar Nat C1
5 Stung Takeo C1

Où se restaurer

Des stands de restauration entourent le monument de l'Indépendance. En fin de journée, c'est l'endroit où déguster des desserts cambodgiens ou un *tukalok* (jus de fruits mixés).

Stung Takeo CAMBODGIEN $
(St 9 ; petit/grand plat 3/5 $US ; ⏲7h-21h). Perché au-dessus du lac saisonnier, ce restaurant est de loin le meilleur de Takeo, à la fois pour sa cuisine et pour son ambiance. Le menu de fruits de mer est parfumé de saveurs locales traditionnelles, comme le poulpe et le poivre de Kampot. C'est aussi l'adresse idéale pour déguster des écrevisses, délicieuses et peu coûteuses en saison (août-nov environ).

Delikes INTERNATIONAL $
(St 10 ; plats 2-5 $US ; ⏲6h-20h ; 📶). Ce petit établissement sert d'excellents petits-déjeuners asiatiques, de délicieux et frais rouleaux de printemps ainsi que des salades. Il propose aussi un bon choix de pizzas. La salade à la mangue verte et aux crevettes séchées est parfaite pour un déjeuner léger et savoureux.

Psar Nat MARCHÉ $
(St 10 ; ⏲6h-20h environ). Ce marché regroupe une douzaine de stands, parfaits pour prendre une soupe au petit-déjeuner, des *num kong* (succulents beignets khmers) ou des *num kroch* (boulettes frites fourrées aux haricots et au sucre de palme).

PASSER AU VIETNAM : DE TAKEO À CHÂU DÔC

Rejoindre la frontière Le **poste-frontière de Phnom Den/Tinh Bien** (7h-17h) entre le Cambodge et le Vietnam, isolé et rarement emprunté, est situé à environ 60 km au sud-est de Takeo et permet des liaisons avec Châu Dôc. La plupart des voyageurs préfèrent traverser le Mékong à Kaam Samnor ou passer par le poste-frontière de Prek Chak, ouvert plus récemment près de Ha Tien, au sud. De Takeo, prenez un taxi collectif (10 000 r), ou louez un taxi (25 $US) ou une *moto-dop* (10 $US) jusqu'à la frontière (48 km).

À la frontière À l'arrivée au Vietnam, les voyageurs français, belges, suisses et canadiens reçoivent un visa de 15 jours gratuit. Pour une durée plus longue, le visa est payant. Ces conditions d'entrée peuvent être modifiées à tout moment par les autorités. Notez qu'en arrivant au Cambodge depuis le Vietnam, les e-visas ne sont pas acceptés ici.

Au-delà Les voyageurs sont à la merci des chauffeurs de *xe om* (*moto-dop*) et de taxis vietnamiens pour effectuer le trajet de 30 km entre la frontière et Châu Dôc. Préparez-vous à négocier, et attendez-vous à payer 5-10 $US à moto, et 20 $US en taxi.

Renseignements

Canadia Bank (NH2 ; 8h-15h30 lun-ven, 8h-11h30 sam, DAB 24h/24)

Takeo Tourism (032-931323 ; 7h30-11h et 14h-17h lun-ven, 7h30-11h sam-dim). Peut vous mettre en relation avec des guides anglophones (15-20 $US) pour visiter les temples. Se renseigner pour des guides en français.

Comment s'y rendre et circuler

Takeo se trouve sur la NH2, à 77 km au sud de Phnom Penh, à 40 km au nord de Kirivong et à 48 km au nord du poste-frontière de Phnom Den/Tinh Bien vers le Vietnam.

Aucune compagnie de bus ne dessert pour l'instant Takeo. Pour vous rendre à Phnom Penh sans escale, prenez un taxi collectif (5 $US/place, 25 $US/taxi entier) depuis un **parking** (NH3) situé en face du **psar Thmei** (marché central, NH2). Un trajet moins direct consiste à monter à bord d'un *tuk-tuk* de 9 places (2 000 r/place) depuis le *psar* Thmei, d'un *tuk-tuk* (4 $US) depuis le *psar* Thmei ou l'hôpital, ou d'une *moto-dop* (3 $US), et de se diriger vers Angk Tasaom, le nœud des transports, chaotique, à 13 km à l'ouest de Takeo sur la NH3. De là, vous pourrez héler un bus allant vers le nord en direction de Phnom Penh, ou vers le sud en direction de Kampot ou Kep.

Pour rallier Kirivong (45 minutes), il y a parfois des taxis collectifs (10 000 r) et des minibus (5 000 r). Sinon, comptez 10 $US en *moto-dop*. Pour rejoindre le poste-frontière de Phnom Den/Tinh Bien avec le Vietnam, il faut aller à Kirivong et changer de *moto-dop* (2 $US) pour les derniers 8 km. En taxi privé, le trajet coûte 20 $US jusqu'à Kirivong, plus 5 $US jusqu'à la frontière.

Angkor Borei et Phnom Da

Angkor Borei était connue sous le nom de Vyadhapura quand elle était la capitale du “Chenla de l'eau”, au VIIIe siècle. La cité joua également un rôle important à l'époque du Funan (Ier-VIe siècle), lorsque des marchands, des artisans et des prêtres indiens propagèrent la religion et la culture hindoues dans le delta (la grande route commerciale maritime entre l'Inde et la Chine passait alors par là). Les plus anciennes inscriptions khmères à avoir été datées (611) ont été mises au jour à Angkor Borei, dont l'enceinte de 5,7 km entourée de douves, qui protège encore cette bourgade appauvrie, témoigne de la grandeur passée du site.

Depuis Takeo, le trajet de 45 minutes en bateau à moteur le long du canal n°15, creusé dans les années 1880, permet de découvrir la vie rurale. Aujourd'hui, Angkor Borei accueille un petit musée archéologique qui présente des pièces locales datant du Funan et du Chenla. Pendant la saison des pluies, quand le niveau de l'eau est suffisamment haut, le bateau poursuit sa route jusqu'à Phnom Da (15 minutes), qui abrite un temple orné de bas-reliefs remarquables et d'anciennes grottes creusées à la main. Si vous ne pouvez pas vous y rendre en bateau, prenez une *moto-dop* à Angkor Borei.

À voir

Musée archéologique d'Angkor Borei MUSÉE
(សារមន្ទីរបុរាណវិទ្យាអង្គរបុរី ; 012-201638 ; 1 $US ; 8h-16h30). Ce modeste musée occupe un bâtiment de style khmer, à l'est

du pont routier d'Angkor Borei. À l'intérieur sont présentés des objets datant du Funan et du Chenla, mis au jour dans la région, notamment des ossements, des poteries, des bijoux et des sculptures en pierre. Les statues de couleur rouge foncé sont des copies d'œuvres majeures, désormais exposées au Musée national, à Phnom Penh (p. 42), et au musée Guimet, à Paris.

Phnom Da TEMPLE

(ប្រាសាទភ្នំដា ; 2 $US). Les collines jumelles de Phnom Da sont, tous les ans, transformées en îles par la montée des eaux. L'une des collines est surmontée d'un temple dont les fondations remontent au VIe siècle, bien que le temple lui-même ait été reconstruit au XIe siècle. Exceptionnellement, l'entrée du temple se fait par le nord ; des portes aveugles, décorées de *nâga* en bas-relief, ornent les trois autres côtés.

Les collines abritent cinq **grottes** creusées par l'homme, qui furent, pendant des siècles, des sanctuaires hindous puis bouddhiques, avant de servir de caches au Viêt-cong pendant la guerre du Vietnam.

Les plus belles sculptures des bas-reliefs de Phnom Da ne sont malheureusement pas visibles sur le site, mais sont conservées dans des musées à Angkor Borei, à Phnom Penh et à Paris.

Non loin, sur un second monticule, le **vat Asram Moha Russei** est un petit sanctuaire hindou de 8 m de hauteur, qui date probablement des environs de l'an 700.

Depuis/vers Angkor Borei et Phnom Da

Pour louer un bateau à moteur sur le quai de Takeo, pour faire l'excursion, comptez environ 35 $US l'aller-retour (jusqu'à 4 passagers). Le canal menant à Angkor Borei (qui fut creusé pour relier Takeo au Tonlé Bassac et au delta du Mékong) est bien délimité durant la saison sèche, mais entouré de rizières inondées le reste de l'année. Durant la saison des pluies, le cours du canal devient tourmenté l'après-midi. Il est donc conseillé de partir tôt.

Angkor Borei est aussi accessible toute l'année par une route terrestre sinueuse en provenance du nord.

Durant la saison sèche, vous devrez faire le trajet d'Angkor Borei à Phnom Da en *moto-dop* (10 minutes ; 5 $US aller-retour).

Phnom Bayong et ses environs ភ្នំបាយ៉ង់កោះ

Le sommet du Phnom Bayong (313 m) offre une vue impressionnante sur le delta du Mékong, côté vietnamien. Le sommet est orné d'un **temple chenla**, bâti au VIIe siècle pour célébrer la victoire sur le Funan. Le lingam qu'il abritait est aujourd'hui exposé au musée Guimet, à Paris. En revanche, le temple a conservé des **panneaux en bas-relief** sur le thème de la faune et de la flore, notamment sur les linteaux des 3 fausses portes et dans la brique.

La montée abrupte jusqu'au temple nécessite environ 1 heure 30 d'effort (prenez suffisamment d'eau), à moins de trouver à Kirivong une *moto-dop* qui vous y mène en moins de 20 minutes (10 $US) – le chemin est traître, ce qui explique le prix élevé.

Les **chutes de Kirivong** (ou chutes de Chruos Phaok), accessibles par une route de 1,5 km qui part à 1 km au sud de Kirivong, attirent les habitants. L'endroit est aussi connu pour les stands où l'on vend de la topaze et du quartz, spécialités de la région, taillés comme des pierres précieuses ou sous la forme de petits bouddhas ou de *nâga*.

Depuis/vers Phnom Bayong et ses environs

Phnom Bayong est à 3 km à l'ouest de la lisière nord de Kirivong. La bifurcation est indiquée par un panneau peint représentant un temple.

La localité de Kirivong se trouve sur la NH2, à 40 km au sud de Takeo et à 8 km au nord du poste-frontière de Phnom Den-Tinh Bien. Le trajet en *moto-dop* de Takeo à Kirivong coûte environ 10 $US (15 $US l'aller-retour).

Du marché Ton Lop de Kirivong, au centre du bourg sur la NH2, quelques minibus et taxis collectifs, peu fréquents, rejoignent Phnom Penh (via Takeo).

Pour rejoindre la frontière vietnamienne depuis Kirivong, le mieux est de prendre une *moto-dop* (2 $US). En venant du poste-frontière, il faut parfois demander à un fonctionnaire des douanes cambodgien qu'il vous appelle une *moto-dop* ou un taxi.

Nord-Ouest

4 MILLIONS D'HABITANTS / SUPERFICIE 71 157 KM²

Dans ce chapitre ➡

Le top des temples

- Prasat Preah Vihear (p. 268)
- Banteay Chhmar (p. 261)
- Sambor Prei Kuk (p. 275)
- Preah Khan (p. 271)
- Banteay Top (p. 261)

Le top de la vie locale

- Chez l'habitant à Banteay Chhmar (p. 262)
- Villages flottants de Phoum Kandal et de Chong Kos (p. 235)
- Soksabike (p. 247)
- Isanborei (p. 276)

Pourquoi y aller

Les temples isolés du nord-ouest du Cambodge forment un monde à part, à mille lieues des foules. Si le prasat Preah Vihear, perché sur une colline, est une des plus célèbres curiosités de la région, les autres temples, couverts de vigne et envahis par la jungle, sont tout aussi intéressants à visiter.

Au cœur de la région, le Tonlé Sap, l'un des lacs les plus poissonneux au monde, est un paradis pour les ornithologues. Des croisières partant de Kompong Chhnang et de Krakor (près de Pursat) jusqu'aux villages flottants qui s'alignent le long de l'important cours d'eau permettent aux visiteurs de découvrir la vie du lac.

Autre surprise dans la région : Battambang, ville pleine de charme à la belle architecture coloniale et à la scène artistique florissante. Principale ville du Nord-Ouest, elle est entourée de nombreux sites remarquables.

Quand partir

Battambang

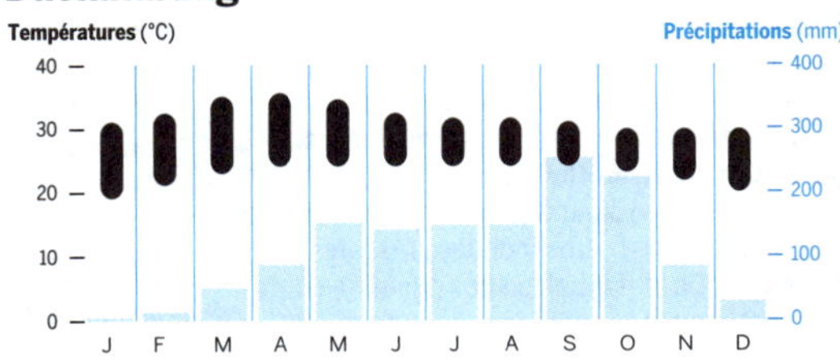

Déc-jan Période idéale pour visiter les temples reculés par des températures agréables.

Août-sept Le pic de la saison des pluies dans la campagne luxuriante constellée de palmiers.

Nov La meilleure période pour explorer les confins du Nord-Ouest .

PROVINCE DE KOMPONG CHHNANG

La province de Kompong Chhnang (ខេត្តកំពង់ឆ្នាំង) doit sa relative prospérité à la pêche et à l'agriculture, favorisées par d'abondantes ressources en eau, ainsi qu'à la proximité de la capitale.

Kompong Chhnang កំពង់ឆ្នាំង

☎026 / 45 000 HABITANTS

Si le centre de Kompong Chhnang ("port du pot d'argile") est un quartier somnolent, les quais animés au bord du Tonlé Sap sont le point de départ d'agréables croisières jusqu'à deux villages flottants. Glisser dans les rues fluviales scintillantes sous le soleil couchant, à bord d'une barque en bois, est un merveilleux moyen de terminer la journée.

Au-delà de la ville, s'étend un paysage luxuriant de rizières couleur jaune-vert ponctué de petits hameaux où paissent des vaches près de meules de foin et où sont fabriquées, sous les maisons sur pilotis, des poteries régionales typiques.

À voir

Le circuit en *moto-dop* ou à vélo qui associe Ondong Rossey et Phnom Santuk est absolument superbe. Vu l'absence de signalisation, mieux vaut partir avec un habitant.

Phoum Kandal et Chong Kos VILLAGES FLOTTANTS

Le village vietnamien de Phoum Kandal (ភូមិកណ្តាល), directement au sud-est de l'embarcadère, et le village khmer de Chong Kos (ចុងកោះ), un peu plus au nord, sont moins touristiques que les autres villages flottants du Tonlé Sap. Ils n'en sont pas moins pittoresques, avec leurs maisons aux couleurs vives construites sur des pontons branlants et dotées de petites terrasses où pendent des hamacs.

Pour découvrir ces villages de l'intérieur, faites comme les habitants et louez une barque à rames (avec un capitaine) sur le quai de Kompong Chhnang (10 $US/heure, jusqu'à 3 personnes). Une promenade de une heure vous permettra de visiter un village ; pour voir les deux optez pour un circuit de 1 heure 30 à 2 heures. Des bateaux à moteur touristiques plus grands effectuent aussi des circuits sur le fleuve pour 15 $US/heure, mais ils ne font que contourner les villages.

Kompong Chhnang

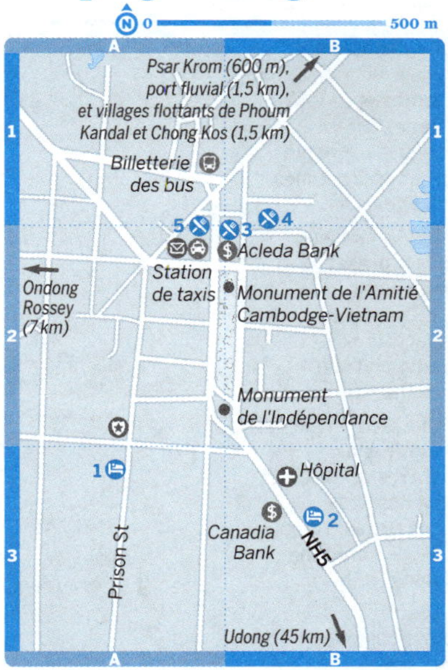

Kompong Chhnang

Où se loger
1 Chanthea Borint Hotel.......A3
2 Sovann Phum Hotel.......B3

Où se restaurer
3 Phnom Mea Bakery.......B2
4 Psar Leu.......B1
5 Soksan Restaurant.......A2

Ondong Rossey VILLAGE

(អណ្តូងឫស្សី). Le paisible village d'Ondong Rossey, réputé pour ses poteries rouges fabriquées sous chaque maison, est situé à 7 km à l'ouest de la ville. La route traverse des rizières ponctuées de palmiers à sucre, souvent avec des échelles en bambou grimpant jusqu'au feuillage. Les poteries ne sont pas peintes, mais décorées de motifs appliqués ou gravés ; elles sont réalisées avec un tour à pied (pour les petites pièces) ou modelées à l'aide d'une lourde spatule en bois (pour les plus grosses).

La boue dorée, stockée dans les cours, est extraite à **Phnom Krang Dai Meas**, non loin, puis broyée pour obtenir une argile fine ; elle acquiert sa teinte rose lors de la cuisson. Des poteries sont en vente au **Pottery Development Center**, mais mieux

À ne pas manquer

1. L'architecture coloniale de **Battambang** (p. 243), entourée d'une campagne luxuriante et de temples perchés sur des collines

2. La vue fabuleuse depuis le **prasat Preah Vihear** (p. 268), temple spectaculaire au sommet d'une montagne

3. Une promenade en barque dans Phoum Kandal et Chong Kos, deux villages flottants aux abords de **Kompong Chhnang** (p. 235)

4. Les impressionnantes ruines pré-angkoriennes de **Sambor Prei Kuk** (p. 275), première cité-temple d'Asie du Sud-Est

5. Les bas-reliefs élaborés représentant Avalokiteshvara à **Banteay Chhmar** (p. 261), vaste sanctuaire du XIIe siècle

6. Le splendide *gopura* (pavillon d'entrée), envahi par la jungle, sur la route qui mène au **Preah Khan** (p. 271)

Monts Dangrek
(Chuor Phnom Dangrek)
Chong Sa Ngam
Sites Khmers rouges
Choam
Anlong Veng
Prasat Preah Vihear
Anh Seh
Kor Muy
Choam Ksant
Sra Em
Prasat Neak Buos
Triangle d'Émeraude
LAOS
Forêt protégée de Preah Vihear
Muang Khong
Réserve naturelle de Kulen Promtep
NH67
Projet de Tmatboey pour la protection des ibis
PREAH VIHEAR
Station de nourrissage des vautours de Veal Krous
Prey Veng
Kulen
Koh Ker
Preah Vihear City
Chhep
NH64
STUNG TRENG
Parc national de Phnom Kulen
Kbal Spean
Srayong
Phnom Tbeng
nteay Srei
Phnom Kulen (487 m)
Svay Leu
Spean Ta Ong
Sangkom Thmei
NH62
NH67
Preah Khan
Svay Pak
Beng Mealea
Khvau
NH66
Ta Seng
Rovieng
Siem Reap
NH64
Roluos
Route à péage
Phnom Dek
Stung Sen
Phnom Krom
Dam Dek
Kompong Pluk
Chong Kneas
Kompong Kdei
Spean Praptos
Tonlé Sap
NH62
Zone de protection de l'outarde du Bengale de Stung Chikreng (BFCA)
Stoeng
KRATIE
Sambor Prei Kuk
KOMPONG THOM
Réserve naturelle de Boeng Tonlé Chhmar
NH6
Prasat Andet
Kompong Thom
Phnom Santuk
Kakaoh
Kompong Luong
NH5
Pursat
Krakor
Tonlé Sap
Baray
Chheu Tom
NH6
Spoe Tbong
Mékong
PURSAT
Ondong Rossey
Kompong Chhnang
Prasat Kuha Nokor
Stung Trang
Chutes de Chhuk Laeng
Réserve naturelle Phnom Aural
KOMPONG CHAM
Romeas
NH5
Skuon
NH7
Phnom Aural (1 813 m)
Kompong Cham
Ferry de Prek Kdam
Chub Krau
KOMPONG CHHNANG
Spaen Dach
Udong
Sanghea Satob
PHNOM PENH
KOMPONG SPEU
NH44
NH43
Charniers de Choeung Ek
Prey Veng
NH1
Kompong Speu
KANDAL
PREY VENG
Tonlé
SVAY RIENG
Parc national de Kirirom
NH4
Treng Trayern
Ba Phnom
NH3
NH21

vaut les acheter directement aux potiers – vous obtiendrez un meilleur prix.

Phnom Santuk POINT DE VUE

(ភ្នំសន្ទុក). Cette petite colline rocheuse, située derrière le **Vat Santuk**, se trouve à quelques kilomètres au sud-ouest de Kompong Chhnang. Depuis le sommet, jonché de rochers, on jouit d'une belle vue sur la campagne et sur le Tonlé Sap, à 20 km au nord.

Où se loger et se restaurer

De nombreux stands de restauration sont installés dans les deux marchés, le **psar Leu** (7h-18h) et le **psar Krom** (6h-18h).

Chanthea Borint Hotel PENSION $

(026-988622 ; cbrint@yahoo.com ; Prison St ; ch avec ventil/clim 8/15 $US ;). Au cœur d'un jardin ombragé, cette pension familiale est l'établissement le plus charmant de la ville. Elle compte 30 chambres (un peu petites) et un restaurant (petit-déjeuner uniquement).

Sovann Phum Hotel HÔTEL $

(026-989333 ; sovannphumkpchotel@yahoo.com ; NH5 ; ch avec ventil/clim à partir de 8/15 $US ;). Cet hôtel impeccable et élégant – un cran au-dessus de ses concurrents –, a la faveur des employés des ONG. On y trouve 30 chambres spacieuses et lumineuses aux salles de bains modernes, et un restaurant correct.

Soksan Restaurant CAMBODGIEN $

(NH5 ; plats 2-2,50 $US ; 6h-20h). Pas d'enseigne en anglais pour ce restaurant, situé à côté de la station de taxis, mais une carte en anglais, privilégiant les fritures de toutes sortes et les soupes. Les téméraires choisiront l'omelette au poisson porc-épic !

Phnom Mea Bakery BOULANGERIE $

(NH5 ; pâtisseries 2 000-5 000 r ; 7h-17h). Cette petite boulangerie propose des baguettes, des sandwichs, des pâtisseries et de délicieuses pizzas du jour. Une excellente option pour un déjeuner à emporter.

Renseignements

Le chauffeur de *tuk-tuk* **Channy** (077 357361 ; srinchanny@yahoo.com) est une véritable mine d'informations sur Kompong Chhnang. Vous le trouverez près de la station de taxis s'il n'est pas avec des clients.

Acleda Bank (NH5 ; 8h-15h30 lun-ven, 8h-11h30 sam, DAB 24h/24)

Canadia Bank (NH5 ; 8h-15h30 lun-ven, 8h-11h30 sam, DAB 24h/24)

Depuis/vers Kompong Chhnang

Kompong Chhnang est à 91 km au nord de Phnom Penh, à 93 km au sud-est de Pursat et à 198 km au sud-est de Battambang.

BUS

Vous pouvez acheter des billets de diverses compagnies de bus, comme Rith Mony, à l'**arrêt de bus** (NH5) situé au nord de la station de taxis. Vous pouvez aussi faire signe aux bus sur la NH5, à l'angle de l'Acleda Bank.

Des bus à destination de Phnom Penh (12 000 r, 2 heures), de Pursat (12 000 r, 2 heures) et de Battambang (20 000 r, 3 heures 30) traversent la ville toutes les heures en journée.

TAXI

Les taxis collectifs, qui attendent à la **station de taxis** à l'ouest du *psar* Leu, constituent le moyen le plus rapide de rallier Phnom Penh (20 000 r, 1 heure 30). Généralement, ces taxis collectifs ne desservent pas les localités au nord-ouest, comme Battambang.

Comment circuler

Un circuit de quelques heures en *tuk-tuk* vers les villages de potiers et le Phnom Santuk coûte environ 8 $US, ou environ 5 $US en *moto-dop*. Comptez 2/1 $US pour un aller en *tuk-tuk/moto-dop* jusqu'au port.

Le Chanthea Borint Hotel loue des vélos (2 $US la journée).

PROVINCE DE PURSAT

Réputée pour ses oranges, la province de Pursat (ខេត្តពោធិ៍សាត់), la quatrième du pays par la taille, s'étend des lointaines forêts de Phnom Samkos, à la frontière thaïlandaise, aux villages de pêcheurs et aux marécages du lac Tonlé Sap, à l'est. Elle englobe les confins septentrionaux de la chaîne des Cardamomes, reliés par de mauvaises routes à la ville de Pursat.

Pursat ពោធិ៍សាត់

052 / 38 000 HABITANTS

La capitale provinciale, connue pour ses sculpteurs de marbre, n'a pas vraiment de charme. Elle constitue toutefois une bonne

Pursat

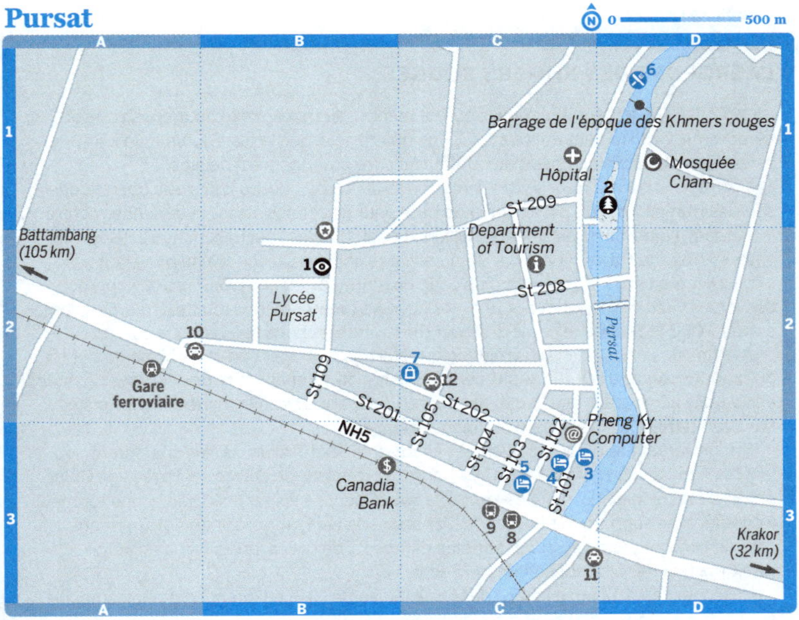

base pour une excursion à la journée au village flottant de Kompong Luong ou une expédition dans la forêt protégée des Cardamomes centrales.

À voir

Koh Sampovmeas PARC

(កោះសំពៅមាស île du Bateau d'or). Cette étrange île, aménagée en parc récréatif en forme de bateau, est l'endroit à la mode à Pursat, pour voir et être vu. On y vient notamment pour les séances d'aérobic (à partir de 17h, soyez prêt !) ou pour jouer au badminton, tandis que les promeneurs flânent entre les pelouses soignées et les pavillons de style khmer. Un lieu agréable pour une promenade.

Bun Rany Hun Sen Development Centre CENTRE ARTISTIQUE

(St 109 ; ⏲7h-11h et 14h-17h lun-ven, 7h-11h sam). Ce centre enseigne à des jeunes le tissage des étoffes et des nattes, la couture, la sculpture sur marbre et d'autres métiers artisanaux. Les articles réalisés sont ensuite vendus dans la boutique sur place, où l'on peut faire des affaires – vous trouverez de superbes *krama* (foulards traditionnels) et des paniers. Les ateliers se visitent.

Pursat

À voir

1 Bun Rany Hun Sen Development Centre B2
2 Koh Sampovmeas D1

Où se loger

3 KM Hotel C3
4 Phnom Pech Hotel C3
5 Thansour Thmey Hotel C3

Où se restaurer

6 Magic Fish Restaurant D1
Reak Smey Angkor Restaurant .... (voir 4)

Achats

7 Psar Chaa C2

Transports

8 Phnom Penh Sorya C3
9 Rith Mony C3
10 Taxis pour Battambang A2
11 Taxis pour Phnom Penh C3
12 Taxis pour Pramoay C2

Où se loger et se restaurer

KM Hotel HÔTEL $

(☎052-953168 ; www.kmhotel.com.kh ; St 101 ; ch 20 $US, deluxe 45 $US ; ❄📶🏊). Cet hôtel de 146 chambres spacieuses, avec TV

HORS DES ENTIERS BATTUS

L'AÉROPORT DES KHMERS ROUGES

En 1977 et 1978, les Khmers rouges eurent recours au travail forcé pour construire un aérodrome. Or, le ciment utilisé était d'une qualité telle que la piste, longue de 2 440 m, et les routes d'accès semblent aujourd'hui encore pratiquement neuves.

L'**aéroport de Kompong Chhnang** (code IATA KZC), qui ne fut jamais opérationnel sous les Khmers rouges, devait servir de base pour lancer des attaques aériennes contre le Vietnam. Le travail de dizaines de milliers de Cambodgiens, soupçonnés de déloyauté envers le régime, fut supervisé par des ingénieurs chinois. Quiconque ne parvenait pas à travailler était exécuté, souvent d'un coup de matraque en bambou. Lors de l'approche des forces vietnamiennes, début 1979, les ouvriers furent presque tous abattus. On estime entre 10 000 et 50 000 le nombre de victimes enterrées dans les charniers voisins.

À la fin des années 1990, le projet de transformer l'aéroport en plateforme de fret ne put aboutir. Aujourd'hui, les adolescents de la région viennent faire des courses de motos et diverses acrobaties, tandis que des vaches paissent tranquillement entre les pistes. Par beau temps, le soleil crée d'étonnants mirages.

Sur un versant anonyme, à quelques kilomètres, les Khmers rouges creusèrent une **grotte** – qui serait profonde de 3 km – afin d'entreposer des armes envoyées de Chine. Aujourd'hui peuplée de chauves-souris, la cavité peut se visiter avec une lampe torche, à condition de supporter la touffeur et l'absence de ventilation. Sur un autre versant, près de baraquements en ciment criblés d'impacts de balles, une citerne en béton constitue une remarquable chambre d'écho.

L'aéroport est à 12 km à l'ouest de la ville. Suivez la NH5 en direction de Battambang, sur 7 km, puis tournez à gauche sur une route en béton.

et d'excellents lits, offre un niveau de confort nouveau à Pursat. Si les salles de bains aux douches vieillottes sont décevantes, les deux immenses piscines les font vite oublier. Très bon rapport qualité/prix.

Thansour Thmey Hotel HÔTEL **$**
(☎012-962395 ; thansourthmey@gmail.com ; St 102 ; ch avec ventil/clim 7/15 $US ; ❄📶). Les chambres, nettes, sont meublées de lits en bois sculpté dans un style khmer classique, et le restaurant, l'un des meilleurs de la ville, sert des mets cambodgiens et chinois (plats 10 000-16 000 r).

Phnom Pech Hotel HÔTEL **$**
(☎052-951515 ; St 101 ; ch avec ventil 8 $US, avec clim 13-15 $US ; ❄📶). Tenu par des Cambodgiens, cet hôtel ouvert de longue date loue des chambres vieillottes, mais propres. Sympathique, le gérant dispense de bons conseils aux voyageurs.

Reak Smey Angkor Restaurant CAMBODGIEN **$**
(St 101 ; plats 4 000-8 000 r ; ⏲7h-21h). Apprécié des touristes cambodgiens, ce restaurant tenu en famille sert un grand choix de spécialités locales, dont de nombreuses soupes de nouilles et des plats de riz frit. Quelques omelettes et petits-déjeuners occidentaux.

Magic Fish Restaurant CAMBODGIEN **$**
(St 101 ; plats 8 000-15 000 r ; ⏲10h-21h). Une table au bord de l'eau, juste au nord du barrage datant de l'époque des Khmers rouges, où l'on se régale de savoureux mets cambodgiens – vue sur la rivière en prime.

ℹ Renseignements

Cheata, au Phnom Pech Hotel, vous renseignera sur les transports dans la province, y compris vers les endroits plus reculés comme la chaîne des Cardamomes.

Canadia Bank (NH5 ; ⏲8h-15h30 lun-ven, 8h-11h30 sam, DAB 24h/24)

Department of Tourism (☎012-838854 ; ⏲7h-11h et 14h-17h lun-ven). Brochure touristique et carte de la province et de la ville.

ℹ Comment s'y rendre et circuler

Pursat est située sur la NH5, à 105 km au sud-est de Battambang et à 188 km au nord-ouest de Phnom Penh.

Des bus traversent la ville presque toute la journée en faisant la navette jusqu'à Battambang (15 000 r, 1 heure 30, ttes les heures à partir de 11h) au nord-ouest, et Kompong Chhnang et Phnom Penh (20 000 r, 4 heures, ttes les heures) au sud-est. **Phnom Penh Sorya** (NH5) assure des liaisons directes avec Kompong Cham (9 $US, 6 heures, 11h30) et Siem Reap (6 $US, 5 heures, 7h30) via Battambang.

Des taxis collectifs pour Phnom Penh (24 000 r, 3 heures) stationnent sur la NH5, à l'est du pont. Ceux pour Battambang (16 000 r, 2 heures) partent de la NH5 à l'extrémité ouest de la ville.

Près du *psar* Chaa (vieux marché), des pick-up et des taxis collectifs partent pour Ou Som, bourgade isolée dans les Cardamomes (40 000 r, 3 heures 45) et Pramoay (Veal Veng ; 30 000 r, 3 heures) via Kravanh (1 heure) et Rovieng (2 heures).

Le Phnom Pech Hotel loue des vélos (3 $US/jour) et des motos (10 $US). L'aller-retour à Kompong Luong en *moto-dop* coûte 10-15 $US.

Kompong Luong កំពង់ហ្លួង

10 000 HABITANTS

Kompong Luong possède tous les services d'un gros village de pêcheurs… sur l'eau ! Dans cette sorte de Venise sans terre ferme, les cafés, les boutiques, les poulaillers, les bassins à poissons, la fabrique de glace, la ferme aux crocodiles, la station d'essence et les bars à karaoké sont maintenus à la surface par des coques de bateaux, des tonneaux ou des fagots de bambous, de même que la pagode vietnamienne, l'église au toit bleu et les maisons colorées. Pendant la saison sèche, quand le niveau de l'eau baisse et que le Tonlé Sap s'étrécit, tout le village se déplace de quelques kilomètres vers le nord.

La population du village, en partie d'origine vietnamienne, se montre plus distante qu'ailleurs. Dans la première moitié des années 1990, des Khmers rouges ont régulièrement massacré des villageois vietnamiens qui vivaient aux alentours du Tonlé Sap. En 1998, plus d'une vingtaine ont été tués près de Kompong Chhnang.

Le meilleur moyen d'explorer Kompong Luong, naturellement, est le bateau. Le tarif touristique officiel de location d'une barque à moteur en bois de 4 places (avec gilets de sauvetage) à l'embarcadère est de 10 $US/heure jusqu'à 3 passagers (compter 13 $US pour 4-5 passagers et 15 $US pour 6-7 passagers sur un bateau plus grand).

Trois familles proposent des **chambres chez l'habitant** (4-6 $US/pers et par nuit ; trajet en bateau en sus ; wifi), servent des repas (2 $US) et louent des bateaux pour explorer le village. Elles permettent de découvrir la vie dans une maison flottante. Réservation possible à l'arrivée au débarcadère.

Comment s'y rendre et circuler

Le point de départ pour Kompong Luong est la ville de Krakor, à 32 km à l'est de Pursat. De Krakor, l'embarcadère d'où partent les circuits se trouve à une distance comprise entre 1,5 et 6 km, selon la saison et le niveau du lac.

Nord des Cardamomes

ភ្នំក្រវាញ

Pursat, porte d'accès septentrionale des Cardamomes, prend de l'importance à mesure que la forêt protégée des Cardamomes centrales (Central Cardamoms Protected Forest, CCPF) et les réserves naturelles contiguës s'ouvrent à l'écotourisme.

Depuis/vers le nord des Cardamomes

Les routes et les ponts de la région ont été améliorés pour desservir un nouveau barrage hydroélectrique à Ou Som. Il est désormais possible d'accéder à la zone protégée en toute saison. Des secteurs proches ou à l'intérieur de la CCPF sont encore en cours de déminage ; restez sur les routes et les sentiers tracés.

Depuis le *psar* Chaa, à Pursat, des taxis collectifs et des pick-up desservent Kravanh (1 heure), Rovieng (2 heures) et Pramoay (3 heures) toute l'année. De Pramoay, la piste vers le sud en direction d'Ou Som est assez mauvaise. Elle est praticable en *moto-dop* toute l'année, mais les taxis ne peuvent y passer en pleine saison des pluies. La route vers le sud, d'Ou Som à Koh Kong, est en bien meilleur état et les taxis peuvent y circuler à tout moment. Pendant la saison sèche, vous pourrez vous rendre de Pursat à Koh Kong en taxi collectif.

On peut aussi rejoindre Pramoay par une route non asphaltée (pas de transports publics) depuis Samlaut, dans la province de Pailin.

La réserve naturelle de Phnom Aural est accessible depuis Kompong Speu, à 45 km à l'ouest de Phnom Penh.

Forêt protégée des Cardamomes centrales (CCPF) ព្រៃអភិរក្សភ្នំក្រវាញ

Soutenus techniquement et financièrement par Conservation International (CI ; www.conservation.org), les *rangers* (gardes forestiers) de la CCPF organisent leurs actions depuis trois postes situés dans le Nord.

Les *rangers* et la police militaire basés à Kravanh, au cœur de la jungle des Cardamomes, dans le secteur de Tang Rang au sud de Pursat, luttent sans relâche contre les braconniers, et contre tous ceux qui occupent ou exploitent illégalement la forêt.

La contrebande la plus lucrative aux alentours de Rovieng, un poste de *rangers* avancé, est celle de l'huile aromatique *mreas prov* (ou safrole), extraite des racines du *Cinnamomum parthenoxylon*, un arbre menacé. Une tonne de bois produit 30 litres d'huile, à la merveilleuse odeur de santal. La population locale l'utilise pour la médecine traditionnelle, mais c'est son utilisation dans la production d'ecstasy qui est à l'origine de l'abattage illégal des arbres.

Près de Rovieng et à 53 km au sud-ouest de Pursat, les rapides L'Bak Kamronh sont appréciés des vacanciers cambodgiens. À 25 km à l'ouest de Rovieng, sur la commune de Pramoay, la forêt primaire de Chhrok Preal peut se visiter avec un guide.

Pour organiser une visite, engager un guide ou loger dans une pension près des postes de *rangers* de Kravanh ou de Rovieng, contactez **Peau Somanak** (☎017-464663 ; smpeov@gmail.com), représentant officiel de la forêt.

Réserve naturelle de Phnom Samkos ទីជម្រកសត្វព្រៃភ្នំសំកុស

Coincée entre la CCPF et la frontière thaïlandaise, la réserve naturelle de Phnom Samkos (3 338 km²) semble au bout du monde. Elle est menacée par le commerce illicite du bois et par la concession à grande échelle des terres agricoles. La réserve englobe le deuxième plus haut sommet du pays, le Phnom Samkos (1 717 m). Pramoay (Veal Veng), sa principale localité, se trouve à 125 km de Pursat. Cette bourgade perdue compte 3 **pensions** (ch 5 $US). Des chauffeurs de *moto-dop* seront ravis de vous emmener découvrir des villages de minorités ethniques dans les environs.

Depuis Pramoay, comptez 1 heure environ pour parcourir la piste au sud jusqu'à Ou Som, à côté du barrage d'Atai, où il y a un poste de *rangers* de la CCPF.

Activités

O'Soam Tourism Centre CIRCUITS ORGANISÉS (☎089-899895 ; www.osoamtour.wordpress.com). Dans le village isolé d'Ou Som, le braconnage et l'abattage des arbres assurent de maigres moyens de subsistance aux habitants. Afin de créer de nouveaux revenus en exploitant durablement l'environnement local, l'O'Soam Community Centre propose un grand choix d'activités écotouristiques pour faire découvrir cette région du Cambodge longtemps ignorée par les voyageurs.

Le centre organise des randonnées, des sorties en bateau, et des escapades à Phnom Samkos. Il propose des hébergements dans des pensions sans prétention ou chez l'habitant (5 $US/personne).

Réserve naturelle de Phnom Aural ទីជម្រកសត្វព្រៃភ្នំឱរ៉ាល់

Malheureusement, la réserve naturelle de Phnom Aural (2 538 km²), juste à l'est de la CCPF, subit une destruction rapide au sud et à l'est, due à la spéculation sur les terres et à l'exploitation illégale du bois, toutes deux favorisées par la corruption.

L'ascension du Phnom Aural (1 813 m), le point culminant du pays, peut se faire en une longue journée, mais la plupart des randonneurs y consacrent 2-3 jours, en comptant le trajet depuis/vers Phnom Penh. Dans le village de Sra Ken, au pied de la montagne, des guides connaissent le chemin et savent où trouver de l'eau ; vous pourrez en engager un (25-30 $US/jour) par l'intermédiaire du chef du village. De Phnom Penh, rejoignez la ville de Kompong Speu (45 km). Là, des minibus partent en début d'après-midi pour Spean Dach (12 000 r, 2 heures 30), où l'on peut prendre une moto-dop jusqu'à Sra Ken (10 $US, 1 heure). Passez la nuit chez l'habitant (4-6 $US) à Sra Ken et commencez l'ascension le lendemain matin. Le deuxième soir, vous pourrez dormir en montagne ou redescendre sur Sra Ken.

PROVINCE DE BATTAMBANG

La province de Battambang (ខេត្តបាត់ដំបង ; Bat Dambong) partage une longue frontière avec la Thaïlande et longe un court tronçon du lac Tonlé Sap. Elle produit, aux dires de ses habitants, le meilleur riz, les oranges les plus juteuses (n'en parlez pas à Pursat) et les noix de coco les plus sucrées du pays.

Battambang passa à plusieurs reprises sous le contrôle du pays voisin : de 1794 à 1907, lorsque le Siam gouverna la région ;

puis pendant la Seconde Guerre mondiale, quand les Thaïlandais conclurent un pacte avec les Japonais et le régime de Vichy.

Battambang បាត់ដំបង

053 / 147 000 HABITANTS

Battambang, posée au bord de la rivière Sangker, a un charme unique. Elle mêle harmonieusement l'aspect d'une cité moderne à la douceur de vivre d'une bourgade et une architecture coloniale au raffinement suranné. Elle possède en outre d'agréables cafés et restaurants.

De paisibles excursions d'une journée, à vélo ou à moto, permettent de découvrir, alentour, d'anciens temples perchés sur des collines et des villages bucoliques. De plus, le trajet en bateau de Battambang à Siem Reap est le beau parcours fluvial du pays.

Ce n'est pas un hasard si le cirque le plus connu du Cambodge (le magnifique Phare Ponleu Selpak) se trouve ici : la ville a pour tradition de révéler certains des chanteurs, des acteurs et des artistes les plus appréciés du pays.

À voir

Le charme de Battambang réside principalement dans son architecture du début du XXe siècle – un mélange de boutiques traditionnelles et de constructions coloniales qui forme le cœur historique de la ville. Certains des plus beaux bâtiments coloniaux bordent la rive (St 1) juste au sud du *psar* Nath (St 1), lui-même un édifice imposant.

L'agence **KA Architecture Tours** (www.ka-tours.org) GRATUIT, qui est basée à Phonm Penh, a créé deux promenades sur le thème du patrimoine dans le centre historique de la ville (des documents sont téléchargeables gratuitement).

Ces itinéraires, axés à la fois sur la période française et sur l'architecture des années 1960, permettent d'explorer la ville en une demi-journée.

Musée de Battambang ARTS

(សារមន្ទីរខេត្តបាត់ ; St 1 ; 1 $US ; 8h-11h et 14h-17h30). Ce petit musée quelque peu poussiéreux donne à voir de remarquables statues et linteaux angkoriens provenant de toute la province, notamment du prasat Banan et de Sneng. On y trouve des explications en français. Un important projet d'agrandissement et de modernisation était à l'étude lors de notre dernier passage. Les travaux pourraient bien avoir commencé lors de votre visite.

Résidence du gouverneur ÉDIFICE HISTORIQUE

La résidence du gouverneur, sur deux étages avec balcons et volets en bois, constitue un autre bel héritage du début du XXe siècle. Elle fut conçue par un architecte italien pour le dernier gouverneur thaïlandais, parti en 1907. La demeure est fermée, mais vous pouvez flâner dans le jardin.

100% LOCAL

LA SCÈNE ARTISTIQUE NAISSANTE DE BATTAMBANG

Avant l'arrivée au pouvoir des Khmers rouges, Battambang était, de longue date, un centre national des arts et de la culture. Aujourd'hui, une nouvelle génération d'artistes se construit sur ce passé et Battambang regagne peu à peu sa réputation de capitale cambodgienne de la culture. Avec quelques galeries, boutiques et bars tendance qui ont ouvert autour de la St 2½, un nouveau quartier artistique a vu le jour au cœur de la ville.

Sammaki Gallery (St 2½ ; 13h-18h lun-ven). Première galerie d'art contemporain de Battambang. Soutenue par le Cambodian Children's Trust.

Sangker Art Space (St 1½). Une galerie d'art qui expose des artistes de Battambang.

Lotus Bar & Gallery (p. 251). Au cœur de la vie artistique de la ville, la galerie du Lotus, située au-dessus du bar, accueille des expositions d'œuvres de divers artistes de la ville. Le propriétaire, Darren Swallow, a participé à la fondation de la Sammaki Gallery.

Choco l'art Café (p. 249). Un café-galerie où voir des expositions et projets artistiques.

Make Maek Art Space (66 St 2½). Cette galerie atelier fondée par le célèbre peintre local, Mao Soviet, présente nombre de ses œuvres. Elle était fermée lors de notre dernier passage à Battambang, vérifiez si elle n'a pas rouvert au moment de votre voyage.

Battambang

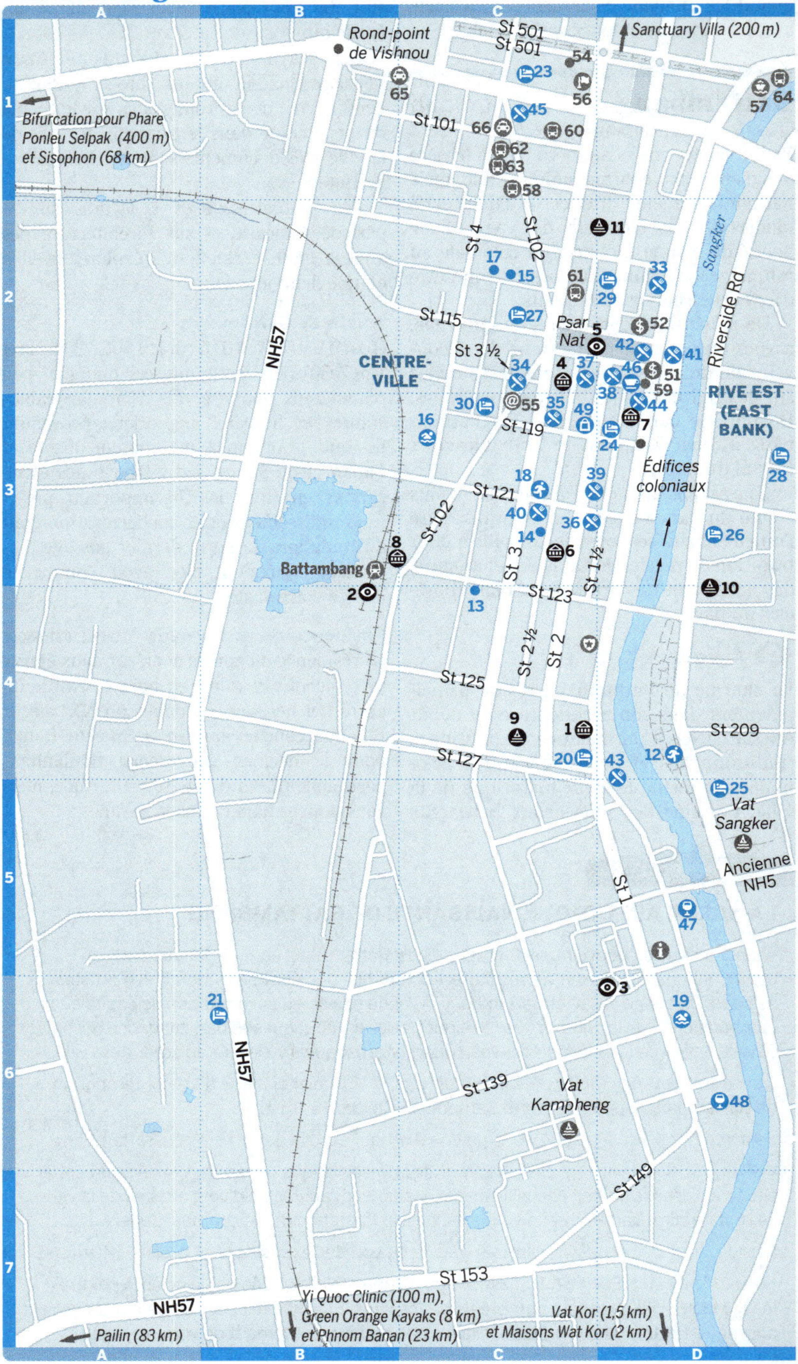

A
B
C
D
1
2
3
4
5
6
7
Rond-point de Vishnou
St 501
Sanctuary Villa (200 m)
Bifurcation pour Phare Ponleu Selpak (400 m) et Sisophon (68 km)
St 101
St 4
St 102
St 115
St 3 ½
CENTRE-VILLE
Psar Nat
Sangker
Riverside Rd
RIVE EST (EAST BANK)
St 119
St 121
Édifices coloniaux
NH57
St 102
Battambang
St 3
St 1½
St 123
St 2½
St 2
St 125
St 209
St 127
Vat Sangker
Ancienne NH5
St 1
St 139
Vat Kampheng
St 149
St 153
NH57
Pailin (83 km)
Yi Quoc Clinic (100 m), Green Orange Kayaks (8 km) et Phnom Banan (23 km)
Vat Kor (1,5 km) et Maisons Wat Kor (2 km)

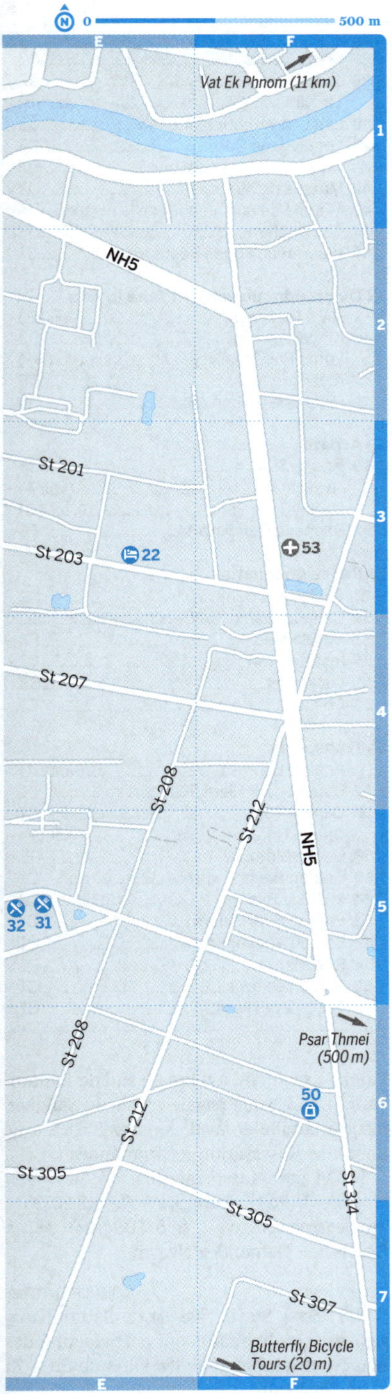

Gare ferroviaire ÉDIFICE HISTORIQUE

(St 102). Le long des voies allant vers le sud, vous découvrirez des ateliers de réparation, des entrepôts et du matériel roulant de la période française.

Vat TEMPLES

Les temples bouddhiques de Battambang ont traversé sans trop de dommages la période khmère rouge grâce à la désobéissance d'un commandant local. Les plus remarquables sont le **vat Phiphétaram** (St 4), le **vat Damrey Sar** (វត្តដំរីស, pagode de l'Éléphant blanc ; St 127) et le **vat Kandal** (វត្តកណ្ដាល ; Riverside Rd).

Village de Vat Kor VILLAGE

(ភូមិវត្តគ). À environ 2 km au sud du centre de Battambang, le village de Vat Kor se concentre autour du **temple** du même nom. C'est un endroit agréable pour se promener, surtout en fin d'après-midi, lorsque la rive opposée (est) de la rivière Sangker est éclairée par le soleil couchant. Des ponts pittoresques enjambent la rivière, les flèches du *vat* Kor brillent d'un platine éclatant et on prend toute la mesure de la vie de village khmère.

À environ 1,5 km au-delà de Vat Kor, vous découvrirez un ensemble de maisons anciennes khmères pour lequel le village est célèbre. Construites il y a près d'un siècle en bois dur, désormais rare, et entourées de vergers, elles sont prolongées de grandes vérandas et ont un charme désuet.

Parmi la vingtaine de maisons anciennes, deux sont ouvertes au public : la **Bun Roerng** (don suggéré 1 $US) et la **Khor Sang** (don suggéré 1 $US) voisine. Les propriétaires vous les feront visiter, en français ou en anglais. Les deux demeures, aux sols lustrés par un siècle de pieds nus, sont décorées de meubles anciens et de photos de famille.

La Bun Roerng House fut construite en 1920 par un avocat local. Lors de notre passage, les actuels propriétaires projetaient de transformer la partie arrière de la maison en chambre chez l'habitant, ce qui en fera, une fois les travaux finis, l'unique hébergement pour les amateurs d'architecture et d'histoire. La Khor Sang a été construite en 1907 par le grand-père francophone du propriétaire, qui fut le secrétaire du dernier gouverneur thaïlandais de la province. La partie arrière de la maison date de 1890.

Battambang

À voir

1 Musée de Battambang ... C4
2 Ateliers de réparation des trains ... B4
3 Résidence du gouverneur ... D6
4 Make Maek Art Space ... C2
5 Psar Nath ... C2
6 Sammaki Gallery ... C3
7 Sangker Art Space ... D3
8 Gare ferroviaire ... B3
9 Vat Damrey Sar ... C4
10 Vat Kandal ... D4
11 Vat Phiphétaram ... D2

Activités

12 Aérobic ... D4
13 Australian Centres for Development ... C4
14 Battambang Bike ... C3
15 Coconut Lyly ... C2
16 Delux Villa ... C3
17 Nary Kitchen ... C2
18 Seeing Hands Massage ... C3
Soksabike ... (voir 46)
19 Victory Club ... D6

Où se loger

20 Angkor Comfort Hotel ... C4
21 Au Cabaret Vert ... B6
22 Bambu Hotel ... E3
23 Banan Hotel ... C1
24 Ganesha Family Guesthouse ... D3
25 Here Be Dragons ... D5
26 La Villa ... D3
27 Royal Hotel ... C2
28 Sangker Villa Hotel ... D3
29 Senghout Hotel ... D2
30 Tomato Guesthouse ... C3

Où se restaurer

31 Bamboo Train Cafe ... E5
32 Battambang BBQ & Buffet ... E5
33 Cafe Eden ... D2
34 Choco l'art Café ... C2
35 Coconut Water ... C3
36 Flavours of India ... C3
37 Fresh Eats Café ... C2
38 Jaan Bai ... D2
La Villa ... (voir 26)
39 Lan Chov Khorko Miteanh ... C3
40 Lonely Tree Cafe ... C3
41 Nouveau marché de nuit ... D2
42 Marché de nuit ... D2
43 Marché de nuit au bord de la rivière ... D4
44 The Kitchen ... D3
45 Vegetarian Foods Restaurant ... C1

Où prendre un verre et faire la fête

Here Be Dragons ... (voir 25)
46 Kinyei ... D2
Lotus Bar & Gallery ... (voir 37)
47 River ... D5
48 Riverside Balcony Bar ... D6

Achats

49 Bric-a-Brac ... C3
Jewel in the Lotus ... (voir 4)
Lonely Tree Shop ... (voir 40)
50 Rachana Handicrafts ... F6

Renseignements

51 ANZ Royal Bank ... D2
52 Canadia Bank ... D2
53 Handa Medical Centre ... F3
54 Institut Français ... C1
55 Lucky Net ... C3
56 Consulat du Vietnam ... C1

Transports

Angkor Express ... (voir 57)
57 Bateau pour Siem Reap ... D1
58 Capitol Tour ... C1
Chann Na ... (voir 57)
59 Gecko Moto ... D2
60 Golden Bayon Express ... C1
61 Mekong Express ... C2
62 Phnom Penh Sorya ... C1
63 Ponleu Angkor Khmer ... C1
64 Rith Mony ... D1
65 Station de taxis ... C1
66 Taxis pour Pailin ... C1

Activités

La piscine du **Delux Villa** (☎077-336373 ; www.deluxvilla.com ; St 4 ; 📶) est accessible aux personnes qui ne résident pas à l'hôtel pour 5 $US.

Green Orange Kayaks KAYAK
(☎017-736166 ; www.fedacambodia.org ; Ksach Poy ; demi-journée 12 $US). Membre de FEDA, une ONG locale qui gère un centre communautaire dans le village de Ksach Poy, ce prestataire loue des kayaks. L'excursion d'une demi-journée part du Green Orange Cafe, à Ksach Poy, à 8 km au sud de Battambang. De là, vous pagaierez sur la Sangker, jusqu'à la ville en aval. Ajoutez 3 $US avec un guide. Réservation recommandée.

FEDA gère aussi une pension, le **Green Orange Village Bungalow** (☎012-207957 ; www.fedacambodia.org ; tr 5 $US/pers), à Ksach Poy. Demandez Ngarm.

Aérobic REMISE EN FORME
(1 000 r/pers). Sur la rive est de Battambang, rejoignez les habitants qui participent à des séances d'aérobic, tous les jours de 6h à 7h et de 17h à 19h.

Seeing Hands Massage MASSAGES
(☎078-337499 ; St 121 ; 6 $US/heure ; ⊙7h-22h). Masseurs aveugles formés et compétents.

Victory Club PISCINE
(St 1 ; accès 2 $US ; ⊙6h-20h). Piscine de 25 m.

Khmer New Generation Organization BÉNÉVOLAT
(☎092-790597 ; www.kngocambodia.org ; Bospo village). Cette ONG locale recherche des professeurs bénévoles pour son programme enseignement de l'anglais.

Children's Action for Development BÉNÉVOLAT
(☎092-301697 ; www.cadcambodia.org). À Pheam Ek (à 13 km de Battambang), cette organisation à but non lucratif donne des cours d'anglais aux enfants du village et accueille des professeurs à court terme.

Circuits organisés

Soksabike CYCLOTOURISME
(☎012-542019 ; www.soksabike.com ; selon le nombre de participants demi-journée 23-27 $US, journée 34-40 $US ; ⊙départs 7h30). Basée au café Kinyei (p. 251), l'association Soksabike vise à faire découvrir aux visiteurs la campagne cambodgienne et à leur permettre de rencontrer des habitants. Les excursions d'une demi-journée couvrent 25 km (celles d'une journée 40 km) avec visites d'entreprises familiales (fabrique de papier de riz, usine de *prahoc* – pâte de poisson fermentée) et d'une maison locale.

Butterfly Bicycle Tours CYCLOTOURISME
(☎089-297070 ; www.butterflytour.asia ; St 309 ; circuit demi-journée 15-17 $US ; ⊙départs 7h30 et 13h30). Créée par des étudiants de la région, cette agence propose des circuits à vélo thématiques (nature, sites, vie locale). Le circuit découverte des métiers traditionnels connaît un grand succès.

Battambang Bike CYCLOTOURISME
(☎097-482 4104 ; www.battambangbike.com ; St 2½ ; circuits 18 $US). Propose un choix de circuits à vélo, notamment une promenade en ville ou une excursion à Phnom Sampeau, sur une demi-journée, ainsi que des sorties gratuites le samedi. Location de vélos et de VTT (2-5 $US/jour).

Cours

Coconut Lyly CUISINE
(☎016-399339 ; www.coconutlyly.com ; St 111 ; 10 $US). Dispensés par le chef Lyly, diplômé de l'école de cuisine de Paul Dubrule de Siem Reap, les cours d'une demi-journée comprennent une visite au *psar* Nath, la préparation de 4 plats khmers que vous dégusterez et un livre de recettes (début des cours à 9h, été 15h30). L'excellent restaurant est ouvert de 8h à 22h.

Nary Kitchen CUISINE
(☎012-763950 ; www.narykitchen.com ; St 111 ; 10 $US). Ces cours de cuisine prisés débutent à 9h et 15h30, durent environ 3 heures et sont suivis d'un repas. Ils comprennent la visite du marché, la préparation de 3 plats et un livre de recettes en souvenir. Le restaurant est ouvert de 8h à 22h.

Australian Centres for Development LANGUE
(☎053-677 7772 ; www.acdcambodia.weebly.com ; St 123). Cours de khmer réputés, individuels ou collectifs, une fois par semaine.

Où se loger

La plupart des options bon marché de Battambang se concentrent à proximité du *psar* Nath ; les hébergements de catégories moyenne et supérieure sont plutôt situés sur la rive est ou en dehors de la ville, à un court trajet en *tuk-tuk* ou en *moto-dop* des sites touristiques du vieux quartier.

Centre-ville

♥ **Angkor Comfort Hotel** HÔTEL $
(☎077 306410 ; www.angkorcomforthotel.com ; St 1 ; ch clim 15 $US ;). Des chambres immenses et impeccables, avec draps blancs, TV à écran plat, nombreuses prises électriques, salles de bains modernes dotées de douches de plain-pied – dignes d'un hébergement de gamme moyenne à petit prix.

Royal Hotel HÔTEL $
(☎016-912034 ; www.royalhotelbattambang.com ; St 115 ; ch avec clim 20-25 $US ; @). Ouvert de longue date, le Royal est apprécié pour ses grandes chambres, même si certaines sont un peu défraîchies, avec réfrigérateur et TV. Les employés fournissent d'excellents renseignements.

Senghout Hotel HÔTEL $
(☎012-530327 ; www.senghouthotel.com ; St 2 ; ch avec ventil 10-15 $US, avec clim 15-35 $US ;). Réputé pour son personnel compétent et prompt à répondre aux demandes des voyageurs, le Senghout propose des chambres joliment décorées. Certaines étant

À NE PAS MANQUER

L'ÉCOLE DE CIRQUE PHARE PONLEU SELPAK

Approchez, approchez ! Le cirque est désormais en ville tous les lundis, jeudis et samedis. **Phare Ponleu Selpak** (ហ្វារពន្លឺសិល្ប ; ☎053-952424 ; www.phareps.org ; tarif plein/réduit 14/7 $US ; ⊙lun, jeu et ven 19h, plus ven nov-fév), dont le nom signifie "la lumière de l'art", est un centre pluriartistique pour les enfants et les jeunes défavorisés, qui propose des spectacles de cirque de renommée internationale. Même s'il se produit également à Siem Reap, essayez de planifier votre visite à Battambang afin de pouvoir assister à ce spectacle magnifique, là où tout a commencé. Les places sont en vente à l'entrée dès 18h.

Phare, comme l'appellent les habitants, n'est pas un simple cirque. On y forme aussi des artistes dans le domaine de la musique, des arts visuels et du spectacle vivant. Vous rencontrerez certains d'entre eux en ville, comme Ke, du Choco l'art Café, qui a séjourné et étudié à Phare. Dans la journée, il est possible de **visiter** (5 $US ; ⊙lun-ven 8h-11h et 14h-17h) le centre Phare, et de regarder les cours de cirque, de danse, de musique, de dessin et d'arts graphiques – 5 $US qui valent la peine d'être dépensés.

Du rond-point de Vishnou, sur la NH5, prenez à l'ouest sur 900 m, tournez à droite (nord) et continuez sur 600 m.

assez exiguës, demandez à en voir plusieurs. La piscine sur le toit est un atout.

Ganesha Family Guesthouse PENSION $
(☎092-135570 ; www.ganeshaguesthouse.com ; St 1½ ; dort 4,50 $US, ch 11-14 $US ; 📶). Le meilleur des établissements bon marché de Battambang, le Ganesha possède un dortoir lumineux avec des lits doubles, ainsi que des petites chambres privatives avec meubles en bambou et des salles de bains carrelées (eau froide uniquement). Café convivial au rez-de-chaussée.

Tomato Guesthouse PENSION $
(☎053-6907374 ; www.facebook.com/tomato-guesthouse ; St 119 ; dort/d 1,50/3 $US ; 📶). À l'étage, se trouvent de minuscules chambres avec salle de bains et un dortoir incroyablement bon marché. Café toujours très animé au rez-de-chaussée.

Banan Hotel HÔTEL $
(☎053-953242 ; NH5 ; ch petit-déj inclus 20 $US, deluxe 25-40 $US ; ❄@📶🏊). Dans cet hôtel décoré de nombreuses boiseries, les chambres (avec balcon pour les plus chères) sont impeccables et le service amical. Annexe avec piscine sur le toit.

Sanctuary Villa BOUTIQUE-HÔTEL $$
(☎097-2167168 ; ch 60-90 $US petit-déj inclus ; ❄@📶🏊). Dans cet établissement de charme, au cœur d'un jardin luxuriant avec piscine, les 7 jolies villas sont ornées de boiseries traditionnelles, de soieries raffinées et de tapis. La situation excentrée ne plaît pas à tout le monde : du rond-point du Cheval Blanc, sur la NH5, allez au nord pendant 500 m et tournez à droite.

Maisons Wat Kor BOUTIQUE-HÔTEL $$$
(☎098-555377 ; www.maisonswatkor.com ; village de Vat Kor ; s/d à partir de 81/94 $US ; ❄📶🏊). Dans un havre isolé à environ 2 km au sud du centre de Battambang, des maisons de style khmer traditionnel abritent 8 chambres, lumineuses et spacieuses, avec salle de bains moderne. La piscine d'eau salée, entourée de verdure, invite à d'agréables moments de détente.

Au Cabaret Vert BOUTIQUE-HÔTEL $$$
(☎053-6562000 ; www.aucabaretvert.com ; NH57 ; ch 85 $US petit-déj inclus ; ❄📶🏊). Les styles contemporain et colonial se mêlent harmonieusement dans ce *resort*, à la lisière ouest de la ville. Les chambres chics sont bien équipées (TV à écran plat, douche à ciel de pluie). Les hôtes profitent d'une piscine à l'eau filtrée naturellement.

Rive est

♥ **Here Be Dragons** AUBERGE DE JEUNESSE $
(☎089-264895 ; www.herebedragonsbattambang.com ; Riverside Rd ; dort 3 $US, ch 8-10 $US ; 📶). Une option de choix pour les *backpackers* qui trouveront ici des dortoirs de 6 lits avec coffres ou des chambres égayées de draps colorés mais aussi un bar sympa, un jardin luxuriant et une bière gratuite à l'arrivée. Dans un endroit calme, à côté du parc au bord de la rivière, sur la rive est.

La Villa BOUTIQUE-HÔTEL $$
(053-730151 ; www.lavilla-battambang.net ; Riverside Rd ; d à partir de 70 $US petit-déj inclus ;). Cette villa coloniale rénovée de style années 1930 accueille un hôtel de charme des plus romantiques au Cambodge. Les lits à baldaquin et leur moustiquaire, le carrelage d'origine et des touches Art déco créent une atmosphère d'époque inégalable.

Sangker Villa Hotel BOUTIQUE-HÔTEL $$
(097-7640017 ; www.sangkervilla.com ; près de St 203 ; ch 45-55 $US petit-déj inclus ;). Si le Sangker Villa n'a pas l'allure des autres hôtels avec piscine de Battambang, ses tarifs sont beaucoup plus abordables. Décorées simplement, les chambres aux salles de bains modernes sont lumineuses, et le bar au bord de la piscine offre un cadre paisible.

Bambu Hotel HÔTEL $$$
(053-953900 ; www.bambuhotel.com ; St 203 ; ch à partir de 90 $US petit-déj inclus ;). Le Bambu se place un cran au-dessus des autres hôtels de luxe de Battambang. Ses chambres au décor colonial et khmer sont spacieuses avec superbe carrelage, salles de bains incrustées de pie rres et mobilier splendide. Le restaurant fusion est l'un des meilleurs de la ville, et le bar au bord la piscine est très agréable. De plus, le personnel est particulièrement aimable. Réservez tôt, il affiche vite complet.

Où se restaurer

En plus des adresses citées ici, essayez les restaurants des écoles de cuisine (p. 247) de la ville qui servent d'excellents plats cambodgiens.

Pour goûter la cuisine de rue, direction le **marché de nuit** (en-cas et plats 2 000-8 000 r ; 16h-21h), situé dans le coin nord-est du *psar* Nath. Vous pourrez déguster des grillades de poulet, de poisson ou de porc. Le **nouveau marché de nuit** (St 1 ; plats 4 000-8 000 r ; 18h-minuit), au bord de la rivière, dispose quant à lui de places assises. Enfin, un troisième, le **marché de nuit au bord de la rivière** (St 1 ; plats 4 000-8 000 r ; 15h-minuit), se trouve en face du musée de Battambang.

Centre-ville

Lonely Tree Cafe CAFÉ $
(www.thelonelytreecafe.com ; St 121 ; plats 4-5,50 $US ; 10h-22h ;). Au-dessus de la boutique du même nom, ce café cosy sert des plats de style tapas et des mets khmers sous un haut plafond en bambou. Son emblème est un arbre qui se trouve sur la route de Siem Reap. Les bénéfices vont notamment à des associations d'aide aux personnes handicapées et de préservation du patrimoine.

Coconut Water INTERNATIONAL $
(St 119 ; plats 2-3,50 $US ; 8h-21h ;). Installez-vous dans l'agréable petit café de l'étage ou sur la terrasse ombragée sur le toit. Vous trouverez un bon choix de petits-déjeuners et quelques plats cambodgiens mais aussi du poulet caramélisé ou des burgers au tofu. Les profits servent à financer plusieurs projets communautaires.

Flavours of India INDIEN $
(301-302 St 121 ; plats 3,50-5 $US ; 9h-22h30 ;). L'enseigne à Battambang d'un restaurant indien de Phnom Penh très réputé des amateurs de curry. Les *thalis* (5-7 $US) offrent un excellent rapport qualité/prix.

Vegetarian Foods Restaurant VÉGÉTARIEN $
(St 102 ; plats 1 500-3 000 r ; 6h30-17h ;). Certaines des meilleures recettes végétariennes de la région, dont une soupe de riz, du lait de soja maison et des raviolis à seulement 1 000 r. Une affaire.

Fresh Eats Café INTERNATIONAL $
(www.mpkhomeland.org ; St 2½ ; plats 2,50-4 $US ; 9h-21h ;). Géré par une ONG qui aide des enfants défavorisés, cet établissement propose, en plus de spécialités cambodgiennes, des sandwichs à la demande, de délicieuses salades et des pâtes. Petite boutique d'artisanat sur place.

Lan Chov Khorko Miteanh NOUILLES $
(145 St 2 ; plats 4 000-6 000 r ; 9h-21h). Une échoppe de nouilles fraîches, préparées par le chef chinois et accommodées de multiples façons, notamment avec une soupe de porc ou de canard. L'endroit est appelé Chinese Noodle par les résidents étrangers.

Choco l'art Café CAFÉ $
(St 117 ; petit-déj et plats 1,50-6 $US ; 9h-minuit mer-lun ;). Ce café-galerie accueillant est géré avec enthousiasme par le peintre local Ke et sa compagne française. La clientèle, étrangère et locale, vient y prendre un verre et déguster le pain, les pâtisseries et les crêpes (au petit-déjeuner). Concerts occasionnels.

À NE PAS MANQUER

TOUS À BORD DU BAMBOO TRAIN

Pour une expérience ferrovière mémorable, montez à bord du **Bamboo Train** (aller-retour pour 2 passagers ou plus 5 $US/pers, pour 1 passager 10 $US ; 7h-crépuscule) de Battambang. D'O Dambong, à 3,7 km au sud de l'ancien pont français de Battambang, les "trains" cahotent jusqu'à O Sra Lav, au sud-est, sur des rails voilés et des ponts laissés par les Français. Le trajet dure 20 minutes dans chaque sens, avec un arrêt de 20 minutes à O Sra Lav. Chaque *bamboo train* (*lorry* ou *norry* en khmer) est composé d'un plateau en bois long de 3 m, couvert de fines lattes de bambou et posé sur 2 essieux ; l'essieu arrière est relié à un moteur à essence 6 CV par des courroies de ventilateur. Avec 10 ou 15 personnes à bord ou 3 tonnes de riz, il atteint une vitesse de croisière de 15 km/h. Ce système a permis de résoudre un problème inéluctable sur une ligne à rail unique : que faire quand deux trains arrivent en sens opposé ? Avec les *bamboo trains*, la solution est simple : l'un des trains est rapidement démonté et posé sur le sol à côté des rails pour libérer la voie. La voiture qui transporte le moins de passagers cède le passage.

Avec l'amélioration des routes et des voies, le *bamboo train* aurait pu disparaître s'il n'avait pas été réexploité en attraction très touristique (avec son lot d'enfants qui tentent de vous vendre des bracelets à O Sra Lav) mais amusante. Il est pourtant question de suspendre sa circulation dans un futur proche, mais des projets de relocalisation dans la province sont évoqués.

Jaan Bai FUSION $$

(078-263144 ; jaanbai@cambodianchildrenstrust.org ; angle St 1½ et St 2 ; petites assiettes 3 $US, plats 4-10 $US ; 11h-22h30 mar-dim ;). Ce Jaan Bai ("bol de riz" en khmer) est l'adresse gourmande de Battambang. Il propose, dans un décor minimaliste avec joli carrelage franco-cambodgien au mur, une cuisine originale très réussie. Optez pour plusieurs petites assiettes aux saveurs variées ou pour le menu dégustation (7 plats avec vin, 15 $US/personne, 2 personnes minimum). Vous ferez aussi une bonne action : le restaurant forme et emploie des jeunes en difficulté par le biais du Cambodia Children's Trust (www.cambodianchildrenstrust.org).

Cafe Eden CAFÉ $$

(www.cafeedencambodia.com ; St 1 ; plats 4-7 $US ; 7h30-21h mer-lun ;). Géré par des Américains qui travaillent avec une organisation locale à but social, ce café est un lieu décontracté pour prendre un petit-déjeuner sain ou un café l'après-midi. La petite carte affiche des plats fusion asiatiques, ainsi que d'excellents burgers et les meilleures frites de la ville. À l'arrière, la boutique vend vêtements et objets artisanaux.

The Kitchen INTERNATIONAL $$

(St 1 ; plats 5-7 $US ; 10h-22h ;). Décoré d'œuvres d'art colorées et d'ustensiles de cuisine, le Kitchen dégage une atmosphère décontractée. La carte s'inspire de différentes régions du monde, proposant aussi bien des plats mexicains (burritos et tacos) qu'asiatiques et quelques bons en-cas.

Rive est

Les restaurants se multiplient sur la rive est, en particulier le long de l'ancienne NH5.

Bamboo Train Cafe INTERNATIONAL $

(Ancienne NH5 ; plats 8 000-16 000 r ; 7h-22h). L'amabilité du patron contribue au succès de cet établissment à la carte variée : pizzas, pâtes, curries, délicieux *amok* au tofu...

Battambang BBQ & Buffet BARBECUE $

(Ancienne NH5 ; plats 10 000-16 000 r ; 16h-22h). La formule tout compris (grillades et buffet en libre service) remporte un énorme succès auprès des habitants et des touristes cambodgiens. Excellent rapport qualité/prix.

La Villa INTERNATIONAL $$

(053-730151 ; Riverside Rd ; plats 5-15 $US ; 11h-15h et 18h-21h ;). La meilleure table de Battambang, réputée pour sa cuisine cambodgienne, vietnamienne, française et italienne, et pour ses vins. Le filet de poisson avec une sauce au citron est un délice. Installez-vous à l'intérieur, sous l'atrium en verre, ou prélassez-vous dans le décor colonial de la cour extérieure.

Où prendre un verre et faire la fête

Kinyei CAFÉ
(www.kinyei.org ; 1 St 1½ ; café 1,25-2,50 $US, en-cas 1-2,50 $US ; 7h-19h ;). C'est là que nous prenons notre café du matin à Battambang. Précisons que les expressos et autres cappuccinos y sont préparés par des baristas dont plusieurs ont été sacrés champions nationaux. Sert aussi quelques petits-déjeuners et en-cas légers.

Lotus Bar & Gallery CAFÉ
(St 2½ ; 11h-tard ;). Dans cette maison de marchands bien restaurée, l'agréable bar, qui donne sur la rue, permet de rencontrer toutes sortes de personnages. Galerie d'art à l'étage ; salle au sous-sol, dédiée aux projections de films, aux concerts et aux soirées à thème. À la carte (plats 4-8 $US) : plateaux façon mezze, pizzas, quelques spécialités cambodgiennes...

Here Be Dragons BAR
(Riverside Rd ; 11h-tard ;). Ce bar très populaire existait bien avant l'auberge de jeunesse du même nom. Les voyageurs et les expatriés s'y retrouvent jusque tard le soir. Quiz le mercredi.

Riverside Balcony Bar BAR
(Angle St 1 et St 149 ; 16h-23h mar-dim ;). Premier bar ouvert à Battambang, dans une superbe maison en bois qui surplombe la rive, cet établissement tenu par un Australien a toujours la cote. C'est un endroit agréable pour prendre l'apéritif ou manger un morceau – petit choix de plats de pub et de classiques cambodgiens (plats 3,50-7,50 $US).

River BAR
(St 1 ; 6h-23h). Les habitants affluent dans ce bar en soirée pour profiter de l'air frais qu'apporte la rivière et regarder les matchs de football ou les films qui passent sur l'écran extérieur.

Achats

Lonely Tree Shop TEXTILES
(St 121 ; 10h-22h). De beaux sacs en soie, bijoux, chemises et jupes.

Jewel in the Lotus ANTIQUITÉS
(St 2½ ; 11h-22h). Une merveilleuse petite boutique de bibelots, avec toutes sortes d'objets kitsch, de vieilles photos et lithographies d'artistes locaux, etc. Vaut le détour même si vous n'achetez rien.

Bric-a-Brac DÉCO ET ACCESSOIRES
(077 531562 ; www.bric-a-brac.asia ; 112 St 2 ; 11h-20h). Cette élégante boutique vend de la passementerie faite main, des textiles, des objets anciens et des accessoires. À l'étage, magnifique hôtel de 3 chambres au décor design.

Rachana Handicrafts TEXTILES
(7h30-17h30). À la périphérie de la ville, ce petit atelier de couture géré par une ONG forme des femmes défavorisées et vend des porte-monnaie, des jouets, des *krama* et des accessoires en coton et en soie.

Renseignements

Pour toute information sur les manifestations qui ont lieu en ville, procurez-vous le *Battambang Buzz*, un magazine gratuit disponible dans les restaurants, bars et hôtels.

Le plan de la ville de l'office du tourisme détaille les différentes routes pittoresques jusqu'au *bamboo train* (voir l'encadré ci-contre) et à des sites dignes d'intérêt dans les environs.

La plupart des hôtels, cafés et restaurants ont un accès Wi-Fi gratuit.

ANZ Royal Bank (St 1 ; 8h30-16h lun-ven, DAB 24h/24)

Canadia Bank (Psar Thom ; 7h30-15h30 lun-ven, 7h30-11h30 sam, DAB 24h/24)

Handa Medical Centre (095-520654 ; NH5 ; clinique 9h-15h30, urgences 24h/24). Deux ambulances et en général un ou deux médecins européens sur place.

Institut Français (www.institutfrancais-cambodge.com ; St 501 ; 8h-12h et 14h-18h lun-ven). Promotion de la culture française. Médiathèque à l'étage (livres et DVD).

Office du tourisme (012-534177 ; www.battambang-town.gov.kh ; St 1 ; 8h-11h et 14h-17h lun-ven). Cartes et brochures sur Battambang.

Yi Quoc Clinic (053-953163 ou 012-530171 ; près de la NH57 ; 24h/24). La meilleure clinique de la ville.

Depuis/vers Battambang

Battambang est à 290 km au nord-ouest de Phnom Penh par la NH5 et à 80 km au nord-est de Pailin par la NH57 (l'ancienne NH10).

BATEAU

Les bateaux pour Siem Reap (20 $US, départ 7h) se faufilent à travers d'étroits chenaux et passent par des marais protégés. Ce trajet fluvial, le plus beau du pays, dure entre 5 heures (à la saison des pluies) et 9 heures ou plus (à la saison sèche). **Angkor Express** (012-601287) et **Chann Na** (012-354344) l'effectuent

BUS AU DÉPART DE BATTAMBANG

DESTINATION	DURÉE (HEURES)	TARIFS)	COMPAGNIES	FRÉQUENCE
Bangkok	9	15-16 $US	Mekong Express, PP Sorya	10h30, 11h30, 12h
Kompong Cham	7½	7,50-10 $US	PP Sorya, Rith Mony	9h30
Pailin	1½	3-4 $US	Ponleu Angkor, Rith Mony	13h, 15h
Phnom Penh	5-6	5-12 $US	toutes les compagnies	départs fréquents jusqu'à 14h30
Poipet	2¼	4-4,50 $US	Capitol, PP Sorya, Rith Mony	7h45, 13h
Siem Reap	3-4	4,50-5 $US	Capitol, Golden Bayon Express, Mekong Express, PP Sorya	7h45, 8h, 9h45, 13h, 14h

alternativement un jour sur deux. Évitez les sièges proches du moteur bruyant. Durant la saison sèche, les passagers rejoignent en voiture une partie navigable de la rivière. Il est parfois possible de faire escale à la réserve ornithologique de Prek Toal et de reprendre le bateau le lendemain (supplément de 5 $US). Ces bateaux ne sont pas toujours appréciés par les villageois, car ils accrochent régulièrement des filets de pêche sur leur passage et leur sillage fait parfois chavirer des petits bateaux. Sachez aussi qu'ils sont souvent surchargés et que les gilets de sauvetage sont rares.

BUS

Comme Phnom Penh, Battambang ne possède pas de gare routière centrale. La plupart des compagnies sont regroupées dans le centre, juste au sud du carrefour entre la NH5 et la St 4.

Pour Phnom Penh, les compagnies Capitol Tour et Phnom Penh Sorya assurent la plupart des services en journée. Pour un trajet plus rapide, optez pour les liaisons (plus chères) en minibus express assurées par Golden Bayon Express (10 $US, 4 heures 30, 7h et 8h30) ou Mekong Express (12 $US, 4 heures 30, 7h30, 8h45, 9h30, 13h, 14h30 et 17h). Enfin, diverses compagnies proposent des bus-couchettes, mais comme le trajet est court, vous arriverez certainement à des heures indues.

Mekong Express et Golden Bayan assurent aussi des liaisons en minibus express jusqu'à Siem Reap.

Les bus pour Bangkok nécessitent un changement à la frontière – en général, un minibus vous attend du côté thaïlandais.

Si votre budget est limité, sachez que les tarifs les plus bas sont généralement proposés par Capitol Tour, puis par Phnom Penh Sorya.

Capitol Tour (☎ 053-953040 ; St 102)
Golden Bayon Express (☎ 070-968966 ; St 101)
Mekong Express (☎ 088-5767668 ; St 3)
Phnom Penh Sorya (☎ 053-953904 ; St 4)
Ponleu Angkor Khmer (☎ 053-952366 ; St 4)
Rith Mony (☎ 011-575572 ; St 1)

TAXI

À la station de taxis (NH5), les taxis collectifs pour Pursat (16 000 r, 2 heures) et Phnom Penh (40 000 r, 4 heures 30) partent du coin sud-est du marché, tandis que ceux pour Poipet (20 000 r, 1 heure 45), Sisophon (20 000 r, 1 heure 15) et Siem Reap (26 000 r, 3 heures) stationnent du côté nord, sur la NH5.

Les taxis collectifs pour Pailin (20 000 r, 1 heure 15) et le poste-frontière de Psar Pruhm–Ban-Pakard circulent depuis l'angle de la St 101 et de la St 4. Si vous louez un taxi privé (35-40 $US), vous pourrez vous arrêter à Phnom Sampeau et Sneng en chemin.

ℹ Comment circuler

Vous trouverez facilement des conducteurs de *tuk-tuk* parlant français ou anglais à Battambang, et désireux de vous emmener en balade à la journée. Une excursion d'une demi-journée en dehors de la ville vers un site tel que Phnom Sampeau coûte dans les 12 $US. Pour une journée complète incluant 3 sites – Phnom Sampeau, Phnom Banan et le *bamboo train* par exemple –, comptez 16-20 $US, selon vos capacités à marchander. Divisez ces prix par deux pour une *moto-dop*.

Pour une course en ville, comptez environ 2 000 r en *moto-dop* et au moins 1 $US en *tuk-tuk*.

Gecko Moto (☎ 089-924260 ; St 3 ; ⏰ 8h-19h) ainsi que le Royal Hotel louent des motos pour 7-8 $US/jour. Le Royal Hotel, Soksabike, Battambang Bike et plusieurs pensions louent des vélos pour 2 $US/jour.

Environs de Battambang

La campagne autour de Battambang est parsemée de temples anciens et d'autres sites dignes d'intérêt. L'accès au Phnom

Sampeau, au Phnom Banan et au *vat* Ek Phnom coûte 3 $US (ce billet combiné acheté sur un site est valable toute la journée pour les deux autres). Pour des informations sur les sites qui ne sont pas mentionnés ci-après, procurez-vous le guide *Around Battambang* (10 $US), de Ray Zepp, qui décrit en anglais de nombreux temples et excursions aux alentours de Battambang et de Pailin. Les bénéfices sont reversés aux bonzes et aux nonnes qui mènent des campagnes d'information sur le VIH et aident des orphelins du sida.

Phnom Sampeau ភ្នំសំពៅ

Un bel ensemble de **temples** (3 $US billet combiné) se dresse au sommet de ce légendaire affleurement calcaire, à 12 km au sud-ouest de Battambang le long de la NH57 (en direction de Pailin) ; de là, la vue est somptueuse. On y accède par une route asphaltée ou par un escalier très raide.

En repartant du stupa doré érigé au sommet en 1964, prenez à gauche sous la porte ornée d'un bas-relief d'Eiy Sei (un vieux Bouddha). Un profond canyon, aux parois verticales tapissées de végétation, descend abruptement par une arche naturelle vers un "monde perdu" de stalactites, de lianes rampantes et de chauves-souris. Deux statues de guerriers angkoriens montent la garde.

Entre les groupes d'antennes, vous verrez deux pièces d'artillerie des forces gouvernementales, l'une avec des inscriptions en russe, l'autre en allemand. Elles sont toujours pointées vers le **Phnom Krapeu** (mont du Crocodile), à l'ouest, un ancien bastion khmer rouge.

À mi-chemin du sommet, une route passe sous une porte et grimpe sur 250 m jusqu'aux **grottes-charniers du Phnom Sampeau**, devenues un lieu de pèlerinage. Un bel escalier, flanqué de verdure, descend dans une caverne où un bouddha couché veille sur un mémorial vitré, rempli de crânes et d'ossements de victimes matraquées par les Khmers rouges avant d'être précipitées dans la grotte par une ouverture. Près du début de l'escalier, l'ancien mémorial, une cage rouillée faite de grillage, est partiellement rempli d'ossements humains.

VAUT LE DÉTOUR

TEMPLES ET VILLAGE SUR LA ROUTE DU VAT EK PHNOM

Les routes qui sillonnent la campagne à la sortie de Battambang traversent de beaux paysages ponctués de rizières et de petits villages où prospère un artisanat local. Les routes conduisant au *vat* Ek Phnom sont particulièrement agréables et permettent un circuit d'une demi-journée idéal pour découvrir sites historiques et villages pittoresques. Quelques incontournables :

Village de Pheam Ek. À 5 km environ au nord de Battambang, le village de Pheam Ek s'est spécialisé dans la fabrication de feuille de riz pour rouleaux de printemps. Le long de la route, dans les ateliers familiaux, on voit comment la pâte de riz est cuite à la vapeur, puis étalée sur des cadres en bambou pour sécher au soleil. Le *vat* Ek Phnom est à 5,5 km.

Vat Ek Phnom (វត្តឯកភ្នំ ; entrée combinée 3 $US). En partie effondré, ce temple pittoresque du XIe siècle se cache derrière une pagode moderne et colorée et une immense statue du bouddha. Le *vat* Ek Phnom mesure 52 m sur 49 m et il est entouré par les vestiges d'un mur en latérite et d'un ancien *baray* (réservoir). Un linteau montrant le *Barattage de la mer de lait* est visible au-dessus de l'entrée est du temple central, dont les flancs supérieurs arborent de beaux bas-reliefs.

Manufacture de Prahoc. Après avoir quitté le *vat* Ek Phnom, tournez vers le sud-ouest en direction de Battambang ; juste avant le pont de la rivière Sangker, vous verrez une manufacture de *prahoc* (pâte de poisson fermentée). Ses claies de bambou, alignées le long de la route, où les poissons sèchent au soleil sont des plus photogéniques.

Vat Somrong Knong. De l'autre côté du pont, sur la rive est de la rivière Sangker se trouve le *vat* Somrong Knong. La belle pagode du XVIIIe siècle servit de prison sous le régime des Khmers rouges. On estime que près de 10 000 personnes furent exécutées sur le terrain derrière le *vat*. Un mémorial a été érigé sur le site. De là, suivez la route qui part vers le sud-ouest sur 6 km pour revenir à Battambang.

Depuis le pied de la colline, tous les soirs au crépuscule (vers 17h30), on peut voir une incroyable colonne de chauves-souris qui surgit d'une grotte située sur les hauteurs de la face nord de la falaise. Ce spectacle envoûtant, composé de millions de chauves-souris tournoyant dans le ciel jusqu'à leur terrain de chasse, près du Tonlé Sap, dure une bonne trentaine de minutes.

La route vers le sommet est trop raide pour les *tuk-tuk*. Des conducteurs de *moto-dop* parlant anglais stationnent au pied de la colline au niveau des stands de restauration près de la billetterie et peuvent vous y emmener (4 $US l'aller-retour).

Phnom Banan ប្រាសាទភ្នំបាណន់

Le temple de prasat Banan et Phnom Sampeau peuvent facilement se visiter sur une demi-journée en *moto-dop* ou en *tuk-tuk*.

À voir

Prasat Banan TEMPLE

(3 $US billet combiné). Un escalier en pierre de 358 marches grimpe un versant ombragé du Phnom Banan, à 28 km au sud de Battambang, jusqu'au prasat Banan dont les cinq tours rappellent le plan d'Angkor Vat. Des habitants prétendent que ce temple inspira Angkor Vat, mais cela semble peu probable.

Udayadityavarman II, fils de Suryavarman Ier, construisit le prasat Banan au XIe siècle. Son emplacement à flanc de colline offre une vue splendide sur la campagne environnante. De superbes linteaux sculptés surmontent les portes de chaque tour, et des bas-reliefs ornent les parties supérieures de la tour centrale.

Du temple, un étroit escalier de pierre descend au sud jusqu'à trois grottes, qui peuvent se visiter avec un guide.

Domaine viticole Prasat Phnom Banon VIGNOBLE

(កន្លែងផលិតស្រាទំពាំងបាយជូរ ភ្នំបាណន់ ; village de Bot Sala ; dégustation 2 $US ; 6h-18h). À 10 km au sud de Battambang et à 8 km au nord de Phnom Banan, dans une région surtout connue pour ses piments (récoltés d'octobre à janvier), vous découvrirez l'unique domaine viticole du pays. Il produit des vins rouges à partir de ses cépages syrah et cabernet sauvignon, et des rosés issus de ses cépages Black Queen et Black Opal, adaptés aux tropiques.

Ces vins, officiellement reconnus par le ministère de l'Industrie, des Mines et de l'Énergie du Cambodge, ont un bouquet et un goût surprenants, uniques au monde. L'établissement a également un cognac plus qu'honorable. Des dégustations ont lieu dans un joli pavillon du jardin.

Kamping Poy កំពីងពួយ

À 27 km à l'ouest de Battambang (suivez la NH5 puis le canal d'irrigation), Kamping Poy, ou le barrage de la Mort, fut l'un des nombreux projets gigantesques des Khmers rouges, visant à recréer les complexes réseaux d'irrigation qui contribuèrent à la puissance de l'Empire khmer sous les rois d'Angkor. Ce chantier coûta la vie à environ 10 000 travailleurs forcés, morts de malnutrition, de maladie ou exécutés. Aujourd'hui, le barrage permet à la région de produire deux récoltes de riz par an.

Malgré l'absence de curiosités, les Cambodgiens viennent y pique-niquer et faire une promenade en barque (10 000 r pour 2 heures). On peut facilement combiner cette visite avec une halte au Phnom Sampeau.

Sneng ស្នឹង

Cette bourgade située sur la NH57, à 20 km au sud-ouest de Battambang en direction de Pailin, mérite le détour pour ses deux petits temples intéressants. Le **Prasat Yeay Ten** (ប្រាសាទយាយទែន), dédié à Shiva, date de la fin du Xe siècle.

ATTENTION, MINES !

Pailin et des secteurs voisins de la province de Battambang (en particulier les districts de Samlot et de Rotanak Mondol) figurent parmi les régions du monde qui possèdent la plus forte densité de mines. Les sites de déminage sont omniprésents, et parfois très proches des routes. Les nombreuses personnes amputées sont la triste preuve de l'horreur des mines terrestres. Restez bien sur les sentiers tracés dans ces zones. Les routes publiques sont sans danger, mais les chemins agricoles présentent des risques. Il est formellement déconseillé de s'aventurer à pied dans les belles forêts de Pailin.

Bien qu'en piteux état, il conserve au-dessus des portes trois linteaux finement sculptés qui ont survécu aux ravages du temps et de la guerre ; celui à l'est décrit le *Barattage de la mer de lait*. Le temple se dresse sur le côté est de la nationale.

Derrière le prasat Yeay Ten, à 200 m à l'est au fond du jardin d'un *vat* contemporain, trois **sanctuaires en brique** possèdent quelques sculptures superbement préservées autour des entrées.

PROVINCE DE PAILIN

La province de Pailin (ខេត្តប៉ៃលិន) est surtout connue pour ses gisements de pierres précieuses, aujourd'hui quasi épuisés, et pour la présence de mines antipersonnel. C'est, par ailleurs, un refuge de Khmers rouges à la retraite.

Pendant la guerre civile, ses pierres et ses bois précieux, vendus sur les marchés internationaux avec l'aide de généraux thaïlandais, financèrent les actions des Khmers rouges. Au milieu des années 1990, la province servit de base pour les offensives régulières menées à la saison sèche, qui étaient destinées à repousser les forces gouvernementales vers l'est – jusqu'au Phnom Sampeau.

En 1996, Ieng Sary (Frère n°3 ; voir p. 334), le chef khmer rouge de la région, fit défection et se rallia au gouvernement avec 3 000 combattants lourdement armés. En échange, il obtint l'amnistie et le contrôle de la région de Krong Pailin, une petite province taillée dans celle de Battambang pour lui servir de fief. Il fallut attendre la fin de 2007 pour que Ieng Sary et son épouse, Ieng Thirith, soient arrêtés pour crimes de guerre et crimes contre l'humanité. Ieng Sary est décédé en mars 2013, bien avant la fin de son procès. Son fils, Ieng Vuth, est toujours député-gouverneur de Pailin.

Pailin ប៉ៃលិន

☎055 / 35 000 HABITANTS

Ville lointaine à l'ambiance de Far West, Pailin n'a rien de remarquable, hormis un temple pittoresque sur une colline. Et si les magnifiques contreforts boisés de la chaîne des Cardamomes s'étendent alentour, il ne faut pas vous y aventurer : il s'agit littéralement d'un champ de mines.

Pailin

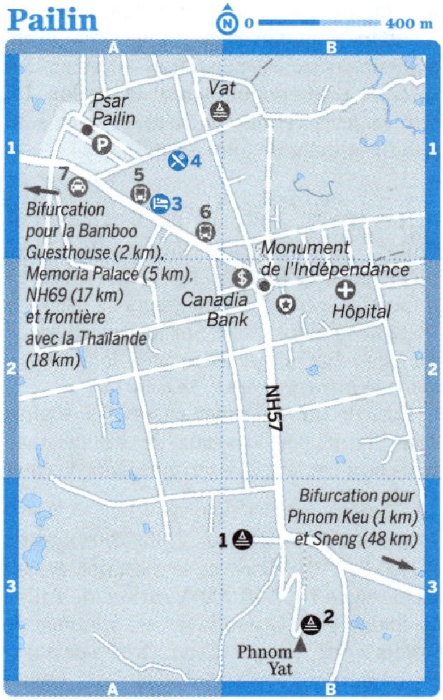

Pailin

À voir
- 1 Vat Khaong Kang B3
- 2 Vat Phnom Yat B3

Où se loger
- 3 Pailin Ruby Guesthouse A1

Où se restaurer
- 4 Leang Sreng Restaurant A1

Transports
- 5 Punleu Angkor Khmer A1
- 6 Rith Mony A1
- 7 Station de taxis A1

À voir et à faire

Vat Phnom Yat TEMPLE

(វត្តភ្នំយ៉ាត). De la NH57, des marches passent sous une porte colorée et grimpent jusqu'au *vat* Phnom Yat, un temple à l'architecture fantaisiste, construit autour d'un vieil arbre de la Bodhi (*Ficus religiosa*). Un bouddha de 27 m de haut domine le haut de l'escalier, tandis qu'un chemin continue jusqu'au temple coloré et aux vastes stupas dorés, au sommet de la colline.

Le long du chemin, un tableau en ciment représente des pêcheurs nus grandeur nature, plongés dans un chaudron (pour les impies), la langue arrachée (pour les menteurs) ou forcés à grimper un arbre épineux (pour les personnes adultères). À côté, les pénitents implorent le pardon. Du *vat*, les levers et les couchers du soleil sont habituellement de toute beauté.

Vat Khaong Kang TEMPLE

(វត្តកោងកាង). Au pied de la colline de Phnom Yat, une porte imposante (1968) mène au *vat* Khaong Kang, qui était un important centre d'enseignement avant la tragédie khmère rouge. Sur le mur extérieur, un bas-relief particulièrement long représente le *Barattage de la mer de lait*.

Lors de notre dernier passage, le temple était fermé pour travaux de restauration, mais ils devraient être terminés lors de votre visite.

Chutes de Phnom Keu SITES NATURELS

(ទឹកធ្លាក់ភ្នំកុយ chutes de la montagne Bleue ; moto/voiture 3 000/10 000 r). Au sud de Pailin, la chaîne des Cardamomes est jalonnée de nombreuses chutes d'eau, très spectaculaires durant la saison des pluies… quand les routes sont impraticables ! Et tenter de rejoindre les cascades les plus lointaines est très risqué en raison de la présence de mines. Les chutes les plus accessibles et avec de l'eau toute l'année sont celles de Phnom Keu. Pour vous y rendre, tournez à droite depuis la NH57 à 1,5 km à l'est du *vat* Phnom Yat, puis continuez pendant 5 km sur une route accidentée qui devient relativement dangereuse pendant la saison des pluies. Après l'entrée, traversez la petite rivière en empruntant le chemin de terre et marchez pendant environ 3 km jusqu'aux chutes.

Où se loger et se restaurer

Bamboo Guesthouse PENSION $

(☎ 012-405818 ; ch 15-35 $US ; ❄📶). Un havre de paix dans les faubourgs nord-ouest de la ville, formé de 27 bungalows confortables. Le restaurant sert une excellente cuisine cambodgienne et thaïlandaise (plats 4-8 $US), dans des pavillons.

Depuis le marché, dirigez-vous vers l'ouest sur la NH57 pendant 2 km, tournez à droite, et continuez sur 800 m.

Pailin Ruby Guesthouse PENSION $

(☎ 016-477933 ; NH57 ; s/d avec ventil 6-8/8-11 $US, s/d avec clim 11/13-16 $US ; ❄📶). Un bon rapport qualité/prix pour cette pension du centre-ville de 48 chambres, toutes soignées et spacieuses. N'hésitez pas à payer le supplément pour bénéficier de la lumière naturelle.

Memoria Palace HÔTEL $$

(☎ 015-430014 ; www.memoriapalace.com ; hutte 45 $US, bungalows 55-105 $US petit-déj inclus ; ❄📶🏊). À 5 km à l'ouest de Pailin, ce complexe hôtelier loue de grands bungalows

PASSER EN THAÏLANDE : DE PAILIN À CHANTHABURI

Rejoindre la frontière Le paisible **poste-frontière de Psar Pruhm/Ban Pakard** (⏲ 7h-20h), à 102 km au sud-ouest de Battambang et à 18 km au nord-ouest de Pailin, est accessible par de bonnes routes goudronnées.

Commencez par vous rendre à Pailin depuis Battambang. À Pailin, si vous êtes patient, vous pourrez peut-être monter dans un taxi collectif (6 000 r) jusqu'à la frontière. Si rien ne se passe, prenez une *moto-dop* (5 $US), un taxi privé (10 $US) ou l'un des bus qui passent vers 13h30.

À la frontière Ici le tarif pour un visa touristique délivré par le bureau de l'immigration est en général de 35 $US. Les formalités sont simples et rapides des deux côtés. Ignorez toutes les propositions d'aide faites à la sauvette du côté thaïlandais.

Au-delà Côté thaïlandais, pour éviter de payer un prix excessif pour le trajet jusqu'à Chanthaburi (150 B en minibus, 1 heure), prenez une *moto-dop* (50 B) jusqu'à la station de *sŏrngtăaou* (pick-up) la plus proche. À la gare routière de Chanthaburi, vous trouverez des bus pour Bangkok.

Côté cambdogien, des *moto-dop* et des taxis vous conduiront à Pailin depuis l'arrêt situé à 150 m à l'est du poste-frontière, près de l'entrée du Victoria Casino. Si vous arrivez suffisamment tôt, des bus publics partent de la frontière à 7h30 et vont directement à Phnom Penh via Battambang. Un taxi privé de la frontière à Battambang coûte 40 $US.

de charme dotés d'une belle vue, ainsi que 3 huttes au toit en feuilles de palmier avec ventilateur. Il dispose d'une piscine de 20 m perchée en haut de la colline. Le restaurant (plats 5-10 $US) est le meilleur de Pailin. Pour y accéder, continuez tout droit là où la route tourne brusquement à droite, 500 m après la bifurcation vers la pension Bamboo.

Leang Sreng Restaurant CAMBODGIEN $
(Repas 1-3 $US ; 6h-23h). Une adresse décontractée où l'on sert des bols de soupe vietnamienne aux nouilles et au bœuf, dans le style des *pho*. Cherchez l'enseigne décorée d'une vache qui rit.

Renseignements

Theara, le gérant anglophone de l'hôtel Memoria Palace, est la seule source d'information utile à Pailin. Il peut organiser des circuits incluant, entre autres, des mines de pierres précieuses, des fermes et des chutes d'eau.

Canadia Bank (NH57 ; 8h-15h30 lun-ven, 8h-11h30 sam, DAB 24h/24)

Depuis/vers Pailin

Pour savoir comment rejoindre la frontière avec la Thaïlande à Psar Pruhm/Ban Pakard, voir l'encadré ci-contre.

De Battambang à Pailin (80 km, 2 heures 30), la NH57 (parfois encore appelée NH10) est aujourd'hui en excellent état. On peut faire le trajet en bus, en voiture ou à moto.

Rith Mony (092-290909) et Punleu Angkor Khmer ont des bus qui partent de Psar Pruhm, à la frontière avec la Thaïlande, vers 7h30. Ils prennent des passagers à Pailin vers 8h, et continuent sur Phnom Penh (38 000 r, 8 heures) via Battambang (15 000 r, 1 heure 30).

Les taxis collectifs rejoignent aussi Battambang (20 000 r, 1 heure) et partent de la station de taxis, située en face du *psar* Pailin, sur la NH57.

Une mauvaise piste part du district de Treng, à 25 km à l'est de Pailin, vers le sud. Elle traverse la chaîne des Cardamomes jusqu'à Krong Koh Kong (ville de Koh Kong), via Samlaut et Pramoay. La NH59, une route goudronnée, commence à environ 6 km à l'ouest de Pailin et continue vers le nord jusqu'à Poipet, en longeant la frontière.

Samlaut សំឡូត

La pointe nord de la chaîne des Cardamomes, réputée pour sa faune sauvage – éléphants, gibbons, pangolins, calaos et nombreuses autres espèces menacées –, couvre la moitié sud de la province de Krong Pailin (pratiquement toute la région au sud de la NH57). Appelée **zone polyvalente de Samlaut** (Samlaut Multiple Use Area ; 600 km²), cette contrée montagneuse et boisée jouxte deux réserves thaïlandaises (le parc national de Namtok Klong Kaew et la réserve naturelle de Khlong Kreua Wai) avec lesquelles elle devrait bientôt former un **parc de la Paix** transfrontalier. Toutefois, les innombrables mines rendent la région trop dangereuse pour la randonnée.

Samlaut est gérée et surveillée avec l'aide de la fondation Maddox Jolie-Pitt (www.mjpasia.org), du nom du fils adoptif cambodgien de la fondatrice et présidente, l'actrice Angelina Jolie.

PROVINCE DE BANTEAY MEANCHEY

Située entre les casinos de Poipet, le plus important poste-frontière avec la Thaïlande, et les merveilles d'Angkor, la province agricole de Banteay Meanchey (ខេត្តបន្ទាយមានជ័យ) reste souvent ignorée des voyageurs, qui filent directement à Siem Reap ou à Battambang. Pourtant, les magnifiques vestiges du temple angkorien dans la jungle de Banteay Chhmar méritent que vous y fassiez une escale.

Poipet ប៉ោយប៉ែត

054 / 89 500 HABITANTS

Longtemps considérée comme le pire endroit du pays, du fait de sa saleté, des fréquentes escroqueries qui y avaient cours et de son ambiance sordide, Poipet a récemment fait l'objet d'importants travaux, qui lui ont offert une virginité ! Grâce principalement aux Thaïlandais voisins, dont le pays interdit tout jeu d'argent, les casinos de Poipet (comme le Tropicana ou le Grand Diamond City) ont transformé une partie de la ville en une sorte de Las Vegas. Toutefois, en dehors de ce secteur frontalier, les rues

ATTENTION, MINES !

Banteay Meanchey et Oddar Meanchey (p. 262) sont parmi les provinces les plus minées du pays. Ne sortez sous aucun prétexte des sentiers tracés. Si vous conduisez, empruntez uniquement les routes et les pistes régulièrement utilisées par les habitants.

PASSER EN THAÏLANDE : DE POIPET À ARANYA PRATHET

Rejoindre la frontière Le poste-frontière de Poipet/Aranya Prathet (7h-20h) le plus ancien entre le Cambodge et la Thaïlande, est aussi, de loin, le plus emprunté, notamment par ceux qui voyagent entre Bangkok et Siem Reap. Il a acquis une mauvaise réputation au fil des années à cause des nombreuses escroqueries visant les touristes (surtout ceux qui viennent de Thaïlande) qui y ont cours.

Des bus et des taxis collectifs desservent régulièrement Poipet au départ de Siem Reap et de Battambang. Ne descendez pas du bus avant d'avoir atteint le grand rond-point à côté du poste-frontière. Acheter un billet jusqu'à Bangkok (ce qui implique généralement un changement à la frontière) peut simplifier les choses : vous n'aurez ainsi pas à trouver un mode de transport une fois en Thaïlande. Depuis Siem Reap, le plus simple est de prendre le bus de 8h jusqu'à la gare routière de Mo Chit à Bangkok, dont le service est assuré par Nattakan. Il vous en coûtera 28 $US, mais c'est le seul bus qui permette de continuer jusqu'à Bangkok sans changement.

À la frontière Préparez-vous à faire la queue au bureau de l'immigration, d'un côté comme de l'autre – une attente de 2 heures ou plus n'a rien d'inhabituel, surtout en haute saison. Mieux vaut venir tôt le matin pour éviter les foules. Un tarif "VIP" spécial (autrement dit un bakchich) de 200 B vous permettra d'éviter les queues des deux côtés. Il n'y a pas de taxe de départ à payer lorsque l'on quitte le Cambodge, malgré les dires de certains douaniers cambdogiens. À l'entrée en Thaïlande, les Français, les Belges, les Suisses et les Canadiens bénéficient, tout comme les ressortissants de nombreux autres pays, d'une exemption de visa de 15 jours.

En quittant la Thaïlande, ne traitez sous aucun prétexte avec les "douaniers cambodgiens" qui pourraient vous aborder du côté thaïlandais – c'est une escroquerie. Pour l'entrée au Cambodge, le coût officiel du visa touristique est de 30 $US, mais il est fréquent de se voir facturer 35 $US. Si vous acceptez d'attendre, il est généralement possible de payer le tarif officiel en restant ferme et poli. Obtenir un e-visa (37 $US) avant votre voyage ne vous fera pas économiser d'argent, mais vous épargnera un certain stress.

Au-delà Des minibus pour Bangkok (300 B, 4 heures, toutes les 30 minutes) attendent du côté thaïlandais. Vous pouvez également parcourir les 7 km jusqu'à Aranya Prathet en *tuk-tuk* (80 B) ou en *sŏrngtăaou* (15 B). De là, des bus réguliers desservent la gare routière de Mo Chit, à Bangkok, entre 4h et 18h (223 B, 5-6 heures). Assurez-vous que votre conducteur de *tuk-tuk* vous emmène bien à la gare routière d'Aranya Prathet et non à celle qui se trouve à environ 1 km de la frontière (une escroquerie courante). Il y a également un train pour Bangkok à 13h55.

restent chaotiques, jonchées de détritus et bordées de salons de massage douteux. De plus, la gentillesse naturelle et légendaire des Cambodgiens n'apparaît guère ici.

Familiarisez-vous avec les conversions entre le riel cambodgien, le baht thaïlandais et le dollar, tous en usage à Poipet. Approximativement : 4 000 r = 1 $US = 35 B.

Poipet s'étire vers le sud-est sur quelques kilomètres le long de la NH5 depuis la frontière (marquée par l'O Chrou, une rivière peu ragoûtante). Des points de repère utiles sont l'Acleda Bank, à 500 m à l'est de la frontière, et la Canadia Bank, 500 m plus loin.

Où se loger et se restaurer

Les grands hôtels modernes du quartier des casinos (où l'on paye tout en baths thaïlandais uniquement) louent des chambres à 1 000-2 000 B – un tarif avantageux vu les équipements. Les pensions et les hôtels bon marché, dont certains font office de maison de passe, jalonnent la NH5 et les abords de la gare routière. Un conseil : à moins d'être un joueur invétéré, ne vous attardez pas à Poipet. Les gargotes et les restaurants les moins chers se concentrent autour du marché et le long de la NH5 près de l'Acleda Bank. Le marché de nuit du quartier des casinos, à un pâté de maisons au nord de la NH5, compte plusieurs restaurants et pubs propres et bien éclairés. Les buffets thaïlandais à volonté, (à 250 B), proposés dans la plupart des hôtels du quartier des casinos offrent un bon rapport qualité/prix.

City Poipet Hotel HÔTEL $
(☎054-967576 ; citypoipethotel@gmail.com ; d avec ventil/clim à partir de 8/15 $US ; ❄📶). De loin l'hôtel le plus agréable de Poipet, avec un semblant de style et un bon débit Wi-Fi. Derrière l'Acleda Bank.

Destiny Cafe CAFÉ $
(NH5 ; plats 2-3,50 $US ; ⌚7h-19h ; 📶). La cuisine cambodgienne et occidentale est bonne, le café aussi. Le personnel est aimable. Soutient plusieurs projets communautaires dans la région. À 5 minutes à pied après la Canadia Bank.

Renseignements

Inutile de changer de l'argent aux endroits suggérés par les rabatteurs, même s'ils semblent officiels. Les bahts sont acceptés partout.

ANZ Bank (NH5 ; ⌚8h-15h30 lun-ven, 8h-11h30 sam, DAB 24h/24). À environ 200 m à l'est de la Canadia Bank.

Canadia Bank (NH5 ; ⌚8h-15h30 lun-ven, 8h-11h30 sam, DAB 24h/24). À 1 km à l'est du grand rond-point à la frontière.

Depuis/vers Poipet

Voir l'encadré ci-contre pour des détails sur le passage en Thaïlande. Les différentes possibilités en matière de transport valent la peine d'être étudiées pour éviter les escroqueries. Vous y gagnerez en temps et en argent.

Il y a deux gares routières à Poipet : le **Poipet Tourist Passenger International Terminal**, à 9 km à l'est de la ville au milieu de nulle part, et la **principale gare routière**, à côté du marché, à un pâté de maisons au nord de la Canadia Bank, près de la NH5. Si vous ne voulez pas être surfacturé, évitez l'International Tourist Terminal. Malheureusement, ce n'est pas toujours facile, car à la sortie du bureau de l'immigration, vous serez dirigé vers une navette "gratuite" qui rejoint ce terminal, d'où partent des bus pour Phnom Penh (15 $US, 8 heures, 406 km), Siem Reap (9 $US, 2 heures 30, 153 km) et Battambang (10 $US, 2 heures 30, 116 km). Les taxis collectifs/privés pour Siem Reap, au départ de l'International Tourist Terminal, coûtent 12/48 $US.

Pour ne pas donner votre argent à des escrocs, échappez-leur et marchez, ou prenez une *moto-dop* (2 000 r) le long de la NH5, sur environ 1 km jusqu'aux guichets des compagnies de bus près de la Canadia Bank, ou jusqu'à la principale gare routière toute proche. Les tarifs y sont deux fois moins chers qu'à l'International Tourist Terminal.

La plupart des bus partent le matin (avant 10h30). Les principales compagnies de bus sont : Capitol Tour, Phnom Penh Sorya, Kampuchea Angkor Express et Rith Mony. Plusieurs autres desservent Bangkok (10 $US) jusque vers 13h. Vous pouvez également prendre un taxi collectif – ils partent de la NH5, près de la Canadia Bank – pour Siem Reap (siège/taxi entier 5/35 $US), Battambang (4,25/30 $US) ou Phnom Penh (8/42 $US). Ne prenez pas les taxis près du rond-point à la frontière : ils facturent les touristes au moins le double.

Toutes les routes qui partent de Poipet sont goudronnées et en bon état.

Comment circuler

Les conducteurs de *moto-dop* attendent au grand rond-point pour vous emmener en ville – comptez 2 000 r pour un trajet rapide.

Sisophon ស៊ីសុផុន

☎054 / 61 600 HABITANTS

Sisophon (aussi appelée Svay, Svay Sisophon, Srei Sophon et Banteay Meanchey) occupe

Sisophon

À voir
1 École d'art et de culture khmers B2

Où se loger
2 Nasa Hotel B1
3 Pyramid Hotel B1

Où se restaurer
4 Kim Heng Restaurant B1
5 Mirror Restaurant B1

Transports
6 Gare routière B2
7 Mean Chey Express B1
8 Mekong Express B1
9 Station de taxis B2

une position stratégique au nord-ouest du Cambodge, au croisement de la NH5 et de la NH6. Si cette ville n'a guère d'intérêt, elle peut servir de base pour explorer les temples angkoriens de Banteay Chhmar. Cela dit, le projet communautaire de séjour chez l'habitant mis en place dans le village de Banteay Chhmar réserve une expérience bien plus enrichissante qu'une nuit à Sisophon.

À voir

École d'art et de culture khmers CENTRE ARTISTIQUE
(www.krousar-thmey.org ; 7h-11h et 14h-17h lun-ven, 7h-11h sam). Installée dans un bâtiment de style khmer, cette école enseigne aux enfants la musique traditionnelle, les danses d'apsara, la peinture, la sculpture et le théâtre d'ombres.

Il est habituellement possible d'assister à un cours ou à une répétition ; lisez toutefois le règlement de base clairement affiché (pas de photo).

Où se loger et se restaurer

Les échoppes de grillades le long de St 2 sont parfaites pour un repas copieux et bon marché ; celle située en face du Pyramid Hotel est notamment bien sympathique.

PASSER EN THAÏLANDE : DE SISOPHON À SURIN

Rejoindre la frontière **Le poste-frontière d'O Smach/Chong Chom** relie la province d'Oddar Meanchey, au Cambodge, à la province de Surin, en Thaïlande. Toutefois, il est très isolé. Des taxis collectifs font le trajet de Sisophon et Siem Reap à Samraong via la NH68. De Samraong, prenez une *moto-dop* (5 $US) ou un taxi (15 $US) jusqu'à O Smach (40 km, 30 minutes) et sa zone frontalière de casinos. Le passage de la frontière est facile. Notez que pour entrer au Cambodge, les e-visas ne sont pas acceptés.

Au-delà Côté thaïlandais, marchez jusqu'à l'arrêt de bus tout proche, où des services réguliers sont assurés pour Surin tout au long de la journée (60 B, 70 km, 1 heure 30).

Nasa Hotel HÔTEL $
(011-777702 ; NH6 ; ch 15-20 $US ;). Situé dans un bâtiment en béton couleur abricot qui ne passe pas inaperçu, cet hôtel offre le meilleur rapport qualité/prix de la ville. Les chambres sont bien tenues, et si elles manquent de lumière naturelle, elles ont TV sat, eau chaude et réfrigérateur.

Pyramid Hotel HÔTEL $
(054-668 8881 ; www.pyramid-hotel.com ; St 2 ; ch avec clim à partir de 15 $US ;). Un choix sûr : cet hôtel propose 44 petites chambres, toutes impeccables, et jouit d'un cadre central mais calme, à proximité de la grand-route. Bon restaurant sur place.

Mirror Restaurant CAMBODGIEN $
(Plats 2-7 $US). Cet établissement moderne sert un *phnom pleung* ("montagne de feu") un barbecue cambodgien traditionnel à faire soi-même, à 30 000 r, et un poulet au barbecue croustillant.

Kim Heng Restaurant ASIATIQUE $
(NH6 ; plats 9 000-10 000 r ; 8h-21h). Rien d'exceptionnel, juste un petit choix de plats asiatiques – chou aigre frit et porc aigre-doux – servis avec une montagne de riz.

Renseignements

Canadia Bank (8h-15h30 lun-ven, 8h-11h30 sam, DAB 24h/24)

Mkotmeas Internet (2 000 r/heure ; 7h-20h)

Depuis/vers Sisophon

Sisophon est à 45 km à l'est de Poipet, à 105 km à l'ouest de Siem Reap et à 68 km au nord-ouest de Battambang.

La plupart des bus longue distance s'arrêtent à la gare routière du centre-ville. Capitol Tour, Rith Mony et Phnom Penh Sorya proposent chacune 4-5 bus/jour pour Battambang (7 000 r, 1 heure 30) et Phnom Penh (7 $US, 8 heures). Capital Tour et Sorya assurent 2-3 liaisons en bus pour Poipet. Le matin, quelques bus en provenance de Poipet s'arrêtent en ville sur le chemin de Siem Reap (2 heures).

Mekong Express (NH56) propose des services de minibus express pour Siem Reap (5 $US, 2 heures) à 9h45 et 15h45, ainsi que 4 liaisons avec Phnom Penh (14 $US, 6 heures) entre 7h30 et 16h. **Mean Chey Express** (054-665 1999 ; dara_muong@yahoo.com ; NH6) assure aussi une liaison en minibus confortable pour Phnom Penh (9 $US, 6 heures 30).

De la station voisine, des taxis collectifs rallient Poipet (15 000 r, 40 min), Siem Reap (14 000 r, 2 heures), Battambang (10 000 r,

1 heure 15) et Phnom Penh (10 $US, 6 heures). Un taxi privé pour Siem Reap revient à 30 $US environ. Des taxis collectifs desservent également Samraong via Kralanh pour le poste-frontière d'O Smach (25 000 r, 3 heures).

Les taxis collectifs pour d'autres destinations au nord, notamment pour Banteay Chhmar (p. 261), partent du **psar Thmei** (St 1).

Banteay Chhmar បន្ទាយឆ្មារ

Les temples de Banteay Chhmar furent érigés par Jayavarman VII (règne 1181-1219), le plus grand bâtisseur de l'Empire khmer, sur le site d'un temple du IXe siècle. À l'écart des foules, cet ensemble de temples magnifiques et couverts de bas-reliefs élaborés compte parmi les édifices religieux les plus impressionnants en dehors de la région d'Angkor. Préservé avec l'aide du Global Heritage Fund (www.globalheritagefund.org), il est bien placé pour figurer au patrimoine mondial de l'Unesco. Près du site, le village de Banteay Chhmar participe à un intéressant programme de séjours chez l'habitant et de visites guidées, destiné à favoriser le développement de la communauté. Vous pouvez réserver vos activités par l'intermédiaire de l'office du tourisme communautaire CBT (*community-based tourism*).

À voir

Banteay Chhmar TEMPLE BOUDDHIQUE
(5 $US ; 8h-18h). Entouré à l'origine d'un rempart long de 9 km, Banteay Chhmar, aujourd'hui envahi par la forêt, abritait l'un des plus vastes et des plus imposants monastères bouddhiques de la période angkorienne. Comme le Bayon, c'est l'un des rares temples ornés des quatre visages d'Avalokiteshvara, au sourire énigmatique. Le temple est renommé pour ses 2 000 m² de sculptures élaborées représentant des scènes de la vie quotidienne ou guerrières. Ainsi, du côté est du temple, sur un mur en partie effondré, un immense bas-relief décrit un combat naval entre les Khmers (à gauche) et les Cham (à droite) ; les morts, en bas, sont pour certains dévorés par des crocodiles. Plus au sud (sur la gauche), des scènes de combat terrestre comportent des représentations de fantassins et d'éléphants. D'autres bas-reliefs martiaux ornent la face extérieure des murs sud.

Banteay Chhmar possédait une séquence unique de huit Avalokiteshvara aux multiples bras à l'extérieur de la section sud des remparts ouest. Seules deux sculptures – l'une à 22 bras, l'autre à 32 – sont restées sur place, et laissent à voir l'incroyable talent des artistes. Plusieurs autres ont été transportées en Thaïlande par des pillards en 1998 ; certains fragments, interceptés par les Thaïlandais, sont aujourd'hui exposés au Musée national de Phnom Penh (p. 42).

L'entrée de la galerie, jadis majestueuse, n'est plus qu'un amas de blocs de grès. Ailleurs, quelques galeries transversales ont résisté aux ravages du temps, de même que quelques inscriptions du XIIe siècle quasi cachées. Malheureusement, toutes les apsaras (nymphes ou danseuses célestes) ont été décapitées par des pillards.

Banteay Top TEMPLE BOUDDHIQUE
(បន្ទាយទ័ព). GRATUIT Banteay Top ("forteresse de l'Armée") est un petit temple, édifié à la même époque que Banteay Chhar, peut-être en hommage à l'armée de Jayavarman VII, qui conforta la domination khmère sur la région en infligeant une sévère défaite aux Cham. Ses hautes tours endommagées sont particulièrement impressionnantes.

De Banteay Chhmar, suivez la NH56 sur 7 km en direction de Sisophon, tournez à gauche et passez sous le portail ornemental rouge puis continuez sur le sentier vers l'est sur 5 km.

Prasat Ta Prohm TEMPLE BOUDDHIQUE
(ប្រាសាទតាព្រហ្ម) GRATUIT Des neuf temples satellites de Banteay Chhmar, le prasat Ta Prohm est le plus facile à visiter. Ce petit temple en ruine est couronné d'un Avalokiteshvara à quatre visages bien préservé, dans le style du Bayon. Pour vous y rendre, quittez Banteay Chhmar par la porte sud, traversez la route principale (NH56) et prenez le chemin de terre à votre droite. Au bout d'une centaine de mètres, un sentier part vers la gauche jusqu'au temple.

Temples satellites de Banteay Chhmar TEMPLES BOUDDHIQUES
GRATUIT Aux alentours de Banteay Chhmar subsistent neuf temples satellites intéressants, mais en ruine. Certains sont uniquement accessibles en taillant dans la jungle. Outre le prasat Ta Prohm, citons notamment le prasat Samnang Tasok, le prasat Mebon, le prasat Prom Muk Buon, le prasat Yeay Choun, le prasat Pranang Ta Sok

et le prasat Chiem Trey. Pour visiter ces temples moins connus, louez les services d'un guide auprès de l'office du tourisme communautaire.

Activités

Si vous disposez d'un peu de temps, il peut être intéressant de passer un ou deux jours dans la région pour vous imprégner de la vie rurale locale. L'office du tourisme communautaire loue des vélos (1,50 $US/jour) pour explorer les environs et peut organiser des visites du village, ainsi qu'un transport en *kuyon* (tracteur, 10 $US/groupe) ou en *moto-dop* (5 $US) jusqu'à Banteay Top.

Où se loger et se restaurer

CBT Homestay Program CHEZ L'HABITANT $
(☎097-516 5533 ou 012-435660 ; www.visitbanteaychhmar.org ; ch 7 $US). Grâce à un projet de séjour chez l'habitant, il est possible de loger à Banteay Chhmar et dans trois hameaux voisins. Les chambres, dans des maisons privées, comportent moustiquaires et ventilateur quand l'électricité fonctionne (18h-22h), et il y a en général une salle de bains au rez-de-chaussée. Une partie des bénéfices revient à un fonds de développement communautaire.

Banteay Chhmar Restaurant CAMBODGIEN $
(NH56 ; plats 1,50-4 $US). Près de l'entrée est du temple, ce restaurant rustique est le seul endroit qui sert des repas sans exiger de commande préalable. La cuisine est délicieuse.

Achats

Soieries du Mékong ARTISANAT
(www.soieriesdumekong.com ; NH56 ; ⏲7h30-12h et 13h30-17h lun-ven). Pour voir le tissage de la soie et acheter des articles d'excellente qualité, rendez-vous dans cette entreprise qui valorise le travail des femmes, à 150 m au sud de l'endroit où la NH56 en provenance de Sisophon rejoint le *baray* (réservoir qui entoure le temple). L'atelier est associé à l'ONG française Enfants du Mékong (www.enfantsdumekong.com).

Orientation

La grand-route traverse le bourg d'est en ouest au sud du *baray*, puis tourne à angle droit en direction du nord, juste à l'est du *baray*. Le marché et la station de taxis sont situés au niveau du tournant. L'entrée principale (est) du temple est à quelques centaines de mètres au nord.

Renseignements

Office du tourisme communautaire
(community-based tourism, CBT ; ☎097-5165533 ou 012-435660 ; www.visitbanteaychhmar.org ; NH56). Son équipe organise les séjours chez l'habitant, peut vous trouver un guide et s'occupe des activités qui donnent aux voyageurs un aperçu de la vie locale (promenades en char à bœufs et spectacles de musique traditionnels). Ils peuvent aussi préparer des excursions en transport local vers les temples des environs. En face et légèrement au sud de l'entrée principale de Banteay Chhmar.

Depuis/vers Banteay Chhmar

Banteay Chhmar est à 61 km au nord de Sisophon et à 50 km au sud-ouest de Samraong le long de la NH56. Les travaux d'amélioration en cours sur la NH56 lors de notre passage devraient être terminés quand vous lirez ces lignes. Le temple peut se visiter depuis Siem Reap en une longue journée d'excursion.

Du *psar* Thmei de Sisophon (à 1 km au nord de la NH6), la plupart des taxis collectifs en direction du nord ne vont pas plus loin que Thmor Puok ; quelques-uns continuent néanmoins jusqu'à Banteay Chhmar (15 000 r, 1 heure) et Samraong. Une *moto-dop* de Sisophon à Banteay Chhmar coûte 15-20 $US l'aller-retour, un taxi 50-60 $US.

PROVINCE D'ODDAR MEANCHEY

La province d'Oddar Meanchey (ខេត្តឧត្តរមានជ័យ), isolée et déshéritée, est un terrain d'action important pour les organisations humanitaires. Des sites khmers rouges aux alentours d'Anlong Veng attirent des visiteurs cambodgiens et étrangers. Deux postes-frontières reculés avec la Thaïlande, Choam/Chong Sa Ngam et O Smach/Chong Chom, sont de plus en plus fréquentés grâce à l'amélioration des routes.

Anlong Veng អន្លង់វែង

Pendant près d'une décennie, Anlong Veng fut le dernier bastion khmer rouge, refuge de Pol Pot, de Nuon Chea, de Khieu Samphan et de Ta Mok, parmi les dirigeants les plus connus du Kampuchéa démocratique. Anlong Veng tomba finalement aux mains des forces gouvernementales en avril 1998, alors que Pol Pot mourait mystérieusement à proximité. Peu après, le Premier ministre

MINES TERRESTRES : LA GUERRE SOUTERRAINE DU CAMBODGE

Le Cambodge est un pays balafré par des années de conflit. Certaines des cicatrices les plus profondes sont enfouies à quelques centimètres sous la terre. Il resterait 4 à 6 millions de mines disséminées dans la campagne cambodgienne. Les mines terrestres ne sont pas seulement des armes de guerre ; ce sont aussi des armes contre la paix, qui ignorent tout cessez-le-feu. Bien que le conflit soit terminé depuis plus de 10 ans, il continue de faire des victimes : les civils qui sautent sur une mine perdent la vie ou restent handicapés.

La première utilisation massive de mines date du milieu des années 1980, lorsque l'armée vietnamienne, utilisant la main-d'œuvre locale, installa un champ de mines de 700 km le long de la frontière Cambodge-Thaïlande. Après le retrait des Vietnamiens, d'autres mines furent mises en place par les autorités cambodgiennes afin de défendre les villes, les villages, les bases militaires, les ponts, les postes-frontières et les routes d'approvisionnement, mais aussi par les Khmers rouges pour protéger les régions qu'ils contrôlaient. Au milieu des années 1990, les forces gouvernementales placèrent encore d'autres mines lors d'offensives contre les positions khmères rouges autour d'Anlong Veng et de Pailin.

Aujourd'hui, le Cambodge est l'un des pays les plus infestés de mines antipersonnel du monde. Il compte le plus fort pourcentage de citoyens amputés à l'échelle de la planète ; plus de 40 000 Cambodgiens ont perdu un membre à cause d'un engin explosif. Malgré d'intensives campagnes d'information, 15 personnes en moyenne sont tuées ou blessées chaque mois (au milieu des années 1990, leur nombre s'élevait à 300). Un chiffre inacceptable dans un pays officiellement en paix.

Pour compliquer les choses, des secteurs qui semblent sûrs pendant la saison sèche deviennent dangereux à la saison des pluies, lorsque la terre se ramollit. Il n'est pas rare que des fermiers qui s'installent sur une terre en saison sèche voient tous leurs rêves s'effondrer avec l'arrivée des pluies, lorsqu'un membre de la famille est mutilé par une mine.

Plusieurs organisations se consacrent au déminage et fouillent laborieusement le sous-sol. Elles contribuent à la baisse du nombre de victimes des mines, à une meilleure sensibilisation et à l'amélioration progressive des routes. Si vous voyagez dans les parties les plus isolées des provinces de Battambang, de Banteay Meanchey, de Krong Pailin, d'Oddar Meanchey, de Preah Vihear et de Pursat, vous verrez probablement des équipes de la Cambodian Mine Action Authority (CMAA ; www.cmaa.gov.kh), de HALO Trust (www.halotrust.org) et du Mines Advisory Group (MAG ; www.maginternational.org) au travail.

Gardez à l'esprit ces quelques recommandations :

- Dans une région reculée, ne vous écartez jamais des sentiers tracés.
- Ne touchez jamais un engin qui ressemble à une mine ou à des munitions.
- Si, par accident, vous vous retrouvez sur un terrain miné, ne rebroussez chemin que si vous repérez nettement vos propres traces. Sinon, ne bougez pas et appelez à l'aide. Mieux vaut patienter une journée dans un champ de mines que passer le reste de ses jours avec un membre en moins.
- Si une personne est blessée dans un champ miné, ne vous précipitez pas pour lui porter secours. Cherchez quelqu'un qui saura avancer en toute sécurité dans une zone minée.
- Ne vous écartez jamais du bord de la route dans les régions isolées, même pour un besoin naturel : vos bras et vos jambes sont plus précieux que votre pudeur.

En 1997, plus de 100 pays ont signé un traité interdisant en toutes circonstances la fabrication, le stockage, la vente et l'utilisation des mines antipersonnel. Toutefois, les principaux producteurs mondiaux, dont la Chine, la Russie et les États-Unis, ont refusé de le parapher. Le Cambodge fait partie des pays signataires, mais le déminage est un travail de fourmis et, pour la majorité des Cambodgiens, la guerre souterraine continue.

Pour en savoir plus, visitez le Cambodia Landmine Museum (p. 127).

Hun Sen fit percer la NH67 à travers la jungle afin d'éviter toute reprise des combats.

Aujourd'hui, Anlong Veng est une ville pauvre et poussiéreuse, où la seule animation vient du poste-frontière voisin de Choam/Chong Sa Ngam, qui conduit à une région isolée de la Thaïlande. Pour ceux qui s'intéressent à l'histoire contemporaine du pays, les sites khmers rouges constituent les principales curiosités du secteur. Dans cette région, la plupart des habitants, et presque tous les dirigeants politiques et les membres de la classe supérieure, sont d'anciens Khmers rouges ou leurs descendants.

Le centre de la ville est marqué par le rond-point de la Colombe de la paix (Dove of Peace), à l'intersection de la NH67 et de la nouvelle route de Preah Vihear, à l'est. Le monument est un cadeau de Hun Sen. À environ 600 m au nord, la NH67 franchit un pont et continue sur 16 km jusqu'à la frontière thaïlandaise.

À voir

Les principaux sites d'Anlong Veng sont liés à Ta Mok (Oncle Mok, ou Frère n°5). Pour ses anciens partisans, dont beaucoup vivent toujours à Anlong Veng, c'était un homme dur mais juste, un généreux bâtisseur d'orphelinats et d'écoles et un dirigeant sachant imposer l'ordre, contrairement à l'anarchie que firent régner les forces gouvernementales après leur victoire. Toutefois, pour la plupart des Cambodgiens, le bras armé de Pol Pot, responsable de milliers de morts au cours des purges successives du Kampuchéa démocratique, restera toujours le "Boucher". Arrêté en 1999, il est mort en juillet 2006 dans un hôpital de Phnom Penh, alors qu'il attendait son procès pour génocide et crimes contre l'humanité.

Maison de Ta Mok SITE HISTORIQUE
(ផ្ទះតាម៉ុក ; don suggéré pour le gardien 1 $US). Dans un endroit paisible au bord d'un lac, la maison de Ta Mok est un édifice simple, avec un bunker au sous-sol. Cinq peintures murales naïves (une d'Angkor Vat et quatre du prasat Preah Vihear) ornent les murs du rez-de-chaussée. Trois autres sont à l'étage, dont une figurant une scène idyllique de vie sauvage. Seuls les carrelages des sols ont échappé aux pillards.

Pour rejoindre la maison, continuez sur 600 m vers le nord depuis le pont sur la NH67, puis tournez à droite (la maison est indiquée) et parcourez 200 m après la cabane d'information touristique.

Lac de Ta Mok LAC
(បឹងតាម៉ុក). Le lac de Ta Mok, marécageux, créé sur ordre du Frère n°5, a tué tous les arbres, qui n'ont pas résisté à l'eau. Les troncs morts symbolisent bien la dévastation provoquée par le régime. Au milieu du lac, à l'est de la maison, une petite construction en brique (des toilettes extérieures) est le seul vestige de la résidence de Pol Pot à Anlong Veng.

Tombe de Ta Mok MONUMENT
(ផ្នូរតាម៉ុ ; 2 $US). De l'embranchement vers la demeure de Ta Mok, allez vers le nord sur 7 km pour arriver au village de Tumnup Leu. Tournez à droite et parcourez 400 m pour découvrir la tombe de Ta Mok. Située à côté d'une modeste pagode, la sépulture est désormais indiquée par un mausolée élaboré de style angkorien, construit par son riche petit-fils en 2009. Le tombeau en ciment ne porte aucune inscription, ce qui n'empêche pas les habitants de s'arrêter pour allumer des bâtons d'encens. Selon une superstition locale, l'esprit de Ta Mok soufflerait les numéros gagnants de la loterie.

Où se loger

Bot Uddom Guesthouse PENSION $
(011-500507 ; ch avec clim à partir de 15 $US ;). Certaines des chambres spacieuses et impeccables disposent d'imposants lits en bois. L'annexe donne sur le lac (ou marécage) de Ta Mok. À quelques centaines de mètres à l'est du rond-point de la Colombe de la paix, sur la route de Preah Vihear.

Monorom Guesthouse HÔTEL $
(065-6900468 ; NH67 ; ch avec ventil/clim à partir de 6/15 $US ;). Les chambres climatisées sont quelconques, celles avec ventilateur peu avenantes, mais l'hôtel est central, propre et tout fonctionne. À 200 m au nord du rond-point principal. Le personnel ne parle pas anglais.

Où se restaurer

Au nord du rond-point se trouvent quelques restaurants. Au sud, un **marché de nuit** animé offre les habituels stands de grillades – brochettes de poulet, de poisson et d'œufs.

Monorom Restaurant CAMBODGIEN $
(NH67 ; plats 8 000-16 000 r ; 8h-22h). Attenant à l'hôtel du même nom, ce restaurant sert un choix restreint de bons plats de légumes frits et de viande, ainsi que des soupes de nouilles au petit-déjeuner. C'est sans doute la seule option avec une carte en anglais.

Mab Phkay Pich CAMBODGIEN, THAÏLANDAIS $
(NH67 ; plats 16 000-20 000 r ; 6h-22h). Installé à 500 m au nord de la ville, et à quelques

PASSER EN THAÏLANDE : D'ANLONG VENG À PHUSING

Rejoindre la frontière Le lointain **poste-frontière de Choam/Chong Sa-Ngam** relie Anlong Veng, dans la province d'Oddar Meanchey, à la province de Si Saket, en Thaïlande. Une *moto-dop* d'Anlong Veng, à 16 km, jusqu'au poste-frontière coûte 3-4 $US (plutôt 5 $US dans l'autre direction) ; la route est goudronnée et en bon état. La frontière est juste à côté du marché de contrebandiers.

À la frontière Les formalités sont simples, mais si vous venez de Thaïlande, notez bien que les e-visas ne sont pas acceptés. Les visas cambodgiens à l'arrivée sont soyvent facturés 35 $US.

Au-delà Une fois en Thaïlande, vous devriez facilement trouver un *sŏrngtăaou* pour Phusing et, de là, un bus pour Khu Khan ou Si Saket. Une autre solution consiste à prendre l'un des bus du casino qui partent toutes les heures depuis/vers Khu Khan (30 minutes) et Phusing.

bâtiments au sud de l'embranchement vers la demeure de Ta Mok, ce restaurant fréquenté sert une excellente cuisine cambodgienne et thaïlandaise à des prix modérés, dans des pavillons privés.

Renseignements

Acleda Bank (7h30-14h lun-ven, 7h30-12h sam, DAB 24h/24)

Votha Internet Service (NH67 ; 3 000 rheure ; 7h-21h). Également le terminal des bus de Rith Mony.

Comment s'y rendre et circuler

Anlong Veng est à 124 km au nord de Siem Reap par la NH67 (une bonne route) et à 76 km à l'ouest de Sra Em, où l'on bifurque vers le prasat Preah Vihear.

Les dépôts de bus se trouvent sur la NH67, juste au nord du rond-point, tandis que les taxis collectifs se rassemblent au sud-ouest du rond-point.

Les taxis collectifs pour Siem Reap (20 000 r, 1 heure 30) et Sra Em (20 000 r, 2 heures) sont plus fréquents le matin. Un taxi privé pour Sra Em coûte 30 $US.

Rith Mony (NH67), **Ponleu Angkor Khmer** (NH67) et **Liang US Express** (092 905026 ; NH67) ont des bus, tôt le matin, pour Phnom Penh (10 $US, 7 heures) via Siem Reap (5 $US, 2 heures) à 7h30 et 8h30.

Un circuit aller-retour en *moto-dop* jusqu'à la frontière, via la maison et la tombe de Ta Mok, revient à 8 $US. En incluant les sites accessibles par le sentier des monts Dangkrek, comptez 20 $US pour un circuit de 3-4 heures.

Le conducteur de *moto-dop* **Vong Bun Lim** (088 909 1802) connaît les itinéraires de la plupart des sites autour d'Anlong Veng et dans les monts Dangkrek ; il parle assez bien anglais.

Monts Dangkrek ភ្នំដងរែក

Au nord d'Anlong Veng, dans les monts Dangkrek, se trouvent plusieurs sites importants des Khmers rouges. Pendant des années, le monde s'est interrogé sur la cachette de Pol Pot et de ses acolytes : c'était ici, sur ces versants densément boisés, suffisamment près de la Thaïlande, pour qu'ils puissent s'y réfugier à l'approche des forces gouvernementales.

À 2 km de la frontière, la route se divise pour contourner un énorme rocher. Remarquez un groupe de **statues** (NH67), taillées dans le rocher par les Khmers rouges, qui représentent une femme portant un fagot de bambous sur la tête et deux soldats khmers rouges en uniforme (les deux dernières statues ont été décapitées par les forces gouvernementales). Elles sont aujourd'hui protégées par un sanctuaire.

Au village frontalier, très animé, un panneau signale le **site de crémation de Pol Pot** (2 $US), du côté est de la NH67 (à 50 m au sud et en face de l'entrée du Sangam Casino). Là, ses cendres reposent sous un toit de tôle rouillée entouré de bouteilles de verre à demi enfouies. Pol Pot fut incinéré à la hâte en 1998, sur un tas d'ordures et de vieux pneus. Aussi bizarre que cela puisse paraître, des habitants se souviennent de lui avec affection et viennent parfois allumer des bâtons d'encens. Selon des voisins, les moindres fragments d'os ont été récupérés par des visiteurs en quête de porte-bonheur. L'esprit de Pol Pot connaîtrait également les numéros gagnants de la loterie !

À quelques centaines de mètres au nord, à côté d'un marché de contrebandiers délabré, se trouve le poste-frontière de Choam/Chong Sa Ngam. Du marché, une piste constellée d'énormes nids-de-poule – uniquement praticable en 4x4 ou à moto, à la saison sèche – part vers l'est, parallèlement à l'escarpement de Dangkrek. Des touristes cambodgiens empruntent ce chemin jusqu'à **Peuy Ta Mok** (ពើយតាម៉ុក ; falaise de Ta Mok) pour admirer la vue spectaculaire sur les plaines du Nord.

À environ 4 km à l'est du marché des contrebandiers (au niveau du lac couvert de nénuphars, prenez le chemin de gauche), on parvient à la **maison de Pol Pot**. Entouré d'un mur de parpaings, le repaire du Frère n°1 a été entièrement pillé. Cependant, on peut toujours voir un bâtiment bas en brique, dans la cour duquel est dissimulé un bunker souterrain. La **maison de Khieu Samphan**, beaucoup plus difficile à trouver, est enfouie dans la jungle au bord d'un ruisseau, à 5 km environ à l'est de la maison de Pol Pot.

PROVINCE DE PREAH VIHEAR

Bordée au nord par la Thaïlande et le Laos, la vaste et lointaine province de Preah Vihear (ពើយតាម៉ុក) englobe trois des plus fabuleux legs de la période angkorienne. Majestueusement perché sur un promontoire dans les monts Dangkrek, le prasat Preah Vihear est devenu le deuxième site cambodgien inscrit au patrimoine mondial en 2008, ce qui a déclenché un face-à-face armé avec la Thaïlande. Plus au sud, se trouvent les temples de Preah Khan – un site isolé et envahi par la jungle à l'atmosphère de monde secret. Plus facilement accessible, Koh Ker (p. 173), la capitale de l'Empire khmer au Xe siècle, est reliée à Siem Reap par une bonne route à péage (via Beng Mealea).

La province de Preah Vihear reste désespérément pauvre, en partie à cause de la domination khmère rouge qui perdura dans de nombreux secteurs jusqu'en 1998, mais aussi en raison de l'état catastrophique dans lequel étaient ses infrastructures routières jusqu'à récemment. Les besoins de l'armée dans le cadre de sa confrontation avec la Thaïlande ont eu un effet décisif : la réfection spectaculaire des routes de province a quelque peu facilité les déplacements, malgré la rareté des transports publics sur certains itinéraires.

Ville de Preah Vihear

064 / 25 000 HABITANTS

Toujours connue par son ancien nom, Tbeng Meanchey (ខេត្តព្រះវិហារ), Preah Vihear (qu'il ne faut pas confondre avec le *prasat* Preah Vihear), est une capitale provinciale somnolente, où les chiens qui se prélassent au milieu des rues ne sont réveillés que par les véhicules de passage. S'il y a très peu de choses à voir ou à faire sur place, la ville est une bonne étape sur le chemin de Preah Khan et Koh Ker. Pour le *prasat* Preah Vihear, Sra Em, à seulement 27 km au sud du temple, est une base plus proche.

Grâce à la nouvelle route de 130 km de long qui la relie vers l'est à Thala Barivat et au nouveau pont qui enjambe le Mékong vers Stung Treng, Preah Vihear et sa province constituent également une bonne escale pour les voyageurs qui se rendent vers l'est depuis les temples

Ville de Preah Vihear

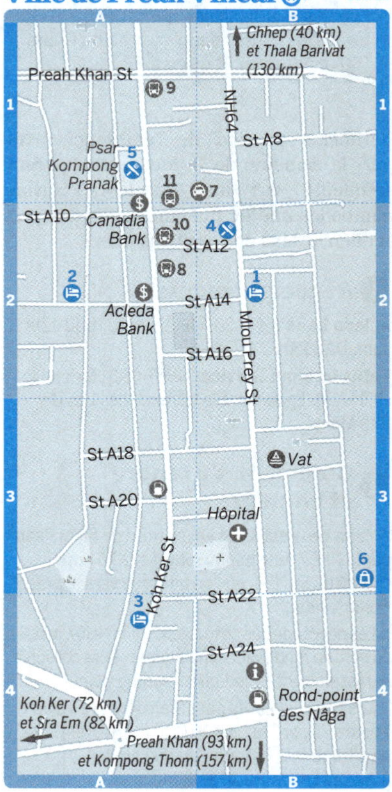

d'Angkor jusqu'à Stung Treng, puis au Ratanakiri et à la province de Champasak, dans le sud du Laos.

Où se loger

Home Vattanak Guesthouse HÔTEL $

(064-6363000 ; St A14 ; ch à partir de 15 $US ;). Cet hôtel dispose de 27 chambres impeccables avec des lits confortables, de belles salles de bains et des TV à écran plat – un luxe. Il jouit en outre d'un emplacement central mais calme, dans une rue secondaire paisible.

Lyhout Guesthouse HÔTEL $

(012-737116 ; www.lyhoutguesthouse.blogspot.com ; Koh Ker St ; ch 15-35 $US ;). Vous trouverez dans cet hôtel des chambres chics dotées de bureaux en bois et de draps blancs. Moyennant un petit supplément, offrez-vous un statut VIP dans une chambre avec tête de lit sculptée de motifs khmers, réfrigérateur et bouilloire.

Heng Heng Guesthouse HÔTEL $

(012-900992 ; Mlou Prey St ; ch avec ventil/clim à partir de 7/12 $US ;). Dans un affreux bâtiment en béton couleur pêche, sont à louer des chambres un peu vieillottes qui offrent un bon rapport qualité/prix. Choisissez celles du dernier étage qui donnent sur un grand balcon commun (non meublé).

Où se restaurer

Plusieurs petits restaurants bordant Koh Ker St servent, entre autres spécialités cambodgiennes, des soupes de nouilles délicieuses et bon marché.

Ville de Preah Vihear

Phnom Tbaeng Restaurant CAMBODGIEN $

(Mlou Prey St ; plats 12 000-20 000 r ; 5h-21h). Ce restaurant en plein air est l'un des rares endroits en ville qui présente aux clients une carte en anglais. Au menu : soupe de nouilles ou de crevettes *tom yam*, poisson à la vapeur, ainsi que quelques options plus audacieuses, comme l'anguille frite et les intestins de porc.

Psar Kompong Pranak MARCHÉ $

(Koh Ker St ; plats 2 000-4 000 r). Les nombreux stands de restauration qui bordent le côté nord du *psar* Kompong Pranak vendent des baguettes cambodgiennes, du poulet grillé et de simples plats de riz et de nouilles.

Achats

Weaves of Cambodia TISSAGE DE LA SOIE

(092-346415 ; www.weavescambodia.com ; 7h-11h et 13h-17h lun-ven, 7h-11h sam). Fondé par la Vietnam Veterans of America Foundation (Fondation des vétérans américains du Vietnam), Weaves of Cambodia, appelé localement Chum Ka Mo, est un centre de tissage de la soie qui fournit du travail à des victimes de mines antipersonnel, à des personnes touchées par la poliomyélite, ainsi qu'à des veuves et à des orphelins. Les écharpes (30-40 $US) et sarongs (70 $US) en soie tissée à la main coûtent moitié moins cher qu'à Phnom Penh.

Le centre fait partie de l'empire de la soie de la styliste américaine Carol Cassidy, basé à Vientiane.

Renseignements

Canadia Bank (8h-15h30 lun-ven, 8h-11h30 sam, DAB 24h/24)

Office du tourisme (097-9979698 ou 088-8859366 ; Mlou Prey St ; 7h30-11h30 et 14h-17h lun-ven). M. Thin, le responsable, qui parle anglais, et son collègue Heng, incollable sur les temples, vous renseigneront sur le Preah Khan et d'autres temples moins connus de la province.

Comment s'y rendre et circuler

La ville de Preah Vihear est à 157 km au nord de Kompong Thom, à 82 km au sud de Sra Em, à 72 km à l'est de Koh Ker et à 185 km au nord-est de Siem Reap. Ces routes d'accès sont désormais en bon état.

Des bus **GST Transport** (Koh Ker St), **Liang US Express** (Koh Ker St) et **Thong Ly** (St A10) partent pour Phnom Penh (5 $US, 7 heures) à 7h ; les bus **Phnom Penh Sorya** (092 273713 ;

Koh Ker St ; 5 $US) partent pour la capitale à 7h30. Tous les bus passent par Kompong Thom (15 000 r, 2 heures). Pour Siem Reap, changez à Kompong Thom.

Depuis la **gare routière/station de taxis** (St A10), des taxis collectifs desservent Kompong Thom (25 000 r, 1 heure 30), Siem Reap (40 000 r, 3 heures, le matin uniquement), Stung Treng (24 000 r, 2 heures), Choam Ksant (15 000 r, 1 heure) et Sra Em (20 000 r, 1 heure, le matin uniquement). Les taxis collectifs à destination de Stung Treng empruntent le nouveau pont qui traverse le Mékong au départ de Thala Barivat.

Asia Van Transfer (☎012-505673 ou 063-963855 ; www.asiavantransfer.com) assure la liaison Siem Reap-Stung Treng en minibus privé, via la ville de Preah Vihear : pour Stung Treng (1 heure 45), départ à 11h15 ; pour Siem Reap (2 heures 45), départ à 16h15.

Vous pourrez aussi louer un taxi privé pour Siem Reap (70 $US), le prasat Preah Vihear (aller/aller-retour 45/70 $US) et Preah Khan (60 $US aller-retour).

Prasat Preah Vihear

ប្រាសាទព្រះវិហារ

Depuis des générations, le prasat Preah Vihear (Khao Phra Wiharn pour les Thaïlandais) est une source de tensions entre le Cambodge et la Thaïlande. La région fut contrôlée par la Thaïlande pendant plusieurs siècles, avant d'être restituée au Cambodge à l'époque du protectorat français, en vertu du traité de 1907. En 1959, l'armée thaïlandaise s'empara du temple et Sihanouk, alors Premier ministre, porta l'affaire devant la Cour internationale de justice à La Haye ; il obtint la reconnaissance internationale de la souveraineté du Cambodge par un jugement en 1962.

Le prasat Preah Vihear fit de nouveau parler de lui en 1979, lorsque l'armée thaïlandaise repoussa plus de 40 000 réfugiés cambodgiens par-delà la frontière, dans l'un des pires cas de rapatriement forcé de l'histoire des Nations unies. La région était minée, et de nombreux réfugiés moururent des suites de blessures, de faim ou de maladie avant que l'armée d'occupation vietnamienne puisse tracer un passage sécurisé et escorter les survivants au cours d'une longue marche jusqu'à Kompong Thom, au sud.

Le prasat Preah Vihear fit encore les gros titres en mai 1998, quand les Khmers rouges s'y regroupèrent après la chute d'Anlong Veng et opposèrent une dernière résistance avant de capituler. Le temple fut amplement miné durant ces affrontements et le déminage se poursuivit jusqu'à l'éruption du conflit avec la Thaïlande. La présence de nouvelles mines semble la plus grande menace aujourd'hui et les deux camps s'accusent mutuellement d'avoir utilisé des mines antipersonnel.

En juillet 2008, le prasat Preah Vihear devint le deuxième site du Cambodge inscrit au patrimoine mondial. La Thaïlande, qui revendique 4,6 km² de territoire autour du temple (certains nationalistes thaïlandais réclament même le temple), avait initialement soutenu ce choix, mais le temple devint rapidement un enjeu dans sa politique intérieure chaotique. Moins d'une semaine plus tard, l'armée thaïlandaise pénétra en territoire cambodgien, déclenchant un affrontement armé qui coûta la vie à des dizaines de soldats et à quelques civils des deux camps. Le marché cambodgien au pied de l'escalier monumental, qui abritait quelques pensions, brûla en avril 2009 durant un échange de tirs. En 2011, les affrontements reprirent et des obus

ATTENTION, MINES !

Jusqu'en 1998, les Khmers rouges ont utilisé des mines antipersonnel pour défendre le prasat Preah Vihear contre les forces gouvernementales. Au cours de la dernière décennie, des organisations de déminage ont effectué de réels progrès dans le nettoyage du site. Cependant, le conflit frontalier avec la Thaïlande a de nouveau provoqué une forte militarisation du secteur. Les deux camps nient avoir installé des mines durant le face-à-face armé de 2008 à 2011, mais la rumeur persiste et plusieurs soldats thaïlandais et cambodgiens ont été tués par des mines à proximité du temple. Ne vous écartez sous aucun prétexte des sentiers balisés.

Le reste de la province est également fortement miné, notamment autour de Choam Ksant. Si vous êtes motorisé, déplacez-vous uniquement sur les routes ou sur les chemins empruntés par les habitants de la région. Soyez particulièrement prudent.

de longue portée furent tirés en territoire civil de part et d'autre.

En juillet 2011, la Cour internationale de justice a décrété le retrait des troupes des deux camps afin de créer une zone démilitarisée. Puis, en novembre 2013, elle a confirmé sa décision de 1959 qui donnait le temple au Cambodge, tout en refusant de définir la frontière officielle, laissant ainsi la souveraineté de certaines terres autour du temple sujette à controverse. Le conflit frontalier s'est apaisé ces dernières années, mais les tensions pourraient se raviver à tout moment, notamment si les "chemises jaunes" reprennent le contrôle en Thaïlande.

Lors de notre dernière visite, la présence militaire restait importante dans le temple et aux alentours. Si elle se justifie pour des raisons de sécurité, elle peut gêner certains visiteurs à qui les soldats demandent parfois de l'argent ou des cigarettes. Avant d'entreprendre le long trajet jusqu'ici, renseignez-vous toujours sur la situation, depuis Siem Reap ou Phnom Penh.

À voir

Prasat Preah Vihear TEMPLE BOUDDHIQUE

(10 $US ; 7h30-16h30). Perché à 625 m, sur un escarpement dans les monts Dangkrek, le prasat Preah Vihear, long de 800 m, occupe un emplacement particulièrement spectaculaire. La vue est extraordinaire : la plaine cambodgienne, à 550 m en contrebas, s'étend à perte de vue avec, dans le lointain, la montagne sacrée de Phnom Kulen (487 m).

Important lieu de pèlerinage durant la période angkorienne, le prasat Preah Vihear fut bâti par sept monarques successifs, de Yasovarman Ier (889-910) à Suryavarman II (1112-1152), le constructeur d'Angkor Vat. À l'instar d'autres temples-montagnes de cette époque, il symbolise le mont Meru et était dédié au dieu hindou Shiva. Contrairement à Angkor Vat, il est conçu selon un axe processionnel nord-sud. Cinq gopuras cruciformes, ornés de sculptures très raffinées et séparés par des esplanades de 275 m de longueur, se succèdent le long de cet axe.

Depuis le parking, remontez jusqu'au gopura V, partiellement en ruine, à l'extrémité nord de l'enceinte du temple. De là, un escalier monumental en grès gris descend vers la frontière thaïlandaise. À l'époque où le temple était ouvert du côté thaïlandais, c'est par là que la plupart des touristes pénétraient dans le site. La Thaïlande

Prasat Preah Vihear

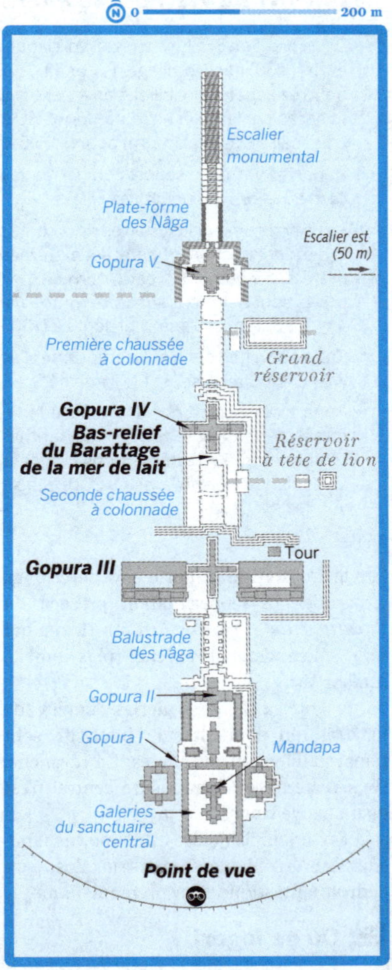

revendique la possession de cette partie du prasat Preah Vihear – ce que réfute le Cambodge, qui a d'ailleurs choisi une représentation du gopura V pour illustrer des billets de 2 000 et 50 000 r.

À l'est du gopura V, une enfilade de marches semble s'enfoncer vers les profondeurs. Il s'agit de l'escalier est : utilisé par les pèlerins durant des siècles pour l'ascension depuis les plaines septentrionales, il a récemment été déminé, puis reconstruit. Il comporte désormais 2 242 marches en bois.

En empruntant la pente vers le sud depuis le gopura V, on parvient au gopura IV.

AVANT DE VISITER LE PRASAT PREAH VIHEAR

- En arrivant de Sra Em, arrêtez-vous tout d'abord au **centre d'information** (Kor Muy ; 7h-16h30) dans le village de Kor Muy (23 km au nord de Sra Em). C'est là que vous pourrez acheter vos billets, engager un guide anglophone si vous le souhaitez (15 $US) et organiser le trajet en *moto-dop* (5 $US aller-retour) ou en 4x4 (25 $US aller-retour, 6 passagers au maximum) pour les 6,5 km de route jusqu'au temple.
- Apportez votre passeport pour visiter le prasat Preah Vihear. Son numéro vous sera demandé lors de l'achat des billets.
- Les cinq premiers kilomètres de la route d'accès grimpent progressivement, mais le dernier kilomètre et demi est extrêmement raide, si bien que certains passagers préfèrent marcher sur cette dernière portion, surtout par temps humide. Les véhicules privés sont autorisés sur cette route, mais sachez qu'il vous faudra une moto ou un 4x4. Le parking au sommet coûte 2 000/5 000 r par moto/voiture.
- L'autre solution consiste à emprunter l'escalier de l'est – des panneaux indiquent l'"Ancient Staircase" sur la route de Sra Em, avant le centre d'information de Kor Muy.
- Auparavant, il était possible d'accéder au prasat Preah Vihear depuis la Thaïlande, en suivant des routes pavées de Kantharalak jusqu'aux abords de l'escalier monumental. En raison du long conflit qui oppose les deux pays, l'accès depuis la Thaïlande a été interdit en 2008. La situation étant susceptible de changements, vérifiez sur place.

Sur le fronton de la porte sud de celui-ci, remarquez la représentation précoce du *Barattage de la mer de lait*, un thème qui sera splendidement exécuté plus tard à Angkor Vat.

Au gopura I, les galeries, dotées de fenêtres qui donnent sur l'intérieur, sont remarquablement restaurées. En revanche, vous verrez que le sanctuaire central n'est qu'un tas de ruines.

À l'extérieur, la falaise offre une vue fabuleuse sur les plaines septentrionales – un endroit fantastique pour un pique-nique.

Où se loger

Tous les hébergements de la région sont concentrés à Sra Em, la ville animée à 30 km au sud du temple.

Sok San Guesthouse PENSION $

(097-715 3839 ; www.facebook.com/soksanguesthouse ; s/d avec ventil 8/10 $US, avec clim à partir de 13/15 $US ;). Installé à 1 km à l'ouest du centre de Sra Em, la Sok San Guesthouse propose diverses chambres assez sombres – des moins chères, petites et sans fenêtres, aux plus agréables, avec climatisation, meubles éclectiques et fenêtres (qui donnent sur le couloir). Le restaurant sur place sert des plats thaïlandais et cambodgiens très corrects.

Preah Vihear Boutique Hotel BOUTIQUE-HÔTEL $$$

(088-3460501 ; www.preahvihearhotel.com ; Oknha Franna St ; d 35-90 $US petit-déj inclus ;). Dans un lieu improbable, que vous trouverez à 1 km de la ville, sur la route du prasat Preah Vihear, cet hôtel de charme cherche à attirer les touristes plus argentés venus de Siem Reap pour une nuit. Ses lits confortables et sa piscine de 20 m de long sont de bons arguments.

Où se restaurer

Des stands préparant des grillades et des restaurants sommaires sont regroupés autour du principal rond-point de Sra Em.

Pkay Broek Restaurant CAMBODGIEN $

(Plats 2,50-6 $US ; 6h-22h). À 3 km à l'ouest du centre sur la route d'Anlong Veng, ce restaurant est réputé pour son délicieux *phnom pleung* ("montagne de feu", traduit par "bœuf de feu coréen" sur la carte) – à griller soi-même. C'est un régal après avoir fait toutes ces visites de temples !

Renseignements

Sra Em ne possède ni banque, ni DAB. Pensez à emporter suffisamment d'espèces.

Depuis/vers le prasat Preah Vihear

Sra Em est à 80 km d'Anlong Veng et à 200 km de Siem Reap. L'état des routes dans cette lointaine partie nord du Cambodge s'est grandement amélioré ces dernières années.

Avec une voiture privée, vous pourrez rejoindre le prasat Preah Vihear en 2 heures 30 environ depuis Siem Reap. Une excursion à la journée inclut en général Koh Ker et/ou Beng Mealea et/ou Banteay Srei – comptez 100-150 $US.

Mieux vaut couper le voyage en passant une nuit à Sra Em, à 23 km de Kor Muy, où se trouve le centre d'information du temple – à 30 km du temple proprement dit. Depuis le rond-point central de Sra Em, prenez une *moto-dop* jusqu'à Kor Muy (10-15 $US aller-retour), puis une autre jusqu'au temple (5 $US aller-retour). Il n'y a pas de transports publics pour Kor Muy.

Depuis le rond-point, des taxis collectifs desservent Siem Reap (10 $US, 2 heures 30), Phnom Penh (15 $US, 8 heures), la ville de Preah Vihear (5 $US, 1 heure) et Anlong Veng (5 $US, 1 heure). Les transports pour les destinations autres que Siem Reap ne partent que le matin.

Un bus de **Liang US Express** assure, le matin, la liaison Sra Em-Phnom Penh (10 $US, 10 heures) via la ville de Preah Vihear et Kompong Thom. **Rith Mony** (☎097-865 6018) a un bus le matin pour Phnom Penh (10 $US, 10 heures) via Siem Reap (20 000 r, 3 heures 30).

Station de nourrissage des vautours de Chhep

ស្ថានីយ៍ដាក់ចំណីត្មាត វាលក្រូស

Afin de sauver le vautour chaugoun, le vautour à long bec et le vautour royal, trois espèces fortement menacées, la Wildlife Conservation Society (www.wcs.org) a installé une station de nourrissage dans le village de Dongphlet, au nord-est de Chhep, à la lisière de la lointaine forêt protégée de Preah Vihear. En réservant au moins une semaine à l'avance, vous pourrez observer ces charognards quasi disparus dévorer une carcasse de vache depuis une tour d'observation.

Pour organiser la visite, possible toute l'année, et qui nécessite une nuit dans un camp forestier, contactez le **Sam Veasna Center** (SVC ; ☎063-963710 ; www.samveasna.org).

Preah Khan

Couvrant près de 5 km², cet en[...] **temples de Preah Khan** (ប្រាសា[...] 10 000 r) – à ne pas confondre avec l[...] du même nom à Angkor – est le plu[...] ensemble de temples construit du[...] la période angkorienne.

Si son histoire reste nimbée de mystère, ce fut longtemps un important site religieux et certaines structures datent du IXe siècle. Suryavarman II, le bâtisseur d'Angkor Vat, et Jayavarman VII y vécurent à diverses époques de leur vie, ce qui laisse supposer que Preah Khan était la deuxième cité de l'empire d'Angkor. Dédié à l'origine à des divinités hindoues, il fut consacré au bouddhisme mahayana au cours d'une reconstruction monumentale à la fin du XIIe et au début du XIIIe siècle.

L'isolement de ce site, perdu dans la végétation, lui confère une atmosphère fort paisible ; et vous y serez très probablement le seul visiteur. Le billet d'entrée vous donne accès à tous les sites de l'enceinte.

Bien que les gens du coin affirment qu'il n'y a pas de mines aux alentours de Preah Khan, ne quittez pas les chemins tracés.

À voir

Prasat Damrei TEMPLE BOUDDHIQUE

(ប្រាសាទដំរី ; temple de l'Éléphant). À l'extrémité est du *baray* (réservoir) de 3 km de long, se dresse le prasat Damrei. Ce petit temple pyramidal est le premier sur le chemin qui mène à Preah Khan. Il a conservé deux éléphants finement sculptés ; deux autres sont exposés au Musée national de Phnom Penh (p. 42), ainsi qu'au musée Guimet, à Paris.

Prasat Preah Stung TEMPLE BOUDDHIQUE

(ប្រាសាទព្រះស្ទឹង). Situé à l'extrémité ouest du *baray*, le prasat Preah Stung (ou prasat Muk Buon ; temple aux Quatre Visages) est particulièrement frappant du fait de sa tour centrale (retenue par un échafaudage de bambou) ornée des quatre visages énigmatiques d'Avalokiteshvara, de même style que le Bayon.

♥ **Preah Khan** TEMPLE BOUDDHIQUE

(ប្រាសាទព្រះខាន់). À 400 m au sud-ouest du prasat Preah Stung, la route mène vers une douve asséchée, semblable à celle d'Angkor Thom, qui entoure l'ensemble des temples du Preah Khan. Après avoir passé

TMATBOEY : SUR LA PISTE DE L'IBIS GÉANT

Les lointaines plaines septentrionales du Cambodge forment les dernières vastes étendues de forêts de diptérocarpacées à feuilles caduques, de marécages saisonniers et de prairies d'Asie du Sud-Est. Sorte de contrepoint aux savanes africaines, elles couvrent la majeure partie du nord-ouest de la province de Preah Vihear et sont l'un des derniers endroits au monde où l'on peut voir l'oiseau national du Cambodge, l'ibis géant (nidification de juillet à novembre), sévèrement menacé. Parmi les autres espèces rares présentes dans la région figurent la cigogne épiscopale, le fauconnet à pattes jaunes, le paon spicifère, la perruche alexandre, le pygargue à tête grise, 16 espèces de piverts, ainsi que des hiboux et des rapaces. La meilleure période d'observation va de janvier à avril.

Dans un ultime effort pour assurer la survie de l'ibis géant, protéger les seuls sites de nidification reconnus de l'ibis de Davison (nidification de décembre à mars) et sauver l'habitat d'autres espèces menacées, dont la grue antigone (nidification de juin à octobre) et le marabout argala, la Wildlife Conservation Society (WCS ; www.wcs.org) a mis en place un projet novateur d'écotourisme communautaire.

Installé dans le village isolé de Tmatboey (223 familles), au cœur de la **réserve naturelle de Kulen Promtep** (តំបន់អភិរក្សគូលែនព្រហ្មទេព ; www.samveasna.org), ce projet fournit aux villageois une formation et des revenus, et les incite à protéger les ibis. Les visiteurs s'engagent à faire un don au fonds de conservation local pour participer à l'entretien et à l'amélioration des projets.

Le village de Tmatboey, accessible toute l'année, se trouve à environ 5 km de la nouvelle route qui relie la ville de Preah Vihear à Sra Em. L'embranchement est à 46 km au sud-est de Sra Em et à 39 km au nord-ouest de Preah Vihear. Pour organiser une visite de 4 jours et 3 nuits, contactez le Sam Veasna Center (SVC ; p. 271), à Siem Reap. Les visiteurs logent dans des bungalows en bois avec salle de bains et eau chaude à l'énergie solaire.

Si vous souhaitez explorer un coin encore plus reculé du Cambodge, la réserve naturelle de Kulen Promtep possède un nouveau site d'observation des oiseaux près du petit village isolé de Prey Veng – à 60 km environ de Tmatboey (à vol d'ibis géant). La Wildlife Conservation Society et le Sam Veasna Center s'inspirent du succès de Tmatboey pour préserver cet habitat. Plus de 150 espèces d'oiseaux y ont été recensées, notamment des ibis géants, des marabouts argalas et des canards à ailes blanches.

Depuis Prey Veng, où des pensions communautaires proposent des hébergements simples, vous pourrez aussi effectuer de belles randonnées à travers la forêt sèche jusqu'à un temple de la période d'Angkor, au sommet d'une colline.

Les excursions vers Tmatboey et Prey Veng peuvent inclure les visites de Beng Mealea, Koh Ker et Prasat Preah Vihear et sont souvent combinées avec des visites de la station de nourrissage de vautours de Veal Krous. Contactez le SVC pour le détail des prix.

le **gopura** est (pavillon d'entrée), magnifiquement bien préservé, un sentier sinue jusqu'à un **dharmasala** (gîte de pèlerins), passe devant un autre pavillon en ruine avant d'arriver à la **partie centrale du temple** envahie par la forêt.

Cette structure centrale, en assez bon état jusqu'au milieu des années 1990, est ensuite devenue la cible de voleurs qui cherchaient des statues enterrées sous chaque *prang* (tour d'un temple). Le temple, attaqué au marteau-piqueur et à la pelleteuse, n'a pas tenu et nombre des tours se sont effondrées. Là encore, un temple qui avait survécu à l'épreuve du temps n'a pas résisté à l'assaut du XXe siècle et à son appétit dévorant.

Parmi les sculptures découvertes à Preah Khan figure le buste de Jayavarman, aujourd'hui au Musée national de Phnom Penh (p. 42) et amplement copié comme souvenir pour les touristes. Le corps de la statue a été découvert il y a quelques années par des habitants, qui ont prévenu les autorités, ce qui a permis de réunir la tête et le corps en 2000.

Les habitants de la région appellent habituellement ce temple prasat Bakan ; les spécialistes l'appellent officiellement Bakan Svay Rolay, combinaison du nom local de l'édifice et de celui du district. À Siem Reap, les Cambodgiens le nomment souvent Preah Khan-Kompong Svay.

Prasat Preah Thkol TEMPLE BOUDDHIQUE
(ប្រាសាទព្រះថ្កោល). Au centre du *baray* de Preah Khan, le prasat Preah Thkol (appelé Mébon), est un temple-île de même style que le Mébon occidental à Angkor.

Depuis/vers Preah Khan

De tous les ensembles de temples reculés de la province de Preah Vihear, Preah Khan a toujours été le plus difficile d'accès. Toutefois, l'amélioration des routes et une nouvelle route non asphaltée jusqu'au temple lui-même ont changé la donne. On peut visiter Preah Khan toute l'année, même si la saison sèche reste la période la plus propice.

Preah Khan n'est pas desservi par les transports publics. Il vous faudra être motorisé ou louer une *moto-dop* ou un taxi dans la ville de Preah Vihear (Tbeng Meanchey), à Kompong Thom, ou encore à Siem Reap pour une longue excursion à la journée.

L'embranchement pour le temple est situé sur la NH62 (en bon état), à Svay Pak, à 64 km au sud de la ville de Preah Vihear et à 93 km au nord de Kompong Thom. De là, une route non asphaltée praticable toute l'année (mais criblée de nids-de-poule) via la commune de Sangkum Thmei, rejoint Ta Seng, à 56 km (ouest) de la route principale et à 4 km du temple. Ces derniers 4 km sont en bon état.

En venant de Siem Reap, vous aurez le choix entre plusieurs options. En voiture et à moto, l'itinéraire le plus direct consiste à emprunter la NH6 jusqu'à Stoeng, puis à se diriger vers le nord, en direction de Ta Seng. À moto, vous pourrez aussi suivre la NH6 jusqu'à Kompong Kdei, continuer vers le nord jusqu'à Khvau, puis poursuivre vers l'est sur une portion difficile de la NH66 (voir ci-après). Une autre solution pour les motards expérimentés consiste à emprunter, de Beng Mealea, l'ancienne route d'Angkor (NH66), qui traverse une dizaine de magnifiques ponts à *nâga* angkoriens, dont le remarquable **Spean Ta Ong**, long de 77 m, à 7 km à l'ouest de Khvau. La route est aujourd'hui en bon état de Beng Mealea à Khvau, mais elle se détériore rapidement après Khvau. Les 23 km de Khvau à Ta Seng sont infranchissables à la saison des pluies.

Seuls les motards expérimentés emprunteront l'un des itinéraires alternatifs avec une moto de location pour rejoindre le temple, car sur certains de ces parcours, les conditions vont de difficiles à épouvantables. Il suffit de tourner au mauvais endroit pour se retrouver au milieu de nulle part.

PROVINCE DE KOMPONG THOM

Entre Phnom Penh et Siem Reap, la province de Kompong Thom (ខេត្តកំពង់ធំ) est une étape plaisante, qui offre aux voyageurs une campagne émaillée de sites uniques, autour de sa capitale provinciale, Kompong Thom.

Kompong Thom កំពង់ធំ

062 / 68 000 HABITANTS

Sympathique et animée, cette ville commerçante borde la NH6 et les méandres de la Stung Sen, la deuxième plus longue rivière du pays, qui se jette dans le Tonlé Sap. Bien que Kompong Thom ne présente pas grand intérêt, ses bons restaurants et ses hébergements en font un excellent point de chute après une escapade d'une journée à Preah Khan, et une base idéale pour explorer les sites alentour. Les temples enfouis sous la végétation de Sambor Prei Kuk et ceux, colorés, du Phnom Santuk se visitent facilement à l'occasion d'une excursion d'une demi-journée.

À voir et à faire

Bordée de vieilles maisons en bois aux couleurs pastel, Stung Sen St, à l'est de la NH6, invite à une agréable promenade.

Le Sambor Village Hotel organise diverses **croisières sur la rivière**, dont une au coucher du soleil et une plus longue vers les pagodes flottantes du village de Trey Leak.

Kompong Thom Museum MUSÉE
(NH6 ; 9h-16h). GRATUIT Ce charmant petit musée (d'une seule salle) présente des statues et des stèles provenant de sites des environs, notamment une sélection de belles pièces récupérées à Sambor Prei Kuk (n'hésitez pas à y passer en revenant de votre visite du site).

Résidence du gouverneur français ÉDIFICE HISTORIQUE
(Stung Sen St). À 500 m à l'ouest du pont se tient l'ancienne résidence du gouverneur français, fort délabrée (fermée au public), dont le principal intérêt est de se trouver près de trois vénérables acajous peuplés de centaines de chauves-souris (*chreoun* en khmer), d'une envergure de 40 cm. Elles passent la journée suspendues la tête en bas en s'éventant de leurs ailes, puis s'envolent au crépuscule (vers 17h30-18h) à la recherche de nourriture.

Kompong Thom

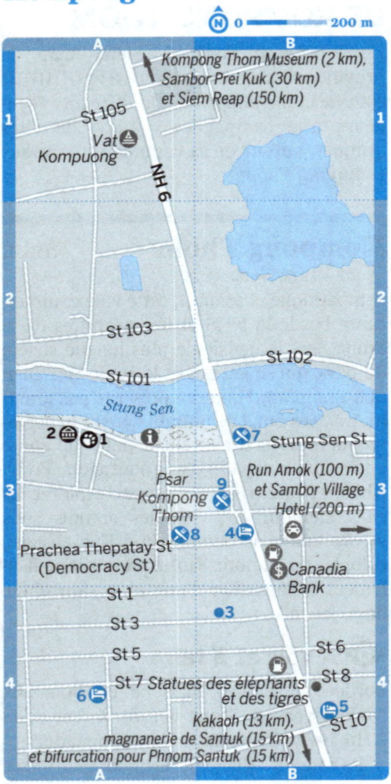

Kompong Thom

À voir
1 Chauves-souris....................A3
2 Résidence du gouverneur français.....A3

Activités
3 Im Sokhom Travel Agency B4

Où se loger
Arunras Guesthouse ....(voir 4)
4 Arunras Hotel.....................B3
5 Ponleu Thmey Guesthouse B4
6 Vimean Sovann Guesthouse A4

Où se restaurer
7 Kompong Thom Restaurant...........B3
8 Prum Bayon Restaurant.............A3
9 Psar Kompong Thom.................B3

Im Sokhom Travel Agency CIRCUITS ORGANISÉS
(☎012-691527 ; St 3). Pour des circuits guidés, dont des excursions à vélo à Sambor Prei Kuk. Peut aussi organiser le trajet en *moto-dop* jusqu'à Sambor Prei Kuk (10 $US) ou au Phnom Santuk via la magnanerie de Santuk (8 $US).

Où se loger

Arunras Hotel HÔTEL $
(☎062-961294 ; NH6 ; s/d avec ventil 5/8 $US, d avec clim 15 $US ; ❄📶). Établissement principal de la ville, l'Arunras loue 58 chambres offrant un bon rapport qualité/prix. Le personnel est une bonne source d'information. Au rez-de-chaussée, le restaurant très fréquenté sert une savoureuse cuisine cambodgienne. L'hôtel gère également l'**Arunras Guesthouse** (☎012-865935 ; NH6 ; s/d avec ventil 6/8 $US, avec clim 10/13 $US ; ❄📶) voisine, qui est dotée de 53 chambres moins chères. Les bus s'arrêtent juste devant la porte.

Vimean Sovann Guesthouse HÔTEL $
(☎078-220333 ; www.vimeansovannguesthouse.com ; St 7 ; s/d avec ventil 6/7 $US, avec clim 12/14 $US ; ❄📶). Derrière une façade qui ne paie pas de mine, se cachent les chambres bon marché les plus chics de la ville : salle de bains moderne, peinture récente et jolis tableaux aux murs. Optez pour les doubles (deux lits) spacieuses avec balcon privatif.

Ponleu Thmey Guesthouse HÔTEL $
(☎012-910896 ; NH6 ; s/d avec ventil 3/6 $US, d avec clim 13-14 $US ; ❄📶). Cet hôtel loue des chambres simples et très propres avec ventilateur pour les petits budgets, et d'autres climatisées et plus élégantes avec TV.

♥ **Sambor Village Hotel** BOUTIQUE-HÔTEL $$
(☎062-961391 ; www.samborvillage.asia ; Prachea Thepatay St ; s/d 50/55 $US ; ❄@📶🏊). L'hôtel de charme de Kompong Thom est tenu par des Français. Les chambres spacieuses (lits à baldaquin, salle de bains chic) occupent des bungalows dans un jardin verdoyant doté d'une piscine à l'ombre d'un manguier. Le restaurant (plancher magnifique) en terrasse à l'étage sert des plats internationaux. VTT à disposition. À 700 m à l'est de la NH6, au bord de la rivière.

Où se restaurer

Prum Bayon Restaurant CAMBODGIEN $
(Prachea Thepatay St ; plats avec riz 6 000-10 000 r ; ⌚5h-21h). Un restaurant très apprécié des habitants. Pas d'enseigne en anglais, contrairement à la carte.

HORS DES SENTIERS BATTUS

LES KUY, LES HOMMES DU FER

Les Kuy forment une minorité ethnique qui vit dans le nord du Cambodge, le sud du Laos et le nord-est de la Thaïlande. Au Cambodge, ils sont depuis longtemps renommés comme fondeurs et forgerons. On pense qu'ils ont produit du fer – utilisé pour les armes, les outils et les supports de construction – à partir de la période angkorienne.

Bien que les Kuy aient arrêté la fonte du fer vers 1950, certains villages continuent de forger des objets de grande qualité. Si vous circulez sur la NH62 entre Kompong Thom et la ville de Preah Vihear (Tbeng Meanchey), faites halte à Rumchek, à 2 km au sud des mines de fer de Phnom Dek. Le forgeron kuy Ma Thean, dans le village, vous fabriquera un couteau de jungle traditionnel en 1 heure. Vous pourrez observer le maniement des soufflets, et votre achat soutiendra un artisanat en voie de disparition.

Psar Kompong Thom CAMBODGIEN $
(NH6 ; plats 2 000-4 000 r ; 16h-2h). Installez-vous sur une chaise en plastique sous les néons de ce marché de nuit et dégustez une soupe de riz et de poulet, des nouilles au poulet et au curry, ou un sandwich.

♥ **Kompong Thom Restaurant** CAMBODGIEN $$
(NH6 ; plats 3-8 $US ; 6h30-21h ;). Le meilleur restaurant de la ville, avec serveurs en nœud papillon et minuscule terrasse surplombant la rivière. Carte de spécialités cambodgiennes servies en portions généreuses, parmi lesquelles des préparations uniques comme le buffle d'eau ou la poêlée d'anguilles.

Run Amok INTERNATIONAL $$
(Prachea Thepatay St ; plats 2,50-8,75 $US ; 15h-21h lun-sam ;). Si vous avez envie d'un plat qui ne vous dépaysera pas, ce restaurant aux murs de bambou propose un grand choix de pizzas et de burgers de qualité, et une belle sélection de glaces.

Renseignements

Canadia Bank (NH6 ; 8h-15h30 lun-ven, 8h-11h30 sam, DAB 24h/24)

Office du tourisme (Stung Sen St ; 8h-11h et 14h-17h lun-ven). Distribue une brochure sur les sites de Kompong Thom.

Comment s'y rendre et circuler

Kompong Thom est à 165 km au nord de Phnom Penh, à 147 km au sud-est de Siem Reap et à 157 km au sud de la ville de Preah Vihear.

Les dizaines de bus qui circulent entre Phnom Penh (5 $US, 4 heures) et Siem Reap (5 $US, 2 heures) passent par Kompong Thom. Ils laissent les passagers descendre devant l'Arunras Hotel, d'où l'on peut aussi leur faire signe.

Les taxis collectifs constituent le moyen le plus rapide de rejoindre Phnom Penh (5 $US) ou Siem Reap (5 $US). Ceux à destination de la ville de Preah Vihear (5 $US), au nord, partent uniquement le matin.

La plupart des liaisons sont au départ du parking des taxis, à un pâté de maisons à l'est de la NH6 ; les taxis pour Phnom Penh partent de la station Tela.

L'Im Sokhom Travel Agency (ci-contre) loue des vélos (1 $US/jour) et des motos (5 $US/jour).

Environs de Kompong Thom

Sambor Prei Kuk សំបូរព្រៃគុក

Ensemble de monuments préangkoriens le plus imposant du Cambodge, **Sambor Prei Kuk** (www.samborpreikuk.com ; 3 $US) comprend plus d'une centaine de temples, essentiellement en brique, éparpillés dans la forêt. Certains comptent parmi les plus anciens du pays. Appelé à l'origine Isanapura, Sambor Prei Kuk fut la capitale du Chenla supérieur durant le règne du roi Isanavarman au début du VIIe siècle, et demeura un important centre d'enseignement pendant la période angkorienne.

Le sanctuaire central se compose de trois groupes d'édifices, tous entourés par les vestiges de deux murs concentriques. Leur agencement – une tour cernée de sanctuaires, de bassins et de portes – pourrait avoir inspiré les architectes d'Angkor cinq siècles plus tard. Bon nombre des statues d'origine sont conservées au Musée national (p. 42), à Phnom Penh.

HORS DES SENTIERS BATTUS

L'OUTARDE DU BENGALE

D'innombrables espèces d'oiseaux, dont certaines en danger, telle l'outarde du Bengale, vivent sur les rives nord-est du lac Tonlé Sap. Ressemblant vaguement à un faisan, l'outarde du Bengale est l'une des 6 grandes espèces d'oiseaux sévèrement menacées (avec 2 espèces d'ibis et 3 espèces de vautours) qui attirent les ornithologues au Cambodge.

À cheval sur la frontière entre les provinces de Siem Reap et de Kompong Thom, la **zone de protection de l'outarde du Bengale de Stung Chikreng** (Bengal Florican Conservation Area ; BFCA) est le meilleur endroit du monde pour observer cet oiseau rare. Le **Sam Veasna Center** (p. 271), basé à Siem Reap, y organise des circuits d'observation.

Au début des années 1970, Sambor Prei Kuk fut bombardé par l'aviation américaine pour aider le gouvernement de Lon Nol dans sa vaine lutte contre les Khmers rouges. Quelques cratères, proches des temples, sont encore visibles. Le secteur a été entièrement déminé en 2008.

Le site, dans la forêt, jouit d'une atmosphère sereine, et les sentiers sablonneux se prêtent à la promenade. Nous vous conseillons d'engager un guide de la communauté locale pour découvrir les environs (demi-journée/journée 6/10 $US). Des guides attendent sur le parking, près des ruines principales.

Non loin de la billetterie et du pont, à environ 500 m du parking, un grand marché d'artisanat vend des *krama,* des paniers et d'autres objets réalisés par les villageois de la région.

À voir

Prasat Sambor TEMPLE
(ប្រាសាទសំបូរ). Le groupe principal, le prasat Sambor (VIIe et Xe siècles), est dédié à Gambhireshvara, l'un des nombreux avatars de Shiva. Les autres sont consacrés à Shiva lui-même. Plusieurs tours ont conservé des sculptures en brique en assez bon état ; une série de grands *yoni* (symboles féminins de fertilité) entoure la tour centrale.

Prasat Yeai Poeun TEMPLE
(ប្រាសាទយាយព័ន្ធ, Prasat Yeay Peau). Le prasat Yeai Poeun semble perdu dans la forêt, d'où son atmosphère singulière. Un vieil arbre soutient et détruit la porte est et ses racines s'immiscent entre les briques. Un autre arbre ombrage la porte ouest.

Prasat Tao TEMPLE
(ប្រាសាទតោ, Lion Temple). Le prasat Tao, le plus grand de Sambor Prei Kuk, possède deux grands lions en pierre aux crinières élaborées, qui constituent de superbes exemples de la sculpture chenla. Il comporte aussi un joli bassin rectangulaire, le Srah Neang Pov.

Où se loger et se restaurer

Vous trouverez un grand nombre de restaurants (plats 2-4 $US) qui servent des plats régionaux autour du marché d'artisanat près de l'entrée du temple.

Isanborei CHEZ L'HABITANT $
(017-936112 ; www.samborpreikuk.com ; dort/d 4/6 $US). Cet organisme s'efforce d'encourager les visiteurs à rester un jour de plus à Sambor Prei Kuk. En plus de gérer un programme communautaire de séjour chez l'habitant, il propose des cours de cuisine, loue des vélos (2 $US/jour) et organise des balades en char à bœufs. Il dispose également de plusieurs *tuk-tuk* qui peuvent vous conduire depuis/vers Kompong Thom (15 $US aller).

Depuis/vers Sambor Prei Kuk

En venant de Kompong Thom, suivez la NH6 vers le nord sur 5 km, puis prenez la NH62 en direction de la ville de Preah Vihear (la route asphaltée pour Siem Reap part sur la gauche). Après 11 km, tournez à droite au panneau en latérite et continuez sur 14 km sur une nouvelle route goudronnée jusqu'à l'entrée du temple.

De Kompong Thom, l'aller-retour en *moto-dop* (moins de 1 heure) devrait coûter 10 $US et environ 13 $US en *tuk-tuk*.

Phnom Santuk ភ្នំសន្ទុក

Des effigies du Bouddha et des pagodes parsèment les environs boisés du **Phnom Santuk** (2 $US), la plus importante montagne sacrée (207 m) de la région et un lieu de pèlerinage bouddhiste immensément populaire.

Desservi par un escalier de 809 marches, au bout duquel des bandes de signes attendent les visiteurs – ou par une route asphaltée de 2,5 km –, cet extraordinaire ensemble de *vat* et de stupas colorés domine la campagne alentour.

Près de la principale pagode aux murs blancs se dresse le prasat Tuch, en forme de pyramide, qui arbore un extérieur en grès finement sculpté. Juste au-dessous du sommet, côté sud, plusieurs bouddhas couchés ont été sculptés dans le roc au fil des siècles ou récemment réalisés en ciment.

Sur la montagne, des bonzes accueillent avec plaisir les visiteurs étrangers dans un *vat* en activité. Sous le sommet, des rochers offrent une vue panoramique vers le Tonlé Sap, au sud.

Pour les voyageurs qui passent la nuit à Kompong Thom, le Phnom Santuk est l'endroit idéal pour admirer un splendide coucher du soleil sur les rizières. Attention toutefois : vous devrez redescendre dans l'obscurité (prenez une lampe torche).

Depuis/vers le Phnom Santuk

L'embranchement vers le Phnom Santuk se trouve à environ 15 km au sud de Kompong Thom. L'entrée est bien indiquée sur la partie est de la NH6, au niveau du km 149. Depuis la route, les escaliers du temple sont à environ 2 km. De Kompong Thom, l'aller-retour en *moto-dop* revient à 8 $US, et à environ 10 $US en *tuk-tuk*.

Kakaoh កកោះ

Ce village, à cheval sur la NH6 à environ 13 km au sud de Kompong Thom et à 2 km au nord de l'entrée vers le Phnom Santuk, est renommé pour ses tailleurs de pierre qui façonnent des statues du Bouddha, des lions décoratifs et d'autres sculptures traditionnelles avec des outils rudimentaires. Il est fascinant de voir ces effigies, de 15 cm à plus de 5 m de hauteur, émerger lentement des blocs de pierre. Les prix des statues sont très variables : de 20 $US pour une statuette à 3 500 $US pour un bouddha de 2,50 m de hauteur, taillé dans un seul bloc. Les statues produites ici sont souvent offertes à des *vat* par de riches Cambodgiens.

Magnanerie de Santuk

កសិដ្ឋានសូត្រ សន្ទុក

La **magnanerie de Santuk** (☎012-906604 ; www.santuksilks.com ; ⌚7h-11h et 13h-17h lun-ven, 7h-11h sam) GRATUIT est l'un des rares endroits au Cambodge où l'on peut observer tout le processus de la production de la soie, depuis la vie de sept semaines des vers à soie – des créatures très fragiles qui se nourrissent exclusivement de feuilles de mûrier et qu'il faut protéger des prédateurs, tels les geckos, les fourmis et les moustiques. Si la majorité de la soie brute utilisée dans le pays provient de Chine et du Vietnam, les vers locaux produisent la "soie dorée khmère", qui doit son nom à sa teinte somptueuse.

La magnanerie emploie 18 habitants de la région, surtout des femmes tisserandes, que vous pourrez voir en train de tisser des foulards (20-45 $US) et d'autres articles.

La magnanerie est gérée par Budd Gibbons, un vétéran américain de la guerre du Vietnam qui vit au Cambodge depuis 1996, et par son épouse cambodgienne. Si possible, appelez quelques heures avant votre visite pour qu'ils puissent sortir les foulards. Les groupes (5 pers ou plus) peuvent commander à l'avance un délicieux repas fait maison. L'entrée se trouve à 200 m au nord de l'entrée du Phnom Santuk, de l'autre côté (ouest) de la NH6.

Prasat Kuha Nokor ប្រាសាទគុហានគរ

Ce temple bouddhique du XIe siècle, construit sous le règne de Suryavarman Ier, est en excellent état grâce à une longue restauration effectuée avant la guerre civile. Situé dans l'enceinte d'un *vat* moderne, il se visite facilement si vous disposez d'un véhicule. À 2 km de la NH6, le temple est indiqué à 70 km au sud-est de Kompong Thom et à 22 km au nord de Skuon. De la NH6, des *moto-dop* desservent le site.

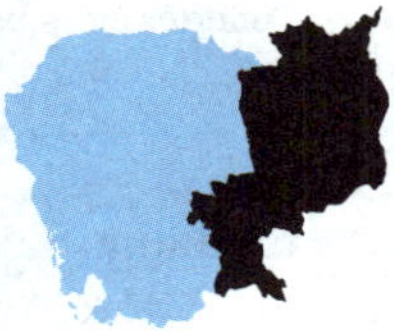

Est

6,25 MILLIONS D'HABITANTS / 68 472 KM²

Dans ce chapitre ➡

Le top de la faune

- Gibbons (p. 294)
- Doucs (p. 311)
- Dauphins dans la région de Kratie (p. 287)
- Oiseaux de la forêt protégée de Seima (p. 311)
- Éléphants à l'Elephant Valley Project (p. 308)

Le top des hébergements

- Tree Top Ecolodge (p. 298)
- Lodge des Terres Rouges (p. 299)
- Chez l'habitant, avec le Koh Trong Community Homestay I (p. 289)
- Mayura Hill Hotel & Resort (p. 309)
- Nature Lodge (p. 307)

Pourquoi y aller

L'Est est riche d'une multitude de peuples et de paysages. Les basses terres, qui semblent n'être qu'une succession infinie de rizières et de palmiers à sucre, cèdent peu à peu la place, dans le Nord-Est, aux montagnes du Mondolkiri et du Ratanakiri. Dans ces deux provinces, l'écotourisme, en plein essor, joue un rôle crucial pour la préservation de l'environnement.

Des espèces rares d'éléphants et de primates peuplent les forêts lointaines du Nord-Est, alors que les dauphins d'eau douce de l'Irrawaddy, menacés, évoluent dans le Mékong autour de Kratie et de Stung Treng. Si vous rêvez d'espaces sauvages, ponctués de cascades spectaculaires, de lacs de cratère et de cours d'eau sinueux, à vous les treks, les sorties en kayak ou à VTT, les tyroliennes et la découverte des éléphants. Dans les collines et la nature luxuriante vivent de nombreuses minorités ethniques (*chunchiet*), connues sous la dénomination de Khmers Leu (les Khmers d'en haut).

Quand partir

Kratie

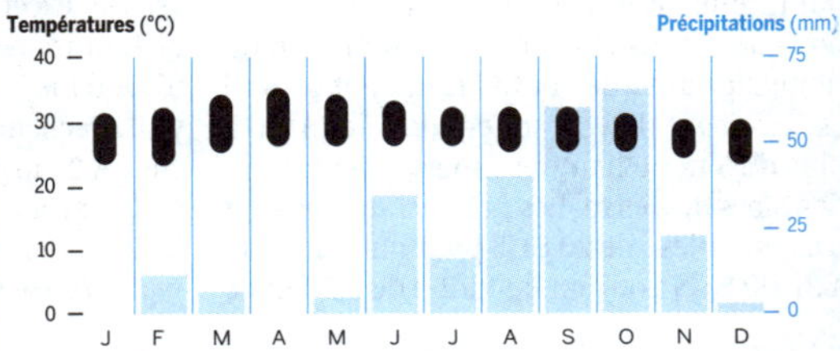

Sept-oct Les fleurs sauvages colorent le paysage du Mondolkiri.

Mar-avr La période de basses eaux est propice à l'observation des dauphins et au kayak.

Mai-juin Les hautes terres du Ratanakiri et du Mondolkiri échappent à la chaleur étouffante des basses terres.

À ne pas manquer

1 Le kayak sur le Mékong, à la rencontre des **dauphins de l'Irrawaddy**, près de Kratie (p. 287) ou de Stung Treng (p. 293)

2 Une plongée dans les eaux cristallines du lac volcanique **Boeng Yeak Lom** (p. 295), dans le Ratanakiri

3 Les éléphants dans leur milieu naturel à l'**Elephant Valley Project** (p. 308), dans le Mondolkiri

4 Le charme détendu de **Kompong Cham** (p. 280), une accueillante cité proche de temples anciens et d'une nature luxuriante

5 La **forêt protégée de Seima** (p. 311), riche en oiseaux, en doucs à pattes noires et en gibbons

PROVINCE DE KOMPONG CHAM

Véritable porte d'entrée vers le nord-est du pays, la province de Kompong Cham (ខេត្តកំពង់ចាម) attire un flot constant de visiteurs. Elle possède quantité d'atouts, notamment des temples préangkoriens et angkoriens, ainsi que de nombreux cours d'eau que longeront avec plaisir les cyclistes et les motocyclistes. C'est l'occasion de découvrir un Cambodge authentique, avec ses villages, ses temples anciens et ses communautés de pêcheurs.

Kompong Cham était autrefois la province la plus peuplée du Cambodge ; à l'issue d'un vote, elle a depuis été divisée en deux, pour donner naissance à la province de Tbong Khmum.

Kompong Cham កំពង់ចាម

☎ 042 / 73 000 HABITANTS

Cette paisible capitale provinciale baignée par le Mékong fut un important carrefour commercial pendant le protectorat français. D'où sa remarquable architecture coloniale, à découvrir en flânant dans les rues.

Longtemps considérée comme la troisième ville du pays après Phnom Penh et Battambang, Kompong Cham a été quelque peu éclipsée par Siem Reap et Sihanoukville, des métropoles en forte croissance, notamment dans le secteur touristique. Grand nœud des communications terrestres et fluviales, la ville donne accès à l'est et au nord-est du Cambodge. Son rôle s'est encore amplifié avec l'inauguration du Spean Kizuna, premier pont sur le Mékong construit dans le pays.

À voir et à faire

Une population assez importante de Cham musulmans (d'où le nom "Kompong Cham") vit toujours dans la région. L'une des bourgades cham est située sur la rive est du Mékong, au nord du phare français : on voit sa grande mosquée à la coupole argentée depuis la rive droite. Une autre localité cham est située au sud du pont, juste après le *vat* Day Doh, qui mérite une halte.

Des séances d'aérobic ont lieu au crépuscule au bord du fleuve, près du pont.

Vat Nokor Bachey TEMPLE BOUDDHIQUE
(វត្តនគរបាជ័យ ; 2 $US). À la lisière de la ville, ce temple bouddhique mahayana du XIIe siècle, en grès et latérite, abrite aujourd'hui un *vat* theravada, moderne et très actif. Ce "temple dans un temple" est particulièrement coloré. Des porches de la structure d'origine ont été incorporés dans

Kompong Cham

LES MULTIPLES FONCTIONS DU KRAMA

Foulard à carreaux aux couleurs vives, en coton ou en soie, le *krama* est porté par la plupart des Cambodgiens dans les régions rurales, et il a toujours la cote dans les villes. En coton, ou en soie, les plus jolis *krama* de soie proviennent des provinces de Kompong Cham et de Takeo. Le *krama* est traditionnellement utilisé pour se protéger du soleil, de la poussière et du vent et il séduit également les touristes, qui finissent par l'adopter au cours de leur séjour. Il est aussi porté autour de la taille comme un minisarong, utilisé comme serviette pour se sécher, noué esthétiquement au cou, attaché autour des épaules en guise de porte-bébé, placé sur une chaise ou sur un lit comme taie d'oreiller, ou encore tendu pour remorquer une moto en panne.

la nouvelle construction, où ils sont devenus des lieux destinés au culte. En semaine, seuls quelques moines sont présents sur place, et il est fort agréable de se promener. Le droit d'entrée inclut l'accès au Phnom Pros et au Phnom Srei, tous les deux situés à la périphérie de Kompong Cham.

Pour vous rendre sur place, prenez la direction de Phnom Penh (NH7) puis, au grand rond-point situé à 2,5 km à l'ouest du pont, prenez l'embranchement de gauche. Le temple est au bout de cette piste charmante.

Koh Paen ÎLE DU MÉKONG

Pour une agréable balade à bicyclette, direction Koh Paen (កោះប៉ែន), une île rurale du Mékong. Elle est reliée à la lisière sud de Kompong Cham par un ferry (avec/sans vélo 1 500/1 000 r) durant la saison des pluies et par un pont en bambou (500-1 000 r) à la saison sèche. Celui-ci, très élaboré, est une curiosité en soi. Chaque année, il est totalement reconstruit à la main ; de loin, il évoque un pont d'allumettes. Entre champs de fruits et légumes et maisons en bois traditionnelles, Koh Paen offre un aperçu de la vie rurale dans la région. À la saison sèche, on voit apparaître autour de l'île plusieurs bancs de sable. Certaines pensions louent des vélos.

Kompong Cham

Où se loger

1 Daly Hotel C2
2 Mekong Hotel C2
3 Mekong Sunrise C3
4 Monorom 2 VIP Hotel D2
5 Moon River Guesthouse C3

Où se restaurer

Destiny Coffee House .... (voir 7)
6 Lazy Mekong Daze C3
7 Mekong Crossing C2
Smile Restaurant .... (voir 4)

Vieux phare français ÉDIFICE HISTORIQUE

Ce vieux phare (ប៉មហារាំងចាស), restauré, s'élève au-dessus du Mékong, face à la ville. On y grimpe par un escalier précaire, très raide, qui ressemble plutôt à une grande échelle – attention si vous avez le vertige ! Du sommet, la vue sur le fleuve est splendide, notamment au coucher du soleil.

Où se loger

De nombreux visiteurs souhaitent loger près de la rive pour bénéficier de la vue sur le Mékong, mais le quartier peut être bruyant dès le lever du soleil, avec les sirènes de bateaux et l'appel à la prière de la mosquée cham, de l'autre côté du fleuve.

♥ Moon River Guesthouse PENSION $

(☎016-788973 ; moonrivermekong@gmail.com ; Sihanouk St ; ch avec ventil 7-11 $US, avec clim 13-19 $US ; ❄📶). Cette nouvelle pension au bord du fleuve, qui a tout pour plaire, loue de belles chambres spacieuses (quelques triples). Le bar-restaurant du rez-de-chaussée – très fréquenté en soirée – sert de copieux petits-déjeuners.

Daly Hotel HÔTEL $

(☎042-6666631 ; www.dalyhotel.net ; d/lits jum/VIP 18/20/40 $US ; ❄📶). À un pâté de maisons du fleuve, cet établissement est de loin le meilleur des nombreux hôtels de style khmer implantés en ville dans des immeubles modernes. Il loue des chambres immenses et lumineuses – avec TV, salles de bains reluisantes et linge somptueux.

Mekong Sunrise PENSION $

(☎011-449720 ; bong_thol@yahoo.com ; Sihanouk St ; dort 3 $US, ch avec ventil 5-7 $US, avec clim 12 $US ; ❄📶). Ce repaire pour *backpackers* au bord du fleuve loue de grandes chambres à l'étage supérieur, donnant accès au grand toit-terrasse. Le mobilier est rare, mais les prix sont bas.

Monorom 2 VIP Hotel HÔTEL $
(☎092-777102 ; www.monoromviphotel.com ; Sihanouk St ; ch 15-50 $US ; ❄@📶). Les chambres les plus chics au bord du fleuve possèdent des meubles en bois robustes et des baignoires pour se détendre. Les suites bénéficient d'un balcon privatif face au Mékong et de grandes salles de bains remplies d'articles de toilette. Les moins chères n'ont pas de fenêtre.

OBT Homestay CHEZ L'HABITANT $
(☎017-319194 ; p_sophal@yahoo.com ; bénévole/touriste avec 2 repas 5/10 $US). L'Organization for Basic Training accueille des bénévoles pour enseigner l'anglais à des enfants. Les voyageurs qui souhaitent séjourner dans un village local sont les bienvenus à Chiro, sur la rive est du Mékong, à 5 km au nord du phare français. Possibilité d'organiser des excursions en char à bœufs, à cheval ou en bateau.

Mekong Hotel HÔTEL $
(☎042-941536 ; Sihanouk St ; ch avec ventil/clim 8/16 $US, VIP 27 $US ; ❄📶). Ouvert de longue date et toujours apprécié pour ses grandes chambres correctes donnant sur le Mékong.

Rana Homestay CHEZ L'HABITANT $$
(☎012-686240 ; rana-ruralhomestay-cambodia.webs.com ; 25 $US/pers). Dans la campagne, près de Kompong Cham, cet hébergement chez l'habitant donne un aperçu du Cambodge rural (sans électricité). Le prix comprend tous les repas et des visites dans les environs. Deux nuitées au minimum.

Où se restaurer

♥ Smile Restaurant CAMBODGIEN $
(www.facebook.com/SmileRestaurantCambodia ; Sihanouk St ; plats 3-5 $US ; ⏲6h30-21h ; 📶). 🍃 Une enseigne à but non lucratif, gérée par la Buddhism and Society Development Association. L'endroit, charmant, est apprécié pour ses copieux petits-déjeuners et ses spécialités cambodgiennes, telles le *char k'dau* (sauté à la citronnelle, au basilic et aux cacahuètes) et les calamars au poivre noir. Des mets occidentaux figurent aussi sur la carte. On peut acheter des *krama* et des objets fabriqués par la BSDA.

Lazy Mekong Daze INTERNATIONAL $
(Sihanouk St ; plats 3-5,50 $US ; ⏲7h30-dernier client ; 📶). C'est le lieu de rendez-vous du soir par excellence : atmosphère relax, billard et grand écran. Bon choix de plats cambodgiens, thaïlandais et occidentaux : meilleures pizzas au feu de bois de la ville, chili con carne, délicieuses glaces, etc.

Destiny Coffee House CAFÉ $
(12 Vithei Pasteur St ; plats 3-5 $US ; ⏲7h-17h30 lun-sam ; 📶✎). Un café de style contemporain chic, aux canapés confortables, doté d'une carte internationale – mention spéciale pour le houmous, les gâteaux maison, les burritos au petit-déjeuner, les salades et les wraps.

Mekong Crossing INTERNATIONAL $
(Sihanouk St ; plats 2-5 $US ; ⏲6h-22h ; 📶). Ce restaurant bien situé sur la rive du fleuve, qui fait figure d'institution, a été récemment rénové. On y sert un mélange tentant de curries cambodgiens et de classiques occidentaux, dont de savoureux sandwichs. Il se double d'un bar fréquenté en soirée.

ℹ Renseignements

ANZ Royal Bank (bd Preah Monivong ; ⏲8h30-16h lun-ven, DAB 24h/24). DAB (frais sur les retraits : 5 $US).

Canadia Bank (bd Preah Monivong ; ⏲8h30-15h30 lun-ven, 8h-11h30 sam, DAB 24h/24). DAB et avances sur cartes bancaires (sans frais pour certaines cartes).

Lazy Mekong Daze (ci-dessus). Distribue une carte correcte, avec les principaux sites de Kompong Cham et de ses environs.

BUS AU DÉPART DE KOMPONG CHAM

DESTINATION	TARIF	DURÉE (HEURES)	DÉPARTS
Ban Lung	32 000 r	7	10h
Kratie via Chhlong	20 000 r	2	9h30
Kratie via Snuol	21 000 r	4	10h30, 14h
Pakse (Laos)	22 $US	12	10h
Phnom Penh	20 000 r	3	toutes les heures jusqu'à 15h45
Sen Monorom	28 000 r	5	11h45
Siem Reap	24 000 r	5	7h30, 9h30, 12h
Stung Treng via Chhlong	30 000 r	5	10h30

PASSER AU VIETNAM : DE KOMPONG CHAM À TAY NINH

Rejoindre la frontière Le **poste-frontière de Trapeang Phlong/ Xa Mat** (7h-17h) est de plus en plus fréquenté par les voyageurs qui se rendent du nord-est du Cambodge à Hô Chi-Minh-Ville. De Kompong Cham, prenez n'importe quel moyen de transport vers l'est via la NH7 en direction de Snuol et descendez au rond-point de Krek (Kraek), à 55 km au sud-est. Parcourez ensuite 13 km vers le sud en *moto-dop* (3 $US) le long de la NH72 jusqu'à la localité assoupie de Trapeang Phlong, marquée par une barrière à rayures multicolores et quelques baraques en tôle.

À la frontière Les formalités sont rapides, mais vous devrez avoir un visa vietnamien.

Au-delà Du côté vietnamien, des *moto-dop* et des taxis desservent Tay Ninh, à 45 km au sud. Attendez-vous à devoir marchander un peu plus qu'au Cambodge.

Mekong Internet (Vithei Pasteur ; 1 500 r/heure ; 6h30-22h). L'un des nombreux cybercafés de la rue.

Depuis/vers Kompong Cham

Phnom Penh est à 120 km au sud-ouest. Si vous allez au nord jusqu'à Kratie ou au-delà, prenez un moyen de transport sur la route goudronnée de Chhlong plutôt que d'opter pour la NH7, qui fait un long détour vers l'est via Snuol.

Phnom Penh Sorya (www.phnompenhsorya.com ; bd Preah Monivong) est la compagnie de bus la plus fiable au départ de Kompong Cham. **GST** (012-734052 ; bd Preah Monivong) dessert Battambang, Kratie et Siem Reap le matin. **Rith Mony** (NH7) couvre Ban Lung, Battambang et Siem Reap.

Des taxis collectifs (15 000 r) et des minibus surchargés (10 000 r) font le trajet pour Phnom Penh au départ de la station de taxis située à côté du nouveau marché (psar Thmei). Comptez 2 heures au minimum (le temps de trajet dépend de la circulation dans la capitale). Le matin, des minibus et des taxis collectifs rallient Kratie (5 $US, 2 heures) ; ils partent quand ils sont pleins de la **station-service Caltex**, à hauteur du rond-point principal. Des minibus circulent également le matin, depuis la station de taxis.

Il n'existe plus de bateaux de passagers vers les autres villes sur le Mékong.

Comment circuler

Kompong Cham ne manque pas de chauffeurs de *moto-dop* et de *tuk-tuk* qui parlent anglais et peuvent vous guider sur les sites. Il suffit de prendre un verre au bord du Mékong pour qu'ils vous repèrent. **M. Vannat** (012-995890 ; vannat_kompongcham@yahoo.com), qui parle français, a aussi un 4x4 à louer. Tous sont plutôt compétents et pratiquent des tarifs raisonnables. Comptez 10 à 15 $US par jour en *moto-dop* et 15 à 20 $US en *tuk-tuk* (un peu plus si l'itinéraire englobe le *vat* Maha Leap). L'aller-retour en *tuk-tuk* jusqu'au *vat* Hanchey ou à Phnom Pros et Phnom Srei coûte 10 $US (négociables).

La plupart des pensions et des restaurants au bord du fleuve louent des motos (3-5 $US/jour) et des vélos (1 $US/jour), comme Lazy Mekong Daze (p. 282).

Environs de Kompong Cham

Phnom Pros et Phnom Srei ភ្នំប្រុសភ្នំស្រី

La "colline des hommes" et la "colline des femmes" sont les sujets de légendes locales. Selon l'une d'elles, un enfant, éloigné de sa famille dès son tout jeune âge, revient dans son village à l'âge adulte et s'éprend de sa propre mère. Malgré les protestations de cette dernière, il demande sa main. Pour éviter un tel destin, la mère a l'idée de proposer un marché : sa propre équipe, composée de femmes, affrontera l'équipe du fils, constituée d'hommes. Si, à l'aube, les femmes ont réussi à bâtir une montagne plus élevée que celle des hommes, la mère ne donnera pas sa main. Au cœur de la nuit, les femmes allument un immense feu dont les flammes s'élèvent dans le ciel. Les hommes, prenant cette lumière pour le lever du soleil, posent leurs outils, laissant ainsi la victoire aux femmes. Les habitants adorent raconter cette histoire, à laquelle chacun ajoute sa touche. Le billet d'entrée pour la colline (2 $US) donne également accès au *vat* Nokor Bachey (p. 280).

À la saison des pluies, le **Phnom Srei** offre un beau panorama sur la campagne environnante. On peut y découvrir une grande statue de Nandi, le taureau sacré dont Shiva fit sa monture. Le **Phnom Pros** est un endroit plaisant pour prendre un verre, au milieu des arbres peuplés de singes facétieux. Un charnier s'étendait autrefois entre les deux collines. Sur la droite en allant

TOURISME ET RESPECT DES ÉLÉPHANTS

Selon la légende, plus d'un million d'éléphants auraient été employés pour la construction d'Angkor Vat. Même si le chiffre réel est plus proche de 6 000, les pachydermes n'en ont pas moins longtemps joué un rôle important dans l'histoire cambodgienne. Ils permirent notamment aux dieux-rois d'Angkor d'étendre leur pouvoir sur la région.

Mais les conflits eurent raison du destin glorieux de ces animaux. Désignés comme des "cibles légitimes", les éléphants domestiques furent tués, ou bien abandonnés par leurs propriétaires fuyant vers les pays voisins. Aujourd'hui, selon le dernier recensement, il reste 79 éléphants en captivité au Cambodge, pour la plupart employés dans le secteur touristique. Leur nombre ne cesse de diminuer (ils meurent de vieillesse mais aussi de surmenage). Le plus grand espoir pour la survivance de l'espèce réside dans la population à l'état sauvage, qui compte plus de 500 individus et est protégée dans les forêts ; d'autant que les éléphants ne se reproduisent pas en captivité.

Bien plus nombreux à transporter des visiteurs qu'à tirer des grumes ou à travailler dans les rizières, les pachydermes entretiennent des liens complexes avec le secteur touristique. Leur protection dépend donc des revenus générés par le tourisme. Sachant qu'une fois capturés, ils ne peuvent pas être rendus à la vie sauvage. D'autre part, des groupes de défense des animaux estiment que les excursions nuisent à la santé de cet animal particulièrement intelligent. Alors, avant de partir en balade à dos d'éléphant, observez bien l'animal et ses conditions de travail :

- Les côtes de l'éléphant sont-elles apparentes ? Trop maigre pour travailler, il devrait être nourri et se reposer.
- Présente-t-il des blessures ouvertes, des abcès ? Un animal blessé ne doit pas travailler.
- Un espace ombragé, avec de l'eau propre et de la nourriture, est indispensable pour le repos des animaux.
- Les chaînes doivent être suffisamment longues pour leur permettre de bouger – ils doivent pouvoir faire leurs besoins loin de l'endroit où ils se nourrissent.
- La nacelle sur le dos de l'éléphant doit être en bambou (non en bois lourd) et la peau de l'animal doit être protégée par d'épais tapis matelassés.
- Les cordes doivent être entourées de tuyaux en caoutchouc, afin d'éviter les irritations.
- Les éléphants ne doivent pas travailler plus de 4 heures par jour et ne doivent pas transporter plus de deux adultes à la fois.
- Le cornac ne doit pas avoir recours au *bullhook* (sorte de tisonnier) ou au fouet à tout bout de champ.

En cas de problème, n'hésitez pas à refuser de partir en balade ; expliquez-en poliment les raisons. Pour en savoir plus sur ces nobles créatures et sur leur comportement naturel, vous pourrez marcher en leur compagnie dans le Mondolkiri (p. 308). Le site Internet www.earsasia.org aborde la question du rapport entre bien-être des éléphants et tourisme.

Texte rédigé avec l'aide de Jack Highwood, fondateur de l'Elephant Valley Project

de la "colline des hommes" à la "colline des femmes", un petit stupa en brique doré renferme des crânes.

Les collines sont à 7 km de la ville, sur la route de Phnom Penh. En face de l'entrée du Phnom Pros, dans le village de **Cheung Kok**, les habitants proposent aux visiteurs de découvrir la vie rurale de Kompong Cham. Cette initiative écotouristique a été mise au point par l'ONG **Amica** (www.amica-cambodge.org). On peut notamment s'initier à la récolte du riz et du sucre de palme. Une boutique vend de l'artisanat local.

Vat Maha Leap វត្តមហាលាភ

Ce *vat* est l'une des dernières pagodes en bois du pays. Plus que centenaire, il a été épargné par les Khmers rouges, qui l'avaient transformé en hôpital. De nombreux Cambodgiens, réduits au travail forcé dans les cultures, y sont morts ; 500 corps ont été enterrés sur le site. Un paisible jardin s'étend aujourd'hui sur les tombes.

La pagode est superbe. Les larges colonnes noires qui supportent la structure sont constituées de troncs entiers, magnifiquement ornés de motifs dorés. Les Khmers rouges avaient recouvert ces ornements, auxquels les moines ont rendu leur splendeur passée. Le toit s'est hélas effondré en 2012 ; des travaux étaient toujours en cours lors de notre passage.

Le trajet jusqu'au *vat* Maha Leap se fait de préférence en bateau depuis Kompong Cham : on descend le Mékong sur une brève distance, avant de suivre le cours splendide d'un affluent baptisé Tonlé Toch ("petite rivière") – une bonne manière d'observer au passage la vie rurale. Un bateau à moteur 40HP (50 $US l'aller-retour, avec arrêts dans des villages de tisserands) effectue ce parcours en 1 heure dans chaque sens. Rendez-vous sur le quai pour louer un bateau à moteur.

Le Tonlé Toch n'est navigable que de juillet à décembre. Le reste de l'année, il faut rejoindre le site par voie terrestre. Le chemin décrit maints détours, et l'on se repère difficilement sans quelques rudiments de khmer. Une *moto-dop* vous y conduira pour 10 $US (aller-retour, avec une halte à Prey Chung Kran, 1 heure dans chaque sens). L'itinéraire fait 20 km par le fleuve et près du double par la route.

Prey Chung Kran ព្រៃចង្ក្រាន

La province de Kompong Cham est réputée pour la qualité de sa soie. Dans le village de Prey Chung Kran, situé sur les berges du fleuve, la plupart des foyers possèdent un métier à tisser. Les habitants fabriquent des *krama* traditionnels ou modernes, dans la fraîcheur relative fournie par les maisons sur pilotis. Observez le processus de teinture : c'est à cette étape que l'on crée les motifs à base de points et de losanges, typiques de ces textiles. Prey Chung Kran est à environ 4 km du *vat* Maha Leap. D'autres tisserands sont installés sur la route entre le *vat* Maha Leap et Prey Chung Kran.

Vat Hanchey វត្តភ្នំហាន់ជ័យ

Important lieu de culte durant la période du Chenla, cette pagode, perchée sur une colline, jouit d'une belle vue sur le Mékong. À l'époque du Chenla, elle était probablement une étape importante entre les cités de Thala Barivat (près de Stung Treng, au nord) et d'Angkor Borei (près de Takeo, au sud).

Devant un grand *vat* contemporain, on découvre un remarquable sanctuaire en brique du VIIIe siècle, dont les murs de l'entrée portent des inscriptions en sanskrit ancien dans un bon état de conservation. Une ouverture dans le toit laisse pénétrer un puits de lumière. Les fondations de plusieurs autres édifices du VIIIe siècle sont disséminées à l'intérieur du sanctuaire – certains furent détruits par des bombardements américains. On trouve aussi un groupe de statues représentant des fruits et des animaux.

Comptez environ 30 minutes pour le trajet à moto depuis Kompong Cham. À la saison sèche, on peut traverser à vélo les charmants villages le long du fleuve.

Plantations d'hévéas ចំការកៅស៊ូ

Dans cette région, qui était autrefois le berceau de la production de caoutchouc du pays, des plantations d'hévéas sont à nouveau exploitées, et certaines des plus vastes sont ouvertes à la visite. À l'aide d'un grattoir à long manche, les ouvriers écorcent le tronc jusqu'à ce que la sève apparaisse et se déverse en gouttes dans les coques de noix de coco suspendues aux troncs. La plantation d'hévéas de Chup, à 15 km à l'est de Kompong Cham, permet d'observer la récolte du latex et de visiter l'**usine** (រោងចក្រ ; 1 $US).

PROVINCE DE KRATIE

La jolie province de Kratie (ខេត្តក្រចេះ) est traversée, du nord au sud, par le Mékong. La plupart des habitants y gagnent leur vie grâce au fleuve, au-delà duquel s'étend un territoire sauvage et reculé que peu de visiteurs ont l'occasion de découvrir. Les touristes sont plutôt attirés par le spectacle des rares dauphins de l'Irrawaddy à Kampi, à 15 km au nord de Kratie, la capitale provinciale. Cette dernière, assez charmante, constitue un point de départ idéal pour explorer la campagne environnante.

Kratie ក្រចេះ

☎ 072 / 44 000 HABITANTS

Magnifiquement située au bord du fleuve, Kratie (prononcer kra-*tché*) possède de longues berges depuis lesquelles on peut admirer les plus beaux couchers du soleil du Cambodge. C'est aussi l'endroit privilégié pour observer les dauphins de l'Irrawaddy (p. 287), dont le nombre ne cesse

Kratie

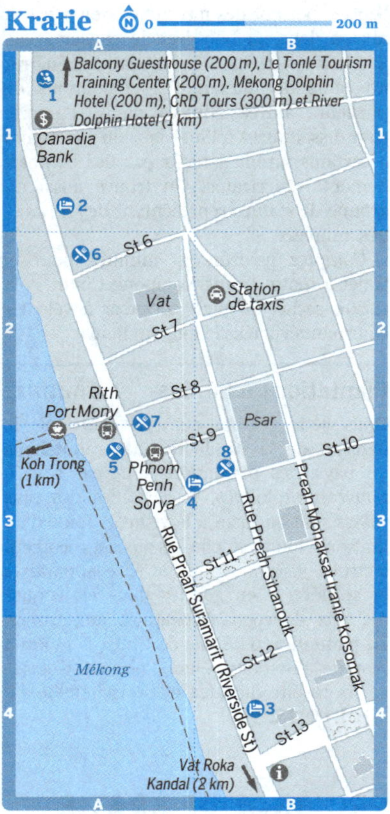

Kratie

Activités
1 Sorya Kayaking Adventures A1

Où se loger
2 Le Bungalow A1
3 Silver Dolphin Guesthouse B4
4 U-Hong II Guesthouse A3

Où se restaurer
5 Jasmine Boat Restaurant A3
6 Le Bungalow A2
7 Red Sun Falling A2
8 Tokae Restaurant B3

de décroître dans le Mékong. La ville affiche un riche héritage architectural français, contrairement à d'autres capitales provinciales frappées par les bombardements pendant la guerre civile.

Kratie est la ville idéale pour faire une pause lorsque l'on voyage par la route entre Phnom Penh et Champasak, au sud du Laos.

À voir et à faire

Les dauphins d'eau douce constituent la principale curiosité de Kratie. L'île voisine de Koh Trong (p. 289) et les deux rives du Mékong se parcourent agréablement à vélo.

Vat Roka Kandal TEMPLE BOUDDHIQUE
(វត្តរកាកណ្ដាល ; 2 000 r). À 2 km au sud de Kratie, sur la route de Chhlong, ce magnifique petit *vat* du début du XIXe siècle est l'un des plus anciens de la région. Pour admirer l'intérieur, superbement restauré, renseignez-vous alentour pour savoir qui a la clé. Même si vous ne pouvez pas entrer, le terrain ombragé jouxtant de jolies maisons traditionnelles en bois justifie la visite.

Sorya Kayaking Adventures KAYAK
(☎090-241148 ; www.soryakayaking.com ; rue Preah Suramarit). Ce tour-opérateur, qui possède 8 kayaks, organise des circuits d'une demi-journée ou de plusieurs jours (avec logement chez l'habitant) sur le Mékong au nord de Kratie ou sur la Te au sud. C'est une excellente façon d'approcher au plus près des dauphins. On peut aussi parcourir une petite parcelle de forêt inondée au nord de Kampi, aller voir des villages flottants vietnamiens ou effectuer une excursion au coucher du soleil autour de Koh Trong. Sur place, petit café et vente de tissages artisanaux réalisés par des veuves défavorisées.

Circuits organisés

CRD Tours CIRCUITS
(☎099-834353 ; www.crdtours.org ; St 3 ; ⌚8h-12h et 14h-17h30). Cette agence de la Cambodian Rural Development Team propose des circuits le long du Mekong Discovery Trail (p. 291) qui mettent l'accent sur le développement durable. On peut notamment être hébergé chez l'habitant, faire du bénévolat et participer à des excursions dans l'île de Koh Pdao, à 20 km au nord de Kampi. Comptez 38-60 $US par jour, repas compris. Des excursions et des hébergements chez l'habitant sont également possibles à Koh Preah (près de Stung Treng) et à Koh Trong. Vous pourrez aussi opter pour un circuit à VTT entre Kratie et Koh Pdao.

Le CRDT organise aussi des traversées en bateau entre Stung Treng et Kratie, avec nuit dans des villages fluviaux reculés (130-300 $US/personne, selon le nombre de participants).

Cambodian Pride Tours CIRCUITS
(☎088-8364758 ; www.cambodianpridetours.com). Sithy, un guide expérimenté originaire de Kratie, s'attache à promouvoir des expériences authentiques au sein de sa communauté : rencontre avec des familles, découverte des techniques agricoles...

Où se loger

Pour un séjour encore plus relaxant qu'à Kratie, optez pour l'île de Koh Trong (p. 289), juste en face, en logeant chez l'habitant ou dans l'un des deux ensembles de bungalows de catégorie moyenne.

Silver Dolphin Guesthouse AUBERGE DE JEUNESSE **$**
(☎012-999810 ; silver.dolphinbooking@yahoo.com ; 48 rue Preah Suramarit ; dort 4 $US, ch 4-14 $US ; ❄@📶). Cette auberge pour *backpackers* est une affaire. Même les doubles les moins chères ont une salle de bains, quelques meubles et la TV, tandis que le dortoir est spacieux et haut de plafond. À l'étage, le bar-restaurant, très fréquenté, possède un balcon avec vue sur le fleuve. Pech, le propriétaire, parle bien français.

Le Tonlé Tourism Training Center PENSION **$**
(☎072-210505 ; www.letonle.org ; St 3 ; ch 10/20 $US ; ❄📶). 🍃 Fort du succès de son centre de formation à Stung Treng (p. 291), le Cambodian Rural Development Team (CRDT) en a ouvert un autre un peu plus chic à Kratie. Celui-ci compte désormais 9 chambres – avec salle de bains privative ou commune, selon les chambres – agréablement rustiques dans une belle maison en bois. La nourriture, délicieuse, est préparée par des apprentis issus de milieux défavorisés.

You Hong II Guesthouse PENSION **$**
(☎085-885168 ; 119 St 10 ; ch 4-13 $US ; ❄@📶). Une petite pension pleine de vie entre le marché et le Mékong, avec 8 chambres sur place (et 11 dans l'annexe voisine), pour certaines climatisées. Le bar-restaurant, très animé, s'enorgueillit de la plus longue carte de cocktails de la ville.

Balcony Guesthouse PENSION **$**
(☎016 604036 ; www.balconyguesthouse.net ; rue Preah Suramarit ; ch 5-20 $US ; ❄@📶). Au moment de la rédaction de ce guide, cette adresse pour *backpackers* ouverte de longue date était en train de déménager un peu plus au nord, au bord du fleuve. Elle ne devrait guère changer de formule : chambres de bon goût et bar populaire en soirée.

Mekong Dolphin Hotel HÔTEL **$$**
(☎072-666 6666 ; mekongdolphinhotel.com ; rue Preah Sumamarit ; ch 20-50 $US ; ❄📶). Cet hôtel imposant au bord du fleuve est le plus chic de la ville. Il possède de belles chambres avec vue sur l'eau à 35 $US et des suites à 50 $US – pour le VIP qui sommeille

L'OBSERVATION DES DAUPHINS DANS LES ENVIRONS DE KRATIE

Espèce menacée dans toute l'Asie, les dauphins d'eau douce de l'Irrawaddy (*trey pisaut en Khmer*) peuplent, en nombre décroissant, quelques tronçons du Mékong au Cambodge et au Laos, et certaines eaux du Bangladesh et de la Birmanie. Ce cétacé bleu-gris sombre peut atteindre 2,75 m de longueur. On le reconnaît à sa tête protubérante et à la finesse de sa nageoire dorsale. Bien qu'il soit rare de les apercevoir en mer, ces dauphins peuvent vivre en eau douce ou salée.

Selon les habitants, près d'un millier de dauphins peuplaient les eaux cambodgiennes avant la guerre civile. Sous Pol Pot, ils ont été chassés pour leur huile. Leur nombre continue de chuter dans des proportions alarmantes malgré les mesures de protection drastiques mises en place, qui incluent l'interdiction de la pêche et de la navigation à moteur sur une grande partie du fleuve entre Kratie et Stung Treng. Les experts estiment qu'il reste moins de 85 individus dans le Mékong, de Kratie à la frontière avec le Laos.

On peut en apercevoir à Kampi, à 15 km au nord de Kratie, sur la route de Sambor. Des *moto-dop* et des *tuk-tuk* font le trajet aller-retour, moyennant, respectivement, environ 7 et 10 $US – le tarif varie en fonction du temps d'attente pour le chauffeur. Des bateaux à moteur amènent les visiteurs au milieu du fleuve pour observer les dauphins de plus près. Le tarif est de 9 $US/personne jusqu'à deux participants et de 7 $US à partir de trois. Demandez au conducteur du bateau de baisser le moteur au minimum, car le bruit dérange les animaux. On peut également observer ces mammifères marins dans la province de Stung Treng (p. 293), non loin de la frontière avec le Laos.

en vous ! Coffre et sèche-cheveux dans les chambres. Petite salle de sport et sauna (si vous trouvez qu'il ne fait pas encore assez chaud à Kratie).

River Dophin Hotel HÔTEL $$
(☎072-210570 ; www.riverdolphinhotel.com ; ch 35-55 $US ; ❄@📶🏊). Un peu en retrait du fleuve, cet hôtel est néanmoins très apprécié pour son confort et son service haut de gamme (pour Kratie) et pour sa piscine (l'une des rares de la ville), accessible aux non-résidents (3 $US/jour).

Le Bungalow BOUTIQUE-HÔTEL $$
(☎012-660902 ; www.rajabori-kratie.com ; rue Preah Suramarit ; s/d sans/avec sdb 31/65 $US ; ❄@📶). Le Bungalow, qui occupe une demeure traditionnelle en bois au mobilier sino-khmer datant de la période coloniale, est davantage une maison de charme qu'un hôtel. Il possède 2 chambres spacieuses aux salles de bains modernes, et une troisième avec salle de bains à l'extérieur, pouvant convenir à 2 enfants voyageant avec leurs parents.

Où se restaurer

Ne manquez pas de goûter à deux spécialités du cru, vendues au bord du fleuve et ailleurs : le *krolan* (riz gluant, haricots et lait de coco dans un rouleau de bambou) et le *nehm* (poisson d'eau douce cru, assaisonné avec des épices et enveloppé dans des feuilles de bananier). L'extrémité sud du *psar* (marché) accueille, le soir, quantité de stands de grillades et de brochettes de viande. Le restaurant de la Balcony Guesthouse et celui du **Bungalow** (rue Preah Suramarit ; plats 4-16 $US), plus haut de gamme, sont également intéressants.

Red Sun Falling INTERNATIONAL $
(Rue Preah Suramarit ; plats 2-4 $US ; ⏲7h-21h ; 📶). Situation privilégiée au bord du fleuve, ambiance détendue, bon choix de mets asiatiques et occidentaux – et vente de livres d'occasion : le Red Sun, ouvert de longue date, est l'un des restaurants les plus animés de la ville.

Tokae Restaurant CAMBODGIEN $
(St 10 ; plats 2-4 $US ; ⏲6h-23h ; 📶). Cet excellent petit restaurant, reconnaissable au plus gros *tokae* (gecko) du Cambodge qui orne son mur, fait la part belle aux plats cambodgiens bon marché, tels que les curries et l'*amok* de poisson et aux petits-déjeuners et plats à l'occidentale tout aussi abordables.

Jasmine Boat Restaurant INTERNATIONAL $$
(Rue Preah Sumamarit ; repas 1,50-22 $US ; 📶). Ce restaurant en forme de bateau idéalement situé au bord du Mékong – le seul de Kratie qui donne sur le fleuve – propose une carte variée de spécialités khmères abordables et de plats de viande internationaux. Un endroit formidable pour prendre un café ou une bière à tout moment de la journée !

Renseignements

La plupart des pensions citées plus haut sont en mesure de renseigner les voyageurs.
La You Hong II et la Silver Dolphin disposent d'un cybercafé.
Canadia Bank (rue Preah Suramarit ; ⏲8h30-15h30 lun-ven, DAB 24h/24). DAB avec retraits et change de devises.

Depuis/vers Kratie

Kratie se trouve à 250 km au nord-est de Phnom Penh (via la route pour Chhlong) et à 141 km au sud de Stung Treng.

PASSER AU VIETNAM : DE KRATIE À BINH LONG

Rejoindre la frontière Le **poste-frontière de Trapeang Sre/Loc Ninh** (⏲7h-17h) est pratique pour ceux qui souhaitent gagner le Vietnam directement depuis Kratie ou d'autres points au nord. De Sen Monorom, Kratie ou Kompong Cham, ralliez d'abord en bus, en minibus ou en taxi collectif la ville-carrefour peu recommandable de Snuol. Prenez ensuite une *moto-dop* (5 $US) pour les 18 km restants sur la NH74, bien lisse, en direction du sud-est.

À la frontière Vous devrez être en possession d'un visa pour entrer au Vietnam. Côté cambodgien, le visa peut être délivré à l'arrivée (20 $US).

Au-delà Binh Long, la ville vietnamienne la plus proche de la frontière, est à 40 km au sud. Des *moto-dop* stationnent à la frontière.

KOH TRONG, UNE ÎLE SUR LE MÉKONG

En face de Kratie, Koh Trong (កោះទ្រង), est un imposant banc de sable de 6 km situé au milieu du fleuve, accessible en bateau. Son vieux stupa et son village flottant comptent parmi ses principaux attraits, tout comme les rares spécimens de tortues de Cantor, géantes, que l'on peut apercevoir sur la rive ouest.

Des deux logements chez l'habitant de l'île, le meilleur est le **Koh Trong Community Homestay I** (matelas 4 $US/pers, ch 8 $US), dans une vieille maison en bois avec 2 bonnes chambres et des salles de bains modernes (toilettes avec siège). Il se trouve à 2 km au nord du quai du ferry près du Rajabori Villas – prenez un vélo, une *moto-dop* (1 $US) ou un char à bœufs. Le **Rajabori Villas** (012-770150 ; www.rajabori-kratie.com ; ch petit-déj inclus 60-200 $US ;), un lodge de charme qui comporte de jolis bungalows et une piscine, est sans conteste le plus bel hébergement de la région. Il est situé à la pointe nord de l'île, que l'on peut rejoindre en bateau privé depuis Kratie (4/5 $US par jour/nuit).

Pratiquement à côté, l'**Arun Mekong** (017 663014 ; www.arunmekong.wordpress.com ; ch 22-27 $US, bung 33 $US), un peu plus rustique, se distingue par des chambres et des bungalows meublés avec goût. L'électricité y fonctionne seulement de 18h à 23h.

Pour vous rendre à Koh Trong, prenez le petit ferry au port de Kratie (avec/sans vélo 2 000/1 000 r). On peut louer un vélo sur l'île (1 $US) ou en faire le tour à bord d'une *moto-dop* (2,50 $US) conduite par une femme, chose rare au Cambodge.

Phnom Penh Sorya (081 908005) assure 3 liaisons quotidiennes avec Phnom Penh (8 $US, 8 heures) par la route la plus lente (via Snuol). Sinon, un bus de cette compagnie en provenance du Laos passe à Kratie vers 15h30 et rejoint Phnom Penh plus rapidement par la route de Chhlong (8 $US, 6 heures). Il faut changer de bus à Skuon pour rejoindre Siem Reap.

Dans l'autre sens, le bus Sorya qui relie Phnom Penh à la ville laotienne de Pakse (16 $US, 8 heures) via Stung Treng prend des passagers à Kratie vers 11h30. Il y a aussi un bus à 13h pour Ban Lung (8 $US, 5 heures) et un à 15h pour Stung Treng (5 $US, 3 heures). Rith Mony (012-818737) a un bus/jour pour Ban Lung (8 $US, à 11h30).

Les minibus, qui viennent vous chercher à votre pension, sont le moyen le plus rapide et le plus confortable de rallier Phnom Penh (7 $US, 4 heures, environ 6/jour) ; ils effectuent aussi en général le transfert jusqu'à Sihanoukville. Il y a également un minibus à destination de Siem Reap (13 $US, 6 heures, 7h30). Des taxis collectifs (10 $US) partent également pour Phnom Penh, d'ordinaire entre 6h et 8h ; il peut y avoir quelques départs supplémentaires après le déjeuner.

Pour Sen Monorom, prenez un minibus local (30 000 r, 4 heures, 2-3 départs tôt le matin) à la station de taxis ou retournez à Soung et changez. Des minibus se rendent également à Ban Lung, surtout entre 11h et 14h.

Comment circuler

La plupart des pensions peuvent vous trouver un vélo (à partir de 1 $US) ou une moto (à partir de 5 $US) à louer. Un conducteur de *moto-dop* parlant anglais vous coûtera 10-15 $US/jour, un *tuk-tuk* environ 20 à 25 $US selon la destination.

Environs de Kratie

Phnom Sombok វត្តភ្នំហាន់ជ័យ

Cette petite colline, où se dresse un *vat* en activité, est située sur la route reliant Kratie à Kampi. On y découvre une vue splendide sur le Mékong. Il est possible de combiner son exploration avec une excursion pour observer les dauphins (comptez environ 2-3 $US de plus).

Sambor សំបូរ

Une florissante cité préangkorienne se développa sur le site de l'actuelle Sambor à l'époque de Sambor Prei Kuk et de l'empire du Chenla. Il n'en reste aujourd'hui aucun vestige, dans cette bourgade renommée dans la région pour son *vat* à 108 colonnes, le plus vaste du Cambodge, que les habitants ont surnommé **vat Sorsor Moi Roi** (le "temple aux Cent Colonnes"). Construit à l'emplacement d'un temple en bois du XIXe siècle, dont quelques piliers subsistent à l'arrière de l'édifice, c'est un lieu de pèlerinage régional.

Le **Mekong Turtle Conservation Centre** (☎012-712071 ; www.mekongturtle.com ; adulte/enfant 4/2 $US ; ⏲8h30-16h30) se trouve dans l'enceinte du temple. Créé par **Conservation International** (www.conservation.org), il abrite plusieurs espèces de tortues, dont la tortue de Cantor à carapace molle, une espèce rare qui ne fut découverte qu'en 2007 sur cette portion du Mékong. C'est l'une des plus grandes tortues d'eau douce : elle peut atteindre presque 2 m de longueur. Les petits sont élevés ici pendant 10 mois avant d'être relâchés. Les touristes peuvent participer à leur remise à l'eau certaines semaines en septembre et mai/juin. Consultez le site Internet pour connaître les dates exactes.

Sambor est à 35 km de Kampi : prenez la route en direction du nord jusqu'à Sandan, et bifurquez à gauche. Suivez ensuite la route, en bon état, sur 10 km.

Chhlong ឆ្លូង

Ville fluviale somnolente, Chhlong est à 31 km au sud de Kratie. Son principal attrait est l'ancienne résidence du gouverneur, une splendide demeure coloniale jaune et blanc au bord de l'eau. Ancien hôtel de charme haut de gamme, celle-ci est désormais fermée et se délabre. Quelques bâtiments coloniaux décrépits bordent le fleuve. Les amateurs d'architecture iront voir la maison aux Cent Piliers (1884), une demeure khmère en bois à 500 m au nord du Relais. Aux dires du propriétaire, les Khmers rouges ont retiré nombre de piliers, et il n'en reste plus que 56.

Chhlong mérite une petite visite si vous êtes motorisé et que vous passez par là, mais elle ne justifie guère une excursion spécifique depuis Kratie. Les cyclistes motivés seront peut-être séduits par l'ancienne route longeant le fleuve entre Kratie et Chhlong, qui traverse des villages traditionnels de la minorité cham.

PROVINCE DE STUNG TRENG

La province de Stung Treng (ខេត្តស្ទឹងត្រែង) sert de point de transit entre les destinations populaires du Ratanakiri et de la province de Kratie. Un nouveau pont sur le Mékong dans la ville de Stung Treng débouche sur la nouvelle route desservant à l'ouest la ville de Preah Vihear, ce qui réduit d'environ 4 heures le trajet Champasak (sud Laos)-Siem Reap – un itinéraire clé pour les *backpackers* en Asie du Sud-Est. Malheureusement pour Stung Treng, il est encore plus facile de la traverser sans s'y arrêter...

Cependant, grâce à l'augmentation du trafic, Stung Treng pourrait bientôt mettre à profit son potentiel touristique non négligeable. Elle est particulièrement attractive aux abords de la frontière laotienne, où l'on peut faire du kayak pour observer un groupe de dauphins de l'Irrawaddy, puis descendre un tronçon du Mékong de toute beauté à travers une forêt inondée. Plus au nord encore, les rapides qui s'écoulent depuis le Laos offrent une vision spectaculaire dans le prolongement des chutes de Khone. À l'est, le parc national de Virachey, accessible depuis la lointaine Siem Pang, attend les baroudeurs aguerris.

Stung Treng ស្ទឹងត្រែង

☎074 / 35 000 HABITANTS

Stung Treng est située sur les berges du Tonlé San, qui rejoint le puissant Mékong à la lisière de la ville. Cité paisible sans grand attrait, elle est traversée par un important trafic routier – vers le Laos au nord, Kratie au sud, le Ratanakiri à l'est et Siem Reap à l'ouest. Certains habitants appellent le Tonlé San le "Tonlé Sekong", car il conflue aussi avec le Tonlé Kong à 10 km à l'est de Stung Treng. Juste au nord du centre-ville, un grand pont enjambant le Tonlé San permet de rejoindre le Laos, au nord.

Stung Treng

LE MEKONG DISCOVERY TRAIL : À LA DÉCOUVERTE DU FLEUVE

Nous vous conseillons de rester quelques jours dans la région de Kratie pour explorer les différents itinéraires à vélo et découvrir les activités possibles le long du **Mekong Discovery Trail**. Cette initiative vise à développer le tourisme communautaire sur des portions du fleuve autour de Stung Treng et de Kratie. Auparavant géré par des institutions publiques, avec une aide au développement étrangère, le projet est désormais délégué à des agences de tourisme privées – principalement Xplore-Asia (p. 293) à Stung Treng et CRD Tours (p. 286) à Kratie.

Il mérite d'être soutenu, car il a pour but de fournir une autre activité aux pêcheurs afin de protéger le dauphin d'eau douce de l'Irrawaddy et d'autres espèces rares du fleuve.

Une bonne brochure contenant des cartes détaille des excursions autour de Kratie et de Stung Treng. Toutefois, vous aurez du mal à vous en procurer un exemplaire : demandez aux tour-opérateurs si vous pouvez photographier le leur. Les itinéraires, à parcourir à vélo ou à moto, permettent aux voyageurs de partir pour quelques heures ou plusieurs jours à la découverte de la vie rurale, en faisant éventuellement des haltes dans les villages pour dormir chez l'habitant. Le parcours comprend de fréquents trajets en ferry et inclut plusieurs îles du Mékong, dont Koh Trong (p. 289).

À voir et à faire

Des excursions à la journée pour observer les dauphins et faire du kayak près de la frontière laotienne sont possibles depuis Stung Treng.

Thala Barivat TEMPLE

(ថាឡាបរិវ៉ាត់). Ce monument délabré est situé de l'autre côté du nouveau pont sur le Mékong. La visite ne s'impose pas pour le touriste lambda, mais les amateurs de temples l'incluront dans leur itinéraire. À l'époque du Chenla, la ville de Thala Barivat était un important carrefour marchand sur la route fluviale qui reliait la cité antique de Champasak et le lieu saint du *vat* Phu avec les villes de Sambor Prei Kuk (Isanapura) et d'Angkor Borei. Il ne reste plus grand-chose de ce passé glorieux.

Mekong Blue SOIE

(មេគង្គប៊្លូ ; 012-622096 ; www.mekongblue.com ; 7h30-11h30 et 14h-17h lun-sam). Mekong Blue est un atelier de tissage de la soie situé à la lisière de la ville, qui fait partie du Women's Development Centre de Stung Treng. Il est spécialisé dans la fabrication d'articles en soie, destinés à la vente dans le pays et à l'exportation, et on peut y voir à l'œuvre les teinturières et les tisserandes, dont la plupart sont issues de milieux défavorisés. Le centre est à environ 4 km à l'est du centre-ville, sur la route qui longe le fleuve et passe sous le pont. Mekong Blue comprend une petite boutique de soieries, ainsi qu'un café – à moins d'avoir réservé un repas, vous ne pourrez y prendre que des boissons fraîches.

Stung Treng

Où se loger
1 Golden River Hotel B1
2 Riverside Guesthouse B1

Où se restaurer
3 Dara Canteen B1
4 Ponika's Palace B1

Renseignements
Riverside Guesthouse .... (voir 2)

Où se loger

Le Tonlé Tourism Training Centre PENSION $

(074-973 638 ; www.letonle.org ; s 6-10 $US, d 8-12 $US ;). Sur un site ombragé au bord du fleuve, à 500 m à l'ouest du port, cette petite pension se double d'un centre de formation aux métiers du tourisme à destination des personnes défavorisées. Les 4 chambres simples, joliment meublées, partagent une salle de bains immaculée et un balcon confortable avec vue sur le Tonlé San. Des repas savoureux peuvent être commandés à l'avance.

Riverside Guesthouse PENSION $

(012-257257 ; kimtysou@gmail.com ; ch 5-8 $US ; @). Cette pension très appréciée des voyageurs domine les bords du fleuve. Les chambres sont basiques et les prix modiques. Bar-restaurant animé au rez-de-chaussée ; quantité d'informations touristiques.

Mekong Bird Lodge BUNGALOWS $
(☎ 012-796699 ; s/d/lits jum 13/15/18 $US). Cet "écolodge" surplombe un bras paisible du Mékong, à 4 km au nord de la ville, dans un lieu propice à l'observation des oiseaux. Entouré d'un jardin tropical luxuriant, l'ensemble est fort rustique. Les robustes bungalows en bois, spacieux et parfumés, ont une terrasse avec vue sur le soleil couchant, mais manquent de mobilier. Demandez une moustiquaire. Pour y accéder, prenez à gauche au panneau situé à 4 km au nord du pont du Tonlé San, puis poursuivez sur 1,5 km.

Golden River Hotel HÔTEL $$
(☎ 074-6900029 ; www.goldenriverhotel.com ; ch 15-35 $US ; ❄@📶). Cet hotel, avec ses 50 chambres bien équipées (eau chaude dans les salles de bains, réfrigérateurs, TV) est la meilleure adresse de Stung Treng. Les chambres avec vue sur le fleuve coûtent quelques dollars de plus.

Où se restaurer

Sur la promenade qui longe le fleuve, à l'ouest du quai du ferry, des marchands ambulants vendent des bières fraîches et des soupes de nouilles jusqu'à tard le soir.

Ponika's Place INTERNATIONAL $
(Plats 2-5 $US ; ⏲6h-22h). Si vous rêvez de cuisine occidentale, il n'y a pas mieux. Les hamburgers, pizzas et petits-déjeuners anglais côtoient, sur la carte, des plats indiens et de succulents curries cambodgiens. L'affable Ponika parle anglais. Bière fraîche disponible !

Dara Canteen INTERNATIONAL $
(Plats 2-5 $US ; ⏲7h-21h). Sa baguette, son filet mignon (5 $US) et sa direction francophone en font le repaire des voyageurs français.

Renseignements

Canadia Bank (⏲8h30-15h30 lun-ven, DAB 24h/24). Dispose d'un DAB international.

Centre d'information touristique (☎ 074-210001 ; ⏲8h-11h et 14h-17h). Mal situé près du pont Tonlé San, l'endroit est rarement ouvert.

Rany Neh Internet (4 000 r/heure ; ⏲7h-20h). Accès Internet.

Riverside Guesthouse (☎ 012-257207 ; kimtysou@gmail.com). Spécialisée dans le transport des personnes depuis/vers le Laos,

PASSER AU LAOS : DE STUNG TRENG À DON DET

Rejoindre la frontière Fréquenté par les voyageurs qui parcourent l'Indochine, le lointain **poste-frontière de Trapeang Kriel-Nong Nok Khiene** (⏲6h-18h), à 60 km au nord de Stung Treng, a longtemps voisiné avec un point de passage fluvial, aujourd'hui supprimé. Un bus Phnom Penh Sorya Transport, qui fonctionne en partenariat avec la compagnie laotienne Sengchalean basée à Pakse, rallie directement la gare routière de Pakse, à 2 km du centre, depuis Phnom Penh (27 $US, 12-14 heures). Le départ a lieu à 6h45 ; il est possible d'embarquer à Kompong Cham (vers 9h30), Kratie (vers 11h30) ou Stung Treng (vers 15h). Dans l'autre sens, le bus quitte Pakse à 7h30. On peut aussi rejoindre le Laos depuis Siem Reap en changeant à Soung. La seule autre possibilité pour gagner la frontière consiste à prendre un taxi privé (35-40 $US) ou une *moto-dop* (environ 15 $US) à Stung Treng.

À la frontière Les visas laotien et cambodgien peuvent être obtenus à l'arrivée. Au Laos, vous payerez 35-42 $US selon votre nationalité, plus 2 $US (pour "heures supplémentaires" ou "frais de procédure" selon le moment où vous traverserez la frontière) en entrant et en sortant du pays.

Au Cambodge, le montant officiel du visa (20 $US) est majoré de 5 $US, le "prix du thé" pour les malheureux gardes stationnés si loin de tout. Les Cambodgiens facturent aussi 2 $US pour une visite médicale superficielle à l'entrée et 2 $US de frais de procédure à la sortie. Ils y renonceront si vous protestez, mais le bus risque de repartir sans vous. Les compagnies de bus demandent par ailleurs 1-2 $US supplémentaires pour s'occuper des formalités. Si vous ne voulez pas payer, insistez pour le faire vous-même et franchissez seul le bureau de l'immigration.

Au-delà En dehors des bus Phnom Penh Sorya, il n'y a quasiment aucun trafic de part et d'autre de la frontière. Si l'on vous dépose là, comptez 150 000/50 000 kip (12/4 $US) en taxi/*săhm-lór* jusqu'à Ban Nakasang (pour Don Det), au nord.

Siem Reap et autres. Également : excursions en bateau à la frontière laotienne en passant par la colonie de dauphins (100/120 $US pour 2/4 pers). Des guides anglophones proposent des circuits à moto dans la province.

Xplore-Asia (☎ 011-433836 ou 074-973456 ; www.xplore-cambodia.com). Conseils, brochures et circuits sur mesure d'un à plusieurs jours combinant vélo et kayak sur le Mekong Discovery Trail (p. 291), notamment pour observer des dauphins. Également : location de kayaks (10 $US/jour), de motos (10 $US) et de robustes VTT Trek (5 $US).

ℹ Depuis/vers Stung Treng

La NH7 qui dessert la frontière laotienne, au nord, est aujourd'hui en bon état. On ne peut pas en dire autant de la portion qui va au sud vers Kratie.

Les minibus express qui viennent chercher les passagers à leur hôtel dès 4h constituent le moyen le plus rapide de rallier Phnom Penh (10-13 $US, 8 heures). Réservez par l'intermédiaire de la Riverside Guesthouse.

Un bus **Phnom Penh Sorya** (☎ 092 181805) part à 6h30 pour Phnom Penh (10 $US, 9 heures) via Kratie (5 $US, 3 heures) et Kompong Cham (8 $US, 6 heures). Le bus de la compagnie qui relie le Laos à Phnom Penh marque l'arrêt à Stung Treng vers 11h30. Des minibus locaux pour Kratie circulent régulièrement jusqu'à 14h depuis les abords du marché.

Un confortable minibus touristique dessert Ban Lung (6 $US, 2 heures, à 8h), de même que des minibus locaux le matin au départ du marché (5 $US, 3 heures).

La nouvelle route en direction de l'ouest qui relie Thala Barivat à la ville de Preah Vihear via Chhep est impeccable. **Asia Van Transfer** (☎ à Siem Reap 063-963853 ; www.asiavantransfer.com) a un minibus express quotidien pour Siem Reap (23 $US, 5 heures, à 14h) via la ville de Preah Vihear (12 $US, 3 heures).

La Ponika's Place loue des vélos (1-2 $US), de même que la Riverside Guesthouse qui fournit également des motos (à partir de 5 $US).

Environs de Stung Treng

Outre le programme de logement chez l'habitant de Preah Rumkel, il existe d'autres initiatives de tourisme villageois intéressantes, en particulier à O'Russey Kandal et à Koh Preah, respectivement à 28 et à 15 km au sud de Stung Treng. Dans les deux cas, de nombreuses excursions et activités sont proposées, ainsi que du bénévolat. Contactez **Mlup Baitong** (☎ 012-899471 ; www.mlup-baitong.org) à Stung Treng pour tout renseignement sur O'Russey Kandal, et le CRDT (p. 286) à Kratie au sujet de Koh Preah. Xplore-Asia (ci-contre) peut organiser des itinéraires avec hébergement chez l'habitant.

Preah Rumkel ព្រះរំកិល

Cette petite localité est un foyer de l'écotourisme grâce à la présence de dauphins d'eau douce de l'Irrawaddy dans le bassin d'Anlong Cheuteal (appelé Boong Pa Gooang au Laos), non loin de la frontière avec le Laos. Avec ses zones humides reconnues par la convention de Ramsar (www.ramsar.org), ses dizaines d'îles, une riche avifaune et divers rapides et chutes d'eau qui s'écoulent depuis le Laos, il s'agit de l'un des tronçons les plus sauvages et les plus beaux du Mékong.

La demi-douzaine de dauphins qui s'ébattent dans le bassin peuvent facilement être aperçus depuis la rive à Preah Rumkel, où un excellent projet de **logement chez l'habitant** (☎ 011-899891 ; mlup@online.com.kh ; 3 $US/pers, plus 3 $US/repas) a été mis en place. Chaque visiteur doit payer 2 $US pour voir les cétacés.

De Preah Rumkel, on peut entreprendre l'ascension d'une montagne voisine ou faire une excursion en bateau et à pied jusqu'aux tumultueux rapides du Mékong, particulièrement spectaculaires à la saison humide.

On peut aisément louer des *long-tail boats* traditionnels à O Svay ou, plus près de la frontière, à Anglong Morakot, pour explorer la région et observer les dauphins d'Anlong Cheuteal. Il vous en coûtera la somme négociable de 25 $US aller-retour jusqu'à Preah Rumkel et au bassin. Vous devrez ajouter 10 $US pour poursuivre en amont jusqu'aux rapides. Anlong Morakot étant à 4 km seulement de la frontière, les voyageurs en provenance du Laos peuvent s'y rendre en 10 minutes à l'arrière d'une *moto-dop* (environ 2 $US). Vous devrez organiser le transport jusqu'à Stung Treng à la frontière, à moins de réserver à l'avance par l'intermédiaire de la Riverside Guesthouse (p. 291) ou de Xplore-Asia (ci-contre) à Stung Treng. Ces compagnies peuvent également s'occuper du trajet en *moto-dop* et en bateau de la frontière à Preah Rumkel. En taxi, prévoyez environ 45 $US entre ce secteur et Stung Treng.

Mieux encore, en passant par Xplore-Asia, vous pourrez pagayer en kayak jusqu'aux dauphins et rejoindre O'Svay en aval ou bien traverser les forêts inondées pleines d'oiseaux jusqu'à Stung Treng. Une journée d'excursion en kayak au sud d'O'Svay revient à 65 $US/personne. Comptez 20 $US de plus pour remonter le Mékong jusqu'au bassin des dauphins et aux rapides.

Siem Pang សៀមប៉ាង

5 000 HABITANTS

Cette localité assez prospère, aux confins nord de la province, s'étend sur environ 6 km le long du Tonlé Kong. C'est un endroit rêvé pour découvrir la vie rurale et se délasser au bord de l'eau. Profitez-en !

Réputée pour sa faune, Siem Pang est le point d'accès occidental au parc national de Virachey (p. 302). L'ibis géant et l'ibis de Davison, deux oiseaux devenus rares, nichent dans le secteur. Adressez-vous à la Theany Guesthouse pour obtenir un permis (de préférence bien à l'avance) et engager un guide.

BirdLife International (☎097-9745966, à Phnom Penh 023-993631 ; www.birdlife.org) gère une station de nourrissage des vautours qui attire les trois espèces menacées du Cambodge. Conçue pour la recherche plutôt que pour le tourisme, celle-ci accepte cependant les visiteurs lors du nourrissage bimensuel des volatiles. L'opération consiste à déposer la carcasse d'un buffle d'eau ou d'une vache dans un champ, à proximité d'un affût permettant l'observation des animaux. On peut aussi vous organiser une visite privée, moyennant la somme de 300 $US.

Un ferry achemine passagers (1 000 r) et motos (2 500 r) de l'autre côté du fleuve, où débute la piste pittoresque menant à Veun Sai (p. 301), dans le Ratanakiri. La **Theany Guesthouse** (☎077-257773 ; ch 7,50-10 $US) loue des motos (70 $US, rapatriement du véhicule jusqu'à Siem Pang compris) pour le trajet aller, ainsi que des chambres sans prétention dans une maison traditionnelle en bois. Les chambres à l'étage sont moins chères mais la véranda apporte une brise agréable.

Entre Siem Pang et Stung Treng, des vans circulent régulièrement le matin et plus sporadiquement l'après-midi (5 $US, 2 heures 30). De Stung Treng, suivez la NH7 vers le nord sur 50 km, puis tournez à droite sur une piste assez sablonneuse et roulez pendant 52 km. Il n'y a plus de bateaux publics le long du Tonlé Kong depuis/vers Stung Treng.

LA GIBBON EXPERIENCE CAMBODGIENNE

Dans la région du Mékong, de nombreuses agences proposent des circuits dont le nom comporte le mot "gibbon", mais sans aucune garantie de voir des singes. En revanche, au Ratanakiri vous pourrez observer ces primates dans leur milieu naturel.

Mis en place par Conservation International (CI ; www.conservation.org), en lien avec des communautés locales, **Veun Sai Gibbon Ecotours** (☎097-752 9960 ; www.cambodiangibbons.com) projet d'écotourisme communautaire (Community-based Ecotourism Project, CBET) est implanté dans la réserve de Veun Sai-Siem Pang (Veun Sai-Siem Pang Conservation Area ; VSSPCA), juste à la lisière du parc national de Virachey au nord de Veun Sai. Les participants passent au moins une nuit au cœur de la jungle, dans des hamacs ou chez l'habitant, et se lèvent bien avant l'aube pour rencontrer des gibbons du Nord à joues beiges semi-habitués à l'homme. Cette espèce n'a été découverte qu'en 2010 et sa population à Veun Sai serait l'une des plus importantes, soit quelque 500 groupes. Voir ces gibbons réveiller la jungle à l'aube avec leurs cris lancinants et évoluer dans la canopée est une expérience inoubliable. Les excursions donnent l'occasion de découvrir la forêt dense, la savane, des cours d'eau et des cascades, et de visiter des villages kavet et lao.

CI travaille en exclusivité avec le village proche du site. La saison pour observer les primates va de novembre à mi-juin, car le climat est trop humide le reste de l'année. Les visites se font par groupes de 6 personnes maximum. Il vous en coûtera de 100 à 200 $US/personne pour deux jours et une nuit, selon le nombre de participants et le tour-opérateur choisi. Le prix comprend le droit d'entrée à la réserve, le guide, l'hébergement chez l'habitant et en camp, et les repas. La plupart des compagnies à Ban Lung vendent ces excursions pour le compte de CI. Renseignez-vous auprès du CBET.

Les bénéfices sont destinés à des projets de préservation de la forêt et de développement. Il s'agit d'une manière très enrichissante de contribuer à la préservation de la nature et au développement des communautés du nord-est du Cambodge.

PROVINCE DU RATANAKIRI

La province du Ratanakiri (ខេត្តរតនគិរី) est réputée pour la beauté de ses sites naturels isolés où vivent plusieurs minorités. Les Jarai, les Tompuon, les Brau, les Kavet et les Kreung sont des Khmers Leu ("Khmers d'en haut") qui ont chacun leur propre langue et leurs traditions. Elle compte aussi une importante population lao. De ce fait, on peut entendre des langues variées dans des bourgades comme Voen Sai.

Les activités de plein air ne manquent pas : baignades dans des lacs de cratère aux eaux cristallines, douches sous les cascades, treks dans l'immense parc national de Virachey... Le tourisme est voué à prendre de l'essor. Malheureusement, la bataille pour la terre se fait âpre, et les minorités qui pratiquent la culture sur brûlis, caractérisées par leur attachement à la propriété collective, perdent du terrain. La forêt, qui disparaît à un rythme alarmant, est remplacée par des plantations d'hévéas, d'anarcadiers et de café.

Les mines de pierres précieuses tiennent une place de choix dans l'économie du Ratanakiri – dont le nom signifie "colline des pierres précieuses". On y extrait notamment des zircons de bonne qualité, de même que d'autres gemmes semi-précieuses. Les prix sont plus bas qu'en Occident, mais ne vous laissez pas abuser : les escroqueries aux pierres précieuses ne datent pas d'hier.

Dans toute la province, les routes, envahies d'une poussière ocre qui colle aux cheveux et à la peau durant la saison sèche et se transforme en boue à la saison humide, sont en mauvais état. Elles sont dans leur condition optimale en novembre.

Ban Lung

បានលុង

☎075 / 40 000 HABITANTS

Baptisée *dey krahorm* ("terre rouge") en raison de la poussière qui envahit la végétation, Ban Lung est une ville animée et populaire. Si elle n'a pas le charme tranquille de Sen Monorom, dans le Mondolkiri, elle constitue une base de choix pour faire des excursions vers des sites proches, comme le Boeng Yeak Lom, et pour rayonner dans toute la province. Les minorités des villages viennent au marché pour acheter ou écouler des marchandises.

À voir et à faire

Le site phare de la région, le Boeng Yeak Lom, se trouve à la périphérie de la ville. Les treks de plusieurs jours rencontrent un succès croissant dans la région. Les balades à dos d'éléphant proposées à proximité des chutes de Ka Tieng ne sont pas recommandées, en raison des traitements infligés aux animaux (p. 284). Pour rencontrer des pachydermes, attendez plutôt d'être au Mondolkiri, où vous pourrez marcher en leur compagnie (p. 308).

Boeng Yeak Lom LAC

(បឹងយក្សឡោម ; 1 $US). La zone protégée de Yeak Lom cache, au milieu d'une jungle épaisse, un joli lac de cratère aux eaux bleutées. Étonnamment circulaire, il daterait d'il y a 700 000 ans, et certains pensent qu'il résulte de l'impact d'une météorite. Depuis très longtemps, Yeak Lom est un lieu sacré pour les ethnies locales, et leurs légendes évoquent de mystérieuses créatures qui peuplent les eaux du lac. Mais que cela ne vous empêche pas de vous baigner ! C'est l'un des sites les plus paisibles du Cambodge, et la transparence de l'eau offre une visibilité parfaite. Plusieurs pontons en bois facilitent la baignade.

Un petit centre environnemental et culturel fournit des informations sur les minorités ethniques de la province ; on peut aussi y louer des gilets de sauvetage pour les petits.

La gestion de la zone a été attribuée aux Tompuon pour 25 ans, soit jusqu'en 2021, et les recettes vont au développement économique des villages environnants. Toutefois, des promoteurs soutenus par des politiciens locaux s'emploient activement pour faire annuler ce bail. Espérons qu'ils n'y parviennent pas et que le Boeng Yeak Lom conserve sa splendeur originelle, chose rare au Cambodge.

Le Boeng Yeak Lom est à 5 km à l'est du rond-point central de Ban Lung. Sur la route de Bokheo, tournez à droite à hauteur de la statue des minorités et continuez sur 2 km. Comptez 4 à 5 $US environ l'aller-retour en *moto-dop*, davantage si vous demandez au chauffeur de vous attendre, et jusqu'à 10 $US en *tuk-tuk*. À pied, prévoyez 1 heure pour rejoindre le lac depuis Ban Lung.

Chutes d'eau CASCADES/SITES NATURELS

(2 000 r par chute). Juste à l'ouest de Ban Lung (20 minutes en *moto-dop*), au milieu de vastes plantations d'anacardiers et d'hévéas,

Ban Lung

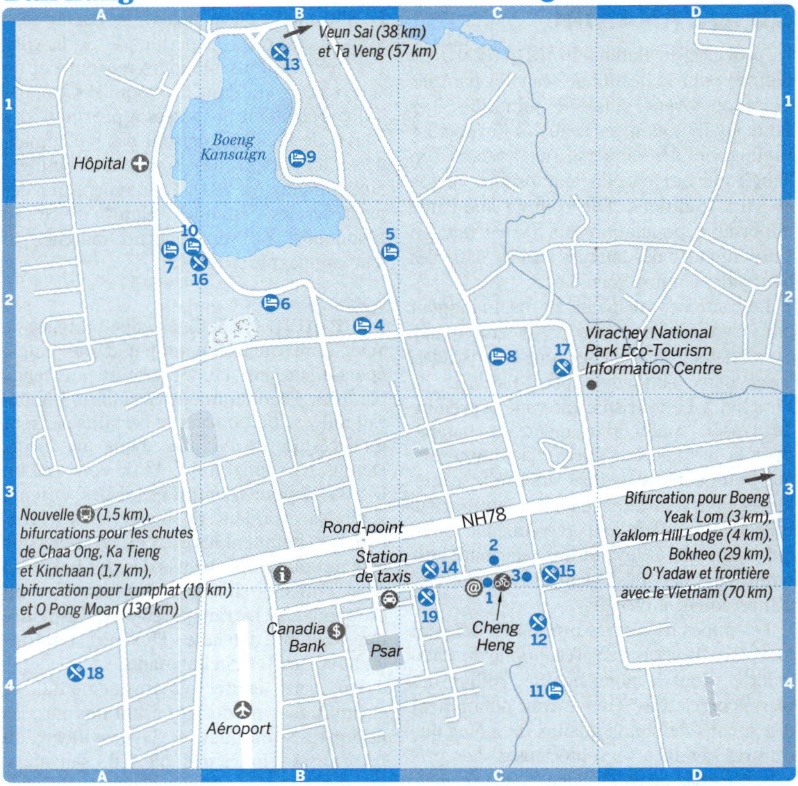

trois chutes d'eau justifient le détour : celles de **Chaa Ong**, de **Ka Tieng** et de **Kinchaan** (Kachang). Toutes sont généralement incluses dans les excursions d'une demi-journée ou d'une journée proposées par les tour-opérateurs.

Chaa Ong, la plus haute (25 m) et la plus spectaculaire, coule dans une gorge en pleine jungle. On peut grimper derrière la chute, et même s'aventurer au-dessous pour une douche très tonique ; elle est asséchée de janvier à mai environ. Ka Tieng est la plus agréable : elle déverse ses eaux par-dessus une saillie rocheuse derrière laquelle on peut se glisser. De l'autre côté, des lianes suffisamment solides permettent de se prendre pour Tarzan. Le site de Kinchaan, sur fond de jungle, est impressionnant ; quelques bassins permettent de se baigner.

La route qui mène aux chutes est située à 200 m à l'ouest de la nouvelle gare routière, après la station-service Lina ; le panneau se

Ban Lung

Activités

1 DutchCo Trekking Cambodia.............C3
2 Highland Tours.............C3
3 Parrot Tours.............C3

Où se loger

4 Backpacker Pad.............B2
5 Banlung Balcony.............B2
6 Flashpacker Pad.............B2
7 Lakeside Chheng Lok Hotel.............A2
8 Ratanak Sombath Hotel.............C2
9 Terres Rouges Lodge.............B1
10 Thy Ath Lodge.............A2
11 Tree Top Ecolodge.............C4

Où se restaurer

12 Cafe Alee.............C4
13 Coconut Shake Restaurant.............B1
14 Everest.............C3
15 Green Carrot.............C3
16 Pteas Bay Khmer.............A2
17 Rith Any Banh Chav.............C2
18 Sal's Restaurant & Bar.............A4
19 Taman.............C4

distingue à peine. Pour rejoindre Chaa Ong, empruntez la piste qui part du côté droit (nord) de la NH19 et roulez pendant 5,5 km. Pour les deux autres, prenez l'embranchement sur la gauche de la NH19 et parcourez 5,5 km jusqu'à une fourche. Celle-ci conduit à gauche jusqu'à Kinchaan (200 m) et à droite jusqu'à Ka Tieng (2,5 km).

Les trois sites sont accessibles toute l'année, mais réfléchissez à deux fois avant d'effectuer le trajet à moto pendant la saison des pluies, car les pistes en terre rouge deviennent extrêmement glissantes quand elles sont détrempées et vous risquez fort de chuter. Des *moto-dop* (1/3 cascades 6/10 $US aller-retour) et des *tuk-tuk* (10/20 $US) vous conduiront sur place en toute sécurité.

Circuits organisés

Les treks avec nuit de camping ou chez l'habitant au nord de Veun Sai ou de Ta Veng remportent un certain succès. Les circuits d'une journée incluent habituellement la visite des chutes d'eau, du Boeng Yeak Lom, de villages de minorités et de mines de pierres semi-précieuses, ainsi qu'une promenade à dos d'éléphant et des marches dans la jungle. Tablez sur 45-50 $US par personne et par jour pour 2 participants ; les tarifs baissent pour les groupes.

La randonnée dans le parc national de Virachey est le domaine exclusif du Virachey National Park Eco-Tourism Information Centre (p. 300). Des tour-opérateurs privés proposent des treks de plusieurs jours, mais ils ne dépassent pas la zone tampon du parc. Certains vous font même tourner en rond dans la parcelle de forêt subsistant à l'extérieur : méfiance ! Néanmoins, bien qu'interdits d'accès à Virachey, les prestataires privés peuvent quand même organiser des randonnées originales, vers des villages de minorités et des sites dignes d'intérêt.

Certains hébergements en ville, comme le Backpacker Pad (Backpacker Banlung Tours), le Tree Top Ecolodge (Smiling Tours), le Lodge des Terres Rouges (qui emploie des guides francophones) et le Yaklom Hill Lodge organisent des randonnées valables. Il existe aussi plusieurs agences de voyages spécialisées.

Highland Tours CIRCUITS

(☎097-6583841 ; highlandtourbanlung.wordpress.com, highland.tour@yahoo.com). Kimi et Horng organisent des excursions à la journée, de même qu'un circuit de plusieurs jours d'I Tub (au nord-ouest de Veun Sai) à Siem Pang à vélo, puis jusqu'à Stung Treng en bateau. Horng est l'unique femme guide du Ratanakiri.

TREKKING RESPONSABLE DANS LE RATANAKIRI

Les treks dans le Ratanakiri remportent actuellement un grand succès. Les randonneurs aguerris marchent jusqu'à 8 jours. Ils dorment la nuit dans des hamacs de type militaire, pour explorer l'une des dernières forêts vierges du Cambodge dans le parc national de Virachey et ses environs.

Pour les treks et les autres excursions organisées autour de Ban Lung, nous vous recommandons, si possible, de recourir aux services de guides issus des minorités. Ils parlent les dialectes locaux et peuvent obtenir l'autorisation de visiter des cimetières interdits d'accès à leurs homologues khmers. Leur niveau d'anglais est faible, à de rares exceptions près (Khieng p. 298). Si vous avez besoin d'une personne pour dialoguer avec vous, la solution consiste (si vous en avez les moyens) à partir avec deux guides : un khmer francophone (ou anglophone) et un issu d'une minorité.

Adressez-vous pour cela à l'association des guides tompuon, basée au Boeng Yeak Lom. Vous devrez vous présenter sur place car ils n'ont ni téléphone ni e-mail. L'association conduit également des circuits exclusifs dans plusieurs villages tompuon aux alentours du lac. Ceux-ci permettent d'observer le travail des tisserands et des vanniers, d'en apprendre davantage sur les traditions animistes et de goûter un repas traditionnel, composé de poisson cuit à la vapeur dans un bambou, de légumes, de riz et d'alcool de riz.

Parmi les tour-opérateurs privés, seul le Yaklom Hill Lodge (p. 298) emploie un guide tompuon à plein-temps. Vous devrez préciser que c'est à lui que vous souhaitez avoir à faire. L'équipe du parc national de Virachey a aussi quelques guides et des porteurs issus des minorités. Les compagnies listées dans la rubrique *Circuits organisés* peuvent vous orienter vers des guides tompuon à la demande.

Khieng CIRCUITS
(☎097-9230923 ; khamphaykhieng@yahoo.com). Khieng, un guide tompuon, conduit des excursions originales d'une ou deux nuits dans une portion de jungle assez bien préservée autour de Lumphat, avec hébergement dans des villages de minorités ethniques. Ses tarifs sont bon marché et il semble réellement soucieux de voir l'argent revenir aux communautés tompuon. Aussi, montrez-vous généreux côté pourboire ! Khieng dispose par ailleurs d'une remarquable carte du Ratanakiri dessinée à la main. Vous le trouverez souvent au Boeng Yeak Lom.

DutchCo Trekking Cambodia CIRCUITS
(☎097-6792714 ; www.trekkingcambodia.com). Cet organisme de trekking, l'un des plus expérimentés de la province, est géré par un charmant couple de Néerlandais. Parmi les nombreuses formules, il propose des treks de 4-5 jours dans des villages kavet et des forêts communautaires au nord de Veun Sai, ainsi que des excursions de 1 ou 2 jours autour de Kalai, au sud de Veun Sai.

Parrot Tours CIRCUITS
(☎012-764714 ou 097-4035884 ; jungletrek.wix.com/parrot-tours#!). Sitha Nan, un guide agréé des parcs nationaux, connaît bien la région. Il propose des treks avec nuit sur place dans des forêts peuplées de gibbons, au nord d'I Tub.

Où se loger

Il existe quantité d'hôtels ordinaires, de plusieurs étages, installés près du marché ; mais aucun ne mérite d'être mentionné.

♥ **Tree Top Ecolodge** BUNGALOWS $
(☎012-490333 ; www.treetop-ecolodge.com ; d 7 $US, bungalow eau froide/chaude 12/15 $US ; 📶). Le Tree Top de "Mr T" est l'un des meilleurs hébergements du l'"Est sauvage" cambodgien. Des passages en bois conduisent à de grands bungalows avec moustiquaires et toits de chaume, prolongés par des vérandas dotées de hamacs donnant sur la vallée verdoyante. Le restaurant, qui surplombe un ravin luxuriant, jouit d'une vue superbe sur la colline au-delà. Nombreuses informations à jour pour les voyageurs – surtout pour ceux qui vont au Laos.

Banlung Balcony PENSION $
(☎097-8097036 ; www.balconyguesthouse.net ; Boeng Kansaign ; d 4-7 $US ; @📶). Cet établissement demeure l'une des meilleures adresses pour les petits budgets à Ban Lung. Quoique sommaires, les chambres ont une belle hauteur de plafond et du parquet. Les hôtes profitent d'une grande terrasse commune et le pub-restaurant (billard) prépare une cuisine correcte.

Backpacker Pad AUBERGE DE JEUNESSE $
(☎088-9441616 ; banlungbackpackerpad@yahoo.com ; dort 2 $US, d sans/avec sdb 4/5 $US ; 📶). Petites chambres et dortoirs à bas prix : c'est l'établissement le plus économique de la ville. Le confortable espace commun est idéal pour rencontrer d'autres voyageurs. Sophat, le propriétaire, qui dirige un tour-opérateur, est une mine de renseignements.

Flashpacker Pad HÔTEL $
(☎093-785259 ; flashpackerpad@gmail.com ; Boeng Kansaign ; ch avec ventil/clim à partir de 7/9 $US ; ❄📶). Cette adresse pour *flashpackers* (voyageurs sac au dos "aisés") offre quelques touches de "luxe" : TV, broderies sur les dessus-de-lit blancs… Optez pour une chambre avec vue pour contempler les brumes matinales sur le lac. Bonnes infos sur les circuits et les transports. Très bon rapport qualité/prix.

Lakeside Chheng Lok Hotel HÔTEL $
(☎012-957422 ; lakeside.chhenglokhotel@gmail.com ; Boeng Kansaign ; ch avec ventil/clim à partir de 5/15 $US ; ❄@📶🏊). Ces dernières années, le Lakeside s'est adjoint une piscine, une grande nouvelle aile et une seconde enseigne. Les clients ont le choix entre des grandes chambres climatisées assez impersonnelles et des chambres spartiates (avec ventilateur).

Thy Ath Lodge HÔTEL $
(☎017-386396 ; thy.ath.lodge@gmail.com ; Boeng Kansaign ; ch 15-25 $US). On se sent comme chez soi dans ce lodge au bord du lac tenu par une famille sympathique ! Les chambres sont spacieuses et aérées et il y a même des cottages sur le devant – une affaire, à 25 $US !

Yaklom Hill Lodge ÉCOLODGE $
(☎011-725881 ; www.yaklomresort.com ; s/d/tr 15/20/30 $US). 🍃 À 5 km à l'est de la ville, au cœur d'une jungle luxuriante près du Boeung Yeak Lom, cet écolodge qui emploie des Tompuon se compose de charmants bungalows en bois un peu vieillots. Un groupe électrogène permet de profiter de douches chaudes de 18h à 21h. Des sentiers de randonnée mènent au lac et au-delà. Le petit-déjeuner est inclus en basse saison (uniquement).

LE RESPECT DES MORTS

Les *chunchiet* (minorités ethniques) du Ratanakiri enterrent leurs morts dans la jungle et sculptent des statues à l'effigie des défunts pour garder les tombes.

À l'issue d'une longue période de deuil, les villageois organisent une grande cérémonie au cours de laquelle on ajoute au tombeau deux défenses d'éléphant en bois. La jungle a repris ses droits sur certaines sépultures très anciennes. Des tombes plus récentes, sépultures de personnes aisées, ont été coulées en béton. Elles comportent, par exemple, la représentation de lunettes de soleil ou d'un téléphone portable.

Parmi les nombreux cimetières disséminés dans les forêts de la province, la plupart sont strictement interdits d'accès aux visiteurs. On ne peut y pénétrer qu'avec l'accord du chef du village et, de préférence, en compagnie d'un habitant. Si vous avez la chance d'en visiter un, ne touchez à rien, comportez-vous de façon respectueuse et demandez la permission avant de prendre des photos. On rapporte hélas que des touristes ignorent délibérément les panneaux en anglais leur demandant de rester à l'écart des lieux de sépulture. Pire, des collectionneurs d'art et des anthropologues amateurs, sans scrupule, auraient acheté des sculptures funéraires anciennes à des villageois dans le besoin.

Ratanak Sombath Hotel HÔTEL **$$**
(☎075-6555556 ; ratanaksombathhotel@gmail.com ; 15-35 $US ; 🏊). Cet établissement est un des nouveaux hôtels installés dans des immeubles de quelques étages qui surgissent dans la ville. Doté de chambres spacieuses et bien équipées (minibar, coffre...), il offre un excellent rapport qualité/prix. Il dispose même d'une piscine, mais qui est très fréquentée le week-end.

♥ **Lodge des Terres Rouges** BOUTIQUE-HÔTEL **$$**
(☎075-974051 ; www.ratanakiri-lodge.com ; Boeng Kansaign ; petit-déj inclus s/d 46/52 $US, ste 86-92 $US ; ❄@📶🏊). Malgré la concurrence, cet hébergement demeure l'une des adresses les plus charmantes de la région. Les chambres (avec ventilateur) sont situées dans la villa principale, l'ancienne résidence du gouverneur, décorée de meubles cambodgiens anciens et d'objets tribaux, et prolongée par une grande terrasse couverte commune. Les suites consistent en de spacieux bungalows de style balinais, posés dans l'agréable jardin.

Si vous voyagez avec des enfants et/ou recherchez davantage de confort (spa, sauna khmer, piscine et terrain de pétanque) à Ban Lung, inutile d'aller plus loin.

Ratanak Resort BOUTIQUE-HÔTEL **$$**
(☎092-244114 ; www.ratanakresort.com ; ch 39-100 $US ; 🏊). À quelques kilomètres de la ville, sur un promontoire proche du lac Yeak Lom, cet élégant *resort* propose des bungalows haut de gamme tout en bois. Les chambres, qui possèdent des lits à baldaquin, sont pourvues de quelques commodités (peignoirs, sèche-cheveux). Vous y trouverez également une petite piscine qui est accessible aux non-résidents moyennant 5 $US.

Où se restaurer et prendre un verre

Le restaurant du Lodge des Terres Rouges sort du lot ; ceux du Treetop et du Banlung Balcony sont aussi des valeurs sûres. Pour vous mêler à la population locale, rendez-vous au coucher du soleil sur la berge du lac, près du Coconut Shake Restaurant, asseyez-vous sur une natte et commandez une bière et des en-cas bon marché dans les cabanes au bord de l'eau.

Les oiseaux de nuit n'auront guère l'embarras du choix. Le Banlung Balcony possède un bar épatant où se retrouvent parfois les voyageurs – le Backpacker Pad également.

♥ **Green Carrot** INTERNATIONAL **$**
(2-6 $US ; ⏰7h-22h ; 📶). Ce bon petit restaurant concocte une cuisine assez sophistiquée, composée de sandwichs, wraps, salades et d'un choix de classiques cambodgiens. Il sert même un burger correct et des pizzas très abordables. *Happy hour* de 18h à 20h, avec 2 cocktails pour le prix d'un.

Cafe Alee INTERNATIONAL **$**
(Plats 1,50-5,50 $US ; ⏰7h-dernier client ; 📶). La carte, l'une des plus intéressantes de la ville, offre une généreuse sélection de recettes végétariennes, de copieuses lasagnes et toutes la gamme des spécialités

cambodgiennes (sans GMS, glutamate). Bons petits-déjeuners pour les randonneurs.

Sal's Restaurant & Bar INTERNATIONAL $
(Plats 1,75-5 $US ; 17h-22h). Les quelques expatriés de Ban Lung apprécient ce lieu accueillant où ils peuvent manger des curries indiens, des spécialités mexicaines relevées, des hamburgers, etc. Tous les plats sont préparés à la demande : commandez un peu à l'avance pour ne pas attendre.

Taman CAMBODGIEN $
(Plats 6 000-12 000 r ; 6h-20h ; wi-fi). Les habitants se pressent au Taman, situé une rue à l'est du marché, pour ses petits-déjeuners cambodgiens ou chinois, composés de bols de nouilles fumants – idéal pour faire le plein d'énergie avant un trek en forêt.

Everest INDIEN $
(Plats 3-4 $US ; 7h-23h ; wi-fi). Certes, les plats indiens servis ici ne sont pas exceptionnels, mais ils changent agréablement des classiques cambodgiens, hamburgers et pâtes invariablement proposés à Ban Lung.

Coconut Shake Restaurant CAMBODGIEN $
(Boeng Kansaign ; plats 6 000-16 000 r ; 7h-21h). Le meilleur milk-shake à la noix de coco du Nord-Est, pour la modique somme de 4 000 r, face au lac. On peut aussi s'attabler devant des nouilles sautées ou un autre plat régional.

Rith Any Banh Chav CAMBODGIEN $
(Plats 1 $US ; 14h-19h). La patronne a pour spécialité le *banh chav*, une fine crêpe aux œufs farcie avec de la viande, des crevettes, des pousses de soja et des légumes, qu'on enroule dans une feuille de salade et qu'on trempe dans une sauce piquante.

Pteas Bay Khmer INTERNATIONAL $$
(Boeng Kansaign ; 4-15 $US). Ce restaurant en bois surplombant le lac, Boeng Kansaign, offre un cadre magnifique aussi bien en journée qu'en soirée. À la carte : quelques classiques cambodgiens, des pâtes maison et de belles pièces de viande.

Renseignements

Les pensions et les tour-opérateurs recommandés sont les meilleures sources d'information.

Canadia Bank (8h30-15h30 lun-ven, DAB 24h/24). Toutes les prestations bancaires et un DAB international.

Srey Mom Internet (4 000 r/heure ; 6h30-22h). Cybercafé avec ventilateurs.

Virachey National Park Eco-Tourism Information Centre (075-974013, 097 896 4995 ; virachey@camintel.com ; 8h-12h et 14h-17h). Organise des randonnées dans le parc national de Virachey.

Depuis/vers Ban Lung

Ban Lung est à 510 km au nord-est de Phnom Penh et à 129 km à l'est d'O Poang Moan, une ville carrefour à 19 km au sud de Stung Treng. La NH19 entre Ban Lung et O Pong Moan est plate, entièrement goudronnée et déserte. Mieux vaut partir de bonne heure, car peu de transports publics partent de Ban Lung l'après-midi.

La grande **gare routière** est située à la périphérie ouest de la ville, à 2,5 km à l'est du rond-point principal. Les pensions et les tour-opérateurs peuvent organiser le transfert.

Les bus des compagnies Phnom Penh Sorya (077-880062 ; www.ppsoryatransport.com), Rith Mony et Thong Ly effectuent le trajet jusqu'à Phnom Penh (9-10 $US, 11 heures) tôt le matin, dans les deux sens, en passant par Kratie et Kompong Cham, mais ils sont

PASSER AU VIETNAM : DE BAN LUNG À PLEIKU

Rejoindre la frontière Ouvert aux touristes en 2008, le **poste-frontière d'O'Yadaw/Le Thanh** (7h-17h) se trouve à 70 km à l'est de Ban Lung par la NH19, dont la chaussée est bien lisse. Les pensions de Ban Lung organisent le transport en minibus à destination de Pleiku (à partir de 8 $US, 3 heures, 6h30) avec ramassage sur votre lieu d'hébergement (supplément) et changement de véhicule à la frontière. Notez que, seul, il est plus compliqué de se procurer un billet. Sinon, prenez un minibus pour O'Yadaw à la nouvelle gare routière, puis parcourez en *moto-dop* les 25 km jusqu'à la frontière.

À la frontière Les formalités sont simples et il n'y a pas de file d'attente. Vous devrez toutefois être en possession d'un visa vietnamien, car il n'est pas délivré à la frontière.

Au-delà Côté Vietnam, la route est bien goudronnée. Des *moto-dop* attendent pour vous conduire à Duc Co (20 km), d'où des bus rallient Pleiku, Quy Nhon et Hoi An.

lents par rapport aux minibus express. Des bus longue distance sont également proposés pour Siem Reap et Pakse, mais il s'agit en fait d'une filouterie, puisque vous devrez acheter un autre billet, respectivement à Kompong Cham et à Stung Treng.

Des minibus rapides, qui passent vous prendre sur votre lieu d'hébergement, vont à Phnom Penh (15 $US, 8 heures, 6h-16h) et Stung Treng (7 $US, 2 heures, vers 8h). Organisez le transport par l'intermédiaire de votre pension. En venant de Phnom Penh, contactez Backpacker Pad ou le Tree Top Ecolodge pour que l'on vienne vous chercher.

Chaque jour, un minibus en direction du sud dessert aussi Sen Monorom (8 $US, 2 heures, 8h), dans le Mondolkiri. Différents minibus se rendent à Phnom Penh (50 000 r, 10 heures), Stung Treng (20 000 r, 3 heures) et O'Yadaw (12 000 r, 1 heure 30) le matin, et à Lumphat (10 000 r, 1 heure) et Kratie (25 000 r, 4 heures) toute la journée. Depuis O'Yadaw, vous pourrez passer la frontière pour vous rendre au Vietnam.

Des pick-up desservent des villages plus reculés du Ratanakiri depuis la station de taxis qui jouxte le marché. Les taxis collectifs au départ de Ban Lung sont rares.

Tous les vols commerciaux pour le Ratanakiri sont suspendus depuis des années.

ℹ Comment circuler

La plupart des pensions de Ban Lung louent des bicyclettes (1-3 $US/jour), des motos (5-7 $US/jour), des voitures (à partir de 30 $US/jour) et des 4x4 (à partir de 50 $US/jour).

Cheng Heng (☎ 088 851 6104 ; ⏲ 6h-20h) fournit des motos tout-terrain 250 cm³ (25 $US), ainsi que des motos moins puissantes bien entretenues (6-8 $US).

Des conducteurs de *moto-dop*, dont certains font office de guide, attendent aux abords du marché. Ceux qui parlent anglais demandent 15-20 $US/jour. Le trajet en *moto-dop* jusqu'à Yeak Lom/Veun Sai coûte 4-5/15 $US l'aller-retour. Pour n'importe quelle chute d'eau, comptez environ 6 $US.

Des *tuk-tuk* ont fait leur apparition à Ban Lung, mais ils pratiquent des tarifs élevés pour le Cambodge, soit à peu près le double d'une *moto-dop*.

Environs de Ban Lung

Veun Sai វឺនសៃ

☎ 075 / 3 000 HABITANTS

Sur les rives du Tonlé San, la charmante localité de Veun Sai abrite une communauté de Chinois, de Lao et de *chunchiet* (minorités). La localité d'origine, connue sous le nom de Virachey, se trouvait sur la rive nord. Elle s'est récemment développée côté sud.

Depuis la rive sud, on peut prendre un petit **ferry** (500/3 000 r sans/avec moto) pour s'aventurer vers l'ouest : sur 2-3 km, on traverse un village khmer, une communauté lao et une petite zone *chunchiet*, puis on rejoint une localité chinoise prospère. Les habitants des grandes maisons en bois parlent encore chinois. Vous remarquerez l'aspect net et ordonné de cet endroit, qui se distingue des villages environnants.

Le secteur est connu pour ses cimetières tompuon. La plupart sont interdits aux étrangers, notamment en raison du comportement irrespectueux de certains touristes.

Lors de nos recherches, le plus proche à être accessible aux visiteurs était le cimetière kachah de Kaoh Paek, à 45 minutes de bateau en amont de Veun Sai. Pour l'atteindre, il fallait compter 40 $US depuis Veun Sai et environ la moitié depuis Kachon, à 10 km en amont (est) de Veun Sai. Les tour-opérateurs de Ban Lung organisent cette excursion (50 $US).

Veun Sai est à 39 km au nord-ouest de Ban Lung. La route, médiocre, reste praticable par tous les temps à moto ou en voiture. Des guides parlant anglais vous y emmèneront en *moto-dop* pour 15 $US.

Les motards aguerris et les adeptes du VTT peuvent aller de Veun Sai à Siem Pang (65 km), dans la province de Stung Treng via I Tub (à quelques heures de marche de la zone des gibbons) par un sentier magnifique qui débute sur la rive nord de la rivière.

Ta Veng តាវែង

Bourgade ordinaire de la rive sud du Tonlé San, Ta Veng est l'un des principaux accès au parc national de Virachey et le point de départ de nombreux treks organisés par des tour-opérateurs privés dans la zone tampon. Dans les années 1960, Pol Pot, Ieng Sary et les autres chefs militaires khmers rouges avaient établi leur base dans le district de Ta Veng. Les habitants affirment qu'il n'en reste rien aujourd'hui, mais ils soulignent avec dépit qu'avant la guerre, le village avait l'électricité.

Ta Veng est à 57 km au nord de Ban Lung par une route de montagne très accidentée, offrant de magnifiques panoramas. La route traverse plusieurs villages de minorités où vous pourrez faire halte. À certains endroits, les pentes abruptes rendent le trajet difficile

À LA RENCONTRE DES COMMUNAUTÉS DES HAUTS PLATEAUX

Le tourisme peut être bénéfique pour les communautés. Il contribue aux échanges entre les cultures, à l'amélioration des infrastructures, à faire chuter les coûts de circulation des denrées, à créer des emplois et à développer les activités artisanales. Mais la médaille a son revers : augmentation des déchets et des produits polluants, dépendance des communautés vis-à-vis du dollar, disparition des valeurs et des coutumes locales...

Une manière de compenser ces effets négatifs consiste à faire appel directement aux guides issus des minorités. Vous aurez ainsi la certitude que votre argent revient aux communautés locales, et l'expérience sera par ailleurs bien plus enrichissante. Ces guides facilitent en effet le contact avec les ethnies animistes de la région, qui parlent rarement le cambodgien. Ils comprennent en outre les traditions et les tabous qui échappent généralement à leurs homologues khmers. Enfin, leur connaissance intime de la forêt constitue un atout supplémentaire.

Relations avec les communautés

- Soyez poli et respectueux, plus encore envers les personnes âgées.
- Habillez-vous sobrement.
- Goûtez l'alcool traditionnel que l'on vous offre, en particulier lors d'une cérémonie. Un refus risque d'offenser votre hôte.
- Respectez les signes interdisant l'accès au village, à l'occasion d'un rituel religieux par exemple. Un bon guide local sera en mesure de détecter ces signes.
- Initiez-vous à la culture et à la langue de la communauté, et partagez un peu de la vôtre.

Cadeaux

- Les cadeaux individuels créent des réactions de jalousie et des attentes. Préférez des dons à l'école locale, au centre médical ou au fonds communautaire.

à la saison des pluies. Les pick-up n'effectuent pas de services réguliers vers Ta Veng, aussi est-il conseillé de venir à moto ou de louer un véhicule.

À Ta Veng, il est possible de louer des petites embarcations pour une agréable excursion sur la rivière (comptez 15-20 $US pour la courte promenade, et environ 80-90 $US pour le voyage de 5 heures jusqu'à Veun Sai).

Lac Lumkut et Bokheo បឹងលំកុដ និងបរកែវ

Le Lumkut est un vaste lac de cratère cerné par une forêt dense, semblable à l'illustre Boeng Yeak Lom (p. 295), mais moins accessible, surtout à la saison des pluies. Sur la route d'O'Yadaw, prenez l'embranchement vers le sud à 33 km à l'est de Ban Lung et parcourez 15 km sur une route non goudronnée.

Sur le chemin du lac, vous pourrez faire halte à Bokheo, qui est actuellement un haut lieu d'extraction de pierres précieuses, à 29 km à l'est de Ban Lung. À partir d'un grand puits dans le sol, les habitants creusent un tunnel horizontal à la recherche d'améthystes et de zircons. Les mines ayant tendance à se déplacer, renseignez-vous alentour pour les localiser.

Parc national de Virachey ឧទ្យានជាតិវីរជ័យ

Ce **parc** (5 $US) est l'une des plus grandes zones protégées du Cambodge. Il s'étend sur 3 325 km^2, à l'est vers le Vietnam, au nord vers le Laos et à l'ouest vers la province de Stung Treng. Il n'a encore jamais été entièrement exploré et abrite un certain nombre de grands mammifères rares, dont des éléphants, des panthères nébuleuses, des tigres et des ours malais, qui se laissent toutefois très rarement surprendre. En revanche, vous entendrez sûrement des gibbons, une espèce menacée, et apercevrez peut-être des oiseaux peu communs, tels le calao bicorne, l'ibis géant ou l'éperonnier de Germain. Depuis 2003, en raison de son importance pour la région du Mékong, le Virachey est classé parc du Patrimoine asiatique (Asean Heritage Park). Malheureusement, il est sévèrement menacé par

- Si vous offrez un cadeau individuel, il doit rester symbolique (des stylos ou des cahiers, par exemple).
- Ne donnez pas de bonbons ou d'argent aux enfants.
- Ne donnez pas de vêtements : les communautés sont autonomes.

Achats

- Marchandez poliment et payez toujours le prix convenu (et juste).
- Ne cherchez pas à acheter les objets personnels des villageois, leurs outils ou les bijoux et vêtements qu'ils portent.
- N'achetez pas d'autel ou de totem.

Photographies

- Ne prenez pas de photo sans avoir demandé la permission au préalable, y compris aux enfants. Certaines communautés pensent que les appareils photo volent les âmes.
- Ne photographiez pas les autels.
- N'utilisez pas de flash.
- N'espérez pas obtenir l'autorisation de prendre des photos lors d'un passage éclair. Donnez-vous d'abord le temps de faire connaissance avec les villageois.

Déplacements

- Déplacez-vous en petits groupes, plus discrets.
- Essayez de rester au moins quelques heures ou de passer la nuit dans le village. Si vous êtes pressé, n'y allez pas.

l'emprise des promoteurs, et les autorités ont déjà concédé certaines zones reculées à des exploitants de plantations d'hévéas vietnamiens.

L'administration du parc a mis au point le programme écotouristique le plus ambitieux du Cambodge, avec de petits treks alliant culture, nature et aventure. Le but est d'y associer les communautés locales de minorités et de leur assurer un revenu. Les treks dans l'enceinte du parc (voir l'encadré p. 297) doivent être organisés par l'entremise du Virachey National Park Eco-Tourism Information Centre (p. 300), à Ban Lung, qui propose des formules de 2 à 8 jours conduites par des *rangers* parlant anglais. Les tour-opérateurs privés n'ont pas le droit d'emmener les touristes dans le parc, mais ils peuvent servir d'intermédiaire.

L'emblématique **randonnée "sauvage" de Phnom Veal Thom** (Phnom Veal Thom Wilderness Trek ; 400/350 $US par pers pour 1/2 participants), qui dure 8 jours et 7 nuits, débute à Ta Veng et comporte une nuit chez l'habitant dans un village brau. Elle se poursuit au cœur des prairies de Phnom Veal Thom, une région pourvue d'une riche faune – sambars, gibbons, langurs, cochons sauvages, ours, calaos, etc. Les marcheurs reviennent par un itinéraire différent à travers des parcelles de forêt sempervirente. Le prix comprend le trajet en *moto-dop* jusqu'au départ du sentier, l'accès au parc, la nourriture, les services du guide et des porteurs, les hamacs et le transport en bateau. Plus il y a de participants, moins c'est cher. Des treks d'une ou deux nuits sont également possibles.

Lumphat លំផាត់

2 000 HABITANTS

Cette ancienne capitale provinciale est située sur les rives du Tonlé Srepok. Au début des années 1970, les bombardements américains massifs l'ont transformée en cité fantôme. Le Tonlé Srepok apparaîtrait dans le film *Apocalypse Now* (Francis Ford Coppola, 1979), où le capitaine Benjamin Willard (Martin Sheen) remonte son cours jusqu'au Cambodge, à la recherche du colonel Kurtz (Marlon Brando).

Bei Srok (ប៊ីស្រុក ; Tuk Chrouu Bram-pul ; 2 000 r), une cascade sur 7 niveaux, coule à une vingtaine de kilomètres à l'est de Lumphat. On peut s'y rendre par une mauvaise route allant du Boeng Yeak Lom vers le sud/sud-ouest. De nombreux tour-opérateurs de Ban Lung proposent des excursions d'une journée combinant la découverte de ce site avec celle des mines de pierres précieuses abandonnées voisines et des cratères de bombes aux environs de Lumphat. L'accès devient difficile, voire impossible, à la saison des pluies.

De Ban Lung, suivez la route de Stung Treng sur 10 km, puis vous bifurquerez vers le sud. Ce trajet (35 km au total) se fait en 1 heure environ. À défaut, des pick-up partent tôt le matin de la station de taxis et reviennent dans l'après-midi presque tous les jours.

PROVINCE DU MONDOLKIRI

À mille lieues des basses terres cambodgiennes, la province du Mondolkiri (ខេត្តមណ្ឌលគិរី) est la contrée sauvage du pays. La culture y est radicalement différente, tout comme le climat – ce qui procure un certain bien-être après la chaleur des plaines ! Cette région abrite le vigoureux peuple bunong et ses nobles éléphants. On peut y visiter des villages traditionnels et découvrir des éléphants dans leur milieu naturel à l'Elephant Valley Project (p. 308).

Le paysage mêle subtilement bosquets de pins, collines verdoyantes et vallées venteuses, ponctués de magnifiques forêts de jade et de cascades secrètes. Les animaux sauvages, comme les ours, les tigres et les éléphants, sont ici plus nombreux qu'ailleurs, bien que les visiteurs n'aperçoivent le plus souvent que des oiseaux, des singes et quelques cochons sauvages.

Mondolkiri signifie "rencontre des collines", un surnom approprié pour une région couverte de monts. Pendant la saison sèche, on se croirait au pays de Galles, le soleil en plus ; durant la saison humide, on s'imaginerait en Tasmanie, la pluie en plus. Avec une altitude moyenne de 800 m, les nuits peuvent être assez fraîches : pensez à emporter un vêtement chaud.

Cette province est la moins densément peuplée du Cambodge (4 habitants/km^2) et la faible densité humaine contribue à l'atmosphère de bout du monde du Mondolkiri. Près de la moitié des habitants appartiennent à la minorité bunong (la seconde moitié se composant d'autres minorités). Les cultures de fruits et de légumes se multiplient, mais la chasse reste l'activité privilégiée de nombreuses minorités. Les écologistes ont de grands projets, comme la création de sanctuaires pour la faune et la flore sauvages ainsi que la mise en place d'activités de tourisme durable, mais ils se heurtent aux spéculateurs et aux industriels qui convoitent âprement les ressources naturelles.

LOGER CHEZ L'HABITANT DANS LE MONDOLKIRI

Le WWF a récemment aidé deux villages de la réserve naturelle de Phnom Prich à mettre en place des projets visant à donner aux touristes un aperçu du mode de vie traditionnel des Bunong. L'un de ces villages, Dei Ey, à environ 55 km au nord de Sen Monorom, offre des hébergements chez l'habitant, des repas traditionnels, des promenades à dos d'éléphant et des treks dans la forêt protégée du Mondolkiri. Des activités comme la collecte de la résine et du miel sont également au programme. L'excursion de 2 jours coûte à partir de 135 $US pour une personne seule. Le prix, qui baisse considérablement avec chaque participant supplémentaire, inclut le transport, les repas préparés par des Bunong, les services du guide et l'hébergement au Dei Ey Community Lodge.

L'autre village, Sre Y, à 30 km au nord-ouest de Sen Monorom, propose un programme similaire comprenant une marche en compagnie d'éléphants, une randonnée jusqu'à une cascade et le retour vers Sen Monorom à VTT.

Pour plus de détails, contactez Nimith du WWF. Vous pourrez également réserver auprès de l'Hefalump Cafe (p. 309 et 310), à Sen Monorom. Une partie des bénéfices est reversée à un fonds communautaire visant à l'amélioration du niveau de vie des habitants et à la protection de la forêt.

Sen Monorom សែនមនោរម្យ

073 / 10 000 HABITANTS

Nichée au cœur d'un paysage tout en rondeurs, la charmante capitale de la province s'apparente à une grosse bourgade. Ses deux lacs, en son centre, lui ont valu – avec un peu d'exagération – le surnom de "Suisse du Cambodge". Avec aussi, alentour, quantité de villages de minorités et de spectaculaires chutes d'eau, on s'y attarde volontiers quelque temps. Des Bunong, issus des villages des environs, viennent à Sen Monorom pour vendre leurs produits. Ils se distinguent des immigrants khmers grâce aux paniers bien particuliers qu'ils portent sur le dos. Située à 800 m d'altitude, Sen Monorom est souvent balayée par les vents ; un vêtement chaud s'impose.

À voir et à faire

S'il y a peu de choses à voir et à faire à Sen Monorom, plusieurs sites intéressants se trouvent à une courte distance à moto. L'Elephant Valley Project (p. 308) et le nouveau parc d'aventure de Mayura Zipline (p. 310), aux chutes de Bou Sraa, comptent parmi les attractions phares de la région.

Chutes de Monorom SITE NATUREL
(ទឹកធ្លាក់មនោរម្យ). GRATUIT Ces chutes de 10 m de hauteur se déversent dans un bassin apprécié des baigneurs ; vous ne serez pas seul. Depuis le côté ouest de la piste d'atterrissage, parcourez 2,3 km vers le nord-ouest, tournez à gauche et continuez sur 1,5 km. Aucun panneau lisible n'indique l'embranchement à suivre.

Vat Phnom Doh Kromom TEMPLE BOUDDHIQUE
(វត្តភ្នំដោះក្រមុំ). Dominant la partie sud-est de la piste d'atterrissage, le *vat* Phnom Doh Kromom préside à une vue splendide sur le soleil couchant, depuis une plateforme en bois. Ne manquez pas, à 5 km au nord du *vat*, **Samot Cheur** ("océan d'arbres"), un autre point de vue qui surplombe une incroyable forêt émeraude à l'est.

Circuits organisés

Comme dans le Ratanakiri, les treks de plusieurs jours en forêt ont un franc succès. Nous vous conseillons ici aussi de choisir des guides bunong, qui connaissent bien l'environnement et facilitent le contact avec les habitants.

Le **Mondulkiri Resource and Documentation Centre** (MRDC ; 097-4087806 ; www.mondulkiri-centre.org), un centre de documentation situé au-dessus du Hefalump Cafe, vous renseignera sur les circuits du **WEHH** (097-2739566 ; bunongtourism.wordpress.com ; 55 $US), qui permettent de découvrir la culture bunong dans le village de Dak Dam. Les itinéraires sont organisés en partenariat avec l'ONG Nomad RSI. Au programme : vie dans une ferme bunong, artisanat traditionnel, trek découverte dans la forêt. Les tarifs (à partir de 55 $US/personne) varient en fonction de la taille du groupe.

D'autres tour-opérateurs, dont ceux du Nature Lodge et de la Green House, ont habituellement recours à des porteurs des minorités pour les formules de longue durée. Précisez toujours que c'est avec eux que vous souhaitez partir.

La plupart des pensions en ville organisent également des treks et des circuits autour de Sen Monorom. Tablez sur 50 $US par personne et par jour, repas, transfert en *moto-dop* jusqu'au début du sentier et services d'un guide anglophone compris. Le prix par participant est inférieur dans le cas de groupes plus importants.

Adventure Rider Asia CIRCUITS
(078-250350 ; www.adventureriderasia.net ; NH76 ; à partir de 75 $US/pers). Reini met sur pied des excursions sur mesure à motocross sur les petites routes accidentées du Mondolkiri et des circuits de plusieurs jours bien au-delà. Cours de conduite tout-terrain sur demande.

Green House CIRCUITS
(017-905659 ; www.greenhouse-tour.blogspot.com ; NH76). Le propriétaire, Sam Nang, est une mine de renseignements sur le Mondolkiri. Green House gère l'**Elephant Community Project** (voir p. 308), qui permet d'aller à la rencontre des pachydermes pour 35 $US (il existe également des excursions sur 2 jours). En plus des treks classiques, Green House organise des circuits d'une journée à VTT (environ 20 $US) et loue des VTT Trek et Giant (8 $US/jour), ainsi que des motos (7 $US).

Kouprey ATV Tours QUAD
(088-8888629 ; Mayura Hill Resort ; circuit 29 $US). Les quads ont fait leur apparition dans les collines du Mondolkiri – amusement (bruyant) garanti ! Le circuit organisé par le Mayura Hill Resort, d'un excellent rapport qualité/prix, inclut certains des

Sen Monorom

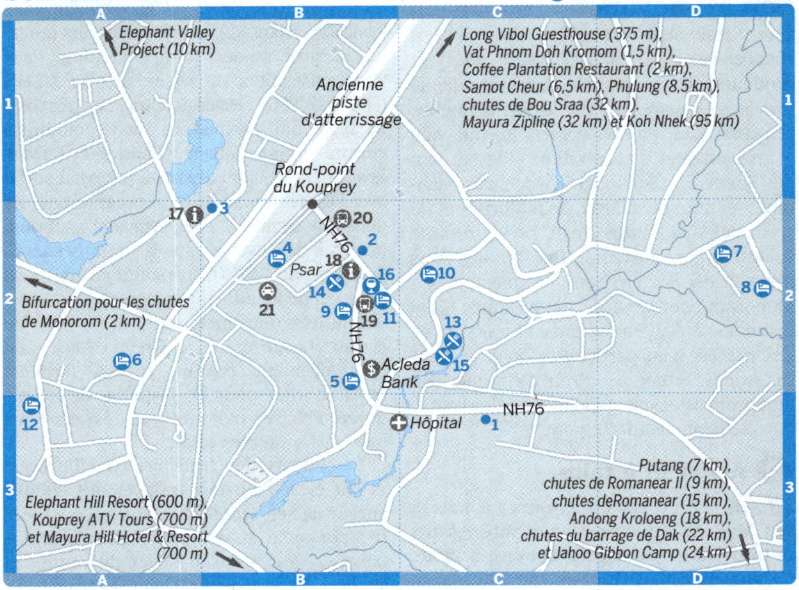

Sen Monorom

Activités
- 1 Adventure Rider Asia C3
- 2 Green House B2
- Sam Veasna Center .... (voir 18)
- 3 WWF B2

Où se loger
- 4 Avocado Guesthouse B2
- 5 Green House Guesthouse B2
- 6 Happy Elephant A2
- 7 Indigenous Peoples Lodge D2
- 8 Nature Lodge D2
- 9 Pech Kiri Motel B2
- 10 Phanyro Guesthouse C2
- 11 Sovannkiri Guesthouse B2
- 12 Tree Lodge A3

Où se restaurer
- 13 Cafe Phka C2
- Green House Restaurant & Bar .... (voir 2)
- 14 Hefalump Cafe B2
- Khmer Kitchen .... (voir 2)
- 15 Mondulkiri Pizza C2

Où prendre un verre et faire la fête
- 16 Chilli on the Rocks B2

Renseignements
- 17 Department of Tourism A2
- 18 Hefalump Cafe B2
- Mondulkiri Resource and Documentation Centre .... (voir 18)

Transports
- 19 Kim Seng Express B2
- 20 Phnom Penh Sorya B2
- 21 Station de taxis B2
- Virak-Buntham .... (voir 19)

principaux sites de Sen Monorom, dont les chutes de Monorom, Samot Cheur ("océan d'arbres") et le point de vue du *vat* Phnom Doh Kromom. Le tout avec peu de circulation.

Mondulkiri Sanctuary NATURE

(☎011-494449 ; www.mondulkirisanctuary.org). Créée par la fondation LEAF (Local Environmental Awareness Foundation), cette réserve forme un petit corridor protégé à proximité de la rivière Otai. Elle propose des randonnées d'une journée (45 $US/personne, demi-tarif pour les 8-14 ans, gratuit pour les - 8 ans) et de 2 jours (avec camping dans la forêt). Les groupes sont limités à 12 personnes par jour. Circuits aussi le week-end, contrairement à l'Elephant Valley Project (p. 308). Bénévoles bienvenus.

Mondulkiri Trail MOTO

(☎088-5935588 ; www.mondulkiritourguide.com ; à partir de 50 $US/pers). Mony Hong, motard expérimenté, saura vous conduire dans les profondeurs de la forêt. Excursion d'une journée dans la région de Sen Monorom ou de 2 jours à Kratie, au Ratanakiri ou au-delà.

Sam Veasna Center NATURE

(☎012-520828 ; www.samveasna.org ; Hefalump Cafe, Sen Monorom). En partenariat avec l'ONG internationale Wildlife Conservation Society (WCS ; cambodia.wcs.org), le Sam Veasna Center promeut des circuits à la découverte des oiseaux et de la nature dans la forêt protégée de Seima, à l'ouest de la ville. D'ici votre passage, un membre de l'équipe devrait avoir pris ses quartiers à l'Hefalump Cafe, où il vous renseignera sur les primates et les oiseaux que l'on peut observer à Seima.

WWF CIRCUITS

(☎073-6900096 ; www.panda.org) Impliqué dans de nombreux projets d'écotourisme au Mondolkiri, cet organisme international possède sa propre gamme de circuits au nord de Sen Monorom, dans la réserve naturelle de Phnom Prich et la forêt protégée du Mondolkiri.

Où se loger

L'eau chaude n'est pas superflue dans cette région fraîche ; en revanche, elle fait généralement l'objet d'un petit supplément. Les hébergements qui n'en ont pas fournissent le plus souvent des bidons d'eau bouillante pour se laver. La climatisation est rarement nécessaire. Pour trouver un hébergement différent, dans la jungle, contactez l'Elephant Valley Project (p. 308).

Nature Lodge PENSION $

(☎012-230272 ; www.naturelodgecambodia.com ; ch 10-30 $US ;). Au sommet d'une colline venteuse proche de Sen Monorom, cet écolodge original est composé de 30 bungalows robustes (terrasse couverte, douche chaude et moustiquaire) et d'un étonnant chalet de style suisse, avec des lits encastrés et des pièces cachées. Le superbe restaurant, décoré de troncs d'arbres et de souches, dispose de confortables sièges et d'un billard. C'est dans son bar que l'on vient partager ses expériences de voyages. La carte du restaurant, qui fait la part belle aux burgers, aux plats de pâtes et végétariens, présente aussi clairement différents circuits proposés par l'établissement – comme la sortie avec les éléphants du Mondulkiri Sanctuary.

Indigenous Peoples Lodge BUNGALOWS $

(☎012-317368 ; indigenouspeopleslodge@gmail.com ; ch 7-20 $US ;). Cette excellente adresse tenue par une famille bunong propose un choix d'hébergements dans des habitations traditionnelles, dont une maison bunong au toit de chaume (un peu améliorée). Les chambres les moins chères, avec salle de bains collective, sont d'un bon rapport qualité/prix. Transport jusqu'à la ville et Internet gratuits.

Phanyro Guesthouse PENSION $

(☎017-770867 ; ch 8-12 $US ;). Une pension appréciée des bénévoles et des employés des ONG pour ses bungalows perchés sur une crête surplombant la vallée fluviale. À défaut d'exploiter la vue, les chambres (eau chaude) sont bien entretenues.

Tree Lodge BUNGALOWS $

(☎097-7234177 ; www.treelodgecambodia.com ; ch 5-15 $US ;). Construites en forme de A en matériaux du cru, ces huttes spartiates sont soigneusement alignées à flanc de colline. Quelques nouveaux bungalows, plus chics, sont aussi proposés. Une honnête cuisine cambodgienne et des hamacs font le bonheur des voyageurs qui se retrouvent dans le restaurant. La jeune famille en charge des lieux, adorable, est d'une aide précieuse pour organiser des circuits.

Happy Elephant PENSION $

(☎097-6164011 ; www.mondulkiri-elephant.com ; dort 2 $US, ch 5-8 $US ;). Cette adresse pour *backpackers* tenue par un couple franco-khmer (Vivi et Mot) se compose de bungalows rustiques (eau froide) sur la colline derrière le bar-restaurant Phat Gecko. Des circuits et des treks sont proposés.

Sovannkiri Guesthouse AUBERGE DE JEUNESSE $

(☎097-4744528 ; lit en dort 3 $US, ch 5-8 $US). Cet établissement géré par un couple autra-lo-khmer était sur le point de déménager lors de la rédaction de ce guide – il sera plus vaste et plus beau quand vous lirez ces lignes. Les chambres sont propres et abordables, sans fantaisie superflue, et on peut dormir à deux dans les grands lits des dortoirs. Le restaurant sert la meilleure cuisine occidentale du secteur et de savoureux plats cambodgiens. Bar attenant.

L'ELEPHANT VALLEY PROJECT

Pour une expérience originale avec les éléphants, rien ne vaut l'**Elephant Valley Project** (EVP ; ☎ 099-696041 ; www.elephantvalleyproject.org ; ⏲ lun-ven). Le projet encourage les cornacs locaux à conduire leurs animaux, fréquemment épuisés par le travail ou blessés, dans cette réserve de 1 600 ha où, selon les mots du coordinateur Jack Highwood, "ils peuvent à nouveau se comporter comme des éléphants".

Ce Britannique amoureux des pachydermes s'efforce d'améliorer les conditions de vie des éléphants domestiques du Mondolkiri. Bien que les Bunong accordent traditionnellement un certain temps de repos à leurs bêtes, des motivations économiques poussent les cornacs à les surmener. Hormis promener des touristes sur leur dos, les éléphants servent à transporter tout et n'importe quoi, notamment du bois coupé illégalement. "Ils font office de tracteurs bon marché", ajoute notre homme.

La plupart des tour-opérateurs de la province insistent sur le fait que leurs circuits n'utilisent que des éléphants correctement traités. Highwood salue cette pratique, mais se demande comment il est possible de connaître la réalité. "Du fait de leur trop petit nombre, les 48 éléphants qui subsistent au Mondolkiri sont souvent soumis à un état de stress intense", poursuit-il. "Beaucoup, trop vieux pour travailler, sont pourtant contraints de faire des choses qu'ils ne devraient pas faire." Les cornacs qui viennent ici avec leur animal reçoivent un salaire motivant pour travailler à plein temps dans l'écotourisme et laisser se reposer leurs éléphants dans la forêt. Ils continuent de nourrir et de soigner leur animal. De leur côté, les éléphants peuvent passer leurs journées à déambuler en quête de racines d'arbrisseaux ou à s'asperger mutuellement de boue au bord de l'eau.

Highwood n'autorise plus les visiteurs à monter les éléphants. Ils doivent se contenter de parcourir la forêt à pied en leur compagnie et de les observer dans leur élément naturel. Cette approche est riche d'enseignements sur la culture bunong, le comportement des éléphants et l'écosystème régional. Le projet s'étend aussi à d'autres actions : protection de la forêt où vivent les éléphants sauvages, aides aux communautés bunong de la région (notamment soins médicaux) en échange de l'utilisation de la forêt et, surtout, soins vétérinaires pour tous les éléphants du Mondolkiri. La Wildlife Conservation Society fait l'éloge de l'Elephant Valley Project, qui contribue à la préservation de la partie est de la forêt protégée de Seima.

Les visiteurs ont le choix entre plusieurs formules. Aussi, vous pourrez opter pour une excursion (demi-journée/journée 55/85 $US) ou des formules avec hébergement. Vous passerez alors la nuit dans de ravissants bungalows, sur une crête au cœur de la jungle surplombant la vallée. Pour la formule de 2 jours, comptez 125 $US pour un hébergement en dortoir et 145 $US pour un bungalow privatif ; pour 3 jours (dortoir/bungalow 235/265 $US) ; pour 5 jours (405/455 $US). Les tarifs incluent la pension complète.

L'accès au site est étroitement contrôlé ; n'arrivez pas sur place sans prévenir, d'autant que les éléphants se promènent en liberté. Le nombre de visiteurs est limité à 12 par jour, il est donc impératif de réserver bien à l'avance. Le centre ne propose pas d'hébergement surplace les vendredis et samedis soir, et est fermé aux visiteurs les samedis et dimanches.

Si vous êtes au Mondolkiri le week-end, vous pourrez approcher des éléphants notamment en rendant visite à ceux des villages de Putang ou Phulung, ou en observant ceux qui se nourrissent dans la forêt, dans le cadre de l'Elephant Community Program de la Green House (p. 305).

Avocado Guesthouse PENSION $
(☎ 011-803884 ; avocado-guest-house@gmail.com ; ch 10-25 $US ; 📶). Près du marché, les chambres de cette belle pension récente comptent parmi les mieux équipées de la ville (dans cette gamme de prix). Réduction de 5 $US si vous renoncez à la climatisation (judicieux pendant les mois les plus frais, de novembre à février). Petit café au rez-de-chaussée.

Long Vibol Guesthouse PENSION $
(☎ 012-589958 ; ch 8-25 $US ; 📶). Un charmant ensemble de bungalows en bois dans un jardin luxuriant, avec 20 chambres, assez

petites et très bien équipées. Doyen des guides du Mondolkiri, Vibol ne conduit plus de treks, mais ses circuits ont été repris par d'autres guides.

Green House Guesthouse PENSION $
(Bouran Sotha Guesthouse ; ☎017-905659 ; ch 5-20 $US ; ❄📶). Cette pension très réputée associée au tour-opérateur éponyme est aussi appelée Bouran Sotha Guesthouse. Tout un choix de chambres : de la simple avec eau froide à la suite familiale climatisée de 2 chambres.

Pech Kiri Guesthouse PENSION $
(☎012-932102 ; pichkiri@gmail.com ; ch 8-30 $US ; ❄📶). Autrefois la seule pension de Sen Monorom, la Pech Kiri est toujours dirigée avec poigne par la dynamique Mme Deu. Elle possède des chambres bon marché près de la réception, et d'autres plus confortables et récentes à l'arrière.

Elephant Hill Resort HÔTEL $$
(☎016-510520 ; www.elephanthillresort.com ; ch 60-80 $US). Les spacieuses villas dotées d'un salon, d'une chambre (double ou suite) et de 2 salles de bains offrent un bon choix pour les familles qui recherchent une adresse confortable de moyenne gamme.

♥ **Mayura Hill Hotel & Resort** HÔTEL $$$
(☎077-980980 ; www.mayurahillresort.com ; ch 100-125 $US petit-déj inclus, ste 150 $US ; ❄📶🏊). Ce charmant hôtel propose une nouvelle gamme d'hébergements dans la province du Mondolkiri, pour ceux qui en ont les moyens. Les 14 chambres (chacune sise dans une villa) sont décorées avec goût de boiseries et soieries ; la villa familiale comprend un lit superposé pour les enfants. Piscine et petit terrain de foot (pour des équipes de 5 joueurs). Son restaurant est le plus chic de la ville.

Où se restaurer et prendre un verre

La plupart des pensions ont un restaurant. Les plus remarquables sont ceux du Nature Lodge, de la Sovannkiri Guesthouse et du Mayura Hill.

Hefalump Cafe CAFÉ
(Gâteau 1-3 $US ; ⏲7h-18h lun-ven, 9h-16h dim ; 📶). 🍃 Fruit de la collaboration entre plusieurs ONG et groupes de protection de la nature, ce café se double d'un centre de formation à l'accueil touristique destiné aux Bunong. À la carte : cafés, thés et délicieux gâteaux maison. Une bonne adresse où préparer vos excursions en sirotant un thé.

Coffee Plantation Resort CAMBODGIEN $
(Plats 2,50-7 $US ; ⏲7h-21h ; 📶). Installé dans une vaste plantation de café, cet établissement sert une excellente cuisine aux saveurs locales et du café de la propriété. Au menu, des crêpes salées *banh chav* (pour un repas complet à 2,50 $US) ou du délicieux poulet rôti au miel.

Khmer Kitchen CAMBODGIEN $
(Plats 2-4 $US ; ⏲6h-22h ; 📶). Si cette échoppe de rue ne paie pas de mine, on s'y régale de délicieux plats cambodgiens des collines, et notamment de *kari saik trey* (curry de poisson au lait de coco) et d'autres curries. Quelques plats internationaux également.

Green House Restaurant and Bar INTERNATIONAL $
(Plats 1,50-3,50 $US ; ⏲7h-23h ; 📶). Tout le monde apprécie les plats locaux et occidentaux bon marché servis dans le restaurant de la célèbre pension/tour-opérateur. Le soir, on vient prendre une bière ou un cocktail sur fond de reggae. Accès à Internet.

Cafe Phka BOULANGERIE
(Plats 1,50-5 $US). Goûtez le gâteau à la carotte ou celui à la banane et à la cannelle, inspirés des recettes apportées par les Suédois installés à Sen Monorom, et les délicieuses pâtisseries servies à l'Hefalump Cafe. Ou bien soyez raisonnable : commencez par un sandwich ou une salade. Dans un joli jardin au bord d'un ruisseau.

Mondulkiri Pizza PIZZERIA $
(☎097-5222219 ; petite/grande pizza 5/10 $US ; ⏲10h-22h). Les meilleures pizzas de la région cuisent ici dans un gros four électrique. Possibilité de se faire livrer.

Chili on the Rocks BAR
La paisible Sen Monorom est bien pourvue d'un vrai bar, tenu par un couple de sympathiques Suédois. On y sert de la bière bon marché, des cocktails corsés et des en-cas internationaux (savoureuse assiette de tapas pour accompagner un verre). L'heure de fermeture dépend de la fréquentation.

Renseignements

Les principales pensions en ville sont de bonnes sources de renseignements.

À NE PAS MANQUER

MAYURA ZIPLINE : SURVOL DES CHUTES DE BOU SRAA

Montée d'adrénaline garantie sur le nouveau circuit **Mayura Zipline** (☎088-8888629 ; 69 $US), où vous attend la plus longue tyrolienne du Cambodge (300 m) au-dessus des chutes de Bou Sraa. Le parcours comprend 6 tyroliennes et un pont suspendu. Les 4 premières lignes servent d'échauffement avant le vol à grande vitesse au-dessus de la cascade ; l'itinéraire s'achève par une courte ligne en tandem. Plus court, plus rapide (et donc moins cher) que le Flight of the Gibbon Angkor (p. 100), le parcours en petits groupes dure environ une heure. À défaut de voir des singes, vous jouirez d'une vue spectaculaire sur les chutes de Bou Sraa. Les hôtels et pensions se chargent des réservations ; ou alors, présentez-vous directement au nouveau centre d'information des chutes.

Acleda Bank (NH76 ; 8h30-15h30, DAB 24h/24). Change de devises et DAB (carte Visa uniquement).

Hefalump Cafe (7h-18h lun-ven, 9h-16h dim). Ce café géré par une ONG se double d'un centre d'accueil pour les Bunong. C'est la meilleure source de renseignements sur le tourisme durable dans le Mondolkiri, et sur l'Elephant Valley Project, la forêt protégée de Seima et les circuits dans les villages bunong.

Depuis/vers Sen Monorom

La NH76 reliant Sen Monorom à Snuol et à Phnom Penh (370 km) est en excellent état. Elle passe par des ponts impressionnants, au-dessus de vallées profondes. Les motards aguerris adeptes du tout-terrain préféreront peut-être l'ancienne route française (la "King's Highway"). Plus ou moins parallèle à la NH76, elle part de Kao Seima en direction de l'est pour aboutir à proximité d'Andong Kroloeng, à environ 25 km de Sen Monorom.

Un bus **Phnom Penh Sorya** (☎097 723 4177 ; www.ppsoryatransport.com) part à 7h30 pour Phnom Penh (35 000 r, 8 heures). Des minibus confortables Kim Seng Express font le trajet en 5 heures (11 $US, 6/jour, départs entre 7h et 14h) de même que les minibus Virak-Buntham (12 $US, départs à 7h15 et 13h30).

Les véhicules pour Phnom Penh ne passent plus par Kompong Cham mais empruntent un nouveau raccourci à travers la province de Prey Veng. Toutes les dessertes de Siem Reap impliquent habituellement un changement à Soung.

Des minibus locaux (au départ de la station de taxis) assurent la liaison avec Kratie (30 000 r, 4 heures), avec au moins un départ tôt le matin et deux ou trois vers 12h30 ; il est plus sage de réserver le premier.

Des minibus desservent la nouvelle route à destination de Ban Lung, au Ratanakiri ; comptez 8 $US et environ 2 heures.

Comment circuler

Les conducteurs de *moto-dop* qui parlent anglais demandent 15-20 $US/jour. Concernant les destinations autour de Sen Monorom, comptez 12 $US pour les chutes de Bou Sraa, 10 $US pour les chutes de Dak Dam, 5 $US pour Samot Cheur et 3 $US pour les chutes de Monorom.

La plupart des pensions louent des motos (6-8 $US) ; quelques-unes ont aussi des vélos (2 $US). Adventure Rider Asia (p. 305) propose des motos tout-terrain 250 cm^3 bien entretenues (30 $US). Pour faire un tour dans les environs de Sen Monorom, un 4x4 ou un pick-up avec chauffeur revient à 50 $US/jour en saison sèche – davantage pendant la saison des pluies.

Environs de Sen Monorom

Chutes de Bou Sraa ទឹកជ្រោះប៊ូស្រា

Cachées dans une jungle épaisse, ces **chutes** (5 000 r) sont parmi les plus impressionnantes du Cambodge. À 33 km (1 heure) à l'est de Sen Monorom, Bou Sraa est accessible par une route désormais en majeure partie goudronnée. Célèbre dans tout le pays, cette double cascade plonge d'abord sur une dizaine de mètres, puis chute avec fracas 25 m plus bas.

Pour se rendre au pied des chutes inférieures, traversez le pont sur la rivière et suivez un chemin jusqu'à un escalier vertigineux qui descend tout en bas ; il faut environ 15 minutes. Les marchands qui bordent le chemin menant au pied des chutes principales devraient déménager dans un nouvel espace dédié à la restauration et à la vente, sous la direction de l'équipe de Mayura Zipline. Outre de jolis pavillons en bois pour les pique-niques, on y trouvera des plats plus élaborés que ce qui est proposé actuellement.

Autres chutes d'eau

Les chutes de **Romanear** (ទឹកធ្លាក់រមនា) et de **Dak Dam** (ទឹកជ្រោះដាក់ដាំ), respectivement à 18 km et à 25 km au sud-est de Sen Monorom, sont également appréciées. Un conducteur de *moto-dop* ou un guide pourront vous y mener, car elles sont extrêmement difficiles à trouver. À Romanear, la cascade, large et peu élevée, comprend quelques bassins propices à la baignade. La cascade de Dak Dam ressemble à celle de Monorom (p. 305), mais son volume d'eau est plus important. Elle se situe à plusieurs kilomètres au-delà du village bunong de Dak Dam (les habitants vous indiqueront le chemin, si vous parvenez à vous faire comprendre).

Une deuxième jolie petite cascade entourée de jungle et platement appelée **Romanear II**, (ទឹកធ្លាក់រមនាពីរ) se trouve près de la route principale entre Sen Monorom et Snuol.

Villages bunong

Certains villages bunong autour de Sen Monorom font l'objet d'excursions populaires. Les plus fréquentés, qui figurent sur les cartes touristiques, ont assimilé le mode de vie de la société moderne. D'une façon générale, plus on va loin, moins les communautés sont exposées aux influences extérieures. La visite peut être combinée avec celle de chutes ou un trek à dos d'éléphant. Chaque pension envoie ses hôtes dans une localité en particulier, ce qui permet de mieux répartir l'argent du tourisme.

Forêt protégée de Seima

តំបន់ការពារព្រៃឈើកែវសីមា

Cette zone de 3 000 km² abrite la faune la plus riche du pays en mammifères. En plus d'un nombre inégalé de doucs à pattes noires et de gibbons à favoris roux, quelque 150 éléphants sauvages vivent dans cette forêt protégée – soit plus de la moitié de leur population totale au Cambodge –, de même que des ours et plusieurs types de félins. Le nombre d'oiseaux impressionne également. Plus dense et luxuriante que la forêt sèche de l'ouest du Mondolkiri, la jungle a été plutôt bien préservée.

La Wildlife Conservation Society (WCS ; www.wcscambodia.com) aide l'Office des forêts du Cambodge dans la gestion du site, et des projets d'écotourisme se développent, notamment pour l'observation des doucs

DE L'ARGENT POUR LES SINGES DU MONDOLKIRI

Une étude récente de la World Conservation Society a dénombré plus de 20 600 doucs à pattes noires et 1 000 gibbons à favoris roux dans la forêt protégée de Seima, soit la plus importante concentration mondiale de ces deux espèces. Dans le cadre d'un nouveau projet financé par le Sam Veasna Center (SVC) dans le village bunong d'Andong Kraloeng, le Jahoo Gibbon Camp propose des treks en pleine nature pour observer les primates – ce qui encourage les villageois à protéger les singes menacés et leur habitat, afin de s'assurer un revenu durable.

Ces treks, qui traversent la forêt sempervirente jusqu'à des chutes d'eau, offrent de bonnes chances d'apercevoir d'autres espèces, comme des doucs et des macaques, et d'observer de très nombreuses espèces d'oiseaux – notamment le spectaculaire calao bicorne – mais aussi de repérer des traces d'animaux plus craintifs (ours, gaurs et éléphants). Des guides agréés accompagnent les visiteurs avec des guides bunong d'Andong Kraloeng pour identifier les sentiers.

Les tarifs varient en fonction du moyen de transport et de la taille du groupe : comptez environ 80 $US par personne pour un circuit d'une journée et 150 $US pour 2 jours, avec nuit dans les tentes spartiates du Jahoo Gibbon Camp (guides et nourriture inclus). Une participation aux efforts de protection est aussi comprise dans le prix de ces excursions qui contribuent au financement de projets de développement dans les villages. Un supplément est versé par chaque visiteur et par le SVC quand des doucs ou des gibbons sont observés – afin d'inciter davantage les villageois à protéger ces espèces rares.

Pour réserver ou obtenir de plus amples informations, contactez le Sam Veasna Center (p. 307) à Sen Monorom. Le Jahoo Gibbon Camp est situé dans la forêt protégée, à proximité de la grande route, à 25 km au sud-ouest. L'accès assez facile pendant la saison sèche est plus difficile pendant la saison des pluies.

FORÊT PROTÉGÉE DU MONDOLKIRI : UNE EXPÉRIENCE AFRICAINE AU CAMBODGE

Avant la guerre civile, les prairies du nord du Mondolkiri abritaient d'immenses troupeaux de gaurs, de *banteng* et de buffles sauvages. Les visiteurs qui assistent à leurs migrations annuelles les ont comparées à celles des gnous bleus du Serengeti, en Tanzanie. Malheureusement, comme en Ouganda ou dans d'autres pays africains, des milliers d'animaux ont été chassés (et continuent de l'être) pour leur viande.

Le WWF (p. 307) ne ménage pas ses efforts pour que la région retrouve sa splendeur passée, grâce à des programmes d'écotourisme dans la forêt protégée du Mondolkiri. L'une des plus vastes zones protégées du Cambodge, elle est l'habitat privilégié des tigres (aucun n'a toutefois été aperçu depuis 2007), des léopards, des ours, des langurs, des gibbons, des vaches sauvages et de certaines espèces d'oiseaux particulièrement rares. Lors de notre dernier passage, nous avons vu plusieurs troupeaux de *banteng*, une espèce rare de bœuf sauvage. Plusieurs initiatives d'écotourisme ont été abandonnées en raison de l'isolement du site. Le fait que les félins, ours et autres animaux qui peuplent la zone se montrent plus farouches que les *banteng* constitue un autre problème. Adressez-vous au WWF pour connaître les dernières informations.

et des gibbons à Andong Kroloeng (voir l'encadré p. 294). L'endroit reste cependant difficile à visiter. Il faut impérativement passer par la WCS et le **Sam Veasna Center** (☎012-520828 ; www.samveasna.org), spécialisé dans l'observation des oiseaux. Ce dernier emploie des guides ornithologues très bien formés qui demandent la somme élevée de 100 $US par jour, en plus du droit d'entrée de 30 $US/personne. Les visiteurs choisissent généralement de dormir à Sen Monorom.

Pour des circuits à l'intérieur du parc, contactez le Hefalump Cafe (p. 310) à Sen Monorom.

La route de Sen Monorom traverse la forêt protégée de Seima – levez les yeux pour surprendre des singes dans les arbres.

Koh Nhek កោះញែក

☎073 / 6 000 HABITANTS

Cette petite localité isolée à l'extrême nord de la province occupe une position stratégique entre Sen Monorom et le Ratanakiri. C'est ici que la route en provenance de Sen Monorom cédait auparavant la place à la piste bétaillère menant à Lumphat, dans le Ratanankiri. Elle constitue aujourd'hui un village-étape sur la nouvelle grande route reliant le Mondolkiri au Ratanakiri et compte plusieurs pensions et restaurants.

La nouvelle route, qui facilite les déplacements entre le Mondolkiri et Ban Lung, devrait apporter un petit sursaut économique à Koh Nhek ; une agence de l'Acleda Bank (sans DAB) atteste du changement.

Le meilleur hébergement de Koh Nhek, la **Phnom Kroal Guesthouse** (☎015-779799 ; penyon@gmail.com ; bung 15 $US), est situé sur la route qui part vers le Ratanakiri, en direction du nord. Ses chambres dans des bungalows spacieux et meublés avec goût, dotés de grandes salles de bains, sont d'un très bon rapport qualité/prix. La **Sovankiri Guesthouse** (☎099-367000 ; ch 10-13 $US), également centrale, propose quelques bungalows à l'arrière.

Le **Ly Sochea Restaurant** (plats 6 000-15 000 r), en face de l'Acleda Bank, sert de savoureux plats cambodgiens. Il n'y a pas de carte : les patrons vous invitent à choisir vos ingrédients dans la cuisine.

Comprendre le Cambodge

Le Cambodge aujourd'hui

La nette progression de l'opposition lors des élections de 2013 a marqué un tournant majeur dans le paysage politique cambodgien. Parallèlement, quelques décennies après "l'année zéro", l'économie poursuit sa folle croissance ; tant et si bien que de nombreux observateurs se demandent quel sera le prix à payer pour le fragile environnement.

À voir

La Déchirure (1984), de Laurent Joffré. Incontournable sur le régime des Khmers rouges, ce film raconte l'histoire du journaliste américain Sydney Schanberg et de son photographe, Dith Pran, pendant et après la guerre.

Les documentaires de Rithy Panh : **S-21, La Machine de mort khmère rouge** (2002), **Duch, le maître des forges de l'enfer** (2011), **L'Image manquante** (2013)

The Last Reel (2014), de Kulikar Sotho. Récompensé par plusieurs prix internationaux, il explore l'impact du passé du pays sur la nouvelle génération.

À lire

Le Portail de François Bizot (Gallimard, 2002). Prisonnier des Khmers rouges, cet ethnologue français fut l'un des témoins de la tragédie cambodgienne.

Lendemains de cendres de Séra (Delcourt, 2007). En 1979, les troupes vietnamiennes envahissent le Cambodge. Le régime de Pol Pot s'effondre, le pays est en guerre...

Tourments et merveilles en pays khmer de Dane Cuypers (Actes sud, 2009). Un portrait sensible du pays.

L'Élimination de Rithy Panh et Christophe Bataille (Grasset, 2012). Le récit de la confrontation entre Rithy Panh et Douch, l'un des principaux responsables du génocide. Voir aussi p. 336.

Vers une transition politique ?

Le Parti du peuple cambodgien (PPC) domine la politique cambodgienne depuis 1979, année où il a été installé au pouvoir par les Vietnamiens. Soucieux de préparer leur avenir, les dirigeants, comme le Premier ministre Hun Sen (au pouvoir depuis 1985), n'hésitent pas à conclure des alliances dynastiques entre leurs rejetons. Ce système a été ébranlé par les élections législatives de 2013, au cours desquelles le Parti du sauvetage national du Cambodge (PSNC), fondé par Sam Rainsy (de retour d'exil en France) et Kem Sokha (le leader du Parti des droits de l'homme), a remporté 55 sièges à l'Assemblée nationale (contre 68 pour le PPC).

Ce chiffre officiel, qui témoigne déjà d'une progression spectaculaire de l'opposition, a été contesté par le PSNC, qui a réclamé une enquête pour fraude. Des milliers de manifestants sont descendus dans les rues pour clamer leur rejet des résultats, sans obtenir gain de cause, tandis que le PSNC refusait de siéger avec le corps législatif. Après des mois de manifestations, au cours desquels les pro-PSNC ont été rejoints par les ouvriers grévistes du textile, le gouvernement a opté pour la manière forte. Au début de janvier 2014, la répression a fait cinq morts à Phnom Penh, où les autorités ont interdit tout rassemblement de plus de 10 personnes. L'opposition a fini par mettre un terme à son boycott. Depuis, les deux parties sont engagées dans une "culture du dialogue", visant à encourager les échanges plutôt que la critique. Il n'en subsiste pas moins des sujets brûlants, comme la frontière avec le Vietnam et la réforme agraire, au sujet de laquelle Hun Sen (ancien communiste) soutient l'élite et Sam Rainsy (ancien banquier) défend un programme de redistribution des terres. Tel est le Cambodge : un pays de confusions et de contradictions.

Des forces géopolitiques considérables s'exercent dans la région, sur fond de tensions en mer de Chine méridionale. Le Cambodge se retrouve impliqué dans un conflit larvé entre ses deux plus proches voisins, la Chine et le Vietnam, qu'il ne peut contenter tous les deux. Il s'est déjà aliéné certains de ses partenaires asiatiques qui lui reprochent son apparente soumission à la Chine. Reste à savoir combien de temps il pourra poursuivre son numéro d'équilibriste.

Quel essor pour l'économie ?

Ravagée par des décennies de conflits, l'économie du pays a beaucoup souffert, mais aujourd'hui la situation évolue : le pays qui connaît depuis une décennie une croissance importante, attire des investisseurs prêts à profiter de nouvelles opportunités. Les autorités entendent bien profiter de cette nouvelle ère. La Chine, qui s'est imposée comme un acteur majeur, apporte à elle seule, chaque année, plus que tous les autres pays donateurs réunis. Et ce, sans conditions.

L'économie cambodgienne a longtemps été dépendante des aides, et des ONG se sont attachées à porter les grandes questions sociales sur le devant de la scène. Pour autant, le Cambodge demeure l'un des pays les plus pauvres d'Asie, avec un revenu minimum de seulement 140 $US par mois. Des mouvements de grève et des manifestations appellent régulièrement à une hausse des salaires dans l'industrie textile.

Exploitation des terres et environnement

L'environnement encore très préservé du Cambodge est l'un des attraits du pays, mais cette nature est menacée. Des forêts anciennes sont rasées pour faire place à des plantations, des rivières sont captées pour faire tourner de puissantes usines hydroélectriques et la côte sud est en cours d'exploration par de grandes compagnies pétrolières. Des régions comme la chaîne des Cardamomes sont en première ligne et il reste à voir qui des environnementalistes ou des financiers sortira vainqueur. Ces dernières années, la Chine a financé plusieurs centrales hydroélectriques dans la chaîne des Cardamomes ; un projet controversé dans la vallée de l'Areng est toujours d'actualité. Il s'agit d'une zone de forêt primitive, peuplée d'espèces rares, comme le crocodile du Siam et le poisson-dragon. Tout cela contribue à renforcer l'économie, mais n'encourage guère l'écotourisme.

Des médias sous contrôle

Le PPC au pouvoir contrôle la plupart des médias nationaux (chaînes de télévision, radios, presse écrite). Les jeunes Cambodgiens sont de fervents utilisateurs de Facebook et YouTube : armés de smartphones, ils n'hésitent plus à filmer les abus de la police et de l'armée, rendant difficile au gouvernement de nier sa responsabilité dans la répression des dissidents. À l'heure où la moitié de la population apporterait son soutien à l'opposition, un changement de discours semble s'imposer pour les médias traditionnels, au risque de se couper de toute base populaire.

POPULATION :
16 MILLIONS D'HABITANTS

ESPÉRANCE DE VIE :
65 ANS

MORTALITÉ INFANTILE :
45 NAISSANCES POUR 1000

PIB : **16,71 MILLIARDS DE $US (2014)**

TAUX D'ALPHABÉTISATION :
78%

Sur 100 personnes au Cambodge

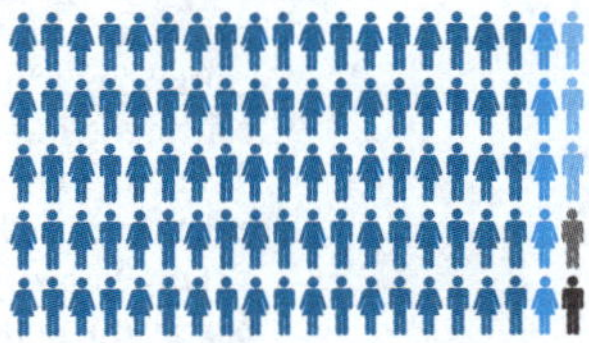

90 sont d'origine khmère
5 sont d'origine vietnamienne
3 sont d'origine cham
1 est d'origine chinoise
1 est issue des minorités ethniques

Provenance des visiteurs (en %)

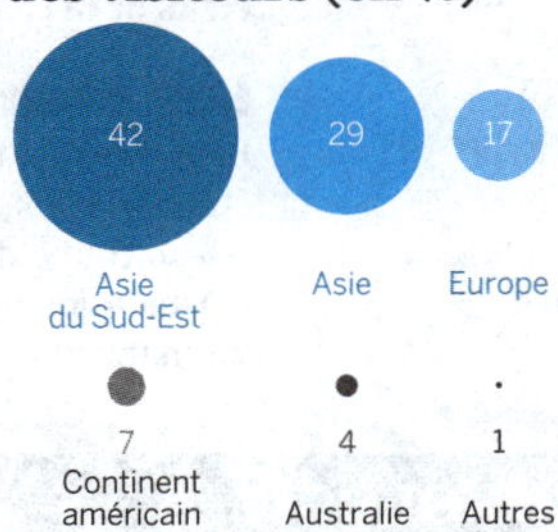

Population au km²

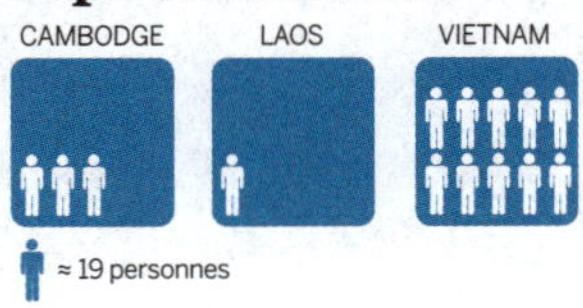

Histoire

Après quatre siècles marqués par la glorieuse période angkorienne, le Cambodge entame un long déclin à partir du XIIIe siècle, qui profite à ses puissants voisins, en particulier les Siamois. Après la période du protectorat français et un épisode éphémère de stabilité, le Cambodge s'enlise dans une crise politique au début des années 1970, puis plonge dans la guerre civile jusqu'à l'avènement du régime génocidaire khmer rouge (1975-1979), un cauchemar dont le pays ne s'est pas encore remis.

L'origine des Khmers

Comme beaucoup de légendes, celle de l'origine des Khmers ne révèle pas grand-chose sur le plan historique. Toutefois, elle évoque les racines culturelles du Cambodge et notamment ses relations avec le sous-continent indien. Les traditions en matière de religion, de royauté et d'écriture, en provenance de l'Inde, commencèrent à se fondre en une entité culturelle propre entre le Ier et le Ve siècle.

On ignore presque tout du Cambodge préhistorique. La majeure partie du Sud-Est était constituée d'un vaste golfe peu profond, que l'envasement progressif de l'embouchure du Mékong transforma en une plaine fertile. Des traces d'habitat ont été retrouvées dans des grottes du nord-ouest du pays. La datation de céramiques mises au jour a révélé qu'elles avaient été fabriquées vers 4200 av. J.-C. L'examen d'ossements remontant à environ 1500 av. J.-C. semble indiquer que les habitants de cette époque avaient les traits des Cambodgiens modernes. D'anciens textes chinois les décrivent comme des individus "laids", à la peau "sombre" et quasi nus. Mais on ne saurait prendre au pied de la lettre les écrits de la Chine impériale sur ses voisins "barbares" !

Pour découvrir l'histoire du Cambodge depuis la préhistoire, procurez-vous *Une histoire du Cambodge* (2011), de David Chandler.

Les premiers royaumes

Bien avant la fondation d'Angkor, plusieurs royaumes puissants étaient établis dans la région avant le IXe siècle.

Au cours du Ier siècle, l'indianisation du Cambodge débuta avec l'installation de comptoirs commerciaux le long de la côte sud de l'actuel Vietnam, alors peuplée par des Khmers. Ces comptoirs constituaient des

CHRONOLOGIE

4200 av. J.-C.

La région des grottes autour de Laang Spean est habitée ; des fouilles archéologiques ont montré que les poteries fabriquées à cette époque sont semblables à celles d'aujourd'hui.

100

Début de l'indianisation, avec l'arrivée de marchands et de religieux indiens : la langue, les religions et la sculpture indiennes s'implantent au Cambodge.

245

L'empereur chinois des Wei envoie une mission dans les pays de la région du Mékong. On lui rapporte l'existence, dans le delta, d'un riche royaume barbare appelé Funan.

escales importantes pour les navires marchands qui circulaient entre le golfe du Bengale et les provinces de Chine méridionale. Le plus vaste de ces royaumes naissants, appelé Funan par les Chinois, s'étendait entre l'actuelle Phnom Penh et le site archéologique d'Oc-Eo, dans la province de Kien Giang au sud du Vietnam. Le Funan fut sans doute contemporain du Champasak, alors nommé Kuruksetra, dans le sud du Laos, et d'autres fiefs voisins de moindre importance.

Funan pourrait être la translittération de l'ancien mot khmer *bnam* (montagne). Ce royaume, dont l'histoire est mal connue, semble avoir exercé une influence considérable sur le Sud-Est asiatique.

Entre le Ier et le VIIIe siècle, le Cambodge était probablement composé de petits États, dirigés chacun par une élite locale qui renforçait ses alliances par des mariages stratégiques et guerroyait souvent contre un voisin. Le Funan faisait partie de ces États et, en tant que grand port maritime, il joua un rôle déterminant dans la propagation de la culture indienne à l'intérieur du Cambodge.

Les historiens ont puisé la plupart de leurs maigres connaissances sur le Funan dans des sources chinoises. Ces témoignages indiquent que le Cambodge d'alors (Ier-VIe siècle) vénérait les divinités hindoues Shiva et Vishnou, tout en pratiquant le bouddhisme. Le symbole phallique du lingam, objet de nombreux rites et emblème du pouvoir royal, prit encore plus d'importance avec le culte du dieu-roi d'Angkor. Les paysans cultivaient le riz grâce à un système d'irrigation rudimentaire, et le royaume échangeait des matières premières comme les épices ou les pierres précieuses avec la Chine et l'Inde.

À partir du VIe siècle, la population se concentra progressivement le long du Mékong et du Tonlé Sap, comme cela est encore le cas aujourd'hui. Ce mouvement résulta peut-être du développement de la riziculture. Entre le VIe et le VIIIe siècle, il semble que le pays se soit divisé en plusieurs royaumes rivaux, dirigés par des rois autocrates qui légitimaient leur pouvoir par un système de castes emprunté à la culture hindoue.

À l'époque Funan, le port d'Oc-Eo, dans le delta du Mékong aujourd'hui vietnamien, était un important carrefour commercial entre l'Asie et l'Europe. Des archéologues y ont trouvé des monnaies romaines et des céramiques chinoises.

LA LÉGENDE DE KAUNDINYA ET DE LA PRINCESSE NAGA

Selon la légende, le Cambodge est le fruit de l'union d'une princesse et d'un étranger, un Indien brahmane nommé Kaundinya, qui devint par la suite Kambu. La demoiselle était la fille d'un *nâga* (serpent mythique, ou roi-dragon) qui régnait sur une contrée recouverte par les eaux. Un jour, alors que Kaundinya naviguait à proximité, la gente dame vint à sa rencontre à bord d'une barque. Kaundinya tira une flèche de son arc magique dans le bateau de la princesse qui, effrayée, accepta de l'épouser. Pour constituer la dot de sa fille, le roi-dragon but les eaux qui recouvraient son pays et offrit la terre à Kaundinya. Le nouveau royaume fut appelé Kambuja, qui signifie "ceux qui sont nés de Kambu".

600

Les premières inscriptions en ancien khmer sont gravées dans la pierre. En dehors des sources chinoises, ce sont les seules sources dont disposent les historiens sur la période préangkorienne.

802

Fondation de l'empire khmer d'Angkor : Jayavarman II se déclare indépendant de Java et se proclame *devaraja* (dieu-roi) lors d'une cérémonie sur la montagne sacrée de Phnom Kulen.

889

Yasovarman Ier déplace la capitale de l'ancienne cité de Hariharalaya (l'actuelle Roluos) à Angkor, à 16 km au nord-ouest ; il en marque l'emplacement par trois temples-montagnes.

924

L'usurpateur Jayavarman IV transfère la capitale à Koh Ker et lance des travaux titanesques. Par manque d'eau, la capitale revient à Angkor vingt ans plus tard.

Cette époque est généralement appelée période Chenla. Comme Funan, Chenla est un mot chinois. Rien n'indique que le Chenla ait été un royaume unifié dominant le Cambodge. Les Chinois eux-mêmes faisaient référence à deux entités séparées : le "Chenla de l'eau", qui se situait aux abords d'Angkor Borei et du temple de Phnom Da, non loin de l'actuelle capitale provinciale de Takeo ; et le "Chenla des terres", qui s'étendait sur le cours supérieur du Mékong et à l'est du lac Tonlé Sap, près de Sambor Prei Kuk, première ville d'importance dans l'histoire du pays.

L'Inde n'est pas la seule puissance à avoir eu un impact culturel majeur sur le Cambodge. L'île de Java a également été influente : elle colonisa une partie du Chenla de l'eau au VIIIe siècle.

L'essor de l'empire d'Angkor

Progressivement, la région cambodgienne gagna en cohésion, et les royaumes divisés fusionnèrent pour former un vaste empire.

Aujourd'hui un haut lieu de pèlerinage pour les Khmers, la montagne sacrée de Phnom Kulen, au nord-est d'Angkor, porte une inscription précisant que Jayavarman II (règne 802-850) se proclama "monarque universel" ou *devaraja* (dieu-roi) en 802. On pense que le souverain passa sa jeunesse à la cour des Shailendra, des rois bouddhistes de Java, et fut impressionné par les grands temples de Borobudur et de Prambanan (aujourd'hui Yogyakarta, en Indonésie). À son retour, il organisa un soulèvement contre la domination javanaise du sud du Cambodge. Par le biais d'alliances et de conquêtes, Jayavarman II devint le premier souverain régnant sur la majeure partie du Cambodge actuel.

À la suite de Jayavarman II, une longue série de rois présida à l'essor et au déclin du plus grand empire qu'ait connu l'Asie du Sud-Est continentale, à qui l'on doit le fabuleux héritage d'Angkor. Angkor dut sa croissance à la maîtrise de l'eau grâce à un ingénieux système hydraulique. Les descriptions des gigantesques travaux d'irrigation qui assuraient la survie de la population d'Angkor datent du règne d'Indravarman Ier

JAYAVARMAN VII

Adepte fervent du bouddhisme mahayana, Jayavarman VII (règne 1181-1219) construisit la cité d'Angkor Thom et de nombreux monuments. La plupart des temples que l'on visite aujourd'hui furent érigés sous son règne. Jayavarman VII était un homme de contradictions. Les bas-reliefs du Bayon le représentent conduisant des batailles avec une extrême férocité, tandis que des statues le montrent méditatif et paisible. Son programme de construction de temples et de travaux fut exécuté en grande hâte, sans doute au prix d'un labeur harassant pour les ouvriers. Le souverain souhaitait d'une part légitimer son pouvoir face à d'autres prétendants proches de la lignée royale et, d'autre part, introduire une nouvelle religion dans un royaume essentiellement hindouiste. Par ailleurs, il fut aussi le premier dirigeant progressiste du Cambodge : il proclama l'égalité de ses sujets, abolit les castes et fit construire des écoles, des hôpitaux et des routes.

1002

Suryavarman Ier arrive au pouvoir et repousse les frontières de l'empire en annexant le royaume bouddhique de Louvo (l'actuelle Lopburi en Thaïlande). Il accroît les échanges commerciaux avec d'autres territoires.

1112

Suryavarman II inaugure la construction d'Angkor Vat, le plus majestueux des temples, dédié à Vishnou et conçu pour être son temple funéraire.

1152

Suryavarman II est tué lors d'une campagne désastreuse contre les Dai Viet (Vietnamiens), qui provoque l'essor de ce voisin du Nord et inaugure des siècles de conflits entre les deux pays.

1177

Les Cham lancent une attaque surprise contre Angkor en remontant le Tonlé Sap. Ils écrasent les puissants Khmers et occupent la capitale pendant 4 ans.

(877-889), maître d'œuvre du *baray* (réservoir) d'Indratataka. Ce règne correspondit également à l'épanouissement de l'art angkorien, marqué par la construction des temples de Roluos, et notamment du Bakong.

Au début du XIe siècle, le royaume d'Angkor perdit le contrôle de ses territoires. Suryavarman Ier (règne 1002-1049) usurpa le trône grâce à des alliances stratégiques et des conquêtes, et, comme Jayavarman II deux siècles plus tôt, réunifia le royaume. Un scénario qui devait se répéter durant toute la période d'Angkor : une désintégration et des troubles, suivis d'une réunification et d'une expansion accrue sous l'autorité d'un roi puissant. Sur le plan architectural, les époques les plus fécondes furent celles qui suivirent des périodes troublées, signe que le nouveau monarque devait légitimer son pouvoir par de nouvelles réalisations.

En 1066, Angkor fut à nouveau secoué par des conflits et devint la cible de prétendants rivaux. Le royaume ne retrouva son unité qu'avec l'accession au pouvoir de Suryavarman II (règne 1112-1152). Ce dernier se lança dans une nouvelle phase d'expansion, engageant des guerres contre le Vietnam et le Champa, un royaume du Vietnam central. Il reste dans l'histoire comme le roi qui, en signe de dévotion à Vishnou, ordonna la construction de l'extraordinaire Angkor Vat. Dans le corridor sud-ouest du temple, des bas-reliefs décrivent les événements de son règne.

Suryavarman II soumit le Champa, le réduisant au rang de vassal. Toutefois, en 1177, les Cham lancèrent une expédition navale sur le Mékong et le lac Tonlé Sap. Ils s'emparèrent par surprise de la cité d'Angkor et tuèrent le roi Dharanindravarman II. Un an plus tard, un cousin de Suryavarman II rassembla l'armée khmère et défit les Cham au terme d'un combat naval. Le nouveau souverain fut couronné en 1181 sous le nom de Jayavarman VII.

Le texte de référence sur Angkor, rédigé par Maurice Glaize (conservateur d'Angkor de 1936 à 1946) et paru pour la première fois en 1944, a été réédité dans un beau livre illustré par de superbes photos de Suzanne Held, intitulé *Angkor* (Hazan, 2010).

Le déclin et la chute d'Angkor

Selon certains historiens, les prémices du déclin d'Angkor, cœur de l'empire, s'annonçaient à l'époque de l'édification d'Angkor Vat. Des signes indiquent une surexploitation du réseau d'irrigation et le début de son envasement en raison d'une déforestation massive dans les régions fortement peuplées au nord et à l'est d'Angkor. En outre, cette situation fut aggravée par des périodes de sécheresse au XIVe siècle, comme l'ont indiqué les analyses des anneaux de croissance sur des arbres (dendrochronologie) millénaires de la région.

Les projets démesurés, comme ceux d'Angkor Vat et d'Angkor Thom, pesèrent lourdement sur les finances royales et sur le peuple, écrasé par les impôts et le travail. Après Jayavarman VII, la construction de temples fut interrompue, en grande partie à cause de l'épuisement des carrières de grès et de la lassitude de la population.

1181

Défaite des Cham. Jayavarman VII, le plus grand roi d'Angkor et bâtisseur d'Angkor Thom, accède au trône et fait du bouddhisme mahayana la religion officielle.

1219

Jayavarman VII meurt à plus de 90 ans. L'empire d'Angkor entame son déclin à cause d'un réseau d'irrigation défaillant, des conflits religieux et de la montée en puissance des pays voisins.

1253

Sac du royaume thaï de Nanchao, dans le Yunnan, par les Mongols de Kubilay Khan. L'exode des Thaïs vers le sud provoque un conflit avec l'Empire khmer affaibli.

1296

L'émissaire chinois Tchéou Ta-Kouan passe un an à Angkor et publie ses *Mémoires sur les coutumes du Cambodge*. C'est le seul document retrouvé qui décrive la vie dans la capitale khmère.

De plus, les rois suivants durent affronter des conflits religieux et des luttes intestines. La religion d'État changea à plusieurs reprises durant le crépuscule de l'empire, et les souverains passèrent plus de temps à défigurer les temples de leurs prédécesseurs qu'à construire des monuments à leur propre gloire. Parfois, ces déprédations dégénérèrent en guerres civiles.

Hô Chi Minh-Ville (ex-Saigon), aujourd'hui au Vietnam, était en 1600 un village cambodgien appelé Prey Nokor.

Angkor perdit le contrôle des confins de son empire. Parallèlement, les Thaïs étaient en plein essor, après avoir migré du Yunnan (Chine) vers le sud pour échapper à Kubilay Khan et à ses hordes mongoles. Les royaumes de Sukhothai puis d'Ayuthaya multiplièrent les incursions à Angkor et finirent par mettre la cité à sac en 1431 ; ils enlevèrent des milliers de lettrés, d'artisans et d'artistes attachés à la cour royale. Pendant cette période, attirée peut-être par les possibilités de commerce maritime avec la Chine et inquiète du bellicisme accru des Thaïs, l'élite khmère commença à se réfugier dans la région de Phnom Penh. La capitale changea plusieurs fois d'emplacement au cours des siècles avant de s'établir définitivement à Phnom Penh.

De 1500 à l'arrivée des Français en 1863, le Cambodge fut dirigé par une succession de souverains faibles, menacés par des dynasties rivales. Pour contrer les intrigues, ils demandèrent la protection du Siam (l'actuelle Thaïlande) ou du Vietnam. Au XVIIe siècle, les seigneurs Nguyen du Vietnam méridional soutinrent le roi cambodgien en échange du droit de s'installer dans le delta du Mékong. Les Khmers continuent d'appeler cette région Kampuchéa Krom (Bas-Cambodge), bien qu'elle soit aujourd'hui essentiellement peuplée de Vietnamiens.

À l'ouest, les Siamois s'approprièrent les provinces de Battambang et de Siem Reap à partir de 1794 et étendirent leur influence sur la famille royale cambodgienne. Un roi fut même couronné à Bangkok et placé sur le trône à Oudong avec l'aide de l'armée siamoise. Au XVIIIe siècle, le Cambodge conservera son intégrité uniquement parce que ses voisins avaient d'autres préoccupations : les Siamois consacraient leur énergie et leurs ressources à combattre les Birmans, tandis que les Vietnamiens se déchiraient dans des luttes internes. Le même schéma se reproduisit pendant plus de deux siècles, au cours desquels le Cambodge fut tiraillé entre ces deux grandes puissances.

Les Français ne firent guère d'efforts pour développer l'éducation au Cambodge. À la fin de la Seconde Guerre mondiale, après 70 années de domination, le pays ne comptait qu'un lycée et aucune université !

Les Français au Cambodge

L'alternance des dominations siamoise et vietnamienne cessa en 1863, lorsque les canonnières françaises forcèrent le roi Norodom Ier (1860-1904) à signer un traité de protectorat. Paradoxalement, il s'agissait véritablement d'un protectorat, car le Cambodge risquait, à l'instar du Champa, de disparaître de la carte. Au début, les Français interférèrent peu dans les affaires internes du pays, considéré

1353

Fin de l'exil de Chao Fa Ngum à Angkor. Ce prince laotien lance une expédition pour conquérir les nouveaux royaumes thaïs et se proclame souverain du Lan Xang (royaume du Million d'éléphants).

1431

Les Thaïs pillent Angkor et exilent à Ayuthaya la majeure partie de la cour royale, en particulier nobles, prêtres, danseurs et artisans.

1516

Ang Chan Ier monte sur le trône, bat les Thaïs lors d'une bataille qui a donné son nom au Siem Reap actuel et "redécouvre" la grande cité d'Angkor Thom lors d'une expédition de chasse.

1594

Lovek, la capitale, tombe aux mains des Thaïs. Selon la légende, ils tirent un canon de pièces en argent dans les défenses de bambou ; les assiégés tentent de récupérer le butin et laissent la ville sans défense.

comme négligeable à côté de l'intérêt stratégique du Vietnam. La présence française aida Norodom à se maintenir sur le trône malgré les ambitions de ses demi-frères.

À partir des années 1870, l'administration française au Cambodge s'intéressa de plus près à la gestion du royaume. En 1884, Norodom dut signer un traité qui renforça le protectorat. Il s'ensuivit une rébellion de deux ans, qui fut l'unique soulèvement d'importance jusqu'à la Seconde Guerre mondiale. L'insurrection prit fin lorsque le roi promit aux rebelles le retour à la situation antérieure en échange du dépôt des armes.

Pendant les décennies suivantes, de hauts responsables cambodgiens, qui trouvaient certains avantages à la présence française, abandonnèrent l'administration quotidienne du pays aux Français. Ces derniers entretenaient la cour de Norodom dans un faste inégalé depuis l'apogée d'Angkor, accroissant ainsi la fonction symbolique de la monarchie. En 1907, les Français obtinrent du Siam la restitution des provinces du Nord-Ouest – Battambang, Siem Reap et Preah Vihear –, en échange de concessions sur le territoire laotien. Le Cambodge put ainsi rétablir sa souveraineté sur Angkor, perdue depuis plus d'un siècle.

Sisowath (règne 1904-1927), puis Monivong (règne 1927-1941) succédèrent à Norodom Ier. À la mort du roi Monivong, l'amiral Jean Decoux, gouverneur général de l'Indochine française, occupée par les Japonais, plaça sur le trône le prince Norodom Sihanouk, alors âgé de 18 ans (1941). Il pensait que le jeune homme se révélerait malléable. Il avait tort.

Durant la Seconde Guerre mondiale, les forces nippones occupèrent la majeure partie de l'Asie, dont le Cambodge. Toutefois, la collaboration du gouvernement de Vichy avec les Allemands conduisit leurs alliés japonais à laisser la direction des affaires cambodgiennes aux Français. En échange, la Thaïlande (en quelque sorte alliée au Japon) se vit à nouveau concéder une grande partie des provinces de Battambang

Pour plus de détails sur la vie incroyable et l'époque de Norodom Sihanouk, lisez la biographie *Sihanouk, le roi insubmersible* (Le Cherche-Midi, 2013), de Jean-Marie Cambacérès.

UNE HISTOIRE DE NOMS

Le Cambodge a si souvent changé de nom au cours des dernières décennies qu'une certaine confusion s'est établie. Pour les Cambodgiens, leur pays s'appelle Kampuchéa. Ce nom, qui date du Xe siècle, est dérivé du mot Kambuja, qui signifie "ceux qui sont nés de Kambu", le fondateur mythique du pays. Le Camboxa portugais et le Cambodge français, d'où provient le mot anglais Cambodia, dérivent de Kambuja.

Les Khmers rouges insistaient pour que le monde extérieur utilise le mot Kampuchéa. Le retour au nom de Cambodge manifesta le désir du gouvernement actuel de se démarquer des sinistres connotations d'un nom que les Occidentaux associent toujours au régime meurtrier des Khmers rouges.

1772

Le Cambodge est pris en tenaille entre les Vietnamiens et les Siamois. Ces derniers détruisent Phnom Penh, écrivant ainsi un nouveau chapitre dans l'histoire des tensions entre les deux pays.

1834

Les Vietnamiens contrôlent une grande partie du Cambodge pendant le règne de l'empereur Minh Mang. Ils entament une lente révolution pour "enseigner leurs coutumes aux barbares".

1863

Les Français contraignent Norodom Ier à signer un traité de protectorat, qui évite au Cambodge d'être rayé de la carte. C'est le début de 90 ans de domination française.

1884

Une rébellion contre les autorités françaises éclate après la signature d'un nouveau traité lui donnant plus de pouvoir. Ce traité est signé sous la menace des canonnières françaises ancrées dans le Mékong.

et de Siem Reap, qui ne furent rendues au Cambodge qu'en 1947. La libération de la France en 1944 incita les Japonais à prendre le contrôle direct du territoire au début de l'année 1945. Après la capitulation du Japon, les Français revinrent, mirent fin au protectorat et firent du Cambodge un État autonome de l'Union française, dont ils gardèrent *de facto* le contrôle. Le pays fut doté d'une Constitution.

L'après-guerre fut marquée par des affrontements entre factions politiques ; cette instabilité fut aggravée par la guerre contre le Viêt-minh qui faisait rage au Vietnam et au Laos, et débordait à l'occasion au Cambodge. Comme ils allaient le faire vingt ans plus tard lors de la guerre contre Lon Nol et les Américains, les Vietnamiens entraînèrent des troupes de Khmers Issarak (Khmers libres) et se battirent à leurs côtés contre les Français.

Pendant la campagne de bombardement américaine, plus de bombes furent larguées sur le Cambodge que durant toute la Seconde Guerre mondiale, tous pays confondus.

Les années Sihanouk

À la fin de l'année 1952, le roi Sihanouk décida de dissoudre le Parlement, déclara la loi martiale et entama sa "croisade royale", une campagne visant à obtenir un soutien international à l'indépendance pleine et entière de son pays. Celle-ci, proclamée le 9 novembre 1953, fut reconnue en mai 1954 par la conférence de Genève, qui mit un terme au contrôle français sur l'Indochine. En 1955, afin d'entamer une carrière politique que lui interdisait la nouvelle Constitution, Sihanouk abdiqua en faveur de son père, Norodom Suramarit. Le "croisé royal", devenu le "citoyen Sihanouk", fit le serment de ne jamais remonter sur le trône. Son parti nouvellement créé, le Sangkum Reastr Niyum (Parti socialiste populaire), remporta tous les sièges au Parlement lors des élections de septembre 1955 ; Sihanouk allait dominer la scène politique cambodgienne pendant les quinze années suivantes.

Malgré sa crainte des communistes vietnamiens, Sihanouk considérait la république du Vietnam (Sud-Vietnam) et la Thaïlande, toutes deux alliées des États-Unis (dont il se méfiait), comme les plus grandes menaces pour la sécurité du Cambodge. Pour tenter d'écarter ces dangers, il proclama la neutralité du royaume et refusa toute aide des États-Unis, qui avaient largement financé l'armée cambodgienne. Par ailleurs, il nationalisa de nombreuses industries, ainsi que le commerce du riz, contrariant la communauté chinoise du Cambodge. En 1965, certain que les États-Unis complotaient contre lui et sa famille, il rompit les relations diplomatiques avec Washington et se tourna vers la République démocratique du Vietnam (Nord-Vietnam) et la Chine. En outre, il accepta que le Viêt-cong utilise le territoire cambodgien dans sa lutte contre le Sud-Vietnam et les États-Unis. Sihanouk prenait parti, un choix risqué dans une région instable.

1907

Les autorités françaises obtiennent la restitution des provinces de Siem Reap, Battambang et Preah Vihear, sous contrôle siamois depuis 1794.

1941

Âgé de 18 ans, le jeune roi Sihanouk monte sur le trône, prémices d'une incroyable carrière politique qui durera près de 70 ans.

1942

Les forces japonaises occupent le Cambodge, laissant l'administration aux représentants du gouvernement de Vichy. Le vent de l'indépendance commence à souffler vers la fin de la guerre.

1947

Les Thaïlandais restituent les provinces de Battambang, Siem Reap et Sisophon, qu'ils avaient de nouveau annexées pendant l'occupation japonaise.

Ces positions et une politique économique socialiste lui aliénèrent le soutien de la droite cambodgienne, et en particulier celui des officiers de l'armée et de l'élite urbaine. Parallèlement, les Cambodgiens de gauche, dont beaucoup avaient fait leurs études à l'étranger, lui reprochaient ses méthodes autoritaires. La situation délicate de Sihanouk se trouva aggravée par l'exaspération de la population face à la corruption du gouvernement et de la famille royale. Même si la plupart des paysans continuaient à le vénérer comme un demi-dieu, une rébellion rurale éclata en 1967 à Samlot, dans la province de Battambang, et Sihanouk

SIHANOUK : LE DERNIER DES DIEUX-ROIS

Homme hors du commun, enthousiaste et versatile, Norodom Sihanouk a traversé tous les bouleversements politiques du Cambodge. Après un début de règne marqué par un certain amateurisme, il mit fin au protectorat français, dirigea le Cambodge durant les années prospères, fut emprisonné par les Khmers rouges, puis fit un retour triomphal après un exil doré. Personnage aux multiples facettes, caméléon politique, il a prouvé sa capacité à survivre.

Fils de la branche Norodom de la famille royale, Sihanouk, né en 1922, n'était pas le prétendant désigné au trône. Il fut couronné en 1941, à l'âge de 19 ans, alors qu'il n'avait pas achevé ses études. Il abdiqua en 1955 pour s'intéresser à la politique et son parti remporta tous les sièges au Parlement cette même année. Au milieu des années 1960, Sihanouk était le maître suprême du Cambodge depuis une décennie. Un dicton populaire disait alors : "Sihanouk est le Cambodge." Sa présence à la tête du pays assurait la prospérité de la nation. Pourtant, quand le pays se trouva impliqué dans la guerre du Vietnam et que l'armée dut affronter une insurrection de gauche dans les campagnes, Sihanouk finit par être considéré comme un handicap. Le 18 mars 1970, l'Assemblée nationale vota sa destitution. Il s'exila à Pékin et s'allia aux communistes. Après la victoire des Khmers rouges, le 17 avril 1975, il revint au Cambodge en tant que chef du nouvel État du Kampuchéa démocratique. Il démissionna un an plus tard et fut assigné à résidence dans le Palais royal, prisonnier des Khmers rouges. Il y resta jusqu'au début de l'année 1979 quand, à la veille de l'invasion vietnamienne, il fut renvoyé à Pékin.

Homme d'État et du peuple, général, mais aussi poète, compositeur, romancier, journaliste et surtout cinéaste, Sihanouk ne renonça jamais à être le personnage central du Cambodge. Le 24 septembre 1993, après 38 ans de vie politique, il opta une nouvelle fois pour le rôle de roi, avant d'abdiquer de nouveau le 7 octobre 2004 – son fils, Sihamoni, lui succéda. Sihanouk reste dans l'histoire comme le dernier de la lignée des dieux-rois d'Angkor.

Norodom Sihanouk est décédé le 15 octobre 2012 à Pékin. Quand son corps fut rapatrié au Cambodge, quelques jours plus tard, plus d'un million de Cambodgiens défilèrent dans les rues de la ville, de l'aéroport jusqu'au Palais royal, où sa dépouille resta exposée solennellement pendant 100 jours, avant des obsèques nationales grandioses.

1953

La "croisade royale de Sihanouk aboutit au départ des Français le 9 novembre. C'est le début d'une nouvelle ère d'optimisme et de créativité. Les temples d'Angkor deviennent une destination touristique majeure.

1955

Abdication du roi Sihanouk, qui entame une carrière politique. Il fonde le parti Sangkum Reastr Niyum (Parti socialiste populaire) et remporte les élections haut la main.

1962

Le Tribunal international tranche en faveur du Cambodge dans le long conflit sur le temple-montagne de Preah Vihear, perché dans les monts Dangkrek, à la frontière avec la Thaïlande.

1963

Pol Pot et Leng Sary lancent une guérilla contre le gouvernement de Sihanouk depuis la jungle du Ratanakiri ; les combattants sont entraînés par les Vietnamiens.

dut admettre que la principale menace n'émanait pas de la droite. Cédant aux pressions de l'armée, il instaura une dure répression contre les partisans de la gauche.

En 1969, le conflit opposant l'armée et les rebelles de gauche prit de l'ampleur, alors que les réfugiés Vietnamiens arrivaient en masse sur le territoire cambodgien. La situation politique de Sihanouk se détériora, d'autant qu'il semblait davantage se passionner pour le cinéma que pour les affaires de l'État. En mars 1970, profitant d'un voyage de Sihanouk en France, son cousin le prince Sisowath Sirik Matak et le général Lon Nol le destituèrent avec l'approbation des Américains. Sihanouk se réfugia à Pékin, où il forma un gouvernement en exil avec un mouvement révolutionnaire cambodgien qu'il appela lui-même "Khmer rouge". Ce fut une période cruciale dans l'histoire cambodgienne contemporaine : les Khmers rouges profitèrent du soutien de Sihanouk pour attirer de nouvelles recrues au sein de leur petite organisation. Beaucoup d'anciens combattants khmers rouges affirment être "partis dans les collines" (c'est-à-dire avoir adhéré à l'organisation) pour défendre leur roi, et n'avoir rien su de Mao et du marxisme.

Le major Am Rong, attaché de presse militaire de Lon Nol, était connu pour ses conférences de presse fantaisistes qui brossaient un tableau flatteur d'une situation de plus en plus désespérée. Il faut dire qu'avec son nom (prononcé à l'anglaise, celui-ci signifie "j'ai tort"), il était difficile de le prendre au sérieux.

Vers la guerre civile

Tout était en place pour aboutir à une guerre civile sanglante. Sihanouk fut condamné à mort par contumace et le nouveau gouvernement écarta tout espoir de compromis. Lon Nol lança un ultimatum aux forces communistes vietnamiennes, leur ordonnant de se retirer dans un délai d'une semaine. Cela revenait presque à déclarer la guerre, car les Vietnamiens ne voulaient pas abandonner des voies de communication vitales reliant le Laos au Vietnam, via le Cambodge.

Le 30 avril 1970, les forces américaines et sud-vietnamiennes envahirent le Cambodge afin de chasser les milliers de soldats viêt-cong et nord-vietnamiens qui utilisaient leurs bases cambodgiennes pour attaquer le Sud-Vietnam. Cette invasion provoqua une arrivée massive de communistes vietnamiens dans le pays, qui fragilisa davantage le régime de Lon Nol. La minuscule armée cambodgienne n'avait aucune chance et, en l'espace de quelques mois, les troupes vietnamiennes et leurs alliés khmers rouges prirent le contrôle de presque la moitié du pays. L'ultime humiliation intervint en juillet 1970, lorsque les Vietnamiens s'emparèrent des temples d'Angkor.

En 1969, les États-Unis lancèrent l'opération Menu, qui consistait à bombarder des régions supposées abriter des bases communistes. Durant quatre ans, jusqu'à l'interdiction des bombardements par le Congrès américain en août 1973, les B-52 déversèrent des tapis de bombes sur la moitié est du Cambodge, faisant des milliers de victimes civiles et des centaines de milliers de réfugiés. Ces destructions

1964

Sihanouk rompt avec les États-Unis, après le coup d'État américain contre le président Diem dans le Sud-Vietnam. Il nationalise le commerce du riz, provoquant l'animosité des commerçants chinois du Cambodge.

1969

Nixon et Kissinger ordonnent le bombardement du pays, qui débute par les zones frontalières puis touche tout le territoire. Jusqu'en 1973, 250 000 Cambodgiens meurent sous les bombes américaines.

1970

Renversement de Sihanouk par son cousin le prince Sirik Matak et le général Lon Nol. Le roi déchu rejoint les Khmers rouges. Sa condamnation à mort par contumace marque le début d'une guerre civile de cinq ans.

1971

Lon Nol, le dirigeant de la République khmère, lance l'opération Chenla contre les communistes vietnamiens et leurs alliés khmers rouges, qui se solde par un fiasco. Il reste au pouvoir jusqu'en 1975.

facilitèrent le recrutement des Khmers rouges, alors que de plus en plus de paysans voyaient leurs familles décimées lors des attaques aériennes. Le bombardement final et le plus meurtrier, en août 1973, retarda peut-être la chute de Phnom Penh, mais sa férocité durcit les positions de nombreux cadres khmers rouges et contribua sans doute à la cruauté ultérieure du régime.

Des combats acharnés éclatèrent dans tout le pays, plongeant des millions de Cambodgiens dans la misère. Beaucoup fuirent les campagnes pour la sécurité relative de Phnom Penh et des capitales provinciales. Entre 1970 et 1975, les combats firent plusieurs centaines de milliers de victimes. Au cours de cette période, les Khmers rouges jouèrent un rôle prédominant dans les tentatives de renversement de Lon Nol. Leur mouvement bénéficia du soutien des Vietnamiens, ce que les dirigeants khmers rouges ne voulurent jamais reconnaître.

Dans les années 1960, les dirigeants khmers rouges, dont Pol Pot et Ieng Sary – qui avaient tous deux étudié à Paris –, s'étaient enfuis dans la campagne pour échapper à la justice sommaire que la police de Sihanouk réservait alors aux sympathisants de gauche. Avant même la prise de Phnom Penh, ils avaient renforcé leur emprise sur le mouvement et commencé à lutter contre leurs opposants. En 1973, de nombreux communistes cambodgiens, entraînés par les Vietnamiens et basés à Hanoi depuis les accords de Genève de 1954, empruntèrent la piste Hô Chi Minh pour rejoindre leurs "alliés" khmers rouges ; beaucoup périrent avant 1975, exécutés sur l'ordre de la faction antivietnamienne de Pol Pot. De même, les partisans modérés de Sihanouk, ralliés aux Khmers rouges par loyauté envers le monarque déchu plutôt que par idéologie, furent victimes de purges avant l'accession au pouvoir des révolutionnaires. Ce n'étaient que les prémices des épurations internes et des exécutions de masse qui finirent par provoquer la chute des Khmers rouges.

L'ampleur inégalée de sa cupidité et de sa corruption provoqua rapidement le rejet du gouvernement de Lon Nol. Les États-Unis finançant sans compter l'effort de guerre, des hauts fonctionnaires et des militaires en profitèrent grassement : ils gonflaient le nombre de soldats pour empocher leurs soldes, revendaient des armes à l'ennemi, etc. Lon Nol, inefficace, mystique et superstitieux, perdit encore en crédibilité après une attaque d'apoplexie en 1971. Au cours des quatre années suivantes, son emprise sur la réalité sembla diminuer, tandis que croissait le pouvoir de son frère, Lon Non.

Malgré l'aide militaire et économique massive des États-Unis, Lon Nol ne parvint jamais à prendre le dessus sur les Khmers rouges. De vastes régions rurales tombèrent aux mains des rebelles, et plusieurs capitales provinciales se trouvèrent coupées de Phnom Penh. Lon Nol prit la fuite au début d'avril 1975, abandonnant le pouvoir au prince Sirik Matak,

Le Documentation Center of Cambodia, un organisme cambodgien créé pour recenser les crimes des Khmers rouges et les faire connaître aux générations futures, possède un site très documenté : www.dccam.org

1973

Sihanouk et son épouse empruntent la piste Hô Chi Minh pour rencontrer leurs alliés khmers rouges dans la montagne sacrée de Phnom Kulen. C'est un succès de propagande pour Pol Pot.

1975

Les Khmers rouges entrent dans Phnom Penh le 17 avril et proclament l'"année zéro". Ils évacuent la capitale et transforment le pays en une "prison sans murs".

1977

La faction khmère rouge de Pol Pot lance une purge sanglante dans la zone est du pays, provoquant une guerre civile le long du Mékong et l'implication des Vietnamiens.

1979

Le 7 janvier, deux semaines après le début de l'invasion, l'armée vietnamienne libère le Cambodge du régime khmer rouge et installe un gouvernement à Phnom Penh.

qui refusa jusqu'au bout de partir. Le 17 avril 1975, deux semaines avant la chute de Saigon (l'actuelle Hô Chi Minh-Ville), les Khmers rouges entraient dans Phnom Penh.

Les Khmers rouges

Après la prise de Phnom Penh, les Khmers rouges entamèrent un processus aussi brutal que radical. Leur objectif était une révolution absolue, totalement différente de celles qui l'avaient précédée, destinée à transformer le pays en une coopérative agricole contrôlée par les paysans. Quelques jours après leur accession au pouvoir, ils vidèrent la capitale et les villes de province de tous leurs habitants, malades, vieillards et infirmes compris, et les obligèrent à rejoindre à pied la campagne pour travailler comme des esclaves de 12 à 15 heures par jour. Toute désobéissance entraînait une exécution immédiate. L'avènement du régime khmer rouge fut proclamé "année zéro". La monnaie fut supprimée, les services postaux furent interrompus, et le pays se coupa du monde extérieur.

Le Génocide au Cambodge (1975-1979) (Gallimard, 1998), de Ben Kiernan, est un ouvrage précieux pour comprendre cette sombre période de l'histoire.

Aux yeux de Pol Pot, les Khmers rouges ne constituaient pas un mouvement unifié, mais un ensemble de factions qu'il fallait épurer. Ce processus avait commencé par l'élimination des Khmers rouges formés par les Vietnamiens et des partisans de Sihanouk. Après la prise du pouvoir, la violence de Pol Pot s'exerça d'abord contre les représentants de l'ancien régime. Les hauts dignitaires du gouvernement et les militaires associés à Lon Nol furent exécutés dans les premiers jours. Puis le pouvoir central concentra son attention sur les campagnes, séparées en zones géographiques. Dirigées par le général unijambiste Ta Mok, les forces loyalistes de la zone Sud-Ouest furent envoyées de région en région pour "purifier" le peuple. Elles firent des milliers de victimes.

L'épuration finit par atteindre des proportions inouïes lors de la purge finale, et la plus sanglante, de la zone Est, puissante et indépendante. Généralement considérée comme plus modérée que les autres factions khmères rouges, cette zone était idéologiquement et géographiquement plus proche du Vietnam. La faction de Pol Pot consolida son pouvoir dans le reste du pays avant de s'attaquer à l'Est à partir de 1977. Des centaines de dirigeants furent exécutés avant qu'une rébellion ouverte éclate et se transforme en quasi-guerre civile. De nombreux chefs de la zone Est fuirent au Vietnam, où ils formèrent le noyau du gouvernement qu'instaurèrent les Vietnamiens en janvier 1979. Sans défense et considérés avec suspicion, les habitants – "des corps cambodgiens avec un esprit vietnamien" ou "des derrières de canard avec une tête de poulet" – furent déportés dans le Nord-Ouest et obligés de porter un *krama* bleu. Sans l'invasion vietnamienne, tous auraient péri, car, pour le parti, le *krama* bleu désignait un ennemi de la révolution.

1980

Chaos et guerre civile provoquent une terrible famine. Lancement de la campagne internationale "Sauvons le Kampuchéa".

1982

Sihanouk subit des pressions pour allier ses forces à celles des Khmers rouges et former un gouvernement de coalition contre le gouvernement de Phnom Penh, soutenu par le Vietnam.

1984

Une offensive d'envergure est menée par les Vietnamiens dans l'ouest du pays. Les Khmers rouges et leurs alliés battent en retraite dans les camps de réfugiés et les bases en Thaïlande.

1985

Hun Sen devient Premier ministre du Cambodge, une fonction qu'il occupe toujours sous la bannière du Parti du peuple cambodgien (PPC).

On ignore le nombre exact de Cambodgiens massacrés par les Khmers rouges pendant les 3 ans, 8 mois et 20 jours que dura ce régime. Les Vietnamiens font état de 3 millions de morts. Des experts étrangers ont d'abord estimé le nombre des victimes aux alentours d'un million, mais, début 1996, des chercheurs américains l'évaluaient à près de 2 millions.

Des centaines de milliers de personnes furent exécutées par les dirigeants khmers rouges, tandis que des centaines de milliers d'autres périrent de faim et de maladie. Les repas se résumaient à une soupe de riz deux fois par jour, supposée nourrir hommes, femmes et enfants durant une journée de travail éreintante dans les champs. La maladie sévissait dans les camps de travail, où paludisme et dysenterie terrassaient des familles entières. Certaines zones furent plus épargnées et quelques dirigeants furent moins féroces ; mais, pour la majorité de la population, la vie n'était que misère et souffrances dans cette "prison sans murs".

Alors que le pouvoir central éliminait les modérés à tour de bras, l'Angkar (ou "organisation") était présentée comme la seule famille dont le peuple avait besoin. Ceux qui contestaient cet état de fait étaient repérés et "détruits" (les Khmers rouges utilisaient le mot *kamtech*, "détruire", plus violent que *samlap*, "tuer", pour signifier l'anéantissement). Le régime priva ainsi les Cambodgiens de nourriture et de terre, mais aussi de leur famille et de leur foi. Même les paysans qui avaient soutenu la révolution ne pouvaient plus aveuglément adhérer à cette folie sanguinaire. En 1978, les Khmers rouges avaient perdu tout crédit, mais seuls les Vietnamiens semblaient avoir la capacité de les combattre.

L'intervention des Vietnamiens

Historiquement, les relations entre le Cambodge et le Vietnam ont toujours été tendues, notamment du fait des mouvements d'expansion des Vietnamiens vers le sud, aux dépens du Cambodge. Bien que les partis communistes des deux pays aient lutté côte à côte, les anciennes tensions ne tardèrent pas à resurgir.

De 1976 à 1978, les Khmers rouges provoquèrent une série d'affrontements frontaliers avec le Vietnam et réclamèrent le delta du Mékong, qui faisait autrefois partie de l'Empire khmer. Les incursions dans les provinces vietnamiennes frontalières firent des centaines de victimes civiles. Le 25 décembre 1978, le Vietnam envahit le Cambodge ; deux semaines plus tard, il renversait le gouvernement de Pol Pot. Alors que les chars vietnamiens approchaient de Phnom Penh, les Khmers rouges s'enfuirent vers l'ouest en emmenant avec eux tous les civils qu'ils purent enrégimenter, et se réfugièrent dans la jungle et les montagnes le long de la frontière avec la Thaïlande. Les Vietnamiens installèrent un nouveau gouvernement composé d'anciens officiers khmers rouges,

Le cinéaste Rithy Pahn a consacré plusieurs ouvrages au génocide cambodgien, dont : *La Machine khmère rouge* (avec Christine Chaumeau ; Flammarion, 2008) et *L'Image manquante* (avec Christophe Bataille ; Grasset, 2013).

1989
Effet collatéral de la perestroïka qui souffle sur Moscou, le Vietnam, allié de l'URSS, annonce le retrait de ses troupes du Cambodge.

1991
Signature des accords de paix de Paris. Tous les partis, y compris les Khmers rouges, acceptent la tenue d'élections libres et démocratiques, supervisées par l'ONU.

1993
Victoire aux élections du Funcinpec, le parti royaliste pro-Sihanouk, sous la houlette du prince Ranariddh. Le PPC entre de force au gouvernement en menaçant de faire sécession à l'Est.

1994
Les Khmers rouges ciblent des voyageurs étrangers, enlevés ou assassinés alors qu'ils voyagent sur la côte sud. La réputation de dangerosité du Cambodge est renforcée.

dont l'actuel Premier ministre Hun Sen, qui s'était enfui au Vietnam en 1977. Début 1979, les communistes chinois, soutiens des Khmers rouges, lancèrent des représailles à la frontière nord du Vietnam pour permettre à leurs alliés de gagner du temps. Cette stratégie échoua et les Chinois, défaits, durent se retirer au bout de 17 jours. Les Vietnamiens organisèrent alors un procès-spectacle au Cambodge, qui se solda par la condamnation à mort par contumace de Pol Pot et de Ieng Sary pour génocide.

L'auteur de BD Tian est né au Cambodge 3 jours après la prise de pouvoir par les Khmers rouges. Arrivé en France en 1980, il a décidé de consacrer à l'histoire tragique de son pays natal une trilogie intitulée *L'Année du lièvre* (Gallimard BD, coll. Bayou). Les deux premiers tomes sont parus en 2011 et 2013.

Une population traumatisée errait sur les routes à la recherche des survivants. Des millions de personnes, qui avaient été déracinées, durent parcourir des centaines de kilomètres à travers le pays. Les réserves de riz étaient détruites, les récoltes laissées à l'abandon et les surfaces de culture limitées, ce qui provoqua une famine généralisée en 1979 et 1980.

Alors que le confit faisait rage, Sihanouk accepta en 1982, sous la pression de la Chine, de diriger un front militaire et politique opposé au gouvernement de Phnom Penh. Cette coalition rassemblait - du moins sur le papier - le Funcinpec (Front uni national pour un Cambodge indépendant ; neutre, pacifique et coopératif), qui comprenait un groupe de royalistes fidèles à Sihanouk ; le Front national de libération du peuple khmer, un groupement non communiste formé par l'ancien Premier ministre Son Sann ; et le parti khmer rouge, officiellement nommé Parti du Kampuchéa démocratique, de loin le plus puissant des trois. Les crimes des Khmers rouges étaient commodément passés sous silence afin de ne pas compromettre cette tentative de realpolitik. Durant la majeure partie des années 1980, le Cambodge resta fermé au monde occidental et seules quelques organisations humanitaires purent y pénétrer. Avec un gouvernement contrôlé par les Vietnamiens, le Cambodge se retrouvait intégré dans le bloc de l'Est. L'économie était en pleine déliquescence ; comme le Vietnam, le pays était sous embargo américain.

En 1984, les Vietnamiens envahirent les derniers bastions des Khmers rouges, forçant leurs alliés à se réfugier en Thaïlande. Ceux-ci s'engagèrent alors dans une guérilla : ils bombardèrent des villes de garnison, posèrent des milliers de mines dans les régions rurales, attaquèrent des transports routiers, détruisirent des ponts, enlevèrent des chefs de village, assassinèrent des civils... Les Khmers rouges forcèrent aussi des milliers d'hommes, de femmes et d'enfants réfugiés dans les camps qu'ils contrôlaient à transporter au Cambodge munitions et autres fournitures à travers des zones frontalières truffées de mines.

Afin de tenir la guérilla à distance, les Vietnamiens installèrent le plus long champ de mines du monde, le K-5, du golfe de Thaïlande à la frontière laotienne. Ils envoyèrent des Cambodgiens dans les forêts pour couper les arbres le long des routes isolées afin d'éviter les embuscades.

1995

Concurrent potentiel, le prince Norodom Sirivudh est écarté de la scène politique : il est arrêté et exilé pour un prétendu complot visant à assassiner le Premier ministre Hun Sen.

1996

Le démineur britannique Christopher Howes, qui travaillait avec le Mines Advisory Group (MAG), est enlevé avec son interprète Houn Hourth par les Khmers rouges ; les deux hommes seront assassinés.

1997

Le second Premier ministre Hun Sen renverse le premier Premier ministre Norodom Ranariddh lors d'un coup d'État militaire – les "événements de 1997".

1998

Le 15 avril, mort de Pol Pot, alors qu'Anlong Veng tombe aux mains des forces gouvernementales. Une coïncidence pointée du doigt par de nombreux observateurs.

LES POLITIQUES D'AIDE INTERNATIONALE

La famine au Cambodge devint un nouvel enjeu de la guerre froide. Alors que des centaines de milliers de Cambodgiens se réfugiaient en Thaïlande, un énorme programme d'aide internationale, soutenu par l'ONU, fut mis en place. La communauté internationale souhaitait acheminer l'aide en passant par Poipet, tandis que le nouveau gouvernement de Phnom Penh, soutenu par les Vietnamiens, exigeait que tous les produits transitent par la capitale via Kompong Som (Sihanoukville) ou le Mékong. Chaque partie avait ses arguments : le nouveau gouvernement ne voulait pas que l'aide tombe aux mains des Khmers rouges, et la communauté internationale estimait que l'État ne disposait pas des infrastructures nécessaires pour la distribution – tous deux avaient raison.

Certaines organisations adoptèrent la voie lente par Phnom Penh, d'autres installèrent des camps en Thaïlande. Les camps attirèrent la moitié de la population cambodgienne, car beaucoup de Khmers craignaient le retour des Khmers rouges ou désiraient changer de vie à l'étranger. Les militaires thaïlandais persuadèrent la communauté internationale de distribuer l'aide par leur intermédiaire et utilisèrent ce moyen pour reconstruire les forces khmères rouges afin qu'elles s'opposent aux Vietnamiens. En échange de l'autorisation de passer par son territoire, la Thaïlande exigea même qu'une partie de l'aide soit réservée aux Khmers rouges campant dans les régions frontalières. Ce soutien international, ajouté aux armes fournies par la Chine, permit aux Khmers rouges de rétablir leur puissance militaire et de continuer le combat pendant plus de vingt ans.

Des milliers d'entre eux périrent de maladie ou des blessures causées par les mines. Les Khmers rouges n'étaient plus au pouvoir mais, pour beaucoup, les années 1980 furent aussi dures que la décennie précédente.

La médiation des Nations unies

L'arrivée de Mikhaïl Gorbatchev et des réformateurs au Kremlin précipita la fin de la guerre froide. L'URSS, allié traditionnel du Vietnam, incita ce dernier à retirer ses troupes du Cambodge pour mettre fin à son isolement sur la scène internationale. Après le départ des derniers soldats Vietnamiens en 1990, la coalition d'opposition, toujours dominée par les Khmers rouges, lança une série d'offensives et força le gouvernement, très affaibli, à s'asseoir à la table des négociations.

Les efforts diplomatiques déployés pour mettre un terme à la guerre civile commencèrent à porter leurs fruits en septembre 1990, quand un plan de paix fut accepté par le gouvernement de Phnom Penh et les trois factions de la résistance. Ce plan prévoyait la création d'un Conseil national suprême (SNC), une coalition de toutes les factions présidée par Sihanouk. Parallèlement, l'Autorité provisoire des Nations unies au Cambodge (Apronuc) devait superviser l'administration du pays pendant deux ans, puis organiser des élections démocratiques.

1999
Retour sur la scène internationale du Cambodge, qui rejoint l'Anase (Asean), après un report de deux ans.

2000
Les Combattants cambodgiens pour la liberté (CFF) lancent un "assaut" sur Phnom Penh. Soutenus par les dissidents américano-cambodgiens, les attaquants sont peu armés, mal entraînés et inexpérimentés.

2002
Organisation des premières élections communales : il s'agit d'une nouvelle étape dans le démantèlement de l'ancien système communiste et le processus de démocratisation.

2003
Après la victoire électorale du PPC, des luttes politiques internes empêchent la formation du nouveau gouvernement pendant près d'un an, jusqu'à l'instauration de l'habituelle coalition avec le Funcinpec.

Si l'Apronuc obtint des succès indéniables, ses échecs allaient peser lourd sur la période "démocratique" du Cambodge. Elle parvint à faire adopter de multiples accords internationaux relatifs aux droits de l'homme et ouvrit la porte à de nombreuses organisations non-gouvernementales (ONG). De plus, des élections eurent lieu le 25 mai 1993, avec un taux de participation de 89,6%. Les résultats de celles-ci furent pourtant mitigés : le Funcinpec, conduit par le prince Norodom Ranariddh, obtint 58 sièges à l'Assemblée nationale ; le Parti du peuple cambodgien (PPC), qui représentait l'ancien gouvernement communiste, en remporta 51. Le PPC avait perdu les élections, et ses dirigeants brandirent la menace d'une sécession des provinces orientales. Le pays se retrouva alors avec deux Premiers ministres : Norodom Ranariddh et Hun Sen.

Durant la majeure partie des années 1980, la deuxième plus forte concentration de Cambodgiens en dehors de Phnom Penh se trouvait dans le camp de réfugiés de Khao I Dang, à la frontière avec la Thaïlande.

Aujourd'hui encore, le travail mené par l'Apronuc est considéré comme l'une des réussites de l'ONU. Pourtant, la paix établie au Cambodge était en réalité bien fragile, car la plupart des parties concernées cherchaient avant tout à défendre leurs propres intérêts. Pour de nombreux Cambodgiens, survivants des années 1970, il semblait inconcevable que les Khmers rouges participent au processus électoral.

La situation devint encore plus instable lorsque le programme de désarmement des Nations unies priva d'armes les milices rurales, longtemps chargées de défendre les provinces contre les Khmers rouges. Les villages furent laissés sans protection, pendant que les Khmers rouges utilisaient la nouvelle légitimité que leur conférait le processus de paix pour reconstruire un réseau de guérilla à travers le territoire. En 1994, lorsqu'ils furent enfin déclarés hors la loi par le gouvernement, les Khmers rouges n'avaient jamais autant menacé la sécurité du pays depuis 1979.

Bien que l'Apronuc ait eu pour principaux objectifs de restaurer et maintenir la paix et de promouvoir la réconciliation nationale, elle ne réalisa à court terme ni l'un ni l'autre. Si elle supervisa des élections libres, cette avancée fut bientôt anéantie par les agissements des hommes politiques cambodgiens. Durant cette période, peu d'efforts furent faits pour tenter de démanteler l'appareil communiste du PPC, une machine bien huilée qui permet encore de nos jours aux anciens communistes de contrôler l'administration, la justice, l'armée et la police.

La lente éclosion de la paix

Lorsque les Vietnamiens renversèrent le régime de Pol Pot, en 1979, les Khmers rouges s'exilèrent dans la jungle. Ils boycottèrent les élections de 1993 et, bien qu'ils aient signé les accords de paix de Paris, rejetèrent les négociations destinées à aboutir à un cessez-le-feu. En 1994, ils changèrent de tactique et ciblèrent les touristes. Trois voyageurs qui se déplaçaient en taxi sur la route de Sihanoukville furent enlevés et

2004	2005	2006	2007
À la surprise générale, le roi Sihanouk abdique en faveur de son fils Sihamoni ; un choix apprécié car Sihamoni reste à l'écart de la politique.	Le Cambodge rejoint l'OMC et ouvre son marché au libre-échange : beaucoup craignent que cela ne mette en péril la fragile économie du pays en privant ses produits nationaux de toute protection.	Procès et contre-procès rythment la vie politique du nouveau Cambodge ; le dernier chassé-croisé voit le retour au pays du chef de l'opposition Sam Rainsy et l'exil du prince Ranariddh.	Le parti royaliste Funcinpec continue à péricliter. Les démocrates rejoignent Sam Rainsy ; les loyalistes rallient le nouveau parti de Norodom Ranariddh ; d'autres adhèrent au PPC.

abattus. Quelques mois plus tard, trois autres étrangers furent enlevés dans un train à destination de la même ville, puis exécutés alors que l'armée cernait les ravisseurs.

Au milieu des années 1990, le gouvernement changea de stratégie. Après la répression face à la guérilla, il tenta de retourner ses opposants. L'occasion se présenta en août 1996, quand Ieng Sary, Frère numéro 3 dans la hiérarchie khmère rouge et ancien ministre des Affaires étrangères de l'Angkar, fut accusé de corruption par Pol Pot. Cette dénonciation, qui provoqua des défections massives dans les rangs des combattants de la région de Pailin, scella le sort des derniers Khmers rouges. Ce territoire, riche en pierres précieuses et en bois, fournissait depuis longtemps aux Khmers rouges les moyens de financer leur guérilla. Le tarissement de ces revenus, ajouté au fait que les forces gouvernementales pouvaient désormais se concentrer sur un seul front, annoncèrent la fin de la guerre civile.

En 1997, des dissensions apparurent au sein de la coalition au pouvoir et la démocratie balbutiante se retrouva une fois de plus en état de siège. Ce furent cependant les Khmers rouges qui réapparurent à la une des journaux. Pol Pot fit exécuter Son Sen, son ancien ministre de la Défense, et de nombreux membres de sa famille, ce qui entraîna un putsch au sein de l'état-major khmer rouge : Ta Mok, le général unijambiste représentant de la ligne dure, prit la tête du mouvement et traduisit Pol Pot en "justice". À Phnom Penh, des rumeurs laissèrent entendre que le Frère numéro 1 ne tarderait pas à comparaître devant un tribunal international. Puis, l'attention se porta de nouveau sur la capitale, où la fragile coalition sombrait dans de violents combats.

Il s'ensuivit une longue période de séduction au cours de laquelle le Funcinpec et le PPC tentèrent de gagner la confiance des derniers jusqu'au-boutistes khmers rouges retranchés dans le Nord. Ranariddh, proche de conclure un accord avec les combattants, souhaitait fortement aboutir avant l'entrée du Cambodge dans l'Anase (ou Asean ; Association des nations de l'Asie du Sud-Est) ; en effet, rien ne pouvait offrir une entrée plus glorieuse que l'annonce de la fin de la longue guerre civile. Dans sa hâte, il oublia la prudence et se fit renverser par le second Premier ministre, Hun Sen. Le 5 juillet 1997, des combats opposèrent dans les rues de Phnom Penh les troupes loyales au PPC et les factions fidèles au Funcinpec. Les affrontements les plus violents eurent lieu autour de l'aéroport et des principaux bâtiments administratifs ; le PPC prit rapidement le dessus. Ces "événements de 1997" – un euphémisme – furent condamnés par la communauté internationale pour leur violence.

Au début de 1998, le PPC annonça une offensive générale contre les ennemis du Nord. En avril, son armée parvint à proximité des bastions khmers rouges d'Anlong Veng et de Preah Vihear. Au cours de ces

Les puissances occidentales, États-Unis et Grande-Bretagne compris, firent en sorte que les Khmers rouges gardent leur siège à l'Assemblée générale des Nations unies à New York jusqu'en 1991. Ainsi, les responsables du génocide représentaient leurs victimes sur la scène internationale.

2008

Progression du PPC, qui obtient 58% des suffrages aux élections législatives. L'opposition est désunie.

2009

Début du procès de Douch (Kang Kek Leu ou Kaing Guek Eav), le directeur de la prison de haute sécurité S-21 sous les Khmers rouges.

2010

Alors que la fête annuelle de l'Eau (Bon Om Tuk) se termine, le 22 novembre, plus de 350 personnes meurent lors d'une bousculade.

2011

Le conflit larvé à propos du temple de Preah Vihear, sur la frontière entre la Thaïlande et le Cambodge, se transforme en conflit ouvert. Un cessez-le-feu est négocié par l'Indonésie au nom de l'Anase (Asean).

combats, Pol Pot réussit à se soustraire à la justice : il mourut le 15 avril, captif de ses anciens camarades khmers rouges. La chute d'Anlong Veng, en avril, précéda celle de Preah Vihear, en mai ; les trois grands chefs survivants, Ta Mok, Khieu Samphan et Nuon Chea fuirent dans la jungle près de la frontière thaïlandaise, avec leurs derniers fidèles.

Les élections de 1998 achevèrent de placer le PPC comme seule force dominante. Le 25 décembre, les militaires thaïlandais livrèrent aux autorités cambodgiennes deux des principaux responsables khmers rouges, Khieu Samphan et Nuon Chea. La communauté internationale fit pression sur le gouvernement pour la constitution d'un tribunal chargé de juger les dirigeants khmers rouges. Après de longues négociations, un accord fut conclu sur la composition de ce tribunal. Le PPC se méfiait d'un procès supervisé par l'ONU, qui s'était rangée du côté de la coalition dominée par les Khmers rouges contre le gouvernement de Phnom Penh, et il souhaitait dresser lui-même la liste des futurs accusés. Pour sa part, l'ONU doutait de l'efficacité et de l'impartialité du système judiciaire cambodgien dans un procès d'une telle importance. Finalement, un compromis fut trouvé : un tribunal mixte, composé de trois juges internationaux et de quatre juges cambodgiens, requérant une majorité de deux plus trois pour un verdict.

Ancienne épouse d'un disciple de Pol Pot, la Française Laurence Picq, qui a vécu la tragédie khmère de l'intérieur, a publié plusieurs témoignages dont *Le Piège khmer rouge* (Buchet-Chastel, 2013). À lire également : *Revenue de l'enfer. Quatre ans dans les camps khmers rouges* (Éd. de l'Atelier, Témoins d'humanité, 2014), de Claire Ly.

Timide transition démocratique

En 1993, le premier scrutin législatif depuis l'instauration de la monarchie constitutionnelle est organisé. En 2003 et en 2008) des scrutins permettent l'élection de députés d'opposition à l'assemblée. En 2013, l'opposition réussit à s'unifier autour du chef du Parti du sauvetage national du Cambodge (PSNC), Sam Rainsy, rentré de son exil en France. Le parti du Premier ministre conserve la majorité absolue mais d'une courte tête seulement. Si les élections se sont déroulées dans un climat plutôt serein, l'opposition dénonce un scrutin entaché d'une succession d'irrégularités, d'autant plus problématiques que 300 000 voix séparent les deux partis. Plusieurs mois après le scrutin, des manifestations sont émaillées d'incidents dans les grandes villes. La répression s'abat sur certains cortèges avec des arrestations arbitraires et même des victimes. En juillet 2014, l'opposant Sam Rainsy demande à être reçu par le Premier ministre. L'échange permet la signature d'un accord. Des manifestants sont libérés et des commissions parlementaires sont créées pour lutter contre la corruption et élaborer une nouvelle loi électorale. Cependant, à l'approche des prochaines élections municipales (2017) et législatives (2018), le pouvoir reprend ses anciennes habitudes : passage à tabac et inculpation d'opposants. Début 2016, Sam Rainsy est obligé de s'exiler en France pour la 4e fois de sa carrière politique.

2012	2013	2014	2016
Le Cambodge préside l'Anase et accueille le sommet de la Coopération économique pour l'Asie-Pacifique (APEC). Le président Obama va à Phnom Penh, sans rencontrer le Premier ministre Hun Sen.	Le Parti du sauvetage national du Cambodge (PSNC), l'opposition unie, remporte 55 sièges à l'Assemblée nationale. Le parti du Premier ministre conserve la majorité absolue d'une courte tête.	Après des multiples manifestations de l'opposition, le pouvoir accepte la création d'une commission sur la loi électorale qui doit permettre que les prochaines élections soient plus démocratiques	Le Premier ministre poursuit sa politique d'intimidation vis-à-vis de l'opposition. Pour la 4e fois de sa carrière, l'opposant, Sam Rainsy, est forcé à l'exil en France pour échapper à un procès.

Pol Pot et les Khmers rouges

Les Khmers rouges dirigèrent le Cambodge pendant 3 ans, 8 mois et 20 jours, une période gravée dans la mémoire des Cambodgiens qui survécurent au régime du Kampuchéa démocratique. Les Vietnamiens chassèrent les Khmers rouges le 7 janvier 1979 ; l'été suivant, ils organisèrent un simulacre de procès à Phnom Penh, au cours duquel Pol Pot et Ieng Sary furent condamnés à mort par contumace. Alors que le monde était écartelé par les enjeux de la guerre froide, la guerre civile se prolongea au Cambodge durant deux décennies. Quand elle s'acheva, en 1999, Pol Pot avait déjà échappé à la justice, puisqu'il était mort à Anlong Veng, le 15 avril 1998 ; mais de nombreux dirigeants étaient toujours en vie. Plus de 20 ans après la fin du régime, des discussions eurent enfin lieu pour traduire en justice certains des responsables de la mort de quelque 2 millions de Cambodgiens. Les procès commençèrent en 2006 ; ils sont toujours en cours.

Les hauts dirigeants khmers rouges

Pol Pot : Frère numéro 1

Pol Pot incarne la folie sanguinaire du régime totalitaire communiste qu'il dirigea de 1975 à 1979, et qui fut responsable de la misère, des souffrances ou de la mort de millions de Cambodgiens.

Pol Pot, Saloth Sar de son vrai nom, naquit en 1925 dans un village proche de Kompong Thom. Jeune homme, il obtint une bourse pour étudier à Paris, où il rejoignit le Cercle marxiste des étudiants khmers, fondé par Ieng Sary. Il s'y initia à la pensée communiste, qu'il transforma par la suite en un extrémisme maoïste.

En 1963, les mesures répressives de Sihanouk incitèrent Saloth Sar et ses camarades à se réfugier dans la jungle du Ratanakiri. C'est à cette époque que le futur chef des Khmers rouges adopta son nom de guerre : Pol Pot. La popularité des Khmers rouges commença à croître à partir de 1970, après leur rapprochement avec Sihanouk qui, renversé par Lon Nol, fut contraint de s'exiler à Pékin. À cette époque, Pol Pot préférait encore rester dans l'ombre, et laisser Khieu Samphan et Ieng Sary s'exposer.

Quand les Khmers rouges entrèrent dans Phnom Penh, le 17 avril 1975, nul n'aurait pu imaginer l'enfer qui allait suivre. Proclamée "“année zéro”, 1975 marqua le début d'une folie destructive destinée à éradiquer tout lien avec le passé. Dès lors, Pol Pot (bien qu'officiellement Premier ministre) assuma au grand jour son rôle de dirigeant, ou "Frère numéro 1" selon la terminologie du Kampuchéa démocratique. Lui et ses compagnons furent les architectes de l'une des révolutions les plus violentes de l'histoire humaine.

Bien connu pour ses amitiés troubles, l'avocat Jacques Vergès avait notamment tissé des liens avec Pol Pot, quand tous deux vivaient à Paris au début des années 1950. Selon certaines théories, il aurait même rejoint le Frère numéro 1, au cours des 8 années où il disparut sans explication, de 1970 à 1978.

Après le renversement du régime par les Vietnamiens en 1979, Pol Pot passa l'essentiel des années 1980 en Thaïlande, où il parvint à reconstituer ses troupes, pour former l'une des principales factions opposées à Hanoi. Les deux dernières décennies de son existence, source de spéculations, restent entourées de mystère. Sa mort fut si souvent annoncée que, lorsqu'il mourut, le 15 avril 1998, de nombreux Cambodgiens refusèrent

À travers son œuvre, le cinéaste franco-cambodgien Rithy Panh compose un véritable mémorial du génocide cambodgien. Reportez-vous à la rubrique *Cinéma* du chapitre *Culture et société*, p. 336.

d'y croire avant d'avoir vu son cadavre à la télévision ou dans les journaux. Officiellement, le despote aurait succombé à une crise cardiaque. Toutefois, aucune autopsie n'a été pratiquée avant son incinération sur un bûcher de pneus, et le doute subsiste.

Plusieurs biographies du Frère numéro 1 sont disponibles en français. Vous pourrez notamment vous procurer *Pol Pot. Le bourreau du Cambodge* (Stock, 2000), de Paul Dreyfus, et *Pol Pot. Anatomie d'un cauchemar*, de Philip Short (Denoël, 2007).

Nuon Chea : Frère numéro 2

Considéré comme l'un des principaux idéologues et architectes de la révolution khmère rouge, Nuon Chea (né en 1926) étudia le droit à l'université Thammasut de Bangkok avant de rejoindre le parti communiste thaïlandais. Nommé secrétaire adjoint du parti ouvrier du Kampuchéa (nouveau nom du Parti communiste du Kampuchéa) lors d'une réunion secrète en 1960, il resta le second de Pol Pot durant tout le régime khmer rouge, dans lequel il était responsable de la sécurité intérieure. Condamné à la prison à vie en 2014, il est actuellement poursuivi pour génocide au sein des CETC dans le cadre du procès 002.

Ieng Sary : Frère numéro 3

L'un des proches de Pol Pot, Ieng Sary (1925-2013) s'enfuit avec lui en 1963 au Ratanakiri, où les deux hommes s'entraînèrent à la guérilla intensive en compagnie des forces communistes nord-vietnamiennes. Devenu l'une des personnalités publiques des Khmers rouges, Ieng Sary assuma la charge de vice-Premier ministre chargé des Affaires étrangères du Kampuchéa démocratique. Jusqu'à sa mort, en 2013, il a nié son implication dans l'organisation ou l'exécution du génocide. Pourtant, c'est à son invitation que de nombreux intellectuels, diplomates et expatriés revinrent à partir de 1975 au Cambodge, où la plupart furent ensuite torturés et exécutés dans le centre de sécurité S-21. En 1996, sa défection au profit du gouvernement contribua à accélérer la fin de la guérilla khmère rouge. Tout d'abord amnistié, il fut par la suite accusé dans le cadre du dossier n°002. Toutefois, il mourut avant le terme du procès, en gardant le silence sur son sombre passé.

Khieu Samphan : le chef de l'État

Khieu Samphan (né en 1931) étudia l'économie à Paris ; certaines de ses théories sur l'autosuffisance auraient inspiré la politique économique des Khmers rouges. Durant les années 1960, il travailla avec le gouvernement du Sangkum conduit par Sihanouk, ce qui lui permit de tester certaines de ses idées les plus modérées. Lorsque Sihanouk réprima les partisans de la gauche en 1967, il rejoignit Pol Pot et Ieng Sary dans la jungle. Chef d'État du Kampuchéa démocratique de 1976 à 1979, il est l'un des accusés du dossier n°002. Comme Nuon Chea, il a été condamné à la prison à perpétuité en 2014 et est désormais poursuivi pour génocide dans le procès 002.

Pol Pot emprunta la piste Hô Chi Minh pour visiter Pékin en 1966, au plus fort de la Révolution culturelle. Il fut en évidence marqué par cette expérience, même si les Khmers rouges allèrent encore plus loin que les gardes rouges dans leur tentative d'éradication du passé.

Douch : le directeur du S-21

Né Kaing Guek Eav (ou Kang Kek Leu) à Kompong Thom en 1942, Douch était professeur avant de rejoindre les Khmers rouges en 1967. Basé dans la chaîne des Cardamomes durant la guerre civile de 1970-1975, il avait la responsabilité de la sécurité et des prisons politiques de la région, où il développa ses techniques d'interrogatoire. Après la prise du pouvoir par les Khmers rouges, il devint directeur du S-21 et fut responsable des interrogatoires et de l'exécution de milliers de prisonniers. Il s'enfuit de Phnom Penh quand les forces vietnamiennes encerclèrent la ville et se cacha dans la province de Battambang jusqu'à ce qu'il soit démasqué par le photographe irlandais Nic Dunlop. Premier Khmer rouge jugé par les Chambres extraordinaires au sein des tribunaux cambodgiens, dans le cadre du dossier n°001, Douch a été condamné en appel à la réclusion à perpétuité en 2012.

Les Khmers rouges face à la justice

Un tribunal spécial pour le Cambodge, appelé Chambres extraordinaires au sein des tribunaux cambodgiens (CETC), a été créé en 2001 – il a fait l'objet d'un accord avec l'ONU en 2003. Il s'agit d'un tribunal cambodgien bénéficiant d'une participation internationale et ayant pour mission de poursuivre les “hauts dirigeants du Kampuchéa démocratique” et “les principaux responsables de violations graves du droit national et international”. Les CETC ont été saisies de quatre dossiers, numérotés de 001 à 004.

La période khmère rouge reste un sujet politique sensible au Cambodge, notamment en raison des liens du gouvernement actuel avec le mouvement communiste. L'histoire du génocide n'est enseignée dans les lycées que depuis 2009.

Dossier n°001

Le dossier n°001, ou procès de Kaing Guek Eav (ou Kang Kek Leu), alias Douch, a été la première affaire conclue. Chef de la prison de haute sécurité S-21, Douch est considéré comme un personnage-clé dans le régime du Kampuchéa démocratique. Mis en accusation en 2008, il a été condamné à 35 ans de prison en 2010, mais sa peine a été ramenée à 19 ans en raison des années passées en préventive et de sa coopération avec la justice – l'accusé ayant reconnu sa responsabilité dans la mort de quelque 17 000 personnes, cela équivalait à une dizaine d'heures de prison par victime. La sentence a finalement été transformée en réclusion à perpétuité lors du procès en appel, le 3 février 2012.

Dossier n°002

Le dossier n°002, entamé en novembre 2011, concerne Nuon Chea, Frère numéro 2, et Khieu Samphan, ancien chef de l'État. Décédé en 2013, Ieng Sary, Frère numéro 3 et ancien vice-Premier ministre et ministre des Affaires étrangères, aurait dû être jugé dans le cadre du dossier n°002. Sa femme, Ieng Thirith (1932-2015), qui a occupé différents postes dans le gouvernement khmer rouge, a été déclarée inapte à un procès pour cause de démence et libérée en 2012. Nuon Chea et Khieu Samphan ont été condamnés à la prison à vie pour crimes contre l'humanité, en août 2014 ; ils sont actuellement poursuivis pour génocide.

Dossiers n°003 et n°004

Le co-procureur international a déposé en 2009 deux réquisitoires introductifs répartis entre les dossiers n°003 et n°004 et impliquant cinq suspects : Meas Muth, chef de la marine du Kampuchéa démocratique, et Sou Met, chef de l'aviation khmère pour le dossier n°003 (le second est mort en 2014) ; Ao An, Im Chaem et Yim Tith pour le dossier n°004. L'instruction de ces deux dossiers s'est heurté à de nombreuses difficultés. Des interférences politiques, de nombreux dysfonctionnements et un manque de transparence ont été pointés du doigt. La procédure est toujours en cours.

Dans le film *Ennemis du peuple* (2010), le réalisateur Rob Lemkin suit Thet Sambath. Ce journaliste, survivant du génocide, est parvenu à gagner la confiance de Nuon Chea, ancien Frère numéro 2 des Khmers rouges, qui lui a apporté un nouveau témoignage sur son rôle dans le régime génocidaire.

Un message pour l'avenir

En raison de l'âge avancé des accusés, la justice doit livrer une véritable course contre la montre pour juger les derniers chefs khmers rouges. Le procès de Douch (ainsi que les condamnations partielles du Frère numéro 2 et de Khieu Samphan) ont contribué à apporter des éléments de réponse aux victimes. Vous pourrez suivre les procès des Khmers rouges sur le site des Chambres extraordinaires au sein des tribunaux cambodgiens (CETC) : www.eccc.gov.kh/fr.

Culture et société

Avec son histoire tumultueuse, son patrimoine architectural et sculptural particulièrement riche, sa scène artistique moderne et sa belle mosaïque de peuples et de religions, le Cambodge est un pays qui fascine toujours autant les visiteurs.

Les Cambodgiens

Depuis l'époque faste de l'empire d'Angkor, les Cambodgiens ont perdu maintes batailles, et leur pays a souvent fait figure de proie facile pour les royaumes ou territoires voisins. Ce passé a forgé la mentalité des habitants.

Au premier abord, le Cambodge semble un pays de gens heureux et souriants, mais un regard plus appuyé décèle, naturellement, les contradictions : douleur et joie, richesse et pauvreté, amour et haine et, surtout, récente tragédie et passé glorieux.

Angkor Vat figure partout : sur le drapeau, les bouteilles de la bière nationale, les paquets de cigarettes, les enseignes des hôtels, etc. Symbole et fierté de la nation cambodgienne, il rappelle au monde l'histoire illustre du peuple khmer.

À cette histoire prestigieuse s'oppose l'horreur des années du régime khmer rouge. Pol Pot, nom maudit, évoque les tragédies personnelles et les souffrances qui ont marqué de manière indélébile la majorité des Cambodgiens.

Le roi Jayavarman VII (règne 1181-1219), bouddhiste mahayana, s'efforça d'améliorer la vie de son peuple en construisant des hôpitaux, des écoles, des routes et des logements.

Les Cambodgiens nourrissent des sentiments complexes à l'égard des Thaïlandais et des Vietnamiens. Ils reprochent aux premiers leur condescendance envers un voisin plus pauvre et leur refus de reconnaître leur dette culturelle envers l'Empire khmer. Leur attitude est plus ambivalente à l'égard des Vietnamiens. S'ils les taxent encore d'ingérence territoriale – de nombreux Khmers continuent d'appeler le delta du Mékong "Kampuchéa Krom" ou "Bas-Cambodge" –, ils les respectent à contrecœur pour les avoir libérés des Khmers rouges en 1979 – avant que les relations ne se détériorent, quand les libérateurs devinrent occupants dans les années 1980.

LA POPULATION DU CAMBODGE

Lors du recensement de 2008, le deuxième depuis la fin de la guerre, le Cambodge comptait environ 13,5 millions d'habitants. La population actuelle est estimée à près de 16 millions. Avec un taux de croissance de près de 2% par an, elle devrait atteindre 20 millions d'ici à 2025.

Phnom Penh, la plus grande ville du pays, regroupe près de 2 millions d'habitants. Parmi les principaux centres figurent les villes en plein essor de Siem Reap, Sihanoukville, Battambang et Poipet.

Moins important que dans les années 1980, le déséquilibre entre les hommes et les femmes dû aux années de guerre reste significatif : on compte 95 hommes pour 100 femmes, contre 86,1 pour 100 en 1980. La disparité la plus criante concerne les groupes d'âge : plus de 40% de la population a moins de 16 ans.

SALUTATIONS À LA CAMBODGIENNE

Les Cambodgiens se saluent par le *sompiah*, une inclination du buste accompagnée des mains jointes, semblable au *wai* des Thaïlandais. Plus les mains sont hautes et l'inclination profonde, plus le respect est marqué, chose à ne pas oublier lorsque vous rencontrez des officiels ou des personnes âgées. Si les hommes ont désormais tendance à pratiquer la poignée de main, les femmes préfèrent habituellement le salut traditionnel. On tolère des étrangers qu'ils serrent la main des Cambodgiens des deux sexes.

Mode de vie

Pour la plupart des Cambodgiens les plus âgés, la vie s'organise immuablement autour de la famille, des dévotions et des repas. Contrairement au noyau familial traditionnel, la famille cambodgienne s'étend jusqu'aux cousins au troisième degré ; elle accueille toute personne pouvant se prévaloir d'un lien de sang, même ténu. Ses membres vivent et résolvent les problèmes ensemble, se reposent sur la sagesse des anciens et mettent leurs ressources en commun. La famille étendue se réunit dans les moments de peine ou de joie, pour célébrer les fêtes et les réussites, pleurer les morts ou partager les déceptions. Quelle qu'en soit la taille, une maison cambodgienne est toujours remplie.

Les Khmers des plaines sont encouragés à migrer vers le nord-est du pays où abondent les terres disponibles. Cette politique risque de marginaliser les minorités ethniques de la région, totalement étrangères au concept de propriété.

La majeure partie de la population continue de vivre à la campagne ; plusieurs générations partagent le même toit, la même nourriture et la même religion. Et ce, même si les sombres années 1970-1980 ont mis à mal ces coutumes. Arrachés à ce qu'ils chérissaient, les paysans durent participer à la guerre civile avant d'être réduits en esclavage. L'Angkar, l'organisation khmère rouge, s'imposa comme le pivot moral et social de l'existence. Les familles furent séparées et leurs membres opposés les uns aux autres. La confiance qui cimentait autrefois les rapports familiaux fut anéantie ; elle ne réapparaît aujourd'hui que lentement.

Les choses sont différentes pour la nouvelle génération, élevée avec MTV et les séries télévisées dans un pays débarrassé de la guerre et de la dictature, où elle jouit d'une relative liberté. Le Cambodge connaît un bouleversement des mœurs, avec une jeunesse qui revendique un mode de vie autre que celui de ses parents. Le conflit des générations est aigu dans les villes, où les jeunes s'habillent comme ils le souhaitent, fréquentent qui ils veulent et sortent jusqu'à l'aube. Plus récemment, ce phénomène s'est répercuté sur la politique, les enfants de Facebook ayant contribué, lors des élections législatives de 2013, à réduire la majorité du Parti du peuple cambodgien au pouvoir.

Le Cambodge va connaître d'importants changements démographiques dans les deux prochaines décennies. Actuellement, 20% seulement de la population vit en zone urbaine, ce qui contraste fortement avec les pays voisins plus développés, comme la Malaisie et la Thaïlande. Or, un nombre croissant de jeunes part en ville à la recherche d'une vie meilleure, ce qui va certainement transformer la société cambodgienne, même si celle-ci demeure encore, pour l'instant, plus traditionnelle qu'en Thaïlande ou au Vietnam – un conservatisme que tout visiteur se doit de garder à l'esprit pendant son séjour.

Un lien unit les Cambodgiens et les Laotiens : Fa Ngum, le fondateur du royaume lao du Lan Xang (royaume du Million d'éléphants), fut aidé financièrement par son beau-père khmer.

Multiculturalisme

Selon les statistiques officielles, les Khmers représentent plus de 90% de la population cambodgienne, ce qui fait de celle-ci l'une des plus homogènes du Sud-Est asiatique. Toutefois, officieusement, le pourcentage est sans doute inférieur en raison de l'afflux de Chinois et de Vietnamiens au cours du siècle passé. Parmi les autres minorités ethniques figurent des Cham, des Lao et les peuples des hauts plateaux.

LES KHMERS KROM

Ethniquement khmers, les Khmers Krom du Vietnam méridional ont été séparés du Cambodge par des traités historiques et par l'annexion vietnamienne d'un territoire naguère cambodgien. Nul ne connaît leur nombre exact, et les estimations varient de 1 à 7 millions selon les sources.

L'histoire de l'expansionnisme vietnamien dans le territoire cambodgien figure depuis longtemps dans les manuels scolaires khmers. Pour complaire à son épouse vietnamienne, le roi Chey Chetha II du Cambodge autorisa les Vietnamiens à s'installer dans le village cambodgien de Prey Nokor, aujourd'hui Hô Chi Minh-Ville (ex-Saigon), en 1623. Ce fut le début d'un lent grignotage.

Depuis l'indépendance, le gouvernement vietnamien a poursuivi une politique d'assimilation forcée, obligeant les Khmers à prendre des noms vietnamiens et à faire leurs études en vietnamien. Selon la Fédération des Khmers du Kampuchéa (FKK), les Khmers Krom continuent à faire l'objet de persécutions : difficultés d'accès aux services de santé, discrimination religieuse et racisme affiché. Plusieurs moines ont été défroqués ces dernières années pour avoir participé à des manifestations non-violentes, et le gouvernement cambodgien a même aidé à la déportation de certains agitateurs, selon l'organisation Human Rights Watch.

De nombreux Khmers Krom souhaiteraient voir le Cambodge jouer un rôle de médiateur dans leur demande d'une plus grande autonomie et d'une représentation ethnique au Vietnam. Or, le gouvernement de Phnom Penh préfère ignorer l'afflux d'immigrés vietnamiens illégaux et les empiètements des Vietnamiens à la frontière orientale. Il évite tout affrontement avec son puissant voisin, peut-être à cause des liens historiques entre les deux dynasties politiques.

Pour en savoir plus sur la lutte des Khmers Krom, consultez le site www.khmerkrom.org.

Khmers

Les Khmers habitent le Cambodge depuis aussi loin que remontent les sources écrites (vers le IIe siècle) de la région, soit des siècles avant l'arrivée des Thaïs et des Vietnamiens. Au fil du temps, les Khmers se sont mêlés à d'autres groupes vivant au Cambodge, dont des Javanais et des Malais (VIIIe siècle), des Thaïs (du Xe au XVe siècle), des Vietnamiens (depuis le début du XVIIe siècle) et des Chinois (à partir du XVIIIe siècle).

Vietnamiens

Les Vietnamiens constituent l'un des groupes non khmers les plus importants. Selon les chiffres officiels, ils seraient environ 100 000, mais d'autres sources suggèrent que leur nombre se situerait entre 500 000 et 1 million. Ils jouent un rôle important dans les secteurs de la pêche et de la construction. Un sentiment de défiance perdure à leur égard, même envers ceux qui vivent au Cambodge depuis des générations.

Vous verrez des cimetières chinois et vietnamiens disséminés parmi les rizières dans les provinces au sud et à l'est de Phnom Penh. Les Khmers pratiquent en revanche la crémation. Les cendres sont parfois déposées dans un stupa, près d'un *vat*.

Chinois

Si le gouvernement affirme que 50 000 Chinois vivent au Cambodge, des observateurs estiment que l'on en compte de 500 000 à 1 million dans les zones urbaines. Bon nombre d'entre eux résident au Cambodge depuis des générations et ont adopté la culture, la langue et l'identité khmères. Jusqu'en 1975, ils dominaient la vie économique du pays. Ces dernières années, ils ont recouvré leur puissance financière, principalement grâce aux investissements accrus des Chinois de l'étranger.

Cham

Les Cham musulmans (ou Khmers Islam) seraient officiellement 200 000 et officieusement 500 000. Ils habitent des villages situés sur les rives du Mékong et du Tonlé Sap, principalement dans les provinces de Kompong Cham, de Kompong Speu et de Kompong Chhnang. Les Khmers rouges les persécutèrent avec acharnement entre 1975 et 1979. Ils détruisirent de nombreuses mosquées, qui ont pour la plupart été rebâties.

Minorités ethnolinguistiques

Quelque 100 000 Khmers Leu (Khmers du haut) ou *chunchiet* (minorités ethniques) vivent dans les régions montagneuses.

La plupart de ces groupes habitent les provinces du Ratanakiri, du Mondolkiri, de Stung Treng et de Kratie. Les Tampuan (il existe diverses orthographes) constituent le groupe le plus important, avec près de 20 000 représentants. Parmi les autres groupes figurent les Bunong, les Kreung, les Kavet, les Brau et les Jarai.

Les peuples montagnards ont longtemps vécu à l'écart de la société khmère, et l'incompréhension mutuelle perdure. Ils pratiquent une agriculture nomade et restent rarement longtemps au même endroit. Un ancien de la communauté communique avec les esprits pour décider du nouvel emplacement du village. Rares sont les minorités qui conservent des costumes traditionnels colorés comme en Thaïlande, au Laos et au Vietnam.

Sur les 123 sièges à l'Assemblée nationale du Cambodge, 25 sont occupés par des femmes, soit 20%.

Religion

Bouddhisme

Introduit dans le pays en même temps que l'hindouisme, le bouddhisme ne devint la religion officielle qu'à partir des XIIIe et XIVe siècles. La majorité des Cambodgiens pratiquent aujourd'hui le bouddhisme theravada. Entre 1975 et 1979, les Khmers rouges assassinèrent la plupart des moines bouddhistes et endommagèrent ou détruisirent la quasi-totalité des *vat* (plus de 3 000). À la fin des années 1980, le bouddhisme redevint la religion d'État, et l'on voit désormais des jeunes moines dans tout le pays. De nombreux *vat* ont été reconstruits ou restaurés, et des quêtes ont lieu au bord des routes pour financer les travaux.

La finalité du bouddhisme theravada est le nirvana, ou l'"extinction" de tout désir et de toute souffrance pour accéder à la dernière étape de la réincarnation. En nourrissant les moines, en faisant des dons aux temples et en priant régulièrement au *vat*, les bouddhistes espèrent améliorer leur sort et acquérir suffisamment de mérites pour réduire le nombre de renaissances.

Chaque homme bouddhiste doit se faire moine pendant une brève période, idéalement entre la fin de ses études et le début d'une carrière ou le mariage. Aujourd'hui, cette initiation se limite souvent à 15 jours. Les hommes et les garçons de moins de 20 ans peuvent entrer dans le *sangha* (ordre monastique) comme novices.

Parmi les 25 provinces du Cambodge, le Kandal possède la plus importante densité de population, avec plus de 300 habitants au mètre carré. Le Mondolkiri possède quant à lui la population la plus clairsemée avec seulement 4 personnes au km^2.

Hindouisme

L'hindouisme s'épanouit parallèlement au bouddhisme du Ier au XIVe siècle. Durant la période préangkorienne, il était symbolisé par le culte de Harihara (Shiva et Vishnou réunis dans une même divinité). Pendant l'époque d'Angkor, Shiva était la divinité préférée de la famille royale, avant d'être supplanté par Vishnou au XIIe siècle. Aujourd'hui, des éléments hindouistes subsistent dans d'importantes cérémonies organisées à l'occasion des naissances, des mariages et des décès.

Les Khmers Leu pratiquent la forme la plus pure de l'animisme. Certains se sont convertis au bouddhisme, mais la majorité continue de vénérer les esprits de la Terre, du Ciel et de leurs ancêtres.

Animisme

L'hindouisme et le bouddhisme, qui viennent d'au-delà des frontières, ont progressivement été absorbés et ont fusionné avec l'animisme présent avant l'indianisation. Les croyances locales n'ont pas disparu : elles ont été intégrées aux nouvelles religions, pour former une foi propre au Cambodge. Ainsi, le concept du Neak Ta provient des croyances animistes liées à la terre et à l'esprit sacrés qui nous entourent. Le Neak Ta peut être assimilé à la Terre-Mère, une force qui lie une communauté à son sol et à son eau. Ses représentations prennent de nombreuses formes : pierre ou bois, termitières, ou tout élément pouvant symboliser un lien entre le peuple et la fertilité de sa terre. Parfois phallique, le Neak Ta a été assimilé au lingam hindou.

L'épopée hindoue du *Ramayana* s'appelle *Reamker* ou *Râmakerti* au Cambodge.

Islam

Les musulmans du Cambodge descendent des Cham qui émigrèrent de l'actuel Vietnam central après l'ultime défaite du royaume de Champa face aux Vietnamiens, en 1471. Comme les bouddhistes cambodgiens, ils appellent les fidèles à la prière en frappant sur un tambour plutôt que de recourir au muezzin.

Christianisme

Le christianisme a fait bien moins d'émules au Cambodge qu'au Vietnam. Si le pays comptait plusieurs églises avant la guerre, beaucoup furent détruites par les Khmers rouges, notamment la cathédrale Notre-Dame à Phnom Penh. Dans les années 1980, le christianisme fit une percée dans les camps de réfugiés de la frontière thaïlandaise grâce aux associations caritatives qui distribuaient des repas tout en prêchant la bonne parole. À fins de subsistance, de nombreux Cambodgiens se convertirent avant de revenir au bouddhisme une fois sortis des camps, ce qui leur a valu le surnom de "chrétiens du riz".

La moitié des scènes du film *Lord Jim* (1965), adaptation cinématographique du roman éponyme de Joseph Conrad (chez plusieurs éditeurs) par Richard Brooks, furent tournées à Angkor Vat.

Arts

L'acharnement des Khmers rouges contre les arts a porté un coup terrible à la culture cambodgienne. Des années durant, les Cambodgiens la tinrent pour irrémédiablement perdue. Non contents de supprimer les artistes, les Khmers rouges détruisirent tous les objets, statues, instruments de musique et livres susceptibles de rappeler un passé qu'ils voulaient effacer. Seuls furent épargnés les temples d'Angkor, symboles du glorieux Empire khmer. Pourtant, le pays connaît aujourd'hui une résurgence des arts traditionnels et porte un intérêt croissant aux expérimentations dans le domaine de l'art contemporain et de la fusion interculturelle.

Architecture

L'architecture khmère atteignit son apogée à l'époque d'Angkor (du IXe au XVe siècle). Angkor Vat et les monuments d'Angkor Thom comptent parmi les plus belles réalisations de cette période.

Dans les campagnes, la plupart des maisons sont aujourd'hui construites sur de hauts pilotis en bois (si la famille peut se le permettre) et coiffées d'un toit de chaume (ou encore de tôles ou de bois, dans certains cas). Les murs sont formés par des nattes de palmes et le sol est fait de lamelles de bambou tressées sur des traverses en bambou. L'espace ombragé entre les pilotis sert d'entrepôt et de lieu de repos dans la journée. Les familles plus aisées possèdent des maisons avec des murs en bois et un toit de tuiles, mais la conception de base reste la même.

Le documentaire *Le Sommeil d'or* (2012), de David Chou, est une belle évocation de l'âge d'or du cinéma cambodgien.

Les Français ont laissé de belles villas et des bâtiments officiels de style néoclassique. Phnom Penh en possède de superbes exemples, et la plupart des capitales provinciales en comptent au moins un ou deux. Battambang et Kampot, deux des villes à l'architecture coloniale la mieux préservée, renferment de belles maisons de négoce et des résidences de gouverneur classiques.

Durant les années 1950 et 1960, l'âge d'or du Cambodge moderne, un groupe de jeunes architectes khmers a façonné la capitale selon ses idées, expérimentant ce qu'on appelle aujourd'hui la Nouvelle Architecture khmère. Chef de file de cette école, Vann Molyvann conçut plusieurs des monuments les plus remarquables de Phnom Penh, tels le stade olympique, le théâtre Chatomuk et le monument de l'Indépendance. La station balnéaire de Kep fut remodelée à cette époque, quand la classe moyenne cambodgienne découvrit les plaisirs de la plage, et la petite ville abrite de fabuleux exemples de la Nouvelle Architecture khmère, souvent délabrés. Le Knai Bang Chatt et la Villa Romonea, deux hôtels de charme de Kep, occupent des bâtiments restaurés de cette époque.

Pour découvrir la Nouvelle Architecture khmère, consultez le site de KA Architecture Tours (www.ka-tours.org) ou suivez l'une de ses promenades guidées à Phnom Penh ou à Battambang. Le site propose des itinéraires téléchargeables pour explorer ces deux villes.

Un barrage contre le Pacifique (2008), de Rithy Panh, est l'adaptation cinématographique du roman de Marguerite Duras (Gallimard), qui met en scène un épisode de la jeunesse de l'écrivain.

Cinéma

Florissante dans les années 1960, l'industrie cinématographique cambodgienne produisit plus de 300 films entre 1960 et 1975, dont certains furent exportés dans toute l'Asie, y compris de nombreux films du chef de l'État Norodom Sihanouk. L'arrivée des Khmers rouges sonna le glas de cette activité, qui ne ressuscita que 25 ans plus tard.

Le cinéma cambodgien connut un regain de vitalité en 2000, avec la sortie de *Kon Pouh Keng Kang* (*La Fille du roi-serpent*), de Fay Sam Ang. Ce remake d'un classique khmer des années 1960 relate la vie d'une jeune fille énergique, née de l'union d'une paysanne et d'un roi-serpent. En dépit d'effets spéciaux douteux, cette belle histoire d'amour a fait recette dans toute l'Asie.

Le succès de *Kon Pouh Keng Kang* a participé d'une renaissance toute relative de l'industrie cinématographique. Dans le courant des années 2000, plusieurs films furent produits chaque année. La plupart étaient toutefois des films d'horreur sans grande valeur artistique.

L'Image manquante de Rithy Panh (2013) est devenu le premier film cambodgien à être nominé pour l'Oscar du meilleur film en langue étrangère en 2014.

Rithy Panh

Rescapé des camps de travail des Khmers rouges, le cinéaste franco-cambodgien Rithy Panh compose à travers son œuvre un véritable mémorial de la tragédie cambodgienne. Son premier long-métrage de fiction, *Les Gens de la rizière*, a été présenté en compétition au Festival de Cannes de 1995, comme beaucoup d'autres de ses réalisations par la suite. Il dépeint l'existence d'une famille qui tire un maigre revenu de son travail harassant dans les rizières. *Un soir après la guerre* (1997) raconte l'histoire d'un jeune boxeur démobilisé et d'une entraîneuse de bar qui tentent de reconstruire leur vie à Phnom Penh. Le téléfilm intitulé *Que la*

SIHANOUK ET LE SEPTIÈME ART

Figure majeure de la vie politique cambodgienne du XXe siècle, Norodom Sihanouk (l'ancien roi et chef d'État du Cambodge ; 1922-2012) s'illustra également dans le domaine des arts, et notamment dans le cinéma. Entre 1965 et 1969, il écrivit, réalisa et produisit neuf longs-métrages – un chiffre qui ferait pâlir d'envie le plus prolifique des réalisateurs hollywoodiens ! Pour ce faire, il n'hésita pas à enrôler des membres de sa famille et du gouvernement. Dans son premier film, *Apsara* (1965), il attribua ainsi les premiers rôles au ministre des Affaires étrangères et à sa fille, la princesse Bopha Devi. Pour les besoins de cette même œuvre, il fit aussi appel à l'armée de l'air et à ses hélicoptères, pour une scène de parade militaire.

Sihanouk s'octroyait souvent le premier rôle, et l'on peut ainsi le voir en esprit de la forêt ou en général victorieux. Il n'est guère surprenant, compte tenu de cet engouement royal pour le cinéma, que le Cambodge ait décidé de rivaliser avec Cannes en créant le Festival international du film de Phnom Penh. Ledit festival se tint à deux reprises, en 1968 et 1969, et Sihanouk en remporta à chaque fois le Grand Prix. Il continua à tourner sur ses vieux jours et réalisa en tout une trentaine de films.

Amrita Performing Arts (www.amrita performingarts.org) a travaillé sur plusieurs projets avant-gardistes de danse et de théâtre au Cambodge, notamment au travers de collaborations avec des artistes français et japonais.

barque se brise, que la jonque s'entrouvre (2000) évoque les tensions entre Khmers et Vietnamiens, qui subsistent même au sein des Cambodgiens émigrés. Rithy Panh a signé de nombreux documentaires, maintes fois primés. *Bophana, une tragédie cambodgienne* (1996) est le récit du destin tragique et véridique d'un couple d'intellectuels exécutés par les Khmers rouges. *La Terre des âmes errantes* (1999) décrit le quotidien de travailleurs itinérants employés à creuser des tranchées entre Phnom Penh et Bangkok pour un réseau de fibres optiques. *S-21, la machine de mort khmère rouge* (2002) est la bouleversante confrontation entre trois rescapés de Tuol Sleng et leurs anciens gardes. *Les Artistes du théâtre brûlé* (2005) s'intéresse à l'avenir de l'art traditionnel au Cambodge. *Duch, le maître des forges de l'enfer* (2011) est le face-à-face terrifiant entre le réalisateur et le tortionnaire. *L'Image manquante*, adapté du récit de Rithy Panh et Christophe Bataille (Grasset, 2013), a été primé à Cannes dans la catégorie Un certain regard en 2013.

Tous les ans, au mois de décembre, Phnom Penh accueille le festival international du film du Cambodge (www.cambodia-iff.com).

PAS D'IMPAIRS !

Prenez le temps de découvrir quelques us et coutumes : cela vous évitera de risquer de choquer involontairement vos hôtes et vous permettra de gagner leur sympathie !

Tenue vestimentaire Respectez les habitudes locales, notamment dans les sites religieux. Couvrez-vous les épaules et les cuisses, même si certains moines sont trop polis pour faire respecter cette règle. Ôtez toujours chaussures et chapeau/casquette avant d'entrer dans un temple. Au bord de la mer, se baigner nu ou faire du monokini est tenu pour choquant.

Faire un don La plupart des temples vivent grâce aux dons. Pensez à laisser une contribution lors de votre visite. Si vous êtes invité dans une demeure khmère, un geste de remerciement sous la forme d'un petit cadeau sera toujours apprécié.

Salutations Apprenez le *sompiah*, le salut traditionnel, et recourez-y lorsque vous faites de nouvelles connaissances. Si vous souhaitez que quelqu'un vienne vers vous, faites un signe de la main, paume vers le bas. Un signe des doigts, paume vers le haut, peut être interprété comme une invite sexuelle ou grossière.

Femmes "fatales" Les moines ne doivent pas toucher ou être touchés par une femme. Lorsqu'une femme veut donner quelque chose à un moine, elle doit déposer l'objet à sa portée, ou sur le morceau d'étoffe destiné aux aumônes.

Conserver son calme Même si la moutarde vous monte au nez, abstenez-vous d'élever la voix ou de faire montre d'agressivité. Un tel laisser-aller vous conduirait à perdre la face, ce qui embarrasserait votre interlocuteur et ne ferait qu'aggraver la situation.

Étaler ses cartes L'échange de cartes de visite professionnelles est un rite pour toute transaction ou relation commerciale. Vous pourrez envisager d'en faire imprimer avant votre départ (quitte à n'y faire figurer que des informations succinctes). N'hésitez pas à les distribuer généreusement, en les présentant des deux mains.

Funestes baguettes Laisser des baguettes à la verticale dans un bol de riz évoque les bâtons d'encens brûlés pour les morts – vu comme un mauvais présage dans toute l'Asie.

Gare aux pieds Les Cambodgiens aiment les maisons propres et ôtent leurs chaussures avant d'entrer chez quelqu'un. Il est par ailleurs impoli de laisser la plante de ses pieds, partie du corps tenue pour la plus impudique, pointer vers une personne ou vers un objet sacré, telle une effigie du Bouddha.

Chapeau bas Lorsque vous vous adressez à une personne âgée ou respectée, comme un moine, découvrez-vous et inclinez poliment la tête. Ne touchez jamais la tête d'un adulte.

Du bon usage du cure-dent Quand on a recours à un cure-dent, il est de bon ton de se couvrir la bouche avec l'autre main.

Danse

Le Ballet royal du Cambodge est un lien tangible avec la splendeur d'Angkor. Ses traditions remontent à ce lointain passé, quand l'art des apsaras (nymphes célestes) faisait écho à la gloire du roi divin. Au début de son règne, le roi Sihanouk libéra le harem traditionnel des apsaras royales.

La danse connut un sort particulièrement tragique pendant le régime de Pol Pot. Très peu de danseurs et de professeurs survécurent. Il fallut attendre 1981 pour que l'École des beaux-arts rouvre ses portes, avec une poignée de professeurs, et que la formation des danseurs reprenne.

Après le sac d'Angkor au XVe siècle, les Thaïs s'initièrent aux techniques khmères, ce qui explique les nombreuses similitudes entre la danse royale cambodgienne et celles d'Inde et de Thaïlande : mêmes mouvements de main stylisés, mêmes costumes lamés à paillettes, mêmes coiffes en forme de stupa. Alors que la danse royale était traditionnellement réservée aux femmes (à l'exception du rôle du singe), les danseurs masculins sont plus présents aujourd'hui. Appelées *robam preah reachtrop* en khmer, les danses classiques les plus populaires sont celles des Apsaras et des Souhaits.

L'une des plus grandes légendes des années 1970 fut Yos Olarang, le Jimi Hendrix du Cambodge, avec ses cris et ses pédales wah-wah. Son tube le plus célèbre, "Jis Cyclo" est devenu un classique.

Également prisées, les danses folkloriques, inspirées de la vie rurale et des traditions culturelles, figurent habituellement au programme des spectacles touristiques à Phnom Penh ou Siem Reap. Le *robam kom arek*, l'une des plus appréciées, comprend perches en bambou et mouvements de pied légers. Tout aussi populaires, les danses se rapportant aux récoltes et à la pêche s'accompagnent d'un jeu de séduction entre danseurs et danseuses.

D'autres danses sont réservées pour certaines fêtes ou certaines périodes de l'année. Ainsi, le *trot* se danse-t-il pour le Nouvel An khmer afin d'écarter les mauvais esprits de la maison ou de l'entreprise. Un danseur costumé en cerf est poursuivi par un chasseur dans la propriété et finalement symboliquement abattu.

Lors du Nouvel An chinois (le Têt pour les Vietnamiens), de superbes danses du lion ont lieu dans Phnom Penh et les autres grandes villes.

Parmi les danses contemporaines figurent le *rom vong*, une sorte de ronde qui provient sans doute du Laos. Les danseurs se déplacent en cercle en faisant trois pas en avant et deux pas en arrière. Le hip-hop et la breakdance sont prisés des jeunes citadins, et régulièrement exécutés lors des manifestations en plein air.

Littérature

La tradition littéraire cambodgienne est étroitement liée au bouddhisme, aux mythes et aux légendes. Le sanskrit et, plus tard, le pali pénétrèrent dans le pays avec l'hindouisme et le bouddhisme ; la plupart des textes sacrés khmers sont exclusivement rédigés dans l'une de ces langues anciennes. Les légendes illustrent les valeurs essentielles du Cambodge, la famille, la foi et l'obéissance à l'autorité.

Le premier roman contemporain, *Sophat*, de Rim Kin, est paru en 1938. À une époque récente, la majorité des écrivains ayant été tués ou ayant fui le pays sous les Khmers rouges, la production littéraire est rare et provient essentiellement de Cambodgiens vivant en exil.

L'actuel roi du Cambodge, Norodom Sihamoni (www.norodomsihamoni.org), fils de Sihanouk, a été professeur de danse classique à Paris de 1981 à 2000.

Musique

Muets témoins de la longue tradition musicale cambodgienne, les bas-reliefs de certains temples d'Angkor représentent des musiciens et des apsaras tenant des instruments de musique semblables à ceux que l'on peut voir aujourd'hui. Habituellement, la musique accompagnait un rituel ou un spectacle à caractère religieux. Les musicologues ont identifié six types d'ensembles musicaux, tous utilisés dans un cadre différent. Le plus traditionnel, l'*arek ka,* accompagne les mariages. Parmi ses instruments figurent un *tro khmae* (violon à trois cordes évoquant l'*erhu* chinois), un *khsae muoy* (instrument courbé à une corde) et un *skor areak* (tambour). L'*ahpea pipea*, une autre musique de mariage, accompagne les témoins. Le *pin peat* est joué pour les ballets et le théâtre d'ombres.

Consultez le site www.tinytoones.org pour découvrir l'association de hip-hop qui éloigne les jeunes Cambodgiens de la drogue et vise à les protéger du sida en leur proposant un mode de vie plus sain. Guettez leurs spectacles à Phnom Penh.

La musique de l'âge d'or du Cambodge, avant la guerre, a pratiquement disparu pendant la période de Pol Pot. Les Khmers rouges s'en prirent aux chanteurs. Le grand Sin Sisamouth, Ros Sereysothea et Pen Ron, les plus célèbres compositeurs et interprètes du pays, furent exécutés dans les premiers jours du régime.

Après la guerre, de nombreux Khmers émigrèrent aux États-Unis, où une pop khmère dynamique se développa. Influencée par la musique américaine et exportée au Cambodge, elle a remporté un succès considérable. Une nouvelle génération de Khmers de l'étranger, nourrie d'influences occidentales, crée désormais son propre style. Des Cambodgiens, élevés au rap aux États-Unis ou en France, reviennent au pays. De nouveaux artistes émergent, à l'image du collectif KlapYaHandz, fondé par Sok "Cream" Visal au milieu des années 2000.

L'industrie de la pop prospère, et des chanteurs connus se produisent dans des concerts en plein air à Phnom Penh. Les innombrables bars-karaokés du pays permettent d'apprécier cet univers musical. Preap Sovath, le Robbie Williams du Cambodge, passe souvent sur les chaînes de télévision locales. Meas Soksophea, à la voix puissante, est actuellement la chanteuse la plus populaire du pays.

Dengue Fever, un groupe fusion (mélange de pop cambodgienne et de rock psychédélique), s'est rapidement fait un nom au-delà du Cambodge et des États-Unis. La chanteuse cambodgienne Chhom Nimol est entourée de cinq rockeurs américains qui jouent une musique psychédélique. Cambodian Space Project, composé de Cambodgiens et d'expatriés, est un autre groupe fusion en plein essor ; il se produit régulièrement à Phnom Penh.

Le *chapaye* est une forme musicale propre au Cambodge. Sorte de blues local, il s'accompagne d'un instrument en bois à deux cordes dont le son rappelle celui d'une basse sans amplificateur. Quelques anciens maîtres, comme Kong Nay (le Ray Charles du Cambodge), ont survécu à la révolution. À la télévision, on diffuse souvent du *chapaye* avant l'interruption des programmes pour la nuit.

Sculpture

Durant la période d'Angkor, l'Empire khmer a produit des sculptures parmi les plus belles et les plus raffinées jamais réalisées. Même pendant les époques préangkoriennes Funan et Chenla, les Cambodgiens exécutaient déjà des sculptures d'une merveilleuse sensualité qui s'inspiraient, sans le copier, de l'art indien. Des spécialistes affirment que la sculpture cambodgienne reste inégalée, même en Inde.

Même les Khmers rouges firent figurer le prestigieux Angkor Vat sur leur drapeau, avec les trois tours du temple en jaune se détachant sur un fond rouge sang.

Les plus anciennes œuvres qui subsistent datent du VIe siècle et représentent, pour la plupart, Vishnou avec quatre ou huit bras. Le Musée national de Phnom Penh possède un grand Vishnou à huit bras de cette époque. Il conserve également une statue de la fin du VIIe siècle de Harihara, une divinité qui associe des aspects de Vishnou et de Shiva.

Le début de la période d'Angkor fut marqué par des innovations comme la sculpture en ronde bosse, dépourvue de l'auréole de pierre qui soutenait précédemment les multiples bras des divinités hindoues. Les visages arborent une expression paisible, et l'ensemble est plus serein.

Le style de Banteay Srei (fin du Xe siècle) est considéré comme l'apogée de l'art du Sud-Est asiatique. Le Musée national renferme une merveille de cette période : une statue en grès de Shiva tenant Uma, son épouse,

LE SPORT AU CAMBODGE

Sport national, le *pradal serey*, ou *kick-boxing* cambodgien, est similaire au *kick-boxing* thaïlandais. Des combats sont régulièrement retransmis le week-end sur TV5 et CTN. Il est également possible d'y assister dans les studios de télévision.

Le football est une autre passion, bien que l'équipe nationale ne brille guère, même au rang asiatique. De nombreux Cambodgiens suivent religieusement le championnat anglais de première division et parient sur les matchs.

Héritage des Français… la pétanque est également très populaire. L'équipe cambodgienne a remporté plusieurs compétitions régionales.

sur ses genoux ; malheureusement, la tête d'Uma a été volée durant les années troubles. Au XIe siècle, le style du Baphuon, influencé dans une certaine mesure par les sculptures de Banteay Srei, a produit certaines des plus belles œuvres conservées jusqu'à aujourd'hui.

La statuaire de l'époque d'Angkor Vat, plus statique et figée, n'a pas la grâce des œuvres précédentes. Le génie de cette période se manifeste essentiellement dans l'architecture imposante et les fabuleux bas-reliefs.

Dernier sommet de la sculpture angkorienne, la période du Bayon s'étend de la fin du XIIe au début du XIIIe siècle. Au Musée national, vous remarquerez la superbe représentation de Jayavarman VII, symbole à la fois de puissance et de sérénité.

Durant les turbulents XIIIe et XIVe siècles, alors que la religion d'État passait du bouddhisme mahayana à l'hindouisme, et vice versa, les effigies du Bouddha et de bodhisattvas étaient sculptées pour être aussitôt saccagées par des hindous fanatiques revenus au pouvoir. Au XVe siècle, la pierre fut souvent remplacée par le bois polychrome pour les statues du Bouddha. Une superbe collection de bouddhas postérieurs au XVIe siècle provenant d'Angkor est présentée dans le Musée national.

Les sculpteurs cambodgiens redécouvrent leur savoir-faire depuis que les touristes constituent un marché pour les copies en pierre des célèbres statues et bustes de l'époque d'Angkor.

Pour découvrir la sculpture cambodgienne avant votre départ, rendez-vous au musée Guimet (www.guimet.fr), à Paris, qui conserve un fonds d'une grande richesse.

La cuisine cambodgienne

Comme ses voisines, les cuisines thaïlandaise et vietnamienne, la gastronomie cambodgienne se distingue par son excellence, même si elle reste relativement méconnue sur la scène culinaire internationale. De même qu'Angkor a permis au pays d'occuper une place de choix sur la carte touristique, l'*amok* (du poisson cuit au four dans une feuille de bananier avec de la noix de coco, de la citronnelle et du piment) lui vaudrait de figurer au patrimoine culinaire de l'humanité.

Outre les fameuses tarentules de Skuon, les Cambodgiens mangent aussi des criquets, des scarabées, des larves et des fourmis. Certains scientifiques ont suggéré que l'élevage d'insectes pourrait être un moyen de résoudre les problèmes d'alimentation dans le futur, auquel cas le Cambodge aurait déjà une longueur d'avance.

Le Cambodge a une belle variété de plats nationaux. Certains ressemblent à des spécialités thaïlandaises ou laotiennes, d'autres évoquent davantage la Chine et le Vietnam, tous possèdent une saveur particulière.

Puisés notamment dans le lac Tonlé Sap, les poissons d'eau douce forment une part importante du régime alimentaire cambodgien. D'une extraordinaire variété, ils vont du poisson-chat géant du Mékong à la petite friture que l'on grignote en sirotant une bière. Les Français ont laissé leur marque, comme en témoignent le pain sous forme de baguette et la prédilection des cuisiniers cambodgiens pour les viandes tendres.

Au carrefour des grandes civilisations indienne et chinoise, le Cambodge a profité de leurs influences, tant du point de vue culturel que culinaire. Que vous soyez amateur de rouleaux de printemps ou de curries, vous serez comblé. Ajoutez à cela les mille et une manières d'accommoder les mets, et vous serez assuré de découvrir un univers de saveurs aussi riche que partout ailleurs en Asie.

Spécialités locales

Quelle que soit votre origine, vous rencontrerez au cours de votre voyage des aliments inhabituels, étranges, voire dissuasifs. Farouchement omnivores, les Cambodgiens n'hésitent pas à consommer des insectes, des algues, des vessies de poisson, des fœtus de canard ou encore des araignées. Le vin dans lequel marine un cobra est ainsi censé renforcer la virilité. Quant aux grenouilles, on les retrouve grillées au barbecue.

Pour les Khmers, aucun aliment n'est tabou pourvu qu'il soit sain et nourrissant, et qu'il ait bon goût. Ils sont prêts à tout goûter... même un burger.

Riz, poisson et soupes

Les rizières et les nombreux cours d'eau fournissent les deux principaux ingrédients de la cuisine khmère : le riz et le poisson,

COURS ET ATELIERS

Si la gastronomie cambodgienne vous séduit, vous pouvez apprendre à réaliser quelques recettes en suivant un cours ou en participant à un atelier. C'est un excellent moyen de pouvoir partager, une fois rentré, votre expérience avec des amis.

Des cours sont proposés à Phnom Penh, Siem Reap, Battambang et Sihanoukville. De nouveaux ouvrent en permanence.

transformé en *prahoc* (pâte de poisson fermentée). Les racines, les herbes et les tubercules donnent aux salades, en-cas, soupes et ragoûts leur goût particulier.

Le riz est l'aliment de base, au point que, comme en chinois, le verbe "manger", *nam bai*, signifie littéralement "manger du riz". Beaucoup de Cambodgiens ne peuvent pas se passer de leur portion quotidienne de riz, laquelle reste leur principale source de sucres lents. La meilleure variété provient de la province de Battambang, le grenier rizicole du pays.

Pour découvrir la cuisine cambodgienne, autant commencer en goûtant la *kyteow,* une roborative soupe de nouilles de riz. Ce repas complet et équilibré ne coûte que 5 000 r sur les marchés et 2 $US environ dans les restaurants locaux. À défaut de nouilles, optez pour le *bobor* (bouillie de riz), une institution nationale servie matin, midi et soir, que l'on peut améliorer avec du poisson frais et un peu de gingembre.

Un repas cambodgien comprend presque toujours une soupe ou *samlor*, servie en même temps que les autres plats. L'une des plus appréciées est la *samlor machou banle*, une soupe de poisson aigre-douce à l'ananas et aux épices.

Les poissons proviennent presque tous du lac Tonlé Sap ou du Mékong. Le *trey ahng* (poisson grillé) est une spécialité du pays (*ahng* signifie "grillé" et s'applique à de nombreuses préparations culinaires). Le plus souvent, le poisson se consomme en morceaux roulés dans une feuille de laitue ou d'épinard et trempés dans du *teuk trey*, une sauce de poisson qui ressemble au nuoc-mam vietnamien et qui est additionnée de cacahuètes pilées.

Le *teuk trey* (sauce de poisson), l'un des condiments les plus utilisés dans la cuisine cambodgienne, ne peut être transporté sur les vols internationaux en raison des restrictions concernant les produits corrosifs ou dégageant une odeur forte.

Salades

Les salades, délicieuses, diffèrent totalement de celles que l'on sert en Occident. La *phlea sait kow*, composée de bœuf et de légumes, est parfumée de coriandre, de feuilles de menthe et de citronnelle - trois herbes aromatiques utilisées dans de nombreux plats.

Desserts et fruits

Vous pourrez découvrir les desserts sans vous ruiner dans les marchés de nuit. Les enfants aiment particulièrement le sandwich à la glace : il s'agit d'une tranche de glace maison glissée dans un morceau de gâteau ou de pain.

La saveur des multiples fruits tropicaux fait partie intégrante du plaisir d'un voyage dans le pays. On trouve à profusion des bananes (*chek*), des ananas (*menoa*) et des noix de coco (*duong*). Parmi les gros fruits, le jaque (*khnau*) pèse souvent plus de 20 kilos. Énorme lui aussi, le durian (*tourain*) se repère à son odeur pestilentielle. Son écorce verte bardée de piquants cache une substance douce et crémeuse que les Chinois tiennent pour aphrodisiaque.

Les mangoustans (*mongkut*) et les ramboutans (*sao mao*) remportent les faveurs des touristes. La peau violet foncé du mangoustan protège des quartiers de chair crème au goût raffiné. Également apprécié, le ramboutan, recouvert d'une écorce aux molles épines rouges et vertes, ressemble au litchi. Disponibles toute l'année, les mangues (*svay*) sont particulièrement délicieuses entre mars et mai.

Deux ouvrages en français pour découvrir la cuisine cambodgienne : *La Cuisine du Cambodge avec les apprentis de Sala Baï* (Picquier, 2009), de Joannès Rivière et *100 Recettes de cuisine cambodgienne* (Grancher, 2012), de Channe Len.

Boissons

La grande variété des boissons aide à supporter la chaleur et l'humidité qui règnent dans le pays. On trouve un peu partout du café, du thé, de la bière, du vin, des sodas, des jus de fruits frais et des "eaux de feu" locales. Si le thé reste la boisson nationale, la bière le suit de près.

Bière

On peut acheter de la bière partout, même dans les villages les plus reculés. Une grande brasserie de Sihanoukville produit l'Angkor, la bière nationale, qui vaut de 2 à 3 $US la bouteille de 660 ml dans la plupart des restaurants et des bars. L'Angkor à la pression coûte 0,50 à 1,50 $US dans les principaux centres touristiques. Autres bières locales appréciées : la Cambodia, qui cherche à supplanter l'Angkor, et la Crown Lager, qui est la marque de prédilection en province.

Tout à fait acceptable, la Beerlao (produite au Laos) est aussi l'une des moins chères. La Tiger Beer locale est souvent proposée à la pression dans la capitale. Dans certains restaurants cambodgiens, des nuées d'hôtesses, ou "*beer girls*", représentent chacune une marque de bière et vous invitent à la goûter. Toujours charmantes, elles n'insisteront pas si vous refusez.

Si les bonnes bières ne manquent pas, la réfrigération laisse à désirer dans les campagnes. Faites comme les Cambodgiens : apprenez à dire *som teuk koh* ("des glaçons, s'il vous plaît").

Certaines discothèques acceptent de louer aux clients des bouteilles d'alcool de prestige pour les exhiber sur leur table – une manière de garder la face, alors que c'est un alcool de moindre qualité qu'ils ont dans leur verre.

Vin et autres alcools

Les vins locaux sont généralement des vins de riz, particulièrement appréciés des minorités ethniques du Nord-Est. Certains, fermentés plusieurs mois, sont très forts ; d'autres, plus jeunes, évoquent un cocktail bizarre. Si l'on vous invite à en boire dans un village des minorités, sachez qu'il est impoli de refuser. Le vin de palmier à sucre ou de gingembre est un peu plus léger.

Les supermarchés de Phnom Penh et de Siem Reap vendent des vins et des alcools étrangers à des prix très raisonnables. Vous trouverez des vins européens et australiens à partir de 5 $US et des spiritueux de grande marque entre 5 et 15 $US.

Dans les campagnes, les paysans distillent du vin de palmier à sucre directement sur les arbres. Vendu dans des récipients en bambou transportés à l'arrière d'un vélo, c'est un breuvage fort, goûteux et bon marché, réservé aux estomacs solides.

Thé et café

Le thé chinois (*tai*) est une institution ; dans la plupart des restaurants cambodgiens et chinois, une théière est gracieusement placée sur les tables. Les restaurants servent presque tous du café (*kaa fey*), noir ou additionné d'une bonne dose de lait concentré sucré.

Eau et jus de fruits

Ne buvez *jamais* l'eau du robinet (voir aussi p. 282), en particulier en province. Rarement purifiée, elle peut provoquer des troubles intestinaux. Comptez à partir de 1 000 r pour une bouteille d'eau minérale locale.

Dans tout le pays, la glace (*teuk koh*) est produite à partir d'eau purifiée dans des fabriques locales, un héritage de l'époque coloniale. Contrairement à l'eau du robinet, les glaçons ne présentent donc, en temps normal, aucun danger.

Tous les sodas connus sont vendus au Cambodge pour 1 000/2 000 r la bouteille/canette en boutique. Ils sont plus chers dans les restaurants et les bars.

SANTÉ !

Quand un Cambodgien porte un toast, il précise généralement quel pourcentage de la boisson contenue dans le verre il faut boire. S'il est d'humeur généreuse, il se contentera de *ha-sip pea-roi* (50%), mais il s'agit le plus souvent de *moi roi pea-roi* (100%). D'où ce goût pour les glaçons dans la bière... qui permet de se ménager pour tenir toute la soirée. À vouloir boire autant et plus qu'un Khmer, lors d'un mariage, plus d'un *barang* (étranger) a fini écroulé sur la table faute d'avoir usé et abusé de la glace.

Jus de fruits mixés, les *teuk kalohk* sont appréciés dans tout le pays. Ils ponctuent agréablement un repas.

Établissements

Quels que soient vos goûts culinaires, vous trouverez votre bonheur entre les marchands ambulants, les stands des marchés, les cantines de quartier et les restaurants sélects.

Les marchés locaux et les petits restaurants permettent de découvrir la cuisine cambodgienne à peu de frais. Vous dégusterez des plats plus raffinés dans les excellents établissements de Phnom Penh et de Siem Reap, où l'on peut aussi se régaler de spécialités internationales. Les cuisines chinoise et vietnamienne (dans une moindre mesure) sont également présentes dans les villes de province, où vivent d'importantes communautés originaires de Chine et du Vietnam.

Quelques chaînes de fast-foods occidentales sont installées dans la capitale. Parmi les autres enseignes du même genre, ce sont Lucky Burger et BB World qui remportent le plus de succès. Elles comptent de nombreuses succursales.

Les heures d'ouverture varient. En règle générale, les stands de rue ouvrent très tôt le matin et ferment tard le soir ; quelques-uns ne servent que la nuit. La plupart des restaurants fonctionnent toute la journée ; certains des plus élégants n'ouvrent que pour le déjeuner (11h-14h30) et le dîner (17h-22h).

Avec des enfants

À Phnom Penh et à Siem Reap, des restaurants accueillent volontiers les plus jeunes et, en règle générale, les enfants sont les bienvenus dans la plupart des restaurants du Cambodge. Certains restaurants internationaux proposent un menu enfant. Les chaises hautes ne sont généralement disponibles que dans les restaurants internationaux et dans les fast-foods. Les espaces pour changer un bébé sont quasiment inexistants dans les restaurants au Cambodge. Consultez les différents chapitres de destination pour des recommandations régionales adaptées aux enfants.

Cuisine de rue

Dans un pays où l'on passe la majeure partie du temps dehors, les stands de rue tiennent une place importante dans la vie quotidienne. Comme la plupart de leurs voisins, les Cambodgiens grignotent toute la journée ; des stands vendent des fritures plus ou moins identifiables à toute heure du jour et de la nuit. Les marchés, qui offrent un choix de plats plus variés et la possibilité de s'asseoir, constituent un bon moyen de se nourrir à peu de frais dans une ambiance sympathique et de goûter une cuisine authentique.

Cinq plats de cuisine de rue à essayer pendant que vous serez au Cambodge :

Banh chev Galette de riz aux herbes et aux germes de soja avec une viande ou un poisson.

Bobor Gruau de riz semblable au *congee* chinois, souvent mangé avec du poisson séché et des œufs ou additionné de piment et de poivre noir.

Chek chien Beignets de bananes. Un en-cas populaire à toute heure.

Loat Petites nouilles blanches ressemblant presque à des germes de soja. Délicieuses avec du bœuf.

Nam ben choc Fines nouilles de riz servies avec un curry rouge de poulet ou un bouillon de poisson.

Oserez-vous ?

Araignées
Sous la forme de tarentules frites, tout simplement.

Criquets
Qui ne connaît pas le criquet grillé ?

Durian
Un fruit exotique, banni dans les avions en raison de son odeur.

Fœtus de canard
(kaun pong tear) À croquer avec le duvet.

Prahoc
Une pâte de poisson fermentée, une arme bactériologique à elle seule.

Avant que le Cambodge ne devienne membre de l'OMC, le copyright était presque inconnu dans le pays. Depuis, les "contrefaçons" de fast-foods, comme KFC (Khmer Fried Chicken), Pizza Hot et Burger Queen ont dû fermer.

À table

Si vous entrez dans une cuisine cambodgienne, vous découvrirez qu'il suffit d'un bon feu, d'eau, de quelques couteaux, d'un mortier et d'un pilon, ainsi que d'un ou deux woks pour préparer des plats savoureux.

Parmi les en-cas vendus dans la rue, les Cambodgiens apprécient particulièrement le *kaun pong tier*, un œuf contenant un fœtus de canard avec son duvet.

Les Cambodgiens font trois repas par jour. Le petit-déjeuner se compose de *kyteow* ou de *bobor*. On peut aussi se contenter d'un café et d'une baguette de pain frais, en vente toute la journée.

On déjeune à partir de 11h, habituellement en famille. En ville, beaucoup d'employés optent pour les restaurants et les marchés. Le dîner regroupe toute la famille. Les mets sont disposés autour d'un grand plat de riz. Chaque convive remplit un petit bol de quelques cuillerées de riz, qu'il recouvre de poisson, de viande ou de légumes.

Si vous commandez plusieurs plats dans un restaurant, le serveur les disposera au centre de la table sitôt qu'ils seront prêts. Chacun goûte ce qui le tente, même ce qu'il n'a pas choisi sur la carte.

Bonnes manières

On s'assied devant son bol placé sur une petite assiette, les baguettes ou la fourchette et la cuillère posées à côté. Certains Cambodgiens préfèrent manger avec des baguettes, d'autres avec une fourchette et une cuillère – les deux options sont habituellement disponibles. Un autre petit bol pour les sauces est généralement disposé à droite.

Lorsque vous vous servez dans les plats communs, utilisez la cuillère du plat et non vos couverts. Pour manger, approchez le bol de votre bouche avec la main gauche et tenez les couverts avec la main droite.

Quelques us et coutumes à garder en tête :

- Attendez que votre hôte s'assoie le premier
- Ne refusez pas la nourriture placée par votre hôte dans votre bol
- Apprenez à vous servir des baguettes
- Ne posez pas vos baguettes dans votre bol en forme de V, symbole de mort
- Laissez un pourboire de 5 à 10% dans les restaurants pour compenser le faible salaire des serveurs (n'en laissez pas si le service est compris dans l'addition)
- Buvez lorsque quelqu'un porte un toast (mais sachez vous arrêter à temps !)

Végétariens

Peu de Cambodgiens comprennent le concept de végétarisme strict, et beaucoup affirmeront qu'un plat est végétarien pour complaire au client. Si vous acceptez de consommer des sauces de poisson et d'autres condiments de ce genre, vous vous nourrirez sans difficulté. Ceux qui mangent du poisson découvriront d'ailleurs le meilleur de la cuisine cambodgienne. Dans les principaux sites touristiques, de nombreux restaurants internationaux proposent des repas végétariens, à des prix élevés. Dans les restaurants cambodgiens et chinois, les légumes sautés et le riz sauté aux légumes figurent toujours sur la carte, mais sachez qu'ils auront probablement été cuits dans les woks où l'on prépare aussi du poisson et de la viande. Tradition hindoue oblige, les restaurants indiens servent généralement d'authentiques plats végétariens.

Environnement

Le Cambodge présente des paysages variés, entre les hauteurs de la chaîne des Cardamomes et les plaines du lac Tonlé Sap. Il abrite des espèces en voie de disparition, qui sont principalement regroupées dans les zones protégées et les parcs naturels. Malheureusement, tout comme leurs habitats, elles sont actuellement menacées par l'exploitation forestière illégale, l'extension des surfaces cultivées et les barrages hydroélectriques. Le pays fait face à un défi de taille : équilibrer son économie et satisfaire la demande en électricité, tout en développant un écotourisme durable.

Géographie

Le Cambodge que l'on découvre aujourd'hui a vu sa superficie se réduire au fil de l'histoire. À l'époque d'Angkor, il s'étendait du sud de la Birmanie à Saigon et jusqu'au Laos au nord ; puis, il perdit de larges pans de son territoire, à mesure que les Vietnamiens avançaient au sud dans le delta du Mékong et que les Thaïlandais pénétraient à l'ouest en direction d'Angkor. Seule l'arrivée des Français empêcha que les Khmers connaissent le sort des Cham, un peuple sans État.

La montagne la plus élevée du Cambodge, à 1 813 m, est le Phnom Aural, dans la province de Pursat.

Le Cambodge couvre actuellement 181 035 km², soit un peu plus de la moitié du Vietnam ou environ un tiers de la France métropolitaine. Il est bordé à l'ouest et au nord-ouest par la Thaïlande, au nord-est par le Laos, à l'est par le Vietnam et au sud par le golfe de Thaïlande (ou golfe de Siam).

LE TONLÉ SAP : LE CŒUR DU CAMBODGE

Le Tonlé Sap, le plus vaste lac d'eau douce d'Asie du Sud-Est, fournit poissons et irrigation à la moitié de la population du pays. Il compte 170 villages flottants qui regroupent 90 000 habitants, pour beaucoup d'origine vietnamienne. Il résulte d'un extraordinaire phénomène naturel. Un chenal long de 100 km, également appelé Tonlé Sap (*tonlé* signifie "fleuve"), relie le lac au Mékong, à hauteur de Phnom Penh. De juin à début octobre (saison des pluies), le niveau du Mékong augmente rapidement, refoulant l'eau du Tonlé Sap et renversant son cours vers le nord-ouest et le lac. La superficie du lac est alors multipliée par 4 ou 5, passant de 2 500-3 000 km² à 10 000-16 000 km², et sa profondeur passe de 2 m à plus de 10 m. Ainsi, 20% du flux du Mékong est absorbé par le Tonlé Sap durant la saison des pluies. En octobre, quand s'amorce la décrue du Mékong, le Tonlé Sap reprend son cours normal et draine le surplus du lac vers le Mékong.

Ce processus extraordinaire fait du Tonlé Sap un habitat idéal pour les oiseaux, les serpents et les tortues, ainsi que l'une des plus riches réserves de poissons d'eau douce du monde. Les forêts inondées favorisent la fertilité des sols, tandis que la saison sèche offre des conditions idéales pour la pêche. Selon des spécialistes, les migrations de poissons du lac vers le nord contribueraient à repeupler les cours d'eau jusqu'en Chine.

Cet écosystème unique a valu au Tonlé Sap d'être classé réserve de biosphère par l'Unesco en 2001. Pourtant, cela pourrait ne pas suffire à le protéger de la double menace que représentent les barrages en amont et la déforestation rampante. Les barrages sont déjà en service sur la partie chinoise du Mékong, connu localement comme le Lancang. Quant à l'énorme nouveau barrage de Xayaboury, au Laos, en cours de construction, ce sera le premier grand barrage sur le cours moyen ou inférieur du Mékong.

Pour en savoir plus, visitez le Gecko Centre (p. 131), près de Siem Reap.

Le Tonlé Sap fournit aux Cambodgiens la majeure partie de leurs protéines, qui proviennent à 70% du poisson. Son volume d'eau peut être multiplié par 70 durant la saison des pluies.

Ses deux traits géographiques principaux sont le puissant Mékong et le vaste lac Tonlé Sap, une merveille de la nature. À Phnom Penh, le Mékong se divise en trois : le Tonlé Sap, la rivière qui rejoint et alimente le lac Tonlé Sap ; le fleuve supérieur (appelé Mékong ou Tien Giang en vietnamien) ; et le fleuve inférieur (Tonlé Bassac ou Hau Giang en vietnamien). Les riches sédiments déposés chaque année par le Mékong durant les crues de la saison des pluies font du centre du pays une terre incroyablement fertile. La grande majorité des Cambodgiens vivent dans cette plaine alluviale, où ils tirent leurs revenus de la pêche et de l'agriculture, rythmées par la mousson.

Des montagnes couvrent la majeure partie du quart sud-ouest du pays : la chaîne des Cardamomes (Chuor Phnom Kravanh), qui s'étend sur une partie des provinces de Koh Kong, de Battambang, de Pursat et de Krong Pailin, s'ouvre actuellement à l'écotourisme ; au sud-est des Cardamomes, la chaîne de l'Éléphant (Chuor Phnom Damrei) s'étire dans les provinces de Kompong Speu, de Koh Kong et de Kampot.

Le littoral cambodgien, qui se déploie sur 435 km, séduit les voyageurs en quête de plages tropicales isolées. Il existe d'innombrables îles au large de Sihanoukville, de Kep et de Koh Kong.

Le long de la frontière nord avec la Thaïlande, les plaines viennent buter contre un escarpement de grès de plus de 300 km de longueur qui les surplombe de 550 m : les monts Dangkrek (Chuor Phnom Dangkrek). On profite d'un excellent aperçu de la région depuis un temple-montagne : le *prasat* Preah Vihear (p. 268).

Des chercheurs estiment qu'entre 50 et 100 éléphants sauvages vivent dans la province du Mondolkiri. Il y en aurait autant dans la chaîne des Cardamomes, notamment dans le parc national de Botum Sakor.

Dans la pointe nord-est du pays, les plaines cèdent la place aux hauts plateaux orientaux, une région isolée de montagnes densément boisées qui s'étend vers l'est jusqu'aux hauts plateaux centraux du Vietnam et vers le nord jusqu'au Laos. Les provinces sauvages du Ratanakiri et du Mondolkiri, qui abritent de nombreuses minorités ethniques, sont en train de devenir un haut lieu de l'écotourisme.

Faune et flore

Les forêts cambodgiennes ont été respectées jusqu'aux années 1990 ; comparées à celles des pays voisins, elles conservent des habitats relativement préservés. Si quelques espèces ont souffert de la guerre, d'autres ont prospéré dans les jungles reculées du Sud-Ouest et du Nord-Est. Paradoxalement, la paix a apporté des menaces accrues, avec l'exploitation forestière de forêts primaires et le commerce illégal d'animaux menacés. Le Cambodge étant demeuré inaccessible pendant des années, les scientifiques commencent juste à rechercher et à répertorier sa faune et sa flore.

Animaux

Au Cambodge, les morsures de serpent provoquent plus d'amputations que les mines : de nombreux villageois vont consulter un guérisseur et la morsure finit souvent par s'infecter et par provoquer la gangrène – voire la mort.

Selon des estimations, le Cambodge abrite 212 espèces de mammifères, dont des tigres, des éléphants, des ours, des léopards et des bovins sauvages. Parmi les espèces plus petites figurent le *binturong* (surnommé chat-ours), le gibbon à bonnet (les Cardamomes accueillent la plus importante population de la planète et la forêt protégée de Seima dans le Mondolkiri) et le loris, un singe paresseux qui se pend aux arbres toute la journée. Il y a aussi une grande diversité de papillons.

En règle générale, la faune du Cambodge est difficile à observer. Le meilleur moyen d'en voir quelques spécimens consiste à visiter la réserve animalière de Phnom Tamao (p. 92), près de Phnom Penh, qui accueille des animaux rescapés et regroupe les principales espèces.

Pas moins de 720 races d'oiseaux vivent dans le pays, qui offre des ressources en eau toute l'année. Canards, râles, grues, hérons, aigrettes, cormorans, pélicans, cigognes et perruches sont relativement communs, ainsi que les migrateurs comme les échassiers, les pluviers et les

SUR LA TRACE DES TIGRES

Au milieu des années 1990, entre 100 et 200 tigres étaient abattus chaque année dans le pays. Leurs carcasses représentaient une manne en Asie (surtout en Chine), en raison de leurs prétendues vertus aphrodisiaques. En 1998, ce chiffre était descendu à 85 tigres ; en 2005, seuls 2 fauves ont été tués. Malheureusement, cette baisse pourrait davantage refléter l'effondrement de leur population qu'une véritable prise de conscience ou une meilleure application des lois.

Des experts redoutent qu'il ne reste qu'une cinquantaine de tigres vivant à l'état sauvage au Cambodge. Ces dernières années, les appareils photo installés par les scientifiques n'en ont pas photographié un seul. Toutefois, des empreintes et d'autres traces ont été repérées. Autant que l'on puisse en juger, les tigres survivants vivent éparpillés dans des régions très reculées, difficilement accessibles pour les braconniers, mais aussi pour les chercheurs, ce qui complique leur protection.

Actuellement, on sait que des tigres vivent dans deux régions : le centre de la chaîne des Cardamomes et la province du Mondolkiri. Ils seraient également présents en petit nombre dans les provinces du Ratanakiri et de Preah Vihear.

Consultez le site de Cat Action Treasury, www.felidae.org pour en savoir plus.

sternes, autour des estuaires de la côte sud. Les passionnés visiteront la réserve ornithologique de Prek Toal (p. 130), celle d'Ang Trapeng Thmor (p. 131), où vit la très rare grue antigone qui figure sur les bas-reliefs d'Angkor, ou encore le projet de protection de l'ibis de Tmatboey (Tmatboey Ibis Project, voir p. 272), où l'on peut observer l'ibis géant gravement menacé, l'oiseau national du pays. Pour de plus amples détails sur l'observation des oiseaux au Cambodge, adressez-vous au centre Sam Veasna (p. 130), à Siem Reap.

Le Cambodge compte quelque 240 espèces de reptiles, dont 9 serpents au venin potentiellement mortel, notamment des cobras et des vipères.

Le *khting vor* (buffle aux cornes lianes), si rare que personne n'a jamais vu de spécimen vivant, était considéré comme gravement menacé jusqu'à ce qu'une analyse ADN de ses cornes montre qu'il n'a en fait jamais existé – les "cornes" appartenaient à des bovins et à des buffles communs !

Espèces en danger

Plusieurs espèces sont proches de l'extinction. Le *kouprey* (bovin sauvage), proclamé animal national par le roi Sihanouk dans les années 1960, et la chauve-souris *Otomops wroughtoni*, découverte dans la province de Preah Vihear (en 2000) et que l'on croyait uniquement présente en Inde, sont inscrits sur la liste des espèces gravement menacées, dernière étape avant la disparition. Parmi les autres animaux en danger, figurent l'éléphant d'Asie, le tigre, le *banteng* (bœuf sauvage), le gaur, le chat doré d'Asie, le gibbon noir, la panthère nébuleuse, le chat pêcheur, le chat marbré, l'ours malais, le pangolin, l'ibis géant et le crocodile du Siam.

Le Cambodge abrite quelques-uns des derniers dauphins d'eau douce de l'Irrawaddy (*trey pisaut* en khmer), reconnaissables à leur front bombé et à leur nez court. On peut en observer à Kampi près de Kratie.

En termes de biodiversité des poissons, le Mékong se classe deuxième après l'Amazone ; malheureusement, les barrages menacent les espèces migratoires. Le poisson-chat géant du Mékong, qui atteint 300 kilos, est en danger, victime de la disparition de son habitat et de la surpêche.

Les groupes écologistes suivants jouent un rôle majeur dans la protection de la faune locale :

Conservation International (www.conservation.org)
Fauna & Flora International (www.fauna-flora.org)
Maddox Jolie-Pitt Foundation (www.mjpasia.org)
Wildlife Alliance (WildAid; www.wildlifealliance.org)
Wildlife Conservation Society (www.wcs.org)
WWF (www.worldwildlife.org)

Pour découvrir des tigres dans les temples d'Angkor, regardez le film de Jean-Jacques Annaud *Deux Frères* (2004), l'histoire de deux tigres orphelins pendant l'époque coloniale !

En septembre 2005, trois gardes forestiers travaillant avec l'ONG Flora & Fauna International pour empêcher la chasse et la déforestation illégales dans les Cardamomes furent tués au cours de deux accrochages, apparemment par des braconniers. En 2012, Chhut Vuthy, un militant écologiste populaire et fondateur du Groupe de protection des ressources naturelles, a été abattu dans la province de Koh Kong.

Plantes

Faute d'étude exhaustive, personne ne sait précisément combien le pays compte d'espèces végétales. On estime qu'il y en aurait 15 000, dont au moins un tiers endémique.

Dans le Sud-Ouest, les arbres des forêts tropicales atteignent 50 m ou plus sur les versants sud pluvieux des montagnes ; ils cèdent la place à des forêts de pins au-dessus de 800 m, tandis que des mangroves ourlent la côte. Dans les montagnes du Nord, des forêts de feuillus à larges feuilles, avec des arbres hauts de 30 m, surplombent un épais sous-bois de lianes, de bambous, de palmiers, d'arbustes et d'herbacées. Des forêts sèches de diptérocarpacées poussent dans les plaines septentrionales, tandis que des forêts humides, inondées une partie de l'année, entourent le Tonlé Sap. Les hauts plateaux orientaux sont couverts de prairies et de forêts d'arbres à feuilles caduques, où prospèrent diverses variétés d'orchidées.

Les palmiers à sucre, qui dominent souvent les rizières, fournissent les palmes qui servent à fabriquer les toits et les murs des maisons ; leurs fruits sont utilisés pour préparer des remèdes, du vin et du vinaigre. Au fil des ans, l'arbre croît, mais le tronc, dépourvu d'écorce, ne s'épaissit pas ; certains spécimens conservent des traces d'éclats d'obus, témoins des batailles passées.

Parcs nationaux

À la fin des années 1960, le Cambodge comptait six parcs nationaux qui couvraient 22 000 km², soit environ 12% du territoire. La longue guerre civile réduisit à néant le fonctionnement de ce système, qui ne réapparut qu'en 1993. Par décret royal, 23 secteurs furent alors déclarés parcs nationaux, réserves naturelles, paysages protégés ou zones à usages multiples. Plusieurs forêts ont récemment été ajoutées, pour porter la superficie totale des territoires protégés à plus de 43 000 km², ou environ 25% du pays.

Si ces informations semblent réjouissantes, les autorités se contentent souvent de tracer une ligne sur une carte sans plus de protection. L'État, qui peine déjà à payer les *rangers* (gardes forestiers) des parcs les plus fréquentés, n'a pas les moyens de recruter des gardes pour les réserves reculées. Ces dernières années, plusieurs ONG internationales ont aidé à former et à payer de nouvelles équipes.

La forêt protégée du Mondolkiri, d'une superficie de 4 294 km², forme le plus vaste secteur protégé du pays ; elle jouxte le parc national

LES PRINCIPAUX PARCS NATIONAUX DU CAMBODGE

PARC	SUPERFICIE	CARACTÉRISTIQUES	ACTIVITÉS	MEILLEURE PÉRIODE
Bokor	1 581 km²	hôtel-casino, ville fantôme, vues, cascades	trekking, cyclotourisme, observation de la faune	nov-mai
Kirirom	350 km²	cascades, panoramas, pinèdes	randonnée, observation de la faune	nov-juin
Ream	150 km²	plages, îles, mangroves, dauphins, singes	bateau, natation, randonnée, observation de la faune	nov–mai
Forêt protégée des Cardamomes méridionales	1 443 km²	rivières, cascades, jungle, éléphants		nov-juin
Virachey	3 325 km²	jungle inexplorée, cascades	trekking, aventure, observation de la faune	nov-avr

vietnamien de Yok Don. La forêt protégée des Cardamomes centrales, de 4 013 km², borde la réserve naturelle de Phnom Samkos, à l'ouest et celle de Phnom Aural, à l'est. À elles trois, elles constituent un territoire préservé de 10 000 km². La forêt protégée des Cardamomes méridionales (1 443 km²) longe le corridor de conservation de Koh Kong, dont le potentiel d'écotourisme est aussi important que ses jungles sont impénétrables.

Lorsqu'il a créé une zone protégée en 1925 afin de sauvegarder les forêts qui entouraient les temples d'Angkor, le Cambodge est devenu le premier pays d'Asie du Sud-Est à établir un parc national.

Écologie

Déforestation

La déforestation, qui résulte de la demande de charbon, de bois et de nouvelles terres pour les cultures, représente la principale menace pour les écosystèmes locaux. Pendant l'occupation vietnamienne, l'armée rasa des pans de forêt entiers pour empêcher les Khmers rouges de mener des embuscades. La situation s'aggrava dans les années 1990, quand le passage à l'économie de marché permit à des hommes d'affaires bien placés de se lancer dans l'exploitation forestière à grande échelle.

La demande internationale de bois est considérable. Depuis que les pays voisins, comme la Thaïlande et le Vietnam, contrôlent plus sévèrement l'abattage de leurs arbres, les entreprises forestières étrangères affluent au Cambodge. La situation atteignit son niveau le plus critique à la fin des années 1990 ; les concessions forestières couvraient alors presque 70 000 km², soit 35% de la surface du pays et la quasi-totalité des forêts cambodgiennes, à l'exception des parcs nationaux et des secteurs protégés. Même au cœur de ces havres supposés, l'abattage illégal prospérait. Selon l'ONG Global Witness (www.globalwitness.org), qui est spécialisée dans la lutte contre les pillages des ressources naturelles, les Forces armées royales du Cambodge (RCAF) seraient en grande partie responsables de la déforestation dont ont fait l'objet récemment des régions frontalières reculées.

À court terme, la déforestation participe de l'aggravation des inondations le long du Mékong. Il reste difficile d'estimer les répercussions à long terme. Cependant, une fois les collines déboisées, les pluies de mousson lessiveront inévitablement une grande partie de la couche arable, ce qui risque d'avoir des conséquences catastrophiques sur le Tonlé Sap.

Depuis 2002, des signes encourageants sont apparus. Sous la pression des bailleurs de fonds et d'institutions internationales, tous les contrats d'exploitation forestière ont été gelés dans l'attente de renégociations avec le gouvernement. Cependant, l'exploitation illégale à petite échelle perdure, y compris pour la production de charbon de bois et pour la culture sur brûlis. Nouvelle menace, des "concessions économiques" sont accordées pour créer des cultures à fort rapport économique – hévéas, manguiers, anacardiers, jaquiers, ou acacias et eucalyptus destinés à l'industrie papetière. Pour les autorités, ces plantations constituent un élément indispensable du développement économique et participe de la reforestation. En réalité, les dommages causés à un écosystème déjà fragile semblent irréparables.

Bien que près de 20% du cours du Mékong s'écoulent sur son territoire, la Chine n'est pas membre de la Mekong River Commission (MRC). Toutefois, elle a commencé en 2007 à discuter de ses projets de barrages avec les membres du MRC en aval.

Pollution et installations sanitaires

Si l'air de Phnom Penh est loin d'être aussi pollué que celui de Bangkok, la situation empire à mesure que les véhicules se multiplient. Dans les villes de province et les villages, vous risquez plutôt d'être gêné par l'incinération des détritus, qui peut entraîner des difficultés respiratoires et une toux sèche.

Des détritus de toutes sortes, en particulier des sacs et des bouteilles en plastique, jonchent les plages, les alentours des cascades, les accotements, les villes et les villages.

ÉCOTOURISME : À VOUS DE JOUER !

Chaque visiteur peut aider à la préservation de l'environnement du pays.

- Ne jetez pas vos détritus n'importe où.
- Buvez le lait de coco frais, plutôt que des boissons en bouteille ou en canette.
- Dans la mesure du possible, choisissez des guides de trekking respectueux de l'écosystème et des populations locales.
- Évitez de consommer de la viande d'animaux sauvages (chauves-souris, cervidés...) ou des ailerons de requin.
- Si vous plongez, veillez à ne pas toucher les coraux. N'achetez pas d'objets en corail.
- Si vous assistez à des actes de braconnage, notez précisément les circonstances et l'endroit, et contactez l'ONG **Wildlife Alliance** (☎012-500094 ; wildlifealliance@online.com.kh), qui soutient la Wildlife Rapid Rescue Team (équipe gouvernementale qui vient en aide aux animaux). Les animaux rescapés sont relâchés ou conduits à la réserve animalière de Phnom Tamao (p. 92).

Selon le Global Forest Watch (GFW ; www.globalforestwatch.org), la déforestation du Cambodge s'est accélérée depuis 2001, plus vite que dans n'importe quel autre pays au monde. Le Cambodge a perdu un total de 2 379 km² de couvert végétal en 2010, année la plus dévastatrice. Depuis, les chiffres ont baissé, mais le pays a enregistré une perte de 1 780 km² en 2014.

Extrêmement rudimentaires dans les villes cambodgiennes, les installations sanitaires sont inexistantes dans les campagnes ; un infime pourcentage de la population bénéficie d'équipements corrects. Ces conditions favorisent le développement et la propagation des maladies. Les épidémies de diarrhée, qui surviennent fréquemment, constituent la première cause de mortalité infantile.

Barrages sur le Mékong

Le Mékong, qui prend sa source au Tibet, parcourt 4 800 km – dont près de 500 km au Cambodge, où il peut atteindre 5 km de largeur – avant de se jeter dans la mer de Chine méridionale, au sud du Vietnam. L'augmentation constante des besoins en énergie dans la région pousse le Cambodge et ses voisins en amont à construire des barrages hydroélectriques sur le fleuve et ses affluents.

Les écologistes redoutent que les barrages sur le Mékong aient des conséquences catastrophiques sur le cours du fleuve, la migration des poissons, la survie des dauphins d'eau douce de l'Irrawaddy et l'existence même du Tonlé Sap. Parmi les projets en cours qui apparaissent comme des menaces sévères pour l'environnement, le barrage de Sambor, une énorme centrale de 3 300 mégawatts à 35 km au nord de Kratie et le Don Sahong (Siphandone), juste au nord de la frontière Cambodge-Laos, dont les travaux préliminaires ont débuté il y a peu.

Tout aussi inquiétant est l'impact potentiel des barrages sur les crues annuelles du Mékong lors de la mousson, qui déposent un riche limon sur les terres agricoles. Une baisse d'un mètre du niveau de l'eau du Tonlé Sap pendant la saison des pluies diminuerait de 2 000 km² la surface inondée, ce qui serait un désastre pour les paysans cambodgiens.

La Mekong River Commission (MRC ; www.mrcmekong.org), formée à l'initiative du Programme des Nations unies pour le développement (PNUD), est une commission internationale regroupant le Cambodge, la Thaïlande, le Laos et le Vietnam. Elle est notamment chargée de surveiller les projets d'exploitation du fleuve.

Au milieu des années 1960, le Cambodge conservait 90% de sa couverture forestière. Il n'en resterait aujourd'hui que 25%.

Extraction de sable

Le dragage du sable dans les estuaires de la province de Koh Kong, y compris au sein de la réserve naturelle de Peam Krasaop, menace les fragiles écosystèmes de mangroves et la vie marine qui en dépend. Le sable est essentiellement exporté à Singapour.

Carnet pratique

Carnet pratique

Alimentation

La cuisine cambodgienne, peut-être moins connue que ses voisines thaïlandaise et vietnamienne, n'en est pas moins savoureuse. Reportez-vous au chapitre *La cuisine cambodgienne*, p. 346.

Ambassades et consulats

Ambassades et consulats étrangers au Cambodge

Si certains pays, dont la France, possèdent une ambassade à Phnom Penh, d'autres, comme la Belgique et la Suisse, ont uniquement un consulat, rattaché à leur ambassade à Bangkok. En l'absence de représentation canadienne au Cambodge, les Canadiens devront se rapprocher de l'ambassade d'Australie.

Il est important de savoir ce que l'ambassade de votre pays peut ou ne peut pas faire pour vous en cas de problèmes. D'une manière générale, elle ne vous sera d'aucune aide si vous êtes responsable de vos ennuis. Gardez à l'esprit que les étrangers doivent se soumettre aux lois du pays qu'ils visitent. Votre ambassade ne fera preuve d'aucune compassion si vous êtes emprisonné à la suite d'un délit, même si celui-ci n'est pas considéré comme tel dans votre pays d'origine.

En cas de réelle urgence, elle pourra vous aider, à condition que vous ayez épuisé tous les autres moyens d'assistance. Si vous êtes victime d'un vol, le consulat vous fournira un nouveau passeport, mais ne vous accordera en aucun cas un prêt pour poursuivre votre voyage.

Australie (carte p. 46 ; ☎023-213470 ; cambodia.embassy.gov.au ; 16 National Assembly St, Phnom Penh)

Belgique (consulat honoraire ☎023-214024 ; 400D bd Monivong, Phnom Penh). Ambassade à Bangkok.

Canada (contacter l'ambassade d'Australie). Ambassade à Bangkok.

Chine (carte p. 46 ; ☎023-720920 ; kh.china-embassy.org/eng ; 156 bd Mao Tse Toung, Phnom Penh)

France (carte p. 38 ; ☎023-430020 ; www.ambafrance-kh.org ; 1 bd Monivong, Phnom Penh)

Laos (carte p. 58 ; ☎023-982632 ; 15-17 bd Mao Tse Toung, Phnom Penh)

Malaisie (☎023-216177 ; 220-222 bd Norodom, Phnom Penh)

Myanmar (carte p. 46 ; ☎023-223761 ; www.mephnompenh.org ; 181 bd Norodom, Phnom Penh)

Singapour (carte p. 46 ; ☎023-221875 ; www.mfa.gov.sg/phnompenh ; 92 bd Norodom, Phnom Penh)

> **PRIX DES PLATS**
>
> Les prix suivants valent pour un plat principal ordinaire. Sauf mention contraire, les taxes sont comprises.
>
> **$** Moins de 5 $US
>
> **$$** 5-15 $US
>
> **$$$** Plus de 15 $US

Suisse (consulat général ; ☎023-219045 ; House 53D, St 242, Phnom Penh). Ambassade à Bangkok.

Thaïlande (carte p. 38 ; ☎023-726306 ; www.thaiembassy.org/phnompenh ; 196 bd Norodom, Phnom Penh)

Vietnam (carte p. 58 ; ☎023-726274 ; 436 bd Monivong, Phnom Penh). Consulats à Battambang (carte p. 244 ; ☎053-952894 ; St 3 ; ⊙8h30-17h30 lun-ven), qui émet les visas en une journée, et à Sihanoukville (carte p. 190 ; ☎034-934039 ; 310 Ekareach St ; ⊙8h-12h et 14h-16h lun-sam), qui délivre aussi les visas rapidement.

Ambassades et consulats du Cambodge à l'étranger

Belgique (☎02-772 03 72 ; av. de Tervueren 264, boîte A, 1150 Woluwe-Saint-Pierre)

Canada (contacter l'ambassade du Cambodge aux États-Unis)

États-Unis (☎202-726-7742 ; www.embassyofcambodia.org ; 4530 16th Street, NW, Washington, DC 20011)

France (☎01 45 03 47 20 ; www.ambcambodgeparis.info ; 4 rue Adolphe-Yvon, 75116 Paris) ; consulat honoraire (☎04 78 22 12 87 ; 6 chemin des Combes, 69450 Saint-Cyr-au-Mont-d'Or)

Suisse (☎022-788 77 73 ; www.cambodiaembassy.ch ; case postale 213, chemin Taverney 3, 1218 Le Grand-Saconnex) ; consulat général (☎044-887 27 27 ; Winterthurerstrasse 549, 8051 Zürich)

Argent

L'unité monétaire nationale est le riel (abrégé par un "r" dans ce guide). La deuxième devise du Cambodge est le dollar US, qui est accepté par tous et partout, bien qu'on vous rende parfois la monnaie en riels. Les billets un peu déchirés sont refusés ; vérifiez bien votre monnaie pour ne pas vous retrouver en possession de coupures abîmées.

Le baht thaïlandais (B) a également cours dans l'ouest du pays. La coexistence de trois monnaies peut paraître excessive, mais les Cambodgiens essaient peut-être de rattraper le temps perdu : sous le régime de Pol Pot, l'argent fut aboli et les Khmers rouges firent sauter la Banque nationale à Phnom Penh !

Il existe des coupures de 100, 200, 500, 1 000, 2 000, 5 000, 10 000, 20 000, 50 000 et 100 000 r.

Les commerces peuvent afficher leurs prix en dollars américains ou en riels, mais dans l'Ouest, ils sont parfois donnés en bahts, conformément au système vigueur sur place. Plus vite vous vous habituerez à jongler entre les monnaies, plus vite il vous semblera facile de voyager !

Cartes bancaires

Les hôtels de catégorie supérieure, les agences des compagnies aériennes, les boutiques et les restaurants haut de gamme acceptent les principales cartes bancaires (Visa, MasterCard, JCB, Cirrus et parfois American Express) ; beaucoup appliquent une surcharge de 2-3%.

Vous obtiendrez des avances sur carte bancaire à Phnom Penh, à Siem Reap, à Sihanoukville, à Kampot, à Battambang, à Kompong Cham, ainsi que dans les autres grandes villes. La Canadia Bank les délivre gratuitement ; la plupart des autres banques facturent une commission minimale de 5 $US.

Plusieurs agences de voyages et hôtels de Phnom Penh et de Siem Reap peuvent accorder des avances moyennant 5% de commission ; cela peut dépanner si vous êtes à court de liquide le week-end.

Chèques de voyage

La plupart des agences de l'Acleda Bank changent les chèques de voyage, même dans les provinces reculées du Ratanakiri et du Mondolkiri. Les chèques en dollars US sont plus facilement acceptés. Une commission de 2% s'applique généralement pour le change.

Distributeurs automatiques de billets (DAB)

Des DAB (Visa, MasterCard, JCB, Cirrus) sont désormais installés dans la plupart des grandes villes. On en trouve également aux postes-frontières de Cham Yeam, Poipet et Bayet, en arrivant par voie terrestre de Thaïlande ou du Vietnam. Ces DAB, qui délivrent des dollars US, permettent de retirer jusqu'à 2 000 $US (selon les plafonnements imposés par votre banque). Restez sur vos gardes si vous effectuez un retrait tard le soir.

Talonnée par la Canadia Bank, l'ANZ Royal Bank possède le réseau le plus étendu, avec des DAB dans les stations-service, les hôtels, les restaurants et les magasins fréquentés. L'Acleda Bank, qui compte le plus grand nombre d'agences dans le pays, est notamment implantée dans toutes les capitales provinciales – ce qui a beaucoup facilité l'organisation des voyages dans les régions éloignées. Une commission de 3 à 5 $US est prélevée sur la plupart des retraits ; l'ABA Bank n'applique pas de frais.

Espèces

Le dollar US reste la devise reine au Cambodge.

Ayez toujours sur vous l'équivalent d'une dizaine de dollars en riels pour payer les *moto-dop*, les *tuk-tuk* ou vos achats sur les marchés. Si vous achetez un article à petit prix en dollars, on vous rendra la monnaie en riels ; ainsi, on peut parfois se passer totalement d'avoir recours aux services d'un agent de change !

Sachez qu'il est également possible de changer une petite quantité de dollars en riels dans les hôtels et les restaurants, ainsi que sur les marchés.

La seule autre devise étrangère communément acceptée est le baht thaïlandais. Elle est surtout en circulation dans l'ouest du Cambodge : les prix sont souvent affichés en bahts dans des villes comme Koh Kong, Poipet et Sisophon ; c'est également le cas à Battambang, où les bahts sont aussi courants que les dollars.

Pour vous simplifier la vie au fil de votre voyage, munissez-vous de dollars avant de pénétrer sur le territoire cambodgien. Vous pourrez également changer d'autres devises, et notamment des euros, dans les banques et sur les marchés de Phnom Penh et de Siem Reap.

La plupart des banques pratiquent des taux de change peu avantageux pour les devises autres que le dollar et mieux vaut s'adresser aux guichets de change installés à proximité des grands marchés.

Western Union, représenté par l'Acleda Bank, et Moneygram, représenté par la Canadia Bank, permettent d'effectuer des transferts d'argent rapides (les frais sont élevés).

Marchandage

Il est indispensable de discuter les prix sur les marchés de Phnom Penh et de Siem Reap, afin de ne pas se faire "raser la tête" (selon l'expression khmère). Le marchandage est également de rigueur avec les chauffeurs de taxi et de pick-up, ainsi que dans certaines pensions les moins chères. Les Khmers ne s'acharnent pas ; un sourire convaincant ou un signe de connivence amical suffisent souvent à faire baisser le prix. Souvenez-vous que l'objectif consiste non pas à obtenir le prix le plus bas, mais une transaction avantageuse pour les deux parties.

Pourboire

Si le pourboire ne fait pas partie des coutumes cambodgiennes, il est très apprécié, vu la maigreur des salaires. De plus, le service, souvent irréprochable, reflète l'hospitalité khmère. De nombreux hôtels de luxe facturent 10% de service ; toutefois, l'argent ne revient pas toujours au personnel. Si vous restez deux ou trois nuits dans le même hôtel, pensez à laisser un pourboire pour les employés qui nettoient la chambre. Les chauffeurs et les guides accepteront aussi volontiers un petit complément.

Dans les *vat*, la tradition veut que l'on glisse un peu d'argent dans des boîtes prévues à cet effet à la fin de la visite, surtout si un moine vous montre les lieux.

POURBOIRE, MODE D'EMPLOI

Dans quantité de restaurants cambodgiens, on vous rapporte la monnaie dans un porte-facture. Si vous la laissez dedans, c'est souvent le propriétaire qui la récupérera. Pour être sûr que le pourboire aille à ceux qui vous ont servi, laissez-le sur la table ou donnez-le directement aux personnes concernées. Certains établissements disposent d'une boîte commune pour les pourboires que les employés se partagent.

Assurance

Il est conseillé de souscrire une police d'assurance qui vous couvrira en cas de maladie ou d'accident, ainsi qu'en cas d'annulation de votre voyage, de vol ou de perte de vos affaires.

Lisez avec la plus grande attention les restrictions. Vérifiez notamment que les "sports à risques" (comme la moto, la plongée ou la randonnée) ne sont pas exclus de votre contrat, et que le rapatriement médical d'urgence est couvert – les infrastructures médicales sont limitées et l'évacuation vers Bangkok peut s'imposer en cas de problème grave. Attention ! Avant de souscrire une assurance, vérifiez que vous ne bénéficiez pas déjà d'une assistance avec votre carte bancaire, votre mutuelle ou votre assurance automobile. Pour plus de détails sur l'assurance santé, voir p. 380 ; pour les assurances automobiles, voir p. 377.

Bénévolat

Les occasions de travailler comme bénévole ou volontaire au Cambodge sont moins fréquentes qu'on ne pourrait l'imaginer dans un pays aussi démuni. Cela est dû, en partie, à la présence d'innombrables professionnels du développement dans le pays.

En France

En France, quelques organismes offrent des opportunités de travail bénévole sur des projets de développement ou d'environnement, parfois sur des périodes courtes, de une à quatre semaines. Certaines associations s'adressent plus spécifiquement aux jeunes. Les chantiers proposés vont de la réfection d'une école aux travaux liés à l'environnement. Il s'agit d'une bonne formule pour s'immerger dans le pays, connaître l'envers du décor touristique et bénéficier d'une ambiance internationale (les volontaires viennent de divers pays en général). En revanche, les conditions de vie sur un chantier sont spartiates, et prenez garde au décalage fréquent entre le programme et la réalité. La fouille archéologique peut rapidement se transformer, une fois sur place, en coup de peinture donné à la maison des jeunes locale. Le matériel est parfois rudimentaire, et la réalité du terrain souvent plus dure qu'on ne l'imaginait.

Voici quelques organismes à connaître :

Comité de coordination du service volontaire international (CCIVS ; ☎01 45 68 49 36 ; ccivs.org)

POUR AIDER LE CAMBODGE

Agir pour le Cambodge (www.agirpourlecambodge.org). Organise des événements en France au profit d'actions humanitaires au Cambodge. Son équipe a ouvert en 2002 l'école hôtelière Sala Baï à Siem Reap (voir p. 111).

Cambodge Enfance Développement (www.ced-asso.org). Aide au parrainage d'enfants non adoptables, organise des soirées au profit de ses actions au Cambodge et favorise les échanges culturels et linguistiques entre les deux pays.

Krousar Thmey France (www.krousar-thmey.org/html/krousar-thmey-france). A pour objet de "soutenir, développer et suivre des initiatives locales en faveur des populations du Sud-Est asiatique, et particulièrement des enfants, notamment au Cambodge". Son action est menée par un groupe de bénévoles.

Humaniterra International (www.humani-terra.org). Apporte une aide chirurgicale aux Cambodgiens, forme des médecins locaux et fournit du matériel médical ; participe notamment à la reconstruction du système de santé de la province de Koh Kong.

Pour un sourire d'enfant (www.pse.asso.fr). S'occupe d'enfants défavorisés et recueille des fonds en France pour les scolariser. Grâce à son action, une école et un centre de formation professionnelle ont été fondés à Phnom Penh, ainsi qu'un foyer à Siem Reap.

Maison de l'Unesco (☎01 45 68 10 00 ; www.unesco.org)

Délégation catholique pour la coopération (DCC ; ☎01 45 65 96 65 ; www.ladcc.org)

Jeunesse et Reconstruction (☎01 47 70 15 88 ; www.volontariat.org)

Solidarités Jeunesses (☎01 55 26 88 77 ; www.solidaritesjeunesses.org)

Au Cambodge

Parmi la multitude d'ONG installées sur place, certaines ont des besoins temporaires en bénévoles. Le **Cooperation Committee for Cambodia** (CCC ; Comité de coopération pour le Cambodge ; ☎023-214152 ; www.ccc-cambodia.org ; 9-11 St 476), à Phnom Penh, qui dispose d'une liste de toutes les ONG cambodgiennes et internationales présentes sur le territoire, pourra vous renseigner.

Deux organisations sérieuses, basées à Siem Reap, aident à placer les bénévoles. Il s'agit de **ConCERT** (carte p. 98 ; ☎063 963511 ; www.concertcambodia.org ; 560 Phum Stoueng Thmey ; ⌚9h-17h lun-ven), qui donne sur son site Internet des conseils pour bien se préparer aux missions ; et de **Globalteer** (☎063-761802 ; www.globalteer.org), une ONG britannique qui coordonne notamment le Cambodia Community Project, et propose des postes de volontariat dans différentes structures (une participation financière est demandée).

Cartes de réduction

Les seniors et les étudiants ne bénéficient pas de réductions au Cambodge.

Cartes et plans

Meilleure carte générale du Cambodge, la *Cambodia Road Map* de Gecko au 1/750 000 comprend de nombreux détails et des noms de lieux exacts. D'autres cartes pliantes sont disponibles, parmi lesquelles la *Cambodia, Laos and Vietnam Map* de Nelles au 1/1 500 000, imperméable et indéchirable, et la *Cambodia Travel Map* de Periplus au 1/1 000 000, qui inclut des plans de Phnom Penh et de Siem Reap.

Des cartes gratuites sont distribuées dans les hôtels, pensions, restaurants et bars les plus fréquentés de Phnom Penh et de Siem Reap.

Cours de langue

Les cours de khmer dispensés dans le pays s'adressent principalement aux expatriés vivant à Phnom Penh. Contactez l'Institut de langues étrangères de l'**Université royale de Phnom Penh** (carte p. 38 ; ☎012 866826 ; www.rupp.edu.kh ; bd de Russie). Consultez également les panneaux d'affichage des pensions, restaurants et bars les plus fréquentés, sur lesquels des professeurs proposent souvent des cours particuliers d'une heure. Des listes d'adresses figurent souvent dans les petites annonces du Phnom Penh Post et du Cambodia Daily.

Désagréments et dangers

Si le Cambodge est désormais un pays plutôt sûr pour les voyageurs,

GARE AUX VOLEURS !

Pendant les jours qui précèdent les grandes fêtes comme P'chum Ben ou Chaul Chnam Khmer, on assiste à une recrudescence sensible des vols, surtout à Phnom Penh. Les Cambodgiens ont alors besoin d'argent pour acheter des cadeaux à leurs proches ou payer leurs dettes et, pour certains, le vol est un expédient tout trouvé. Durant ces périodes, faites preuve d'une vigilance accrue en soirée et ne prenez avec vous que l'argent indispensable.

n'en oubliez pas pour autant la règle d'or : en raison de la présence éventuelle de mines, ne quittez jamais les sentiers balisés dans les régions reculées.

Les journaux en anglais **Cambodia Daily** (www.cambodiadaily.com) et **Phnom Penh Post** (www.phnompenhpost.com) sont de bonnes sources d'information ; consultez leur site Internet avant de prendre la route.

Criminalité et violences

Les vols à main armée ne sont pas aussi fréquents qu'on pourrait le croire, vu le nombre d'armes en circulation dans le pays. Cependant, les braquages et les vols à moto constituent un danger réel à Phnom Penh et à Sihanoukville. Ne sombrez pas dans la paranoïa, mais restez prudent. Évitez de sortir seul la nuit, à pied ou en voiture, surtout dans les campagnes.

Ces dernières années, les vols à l'arraché se sont multipliés à Phnom Penh, et les voleurs à moto n'hésitent pas à faire tomber le passager d'une *moto-dop*, quitte à mettre sa vie en péril.

Si vous avez la malchance d'être dévalisé, sachez que toute aide de la police cambodgienne, comme le dépôt d'une plainte, vous coûtera de l'argent. Selon l'importance de la plainte, vous paierez de 5 à 50 $US.

Les violences contre les étrangers sont extrêmement rares et ne devraient pas vous préoccuper outre mesure. Faites néanmoins attention dans les bars et les discothèques bondées de Phnom Penh. Si une querelle vous oppose à des représentants de la jeunesse dorée khmère, ravalez votre fierté et baissez le ton. N'oubliez pas que beaucoup sont armés et entourés de gardes du corps. Sihanoukville a également la réputation d'être le théâtre d'incidents violents occasionnels, généralement entre groupes rivaux de propriétaires de commerces étrangers.

Engins explosifs non désamorcés

Ne touchez jamais les projectiles, les obus, les mortiers, les mines, les bombes ou tout autre engin de guerre que vous pourriez trouver sur votre chemin.

Si la zone frontalière avec la Thaïlande est la plus fortement minée, le danger existe partout dans le pays. En bref, ne quittez sous aucun prétexte les sentiers balisés. Si vous prévoyez une randonnée, même dans les régions plus sûres du Nord-Est, faites-vous impérativement accompagner par un guide, car il peut rester des engins explosifs non désamorcés datant des bombardements américains du début des années 1970.

Escroqueries

Les escroqueries se résument pour l'essentiel à des faits mineurs – comme le versement de commissions aux chauffeurs de taxi ou de *moto-dop*, notamment à Siem Reap.

Des cas d'escroqueries organisées par des policiers, avec dissimulation de drogue, ont été signalés à Phnom Penh. Si vous en êtes victime, le mieux consiste sans doute à verser d'emblée un pot-de-vin aux policiers venus vous arrêter, car le prix ne fera qu'augmenter avec le nombre de fonctionnaires impliqués.

De nombreux faux médicaments circulent dans toute la région. Achetez uniquement des médicaments sur ordonnance, dans des pharmacies ou des dispensaires fiables.

Attention à l'arnaque du black-jack philippin : méfiez-vous des personnes faussement sympathiques qui chercheraient à vous entraîner dans un jeu d'argent, vous risquez d'en perdre beaucoup.

À Phnom Penh et Siem Reap, des mendiantes demandent du lait en poudre pour le bébé qu'elles ont dans les bras. Des étrangers se laissent apitoyer et conduire dans un magasin où la femme choisit généralement la marque la plus chère. Elle restitue ensuite le produit au marchand, avec qui elle partage le gain.

Douane

Les restrictions douanières appliquées par le Cambodge restent un secret bien gardé. Les visiteurs ont droit à une "quantité raisonnable" d'articles détaxés. Si vous arrivez en avion, sachez que l'alcool et les cigarettes sont moins chers à Phnom Penh que dans les boutiques détaxées. L'exportation de "biens culturels" anciens (sculptures, poteries, etc.) est illégale.

Électricité

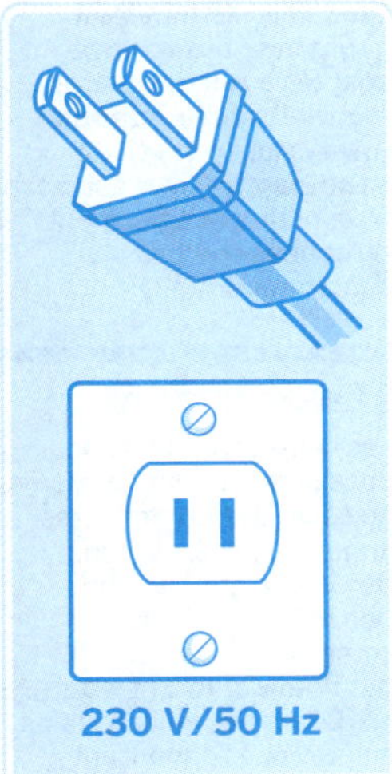

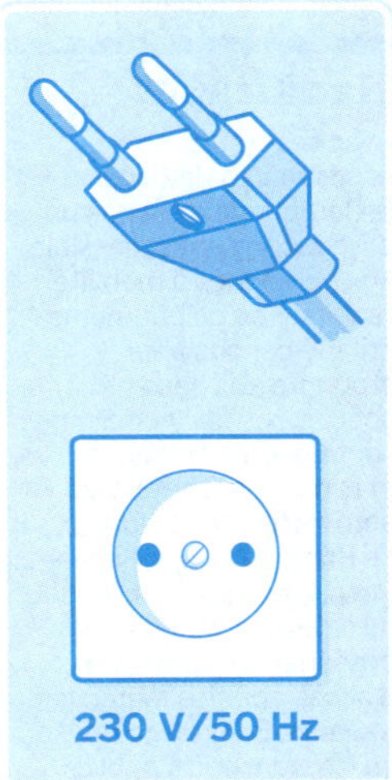

Enfants

Au Cambodge, attendez-vous à ce que vos bambins soient au centre de l'attention et que tout le monde se presse pour jouer avec eux ! Il y aura ainsi toujours quelqu'un pour occuper ou surveiller les plus petits pendant que vous mangez votre assiette de nouilles. Pour des informations d'ordre général, consultez le guide *Voyager avec ses enfants*, publié par Lonely Planet.

Formalités et visas

La plupart des visiteurs doivent posséder un visa pour entrer sur le territoire cambodgien. C'est le cas des Français, des Belges, des Suisses et des Canadiens.

Visa de tourisme

Le visa de tourisme, valable un mois (dans les 3 mois suivant la date d'émission ; 30 $US, plus frais de dossier éventuels), est délivré à l'arrivée, aux aéroports internationaux de Phnom Penh, Siem Reap et Sihanoukville/Kompong Som, dans le port de Phnom Penh, et aux différents postes-frontières terrestres entre le Cambodge et le Laos, la Thaïlande ou le Vietnam ; en ligne si vous optez pour un e-visa (www.evisa.gov.kh) ; et par les services consulaires de certaines ambassades cambodgiennes à l'étranger (coordonnées p. 358).

Votre passeport doit être valable 6 mois après la date prévue de sortie du territoire ; vous devrez fournir une photo d'identité récente.

Le visa de tourisme peut être prolongé une seule fois (45 $US), pour une période maximale d'un mois, auprès du département pour les Étrangers du ministère de l'Intérieur cambodgien, situé en face de l'aéroport international de Phnom Penh. Des agences de voyages et certains magasins de location de motos de Phnom Penh peuvent faciliter les démarches.

Visa d'affaires

Si vous souhaitez travailler au Cambodge, vous devez demander un visa d'affaires (35 $US). Délivré pour une période initiale d'un mois, il est facile à proroger – officiellement pour des périodes prolongées. Contactez les services consulaires de l'ambassade du Cambodge en charge de votre pays d'origine (coordonnées p. 358).

Mises en garde

Les voyageurs sans visa sont parfois surtaxés en arrivant de Thaïlande par la route, car les employés de l'immigration demandent un paiement en bahts et arrondissent allègrement le montant. Les douaniers des

CONSEILS AUX VOYAGEURS

La plupart des gouvernements possèdent des sites Internet qui recensent les dangers possibles et les régions à éviter. Consultez notamment les sites suivants :

- Ministère des Affaires étrangères français (www.diplomatie.gouv.fr)
- Ministère des Affaires étrangères de Belgique (diplomatie.belgium.be)
- Département fédéral des Affaires étrangères suisse (www.eda.admin.ch/eda/fr)
- Ministère des Affaires étrangères du Canada (www.voyage.gc.ca)

postes-frontières avec le Laos demandent eux aussi des sommes plus élevées que la norme pour vous attribuer un visa, ce qui n'est pas le cas, en revanche, à la frontière vietnamienne. Obtenir son visa à l'avance permet d'éviter ces "surtaxes" officieuses.

Sachez qu'en cas de dépassement de la durée du visa, une pénalité de 5 $/jour de retard est appliquée.

Si vous poursuivez votre voyage vers le Vietnam, vous obtiendrez à Phnom Penh un visa vietnamien d'un mois pour une seule entrée en 2 jours (55 $US) ; au consulat de Sihanoukville, on vous le délivrera en 24 heures. Pour le Laos, il est généralement possible d'obtenir un visa à l'arrivée (30-42 $US). Pour la Thaïlande, les Français, les Belges, les Suisses et les Canadiens bénéficient d'une exemption de visa pour une période de 30 jours.

Avant le départ, il est impératif de contacter la représentation cambodgienne en charge de votre pays pour vous assurer que les modalités d'entrée sur le territoire n'ont pas changé. Nous vous conseillons de photocopier tous vos documents importants (pages d'introduction de votre passeport, cartes bancaires, police d'assurance, billets d'avion, permis de conduire, etc.) et de conserver un jeu de copies à part des originaux. Vous pouvez également les scanner et en laisser une copie dans un fichier attaché à un e-mail envoyé sur votre messagerie. Vous les remplacerez ainsi plus aisément en cas de perte ou de vol.

Vous pouvez également vous inscrire sur le site Ariane (pastel.diplomatie.gouv.fr/fildariane), qui permet aux voyageurs français se rendant à l'étranger de recevoir des recommandations de sécurité par e-mail et d'être contacté en cas de crise dans le pays de destination.

Handicapés

Avec ses trottoirs et ses routes défoncés, le Cambodge n'est pas un pays facilement accessible aux personnes à mobilité réduite. Peu de bâtiments ont été conçus pour répondre aux besoins spécifiques des handicapés. Toutefois, les ouvrages plus récents, comme les aéroports internationaux de Phnom Penh et de Siem Reap, ainsi que les hôtels de catégorie supérieure possèdent des rampes d'accès pour les fauteuils roulants. En province, où les transports publics sont généralement bondés, la location d'un taxi d'une ville à l'autre reste abordable.

Les Cambodgiens se montrent très serviables envers les étrangers, et le faible coût de la main-d'œuvre permet de se faire facilement accompagner en cas de besoin. La plupart des pensions et des petits hôtels disposent de chambres au rez-de-chaussée, assez accessibles.

Avec ses chaussées inégales, ses obstacles en tout genre et ses escaliers abrupts, Angkor, le principal site du pays, est malheureusement aussi celui qui pose le plus de problèmes. Il faudra probablement attendre quelques années pour que les choses s'améliorent, bien que des rampes d'accès fassent actuellement leur apparition dans les principaux temples.

Les voyageurs en fauteuil roulant devront effectuer des recherches poussées avant leur départ.

L'**APF** (Association des paralysés de France ; ☎01 40 78 69 00 ; www.apf.asso.fr) et l'association **Handi Voyages** (handivoyages.free.fr) peuvent fournir des informations utiles sur les voyages accessibles. L'association **Ailleurs & Autrement** (www.ailleursetautrement.fr) organise des voyages adaptés aux personnes à mobilité réduite. **Yanous** (www.yanous.com) et **handicap.fr** (www.handicap.fr) constituent également de bonnes sources d'information.

Hébergement

Les hébergements se sont considérablement améliorés au cours des dix dernières années. Le choix s'étend de la classique pension bon marché au palace somptueux. La plupart des hôtels affichent leurs prix en dollars US, mais certains en province l'annoncent en riels, voire en bahts près de la frontière thaïlandaise.

Hôtels et pensions (guesthouses)

Avec le développement du tourisme dans les provinces, des pensions très bon marché existent maintenant dans la plupart des capitales provinciales, alors qu'elles étaient autrefois limitées à Phnom Penh, à Siem Reap et à Sihanoukville ; leurs tarifs varient entre 5 et 10 $US le lit, souvent avec ventilateur, salle de bains et TV satellite.

Si certaines pensions ne disposent pas de l'eau chaude, la plupart des hébergements possèdent au moins quelques chambres plus onéreuses où elle est fournie.

À Phnom Penh, à Siem Reap et sur la côte sud, qui reçoivent un flux régulier

TARIF DES CHAMBRES

Les prix suivants correspondent à une double en haute saison. Ils sont généralement plus élevés à Phnom Penh et de Siem Reap.

$ Moins de 25 $US

$$ 25-80 $US

$$$ Plus de 80 $US

de visiteurs, les hôtels gagnent nettement en qualité dès que l'on paie plus de 15 $US. Entre 20 et 50 $US, vous obtiendrez une chambre très confortable, avec éventuellement le luxe d'une piscine. La plupart des petites villes de province offrent également la climatisation dans la fourchette des 10-20 $US. Phnom Penh, Siem Reap, Sihanoukville, Kep et Battambang ont vu se multiplier les boutique-hôtels, offrant généralement de charmants hébergements entre 50 et 100 $US.

Siem Reap compte désormais de nombreux hôtels de classe internationale ; Phnom Penh en possède plusieurs, et il en existe quelques-uns sur la côte à Sihanoukville et à Kep. Les tarifs affichés sont élevés et augmentés de 10% de taxes et de 10% de service. On obtient de meilleurs prix (taxes et service compris) en réservant via un site en ligne.

Les principaux hôtels de Phnom Penh, Siem Reap et Sihanoukville baissent considérablement leurs prix en basse saison (d'avril à septembre). Il n'est pas rare de bénéficier de réductions de 50% ou plus, ainsi que d'offres du type "deux nuits achetées, une nuit offerte". Consultez les sites Internet des établissements pour plus de détails.

Les beaux hôtels récents sont pourvus d'ascenseurs, contrairement aux plus anciens, dont les chambres les moins chères sont installées dans les derniers étages.

Auberges de jeunesse

Ces dernières années, les auberges de jeunesse se sont multipliées, notamment dans les villes prisées, comme Phnom Penh, Siem Reap et Sihanoukville. Animés et bien gérés, les dortoirs n'offrent pas toujours le meilleur rapport qualité/prix et affichent souvent les mêmes tarifs qu'une chambre individuelle dans une pension locale. Toutefois, la plupart des auberges de jeunesse proposent aussi des chambres privatives et certaines offrent des plus, comme une piscine.

Chambres chez l'habitant

Excellent moyen de rencontrer des Cambodgiens et de découvrir la vie locale, les chambres chez l'habitant se développent en province. Plusieurs sont officiellement enregistrées dans des provinces comme celles de Kompong Cham et de Kompong Thom ; d'autres fonctionnent de manière plus informelle dans des lieux écartés tels que Preah Vihear. Le Mekong Discovery Trail compte plusieurs chambres chez l'habitant entre Kratie et la frontière avec le Laos. On en trouve aussi plusieurs dans le district de Banteay Srei, près de Siem Reap : c'est une option pratique pour ceux qui ne visitent qu'Angkor.

Heure locale

Comme le Vietnam, la Thaïlande et le Laos, le Cambodge avance de 7 heures sur le Temps universel coordonné (UTC). Quand il est 12h au Cambodge, il est 6h/7h à Paris en hiver/été.

Heures d'ouverture

La plupart des Cambodgiens se lèvent très tôt, et l'on voit souvent des gens s'activer dès 5h30. Les sites touristiques, comme les musées, ouvrent habituellement 7 jours/7.

Administrations Lun-ven 7h30-11h30 et 14h-17h, sam 7h30-11h30.

Banques Lun-ven 8h-15h30 et sam matin pour la plupart ; légères variations selon les agences.

Bars Souvent ouverts toute la journée – certains établissements ne proposant pas de restauration servent uniquement le soir.

Magasins Généralement 8h-18h, mais les boutiques des centres commerciaux ferment en principe à 20h, tout comme les supermarchés. On trouve des supérettes ouvertes 24h/24 dans la plupart des grandes villes.

Marchés 7 jours/7, généralement 6h30-17h30 (lever-coucher du soleil) ; s'arrêtent quelques jours pour les principaux jours fériés – Chaul Chnam Khmer (Nouvel An khmer), P'chum Ben (fête des Morts) et Chaul Chnam Chen (Nouvel An chinois).

Restaurants 6h30-21h (parfois sans interruption) pour les restaurants locaux ; fermeture un peu plus tardive pour les restaurants internationaux, dont certains font une pause entre les repas.

Homosexualité

L'homosexualité est acceptée dans la culture cambodgienne. L'ancien roi Norodom Sihanouk, qui était un ardent défenseur de l'égalité des droits pour les partenaires de même sexe, est sans doute à l'origine de l'ouverture de la jeune génération sur cette question. Phnom Penh et Siem Reap comptent quelques bars gays, même si la scène gay et lesbienne locale n'a rien de comparable avec celle d'autres pays d'Asie, et notamment de la Thaïlande !

Étant donné le nombre de personnes de même sexe, homosexuelles ou non, qui voyagent ensemble, les hôtels se soucient peu de savoir quelles relations elles entretiennent. Mieux vaut toutefois ne pas faire état de sa sexualité et s'abstenir de démonstrations publiques d'affection, qu'elles soient homosexuelles ou hétérosexuelles.

Les sites suivants sont recommandés si vous prévoyez un voyage :

Cambodia Gay (www.cambodia-gay.com). Promotion de la communauté LGBT au Cambodge.

Siem Reap Gay Guide (www.thesiemreapgayguide.com). Édite aussi un guide gratuit.

Sticky Rice (www.stickyrice.ws). Guide international.

Utopia (www.utopia-asia.com). Contacts et renseignements touristiques, avec un petit glossaire de termes gays locaux.

Internet (accès)

Le pays bénéficie d'une bonne couverture Internet, mais on trouve moins de cybercafés maintenant que le Wi-Fi est plus courant. Comptez entre 1 500 r et 2 $US l'heure. De nombreux hôtels, pensions, restaurants et cafés offrent le Wi-Fi, même dans les capitales de province les plus reculées.

Jours fériés

Les banques, les ministères et les ambassades ferment pour les fêtes et les jours fériés. De plus, au Cambodge, les jours fériés sont décalés s'ils tombent en fin de semaine, et les grandes fêtes sont complétées par

FAUT-IL VISITER LES ORPHELINATS ?

Depuis quelques années, les étrangers sont de plus en plus nombreux à visiter des orphelinats dans les pays en développement, et notamment au Cambodge. On peut se demander si, à long terme, cette démarche est bénéfique pour les enfants et le pays. Le "tourisme d'orphelinat" peut en effet permettre à des individus sans scrupule d'infiltrer le monde des enfants en détresse. On parle d'ores et déjà de nouveaux orphelinats gérés comme des entreprises, avec un certain nombre de visiteurs attendus chaque mois. Pis encore, dans certains cas, les enfants ne sont pas orphelins, mais "loués" à une école voisine par exemple.

Selon un rapport de l'ONG Save the Children daté de 2009, la plupart des enfants placés dans les orphelinats des pays en développement auraient encore au moins un parent en vie. Plus de 8 millions d'enfants vivent dans des institutions dans le monde. Beaucoup y ont été envoyés par leur famille, en situation de grande pauvreté, plutôt qu'à la suite d'un décès. Nombreux sont ceux qui souffrent d'un défaut de soins et risquent d'être victimes d'abus sexuels, d'exploitation ou de réseaux de trafiquants d'enfants ; les moins de 3 ans sont particulièrement vulnérables.

Selon Save the Children, "la croyance selon laquelle les enfants des orphelinats sont là parce qu'ils n'ont plus de parents est illusoire. [...] La plupart sont là parce que leurs parents n'ont pas les moyens de les nourrir, de les vêtir et de les éduquer".

Entre 2005 et 2010, le nombre d'orphelinats a presque doublé au Cambodge, passant de 153 à 269. Sur les 12 000 enfants cambodgiens vivant en institution, 28% seulement sont réellement des orphelins ayant perdu leurs deux parents.

Dans ce pays, de nombreux orphelinats accomplissent un travail admirable dans des conditions difficiles. Certains offrent un excellent niveau d'accueil et reçoivent des dons de riches mécènes ; ils n'ont pas besoin de visiteurs. D'autres sont des établissements délabrés, qui ont désespérément besoin d'aide – mais pas sous n'importe quelle forme. Si un établissement fait de la publicité pour des visites d'orphelinat, réfléchissez-y à deux fois et n'oubliez pas que les adultes n'agissent pas toujours dans l'intérêt des enfants. Les spécialistes de la protection de l'enfance recommandent en outre de ne pas s'engager moins de 3 mois dans les projets de bénévolat auprès des enfants : voir des étrangers s'investir dans leur vie pour de courtes périodes peut nuire à leur bien-être émotionnel et à leur développement.

En 2011, Friends International et l'Unicef se sont mobilisés pour mettre en place la campagne "Think Before Visiting" (Réfléchissez avant de visiter). Avant toute décision, rendez-vous sur le site **Children are not tourist attractions** (www.thinkchildsafe.org/thinkbeforevisiting/, disponible en français).

un ou deux jours de congé supplémentaires. Certaines fêtes internationales sont également célébrées dans le pays. Aussi, nul de s'étonnera que le Cambodge compte plus de jours fériés que n'importe quel autre pays du monde !

Nouvel An 1er janvier

Victoire sur Pol Pot 7 janvier ; marque la fin du régime Khmer rouge

Journée internationale de la Femme 8 mars

Fête internationale du Travail 1er mai

Journée internationale des Enfants 8 mai

Anniversaire du roi 13-15 mai

Anniversaire de la reine-mère 18 juin

Fête de la Constitution 24 septembre

Jour de commémoration du roi père Norodom Sihanouk 15 octobre

Fête de l'Indépendance 9 novembre

Journée internationale des Droits de l'homme 10 décembre

Librairies spécialisées

En France, plusieurs librairies spécialisées sur l'Asie consacrent une place au Cambodge. En voici quelques-unes basées à Paris, où vous trouverez probablement votre bonheur.

Éditions A. Maisonneuve (www.maisonneuve-adrien.com)

Éditions du Centenaire (www.e100.fr)

Fenêtre sur l'Asie (www.fenetresurlasie.com)

Librairie-boutique du musée Guimet (www.guimet.fr/fr/visite/librairie-boutique)

Librairie le Phénix (www.librairielephenix.fr)

You Feng (www.you-feng.com)

Offices du tourisme

Le Cambodge ne possède pas d'office du tourisme à l'étranger. Les ambassades (coordonnées p. 358) pourront vous fournir quelques renseignements. Le site **Tourism of Cambodia** (www.tourismcambodia.com), le site officiel du tourisme dans le pays, est une bonne source d'informations, tout comme les sites francophones consacrés au Cambodge (reportez-vous à *L'essentiel*, p. 14). Vous pourrez également consulter les agences de voyages spécialisées (voir p. 373).

Sur place, le pays ne compte qu'un nombre restreint d'offices du tourisme. À Phnom Penh et Siem Reap, ils n'offrent en général qu'une aide limitée. Il en va différemment en province, où les employés peuvent être ravis de voir des touristes (lorsque l'office n'est pas fermé). Ces offices sont généralement pauvres en brochures ou prospectus. Le plus souvent, les conseils des autres voyageurs, les hôtels et les journaux gratuits locaux se révèlent plus précieux.

Photo et vidéo

De nombreux cybercafés au Cambodge peuvent graver des CD ou des DVD à partir d'une carte mémoire ou d'une clé USB. Comptez 2,50/1,50 $US si vous n'avez pas de DVD/CD. On trouve facilement des cartes mémoire à des prix peu élevés. Les appareils photo numériques sont très bon marché grâce aux faibles taxes et droits de douane, et bien plus avantageux à Phnom Penh qu'à Bangkok ou à Hô Chi Minh-Ville.

Si vous emportez un Caméscope, n'oubliez pas le chargeur, l'adaptateur et le transformateur. Ne vous fiez pas trop aux installations électriques des pensions de province, parfois fantaisistes.

Photographier les personnes

Les règles habituelles de politesse sont de rigueur. Ne brandissez pas votre appareil sous le nez des habitants et respectez les moines et les fidèles en prière. En général, les Khmers sont remarquablement courtois et, si vous le demandez gentiment, ils accepteront de se laisser photographier. Les mêmes consignes s'appliquent avec un Caméscope : demandez la permission, même dans les campagnes où les enfants se bousculent devant l'objectif et s'amusent de se découvrir sur l'écran. Certaines personnes s'attendront à recevoir un peu d'argent : un élément à mettre au point avant d'appuyer sur le déclencheur.

Pour des conseils professionnels, procurez-vous l'ouvrage *La Photo de voyage* de Richard l'Anson, publié par Lonely Planet.

Poste

Le service postal reste aléatoire. Pour les objets de valeur, préférez les messageries privées ; sinon, envoyez-les depuis un autre pays. Assurez-vous que les cartes postales et les lettres ont bien été oblitérées avant de disparaître de votre champ de vision.

Les lettres et les colis expédiés vers d'autres parties du monde peuvent mettre deux ou trois semaines pour arriver à destination. Pour raccourcir les délais, utilisez un service de messagerie : **EMS** (☎023-723511 ; www.ems.com.kh ; poste principale, St 13, Phnom Penh) dispose de guichets dans toutes les grandes postes du pays. DHL et Fed Ex sont présents dans les plus grandes villes, comme Phnom Penh, Siem Reap et Sihanoukville.

YABABA COOL ? YABA PAS COOL DU TOUT

Méfiez-vous du *yaba*, la drogue "crazy" de Thaïlande, connue au Cambodge sous le sinistre nom de *yama* (le dieu hindou de la Mort). Surnommée "ice" ou "crystal meth" en Occident, il s'agit d'une métamphétamine produite dans des laboratoires cambodgiens ou des pays voisins. Les pilules comprennent souvent des substances toxiques – mercure, lithium ou tout ce qui tombe sous la main du chimiste. Le *yama* est une drogue terrible et très addictive. Elle provoque de fortes hallucinations, des insomnies et des psychoses. Abstenez-vous d'en absorber, sous peine de voir votre séjour au Cambodge prolongé pour une durée indéterminée.

Lonely Planet déconseille à ses lecteurs l'usage de drogues, même les plus "douces", qui modifient le comportement.

Problèmes juridiques

Le cannabis est illégal au Cambodge. Toutefois, il entre dans la composition de certaines recettes khmères traditionnelles, et ne risque pas de disparaître du jour au lendemain. Sachez aussi que toutes les substances narcotiques sont illicites – et que vous pourriez bien vous retrouver dépouillé, après avoir sombré dans un état second... L'usage, la détention et le trafic de stupéfiants sont punis d'une peine d'emprisonnement de 10 à 20 ans et d'une forte amende (jusqu'à 10 000 $US).

Dans le cadre de la lutte contre les abus sexuels perpétrés sur des enfants, les étrangers peuvent être poursuivis dans leur propre pays pour avoir eu des relations sexuelles avec des mineurs au Cambodge (ou dans tout autre pays).

Téléphone

Le réseau téléphonique terrestre a été dévasté au cours de la longue guerre civile. L'avènement du téléphone portable a permis au Cambodge de rattraper son retard sur les pays voisins. La majeure partie du pays peut désormais communiquer avec le reste du monde.

Depuis le développement du Wi-Fi dans les villes, il est possible d'utiliser FaceTime, Skype ou Viber dans la majorité des pensions, hôtels, cafés et restaurants. Certains hébergements mettent aussi gratuitement des ordinateurs à la disposition de leurs clients.

Appels internationaux

Pour appeler le Cambodge de l'étranger, composez le code d'accès international en vigueur dans votre pays (☎00 en France, en Belgique et en Suisse, ☎011 au Canada), suivi du 855 (indicatif du Cambodge), de l'indicatif de la ville (sans le 0) et du numéro de votre correspondant.

Pour appeler l'étranger depuis le Cambodge, composez le ☎001 (code d'accès international), puis l'indicatif du pays (☎33 pour la France, ☎32 pour la Belgique, ☎41 pour la Suisse et ☎1 pour le Canada) et le numéro de votre correspondant, sans l'éventuel 0 initial.

Il est possible de passer des appels internationaux bon marché (1 000 r/min) dans de nombreux cybercafés. Dans les endroits disposant d'une connexion haut débit, vous pourrez utiliser Skype pour le prix d'une connexion à Internet.

Appels locaux et nationaux

Les lignes téléphoniques s'améliorent dans les grandes villes. Dans ce guide, les indicatifs sont indiqués sous le nom de chaque localité. Toutefois, sachez qu'en de nombreux endroits, la couverture est irrégulière.

Pour trouver les coordonnées d'une société ou d'une administration, consultez le site des pages jaunes cambodgiennes (www.yellowpages-cambodia.com).

Téléphone portable

Les téléphones portables, dont les numéros commencent par ☎01, 06, 07, 08 ou 09, sont très courants, aussi bien dans les entreprises que chez les particuliers.

Si vous voyagez avec un portable pour lequel vous pouvez bénéficier du *roaming*, il vous suffira de sélectionner un réseau à votre arrivée. Toutefois, attendez-vous à trouver une note salée à votre retour : les frais sur les appels en *roaming* sont très élevés au Cambodge.

Pour un séjour prolongé, il peut être intéressant d'acheter une carte SIM auprès d'un opérateur local (vous devrez pour ce faire présenter un passeport en cours de validité), mais on en trouve des gratuites aux aéroports internationaux de Phnom Penh et de Siem Reap.

Vérifiez auprès de votre opérateur les conditions d'utilisation de votre téléphone portable et de votre contrat. La plupart proposent des forfaits internationaux, mais méfiez-vous des coûts de l'utilisation de l'Internet mobile.

Toilettes

Le modèle occidental prévaut presque partout, même si les pensions et les restaurants les plus modestes de la province possèdent parfois des toilettes à la turque.

Lorsqu'une corbeille est installée dans les toilettes, il faut y jeter le papier usagé, car les systèmes d'évacuation ne sont souvent pas prévus pour l'évacuer. Le papier est rarement fourni dans les toilettes des gares routières et dans les édifices publics : ayez en permanence une réserve avec vous.

De nombreuses toilettes à l'occidentale sont dotées d'un jet d'eau servant à se nettoyer et à rincer les toilettes.

Les toilettes publiques sont rares ; vous n'en trouverez qu'au bord du fleuve à Phnom Penh (500 r) et sur le site des temples d'Angkor (où elles sont gratuites et prennent la forme de ravissantes structures en bois !). La plupart des restaurants sont dotés de toilettes.

Si vous succombez à l'appel de la nature dans les campagnes reculées proches de la frontière, ne laissez pas votre pudeur vous guider vers les buissons : des mines antipersonnel peuvent être dissimulées aux abords des routes et des chemins. Restez sur le bas-côté ou attendez la prochaine ville.

SOUVENIRS

Vous n'aurez aucun mal à trouver des articles artisanaux de qualité – soieries, sculptures en pierre ou en bois, objets en argent, etc. –, notamment à Siem Reap, à Phnom Penh et dans les villes ayant une tradition d'artisanat. Les minorités des collines du Mondolkiri et du Ratanakiri produisent de petits coupons de coton tissé à la main. Dans les chapitres sur Phnom Penh et Siem Reap, vous trouverez les coordonnées de commerces et d'organismes qui contribuent à la relance de l'artisanat traditionnel et aident les personnes défavorisées ou handicapées.

Travailler au Cambodge

Les possibilités d'embauche au Cambodge sont essentiellement dans le domaine de l'enseignement du français et de l'anglais, ainsi que dans les pensions, les bars et les restaurants. Pour les professeurs de langue, le salaire varie considérablement selon le diplôme et le niveau d'expérience.

Si vous souhaitez travailler pour une ONG, contactez le Cooperation Committee for Cambodia (CCC ; voir la rubrique *Bénévolat* p. 360), qui affiche les emplois vacants. Pour postuler, apportez des photocopies de vos diplômes et de vos références professionnelles. Sachez toutefois que la plupart des offres concernent le bénévolat, car le recrutement du personnel qualifié se fait le plus souvent dans le pays d'origine des candidats ou par le biais d'organisations internationales.

Vous pouvez également consulter les annonces du *Cambodia Daily* et du *Phnom Penh Post*, et regarder les panneaux d'affichage des hôtels et des restaurants de Phnom Penh.

Voyager en solo

Femmes seules

En général, les voyageuses ne sont pas importunées au Cambodge – même s'il peut arriver, bien sûr, qu'un employé d'hôtel ou autre tente sa chance de temps en temps ! – et les Cambodgiens sont très souvent courtois. Comme partout, se promener ou faire du vélo en solo tard le soir comporte des risques. Par ailleurs, si vous envisagez de voyager hors des sentiers battus, mieux vaut trouver un ou une camarade de route.

Les femmes khmères s'habillent de façon classique, et il est préférable d'en faire autant, notamment lorsque vous visitez un *vat*. Privilégiez les manches mi-longues ou longues, et les pantalons ou les jupes couvrant les genoux. Évitez les minijupes si vous devez emprunter une *moto-dop*.

On trouve sans difficulté des tampons et des serviettes hygiéniques dans les villes, mais pensez à faire un stock avant de partir pour les régions reculées.

Transports

DEPUIS/VERS LE CAMBODGE

Entrer au Cambodge

Le Cambodge possède deux aéroports internationaux, à Phnom Penh et à Siem Reap, et partage un certain nombre de postes-frontières avec les pays voisins, comme la Thaïlande, le Vietnam et le Laos. Les formalités dans les aéroports internationaux sont habituellement plus simples qu'aux postes-frontières, où les employés de l'immigration peuvent essayer d'extorquer des suppléments aux touristes pour l'émission d'un visa.

Les voyageurs qui n'ont pas de photo d'identité pour leur visa devront régler un supplément de 2 $US environ à l'aéroport et de 100 B environ aux postes-frontières avec la Thaïlande.

Prendre en avion au Cambodge est intéressant pour les voyageurs venus pour de courtes durées, les trajets par voie terrestre étant relativement longs. En revanche, ils sont, comme les transports fluviaux, très bon marché, et très utilisés par ceux qui sillonnent le pays et les pays voisins sur un long séjour.

Passeport

Pour entrer au Cambodge, les Français, les Belges, les Suisses et les Canadiens doivent avoir un visa. Notez que votre passeport doit être valable au moins 6 mois après la date prévue de sortie du territoire. Pour plus de détails, voir p. 363.

Voie aérienne

Aéroports

Aéroport international de Phnom Penh (សិប្បកម្មកសាងព្រះពុទ្ធរូប ព្រះយុវវង្ស; PNH ; ☎023-890890 ; www.cambodia-airports.com). Bel éventail de services – restaurants, bars, boutiques, DAB, etc. Dessert la capitale.

Aéroport international de Siem Reap (carte p. 134 ; ☎063-761261 ; www.cambodia-airports.com). Accueille les visiteurs des temples d'Angkor. Nombreux services : restaurants, bars, boutiques, DAB, etc.

Aéroport international de Sihanoukville (☎012-333524 ; www.cambodia-airports.com). Assure des liaisons intérieures avec Phnom Penh et Siem Reap.

Cambodia Angkor Air (www.cambodiaangkorair.com) est la compagnie nationale.

Depuis/vers l'Asie

Le Cambodge accueille un nombre croissant de vols, pour la plupart en provenance de capitales asiatiques. Depuis quelques années, les compagnies à bas prix tirent les tarifs vers le bas.

Thai Airways offre de nombreuses liaisons intéressantes. Silk Air, la filiale régionale de Singapore Airlines, et la compagnie à bas prix Jetstar proposent au moins un vol quotidien entre Singapour et le Cambodge. D'autres transporteurs assurent des liaisons depuis Hô Chi Minh-Ville, Hanoi, Vientiane, Luang Prabang, Paksé, Kuala Lumpur, Séoul, Taipei, Hong Kong, Guangzhou et Shanghai – ou encore depuis la péninsule Arabique.

Les compagnies cambodgiennes tendent

> **AVERTISSEMENT**
>
> Les informations contenues dans ce chapitre sont particulièrement susceptibles de changements. Vérifiez directement auprès de la compagnie aérienne ou de l'agence de voyages les modalités d'utilisation de votre billet d'avion. N'hésitez pas à comparer les prestations. Les détails fournis ici doivent être considérés à titre indicatif et ne remplacent en rien une recherche personnelle attentive.

à disparaître aussi vite qu'elles apparaissent : dans la mesure du possible, optez pour un transporteur international pour rejoindre le pays. Certaines compagnies proposent des billets avec arrivée à Phnom Penh et départ de Siem Reap, ce qui peut économiser temps et argent. Les billets s'achètent directement auprès des compagnies aériennes ou par l'intermédiaire d'agences de voyages, à Phnom Penh et à Siem Reap.

Air Asia (www.airasia.com). Vols quotidiens à bas prix, reliant Phnom Penh et Siem Reap à Kuala Lumpur et à Bangkok.

Asiana Airlines (flyasiana.com). Vols réguliers Phnom Penh-Séoul.

Bangkok Airways (www.bangkokair.com). Départs quotidiens pour Bangkok depuis Phnom Penh et Siem Reap.

Cambodia Angkor Air (www.cambodiaangkorair.com). Au départ de Phnom Penh et Siem Reap, vols quotidiens pour Bangkok, Hô Chi Minh-Ville et Guangzhou. Vols de Phnom Penh à Ventiane et Hanoi.

Cebu Pacific (www.cebupacificair.com). Vols à bas prix entre Siem Reap et Manille, 3 fois par semaine.

China Eastern Airlines (www.ceair.com). Vols réguliers Phnom Penh-Shanghai.

China Southern Airlines (www.csair.com). Vols quotidiens Phnom Penh-Guangzhou.

Dragon Air (www.dragonair.com). Vols quotidiens Phnom Penh-Hong Kong.

Eva Air (www.evaair.com). Liaisons quotidiennes Phnom Penh-Taipei.

Jetstar (www.jetstar.com). Vols quotidiens à bas prix au départ de Phnom Penh et de Siem Reap, et à destination de Singapour.

Korean Air (www.koreanair.com). Depuis Phnom Penh et Siem Reap, liaisons régulières avec Séoul et Incheon.

AGENCES EN LIGNE

Vous pouvez réserver votre vol via une agence en ligne ou vous renseigner auprès d'un comparateur de vols :

www.bourse-des-vols.com

www.ebookers.fr

www.expedia.fr

www.govoyages.com

www.illicotravel.com

www.kayak.fr

www.liligo.fr

www.opodo.fr

www.skyscanner.fr

voyages.kelkoo.fr

www.voyages-sncf.com

Lao Airlines (www.laoairlines.com). Vols réguliers au départ de Phnom Penh pour Ventiane, et de Siem Reap pour Paksé et Luang Prabang.

Malaysia Airlines (www.malaysiaairlines.com). Au départ de Phnom Penh et Siem Reap, liaisons quotidiennes vers Kuala Lumpur.

Qatar Airways (www.qatarairways.com). Depuis Phnom Penh, liaisons régulières vers Hô Chi Minh-Ville (et Doha).

Silk Air (www.silkair.com). Vols quotidiens au départ de Phnom Penh et Siem Reap et à destination de Singapour, plus quelques vols Siem Reap-Danang.

Thai Airways (www.thaiairways.com). Liaisons quotidiennes Phnom Penh-Bangkok.

Vietnam Airlines (www.vietnamairlines.com). Vols quotidiens reliant Phnom Penh et Siem Reap à Hanoi et à Hô Chi Minh-Ville, ainsi que Phnom Penh à Vientiane et Siem Reap à Luang Prabang, Danang et Phu Quoc.

Depuis l'Europe

Il n'existe pas de vols directs entre les pays européens et le Cambodge. La plupart des liaisons se font via les grandes métropoles d'Asie du Sud-Est (notamment Bangkok, Kuala Lumpur et Hô Chi Minh-Ville) ou de la péninsule Arabique (Dubaï, Abu Dhabi ou Doha).

Selon la saison, les tarifs les plus intéressants pour un vol économique avec une ou deux escales au départ de Paris ou Bruxelles s'échelonnent entre 550 et 1 100 €. Depuis Genève ou Zurich, comptez de 750 à 1 550 FS environ. Prévoyez pas moins de 13 heures 30 de voyage avec une escale – souvent *beaucoup* plus.

FRANCE

Quelques agences et transporteurs :

Air France (www.airfrance.fr)

China Eastern Airlines (fr.ceair.com)

China Southern Airlines (global.csair.com/FR/FR/Home/)

Etihad Airways (www.etihad.com/fr-fr/)

Malaysia Airlines (www.malaysiaairlines.com/fr/fr.html)

Nouvelles Frontières (www.nouvelles-frontieres.fr)

Thai Airways (www.thaiairways.fr)

Thomas Cook (www.thomascook.fr)

Vietnam Airlines (www.vietnamairlines.com)

Postes-frontières

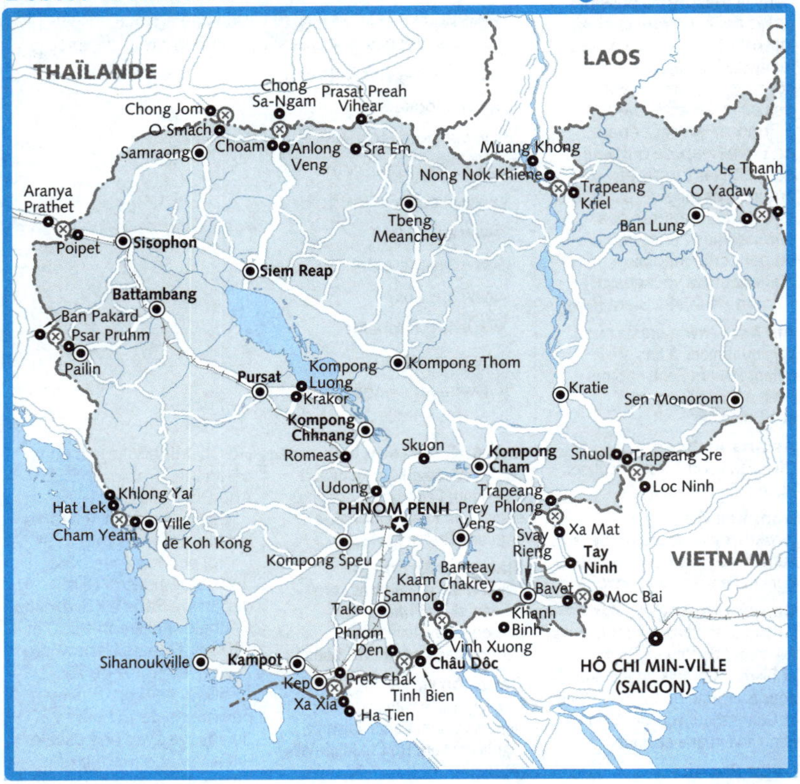

BELGIQUE

Lors de nos recherches, Brussels Airlines ne desservait pas le Cambodge.

Quelques adresses utiles :

Airstop (www.airstop.be)

Austrian Airlines (fr.austrian.com)

Connections (www.connections.be)

Gigatours Voyages Éole (www.voyageseole.be)

Qatar Airways (www.qatarairways.com/be/fr/homepage.page)

SUISSE

Voici quelques adresses utiles en Suisse :

Etihad (www.etihad.com)

Singapore Airlines (www.singaporeair.com)

STA Travel (www.statravel.ch)

Swiss International Air Lines (www.swiss.com/ch/fr)

Thai Airways www.thaiair.ch)

Depuis le Canada

Il n'existe pas actuellement de vols directs entre le Canada et le Cambodge. Au départ de Toronto, les tarifs les plus bas pour un aller-retour en classe économique sont compris entre 1 300 et 2 050 $C selon la saison (comptez 22 heures de vol). Les prix sont plus intéressants depuis Vancouver : ils démarrent entre 980 et 1 700 $C selon la période (au moins 18 heures de vol).

Air Canada (www.aircanada.com) propose des vols pour le Cambodge uniquement en partenariat avec d'autres compagnies aériennes.

Quelques adresses utiles :

Expedia (www.expedia.ca)

Travelocity (www.travelocity.ca)

Voie terrestre

Postes-frontières

Aujourd'hui, plus d'une dizaine de postes-frontières relient le pays à ses voisins. Le Cambodge partage un poste-frontière avec le Laos, ainsi que cinq avec la Thaïlande et huit avec le Vietnam. Des visas cambodgiens sont désormais délivrés à tous les points de passage terrestres.

Il est également possible d'obtenir un visa en arrivant au Laos et en Thaïlande (notez que les Français, les Belges, les Suisses et les Canadiens bénéficient d'une exemption de visa de 30 jours en Thaïlande), mais pas au Vietnam. Pour de plus amples détails, consultez la rubrique *Formalités et visas* du *Carnet pratique*, p. 363.

La plupart des postes-frontières fonctionnent de 7h à 17h. Certains des plus fréquentés restent ouverts plus tard le soir ; d'autres, plus reculés, marquent une pause pour le déjeuner. Dans les postes-frontières excentrés, les possibilités de change légales sont très limitées. Prévoyez quelques dollars en petites coupures.

Des visas touristiques sont émis à tous les points de passage moyennant 30 $US. Toutefois, les agents de l'immigration cambodgiens tentent souvent d'extorquer de l'argent – surtout à la frontière avec la Thaïlande. Certains réclament un petit "droit d'immigration" ou des frais de délivrance d'un prétendu certificat médical (1 $US). Certains demandent un tarif excessif pour le visa, à acquitter en bahts ou obligent les touristes à changer des dollars US en riels à un taux ridicule. Dans tous les cas, gardez votre calme !

Avant de partir, renseignez-vous bien sur les horaires d'ouverture des postes-frontières, vérifiez que la réglementation sur les visas n'a pas changé auprès des autorités compétentes.

LAOS

La frontière entre le Cambodge et le Laos traverse certaines des régions les plus sauvages de ces pays. Un seul poste est ouvert aux étrangers.

THAÏLANDE

Le Cambodge et la Thaïlande partagent une frontière de 805 km de longueur, jalonnée de cinq points de passage pour les étrangers – d'autres sont ouverts aux populations locales.

VIETNAM

Parmi les nombreux points de passage qui ponctuent la longue frontière entre le Cambodge et le Vietnam, huit sont actuellement accessibles aux étrangers. Tous les postes-frontières cambodgiens délivrent des visas. En revanche, les visas vietnamiens doivent être obtenus au préalable (voir *Formalités et visas*, p. 363).

Voiture et moto

Pour entrer avec un véhicule au Cambodge, les conducteurs doivent présenter un certificat d'immatriculation, une attestation d'assurance et un permis de conduire international (même s'il n'est pas officiellement reconnu). La procédure, compliquée pour une voiture, est relativement simple pour une moto à condition de posséder un carnet de passage en douanes. Ce dernier dispense temporairement des droits de douane et devrait vous épargner bien des tracasseries.

VOYAGES ORGANISÉS

Lorsque le tourisme a redémarré au Cambodge, il était pratiquement obligatoire de venir en voyage organisé. Depuis, la situation a totalement changé, et il est désormais bien plus facile d'établir son propre programme. C'est même la meilleure solution pour les voyageurs avec un budget (plus ou moins) limité. Si vous manquez de temps, réservez un vol intérieur Phnom Penh-Siem Reap avant votre départ, afin d'être sûr de pouvoir profiter d'Angkor. Une fois à Angkor, vous pourrez choisir parmi de nombreux guides et ne peinerez pas à trouver des moyens de transport.

Pour les coordonnées de prestataires locaux, reportez-vous à la rubrique *Circuits organisés locaux*, p. 375 et aux chapitres régionaux de ce guide.

Outre les voyages classiques essentiellement centrés sur Angkor, de nombreux prestataires offrent des circuits combinant les pays de la péninsule Indochinoise, ou des croisières sur le Mékong pour découvrir en douceur ce fleuve mythique. Les plus sportifs auront le choix entre de nombreux treks et randonnées proposés par des tour-opérateurs spécialisés.

Arts et vie (www.artsetvie.com). Voyages culturels : croisière sur le Mékong combinant Cambodge et Vietnam, circuits classiques à la découverte de la civilisation khmère.

Arvel Voyages (www.arvel-voyages.com). Tourisme solidaire. Propose des expéditions adaptées aux familles, à la rencontre des ethnies du Nord-Est, dans le Mondolkiri et le Ratanakiri.

Asia (www.asia.fr). Circuits "Trésors du Cambodge", croisière sur le Mékong, temples d'Angkor.

Atalante (www.atalante.fr). Circuits "Escapade au pays du sourire", "Légendes d'Angkor, Mékong et Mondolkirir".

Clio (www.clio.fr). Différents circuits culturels dont "Flâneries à Angkor, cinq siècles au royaume khmer".

Compagnie du monde (www.compagniesdumonde.com). Plusieurs formules, dont un circuit "Angkor et les "Rêveries cambodgiennes : dans les pas de Pierre Loti".

Comptoir des voyages (www.comptoir.fr). Circuits au cœur du Cambodge.

Evaneos (www.evaneos.com). Des idées de voyages 100% personnalisables, au fil des incontournables ou hors des sentiers battus, en famille, en randonnée, etc.

PRINCIPAUX POSTES-FRONTIÈRES

Laos

Le poste-frontière de Trapeang Kriel/Nong Nok Khiene relie Stung Treng (Cambodge) à Don Det (Laos).

Thaïlande

POSTE-FRONTIÈRE	VILLE CAMBODGIENNE	VILLE THAÏLANDAISE
Cham Yeam/Hat Lek	Ville de Koh Kong	Trat
Choam/Chong Sa-Ngam	Anlong Veng	Phusing
O Smach/Chong Chom	Samraong	Surin
Poipet/Aranya Prathet	Siem Reap	Bangkok
Psar Pruhm/Ban Pakard	Pailin	Chanthaburi

Vietnam

POSTE-FRONTIÈRE	VILLE CAMBODGIENNE	VILLE VIETNAMIENNE
Bavet/Moc Bai	Phnom Penh	Hô Chi Minh-Ville
Kaam Samnor/Vinh Xuong	Phnom Penh	Châu Dôc
O Yadaw/Le Thanh	Ban Lung	Pleiku, Quy Nhon, Hoi An
Phnom Den/Tinh Bien	Takeo	Châu Dôc
Prek Chak/Xi Xia	Kep, Kampot	Ha Tien, Phu Quoc
Trapeang Phlong/Xa Mat	Kompong Cham	Tay Ninh, Hô Chi Minh-Ville
Trapeang Sre/Loc Ninh	Kratie, Kompong Cham	Binh Long

Explorator (www.explo.com). Voyages à la découverte des villages, campagnes et temples notamment.

Fleuves du Monde (www.fleuves-du-monde.com). Croisières sur le Mékong – plusieurs combinent le Cambodge avec le Vietnam ou le Laos.

Huwans Club Aventure (www.humans-clubaventure.fr). Voyage des sens sur le Mékong, circuit à la découverte des temples khmers et des parcs nationaux...

Intermèdes (www.intermedes.com). Randonnée ou circuit culturels, séjour à Angkor, voyage en famille, croisière sur le Mékong...

Maison de l'Indochine (www.maisondelindochine.com). Circuits, séjours à Angkor ou croisières sur le Mékong, et plages.

Nomade Aventure (www.nomade-aventure.com). Randonnées, circuits à vélo, aventures en famille, circuits solidaires, croisières et formules plus classiques.

Orients (www.orients.com). Découvertes des temples d'Angkor, de la capitale, etc.

Tamera (www.tamera.fr). Cambodge : treks et randonnées à Angkor, rencontre avec des ethnies, temples khmers.

Terre Indochine (www.terre-indochine.com). Circuits dont “Le Cambodge en famille”.

Terres d'Aventure (www.terdav.com). Circuits à la découverte des ethnies du Nord-Est, programmes alliant nature et culture.

Tirawa (www.tirawa.com). Découverte du pays via la randonnée

Visages (www.visages-trekking.com). Trekking au Cambodge.

Vision du Monde (www.visiondumonde.org). Tourisme solidaire et équitable ; circuits culturels d'Angkor aux plages tropicales des environs de Kep.

Voyageurs du Monde (www.voyageursdumonde.fr). Séjours entre culture et détente, voyages itinérants, le Cambodge en famille – *tuk-tuk*, pagodes, pirogues, etc.

Zig Zag (www.zigzag-randonnees.com). Découverte des innombrables richesses du Cambodge, à pied, en bateau et à vélo.

COMMENT CIRCULER

Avion

Lignes intérieures

Les vols intérieurs permettent de se déplacer rapidement dans le pays. Toutefois, les compagnies semblent disparaître aussi vite qu'elles apparaissent. Le Cambodge compte actuellement trois transporteurs opérationnels qui assurent la liaison entre Phnom Penh et Siem

Reap et entre Siem Reap et Sihanoukville. Il y a environ 7 vols/jour entre Phnom Penh et Siem Reap, et il est généralement possible de trouver un billet à la dernière minute. Toutefois, mieux vaut réserver en haute saison. À l'heure actuelle, 3 vols/ jour (en haute saison) relient Siem Reap à Sihanoukville.

Bassaka Air (☎023-217613 ; www.bassakaair.com). Au moins un vol par jour entre Phnom Penh et Siem Reap et entre Siem Reap et Sihanoukville.

Cambodia Angkor Air (☎023-212564 ; www.cambodiaangkorair.com). La compagnie aérienne nationale propose 4 vols/jour entre Phnom Penh et Siem Reap et jusqu'à 2 vols/jour entre Siem Reap et Sihanoukville. Pratique des prix plus élevés que ses concurrents.

Cambodia Bayon Airlines (☎023-231555 ; www.bayonairlines.com). Au moins un vol quotidien entre Phnom Penh et Siem Reap, et entre Siem Reap et Sihanoukville.

Hélicoptère

Deux compagnies d'hélicoptère privatives proposent des vols panoramiques au-dessus des temples d'Angkor. Location d'avion possible.

Helicopters Cambodia (carte p. 98 ; ☎012-814500 ; www.helicopterscambodia.com) a des agences à Phnom Penh et à Siem Reap, et est affiliée à Helicopters New Zealand.

Helistar (carte p. 98 ; ☎088-8880016 ; www.helistarcambodia.com) est une compagnie fiable qui a aussi des agences à Phnom Penh et à Siem Reap.

Bateau

Du fait de l'amélioration des principaux axes routiers, les 1 900 km de voies navigables qui sillonnent le Cambodge tiennent désormais une place moins importante dans le système de transports. Au nord de Phnom Penh, le Mékong est facilement navigable jusqu'à Kratie ; toutefois, il n'existe plus de service régulier de passagers sur ce tronçon. Des bateaux circulent sur le superbe parcours entre Siem Reap et Battambang. Le lac Tonlé Sap est navigable toute l'année, mais seulement avec des petites embarcations, de mars à juillet.

La ligne fluviale la plus empruntée par les étrangers est celle qui relie Phnom Penh à Siem Reap – les services express font le trajet en 5 heures. Ce n'est pourtant pas le plus beau parcours fluvial du pays : la traversée du lac, qui s'étend à perte de vue, est plutôt monotone. Il est préférable et moins coûteux de relier les deux villes en bus par la route asphaltée.

Beaucoup plus intéressant, le trajet en petit bateau entre Siem Reap et Battambang traverse des paysages splendides ; il peut prendre une journée entière à cause des retards.

Bus

Le Cambodge offre une large gamme de transports routiers. Sur les routes goudronnées, les grands bus climatisés constituent la solution la plus confortable. Ailleurs, vous aurez le choix entre les taxis collectifs et les minibus.

Les services de bus se sont considérablement améliorés ces dernières années et, au fur et à mesure de la réfection des routes, les déplacements deviennent plus aisés. Aujourd'hui, le bus constitue probablement le moyen de locomotion le plus sûr. Les étrangers utilisent essentiellement les lignes reliant Phnom Penh à Siem Reap, Battambang, Sihanoukville, Kompong Cham et Kratie, ainsi que les bus touristiques qui vont de Siem Reap à Poipet.

Des "minibus express", souvent plus rapides que les bus, circulent maintenant entre Phnom Penh et les principales villes du pays. Il s'agit habituellement de Ford Transit ou de Toyota HiAce, dans lesquels les passagers disposent tous d'une place assise. Peu utilisés par les visiteurs occidentaux, des vieux minibus sillonnent la plupart des routes de province. Très bon marché, ils sont souvent bondés et parfois conduits par des fous du volant. N'envisagez cette solution qu'en dernier recours.

Circuits organisés locaux

Des agences sérieuses, installées au Cambodge, proposent de bons circuits et s'efforcent de participer au développement du pays. Pour des voyages organisés au départ de l'étranger, consultez la rubrique *Voyages organisés*, p. 373.

About Asia (☎063-760190 ; www.aboutasiatravel.com). Cette petite agence est un spécialiste des circuits sur mesure dans la région de Siem Reap. Les bénéfices aident à la construction d'écoles locales.

Hanuman (☎023-218396 ; www.hanuman.travel). Établi de longue date, ce prestataire propose des circuits originaux, comme le safari des temples. Il soutient des initiatives écotouristiques.

Journeys Within (☎063-964748 ; www.journeys-within.com). Cette agence haut de gamme, qui organise des voyages au Cambodge et dans la région du Mékong, vient en aide à des écoles et à des villages.

Centre Sam Veasna (☎063-963710 ; www.samveasna.org). Circuits à la journée, combinant observation des oiseaux et visite de temples éloignés.

Taxis collectifs

Avec l'amélioration des routes, les taxis collectifs

perdent du terrain au profit des "minibus express". Dans les taxis collectifs, n'hésitez pas à acheter une place supplémentaire pour voyager plus confortablement. Doublez le prix pour une place à l'avant, et quadruplez-le pour vous octroyer toute la banquette arrière. Sachez qu'il n'existe pas forcément de prix fixe sur tous les itinéraires ; il faut négocier.

Disponibles dans tout le pays, les taxis collectifs partent quand ils sont pleins. Les pensions se chargent volontiers de trouver un taxi collectif, moyennant une commission bien sûr.

Train

Le réseau ferré cambodgien est l'un des pires d'Asie. Lors de nos recherches, aucun service de passagers n'était assuré. La situation pourrait toutefois changer dans le cadre de la réhabilitation conduite par une société privée.

Le réseau sera à terme connecté au Trans-Asian Railway, qui reliera Singapour et la Chine. Toutefois, la construction de la ligne Phnom Penh-Hô Chi Minh-Ville via un pont sur le Mékong devrait prendre encore quelques années.

Le réseau se compose de 645 km de voies uniques. Construite avant la Seconde Guerre mondiale, la ligne nord-ouest, longue de 385 km, relie Phnom Penh à Pursat et à Battambang. La ligne sud-ouest (254 km), achevée en 1969, part de Phnom Penh et dessert Takeo, Kampot et Sihanoukville. Les plus jolis tronçons se situent entre Takeo et Kampot, puis de Kampot à Sihanoukville.

Transports locaux

Bus

Il n'existe quasiment aucun réseau de bus de ville dans le pays. Phnom Penh dispose désormais de quelques lignes de bus principalement empruntées par les étudiants locaux.

Cyclo-pousse

Comme au Vietnam et au Laos, le cyclo-pousse permet de se déplacer en ville à peu de frais. À Phnom Penh, beaucoup circulent dans les rues ou attendent à proximité des marchés et des hôtels. Attendez-vous à devoir marchander si vous en empruntez un devant un hôtel coûteux, un bar ou un restaurant réputé. Les tarifs varient entre 1 et 3 $US. Rares en province, les cyclo-pousse souffrent dans la capitale de la concurrence des *moto-dop*.

Hors-bord

Le hors-bord (*outboard*, prononcé localement "out-boor") fait fonction de bus ou de taxi fluvial. Présents dans tout le pays, ces petits bateaux en fibre de verre, dotés d'un moteur de 15 ou 40 CV, peuvent transporter jusqu'à 6 passagers pour des trajets de longueur variable. Ils partent généralement lorsqu'ils sont pleins ou vous pouvez louer le bateau entier et partir immédiatement. Par ailleurs, les bateaux-fusées (*long-tail rocket boats*), relient les petits villages du haut Mékong. S'ils sont effectivement très rapides, leur sécurité laisse fortement à désirer.

Moto-dop

Parfois appelées *moto-doup* (*doup* vient du français "double"), les *moto-dop* sont des motos-taxis. En ville, elles offrent le moyen le plus rapide de parcourir de courtes distances. Comptez entre 2 000 r et 1,50 $US ou plus, selon la distance et la ville, et un peu plus en soirée. Avec l'augmentation du nombre de touristes, beaucoup de chauffeurs ont pris la mauvaise habitude de majorer leurs tarifs. Mieux vaut négocier le prix de la course au préalable, surtout dans les centres touristiques, devant les hôtels haut de gamme ou la nuit.

Remork-moto (tuk-tuk)

Motos tractant une remorque, les *tuk-tuk* ou *remork-moto* sont utilisés à la campagne et à la périphérie des villes pour transporter des passagers et des marchandises.

Les destinations touristiques les plus fréquentées, comme Phnom Penh, Siem Reap et la côte sud, ont leur propre version plus confortable du *tuk-tuk*, munie d'une petite carriole couverte pour 2 personnes. C'est un moyen de transport pratique et agréable pour explorer les temples, car il permet de s'aérer tout en étant protégé des intempéries et du soleil.

Rotei ses

Rotei signifie "chariot" ou "voiture" et *ses*, "cheval". Le terme désigne en fait tout chariot tiré par un animal. Le char à bœufs (ou à buffles), très courant dans les régions reculées, est le seul mode de transport qui puisse affronter la boue au plus fort de la saison des pluies. Certains projets d'écotourisme communautaire incluent désormais des promenades en char à bœufs.

OUILLE, ÇA BRÛLE !

En *moto-dop*, faites attention de ne pas frôler le pot d'échappement avec vos jambes : vous risqueriez de vous brûler sévèrement. De plus, un temps chaud et humide favorise l'infection, ralentit la cicatrisation et rend souvent nécessaire le recours aux antibiotiques.

Taxi

Si les taxis deviennent plus courants en ville, peu de compagnies de Phnom Penh ont des véhicules munis de compteurs.
Les hôtels, les pensions et les agences de voyages pourront vous trouver une voiture pour visiter une ville et ses alentours.

Vélo

Le Cambodge se prête bien au cyclotourisme, à condition d'être un cycliste expérimenté. En raison du mauvais état des routes, il vaut mieux opter pour un VTT.

La majeure partie du pays est plate ou modérément vallonnée. Généralement, une belle piste, très pratique pour les cyclistes, s'étire le long des routes. Paradoxalement, la sécurité constitue un problème majeur sur les routes nouvellement goudronnées, en raison de la vitesse adoptée par les usagers : prudence. Les vélos peuvent être transportés à travers le pays à l'arrière des pick-up ou sur le toit des minibus.

Dans tout le pays, hôtels et pensions louent des vélos moyennant environ 2 $US/ jour (7-15 $US pour les marques étrangères comme Giant ou Trek).

À Phnom Penh, on trouve désormais facilement des vélos de qualité, des équipements de sécurité et des pièces détachées d'origine à des prix très raisonnables.

PEPY Ride (☎023-222804 ; www.pepyride.org). Cette enseigne spécialisée dans les circuits d'aventure à vélo (elle propose également d'autres types d'excursions) participe financièrement à des chantiers de construction d'écoles et à des projets en faveur de l'éducation.

Pour plus de détails sur le cyclotourisme au Cambodge, reportez-vous au chapitre *Sports et activités* (p. 28).

REMORK VERSUS TUK-TUK

Comment appeler ces motos munies d'une petite remorque à l'arrière ? Les Cambodgiens leur donnent le nom de *remork-moto* (ou simplement *remork*). En Thaïlande, les puissants triporteurs qui circulent à Bangkok sont baptisés *tuk-tuk*. Ce terme a franchi la frontière, ce qui fâche un peu les Cambodgiens...

Voiture et moto

La location d'une voiture ou d'une moto, relativement bon marché, permet de visiter des endroits reculés et de s'arrêter à loisir. Le plus souvent, les voitures sont louées avec un chauffeur, ce qui est largement préférable vu l'état des routes, le manque de panneaux et la conduite anarchique de nombreux automobilistes cambodgiens.

Assurance

Les voitures de tourisme avec chauffeur sont habituellement assurées. En revanche, les motos de location ne le sont pas systématiquement, et vous devrez signer un contrat mentionnant le prix estimé de la moto (qui sera retenu en cas de vol). Procurez-vous un antivol robuste, et laissez autant que possible la moto dans un parking surveillé.

Abstenez-vous de circuler à moto au Cambodge sans une bonne assurance médicale. En cas d'accident grave, et notamment pour un rapatriement, les frais peuvent vite atteindre des sommes vertigineuses. Reportez-vous également à la rubrique *Assurance* du *Carnet pratique*, p. 360.

Code de la route

Si tant est qu'il existe un code de la route au Cambodge, personne ne semble s'en soucier. Si vous conduisez une voiture ou une moto, la meilleure attitude est de ne rien considérer comme acquis et de partir du principe que les autres constituent un danger potentiel.

Théoriquement... on roule à droite. On trouve quelques carrefours marqués par des feux de signalisation à Phnom Penh, à Siem Reap et à Sihanoukville ; là où il n'y en a pas, pour tourner à gauche, le jeu consiste à rouler le plus à gauche possible, en frôlant presque les véhicules qui arrivent en sens inverse, jusqu'à ce qu'un espace permette de tourner. Proprement affolant pour les non-initiés, ce système semble tout à fait maîtrisé par les Cambodgiens. Nous conseillons aux étrangers de s'arrêter aux carrefours et de redoubler de prudence. Ne partez *jamais* du principe que les autres conducteurs vont s'arrêter au feu rouge, car la plupart passent outre, surtout la nuit.

Les agents de la circulation profitent du chaos de Phnom Penh pour verbaliser les étrangers à la moindre infraction. Veillez à ne pas tourner à gauche en cas d'interdiction signalée, ni à circuler avec vos feux allumés dans la journée (bien que les Cambodgiens puissent impunément conduire tous phares éteints en pleine nuit). De nouvelles réglementations obligent les motos à être équipées de rétroviseurs et les conducteurs à porter un casque (cela ne concerne pas les passagers, même les enfants). La police de la route, particulièrement zélée quand il s'agit d'infliger des contraventions, vise de préférence les étrangers.

Essence et pièces détachées

L'essence est relativement chère comparée à d'autres produits : environ 4 000-5 000 r (1-1,25 $US) le litre. On en trouve facilement dans tout le pays – les prix sont souvent plus élevés dans les campagnes. Même dans les villages les plus isolés, quelqu'un vend de l'essence dans des bouteilles de soda ou d'alcool. Certains la coupent avec du kérosène pour augmenter leur profit : utilisez ce mélange avec parcimonie et seulement en cas d'urgence.

Les motos chinoises, coréennes et japonaises sont légion au Cambodge, et l'on trouve facilement des pièces détachées de Honda, de Yamaha et de Suzuki. En revanche, vous aurez plus de problèmes avec une BMW ou une Harley. Il en va de même pour les voitures : si vous possédez un modèle peu courant dans le pays, apportez des pièces détachées.

État des routes et sécurité routière

Que l'on voyage ou réside au Cambodge, il est facile de se laisser aller à un sentiment de sécurité trompeur et de croire que chaque route de campagne conduit à un autre village accueillant. Malgré la disparition des Khmers rouges, on peut encore se trouver confronté au banditisme et à des vols occasionnels dans les campagnes. Des cas de vol de moto avec violence ont également été rapportés à Sihanoukville. Si vous vous déplacez en province avec votre propre véhicule, surtout à moto, renseignez-vous en chemin sur les conditions de sécurité.

Faites très attention aux enfants : vous en verrez parfois courir au beau milieu d'une nationale. Le bétail errant sur les routes représente un danger : ouvrez l'œil !

Voici quelques conseils supplémentaires à destination des motards :

- Quelle que soit la longueur du trajet, portez un casque de bonne qualité.
- Emportez une petite trousse de réparation comprenant un démonte-pneu, des rustines et une pompe.
- Si vous partez pour un long trajet, emportez une corde afin de vous faire remorquer en cas de panne.
- Dans les régions reculées, prévoyez toujours plusieurs litres d'eau : on ne sait jamais quand on en trouvera.
- Voyagez en petit groupe, jamais seul et ne vous éloignez pas les uns des autres.
- N'hésitez pas à faire le plein d'essence : tomber en panne sèche en rase campagne peut mettre votre vie en danger, surtout si vous manquez aussi d'eau.
- Abstenez-vous de consommer de l'alcool, ou toute autre substance euphorisante.
- Ne quittez pas la route des yeux : les nids-de-poule ne sont pas rares.

PRUDENCE SUR LA ROUTE

Chaque mois, les accidents de la route font davantage de morts et de blessés que les mines antipersonnel. Si le déminage et les campagnes d'information expliquent en partie ces résultats, l'augmentation vertigineuse du nombre de véhicules et la vitesse excessive adoptée par certains conducteurs sont aussi en cause. Soyez extrêmement vigilant au volant. Faites particulièrement attention en traversant les routes nationales et évitez de circuler la nuit – les accidents sont alors plus fréquents. Redoublez de prudence en deux-roues : chaque année, plusieurs touristes perdent la vie dans un accident de moto au Cambodge.

Location

MOTO

Vous pourrez louer une moto à Phnom Penh et dans d'autres capitales de province. La location est en revanche interdite à Siem Reap (et parfois à Sihanoukville). Ailleurs, il est généralement possible de louer une 100 cm^3 moyennant 5 à 10 $US/jour ; comptez 10 à 25 $US pour une 250 cm^3 tout-terrain.

Conduisez très prudemment, sans relâcher votre attention, car la circulation est anarchique (particulièrement à Phnom Penh). En outre, notez que les services médicaux et les ambulances ne sont guère satisfaisants en dehors de Phnom Penh, de Siem Reap et de Battambang. Si vous n'avez jamais conduit de moto, le Cambodge n'est sans doute pas l'endroit où commencer, même si les conditions s'améliorent en dehors des villes. Si vous décidez de vous lancer quand même, faites-vous accompagner d'un motard chevronné.

Il est possible d'explorer le Cambodge à moto, mais les routes de campagne devraient être réservées aux conducteurs expérimentés, équipés de motos tout-terrain. Les novices devraient se contenter de mobylettes semi-automatiques. Si vous prévoyez un long parcours, testez d'abord votre moto aux alentours de Phnom Penh pendant un jour ou deux, afin de vous assurer de son bon fonctionnement.

Le Cambodge possède quelques-uns des itinéraires les plus sportifs du monde,

VOYAGES ET CHANGEMENTS CLIMATIQUES

Tous les moyens de transport fonctionnant à l'énergie fossile génèrent du CO_2 – la principale cause du changement climatique induit par l'homme. L'industrie du voyage est aujourd'hui dépendante des avions. Si ceux-ci ne consomment pas nécessairement plus de carburant par kilomètre et par personne que la plupart des voitures, ils parcourent en revanche des distances bien plus grandes et relâchent quantité de particules et de gaz à effet de serre dans les couches supérieures de l'atmosphère. De nombreux sites Internet utilisent des "compteurs de carbone" permettant aux voyageurs de compenser le niveau des gaz à effet de serre dont ils sont responsables par une contribution financière à des projets respectueux de l'environnement. Lonely Planet "compense" les émissions de tout son personnel et de ses auteurs.

notamment dans les provinces de Preah Vihear, du Mondolkiri et du Ratanakiri, et dans la chaîne des Cardamomes.

Voici quelques agences spécialisées dans les circuits à moto tout-terrain :

Cambodia Expeditions (www.cambodiaexpeditions.com). Cette équipe organise des rallyes et des circuits à moto au Cambodge depuis 1998. Service très professionnel et superbes itinéraires dans le nord du pays.

Dancing Roads (www.dancingroads.com). Circuits à moto dans la capitale et excursions tranquilles jusqu'à la côte sud. Les conducteurs-guides, sympathiques et compétents, sont basés à Phnom Penh.

Hidden Cambodia (www.hiddencambodia.com). Une compagnie de Siem Reap spécialisée dans les itinéraires à moto à travers le Cambodge, notamment à destination des temples isolés du Nord et au-delà.

Red Raid Cambodia (www.motorcycletourscambodia.com). Plus onéreuse, cette agence française expérimentée propose des formules dans différentes régions du pays, et notamment dans les Cardamomes.

Pour plus de détails sur les motos tout-terrain au Cambodge, reportez-vous au chapitre *Sports et activités* (p. 28).

VOITURE

La location d'une voiture, généralement proposée avec chauffeur, n'est vraiment utile que pour visiter les environs de Phnom Penh et Angkor. Si votre budget le permet, vous pouvez aussi prendre une voiture classique ou un 4x4 avec chauffeur pour découvrir les provinces. Comptez de 30 à 35 $US/jour dans les villes et aux alentours. En province, le prix grimpe à 50 $US ou plus, selon la destination, sans compter l'essence. La location d'un 4x4 coûte de 60 à 120 $US/jour, selon le modèle et la distance parcourue. Il est possible de conduire soi-même ; toutefois, cela est déconseillé à cause de l'état des routes et des coûts que pourrait engendrer un éventuel accident.

Permis de conduire

Votre permis de conduire national ne vous sera pas d'une grande utilité au Cambodge. En principe, pour conduire une voiture, vous devrez être en possession d'un permis de conduire international, délivré dans votre pays – mais celui-ci non plus n'est pas toujours reconnu. Bref, à moins de vivre et de travailler dans le pays, les étrangers n'ont guère besoin d'un permis – et pour s'installer sur place, mieux vaut passer le permis cambodgien. Aucun permis n'est requis pour louer une moto. Si vous parvenez à la sortir du magasin, on suppose que vous pourrez la conduire partout !

Santé

AVANT LE DÉPART

Quelques conseils

Assurez-vous que vous êtes en bonne santé avant de partir. Si vous suivez un traitement de façon régulière, n'oubliez pas votre ordonnance (avec le nom du principe actif).

Assurance

Ne partez pas au Cambodge sans souscrire une assurance, qui vous couvrira notamment en cas de maladie ou d'accident. Les hôpitaux de province dispensent des soins très rudimentaires et, même à Phnom Penh, les établissements de santé ne sont généralement pas à la hauteur des standards internationaux. En cas de blessure ou de maladie grave, une évacuation vers Bangkok peut être nécessaire. Sans assurance, vous pourriez devoir débourser entre 10 000 et 20 000 $US.

Les assurances internationales pour étudiants sont souvent d'un bon rapport qualité/prix. Lisez avec la plus grande attention les clauses en petits caractères : c'est là que se cachent les restrictions. Vous pouvez contracter une assurance qui réglera directement les hôpitaux et les médecins, vous évitant ainsi d'avancer des sommes qui ne vous seront remboursées qu'à votre retour. Dans ce cas, conservez avec vous tous les documents nécessaires (les consultations médicales se règlent généralement en espèces : demandez un reçu pour le remboursement).

N'oubliez pas de prendre avec vous les documents relatifs à l'assurance ainsi que les numéros à appeler en cas d'urgence. Voir aussi p. 360.

Trousse médicale de voyage

- ☐ Veillez à emporter une petite trousse à pharmacie contenant des produits indispensables. Certains ne sont délivrés que sur ordonnance médicale. Attention, les liquides et les objets coupants sont interdits en cabine et doivent être placés en soute.
- ☐ des antibiotiques, à utiliser uniquement aux doses et pour les périodes prescrites. Cessez le traitement en cas de réactions graves
- ☐ un antidiarrhéique et un réhydratant, en cas de forte diarrhée, surtout si vous voyagez avec des enfants
- ☐ un antihistaminique en cas de rhume, d'allergie, de piqûres d'insectes, de mal des transports
- ☐ un antiseptique ou un désinfectant pour les coupures, les égratignures superficielles et les brûlures, ainsi que des pansements gras pour les brûlures
- ☐ de l'aspirine et du paracétamol (douleurs, fièvre)
- ☐ une bande Velpeau et des pansements pour les petites blessures
- ☐ une paire de lunettes de secours (si vous portez des lunettes ou des lentilles de contact) et la copie de votre ordonnance
- ☐ un produit contre les moustiques (éventuellement un spray pour les vêtements

SANTÉ SUR INTERNET

Il existe de très bons sites Internet consacrés à la santé en voyage. Avant de partir, vous pouvez consulter les conseils en ligne du ministère des Affaires étrangères (www.diplomatie.gouv.fr), de l'Organisation mondiale de la santé (OMS ; www.who.int/fr) ou le site très complet du ministère de la Santé (www.sante.gouv.fr). Vous trouverez, par ailleurs, plusieurs liens sur le site de Lonely Planet (www.lonelyplanet.fr).

VACCINS RECOMMANDÉS

Toutes les vaccinations prévues dans le calendrier vaccinal français doivent être mises à jour. Par ailleurs, un certificat de vaccination antiamarile est exigé à l'entrée du pays pour tous les voyageurs en provenance d'une zone infectée par la fièvre jaune.

Diphtérie, tétanos, poliomyélite À mettre à jour systématiquement (rappel tous les 10 ans à l'âge adulte).

Encéphalite japonaise Pour les personnes expatriées ou devant séjourner en zone rurale pendant la saison des pluies (de juillet à octobre).

Hépatite virale A À faire pratiquer systématiquement (validité : 5 ans). Il existe un vaccin combiné hépatite A et B.

Hépatite virale B Recommandé pour des séjours longs ou répétés (2 injections espacées d'un mois, 1 rappel 6 mois plus tard ; validité : 10 ans).

Méningite Fortement recommandé pour les voyageurs se rendant en zone d'infection pendant la saison épidémique.

Rage Vaccination préventive recommandée en cas de séjour prolongé en situation d'isolement. Un traitement reste obligatoire en cas de contact avec un animal enragé ou dont le comportement paraît suspect (rappel : 1 an après les 3 premières injections, puis 5 ans).

Rougeole Indispensable chez l'enfant (durée : toute la vie).

Typhoïde Recommandé en cas de séjour dans des conditions d'hygiène précaires (validité : 3 ans).

et les moustiquaires), de l'écran total

☐ une pommade pour soigner les piqûres et les coupures

☐ des comprimés pour stériliser l'eau

☐ une paire de ciseaux à bouts ronds, une pince à épiler et un thermomètre à alcool

☐ une petite trousse de matériel stérile comprenant une seringue, des aiguilles, du fil à suture, une lame de scalpel et des compresses

☐ des préservatifs (norme CE) – ceux en vente sur place ne sont pas toujours fiables

Vaccins

Plus vous vous éloignez des circuits classiques, plus il faut prendre vos précautions. Faites inscrire vos vaccinations dans un carnet international de vaccination (livret jaune) que vous pourrez vous procurer auprès de votre médecin ou d'un centre.

Le **ministère des Affaires étrangères** (www.diplomatie.gouv.fr/voyageurs) effectue une veille sanitaire et met régulièrement en ligne des recommandations sur les vaccinations.Planifiez vos vaccinations à l'avance (au moins 6 semaines avant le départ), car certaines demandent des rappels ou sont incompatibles entre elles. Les vaccins ont des durées d'efficacité très variables ; certains sont contre-indiqués pour les femmes enceintes.

Quelques centres de vaccination :

Institut Pasteur (☎01 45 68 80 88 ; www.pasteur.fr/fr/sante ; 209-211 rue de Vaugirard, 75015 Paris ; ⏲lun-sam, vaccinations sans rdv)

Centre de vaccinations Air France (☎01 43 17 22 00 ; www.vaccinations-airfrance.fr ; 148 rue de l'Université, 75007 Paris ; ⏲lun-sam sans rdv)

Hôpital Saint-Louis – Centre de vaccination internationale et d'information aux voyageurs (☎ 01 42 49 46 83 ; www.vaccin-voyage-ghparis10.aphp.fr ; 1 av. Claude-Vellefaux, 75010 Paris ; ⏲jeu sur rdv, sam sans rdv)

Centre de vaccinations ISBA (☎04 72 76 88 66 ; www.isbasante.com ; 7 rue Jean-Marie-Chavant, 69007 Lyon ; ⏲lun-ven sur rdv). Autres centres en France. Coordonnées sur le site Web.

PENDANT LE VOYAGE

Vols long-courriers

Les trajets en avion, principalement du fait d'une immobilité prolongée, peuvent favoriser la formation de caillots sanguins dans les jambes. Le risque est d'autant plus élevé que le vol est plus long.

Généralement, l'un des premiers symptômes est un gonflement ou une douleur au niveau du pied, de la cheville ou du mollet. En prévention, buvez en abondance des boissons non alcoolisées, faites jouer les muscles de vos jambes lorsque vous êtes assis et levez-vous de temps à autre pour marcher dans la cabine.

Décalage horaire et mal des transports

Le décalage horaire est fréquent dans le cas de trajets traversant plus de trois fuseaux horaires. Il se manifeste par des insomnies, de la fatigue, des malaises ou des nausées. En prévention, buvez abondamment (pas d'alcool) et mangez léger. En arrivant, exposez-vous à la lumière naturelle et adoptez les horaires locaux aussi vite que possible (pour les repas, le coucher et le lever).

Pour prévenir le mal des transports, qui se traduit principalement par une envie de vomir, mangez légèrement avant et pendant le voyage. Essayez aussi de trouver un siège dans une partie du véhicule où les oscillations sont moindres : près de l'aile dans un avion, au centre dans un bateau ou dans un bus. Les antihistaminiques préviennent efficacement le mal des transports, mais ils peuvent provoquer une somnolence. Il existe aussi des traitements homéopathiques.

AU CAMBODGE

Eau et précautions élémentaires

Règle d'or : ne buvez jamais l'eau du robinet (même sous forme de glaçons). Préférez les eaux minérales et les boissons gazeuses, tout en vous assurant que les bouteilles sont décapsulées devant vous. Évitez aussi les jus de fruits, souvent allongés à l'eau. En principe, le thé et le café sont sûrs.

Pour stériliser l'eau, la meilleure solution consiste à la faire bouillir durant 15 minutes. Sinon, vous pouvez la traiter chimiquement, avec des comprimés ou des gouttes – le Micropur, vendu en pharmacie, est par exemple très efficace.

Brossez-vous les dents avec de l'eau traitée et pensez à vous laver les mains souvent.

Disponibilité des soins médicaux

Du fait de la pénurie de soins médicaux efficaces, de la prévalence des maladies tropicales et d'installations sanitaires déficientes, la santé pose davantage de problèmes au Cambodge que dans la plupart des autres pays d'Asie du Sud-Est. Si les villes (Phnom Penh et Siem Reap) ont des centres de santé corrects, il n'en va pas de même dans les campagnes (où les cliniques privées restent préférables aux hôpitaux publics). En cas de pathologie grave, rejoignez Phnom Penh ou Siem Reap (ou encore Bangkok, en Thaïlande). Une consultation coûte entre 20 et 50 $US (sans les médicaments).

Vous trouverez les coordonnées de praticiens sur les sites des ambassades et des consulats (p. 358). Les grands hôtels pourront vous orienter, mais les honoraires risquent d'être très élevés.

Bien approvisionnées, les pharmacies des grandes villes vendent toutes sortes de médicaments sans ordonnance, des antibiotiques aux traitements antipaludéens. Elles pratiquent en outre des prix très raisonnables. Toutefois, il convient de bien vérifier les dates de péremption des produits. N'oubliez pas que l'autodiagnostic et l'autotraitement sont risqués. Chaque fois que cela est possible, adressez-vous à un médecin.

Affections transmises par les insectes

Dengue

La dengue se transmet par les moustiques de la famille *Aedes*, qui piquent la journée et se trouvent souvent près des habitations, ou à l'intérieur. Ces moustiques pondent dans les réserves d'eau artificielles (citernes, barils, pots à eau, conteneurs en plastique…), si bien que la dengue est surtout répandue dans les environnements urbains densément peuplés.

Il n'existe pas de traitement prophylactique contre cette maladie. Poussée de fièvre, maux de tête, douleurs articulaires et musculaires précèdent une éruption cutanée sur le tronc, qui s'étend ensuite aux membres, puis au visage. Au bout de quelques jours, la fièvre régresse, et la convalescence commence. Les complications graves sont rares ; les cas les plus sévères touchent généralement les enfants de moins de 15 ans qui contractent la dengue pour la deuxième fois. La meilleure prévention est de suivre les protections d'usage contre les piqûres de moustiques (voir p. 383).

En cas de fièvre à votre retour, signalez votre voyage à votre médecin.

Paludisme

Le paludisme, ou malaria, est présent toute l'année dans tout le pays (niveau de résistance : groupe 3), sauf à Phnom Penh, à Siem Reap, dans les environs du Tonlé Sap et dans les principales villes du Cambodge. Le risque est négligeable dans le secteur touristique d'Angkor. Il est en revanche fort dans les régions forestières et frontalières du nord du pays.

Le paludisme est transmis par un moustique, l'anophèle, dont la femelle pique surtout la nuit, entre le coucher et le lever du soleil. Il survient généralement dans le mois suivant le retour de la zone d'endémie – symptômes : maux de tête, fièvre et troubles digestifs. Non traité, le paludisme peut avoir des suites graves, parfois mortelles. Il en existe différentes espèces et le traitement devient de

SE PROTÉGER DES MOUSTIQUES

- Hormis les traitements préventifs, la protection contre les piqûres de moustiques est le premier moyen d'éviter d'être contaminé par le paludisme. Le soir, dès le coucher du soleil, couvrez vos bras et surtout vos chevilles, et mettez de la crème antimoustique. Ils sont parfois attirés par le parfum ou par l'après-rasage.
- En dehors du port de vêtements longs, l'utilisation d'insecticides ou de répulsifs à base de DEET (de type Cinq sur Cinq) sur les parties découvertes du corps est à recommander (sauf pour les enfants de moins de 2 ans).
- Évitez de sortir vers le lever et le coucher du soleil.
- En vente en pharmacie, les moustiquaires sont une protection efficace, à condition qu'elles soient imprégnées d'insecticide. Elles sont radicales contre les insectes à sang froid (puces, punaises, etc.) et permettent d'éloigner serpents et scorpions. Vérifiez que celles qui sont dans les hôtels n'ont pas de trous.
- D'une manière générale, le risque de contamination est plus élevé en zone rurale et durant la saison des pluies.

plus en plus difficile à mesure que la résistance du parasite aux médicaments gagne en intensité. Les médicaments antipaludéens n'empêchent pas la contamination mais ils suppriment les symptômes de la maladie. Si vous voyagez dans des régions où la maladie est endémique, il faut absolument suivre un traitement préventif (sur ordonnance), qu'il faut en général poursuivre après le retour. Renseignez-vous auprès d'un médecin avant votre départ.

Tout voyageur atteint de fièvre ou montrant les symptômes de la grippe doit se faire examiner. Il suffit d'une analyse de sang pour établir le diagnostic. Contrairement à certaines croyances, une crise de paludisme ne signifie pas que l'on est touché à vie.

Maladies infectieuses et parasitaires

Diarrhée (turista)

Le changement de nourriture, d'eau ou de climat suffit à la provoquer ; si elle est causée par des aliments ou de l'eau contaminés, le problème est plus grave. En dépit de toutes vos précautions, vous aurez peut-être la turista, mais quelques visites aux toilettes sans aucun autre symptôme n'ont rien d'alarmant. Il est fortement recommandé d'emmener un antidiarrhéique et un antiseptique intestinal (de type Intetrix et Ercefuryl). Demandez conseil à votre pharmacien et à votre médecin. La déshydratation est le danger principal lié à toute diarrhée, particulièrement chez les enfants. Ainsi, le premier traitement consiste à boire beaucoup. Quand vous irez mieux, continuez à manger légèrement. Lorsque la diarrhée persiste au-delà de 48 heures ou s'il y a présence de sang dans les selles, consultez un médecin.

Hépatites

L'hépatite est un terme général qui désigne une inflammation du foie. Elle est le plus souvent due à un virus. Les formes les plus habituelles se manifestent par une fièvre, une fatigue qui peut être intense, des douleurs abdominales, des nausées et des vomissements, associés à la présence d'urines très foncées et de selles décolorées presque blanches. La peau et le blanc des yeux prennent une teinte jaune (ictère). L'hépatite peut parfois se résumer à un simple épisode de fatigue sur quelques jours ou semaines.

L'hépatite A est la plus répandue. Il existe un vaccin, recommandé pour tous les voyageurs au Cambodge. Comme pour l'hépatite E, la contamination est alimentaire : elle se transmet par l'eau, les coquillages et, d'une manière générale, tous les produits manipulés à mains nues. Il n'y a pas de traitement médical ; il faut simplement se reposer, boire beaucoup, manger légèrement et s'abstenir totalement de toute boisson alcoolisée pendant au moins six mois.

L'hépatite B est très répandue, mais la vaccination (recommandée pour les séjours longs ou répétés au Cambodge) est très efficace. Elle se transmet par voie sexuelle ou sanguine (piqûre, transfusion). Évitez de vous faire percer les oreilles, tatouer ou raser, ou encore de vous faire soigner par piqûres si vous avez des doutes quant à l'hygiène des lieux. Les symptômes de l'hépatite B sont les mêmes que ceux de l'hépatite A.

L'hépatite C se transmet par le sang, et l'hépatite D, par voie sexuelle ou sanguine. Il n'existe pour le moment aucun vaccin.

Problèmes de peau

Les infections fongiques sont plus fréquentes dans les climats humides. Elles apparaissent souvent sur les parties du corps les moins "aérées" (aine, aisselles, orteils) et se caractérisent par une tache rouge qui grossit lentement, et est souvent accompagnée de démangeaisons.

La teigne (un champignon et non un parasite animal) est transmise par des animaux ou des personnes infectées.

Pour éviter ces infections, portez des vêtements amples et confortables en fibres naturelles, lavez-vous souvent et séchez-vous avec soin.

Typhoïde

La fièvre typhoïde est une infection du tube digestif. Elle se transmet directement de personne à personne, par les mains contaminées ; ou indirectement par de l'eau ou de la nourriture contaminées par des matières fécales humaines (bactérie *Salmonella typhi*). Au Cambodge, la vaccination est recommandée pour les séjours dans des conditions d'hygiène précaire, même si elle n'est pas entièrement efficace. Les premiers symptômes sont généralement de la fièvre, et des maux de tête et de gorge, parfois accompagnés de vomissements, de diarrhée ou de constipation ; vient ensuite une éruption rose sur l'abdomen, qui s'accompagne parfois d'une septicémie (empoisonnement du sang). S'il n'y a pas d'autres complications, la fièvre et les autres symptômes disparaissent peu à peu la troisième semaine. Cependant, un suivi médical est indispensable, car les complications sont fréquentes, en particulier sous forme de pneumonie ou de péritonite. La typhoïde est très contagieuse.

Vers

Ces parasites sont surtout présents dans les zones rurales du Cambodge. On les trouve dans les légumes non lavés ou la viande trop peu cuite. Ils se logent également sous la peau quand on marche pieds nus (ankylostome). Souvent, l'infection ne se déclare qu'au bout de plusieurs semaines. Bien que bénigne en général, elle doit être traitée, sous peine de complications sérieuses. Une analyse des selles est nécessaire.

VIH/sida

La transmission de cette infection se fait : par rapport sexuel (hétérosexuel ou homosexuel – anal, vaginal ou oral), d'où l'impérieuse nécessité d'utiliser des préservatifs à titre préventif (ceux vendus au Cambodge n'étant pas toujours fiables, mieux vaut en apporter de l'étranger) ; par le sang, les produits sanguins et les aiguilles contaminées. Il est impossible de détecter la présence du VIH chez un individu apparemment en parfaite santé sans procéder à un examen sanguin. Évitez, s'ils ne sont pas stérilisés, tous les instruments de chirurgie, les aiguilles d'acupuncture et de tatouage, ainsi que les instruments utilisés pour percer les oreilles ou le nez.

Affections liées à l'environnement

Alimentation

Faire attention à ce que l'on mange et à ce que l'on boit est la première des précautions à prendre. Les troubles gastriques et intestinaux sont fréquents – même si, la plupart du temps, ils restent sans gravité.

Les fruits et légumes doivent être lavés à l'eau purifiée, et de préférence pelés. Faites attention au lait, rarement pasteurisé (pas de problème s'il est bouilli) ; en revanche, les yaourts ne présentent pas de danger.

Gare aux glaces vendues dans la rue (et ailleurs), pour lesquelles la chaîne du froid n'est pas toujours respectée. Évitez aussi les fruits de mer (moules, huîtres, palourdes), ainsi que la viande saignante, surtout hachée ou émincée.

Pour autant, ne vous privez pas de goûter la cuisine locale : cela fait partie du voyage !

Coup de soleil et insolation

Une exposition prolongée au soleil peut provoquer une insolation. Symptômes : nausées, peau chaude, maux de tête. Dans ce cas, il faut rester dans le noir, appliquer une compresse d'eau froide sur les yeux et prendre de l'aspirine.

Sur la plage, un parasol est vivement recommandé, de même que le port d'un chapeau. Évitez de vous exposer aux heures les plus chaudes (12h-16h) et privilégiez l'ombre.

Fièvre miliaire

La fièvre miliaire est une éruption cutanée avec démangeaison provoquée par la rétention de sueur sous la peau. Elle touche généralement les personnes qui viennent d'arriver dans un pays chaud. Mieux vaut se rafraîchir, prendre des douches fréquentes, bien sécher la peau, utiliser du talc ou une poudre spécifique et privilégier les lieux climatisés.

Piqûres

Les punaises affectionnent la literie douteuse. Vérifiez l'état des draps avant de vous glisser dans votre lit ; si vous repérez des petites taches de sang sur la literie ou sur les murs autour du lit, cherchez un autre hôtel. Les piqûres de punaise forment des alignements réguliers. Une pommade calmante apaisera la démangeaison.

Les poux élisent domicile dans les cheveux, les habits et les poils pubiens, provoquant démangeaisons et gêne. Ils s'attrapent par le contact direct avec des personnes infectées ou par l'intermédiaire de leur peigne ou de leur linge. Des poudres et shampoings permettent de s'en débarrasser. Les vêtements infestés doivent être lavés à l'eau savonneuse très chaude et séchés au soleil.

Les sangsues, présentes dans les régions de forêts humides, se collent à la peau et sucent le sang. Les randonneurs en retrouvent souvent sur leurs jambes ou dans leurs bottes. Ne les arrachez pas, car la morsure s'infecterait plus facilement ; passez-leur l'ongle sous la bouche, pour leur faire lâcher prise (ne pas appliquer de sel). Une crème répulsive peut les maintenir éloignées.

Les simulies sont des moucherons qui se rencontrent sur les plages (souvent les plus isolées) dans toute l'Asie du Sud-Est. Leurs piqûres démangent beaucoup et s'infectent facilement. Utilisez un antihistaminique afin de calmer la démangeaison. Si le besoin de vous gratter est irrépressible, utilisez la paume de votre main et non vos ongles, pour éviter l'infection.

Serpents

Portez toujours bottes, chaussettes et pantalon pour marcher dans la végétation où des serpents peuvent se cacher. Les morsures de serpent ne provoquent pas instantanément la mort, et il existe généralement des antivenins. Il faut calmer la victime, lui interdire de bouger, bander étroitement le membre comme pour une foulure et l'immobiliser avec une attelle. Trouvez ensuite un médecin, et essayez de lui apporter le serpent mort. N'essayez en aucun cas d'attraper le serpent s'il y a le moindre risque qu'il morde à nouveau. Il ne faut absolument pas sucer le venin ou poser un garrot.

Médecine traditionnelle

La médecine traditionnelle, ou *thnam boran*, reste très appréciée dans les campagnes cambodgiennes. On trouve des *kru khmer*, ou guérisseurs, dans la plupart des localités, et certains leur font plus confiance qu'aux médecins ou aux hôpitaux. Ils préparent des remèdes à base d'écorces d'arbre, de racines, d'herbes et de plantes censés guérir tous les maux. Toutefois, en cas de problème sérieux, comme une morsure de serpent, ces potions peuvent faire plus de mal que de bien et provoquer une infection.

Santé au féminin

Grossesse

La plupart des fausses couches ont lieu pendant les trois premiers mois de la grossesse. C'est donc la période la plus risquée pour voyager. Pendant les trois derniers mois, il vaut mieux rester à distance raisonnable de bonnes infrastructures médicales. Les femmes enceintes doivent éviter de prendre inutilement des médicaments. Cependant, certains vaccins et traitements préventifs contre le paludisme restent nécessaires. Mieux vaut consulter un médecin avant de prendre quoi que ce soit.

Problèmes gynécologiques

Une nourriture pauvre, une résistance amoindrie par l'utilisation d'antibiotiques contre des problèmes intestinaux peuvent favoriser les infections vaginales lorsqu'on voyage dans des pays à climat chaud. Respectez une hygiène intime scrupuleuse, et portez jupes ou pantalons amples et sous-vêtements en coton. Les champignons, caractérisés par une éruption cutanée, des démangeaisons et des pertes, peuvent se soigner facilement. En revanche, les trichomonas sont plus graves ; pertes blanches et sensation de brûlure lors de la miction en sont les symptômes. Le partenaire masculin doit également être soigné.

Il n'est pas rare que le cycle menstruel soit perturbé lors d'un voyage.

Voyager avec des enfants

Bien avant le départ, assurez-vous que les vaccinations des enfants sont à jour, et sachez que certains vaccins ne conviennent pas aux enfants de moins de 1 an.

Dans les zones chaudes et humides, la moindre égratignure peut s'infecter. Toute blessure doit être parfaitement nettoyée et tenue au sec. Soyez très vigilant en évitant de boire l'eau du robinet et en ne prenant aucun risque concernant la nourriture et les boissons. Pensez à emporter des poudres réhydratantes à utiliser avec de l'eau bouillie si votre enfant est sujet à des vomissements ou à des diarrhées. Demandez conseil à votre médecin. Afin d'éviter les risques de rage ou d'autres maladies, les enfants doivent être tenus à l'écart des chiens et des mammifères en général. Les morsures, griffures ou coups de langue d'un animal à sang chaud et à fourrure doivent être immédiatement et soigneusement nettoyés. S'il y a un risque, même infime, que l'animal soit contaminé, il convient de chercher immédiatement une assistance médicale.

LENTILLES DE CONTACT : PRUDENCE

La poussière, omniprésente au Cambodge, peut provoquer de fortes irritations chez les porteurs de lentilles. Vous pourrez les garder si vous vous déplacez en voiture, mais pensez à les ôter lors des trajets à moto ou en pick-up. Prévoyez toujours une paire de lunettes.

Langue

Le khmer, ou cambodgien, est parlé par quelque 9 millions de personnes au Cambodge et compris dans de nombreux pays frontaliers. L'alphabet repose sur le brahmi, une ancienne écriture du sud de l'Inde. Le khmer est considéré comme l'une des langues les plus anciennes du Sud-Est asiatique. Bien qu'indépendant et distinct du thaï, du lao et du birman, le khmer partage avec eux des racines provenant du sanskrit et du pali – héritage de plusieurs siècles de synergie linguistique et culturelle, et d'une même croyance dans le bouddhisme theravada. Plus récemment, la colonisation a introduit de nombreux mots français dans la langue khmère, principalement des termes médicaux et techniques.

Bien que le khmer tel qu'il est parlé à Phnom Penh soit généralement compris dans l'ensemble du pays, plusieurs régions possèdent des dialectes distincts. Ainsi, les habitants de la province de Takeo tendent à modifier ou à glisser allègrement sur les combinaisons de consonnes/voyelles qui comportent un "r" : *bram* (cinq) devient ainsi *pe-am*, *sraa* (alcool) donne *se-aa* et *baraang* (Français ou étranger) est prononcé *be-ang*. À Siem Reap, les voyageurs à l'ouïe fine noteront des intonations spécifiquement lao. Certaines voyelles sont altérées, par exemple dans *poan* (millier), qui devient *peuan*, et dans *kh'sia* (pipe), prononcé *kh'seua*.

Si l'anglais tend à devenir la première langue étrangère parlée au Cambodge, les Khmers emploient la prononciation française de l'alphabet romain et de la plupart des mots étrangers, ce qui avantage les francophones. Ceux-ci communiqueront aisément avec les personnes âgées, la plupart des Khmers éduqués ayant appris le français à l'école. Certains objets domestiques, comme robinet ou ampoule, ont gardé leur appellation française.

Dans tous les cas, quelques mots de khmer, même approximatifs, pourront servir de sésame. Les Cambodgiens sont très sensibles aux étrangers qui font l'effort d'apprendre leur langue. Ils vous aideront, même si vous balbutiez. Au fur et à mesure de vos progrès, vous gagnerez en estime et vous vous ferez des amis.

PRONONCIATION

La translittération utilisée dans cette rubrique vise non pas l'exactitude linguistique, mais l'efficacité de la communication. Elle emploie l'alphabet romain et propose un équivalent le plus proche possible des sons khmers. Certaines voyelles khmères ne présentent aucun équivalent phonétique en français, et les transcriptions proposées restent approximatives. Dans d'autres cas, les mots sont écrits tels qu'ils se disent, avec des voyelles qui ne sont pas toujours celles réellement employées.

L'orthographe khmère a été conservée tout au long de ce guide pour la transcription des noms de lieux.

Les voyelles ou les diphtongues suivies d'un *h* sont aspirées.

- aa comme "a" dans "sac"
- i comme "i" dans "lit"
- uh entre le "a" et le "eu"
- ii comme un "i" long
- ei une combinaison de "uh" et "ii"
- eu comme "eu" dans "peuple"
- euh comme "eu", en court et dur
- oh comme le "au" de "saule", en court et dur
- ow comme le "oh", en plus long
- u comme "ou" dans "soupe", en court et dur
- uu comme un "ou" long
- ua comme un "ou" long et ouvert à la fin
- uah comme "ua", en plus court et plus dur
- aa-œ une combinaison difficile, car elle n'a pas d'équivalent en français ; se prononce comme une combinaison de "aa" et de "œ" ; placée entre deux consonnes, elle se dit souvent comme "ao"

➡ œ comme "eu" dans "heure", en plus ouvert

➡ eua combinaison de "eu" et "a"

➡ ia comme "illet" dans "feuillet"

➡ e comme "ai" dans "vrai"

➡ ai comme dans "ail"

➡ ae comme "a" dans "plat"

➡ ay comme dans "ai", en un peu plus nasal

➡ ey comme "ei" dans "oseille"

➡ ao comme "ao" dans "taoïsme"

➡ av pas d'équivalent en français ; prononcer comme un "ao" très nasal ; le "v" final ne s'entend pas

➡ euv pas d'équivalent ; comme un "eu" très nasal ; le "v" final ne s'entend pas

➡ ohm comme "eaum" dans "heaume"

➡ am comme "eum" dans "heum"

➡ oam combinaison de "o" et "am", soit "o-eum"

➡ a, ah plus court et plus dur que le "aa"

➡ eah combinaison de "e" et "ah", soit "ai-a" prononcée de manière courte et dure

➡ ih comme "i" dans "scie", en court et dur

➡ eh comme "ai" dans "vrai", en court et dur

➡ awh comme "o" dans "sol", court et dur

➡ oah combinaison de "o" et "ah", court et dur

➡ aw comme "o" dans "sol"

Le khmer possède certaines combinaisons de consonnes qui paraissent étranges aux oreilles d'un Occidental et sont difficiles à prononcer. C'est le cas de "j-r" dans *j'rook* ("cochon") et de "ch-ng" dans *ch'ngain* ("délicieux"). Afin d'en faciliter la prononciation, nous avons séparé, dans le lexique qui suit, ces consonnes par une apostrophe.

➡ k comme "g" dans "garde"

➡ kh comme "k" dans "kaki"

➡ ng comme "ng" dans l'onomatopée "bing" ; un son difficile à prononcer pour les Occidentaux, qui pourront s'entraîner en répétant "nging-nging-nging" jusqu'à ce que l'on distingue la combinaison de consonnes !

➡ j comme "dj" dans "Djibouti"

➡ ch comme "tch" dans "tchèque"

➡ ny proche du "ny" de "canyon"

➡ t un son "t" dur, non aspiré, qui n'a pas d'équivalent en français ; proche du premier "t" de "station"

➡ th comme "t" dans "touriste"

➡ p un son "p" dur, non aspiré

➡ ph comme "p" dans "panier"

➡ r comme le "r" français, en dur et roulé ; la langue vient claquer contre le palais. Dans le flot d'une conversation, ce son est souvent éludé.

➡ w comme "w" dans "web" ; le son "v" français n'a pas d'équivalent en khmer

CONVERSATION ET EXPRESSIONS DE BASE

La langue khmère reflète le statut social des interlocuteurs par un jeu de pronoms personnels et de formules de politesse variés. Ces nuances vont de la simple distinction entre *baat* pour les hommes et *jaa* réservé aux femmes, qui, placés en bout de phrase, signifient "oui" ou "je suis d'accord", à l'utilisation du *reachasahp* ("langue royale"), un vocabulaire protocolaire et archaïque, exclusivement destiné au roi et aux très hauts dignitaires. Le choix du pronom est souvent conditionné par l'âge et le sexe de l'interlocuteur. Les étrangers ne sont pas censés connaître toutes ces subtilités. Retenez simplement que *niak* (tu/vous) est le pronom personnel le plus usité, indépendamment du contexte et du sexe de la personne. Pour vous adresser à des personnes de votre âge ou plus âgées, vous utiliserez *lowk* (monsieur) pour les hommes et *bawng srei* (grande sœur) ou, de manière plus formelle, *lowk srei* (madame) pour les femmes. *Bawng* est un pronom neutre et informel, commode pour s'adresser aux personnes qui sont (ou semblent) plus âgées que vous. Pour parler d'un tiers, homme ou femme, la forme la plus respectueuse est *koat* et la plus courante *ke*.

Bonjour.	ជម្រាបសួរ	johm riab sua
Au revoir.	លាសិនហើយ	lia suhn hao-y
Merci.	អរគុណ	aw kohn
Oui.	បាទ/ចាស	baat/jaa (m/f)
Non.	ទេ	te
Excusez-moi.	សូមទោស	sohm toh
S'il vous plaît.	សូម	sohm

Comment allez-vous ?
អ្នកសុខសប្បាយទេ? niak sohk sabaay te

Je vais bien.
ខ្ញុំសុខសប្បាយ kh'nyohm sohk sabaay

Comment vous appelez-vous ?
អ្នកឈ្មោះអី? niak ch'muah ei

Je m'appelle...
អ្នកឈ្មោះអី.. kh'nyohm ch'muah ...

Quelqu'un parle-t-il anglais ?
ទីនេះមានអ្នកចេះ ភាសាអង់គ្លេសទេ? tii nih mian niak jeh phiasaa awngle te

Je ne comprends pas.
ខ្ញុំមិនយល់ទេ/ ខ្ញុំស្តាប់មិនបាន kh'nyohm muhn yuhl te/ kh'nyohm s'dap muhn baan te

HÉBERGEMENT

Où puis-je trouver un hôtel ?
អូតែលនៅឯណា? ohtail neuv ai naa

Je voudrais une chambre...	ខ្ញុំសុំបន្ទប់...	kh'nyohm sohm bantohp ...
pour une personne	សម្រាប់ មួយនាក់	samruhp muy niak
pour deux personnes	សម្រាប់ ពីរនាក់	samruhp pii niak
avec une salle de bains	ដែលមាន បន្ទប់ទឹក	dail mian bantohp tuhk
avec un ventilateur	ដែលមាន កង្ហារ	dail mian dawnghahl
avec une fenêtre	ដែលមាន បង្អួច	dail mian bawng-uit

Quel est le tarif pour une nuit ?
តម្លៃមួយថ្ងៃ ប៉ុន្មាន? damlay muy th'ngay pohnmaan

DIRECTIONS

Où est un/le... ?
...នៅឯណា? ... neuv ai naa

Comment puis-je me rendre à ... ?
ផ្លូវណាទៅ...? phleuv naa teuv ...

Allez tout droit.
ទៅត្រង់ teuv trawng

Tournez à gauche.
បត់ឆ្វេង bawt ch'weng

Tournez à droite.
បត់ស្តាំ bawt s'dam

au coin
នៅកាច់ជ្រុង neuv kait j'rohng

derrière
នៅខាងក្រោយ neuv khaang krao-y

devant
នៅខាងមុខ neuv khaang mohk

à côté de
នៅជាប់ neuv joab

en face de
នៅទល់មុខ neuv tohl mohk

SE RESTAURER

Où se trouve le... ?	...នៅឯណា?...	neuv ai naa
stand de restauration	កន្លែងលក់ ម្ហូប	kuhnlaing loak m'howp
marché	ផ្សារ	psar
restaurant	រ៉េស្តូរ៉ង់	resturawn

Avez-vous une carte en anglais ?
មានមីនុយជាភាសាអង់គ្លេសទេ? mien menui jea piasaa awnglay te

Quelle est votre spécialité ?
ទីនេះមានម្ហូបអីពិសេសទេ? tii nih mien m'howp ei piseh te

Je suis végétarien.
ខ្ញុំតមសាច់ kh'nyohm tawm sait

Je suis allergique (aux cacahuètes).
កុំដាក់ (សណ្តែកដី) kohm dak (sandaik dei)

Pas trop épicé, s'il vous plaît.
សូមកុំធ្វើហឹរពេក sohm kohm twœ huhl pek

C'est délicieux.
អានេះឆ្ងាញ់ណាស់ nih ch'ngain nah

L'addition, s'il vous plaît.
សូមគិតលុយ sohm kuht lui

Fruits et légumes

ananas	ម្នាស់	menoa
anone	ទៀប	tiep
banane	ចេក	chek
carambole	ស្ពឺ	speu
citron	ក្រូចឆ្មារ	krow-it ch'maa
durian	ធូរេន	tourain
fruit du dragon	ផ្លែស្រកានាគ	phlai srakaaneak
goyave	ត្របែក	trawbaik
jaque	ខ្នុរ	khnau
légumes	បន្លែ	buhn lai
litchi	ផ្លែគូលេន	phlai kuulain
longane	មៀន	mien-
mandarine	ក្រូចខ្វិច	krow-it khwait
mangoustan	មង្ឃុត	mongkut
mangue	ស្វាយ	svay
noix de coco	ដូង	duong
orange	ក្រូចពោធិ៍សាត់	krow-it pow saat
pamplemousse	ក្រូចថ្លុង	krow-it th'lohng
papaye	ល្ហុង	l'howng
pastèque	ឪឡឹក	euv luhk
pomme	ផ្លែប៉ោម	phla i powm
raisin	ទំពាំងបាយជូរ	tompeang baai juu
rambutan	សាវម៉ាវ	sao mao

Viande et poisson

anguille	អន្ទង់	ahntohng
bœuf	សាច់គោ	saitkow
calamar	មឹក	meuk
crabe	ក្តាម	k'daam
crevettes	បង្គា	bawngkia
escargots	ខ្យង	kh'jawng
grenouille	កង្កែប	kawng kaip
langouste	បង្កង	bawng kawng
poisson	ត្រី	trey
porc	សាច់ជ្រូក	sait'ruuk
poulet	សាច់មាន់	sait moan

Autres

ail	ខ្ទឹមស	kh'tuhm saw
beurre	ប៊ឺរ	bœ
citronnelle	ស្លឹកគ្រៃ	sluhk kray
cuit à la vapeur	ចំហុយ	jamhoi
curry	ការី	karii
frit	ចៀន/ឆា	jien/chaa
gingembre	ខ្ញី	kh'nyei
glace (glaçons)	ទឹកកក	teuk koh
grillé	អាំង	ahng
nouilles (aux œufs/de riz)	មី/គុយទាវ	mii/kyteow
pain	នំប៉័ង	nohm paang
piment	ម្ទេស	m'teh
poivre	ម្រេច	m'rait
riz	បាយ	bai
rouleaux de printemps	ណែម/ឆាយ៉	naim/chaa yaw
sel	អំបិល	uhmbuhl
sauce de poisson	ទឹកត្រី	teuk trey
sauce soja	ទឹកស៊ីអ៊ីវ	teuk sii iw
soupe	ស៊ុប	sup
sucre	ស្ករ	skaw

Boissons

bière	ប៊ីយ៉ែរ	bii-yœ
café	ប៊ីយ៉ែរ	kaa fey
eau	តែ	teuk
jus de citron	ទឹកក្រូច ឆ្មារ	teuk krow-it ch'maa
jus d'orange	ទឹកក្រូច ពោធិ៍សាត់	teuk krow-it pow sat
thé	តែ	tai

URGENCES

À l'aide !
ជួយខ្ញុំផង! juay kh'nyohm phawng

Appelez la police !
ជួយហៅប៉ូលិសមក! juay hav polih mao

Appelez un docteur !
ជួយហៅ គ្រូពេទ្យមក! juay hav kruu paet mao

J'ai été victime d'un vol.
គ្រូពេទ្យមក! kh'nyohm treuv jao plawn

Je suis malade.
ខ្ញុំឈឺ kh'nyohm cheu

Je suis allergique (aux antibiotiques).
ខ្ញុំមិនត្រូវធាតុ (អង់ទីប៊ីយ៉ូទិក) kh'nyohm muhn treuv thiat (awntiibiowtik)

Où sont les toilettes ?
បង្គន់នៅឯណា? bawngkohn neuv ai naa

ACHATS ET SERVICES

Je voudrais voir...
ខ្ញុំចង់ទៅមើល.. kh'nyohm jawng teuv mœl...

À quelle heure ouvre-t-il ?
វាបើកម៉ោងប៉ុន្មាន? wia baok maong pohnmaan

À quelle heure ferme-t-il ?
វាបិទម៉ោងប៉ុន្មាន? wia buht maong pohnmaan

Je cherche...	ខ្ញុំរក...	kh'nyohm rohk...
une banque	ធនាគារ	th'niakia
une poste	ប្រៃសណីយ៍	praisuhnii
un téléphone public	ទូរស័ព្ទ សាធារណៈ	turasahp saathiaranah
le temple	វត្ត	wawt

Combien cela coûte-t-il ?
នេះថ្លៃប៉ុន្មាន? nih th'lay pohnmaan

C'est trop cher.
ថ្លៃពេក th'lay pek

Quel est votre meilleur prix ?
អ្នកដាច់ប៉ុន្មាន? niak dait pohnmaan

Je voudrais changer des dollars US.
ខ្ញុំចង់ដូរ ដុល្លារអាមេរិក kh'nyohm jawng dow dolaa amerik

HEURE ET DATE

Quelle heure est-il ?
ឥឡូវនេះម៉ោងប៉ុន្មាន? eileuv nih maongpohnmaan

le matin	ពេលព្រឹក	pel pruhk
l'après-midi	ពេលរសៀល	pel r'sial
le soir	ពេលល្ងាច	pel l'ngiat
soirée/nuit	ពេលយប់	pel yohp
hier	ម្សិលមិញ	m'suhl mein
aujourd'hui	ថ្ងៃនេះ	th'ngay nih
demain	ថ្ងៃស្អែក	th'ngay s'aik
lundi	ថ្ងៃចន្ទ	th'ngay jahn
mardi	ថ្ងៃអង្គារ	th'ngay ahngkia
mercredi	ថ្ងៃពុធ	th'ngay poht
jeudi	ថ្ងៃព្រហស្បតិ៍	th'ngay prohoah
vendredi	ថ្ងៃសុក្រ	th'ngay sohk
samedi	ថ្ងៃសៅរ៍	th'ngay sav
dimanche	ថ្ងៃអាទិត្យ	th'ngay aatuht

TRANSPORTS

Où est... ?	...នៅឯណា?	... neuv ai naa
l'aéroport	វាលយន្តហោះ	wial yohn hawh
l'arrêt de bus	ចំណត ឡានឈ្នួល	jamnawt laan ch'nual
la gare ferroviaire	ស្ថានីយ រថភ្លើង	s'thaanii roht plœng
Quand part le... ?	..ចេញម៉ោង ប៉ុន្មាន?	... jein maong pohnmaan
bateau	ទូក	duk
bus	ឡានឈ្នួល	laan ch'nual
train	រថភ្លើង	roht plœng
avion	យន្តហោះ	yohn hawh

Quand part le dernier bus ?
ឡានឈ្នួលចុងក្រោយ laan ch'nual johng krao-y
ចេញទៅម៉ោងប៉ុន្មាន? jein teuv maong pohnmaan

Je voudrais descendre (ici).
ខ្ញុំចង់ចុះ(ទីនេះ) kh'nyohm jawng joh (tii nih)

Combien coûte le trajet jusqu'à... ?
ទៅ...ថ្លៃប៉ុន្មាន? teuv ... th'lay pohnmaan

Amenez-moi à (cette adresse), s'il vous plaît.
សូមជូនខ្ញុំទៅ sohm juun kh' nyohm teuv
(អាសយដ្ឋាននេះ) (aasayathaan nih)

Ici, c'est très bien, merci.
ឈប់នៅទីនេះក៏បាន chohp neuv tii nih kaw baan

Nombres

Les Khmers comptent en base cinq. Une fois arrivé à cinq (*bram*), on continue à compter en accolant un, deux... au chiffre cinq – par exemple "cinq-un" (*bram muy*), "cinq-deux" (*bram pii*), etc. – jusqu'à 10, où un nouveau cycle commence. Ce système, qui paraît compliqué au premier abord (18, par exemple, se décompose en trois parties : dix, cinq et trois), s'acquiert rapidement avec la pratique.

Vous risquez probablement d'être encore plus troublé par une façon de compter assez répandue, qui consiste à inverser l'ordre d'énonciation des chiffres pour les nombres entre 10 et 20, et à les séparer par *duhn* : *pii duhn dawp* pour 12, *bei duhn dawp* pour 13, etc. Cette manière de compter est notamment utilisée sur les marchés ; soyez attentif !

1	មួយ	muy
2	ពីរ	pii
3	បី	bei
4	បួន	buan
5	ប្រាំ	bram
6	ប្រាំមួយ	bram muy
7	ប្រាំពីរ	bram pii
8	ប្រាំបី	bram bei
9	ប្រាំបួន	bram buan
10	ដប់	dawp
11	ដប់មួយ	dawp muy
12	ដប់ពីរ	dawp pii
16	ដប់ប្រាំមួយ	dawp bram muy
20	ម្ភៃ	m'phei
21	ម្ភៃមួយ	m'phei muy
30	សាមសិប	saamsuhp
40	សែសិប	saisuhp
100	មួយរយ	muy roy
1000	មួយពាន់	muy poan
1 000 000	មួយលាន	muy lian

1er	ទីមួយ	tii muy
2e	ទីពីរ	tii pii
3e	ទីបី	tii bei
4e	ទីបួន	tii buan
10e	ទីដប់	tii dawp

GLOSSAIRE

Anase (ou Asean) – Association des nations de l'Asie du Sud-Est

apsara – nymphe ou danseuse céleste, très souvent représentée dans la sculpture khmère

Apsara Authority – organisme chargé de la gestion et de la conservation d'Angkor

Avalokiteshvara – le bodhisattva de la Compassion, qui inspira Jayavarman VII pour la construction d'Angkor Thom

barang – étranger

baray – réservoir

boeng – lac

Chenla – deuxième royaume khmer qui a succédé au Funan au VIe siècle ; il était séparé en deux : le "Chenla de l'eau", près de Takeo, et le "Chenla des terres", près de Sambor Prei Kuk

chunchiet – minorités ethniques

CNS – Conseil national suprême

cyclo – cyclo-pousse

dar leng – balade

devada – déesse

devaraja – culte du roi divin instauré par Jayavarman II, qui confère au roi un pouvoir absolu

EFEO – École française d'Extrême-Orient

essai – homme sage ou homme médecin traditionnel

Farc – Forces armées royales du Cambodge

Funan – premier royaume khmer (Ier-VIe siècle)

garuda – créature mythique mi-homme, mi-oiseau

gopura – tour, pavillon à l'entrée des temples hindous

hinayana – école bouddhiste du Petit Véhicule, également dénommée *theravada*

Kampuchéa – nom sous lequel les Cambodgiens désignent leur pays ; il est associé au pouvoir sanguinaire des Khmers rouges (1975-1979), qui insistèrent pour que le monde utilise le nom de Kampuchéa démocratique

Khmer – personne d'origine cambodgienne ; langue du Cambodge

Khmers Krom – Khmers vivant au Vietnam

khsae muoy – instrument courbé à une corde

koh – île

kompong – port

kouprey – espèce très rare de buffle sauvage d'Asie du Sud-Est, probablement disparue

kyteow – soupe de nouilles de riz

lingam (ou linga) – symbole phallique du dieu Shiva, emblème du pouvoir royal

lorry – train en bois tiré par une moto ; également appelé *norry* ou *bamboo train*

mahayana – bouddhisme du Grand Véhicule (également connu sous le nom d'école du Nord), qui a complété et développé les premiers enseignements bouddhistes ; voir aussi *theravada*

mont Meru – séjour mythique du dieu hindou Shiva

moto-dop – moto-taxi, moyen de transport très répandu au Cambodge

MPTC – ministère cambodgien des Postes et Télécommunications

nâga – serpent mythique, souvent à plusieurs têtes ; symbole couramment utilisé dans l'architecture angkorienne

Nandi – taureau sacré ; véhicule de Shiva

NH – national highway, route nationale

pali – ancienne langue indienne qui, avec le sanskrit, forme la base du *khmer* moderne

phamuong – robe de soie unie

phlauv – rue, abrégé en Ph

phnom – montagne, colline

phnom pleung – barbecue individuel très apprécié des Khmers ; littéralement "montagne de feu"

prahor – pâte de saumure de poisson très salée qui accompagne de nombreux plats cambodgiens

prang – tour d'un temple

prasat – édifice en pierre ou en brique doté d'une signification religieuse ou royale

preah – sacré

psar – marché

Râmakerti – version khmère du *Ramayana* ; également appelé *Reamker*

remork-kang – remorque tractée par un vélo

remork-moto – remorque tractée par une moto

rom vong – danse cambodgienne en cercle

sampot – grand tissu drapé autour des hanches

sanskrit – ancienne langue hindoue qui, avec le pali, forme la base du khmer moderne

sbei tuoi – marionnettes de théâtre d'ombres en cuir

skor areak – tambour

sompiah – salutation traditionnelle cambodgienne qui consiste en une inclination du buste en tenant les mains jointes

soup chhnang dei – soupe à préparer soi-même

spean – pont

srok – province

stung – rivière

theravada – école du bouddhisme (également connue sous le nom d'école du Sud ou de bouddhisme hinayana), présente au Myanmar (Birmanie), en Thaïlande, au Laos et au Cambodge ; elle se réfère uniquement aux premiers enseignements bouddhistes ; voir aussi *mahayana*

tonlé – grande rivière

trey pisau – nom khmer des dauphins de l'Irrawaddy

tro khmae – violon à 3 cordes, version khmère du *erhu* chinois (qui n'a que deux cordes)

teuk kalok – jus de fruits mixés, généralement très sucré

tuk-tuk – moto tractant une cabine couverte dotée d'une ou deux banquettes (a son équivalent en Thaïlande)

En coulisses

VOS RÉACTIONS ?

Vos commentaires nous sont très précieux et nous permettent d'améliorer constamment nos guides. Notre équipe lit toutes vos lettres avec la plus grande attention. Nous ne pouvons pas répondre individuellement à tous ceux qui nous écrivent, mais vos commentaires sont transmis aux auteurs concernés. Tous les lecteurs qui prennent la peine de nous communiquer des informations sont remerciés dans l'édition suivante, et ceux qui nous fournissent les renseignements les plus utiles se voient offrir un guide.

Pour nous faire part de vos réactions, prendre connaissance de notre catalogue et vous abonner à notre newsletter, consultez notre site Internet : **www.lonelyplanet.fr**

Nous reprenons parfois des extraits de notre courrier pour les publier dans nos produits, guides ou sites web. Si vous ne souhaitez pas que vos commentaires soient repris ou que votre nom apparaisse, merci de nous le préciser. Notre politique en matière de confidentialité est disponible sur notre site Internet.

À NOS LECTEURS

Merci à tous les voyageurs qui ont utilisé la dernière édition de ce guide et qui nous ont écrit pour nous faire part de leurs conseils, de leurs suggestions et de leurs anecdotes :
B Jean-Claude et Claudine Barbier, **C** Julie Cabot, M. et Mme Challut, Claire Chênebeau, Matthieu Coquelin, **D** Marie Dax, Laurent Desaleux, Isabelle Diefenthal, **F** Xavier Fiorido, **H** Frédéric Hermelin, **J** Gilles Jouy, **L** Sophie Le Gal, Lucie Levron, **M** Gilles Monpert, **N** Éric Nathan **P** Colette Peyre-Giraud, Jean-Michel Pittet, **R** Lucille Rapin, Yves Reygnier, Yves Roussier, **T** Myriam Turquant

UN MOT DES AUTEURS

Nick Ray

Comme toujours, je voudrais exprimer ma gratitude au peuple cambodgien pour sa chaleur, son humour, son stoïcisme et sa spiritualité – autant de qualités qui font d'un séjour dans ce pays une leçon d'humilité et un pur moment de bonheur. Ma reconnaissance va tout particulièrement à ma merveilleuse épouse, Kulikar Sotho, et à nos enfants, Julian et Belle, sans le soutien et les encouragements desquels mes aventures seraient impossibles. Merci également à mes parents pour m'avoir donné le goût du voyage dès mon plus jeune âge.

Merci aussi aux voyageurs, résidents, amis et contacts qui m'ont aidé à acquérir mon expérience et ma connaissance du Cambodge. Faute de place, je ne peux pas les énumérer tous ici, mais ils se reconnaîtront : nous nous retrouvons régulièrement pour prendre un verre ou assister à des rencontres sur l'écotourisme !

Je remercie aussi mon coauteur, Jess Lee, qui a travaillé dur pour faire de cette édition une réussite. Pour finir, je tiens à remercier l'équipe de Lonely Planet. Ils sont nombreux à accomplir en coulisses un travail immense et indispensable.

Jessica Lee

Au Cambodge, je tiens à remercier mon coauteur, Nick, ainsi que Ritthy, Martin, les spécialistes de la plongée Simon et Tom, Mr Jack, l'"autre Jess" et Raph. Merci à Leap, Arun, Heng et Lim, vous êtes parmi les meilleurs *motodups* que j'aie eu la chance de rencontrer. Mille mercis à la meilleure gardienne de maison qui soit, Shannon Wang. Mais le plus important : merci à tous les habitants du Cambodge qui font de chaque voyage là-bas un bonheur.

REMERCIEMENTS ET CRÉDITS PHOTOGRAPHIQUES

Données des graphiques climatiques adaptées de Peel MC, Finlayson BL & McMahon TA (2007) "Updated World Map of the Köppen-Geiger Climate Classification", Hydrology and Earth System Sciences, 11, 1633-44.

Photo de couverture : danseuse apsara, Angkor Vat ; Matteo Colombo, Getty Images ©

Illustrations p. 138-139 : Michael Weldon.

À PROPOS DE CET OUVRAGE

Cette 10e édition française du guide *Cambodge* est une traduction-adaptation de la 10e édition du guide anglais *Cambodia*, rédigé par Nick Ray et Jessica Lee. Nick a également été l'auteur, avec Greg Bloom, des deux précédentes éditions.

Traduction
Marie Chouteau, Florence Delahoche et Marie Thureau

Direction éditoriale
Didier Férat

Adaptation française
Muriel Chalandre

Responsable prépresse
Jean-Noël Doan

Maquette Valérie Police

Couverture
Adaptée en français par Laure Vilmot

Cartographie Cartes originales de David Kemp et Diana von Holdt adaptées en français par Eduardo Yanes Blanch

Remerciements à
Christophe Corbel, Claire Gourié et Dolorès Mora pour leur précieuse contribution au texte. Merci à Sarah Arfaoui et à Ludivine Brehier pour leur préparation du manuscrit. Un grand merci à Dominique Spaety, Dorothée Pasqualin, ainsi qu'à Clare Mercer, Joe Revill, Sarah Nicholson et Luan Angel du bureau LP Londres, et Andy Nielsen, Darren O' Connell, Chris Love, Sasha Baskett, Angela Tinson, Jacqui Saunders, Ruth Cosgrave et Glenn van der Knijff du bureau LP Australie.

Index

A

B

C

Références des **cartes**
Références des **photos**

Références des **cartes**
Références des **photos**

Références des **cartes**
Références des **photos**

Légende des cartes

À voir

- Château
- Monument
- Musée/galerie/édifice historique
- Ruines
- Église
- Mosquée
- Synagogue
- Temple bouddhiste
- Temple confucéen
- Temple hindou
- Temple jaïn
- Temple shintoïste
- Temple sikh
- Temple taoïste
- Sentō (bain public)
- Cave/vignoble
- Plage
- Réserve ornithologique
- Zoo
- Autre site

Activités, cours et circuits organisés

- Bodysurfing
- Plongée/snorkeling
- Canoë/kayak
- Cours/circuits organisés
- Ski
- Snorkeling
- Surf
- Piscine/baignade
- Randonnée
- Planche à voile
- Autres activités

Où se loger

- Hébergement
- Camping

Où se restaurer

- Restauration

Où prendre un verre

- Bar
- Café

Où sortir

- Salle de spectacle

Achats

- Magasin

Renseignements

- Banque
- Ambassade/consulat
- Hôpital/centre médical
- Accès Internet
- Police
- Bureau de poste
- Centre téléphonique
- Toilettes
- Office du tourisme
- Autre adresse pratique

Géographie

- Plage
- Refuge/gîte
- Phare
- Point de vue
- Montagne/volcan
- Oasis
- Parc
- Col
- Aire de pique-nique
- Cascade

Agglomérations

- Capitale (pays)
- Capitale (région/ État/province)
- Grande ville
- Petite ville/village

Transports

- Aéroport
- Poste frontière
- Bus
- Téléphérique/funiculaire
- Piste cyclable
- Ferry
- Métro
- Monorail
- Parking
- Station-service
- Station de métro
- Taxi
- Gare/chemin de fer
- Tramway
- U-Bahn
- Autre moyen de transport

Les symboles recensés ci-dessus ne sont pas tous utilisés dans ce guide

Routes

- Autoroute à péage
- Voie rapide
- Nationale
- Route secondaire
- Petite route
- Chemin
- Route non goudronnée
- Route en construction
- Place/rue piétonne
- Escalier
- Tunnel
- Passerelle
- Promenade à pied
- Promenade à pied (variar
- Sentier

Limites et frontières

- Pays
- État/province
- Frontière contestée
- Région/banlieue
- Parc maritime
- Falaise
- Rempart

Hydrographie

- Fleuve/rivière
- Rivière intermittente
- Canal
- Étendue d'eau
- Lac asséché/salé/ intermittent
- Récif

Topographie

- Aéroport/aérodrome
- Plage/désert
- Cimetière (chrétien)
- Cimetière (autre)
- Glacier
- Marais/mangrove
- Parc/forêt
- Site (édifice)
- Terrain de sport

LES GUIDES LONELY PLANET

Une vieille voiture déglinguée, quelques dollars en poche et le goût de l'aventure, c'est tout ce dont Tony et Maureen Wheeler eurent besoin pour réaliser, en 1972, le voyage d'une vie : rallier l'Australie par voie terrestre via l'Europe et l'Asie. De retour après un périple harassant de plusieurs mois, et forts de cette expérience formatrice, ils rédigèrent sur un coin de table leur premier guide, *Across Asia on the Cheap*, qui se vendit à 1 500 exemplaires en l'espace d'une semaine. Ainsi naquit Lonely Planet, dont les guides sont aujourd'hui traduits en 12 langues.

NOS AUTEURS

Nick Ray

Auteur coordinateur, Phnom Penh, Siem Reap, Temples d'Angkor, Est.

Nick est originaire de Watford, une ville qui lui a donné envie de voir du pays. Devenu Londonien d'adoption, il vit aujourd'hui à Phnom Penh avec son épouse, Kulikar, et leurs enfants, Julian et Belle. Nick a contribué à de nombreux titres consacrés à la région du Mékong, et notamment aux guides *Vietnam, Cambodge, Laos et Myanmar* de Lonely Planet. Lorsqu'il n'écrit pas, il part en exploration dans les régions les plus reculées du pays, en quête de lieux de tournage pour la télévision et le cinéma ; il a ainsi participé à plusieurs films, dont *Tomb Raider* et *Deux Frères*. Nick est un passionné de motos, et c'est sur l'un de ces engins qu'il a traversé une grande partie de l'Indochine.

Pour en savoir plus sur Nick :
auth.lonelyplanet.com/profiles/nickjray

Jessica Lee

Côte sud, Nord-Ouest. Le premier voyage de Jess au Cambodge date de la fin des années 1990. Elle est alors tombée amoureuse de ses temples couverts par la végétation et ses panoramas sur les rizières émaillées de palmiers. Elle a depuis sillonné plusieurs fois le pays, et ce dernier voyage lui a permis d'explorer des temples isolés dans certaines des régions les plus reculées du pays et de découvrir les changements rapides qui s'opèrent sur les plages des îles de la côte sud. Jess a également participé à la rédaction des guides *Turquie*, *Égypte* et *Vietnam*. Elle écrit un blog sur ses voyages à www.roadessays.wordpress.com.

Pour en savoir plus sur Jessica :
auth.lonelyplanet.com/profiles/jessicalee1

Cambodge

10e édition

Traduit et adapté de l'ouvrage *Cambodia, 10th edition, August 2016*

Dépôt légal Septembre 2016
ISBN 978-2-81615-460-3

Imprimé par Pollina, Luçon, France - L77829

En Voyage Éditions | un département place des éditeurs